咬文嚼字

合订本

2003

上海咬文嚼字文化传播有限公司
上海文艺出版社

图书在版编目（CIP）数据

2003年《咬文嚼字》合订本 /《咬文嚼字》编辑部编. -- 上海：上海文艺出版社，2024
ISBN 978-7-5321-6567-4

Ⅰ.①2… Ⅱ.①咬… Ⅲ.①汉语－语法分析 Ⅳ.①H14

中国版本图书馆CIP数据核字(2017)第321564号

责任编辑 赵晓骏
封面设计 何明捷

书　　名　2003 Nián《Yǎowén-jiáozì》Hédìngběn
　　　　　2003年《咬文嚼字》合订本
编　　者　《咬文嚼字》编辑部
出　　版　上海文艺出版社
地　　址　上海市闵行区号景路159弄A座2—3楼
邮政编码　201101
发　　行　上海市闵行区号景路159弄A座206室
印　　刷　上海中华印刷有限公司
开　　本　787×1092　1/32
印　　张　20.625
版　　次　2024年11月第1版　2024年11月第1次印刷
国际书号　ISBN 978-7-5321-6567-4/H.038
定　　价　68.00元（精装）
告 读 者　如发现本书有印刷质量问题请与印刷厂质量科联系
电　　话　021-69213456

顾　　问	张　斌　濮之珍
主　　编	郝铭鉴
主编助理	王　敏
编　　委	李玲璞　何伟渔　陈必祥
	金文明　姚以恩
特约编委	汪惠迪（中国香港）
	田小琳（中国香港）
	林国安（马来西亚）
	吴英成（新加坡）
责任编辑	韩秀凤　黄安靖
封面设计	何明捷
特约校读	王瑞祥　陈以鸿

序

李行健

人们一说到"咬文嚼字",就会认为是无聊文人玩弄的雕虫小技,颇有贬义色彩。所以《咬文嚼字》创刊选定刊名时,吕叔湘先生就告诉郝铭鉴同志,"咬文嚼字"通常带贬义,用它作刊名要慎重。罗竹风先生更直率地指出:"'咬文嚼字'一向被认为是烦琐无聊、只顾文字小节而忽视内容大义的作法。它是个贬义词组,人们对此一般多采取鄙夷的态度。"(《咬文嚼字》1995年第二期)但说来奇怪,活生生的一个贬义成语用作刊名,竟然深受广大群众的喜爱,一改贬义为喜爱色彩(我们编词典时要考虑给它补注新义)。刊物在短短几年内,发行量直线上升,人们欢迎的程度可与当前一些时髦报刊媲美。我想,其中必然有一些值得我们深思和总结的东西。

首先,《咬文嚼字》可以说是"好雨知时节,当春乃发生",它是随时代发展应运而生的产儿。它适应并满足了在国家独立和民族发展中人们重视爱护民族语言的心愿和渴求。语言文字是民族形象的化身，它凝聚着深厚的民族精神，体现着民族的特质。语言文字是一个民族的命根子，它是民族生存和发展的重要基石。语言文字的丧失也就意味着一个民族走向消亡。汉语言文字作为我们多民族国家的通用语言文字，它的作用更加重要。我们国家的建设、民族的团结、现代化的实现、教育和高新科技的发展，没有一项离得了语言文字。

在改革开放不断深入、社会进入信息化时代的今天，要使语言文字发挥更大的作用，就必须使语言文字现代化，而现代化最重要的内容和标志就是语言文字规范化和标准化。《咬文嚼字》这些年来主要做的就是这项工作。它受到大家的欢迎和喜爱，也就事所必然、理所必至了！

其次，《咬文嚼字》有丰富多彩的内容和生动活泼的形式。搞语文规范的刊物不一定能受到欢迎。《咬文嚼字》受到欢迎在于它实事求是，善于从语文生活中发现困惑群众和影响语文规范的实际问题开展讨论，这样自然会受到读者的注意。与此同时，它对语文中的是非评判，采取人人平等的态度，即不管你是权威或大腕，只要不合规范，都敢于批评。这是很要一些勇气的。也正因为这样，它的影响和权威不断扩大，不断提升，也就更加受到社会的关注。《咬文嚼字》敢于这样做，就因为他们无私。他们敢于发动读者向自己开炮，从不讳疾忌医。这种正人先正己的精神实在值得我们学习。有了无私，他们就可以无畏。

在处理分析具体问题时，他们完全采取平等待人的态度，摆事实讲道理的方法。这是赢得读者最好的途径。平等就使人感到亲切,可以相互交流;说理既让人增长了知识、明白了道理,又令人心服口服。这些可能是《咬文嚼字》深受人们喜爱的主要原因。

要说《咬文嚼字》的优点和特色,还可以说出许多,如文章短小精悍,语言生动,内容和风格多样,等等。我想,在市场经济中越来越多的读者愿意买它、读它,这就是对它最好的评价。一切尽在这一无言的行动中了。

《咬文嚼字》是我们中国语文报刊协会众多报刊中,办得很有特色的刊物。每次在协会召开的年会上,总能听到他们新鲜的经验介绍和富有启发的各种设想。我向付出辛劳的编辑们致敬。祝《咬文嚼字》越办越好!

(作者为中国语文报刊协会会长)

《咬文嚼字》2003年第1—12期(总第97—108期)

总 目 录

(斜线后的数字,前为期数,后为页数)

序·················· 李行健/1

卷 首 幽 默

白头应聘……	郭 炜	麦荣邦 /1.1
涮车?………	张长彬	麦荣邦 /2.1
火锅待客……	吴秋耘	麦荣邦 /3.1
电报风波……	张 漠	麦荣邦 /4.1
"熬油"?……	石 烽	麦荣邦 /5.1
"鸡场" ……	孙 容	麦荣邦 /6.1
报幕………	邱 天	麦荣邦 /7.1
"白耗子" …	王一川	麦荣邦 /8.1
探监?………	何令祖	麦荣邦 /9.1
旅途奇观		
…………	张玉国	麦荣邦 /10.1
送客………	张逸群	麦荣邦 /11.1
肝末见病变		
…………	王永鑫	麦荣邦 /12.1

特 稿

关于试用新整理264组异形词规范
    词形的建议…………… /11.4
264组异形词整理表(草案)
   ………………………… /11.5

语 林 漫 步

"续貂"两则 ………	胡明扬 /1.4
从"撞"到"羞" ……	李晗蕾 /1.6
为"蟹脚"把脉 ……	郑中建 /2.4
学会写"编辑体" ……	曹明生 /2.6
"有事请进"的人情味	
…………………	朱楚宏 /3.4
公主你大胆地往前走!	
…………………	汪惠迪 /3.5

归来兮,四角号码!
.... 冯岫六 /5.4
也说"垃圾虫" .... 汪惠迪 /5.5
从"非典"说到缩略语
.... 秦　怀 /6.4
"大公鸡"和"老母鸡"
.... 宗守云 /6.6
想起了太炎先生........ 楚　民 /8.4
菜名包装酷毙啦........ 汪惠迪 /8.5
从《最后一课》说起 ... 沈锡伦 /9.4
漫话"买一送一" ...... 王道庄 /9.7
话说新词规范化........ 张　斌 /10.4
"小姐"何以称"翠花"
.... 吴礼权 /10.7
"老师"一般不宜自称
.... 马三生 /12.4
说"土"道"洋" .... 袁　谚 /12.5

过　目　难　忘

最难忘的一句新诗............ /1.18
　心中的"天平" ...... 袁　谚 /1.18
　我爱"黑眼睛" ...... 若　木 /1.19
　"达达的马蹄" ...... 秦玉兰 /1.20
　美丽的夭亡.......... 宫　玺 /1.21
　永远善良............ 丁婵婵 /1.22
　"别处"的魅力 ...... 朱　丽 /1.22
　心中的"礁石" ...... 李大新 /1.23
　外婆和妈妈.......... 吴红霞 /1.24
最难忘的一句歌词............ /2.25
　读你千遍............ 纪　梅 /2.25

"三百六十五里路"
.... 袁　谚 /2.26
品味"风雨" .... 丁婵婵 /2.27
我是不是该安静的走开
.... 晓　梅 /2.28
最浪漫的事............ 方孝红 /2.29
牵挂.................. 张冲挺 /2.30
最难忘的一句产品广告........ /3.18
"上当"小记 .... 迟　虹 /3.18
"不太准确"的手表
.... 陈一平 /3.19
可怕的"敲门" .... 加　云 /3.20
好一个"吹"字 .... 老　骥 /3.20
一语双关说"联想"
.... 裘冠民 /3.21
"八段"和"九段"
.... 顾　遥 /3.22
我的遗憾.............. 俞松年 /3.23
"开心"的瓜子 .... 姜洪水 /3.24
最难忘的一句贺词............ /4.34
王安忆的"美丽" ...... 郭　忻 /4.34
为"高贵妇人"画像
.... 袁　谚 /4.35
"把头抬起来!" ...... 叶志荣 /4.36
传神的"大白话"
.... 王　文 /4.37
"如果……" .... 顾　豪 /4.38
最难忘的一副对联............ /5.18
炽烈如火.............. 袁　谚 /5.18
重言反复挽鲁迅
.... 黄炳麟 /5.19

"春风""晓月"几多情
　……………… 郑泽宇 /5.20
栩栩如生的八个字母
　……………… 傅望华 /5.21
妙在自然 ……… 梁　文 /5.21
"三公"助我成功
　……………… 杜向明 /5.22

最难忘的一则报纸标题……… /6.35
两部影片写一生
　……………… 马立峰 /6.35
巧用国名 ……… 顾　遥 /6.36
"孔雀东南飞" …… 王培焰 /6.37
"小豹子"咬人 …… 王道庄 /6.37
"跳高"和"跳伞"
　……………… 郭　明 /6.38

最难忘的一个书名………… /7.8
"鲜花"赞 ……… 李　坚 /7.8
书名是怎样"炼"成的
　……………… 顾　遥 /7.9
和死神擦肩而过
　……………… 孙建国 /7.10
"谈风月就谈风月罢"
　……………… 袁　诹 /7.11
"十万"的魅力 … 斯　言 /7.12

最难忘的一个影、视、剧名
　……………………… /8.32
"一江春水向东流"
　……………… 袁　诹 /8.32
"拎起个大舌头"
　……………… 郭圣林 /8.33
呼唤宽容精神 …… 张振华 /8.35

枯木逢春 ……… 肖史信 /8.36
最难忘的一则当代谜语……… /9.11
此情、此景、此谜 … 李建中 /9.11
假山上面挂条谜 …… 洪　第 /9.12
孔融让梨 ……… 姜洪水 /9.12
难忘那年"七一"
　……………… 韦　正 /9.13
名联新姿 ……… 于常宁 /9.13
上了孔子的当 …… 天　长 /9.14

最难忘的一则手机短信息
　……………………… /10.38
"月色浓浓如酒"
　……………… 袁　诹 /10.38
情人节那天 …… 殷　滢 /10.39
"铁饭碗"的含义
　……………… 若　木 /10.40
姐姐你大胆往前走
　……………… 韩　笑 /10.42

最难忘的一句社会宣传语
　……………………… /11.27
大山和牙齿 …… 斯　言 /11.27
最后一滴水 …… 段怡楠 /11.28
小木牌的变迁
　……………… 李　坚 /11.29
"慢慢走" ……… 曹　仰 /11.30

最难忘的一个传媒栏目名
　……………………… /12.38
令人神旺的"赤膊锻剑"
　……………… 袁　诹 /12.38
好一个"三言二拍"！
　……………… 郭　峰 /12.39

3

"三味书屋"意味长
………… 竹 林 /12.40
"向我开炮"三赞
………… 钟 琴 /12.41

一 针 见 血

"剪烛西窗"? ……… 刘佳莹 /1.28
"多"还是"少" …… 陈 章 /1.28
太阳"陨落"? ……… 隋世杰 /1.28
十万人超世界记录?
………… 谢礼波 /1.29
耶稣有几个门徒 …… 一 言 /1.29
"貂禅"和"荆柯" … 程翠仙 /1.29
"红娘"何曾嫁"李岩"
………… 兰 军 /1.30
"乱窜"岂能乱用 … 张广藩 /1.30
"二八妙龄"? ……… 村 友 /1.30
周瑜和孙权是连襟吗
………… 雪 荣 /2.16
谁乐水,谁乐山 …… 黄善邦 /2.16
英国没让菲律宾用英语
………… 一 言 /2.16
人死怎能回乡 ……… 村 友 /2.17
"经济人"应为"经纪人"
………… 谷士锴 /2.17
日本没有"外交部长"
………… 拾 谷 /2.18
刘伯温活到什么时候
………… 孤 闻 /2.18
《西游记》是"六才子书"之一吗

………… 石谷文 /2.18
"踢进……人球"? …… 杨济恩 /2.19
"望其项背"还是"望尘莫及"
………… 马志国 /2.19
"熊掌"怎么"宰杀"
………… 赵 华 /2.19
"不容置喙"与"不容置疑"
………… 杨公平 /2.20
父子变兄弟 ………… 何 兴 /2.20
"须眉不让男儿"?
………… 孤 闻 /3.12
文化程度怎么平均
………… 王道庄 /3.12
"妻儿满堂"? ……… 韩志柏 /3.12
"王羲之"与"两岸景色"
………… 杨程锦 /3.13
河内没有"总统府"
………… 一 言 /3.13
联"昧"主演? ……… 蒋半农 /3.13
"呀呀"学步? ……… 洪家模 /3.14
"光秃秃的森林"? … 王兆欣 /3.14
谁的"令尊" ………… 洪寿三 /3.14
"平方"是平方公里吗
………… 欧 震 /4.22
"一睹"岂能"熟视"
………… 匡立庆 /4.22
白崇禧是黄埔高材生吗
………… 一 言 /4.22
"殒落"? …………… 程 芳 /4.23
李安东案件发生于哪年
………… 村 友 /4.23

"友情于笃"? ……… 陈　放 /4.24
"新军"不是新四军
　　……………… 薄桂翠 /4.24
"梁山泊"与"梁山伯"
　　………………… 孤　闻 /4.24
"五一"节的第六天?
　　……………… 李树恩 /4.25
何谓"间不容发" …… 经吉夫 /4.25
长辈不可"收养" …… 何　兴 /4.25
"点寸成金"? ……… 福　康 /5.11
谁"蒙尘" ………… 陈广严 /5.11
"式微"地弥补? …… 胡君里 /5.11
"得病"还是"防病"
　　………………… 海　天 /5.12
青梅竹马? ………… 刘盛巍 /5.12
且慢"盖棺" ……… 王丁丁 /5.12
连续剧与系列剧……… 高　低 /5.13
康熙是清世祖吗?
　　………………… 一　言 /5.13
倒"记"时? ………… 单永玉 /5.13
45℃的酒? ………… 王从海 /6.21
"当今"不是"历史" … 高淑琴 /6.21
神行太保何曾穿马甲
　　………………… 白　京 /6.21
应是"金刚钻" …… 王德彰 /6.22
"高校征兵"? ……… 魏文俊 /6.22
"魔障"与"魔怔" … 汪德章 /6.22
"首开………先河"?
　　………………… 石维明 /6.23
有三位外国人参加长征
　　………………… 王树人 /6.23

"跳楼秀"? ………… 邱　川 /6.24
"试图"的误用 ……… 谷　村 /6.24
谁人雨巷抒情……… 木　桃 /6.24
那朱不是这朱……… 何培刚 /6.25
体积、面积不可比 …… 周依仁 /6.25
三个月的"徒刑"?
　　………………… 冯　斌 /6.25
何谓"皇家媒体" …… 宁源声 /7.13
朱熹是"明代大知识分子"?
　　………………… 张德民 /7.13
"省级逃犯"? ……… 李景祥 /7.13
"太子"只有一个 …… 张仁寿 /7.14
"玄祖父"? ………… 杜宝山 /7.14
"牛鞭"与"牛耳" …… 胡　亮 /7.14
"隔岸观火"和"瞎着急"
　　………………… 郑昼堂 /7.15
断句失误一例 ……… 李　靖 /7.15
院士不可乱封……… 家　木 /7.15
"泰鬥"乎 ………… 华　德 /8.15
"担任第一夫人"?
　　………………… 一　言 /8.15
"出动车辆50人次"?
　　……………… 王连杰 /8.15
"有口皆碑"的误用
　　………………… 张书斌 /8.16
"日籍华侨"? ……… 钱　行 /8.16
公私兼顾? ………… 吴　明 /8.17
戈培尔是英国人吗
　　………………… 何培刚 /8.17
年过花甲谈何"英年早逝"
　　………………… 村　友 /8.17

5

包公怎见放翁诗……… 一　言 /8.18	圆明园是谁烧的…… 陈　章 /10.19
莫把"首府"当"首都"	"醮水"还是"蘸水"
………………… 石谷文 /8.18	………………… 陈建舟 /10.19
"唐高宗宠着杨贵妃"？	"调任……任"？…… 河　流 /10.20
………………… 概拾谷 /8.18	是"绝意"而非"决意"
"最早的渊源"？…… 王德彰 /9.15	………………… 缪顺才 /10.20
行云流水？………… 谭国标 /9.15	应是"板荡识诚臣"
"伊人"可指男性　…… 贡树铭 /9.15	………………… 谷　村 /10.20
德彪西？瓦德西？	暂缓不起诉？……… 杨宗文 /11.14
………………… 一　言 /9.16	"休憩相关"？…… 陈　章 /11.14
"涓涓"不能形容"春雨"	"方圆"不能指面积
………………… 王心章 /9.16	………………… 一　民 /11.14
抽刀焉能断水……… 文　卿 /9.16	"就地镇罚"？…… 董再鸿 /11.15
鸟乎？兽乎？……… 洪家模 /9.17	伽利略何曾被烧死
"雅号"？………… 赵先宏 /9.17	………………… 谷士锴 /11.15
王冕何曾"官至宰相"	"劝阻"应为"劝说"
………………… 陆　贞 /9.17	………………… 王剑制 /11.15
隋代没有状元…… 王德彰 /9.18	谁跟谁有感情瓜葛
费解的"斡旋" 　赵增民 /9.18	………………… 周　锋 /11.16
"女式坤包"？……… 谷士锴 /10.16	"将在昨天释放"？
"年方及屏"？……… 余培英 /10.16	………………… 徐家德 /11.16
"几千年"？……… 柏乃冰 /10.16	"节省损失"？…… 苏高岩 /11.16
野猪林何来黑旋风	宵衣"肝"食？…… 江延滨 /11.17
………………… 一　言 /10.17	"部分售罄"？…… 李家伟 /11.17
"愈老愈弥健"？…… 陈建舟 /10.17	"李林"是谁　…… 嘉　韦 /11.17
毛泽东出国几次…… 村　友 /10.17	错误的"全家福"　…… 吴全鑫 /12.16
"国务院"还是"政务院"	"故先父"？………… 王　九 /12.16
………………… 石谷文 /10.18	孙悟空到底打不出谁的掌心
宁夏总面积最小吗	………………… 雷建民 /12.16
………………… 朱克华 /10.18	刘邦是安徽人吗…… 石谷文 /12.17
何谓"潜越"……… 赵增民 /10.18	孟尝君是赵胜吗…… 禹　疏 /12.17

七月初七？………… 朱行舟 /12.17
司马迁为李广受酷刑？
　………………… 孤　闻 /12.18
"披肝沥胆"？……… 王　九 /12.18
"一羹又一羹"？…… 寇　尔 /12.18
何来"处惊不变"…… 陆　如 /12.19
"群起而攻之我爹"？
　………………… 王　旭 /12.19

文 章 病 院

孔子卒年·布雷顿森林会议
　………………… 封常曦 /1.42
《辞海》中的黄浦江
　………………… 信　男 /1.44
洪承畴"偷吃饼干"？
　………………… 石斯仁 /1.45
文天祥是雕塑家吗
　………………… 张海铭 /2.31
"革故鼎新"岂能改为"革新鼎故"
　………………… 高蓬洲 /2.32
"时文"不是"时下之文"
　………………… 韩　府 /2.33
罗尔纲是胡适的"私淑弟子"吗
　………………… 陈宗德 /2.34
"略地"还是"掠地"
　………………… 喻圻华 /2.35
"屁"并非都是"臭"的
　………………… 黎贤红 /2.36
左路？右路？…… 余双人 /3.43
怎能为"日军"遗憾、伤感
　………………… 徐清白 /3.44
用词岂能拉郎配…… 谢礼波 /3.45
如此"老二"………… 王其伟 /3.46
"脉望"何物………… 庄际虹 /4.30
结婚岂能说成"结金兰"
　………………… 黄善邦 /4.31
"母性之库"？……… 夏　军 /4.32
"专科"何来"学位"
　………………… 程观林 /4.33
什么，"男色"？…… 公　简 /5.42
谁戴"绿帽子"……… 张维伟 /5.44
中国公民何处遭劫
　………………… 王玉玮 /5.45
何谓"添陪末座"…… 朱永宁 /5.46
何谓"友谊"………… 冀平泉 /6.30
"五脏六肺"说不通
　………………… 潘素芳 /6.31
"唧唧"与"卿卿"…… 陆　如 /6.32
"附庸风雅"是贬义词
　………………… 村　友 /6.32
宋徽宗不该乱吟诗
　………………… 谷士锴 /6.33
谁"接待"谁………… 邵　兴 /6.34
何来"矛盾文学奖"
　………………… 胡　哲 /6.34
"联合国"不是"国"
　………………… 朱红梅 /7.44
"五百县官下课"？
　………………… 刘相臣 /7.45
题也朦胧，文也朦胧
　………………… 文　非 /7.46

"再鼓余勇"自相矛盾

　　……… 王万岭 /7.47

人岂是"天物"

　　……… 陈晓云　鲍继湄 /8.28

叠床架屋的"天籁之音"

　　……… 夏　军 /8.29

管鲍并未割席……… 韩铁民 /8.31

女公主·陆军司令·揭竿而起

　　……… 谷士锴 /9.40

竟有如此《窦娥冤》

　　……… 逯心珍 /9.41

王溶和邓文？……… 孤　闻 /9.42

"白云边"不是酒名

　　……… 刘少雄 /9.43

"欸乃"非"吼声"……… 张万银 /9.44

"三日而省"？……… 李景祥 /9.44

"风雨如磐"能用于"校庆"吗

　　……… 居茂文 /9.45

不经一"咬"……… 范　萍 /9.46

何谓"坐大"……… 王兴宗 /10.32

莫把将军当才女……… 张兆前 /10.33

何谓"环宝"……… 黄韦韦 /10.34

"羽扇纶巾"者是孔明吗

　　……… 概拾谷 /10.34

"浇漓"是"浇淋"吗

　　……… 周建成 /10.35

楚霸王何曾"吸疮疗毒"

　　……… 石谷文 /10.36

"带着各种穷形尽相"？

　　……… 徐东杰 /10.37

"女富婆"之类 ……… 李　冲 /11.43

"老夫"不老 ……… 陈福季 /11.44

这句诗非毛泽东所写

　　……… 陈　双 /11.45

怎能"垂询"他人 ……… 孙永久 /11.46

别让黄兴出丑 ……… 一　言 /11.46

"风义古千"和"啸傲"

　　……… 王万里 /11.47

"落择"还是"落箨"？

　　……… 周建成 /12.31

"午门"还是"辕门"？

　　……… 概拾谷 /12.32

南北朝时何来东晋

　　……… 韩家铮 /12.33

谁纳儿媳为妻……… 谷士锴 /12.34

陶侃"运臂"干吗 ……… 薄桂翠 /12.35

"人面桃花"是"面若桃花"吗

　　……… 王本利 /12.36

谁是"高阳酒徒" ……… 一　言 /12.37

百　家　会　诊

省略号前后的点号如何处理？

　　……… /1.36

　纯属多余……… 赵　乙 /1.36

　大势所趋：不用 ……… 娄　底 /1.36

　顿号可省……… 李美仙 /1.36

　省略号是标号……… 孙　山 /1.37

　不要舍本求末……… 钱　翱 /1.37

　请看两个例句……… 陶廷桢 /1.38

　问号、叹号不可或缺

　　……… 宏　波 /1.38

句子是否完整……… 刘理忠 /1.38	得其所哉………… 侯新民 /3.36
冒号酌情处理……… 李 思 /1.39	这是一种"活用"
特殊语气 特殊处理	………… 吴早先 /3.37
周其五 /1.39	"曾经"扮演新角色？
以不省略为上策	………… 张谊生 /3.37
李 坚 /1.39	语法的和语义的
话说例外………… 吴 柳 /1.40	………… 郑泽宇 /3.38
一个点号足矣……… 郑维栖 /1.40	此"曾经"非彼"曾经"
"身份"还是"身分"？ /2.41	………… 李家君 /3.38
"身分"源远流长	典型的搭配不当
杨 光 /2.41	………… 郭 恒 /3.39
工具书一边倒……… 杨继光 /2.41	宽容，然而有度…… 朱文献 /3.39
"身份"应运而生	时尚的产物………… 曹世年 /3.40
立 青 /2.41	跨越"三道坎" …… 何令祖 /3.40
一对异形词………… 谢正军 /2.42	"惟一"还是"唯一"？ /4.42
华语圈"身份"占优	听其自然………… 周建成 /4.42
汪 贡 /2.42	"唯"比"惟"历史长
香港的"护边运动"	………… 鲁 昌 /4.42
汪惠迪 /2.42	"惟"字崛起和朱熹有关
天平在向"身份"倾斜	………… 邹玉华 /4.42
黄启庆 /2.43	"唯一"的浮沉 …… 史跃林 /4.43
一笔巨大的开支	优势从何而来……… 朱文献 /4.43
王 义 /2.43	"惟一"卷土重来
莫让"身份"成孤儿	………… 王 宪 /4.44
林利藩 /2.44	不必要、不在理、不合法
重新分工谈何容易	………… 刘 金 /4.44
苏培成 /2.44	自乱其例……… 郭洁如 /4.45
"身份"你大胆往前走	自相矛盾的《现汉》
罗 超 /2.44	………… 余 健 /4.45
能否说"曾经的男友"？ ……… /3.36	舍"惟"而取"唯"
践踏语法规则……… 文 非 /3.36	………… 曹理文 /4.46

冒号究竟管多宽? ……………/5.38
 一种常见病………邱振宝/5.38
 "危险"后面应是句号
 ………………张福祥/5.38
 避免尴尬的三种方法
 ………………王惠明/5.39
 改用句号大可不必
 ………………王国锋/5.39
 以不造成歧义为限
 ……………………李 聿/5.39
 《毛泽东选集》中的一个例句
 ………………魏虹波/5.40
 可以管到分号………高东升/5.40
丛书名称用书名号还是引号?
 ……………………………/6.39
 混乱现象一瞥………王国锋/6.39
 不能厚此薄彼………傅满义/6.39
 大势所趋……………王惠明/6.40
 保持标点的连贯性
 ………………李美仙/6.40
 书名号外别无选择
 ………………李平明/6.40
 剖析一份文件………黄鸿森/6.41
 用引号自有道理
 ……………………白 洁/6.42
 不宜一刀切…………林利藩/6.42
 "丛书"二字的位置
 ……………………洪 生/6.42
"想象"还是"想像"? ………/7.38
 1986年是分界线
 ……………………吴 华/7.38

 一桩历史公案
 ……………………顾 豪/7.38
 理应恢复"想像"
 ……………………宋桂奇/7.39
 "想象"更有通用性
 ……………………萧模艳/7.39
 "象"实"像"虚 ……杨永军/7.40
 尊重专业用字习惯
 ……………………温珍琴/7.40
 想起了韩非子………蔡 建/7.40
 何必走回头路………解志雄/7.41
 "想象"比"想像"合理
 ……………………匡 吉/7.41
 结束混乱……………周 延/7.42
"百年诞辰"还是"诞辰百年"?
 ……………………………/8.37
 捍卫语言的严肃性
 ………………孙 建 刘云/8.37
 要力挽狂澜…………陆俭明/8.37
 两种结构都有问题
 ……………………隋世杰/8.39
 纪念·诞辰·一百周年
 ……………………刘大为/8.40
 三点意思……………邢福义/8.43
 不必整齐划一………何令祖/8.43
 "诞辰百年"逐年增加
 ……………………邵敬敏/8.44
 历史的启示…………张 斌/8.46
"惊爆"还是"惊曝"? ………/9.35
 赞成"惊爆" ………吴全鑫/9.35
 名不正言不顺………侯新民/9.35

着眼于"令人震惊"
……………… 郭圣林 /9.35
从音、形、义来考察
……………… 吴早先 /9.36
不如统一于"惊爆"
……………… 匡　吉 /9.36
应该各司其职……… 林利藩 /9.37
客观和主观………… 荣耀祥 /9.37
"惊爆""惊曝"先后有别
……………… 李海宁 /9.38
"惊爆"的新用途
……………… 邹亦言 /9.38

不完整引用，标点如何处理？
………………………… 10.43
　如果不能独立成句
………………… 孙怀伦 /10.43
　前面是冒号怎么办
　　　　　　李家君 /10.43
　句末不用标点…… 林仪辉 /10.44
　一般宜用省略号
　　　　　　　李　聿 /10.44
　不保留的和该保留的
　　　　　　　彭春芳 /10.45
　无奈的选择……… 顾　遥 /10.45
　《邓小平文选》的处理方法
　　　　　　　　江　舟 /10.46

人名用字能否简化？……… /11.33
　简化没商量……… 林仪辉 /11.33
　四个"钱钟书"… 杭志中 /11.33
　名人和法规……… 王　曲 /11.34
　岂能例外………… 王国锋 /11.34

想当然的"使用规则"
……………… 金　土 /11.35
想起"程十髪"… 王中原 /11.35
"一脉单传"还是"两房合一"
……………… 金世华 /11.36
保持姓名的稳定性
……………… 雷智勇 /11.36
教材是怎样处理的？
……………… 吴　华 /11.37
解铃还须系铃人
……………… 曹　忻 /11.37

"黑名单"可以这样用吗？
………………………… /12.42
　不应乱用……… 吴导民 /12.42
　到底是谁"黑" … 黄荣昌 /12.42
　"嚯——犯规！"
　　　　　　　杨　光 /12.43
　为"黑名单"喝彩
　　　　　　　王国锋 /12.43
　语言的灵活用法
　　　　　　　李玫莹 /12.44
　静观其变……… 魏鉴文 /12.45
　两种"黑名单"
　　　　　　　陈建舟 /12.46
　形同而义异……… 朱　原 /12.46

时 尚 词 苑

说"捣浆糊"的"捣"
……………… 魏　雨 /1.13
"本案"小议……… 陈　静 /1.15

美丽的"香格里拉"
　　………………… 陈　晨 /1.16
不尽"物流"滚滚来
　　………………… 金波生 /2.12
花花绿绿的"包装"
　　………………… 余双人 /2.14
"攻略"的来龙去脉 　金枺生 /3.7
人见人厌的"托儿"　 邬琳玲 /3.9
"第一时间"的源和流
　　………………… 高丕永 /3.10
《大话西游》与"大话"的流行
　　………………… 黄　清 /4.13
大事小事皆"速配"
　　………………… 高丕永 /4.15
褒义的"偶像"……… 邹　群 /4.16
"自摆乌龙"又一说　 金易生 /5.7
走近"玩家"………… 莫　蕾 /5.8
"拇指"也成"族"　 宗守云 /5.9
从"哈日"说到"哈盘"
　　………………… 高丕永 /6.11
"冲浪"小识 ……… 程　洁 /6.13
昨天的"妖"与今天的"妖"
　　………………… 于汇芳 /6.14
感受"阳光"………… 吴　琼 /8.10
刮来一阵"炫"风 … 于汇芳 /8.11
透视"透视"………… 郑　艳 /8.13
气死历史学家的"戏说"
　　………………… 庄　骏 /10.11
"挂牌"演变记 …… 广　马 /10.12
从北京"膀爷"说起
　　………………… 宗守云 /10.14

新成语"与时俱进"
　　………………… 高姜山 /11.18
扑通声声话"跳水"
　　………………… 庄　骏 /11.20
吸引人的"眼球" … 侯友兰 /11.21
诱人的"奶酪"…… 吴　琼 /12.11
"玩家"至少70岁
　　………………… 孔　渊 /12.13
"亲力亲为"源于DIY
　　………………… 金波生 /12.14

锁　定　名　人

沈万三生前有沈厅吗
　——读余秋雨散文札记之三
　　………………… 金文明 /1.8
陕西状元知多少……曾　史 /1.10
司马迁受"幽闭"?
　　………………… 鲁　萍 /1.12
西汉能看到甲骨文吗
　　………………… 封常曦 /2.8
李存葆笔下的三个典故性词语
　　………………… 宛　啸 /2.8
刘邦"屁股上"有七十二颗黑痣?
　　………………… 胡守贵 /2.11
王妹妹何来李哥哥
　　………………… 姚隼高 /3.15
由介词"于"引出的差错
　　………………… 闵　诚 /3.16
"劳燕"岂能"双飞" … 戈春源 /4.9
虎臣就是姓虎……… 娄可树 /4.10

舒婷成语用字两误
　　………………田之雨/4.11
雨果能参加"法国大革命"吗
　　………………省　庐/4.12
"神奇"的土地　孙景龙/6.8
此鼎非彼鼎………汪明远/6.9
金圣叹非大明忠臣补说
　　………………金文明/6.10
一台时间的搅拌机…黄鸿森/8.7
《论语别裁》二误…谷士锴/8.8
董桥与"云南知府"
　　………………黄有宾/10.9
李敖误解李商隐…邹亨昌/10.10
韩信往河里投过金子吗
　　………………村　友/12.8
"寿星"究竟多大岁数
　　………………三　水/12.9
"苍山四皓"？…金　甲/12.10

辨　字　析　词

说"刺"谈"刺"　潭　人/1.25
"羊蝎子"为何物　安鸿逵/1.26
"差胜"应作何解　张若牧/1.27
"入闱"和"入围"　盛书刚/2.21
"刹那"与"霎时"　岳泽和/2.23
"阴鸷"和"阴鸳"　周照明/2.24
且说"众志成城"　陈璧耀/7.20
"守望相助"的新生
　　………………金文明/7.21
"阁""闫"的历史和现状
　　………………孙中运/9.19
何谓"筛酒"　乐于时/9.22
说"箸"道"筷"　刘保富/9.23
"颖""颖"要分清　张子才/12.26
"籍籍""无名"拉郎配
　　………………金文明/12.27
"排忧解难"和同形词语
　　………………王　简/12.29

百　期　贺　语

百尺竿头更进一步……李行健/4.4
咬文嚼字要与时俱进
　　………………张　斌/4.6
生机勃勃的刊物……濮之珍/4.7

我与《咬文嚼字》

惊喜………………李子健/4.26
赢到牛肉火锅……唐　育/4.27
胜似老年大学……董鸿毅/4.28
"雾里看花"让我"大海捞针"
　　………………凌　大/4.29
圆我文章出国梦……姜洪水/5.23
家长会上扬眉吐气
　　………………杨建千/5.24
世界之颠喜相逢　尚依刚/5.25
帮你高考长分数　荣耀祥/5.26
九三老人独白……陈同年/6.26
知名·知人·知刊　石东海/6.27
反"咬"一口　王中原/6.28

不打不成相识………… 赵昌春 /6.28
底气何来？………… 方　义 /7.16
我是个老"啄木鸟"
　………………… 杨家宽 /7.17
作家让我改文章
　………………… 吴振慈 /7.18
只有一个字………… 萧　斌 /7.19

追 踪 荧 屏

"美人鱼"就是海牛吗
　………………… 赵昌春 /3.33
不该用"当机立断"
　………………… 村　友 /3.34
"不亦乐乎"的"乐"怎么读
　………………… 严　修 /3.35
瞧这一家子………… 荆　州 /5.27
"伯伯"怎么读　蔡福毅 /5.28
明朝有几个皇帝…… 村　友 /5.28
"妇好"非"富豪"… 赵　亮 /5.29
魏明伦误说"宫保"
　………………… 赵隆生 /6.16
"皇榜"还是"黄榜"
　………………… 陈璧耀 /6.17
皇太极是"四哥"吗
　………………… 黄文健 /6.19
应是"钧座"…… 石谷文 /6.20
"己亥"和"庚戌"…… 郭殿忱 /6.20
"匠石"是石匠吗 … 周　标 /8.19
"华佗在世"？
　………… 孙　建　刘　云 /8.20

《失乐园》"失"在文字
　………………… 顾　豪 /8.21
"成婴"和"金鎞箭"
　………………… 谷　村 /8.22
从曹丕不识字谈起
　………………… 曲晓明 /9.24
"寅夜""徒然"之类
　………………… 张德民 /9.25
曹操所杀何人… 王彼德 /9.26
大学士读白字…… 雅　峰 /9.26
诸葛亮到上海找谁
　………………… 王　爻 /9.27
标准答案不标准…… 杨庆铎 /10.21
"万乘"的"乘"读"chéng"吗
　………………… 赵　茹 /10.22
治白血病的是 gān 细胞吗
　………………… 盛祖杰 /10.23
何来"邮船部"　李荣先 /10.23
不要让剧中人蒙羞
　………………… 雷长怡 /12.20
六合路不读 Liùhé Lù
　………………… 王汉山 /12.21
便溺之"溺"读 nì 吗
　………………… 汪武生 /12.22

有 此 一 说

时间基点的错位…… 苏培成 /1.31
"泰山"三说…… 凌　大 /1.33
倒贴"福"字的由来
　………………… 张国学 /1.35

"明月"和"斜阳"怎能同时看见
　……………… 马君骅 /4.18
"馨竹难书"的另一面
　……………… 王忠贤 /4.19
"钻木取火"质疑 …… 孙永亮 /4.21
"混账"应是"混帐"
　……………… 田子镒 /5.34
试说"扬长" …… 周云汉 /5.35
解疑还须"金大侠"
　……………… 周　霄 /5.37

词 语 春 秋

"四海为家"的真相
　……………… 宣炳善 /2.37
"著作等身"的由来
　……………… 倪培森 /2.39
学生为何称"桃李"
　……………… 黄文杰 /2.40
何时"破天荒" …… 顾云卿 /3.25
"星期"的由来 …… 雁　寒 /3.27
也谈"'寿比南山'的由来"
　……………… 曾　史 /10.27
"卿卿"由来趣说
　……………… 倪培森 /10.29
"书法"的启示 …… 刘志基 /10.30

借 题 发 挥

好一个"打"字 ……… 裘　山 /7.4
"压塌"什么? ……… 洪家模 /7.5

"杀人狂"能"发"吗?
　……………… 郑卫民 /7.6
不伦不类的"化安夷"
　……………… 吴　铭 /7.7
"惹人怒"的是谁 …… 冬　冬 /8.25
"呼呼"危机? … 胡天霞 /8.26
不能乱"狂"一气
　……………… 费　周 /8.27
"申花"无须"弹冠"
　……………… 黄文健 /9.8
"安危"怎能被"进逼"?
　……………… 王　莉 /9.9
该不该"操戈"? ……… 裘　玫 /9.10
上了"面包"的当 … 张紫欣 /10.24
"德比"为何要"免票"
　……………… 黄文雯 /10.25
"责成谁家"作何解
　……………… 余　点 /10.26
"不名小将"? …… 曹　历 /11.11
吓人的"公告" …… 杨　波 /11.12
"刘晓庆"能拍卖吗?
　……………… 谢　刚 /11.13
何来"东郭狼" …… 李　坚 /12.23
孙悟空戴的是"紧箍咒"吗
　……………… 黄文雯 /12.24
应是"各行其是" … 王　文 /12.25

百 科 指 谬

也说"奉天承运皇帝诏曰"
　……………… 王卫东 /5.30

"青旗"不是茶叶 ……娄可树 /5.31
顾颉刚的老师………… 黄 东 /5.32
"参加三大革命运动"？
………………… 丁 定 /5.33
诸葛亮与诸葛恪是兄弟吗
………………… 周益新 /6.44
五星红旗何时问世
………………… 一 言 /6.45
李闯王没看上陈圆圆
………………… 概拾谷 /6.46
美国何来"战争部长"
………………… 孤 闻 /6.46
"命妇"之类 ……… 张若牧 /11.23
女王伊丽莎白？……村 友 /11.24
并蒂莲、睡莲、午莲
………………… 俞惕然 /11.25
居里夫人与诺贝尔奖
………………… 孤 闻 /11.25
"渠"和"伦敦" ……江秉福 /11.26

教 材 扫 描

"船背"在哪里 ……黄自怀 /3.28
"冰窖"不是"地窖"
………………… 黄新宇 /3.29
关于"争渡" …………孙立新 /3.30
俞伯牙的焦尾琴？
………………… 俞敦雨 /3.31
乐山大佛坐落何处
………………… 林 廉 /3.32
误用"责无旁贷"

………………… 陈志祥 /3.32
从"忍"说开去
………………… 闫会才 /7.27
"翼蔽"和"督过"
——语文课本《鸿门宴》误注二例
………………… 张志达 /7.28

探 名 小 札

"秭归"得名趣谈 ……赵增民 /7.24
"雷峰塔"的由来 ……孙章埂 /7.25
《指南录》书名的含义
………………… 曹 明 /7.26
"曲院风荷"和康熙写别字
………………… 毛 弯 /8.23
"罗稷南"的由来 ……张兆前 /8.24

碰 碰 车

此"时文"非彼"时文"
——与韩府先生商榷
………………… 周建成 /5.14
"锻刀"种种 ………梁延学 /5.16
"享年二十有八" ……丛国林 /5.17
"继续"不误 ………任 瑞 /7.34
想起了"首鼠"问题
——也谈"扬长而去"
………………… 崔雅鸿 /7.35
再谈"略地"还是"掠地"
——与喻圻华同志商榷
………………… 朱云雷 /9.28

也说"走狗" ………… 葛清江 /9.29
男子也可送秋波
………………… 汪明远 /9.30

语 坛 掌 故

"全聚德"的"德"字
………………… 吴沛智 /7.30
胡适治印………… 马仲全 /7.31
储罐应对建大桥…… 殷宝盈 /7.32
张恨水的补白……… 小 曾 /7.32
"大师"变"大帅" …… 益 明 /7.33
谭鑫培临场应变
………………… 张秀莲 /7.33
巧联拾趣………… 雷 刚 /11.39
妙语巧答二三题…… 文 田 /11.41

汉 字 神 聊

话说"嫖"字 ………… 徐 慧 /4.39
奇妙的表音功能
…… [斯里兰卡]达默迪纳 /4.40

一 字 难 忘

别字引出的亲情……… 汪兆龙 /9.31
昊·晟·旻的故事…… 李祖贵 /9.32
害人不浅的"他巴唑"
………………… 林尚碧 /9.33
"放心"与"不放心"
………………… 赵志伟 /9.34

十 字 街 头

"基尾虾"
——菜单上的错字之一
………………… 楚山孤 /11.31
话说"川崎" ……… 福 康 /11.32

向 你 挑 战

长风破浪会有时
——出版改革座谈会侧记(试卷)
………………… /1.46
望文生义知多少(成语改错)
………… 田思芳设计 /2.46
《长风破浪会有时——出版改革座
谈会侧记(试卷)》参考答案
………………… /2.47
主角是谁………… 孟 吉设计 /3.47
《望文生义知多少》参考答案
………………… /3.48
组装成语………… 关仁山设计 /4.47
《主角是谁》参考答案 …… /4.47
一封未写完的信……… /5.47
《组装成语》参考答案 …… /5.48
找病句…………………… /6.47
《一封未写完的信》参考答案
………………… /6.48
古诗扩成语……… 成 山设计 /7.48
《找病句》参考答案 ……… /7.48
"引文"中的别字

17

················· 顾　豪设计 /8.48
《古诗扩成语》参考答案 ····· /8.48
由诗句猜诗题
················ 傅望华设计 /9.47
《"引文"中的别字》参考答案
································· /9.48
读联猜谜········ 熊晋勋设计 /10.48
《由诗句猜诗题》参考答案
································· /10.48
一分钟指错····· 仪　敏设计 /11.48
《读联猜谜》参考答案 ······· /11.48
谈"天"说"地"
················ 李　燕设计 /12.48
《一分钟指错》参考答案
································· /12.48
《谈"天"说"地"》参考答案
································· /12.10

语　丝

落款雅趣············ 马仲全 /1.7
绝妙的数字诗········ 朱　铭 /1.11
陈寅恪巧作"防空联"
··················· 周德茂 /1.26
讽贪官联············ 王国锋 /1.34
知府考皇帝·········· 殷宝盈 /1.41
辜鸿铭敬祖·········· 曹　阳 /2.13
"危害民国"？········ 李广华 /2.24
"辞呈" ············ 赵增民 /2.27
毛泽东给程思远取字
··················· 刘爱护 /2.30

半联敲开总督府······ 孙　晓 /2.36
萧伯纳的婉讽········ 江　舟 /2.38
夏"鼎"同志?········ 孙桂民 /3.6
测试················ 仇　冈 /3.24
中西合璧············ 赵增民 /3.26
镜花水月············ 艾　笑 /3.42
郭沫若的"剥皮诗"
··················· 郑友消 /4.20
姜昆小学作《"商"字诗》
··················· 顾建国 /4.29
巧妙的"无情对" ····· 李人凤 /4.33
《红楼梦》中的人名
··················· 陈振东 /4.38
"借东西"············ 宗　源 /5.29
"翰林"巧对"和尚"
··················· 孙　晓 /5.36
"柴米油盐酱醋茶"···· 草　木 /5.43
"人生"的定义········ 晓　秋 /6.7
数字巧喻农具········ 姜洪水 /6.12
雨果的无字信········ 唐　山 /6.27
最早的"座右铭" ····· 陈小平 /6.29
精短的剧本·········· 刘金海 /6.38
观钓················ 顾　豪 /6.45
"士卿""作贼"而"死"
··················· 陈　章 /7.19
"觉哉"对"退之" ····· 王培焰 /7.31
道德可靠············ 一　川 /7.37
板桥六十自寿········ 邱　天 /8.9
汾酒广告············ 郭　林 /8.14
大解脱·············· 罗永宝 /8.26
木器时代············ 王德兴 /8.27

18

周恩来改标语…………曹思彬 /8.36
"逮着了吗?"……………顾 豪 /9.6
张家男女………………尽 文 /9.21
"门内才"和"马旁主"
　　………………………李振德 /9.22
"水"和"酒"………………陈 章 /9.34
四字重叠成佳联
　　………………………王中原 /9.39
杜三烟……………………柯 桥 /10.37
鲁迅梁实秋"咬文嚼字"打笔仗
　　…………………………晓 秋 /10.41
"前""后"妙喻 ……王培焰 /10.47
鲁迅制谜………………张秀莲 /10.48
纪晓岚打趣状元郎
　　………………………葛青江 /11.10
代儿挽母………………殷宝盈 /11.19
妙联惊贪官………………雁 寒 /11.26
庸医"吉生"……………陈立早 /11.32
接字诗…………………才书春 /11.42
"中书君什么东西"
　　………………………葛青江 /12.7
我和莫扎特………………亦 言 /12.22
哑对……………………孙建国 /12.30
一年和一天………………顾 遥 /12.33

雾 里 看 花

"包办婚姻"? ………张在明 /2.封二
"砍头房"? ………刘五柳 /3.封二
《"包办婚姻"?》解疑
　　……………………………/3.封二
离奇的商城………叶建松 /4.封三
《"砍头房"?》解疑………/4.封三
老人多少钱一斤?
　　………………………邵 竞 /5.封二
《离奇的商城》解疑 /5.封二
"座机"何机　汪建军 /7.封二
《老人多少钱一斤?》解疑
　　……………………………/7.封二
此店何店………胡荆州 /8.封二
《"座机"何机》解疑 /8.封二
加风补呔?………陈振华 /9.封二
《此店何店》解疑 ………/9.封二
何为"阳光冰洗节"
　　………………………叶建松 /10.封二
《加风补呔?》解疑 ………/10.封二
"备景弗"?
　　……马文胜 袁万茂 /11.封二
《何为"阳光冰洗节"》解疑
　　……………………………/11.封二
卖军火?………郭昭塘 /12.封二
《"备景弗"?》解疑……… /12.封二
《卖军火?》解疑……………/12.40

有 照 为 证

"工众"? …………王 玮 /1.封四
何谓"腱身" ………纪 珉 /1.封四
篮球与"蓝"无干
　　………………………刘东舜 /2.封四
别给赣文化"加水"
　　………………………曹和澄 /2.封四

19

严禁什么…………宋长樟/3.封四
"停车出"?
　………贺华婷　孙国华/3.封四
卖水货的服装店
　……………………郝建国/4.封四
"白猫"成病猫　…杜宝山/4.封四
西湖中的错字………纪　梅/5.封四
何为"燃销"………朱黎平/5.封四
"保暖内衣"谁会穿?
　……………………刘海峰/6.封四
"童子骨"也能出售?
　……………………萧晴初/6.封四
岂可"拐骗女工"
　……………………陈　郴/7.封四
"署促"?………李玉焕/7.封四
"瘸腿"的店招　…芫　崧/8.封四
"众志成诚"?………柯中明/8.封四
到底谁可攀登?
　……………………常德林/9.封四

不能如此"风雅"
　……………………汪建军/9.封四
何为"疗成"……钱建平/11.封四
"托车"?…………王　玮/11.封四
岂能如此除恶……李扬林/12.封四
"创"什么?………王　枰/12.封四

其　他

新年老话……………编　者/1.封二
庆祝《咬文嚼字》出版100期研讨会
　报道………………/6.封二、封三
为城市洗把脸(征文)
　………………编　者/7、8.封三
2003年荣誉校对名录
　……………………编　者/合.1
《咬文嚼字》的三道防线(代跋)
　……………………郝铭鉴/合.2

YAOWEN-JIAOZI

咬文嚼字

2003年第1期

上海文化出版社

新年老话

又是一年春草绿。

值此新年来临之际,本刊全体同人向新老读者朋友、作者朋友,致以诚挚的节日问候。

在新的一年中,"语文门诊"一栏将一分为四:

"锁定名人":名人是一个时代、一个社会的代表。名人的作品具有特殊的辐射力。"锁定名人"对于语文规范来说,相信能收到事半功倍的效果。

"追踪荧屏":在现代人的生活中,电视是难以抗拒的。因为材料难以核实,本刊过去对荧屏总是"手下留情",今年将会改变这一局面。中央电视台无疑是主攻目标。

"文章病院":这所"病院",是语坛前辈叶圣陶当年在《中学生》杂志上开设的。本刊愿意继承这一传统,凡书报刊等出版物中的语文差错,将由这所"病院"收治。

"十字街头":这是本刊的传统栏目,今年将恢复。凡街头巷尾、橱窗摊档等处发现的目标,本栏将全力关注。为了增加可信度,尽量附照片。

本刊之所以作这样的调整,是为了加大咬嚼的力度,强化本刊的特色。我们期待着读者朋友、作者朋友的大力支援。

"苔痕上阶绿,草色入帘青。"《咬文嚼字》依旧是一棵小草,在阳光下摇曳,在春风中歌唱。我们愿以自己的生命的绿色,装点语文规范化的春天的园地。

编者

白头应聘

郭 炜·文
麦荣邦·画

路过一发廊,只见门口写着一则招聘广告:本发廊招收洗头公。这家发廊为何专招"洗头公"呢?莫非是"洗头工"吧。事涉商业机密,不敢多问。

目　录

卷首幽默
白头应聘………… 郭　炜　麦荣邦（1）

语林漫步
"续貂"两则 …………………………胡明扬（4）
从"撞"到"羞" ……………………李晗蕾（6）

锁定名人
沈万三生前有沈厅吗………金文明（8）
——读余秋雨散文札记之三
陕西状元知多少 ……………曾　史（10）
司马迁受"幽闭"？………………鲁　萍（12）

时尚词苑
说"捣浆糊"的"捣" …………魏　雨（13）
"本案"小议 …………………………陈　静（15）
美丽的"香格里拉" …………陈　晨（16）

过目难忘
最难忘的一句新诗……………………（18）
心中的"天平" ……………………袁　谀（18）
我爱"黑眼睛" ……………………若　木（19）
"达达的马蹄" ……………………秦玉兰（20）
美丽的夭亡……………………宫　玺（21）
永远善良……………………丁婵婵（22）
"别处"的魅力 ……………………朱　丽（22）
心中的"礁石" ……………………李大新（23）
外婆和妈妈…………………吴红霞（24）

辨字析词
说"刺"谈"剌" ……………………潭　人（25）
"羊蝎子"为何物 ……………………安鸿逵（26）
"差胜"应作何解 ……………………张若牧（27）

咬文嚼字
2003年1月1日出版
第1期
（总第97期）

主管：上海市新闻出版局
主办：上海文化出版社
编辑：《咬文嚼字》杂志社
E-mail：yaowenjiaozi@sina.com
电话：021-64330669
传真：021-64330669
邮购电话：021-64372608-291
地址：上海市绍兴路74号
邮政编码：200020
发行：上海市报刊发行局
订阅处：全国各地邮局
国内代号：4-641
ISSN1009-2390
CN31-1801/H
电脑排版：
　上海艺文激光电脑排版厂
印刷：上海中华印刷有限公司
广告业务：
　上海文艺广告传播中心
电话：021-64431400
广告经营许可证：沪工商广字
　3101034000029号
定价：2.00元

一针见血	"剪烛西窗"?	刘佳莹(28)
	"多"还是"少"	陈 章(28)
	太阳"陨落"?	隋世杰(28)
	十万人超世界记录?	谢礼波(29)
	耶稣有几个门徒	一 言(29)
	"貂禅"和"荆柯"	程翠仙(29)
	"红娘"何曾嫁"李岩"	兰 军(30)
	"乱窜"岂能乱用	张广藩(30)
	"二八妙龄"?	村 友(30)

有此一说	时间基点的错位	苏培成(31)
	"泰山"三说	凌 大(33)
	倒贴"福"字的由来	张国学(35)

百家会诊	省略号前后的点号如何处理?	(36)
	纯属多余	赵 乙(36)
	不要舍本求末	钱 翔(37)
	问号、叹号不可或缺	宏 波(38)
	特殊语气 特殊处理	周其五(39)
	话说例外	吴 柳(40)

文章病院	孔子卒年·布雷顿森林会议	封常曦(42)
	《辞海》中的黄浦江	信 男(44)
	洪承畴"偷吃饼干"?	石斯仁(45)

向你挑战	长风破浪会有时——出版改革座谈会侧记(试卷)	(46)

语丝	落款雅趣	马仲全(7)
	绝妙的数字诗	朱 铭(11)
	陈寅恪巧作"防空联"	周德茂(26)
	讽贪官联	王国锋(34)
	知府考皇帝	殷宝盈(41)

顾问 张 斌 濮之珍
主编 郝铭鉴
编委 李玲璞 何伟渔
　　　 陈必祥 金文明
　　　 姚以恩
特约编委
　汪惠迪（中国香港）
　田小琳（中国香港）
　林国安（马来西亚）
　吴英成（新加坡）

责任编辑 韩秀凤
发稿编辑 黄安靖
封面设计 宫 超
特约校读 王瑞祥
　　　　　 陈以鸿

语林漫步

"续貂"两则

胡明扬

20世纪70年代北京一家报纸收到一篇稿件,作者在末尾附言"拙作似未完,请编辑代为狗尾续貂",编辑看了真是啼笑皆非。稿子当然没法采用,而这"附言"一时传为笑话。我读了《咬文嚼字》有些话想说,因为看到里面的文章虽然很短,但却能以小见大,别具慧眼,笔者自惭浅陋,所以只能算作狗尾续貂。

"砍大山"还是"侃大山"?

《咬文嚼字》2001年11期25页有一篇金文明先生的文章《说"侃"》,文中说道:"最近十多年来,'侃'字除了形容词义外,又出现了新的动词意义:闲谈,闲扯。"我在这里提供一点背景情况。"砍大山"是北京土话,也是上世纪70～80年代北京青少年中间的流行语。1988年我和我的一个研究生对北京青少年(14～25岁)流行语作过一次调查,调查结果发表在《语文建设》1990年第1期。我们问过不少调查对象:"为什么叫'砍大山'?什么意思?"他们不约而同地回答说:"就那么东一榔头、西一棒槌瞎砍呗!"所以他们都写成"砍大山"。1985年商务印书馆出版的陈刚先生编的《北京方言词典》144页就收了"砍大山",注为:"高谈阔论(带有吹牛意味)。"

大概在1990年前后,《北京晚报》也登载了有关北京土话"砍大山"的小文章,不久有人在该报的"百家言"栏目发表文章,说"砍大山"的"砍",本字应该是"侃",还举了元曲的例子作为书证,可是元曲上的"调侃"指的是"用言语戏弄、嘲弄"的意思,跟"瞎扯"不是一个意思。这位作者更没有提供任何其他证据来证明"侃"是"砍大山"的"砍"的本字。可是,因为这位作者是一位颇有影响的文化人,虽然他的文章在我看来并不能自圆其说，但还是引起了广泛的关注，甚至可以说是一锤定音，从此《北京晚报》把"砍大山"都改成"侃大山"，其他刊物又很快一体遵循。其实"考本字"是不太容易的，有些人并不太懂"考本字"是怎么回事，不过是想求"古雅"而已，"侃"字到了20世纪90年代并没有突然出现动词意义，有人以"侃"代"砍"，我看是想当然耳。不过，正如《说"侃"》的作者说的，"砍大山"写成"侃大山"也有好处，因为"砍"是一个常用字，容易有歧义，如"他又在那儿砍了"，究竟是"又在砍柴"了，还是"又在胡扯"了？起用一个死了上千年谁也不用了的"侃"字就不会引起误会，也可以说是废物利用，何乐而不为呢？所以我也不反对。不过要说"本字"什么的，那就实在不敢苟同。

上海人嘴里的"乡下人"和"乡下"

《咬文嚼字》2001年11期12页有一篇崔继锋先生写的文章《南通不是"乡下"》，批评赵丹的女儿赵青把回南通过年说成"从城里到乡下"过年。我不清楚崔先生是哪儿人，是什么时候到上海的，很可能他对上海的历史缺乏足够的了解。其实在上个世纪的三四十年代，"大上海主义"是很有一点市场的。不少上海人只认自己是"城里人"，而把外地人统统叫做"乡下人"。南通地处苏北，更是上海人最瞧不起的地方。就是其他大城市跟上海比，在某些人眼里，恐怕也只能算是"乡下"！赵青跟她父亲是在上海长大的，说回南通是"从城里到乡下"，一点不奇怪。可以批评这种历史遗留下来的"大上海"意识，可是赵青并没有犯语言文字表达方面的错误。

大概是在20世纪40年代，全国处于水深火热之中，烽火连天、百业凋敝、民不聊生，但是在帝国主义租界特权庇护下沦为孤岛的上海却在经济上发展到了鼎盛阶段，当时连不少普通的日本人也向往这东方的巴黎，也要到上海来观光。就在这样的历史背景下，有些上海人自我膨胀，把上海以外的中国人都叫成"乡下人"，把上海以外的中国其他地方都说成"乡下"，这就一点不奇怪了。

不过，为了避免误解，我在这里还是有必要强调一下，我说的是历史，是历史上的观念、意识在语言中残留的影响。今天的上海是改革开放的上海，上海人的胸怀日益开阔，目光日益远大，我们当然不能把历史和现实混为一谈。

从"撞"到"羞"

李晗蕾

语言是社会生活的摄影师，生活方式、价值观念、文化心理的变化，都会在语词中留下鲜明的时代烙印。社会流行语是当代社会生活的快照，我们可以从流行语所采用的表达方式中看出社会文化心理的时代特征。

中国人常说"民以食为天"，其实，中国人更注重"行"，自古及今"马、轿、车"都是社会地位和身份的象征；在当代，汽车拥有量的多少或许还是衡量一个地区经济发展水平的标准。不过，汽车也会给人们带来意想不到的灾难。开车的人最怕的莫过于两个字——撞车，于是汽车屁股上开始流行起"警示语"来。从一本正经的"保持车距""小心撞车"到嘻皮笑脸的"千万别吻我""老虎的屁股——碰不得"，真是五花八门。去年最为前卫的流行语恐怕是"我怕羞"。

"我怕羞"的含义当然是"我怕修"，不过也并不这么简单。最直接的车尾语要数"小心撞车"了，它是开车人对后面车辆的提醒和警告，话说得明明白白，没有任何修辞色彩，这在语用学上叫做直接言语行为。如同政府机关门前的"禁止停车"，候车室内的"请勿吸烟""严禁携带易燃易爆物品"一样，这种话说起来总给人以居高临下之感。

可是人的心理是复杂的，人人都惧怕车祸的惨状，谁喜欢让"撞车"两个字成天在自己的眼前晃来晃去呢？这种趋吉避凶的心理，使得人们在运用语言时总会有所禁忌有所避讳，于是便出现了委婉的车尾语，像"不要让我们因相撞而相识"之类，这在语用学上叫做间接言语行为。

然而"婉约"的警示语绝对震慑不了"豪放"的飙车族，于是有人变换心理视点，以汽车为说话人，模拟人的语气，用修辞手段"演义"车尾语。比如小汽车的车尾写道"千万别吻我，那很可怕""撞上来吧，我正需要一笔钱"；大型运输车的车尾写道"鸡蛋撞石头的结果是什么呢"；油罐车的车尾写道"老虎的屁股——碰不得"；小型豪华轿车的车尾写道"饶了我吧，你赔不起"。有的车尾语火药味十足，像什么"请和TNT炸药车保持一定距离""如果您急着进棺材，请超行"等等。

"我怕羞"正是在这类车尾流行

语的基础上产生的。从"撞"到"羞",中间经历了"吻"的阶段。"小心撞车"的心理视点是人,反映的是人与人之间的言语交际。"千万别吻我",运用了拟人的修辞格,变换了视点,由人与人的对话变为"车与车"的对话。从文化心理的角度看,这种视点的变换基于人们趋吉避凶、趋新求异的心理,这正是车尾流行语也是其他流行语产生的内在动力。

"吻",在中国传统文化观念中,是一个极其隐私的字眼,公开招贴是极不雅观的。"千万别吻我"这类车尾语,是故意用忌讳的字眼来威慑对方,一方面反映了社会心理中传统保守的一面,另一方面也可以看作是社会开放后,社会心理由保守变得开放起来的结果。"千万别吻我"以车拟人,以"吻"喻"撞",就把这种忌讳撞车的心理和现代开放的心理都生动地表现出来了。

"我怕羞"则比"千万别吻我"含蓄多了。从社会心理的角度看,它反映了一种向传统回归的心态,应该说,文明程度并不是与暴露隐私的程度成正比的,中国人的文化心理从根本上说还是含蓄的。从表达方式上看,"我怕羞"仍然是以车拟人,婉言撞车,同时"羞""修"谐音双关,更加含蓄。联系"千万别吻我"来看,"我怕羞"还是一种藏词,它的潜台词仍然是"别吻我"。这样简简单单的三个字,竟然一语四格:拟人、婉言、双关、藏词,实在值得玩味。小小的车尾语让我们看到了修辞技巧与文化心理的密切关系。

语丝

落款雅趣

马仲全

书画家吴湖帆一鼻孔常塞,求医问药无效,无奈之下,遂镌印章『一窍不通』自我调侃。另一位女画家周炼霞,一日视力甚差,作画全凭另一目,所镌一印即为『一目了然』。

李释堪书法颇佳,晚年移居上海,但因居沪时间不长,影响不大,故而上门求书者甚少,偶为人作书时便以『不值钱』之印落款。

有位叫胡朴安的文人,晚年中风,半身不遂,便以『半边翁』署名。

民国时期,卢溢芳与冯梦云合租一屋,刘半农为其题斋名『非驢非馬之室』,意为『卢』(盧)少马旁而不成驴,『冯』(馮)多两点亦不成马。

锁定名人

沈万三生前有沈厅吗

——读余秋雨散文札记之三

金文明

余秋雨先生在《文化苦旅·江南小镇》的第二章中写道：

我们的船在一个不小的私家码头停了下来，这个码头属于一所挺有名的宅第，现在叫做"沈厅"，原是明代初年江南首富沈万山（三）的居所。

余先生这段记实性的描写，明确无误地告诉我们：600多年前的江南首富沈万三，就住在这座位于周庄富安桥畔、南市街口的沈厅里。

接下来，余先生又写道：

进了沈厅大门。一层层走去，600多年前居家礼仪如在目前。这儿是门厅，这儿是宾客随从人员伫留地，这儿是会客厅，这儿是内宅，这儿是私家膳室……可以想见，当年沈宅门前大小船只的往来是极其频繁的，各种信息、报告、决断、指令、契约、银票都从这里大进大出……

凡是对于沈厅的历史有所了解的人，读了余先生这些浮想联翩、娓娓动听的话语，恐怕都会产生一种滑稽之感。要知道，在沈万三的生前，人们今天看到的沈厅还根本没有建造起来，你叫他怎么住进去？

让我们先来了解一下沈厅是什么时候建造的。根据近人陈益先生的考证，它原名敬业堂，由沈万三的后裔沈本仁建成于清乾隆七年（1742）。（见《中国第一水乡周庄》）这种观点，已为国内权威的古建筑专家所鉴定，并且得到了研究周庄历史的学者们的一致认同。在清人陶煦所著的《重辑光绪周庄镇志》中，也有比较具体的记载：

沈本仁，早岁喜斜游，所交者皆匪类。及父（周庄镇社仓长沈文渊）殁，人有言"不出三年必倾家"者。本仁闻之，

1—8

仍置酒，召诸匪类饮，各赠以钱而告之曰："吾父当为支持门户计，不能与诸君游也。"由是闭门谢客，经营农业，于所居大业堂拓创敬业堂宅，广厦百余椽，良田千亩，遂成一镇巨室。

这座典雅古朴的敬业堂，到清末被改为松茂堂，现代又定名为沈厅。陈兆弘先生在《寻找沈万三》一文中说：始建于清乾隆七年的沈厅，上距沈万三生活的明初已有300多年，"很难说和他有什么渊源。到这里来寻找真实的沈万三，显然也无补于事"。

上引历史文献和当代学者的论证足以说明：在沈万三生前，不可能存在沈厅这座建筑。他跟300多年后子孙所建的沈厅没有任何关系。

那么，沈万三的故居究竟在周庄什么地方？让我再根据明清文献提供的资料作一点简要的考证。

在今天沈厅第六进的楼里，挂着一副对联：

甲万户起南浔迁周庄江南聚宝
称三秀居东垞客金陵浜东藏银

这副对联向我们提供了一条重要的线索：沈万三的故居是在一处名叫"东垞"的地方。

东垞，旧时又名东蔡，位于周庄银子浜以东，目前正在开发的南湖旅游度假区内。在明清方志中，涉及沈万三故居的资料，主要有以下几条：

清章腾龙《贞丰拟乘》："至沈万三父沈祐从南浔(在今浙江湖州市东北)徙于东垞，[周庄]始辟为镇。""东庄地乃万三东仓废基，是其积粟处。东通住宅，西接银子浜，园亭、仓库互为联络。"

清陶煦《周庄镇志》卷二"第宅"："周庄以村落而辟为镇，实沈万三父子之功。当时镇西半皆墓地，人烟所萃惟严字一圩。其东南隅曰东垞，万三住宅在焉；西北半里许即东庄地及银子浜，仓库、园亭及住宅互相联络，其巨富气象犹可想见。""东垞在镇之东偏，过一水即青浦县，距镇西之属吴江者尚三里许。"又卷一"胜迹"："银子浜为沈万三园居，湖石尚存。"

据此，我们已可大体上得出当年沈万三故居所在的位置了。

相传在银子浜尽头的水下有一个古墓，其中埋葬着沈万三的灵柩。而在杏村附近也有一处墓地，墓主是沈万三的孙子沈庄。清人陈松瀛曾经到那里游览，写下一首《杏村吊沈仲荣(即沈万三)墓》的七言律诗，开头两句说："豪富曾同石季伦，村居东蔡溷齐民。"把沈万三比作西晋的巨富石崇(字季伦)，并且说他家住东蔡(东垞)的民宅之中。这也可以作为沈万三故居所在的一个旁证吧！

陕西状元知多少

曾 史

贾平凹先生在《老西安》一文中写道：

漫长的科举年代，整个陕西仅只有康海和王铎两个状元，据说一个还有后门之嫌。（百花文艺出版社《跨越百年的美丽》第299页）

根据我多年读书留下的印象，贾先生的说法显然是跟历史情况不相符的。于是，我找来了周亚非先生所著的《中国历代状元录》（上海文化出版社1995年版）一书，对此作了认真的查核。该书在"〔明〕康海"条下写道：

康海（1475—1540），字德涵，号对山，又号浒面山人、沜东渔父。武功（今陕西武功）人。明弘治十五年（1502年）壬戌科状元。

这段记载表明，贾先生所举的康海其人是明朝的陕西籍状元，说得完全正确。但是，另一位叫王铎的就有问题了。

在《中国人名大词典·历史人物卷》（上海辞书出版社1990年版）的"王铎"条下收列了两个人，一个是唐代太原的王铎，一个是明末清初河南孟津的王铎，他们都只是进士，不是状元，而且籍贯也不在陕西，应予排除。再查新旧《五代史》《宋史》和《元史》，均无"王铎"其人。最后又查朱保炯、谢沛霖所著的《明清进士题名碑录》，该书共收了四个"王铎"，其中只有一位考中明成化二十三年（1487）进士的王铎是陕西保定人，然而可惜的是，他中的仅为第三甲第七十四名，而状元应当是第一甲第一名。因此，所有的"王铎"没有一个是陕西籍的状元。不知道贾先生的说法，究竟根据何在。

以上只是问题的一个方面。如果再从另一方面来看，那纰漏就更大了。因为，经过我对《中国历代状元录》的逐条查检，发现自唐至清，属于陕西籍的状元，远远不止康海一个。现将查检所得，列表说明如下：

姓名	朝代	籍贯	状元及第年份	备注
刘 单	唐	岐山（今属陕西）	天宝二年 (743)	
常 衮	唐	京兆（今陕西西安）	天宝十四载 (755)	
柳公权	唐	京兆华原（今陕西耀县）	元和三年 (808)	
韦 瓘	唐	京兆万年（今陕西西安）	元和四年 (809)	
李固言	唐	凤翔（今属陕西）	元和七年 (812)	祖籍赵郡（今河北赵县），生于凤翔
寇 湘	五代后晋	华州下邽（今陕西渭南东北）	开运二年 (945)	北宋宰相寇准之父
杨 砺	北宋	京兆鄠县（今陕西户县）	建隆元年 (960)	北宋开国第一个状元
康 海	明	武功（今属陕西）	弘治十五年 (1502)	
吕 柟	明	高陵（今属陕西）	正德三年 (1508)	
王 杰	清	陕西韩城	乾隆二十六年 (1761)	
郭子仪	唐	华州郑县（今陕西华县）	开元初年	武状元

从上表可以看出，中国历代的陕西籍状元共有 11 人之多，其中文科为 10 人，武科为 1 人。贾先生落笔时，也许只凭自己的记忆，没来得及核对资料，所以才会有这样的谬误出现。

绝妙的数字诗

朱 铭

黄侃先生曾作过一首七律，题为「闺情」。诗中用了「一二三四五六七八九十百千万半双两」等数词，虽是游戏之作，但一气呵成，堪称佳作。诗曰：

一丈红蔷荫碧溪，
柳丝千尺六阑西。
二情难学双巢燕，
半枕常憎五夜鸡。
九日身心百梦杳，
万重云水四边齐。
十中七八成虚象，
赢得三春两泪啼。

司马迁受"幽闭"?

鲁 萍

李国文先生在《汉子精神》一文中写道:"司马迁也是一位失败者,受诬、冤狱、蚕室、幽闭,连做人的资格都丧失殆尽,唯有埋首在竹简中著书立说,苦度残年。"(引自《李国文散文》,浙江文艺出版社 2001 年 8 月版)

司马迁是不是一位失败者?本人与李国文先生的见解有大异,这是一个较大的题目,暂不展开讨论。但李文中司马迁受"幽闭"一说,却存在着明显的错误。

从《李国文散文》一书里,不难看出,作者是读过鲁迅先生的大量文章的,并多多少少受益于鲁迅先生。倘我的猜测无误,"幽闭"大抵也是从鲁迅先生那里"搬"来的,只是时日久了,"幽闭"这一极具中国特色的词语在李先生的记忆里便"朦胧"了起来。

鲁迅先生在《病后杂谈》一文里写道:"谁都知道从周到汉,有一种施于男子的'宫刑',也叫'腐刑',次于'大辟'一等。对于女性就叫'幽闭',向来不大有人提起那方法,但总之,是决非将她关起来,或者将它缝起来。近时好像被我查出一点大概来了,那办法的凶恶,妥当,而又合乎解剖学,真使我不得不吃惊。"(《且介亭杂文》)可见"幽闭"是施于女性的,相当于施于男子"次于'大辟'一等"的"宫刑"。

《辞海》"幽闭"一词的释文:"幽闭 ②古代断绝妇女生殖机能的宫刑",证明了鲁迅先生的"近时好像被我查出一点大概来了,那办法的凶恶,妥当,而又合乎解剖学,真使我不得不吃惊"之透彻准确。

另,据《书·吕刑》"宫辟疑赦"孔传:"宫,淫刑也……妇女幽闭,次死之刑。"这也足以证明李先生的司马迁受"幽闭"说之误。

1—12

时尚词苑

说"捣浆糊"的"捣"

魏 雨

"捣浆糊",一作"淘浆糊",是上海话的新流行语。上世纪90年代初期只流行于上海人的口语中,大约1994年开始进入书面语,在报刊上亮相,由于新闻媒体的传播,逐渐走向全国。

因为它原先是方言词,先口语,后书面语,所以有一段时间,写法很不一致,常见的有"捣浆糊""掏浆糊""淘浆糊"三种。《咬文嚼字》1995年第7期为此发表贺征的文章《沪上新语"淘浆糊"》,专门讨论三种写法的取舍问题。该文的结论是应当用"淘","非它莫属"。

这个结论完全正确。流行语"淘浆糊"用的是比喻义,可以用来说明某些人的言语或行为如同淘浆糊一般。而"淘浆糊"的本义指的是制作浆糊的过程。用面粉加沸水调制浆糊的时候,关键性的动作便是不停地搅动、和弄,使之成为均匀的糊状物。"淘浆糊"的"淘"就表示这个关键性动作。

为什么不能用"捣"?上海话的"捣"念作 dao,声母就是汉语拼音的 d(清辅音)。可是上海话中,这个关键性动作不念 dao,它的声母不是清辅音 d,而是浊辅音〔d〕(汉语拼音没有相对应的字母,这儿用国际音标来记)。既然读音不同,写成"捣浆糊"显然不准确。

为什么不能用"掏"?在上海话里,"掏"与"淘"的声母倒是相同的,可是意义截然不同。"掏"表示用手或工具探取东西(比如有些小说里写到的"掏鸟窝"就是将手伸进鸟窝里拾取鸟蛋或抓取小鸟)。这个动作跟调制浆糊的动作毫不相干。可见,若写成"掏浆糊",则是写了一个别字。

1—13

为什么应当用"淘"？理由是读音与意义都符合要求。动词"淘"在上海话中，主要用于三种组合：一曰"淘米"（将大米放在盛器中，加水搅动，以清除米糠等杂质）；二曰"淘旧书"（在旧书店堆积如山的书籍中上下翻动，寻觅自己要购买的书）；三曰"茶淘饭"（用热开水泡冷饭，拌匀后即可食用——这是上海人传统简易的"快餐"）。这三个"淘"的用法与"淘浆糊"的"淘"都有相通之处。如此说来，"淘浆糊"无疑是正确的写法。

因此，在上世纪90年代中期，能说地道上海话的作者，一般都写"淘浆糊"，不写"捣浆糊"。比如《解放日报》1995年6月13日刊载的沈敖大杂文《淘浆糊与"淘浆糊"》。

但是，我们发现，1997年之后，报刊上写"淘浆糊"的越来越少，写"捣浆糊"的却越来越多，多到几乎成了"一统世界"——有人戏称"捣浆糊现象"。例如：

（1）"捣浆糊"一词的滥觞揭示了社会转型时期是非标准在一些人中出现模糊和紊乱的实质。（《新闻报》1998年1月11日）

（2）由公家买单充电的公费生中"捣浆糊"混文凭的确实不少。（《青年报》2002年3月5日）

（3）米卢哈哈一笑，又捣起了"浆糊"。（《新民晚报》2002年4月26日）

这一语言现象值得我们语言文字工作者重视和研究。其中必有缘故！

一则，"捣"这个动词的义项之一是"搅"，它与调制浆糊时那个关键性动作多少沾得上边。这是"捣浆糊"写法最终站住脚的语义基础。

再则，许多写文章的人来自北方话方言区，不会说上海话，具体地说，不会读浊辅音〔d〕，只会读清辅音d。因此，上海话的"淘浆糊"，由他们念来，自然变成了"捣浆糊"。

三则，上海是个海纳百川的开放城市，外来人员特别多。上海的知识分子在正式的交际场合，都必须说普通话。一说普通话，"淘"的声母，即浊辅音〔d〕就定然"变音"，只能代之以清辅音d。习惯成自然，久而久之，上海文人的笔下，也写起了"捣浆糊"来了。

看来，"淘浆糊"变成"捣浆糊"的走势已经不可逆转，兴许会成为"以讹传讹"直到"约定俗成"的典型语例。几年前，我是赞成写作"淘浆糊"的铁杆派；但是事到如今，揆情度理，我也愿意投"捣浆糊"一票。

"本案"小议

陈 静

近几年来,随着房地产业的欣欣向荣,"本案"一词迅速蹿红。几乎所有的商品房广告的指示性地图中,都会在自己的楼盘所在地醒目地标上"本案"两字。另外,在居室装潢的介绍文字中,也常用此词。把某一套房或某一间房称做"本案",对这套房或这间房的设计就叫做"本案设计"。如:

本案设计:×××

本案由××装潢公司整体设计

在我国,"本案"一词一直是指"此案,这个案件"。如清代黄六鸿《福惠全书·刑名·遴捕役》:"若果能擒获本案真盗,绝不株连,则必尔赏。"

我们现在也常说"本案开庭审理""本案负责律师"。

"本案"现在的时髦用法与传统用法迥异。显然,它另有来源。究竟源自何方呢?偶然联想到日语"玄关"(进门处到正厅的小块地方)一词,"本案"也可能与日本当前的房产业有关。果不其然,在日本,凡广告上画了简单地图,指明该商场或商品房地点的,都在所在位置注明"本案"两字。由此可见,此词是由我国商品房广告商从日本当代词语中引进的。到了我国,又衍生出新的意义。

在日本,"本案"的这种用法也是近几十年才有的,属于流行语的范畴。翻检了多种日语大词典,解释大体相同:ほんあん[本案]〈文〉本案,本议案。引申为现在的意义并不难理解。"本"有"此、这"义项,如本公司、本地、本报、本市,日语当中也同样,如ほんし[本纸],本报,这个报纸。ほんろん[本论],这个论题。"案"本义是"几"一类的木制器物。《说文·木部》:"案,几属。从木,安声。"由此引申,用在文书方面则有文案,用在诉讼方面则有案件,这都与伏案工作有关。再引申下去,"案"的意义就变得较抽象,如个案、方案、案例,并不局限于法律意义上的案件。既然如此,"这个商店""这个楼盘""这个房型"都可以用"本案"来替代,用起来相当简捷。尤其在商品房广告的地图上,用"本案"两个字来表示"我们这个楼盘"等意思,既方便又醒目。所以,社会上很快流行开来。

溯其源流,"本案"原是我们汉语词语。留洋到了日本,产生了新的含义,然后,又以新面目回到中国。

美丽的"香格里拉"

陈 晨

读过英国詹姆斯·希尔顿写的《消失的地平线》的人,恐怕都会对"香格里拉"留下很深的印象。书中描写了一块美丽的世外桃源般的地方,住着以藏族为主体的数千居民,这个地方就叫做 Shangri-la。1937年,美国好莱坞根据希尔顿的小说拍成电影《桃源艳迹》,一曲动听的主题歌《这美丽的香格里拉》曾经广为传唱。与此同时,中国的海派音乐代表人物黎锦光创作了一首歌曲《香格里拉》,一时间红遍了上海,传遍了全国城乡,至今许多老年人还记得,甚至还会唱。

"香格里拉"是藏语。"拉"是坡(或山的通道)的意思。"香格里拉"就是"心中的日月坡",可引申为"世界的彼岸""人间乐园"等。在那里生活安详、宁静,没有战争、灾难和仇恨。这个美丽动听而又遥远陌生的名字,这个"世外桃源""伊甸园"的同义词,如同一个巨大的悬念,已经跟随了人类半个多世纪。无数的探险家、旅行家、民俗学者都带着各种好奇心先后到印度、尼泊尔、喀喇昆仑、西藏……去寻找香格里拉。但因所到之处与书中描绘的情景不一样,无不抱憾而归。当云南省于1997年9月郑重宣布,经过近一年来数位专家、学者的考察、踏勘和资料查证,证实"香格里拉"就在中国云南省的迪庆藏族自治州时,世人为之震惊。于是,"香格里拉"就成了迪庆的新称谓,吸引着国内外无数好奇的游客接踵而至。这个美丽的称呼也被赋予了无尽的遐想,并使好多人意识到了它潜在的商业价值。最早醒悟过来的迪庆州响亮地打出了"香格里拉"的品牌,去那儿旅游称作"香格里拉之旅",昆明到中甸的飞机叫做"香格里拉航线"。慕名而来的寻梦者使这块昔日静谧的高原喧腾起来。经国务院批准：2002年5月5日，云南省迪庆州的中甸县正式更名为"香格里拉县"。

如今，许多美丽宁静的旅游景地都可以喻称为"香格里拉"。如"稻城亚丁——真正的香格里拉，它沉睡在岁月的冰河，有着方圆7323平方公里的土地……"（新浪网分类信息2001年11月28日）"这就是香格里拉，到了，泸沽湖，世界上最后的女儿国到了！"（《泸沽湖湖畔女儿香》SOHU网2002年4月3日）"尼泊尔：异域的香格里拉"（《东方之旅》SOHU网2002年3月17日）。

显而易见，中甸捷足先登拥有了"香格里拉"的县名，这是可望升值的无形资产，这个美妙的名称将会带来更多的财富。根据《商标法》的规定，县级以上的行政区划的地名将不能作为商标注册，而已经注册的使用地名的商标继续有效。此前唤作"香格里拉"的品牌无疑占得了先机。"香格里拉"已是世界性专有名词，拥有这个商标的商品将受益无穷。著名的香格里拉酒店集团是世界旅游饭店业的名牌，38家连锁酒店遍布亚洲10国，中国的10多座城市都有香格里拉酒店。在互联网上，以"香格里拉"为键入名的网站多达几十个，相关网页更是数以万计，大部分与旅游有关。在云南，一种叫"香格里拉·藏秘"的青稞干红和干白葡萄酒裹挟着神秘的气息上市，据说是根据当年法国传教士的秘方酿制的。

近几年来，随着"香格里拉"的广泛运用，它常常成了某些美好事物与境地的代名词。例如：

（1）亦舒的一篇题为"黑羊"的小说中写道："随心所欲的生活，放肆的去爱，也许在越来越商业化的社会里，终究只是遥不可及的香格里拉。……依你看，大家都遁入香格里拉，岂非一了百了……"

（2）"《中国新民乐大全》——美丽的香格里拉"（SOHU网书城）

（3）"经过半年多的交往，我们结婚了，我的心灵仿佛进入了生命中的'香格里拉'，找到了可以一辈子相濡以沫的伴侣。"（木子书屋——《无梦的日子》）

具有异国情调的"香格里拉"，因其本身的自然美和人们对美好事物的憧憬，有了更美好灿烂的涵义。

过目难忘

最难忘的一句新诗

我难忘的一句诗,其实只是一个比喻:"生命的天平"。这个比喻出自韩瀚的《重量》:

> 她把带血的头颅,
> 放在生命的天平上,
> 让所有的苟活者,
> 都失去了
> ——重量。

这首诗是献给张志新烈士的。我难忘第一次读到它时心灵的震撼。"生命的天平"从此成了我心中的"天平"。

"她把带血的头颅,放在生命的天平上",烈士就义的惨烈,在这里诗化了。那景,庄严、肃穆、平静,如同参与一场重大的仪式,如同接受一个自信定能通过的检验,如同交一份申请书决心书,如同攥紧拳头举过头顶的宣誓……那形象,沉静、坚毅、果敢、高傲、轻蔑,有一点悲怆,还有一点凄厉,然而整体是秋叶凌霜般的静美,是气贯长虹般的壮美。那美让人想起"刑天舞干戚,猛志固常在"……

"让所有的苟活者,都失去了——重量",烈士牺牲的价值在这里量化了。"人固有一死,或重于泰山,或轻于鸿毛",生命的价值有轻重之分,古人已有经典性的描述。此诗妙在轻与重同在"生命的天平上"作零距离的比较,轻几何,重几何,给人以明确的量的概念,因而具有前所未有的震撼力。"天平"的一头是一个弱女子的"带血的头颅",另一头是不计其数的有头有脸的"苟活者"——其中大多是七尺须眉。两相对比,后者完全失去了"重量"——连"轻于鸿毛"的那点重量也没有。"重量"的悬殊与"体重"形成反比,耐人寻味,引人沉思。"千夫之诺诺,不如一士之谔谔","带血的头颅"是"谔谔"的代价,也是"谔谔"的极致!诗至此,已达高潮;读诗至

> 心中的『天平』
>
> 袁谳

我难忘的一句诗其实是一首诗：

> 黑夜给了我黑色的眼睛，
> 我却用它寻找光明。

我爱"黑眼睛"

若　木

这是顾城《一代人》的全部文字。每当我轻轻吟诵时，会有一种震颤的感觉。

"黑夜给了我黑色的眼睛"，诗人把"文革"那段黑白颠倒、人妖不分的岁月比做"黑夜"；"黑夜"里，黄钟毁弃、瓦釜雷鸣，正义无处伸张，真理遭到歪曲，人性备受摧残，一切都是阴沉沉的，见不到一丝亮色，看不见一点光明。"我"虽有一双眼睛，但因为四周黑漆漆的一片，到处是假、丑、恶，反射进"我"眼睛的都是"黑"的东西，于是，"我"的眼睛也就成了"黑色的眼睛"——一双见不到真、善、美的眼睛。

诗的震撼力不仅来自概括的深刻，而且还来自哲理的深沉。"黑夜"妄想蒙蔽住"一代人"的眼睛，结果却创造出了它的对立物——"黑色的眼睛"。"黑色的眼睛""寻找光明"，这是一种怎样的焦渴与抗争呀！黑与亮、暗与明，巨大的反差与对立，象征着强烈的冲突与搏击。从"黑夜"中叛逆出来的"黑色的眼睛"，对"光明"的期盼与吸收力又怎么是一般的眼睛所能企及的呢。

全诗虽然只有两句话，却是力重千钧。是呀，在黑暗的年代，在恶势力猖獗之际，有的人苟且偷生、不辨是非，有的人改弦易辙、同流合污，有的人为虎作伥、助纣为虐；而"我"所代表的"一代人"，则是觉醒着的一群人，铁骨铮铮，拒绝合唱，坚守理想与信念。叛逆不屈的性格是"黑色的眼睛"更深一层的内涵。"我却用它寻找光明"，这是一种表白，更是一种宣言，坚定有力、掷地有声。这样，"一代人"的性格特点也就清晰地显现了出来——坚决不屈服于恶势力，永远追求真、善、美。

面对"黑眼睛"，我们怎能不挺起自己的腰杆！

此，热血者当无不为之动容，而苟活者则必然无地自容。

此诗当为20世纪中国第一诗，我以为。

"达达的马蹄"

秦玉兰

当我想起"我达达的马蹄是美丽的错误"这句诗时,韵味、回想这样抽象的词语,顿时变得具体明白。诗人把一种难以言说的情绪,浓缩并弥漫在空气中,在我们的心头轻轻荡漾。对于郑愁予《错误》中的这句诗,张晓风曾如是说:四十年来像一支名笛,不知被多少人呜然吹响。

要品出这句诗的妙处,且让我们来回顾一下全诗:"我打江南走过",江南有个女子,"容颜如莲花的开落"。接下来便是这样五句:

东风不来,三月的柳絮不飞
你的心如小小的寂寞的城
恰如青石的街道向晚
跫音不响,三月的春帏不揭
你的心是小小的窗扉紧掩

这个女子不但是寂寞的,而且是封闭的。从小小的城,到小小的窗,越来越紧。然而,东风不来,柳絮不飞,跫音不响,春帏不揭……如此纷繁的意象,一个个扑面而来,而每一项都有一个"不"字,终于一笔连着一笔,渲染出了一个美丽而忧伤的故事:她在等待。表面心如止水,其实巨浪滔天。读到这里,让人有屏息静气之感,犹如读小说或电影剧本,预期高潮的降临。

诗的最后两句是:

我达达的马蹄是美丽的错误,
我不是归人,是个过客。

听到"达达的马蹄",在她的心头,该掀起怎样的欣喜!可这竟是一个"美丽的错误"!"达达"声还将远去,因为来者不是"归人",而是"过客"。大喜,大悲,波澜起伏,人生上演了多情而苦涩的一幕。这里让我们品味的,岂止是爱!

诗人用了"达达"这个象声词,这里既表示力度,又表示速度。诗中的女子是静的化身,她在静中倾听,远处的任何声响,都会引起她极大的关注,产生夸张的效果,"达达"正是她心情的反映;而"达达"的响又可和女子的静,在艺术上形成对比。同时,"达达"显示出一种离去的坚决,这是敲击人心扉的悲剧的鼓点。随着"达达"声的远逝,我们感受到的是心的紧缩。

美丽的夭亡

宫玺

我打心底喜欢何其芳早期的诗。他的语言融古典于现代,又有一种内在的音韵之美。我最难忘的一句新诗,便见于何其芳的《花环》。这里,且容许我引述一下全诗:

开落在幽谷里的花最香。
无人记忆的朝霞最有光。
我说你是幸福的,小玲玲,
没有照过影子的小溪最清亮。

你梦过绿藤绿进你窗里,
金色的小花坠落到你发上。
你为檐雨说出的故事感动,
你爱寂寞,寂寞的星光。
你有珍珠似的少女的泪,
常流着没有名字的悲伤。
你有美丽得使你忧伤的日子,
你有更美丽的夭亡。

此诗副题为"放在一个小坟上",是哀悼一个叫小玲玲的少女的,全诗弥漫着一种凄清的悲伤气氛。十二行诗,至少有八个佳句,而末句"你有更美丽的夭亡",尤其新颖美丽。

一般说,死亡是不幸的,是令人伤痛的;年轻生命的夭亡,尤其不幸,尤其令人伤痛。但何其芳在这里却赋予少女的夭亡以美丽。夭亡怎么会是美丽的呢?不用说,这少女的形象是美丽的,是多愁善感的,作者对她也是爱怜的。因此,作者以反常的言词表达了对少女之死无可奈何的惋惜之情。什么样的夭亡才是美丽的呢?我想它应该是忧郁的,而不是惨烈的。由此想到《红楼梦》里的林黛玉,林黛玉的死可谓是美丽的。

台湾诗人郑愁予的名诗《错误》中的名句"我达达的马蹄是美丽的错误",我想该是受到何其芳这首诗的启发吧?

永远善良

丁婵婵

安安有一首《祈祷词》，诗人在十分平和的诗句中，阐述了对善良的企盼和坚持。其中有一句是："受骗千回，也不养成铁石心肠。"当时读时，如遇电击，周身震撼，过去从未有过这种感觉；读后很长时间，仍被这句诗包围着，感动着，久久回不过神来。

受骗，当然不是好事情。一个人受了骗，理应从中汲取教训，如鲁迅先生所说："我们不再受骗了。"然而，诗人却说："受骗千回，也不养成铁石心肠。"这种不合逻辑的坚定和执着，当然不是鼓励受骗，而是要把诗人追求善良、坚持善良的"心"，表现得淋漓尽致。

诗中的"不养成"三字，尤为耐人寻味。开始我以为是一个排版错误，应是"养不成"而不是"不养成"，"养不成"读来要流畅得多。可静下心来一琢磨，才发觉"不养成"是点睛之笔。这三个字倾注着诗人更强烈的情感，对诗的主题有着更深刻的揭示。"养不成"是事物发展的客观结果，而"不养成"却是诗人的主观努力，这就是说，诗人将会坦然地面对任何结果，而把"善良"进行到底。

我还没有太多的人生经历。我不知道坚持善良，将会付出怎样的代价。但这句诗和我精神上有一种零距离的贴近，它让我的灵魂受到净化，我想说出来和大家一起分享这份感动和契合。

"别处"的魅力

朱丽

白天总在奔波，夜晚总在感伤，当夜色也掩不住寂寞时，有句诗就会蓦地跳了出来："生活在别处。"

说老实话，我已记不清原诗是怎样的一种表述，甚至记不清它的作者是歌德还是兰波，但这五个字却总是这么清晰，这么顽强。

就诗论诗，这是一个多义句："生活"可以是名词——我们的生活永远在梦想以外的地方；也可以是动词——我们应该生活在另外一种状态中。诗的语言就是这样，一个平常的词

心中的"礁石"

李大新

艾青写过一首小诗《礁石》：

一个浪，一个浪，
无休止地拍过来
每一个浪都在它脚下
被打成碎沫、散开……

它的脸上和身上
像刀砍过一样
但它依然站在那里
含着微笑，看着海洋……

这首诗的最后一句"含着微笑，看着海洋……"已成为我的座右铭。

艾青一生中遭遇了太多的坎坷，但他复出后，依旧为祖国和人民引吭高唱。他曾说过："我是乐观的，也是达观的。一辈子不知道摔过多少跤，摔倒了自己爬起来"，"我即使一边流血，一边也还笑着"。《礁石》不正是诗人的自画像吗？它展示了诗人的胸襟、意志和人格，有着钢铁般的沉甸甸的重量。

我之所以难忘这一句诗，和我个人经历有关。1978年"平反"以前，我背着家庭出身的包袱，戴着"中右分子"的帽子，一有政治运动，便进入了"苦难年代"。然而，自从读到《礁石》以后，仿佛一切磨难都倒在我的脚下，"含着微笑，看着海洋……"我在精神上是不可战胜的。

无论是任中学语文教研员，还是退休后在老年大学执教，我都推荐、讲授《礁石》一诗。每当读到"含着微笑，看着海洋……"时，我会情不自禁地昂起我鬓发斑白的头颅。

语，却能营造出一个巨大的空间，让你释放出所有的想象、热情和感动……

且不管它是名词还是动词吧。人总在路上不停地奔波，不停地张望，可是有几个人认清了来时的道路，有几个人听见了花开的声音，又有几个人沐浴到了真理的光辉？……一点不错，"生活在别处"！一个你永远都走不到的地方。可是，这又有什么关系呢？青春时代我们曾经歌唱：给我一个家，让我到远方去想念它。远方的家在想象中越来越温暖，如同青春在回忆中越来越美丽。别处的"生活"，是彼岸的不灭的灯，它让我们永远追寻着它的光芒，接受它的照耀。

也许我青春的鸟儿没有在天空留下任何痕迹，但是它不会停下翅膀，因为"生活在别处"。

外婆和妈妈

吴红霞

那年冬天,外婆过世。她老人家一生辛劳,待我疼爱有加,她的离去让我伤心极了。不久,便读到了野谷的《外婆》。这首诗真像是为我写的。从此以后,每当我走到外婆遗像下面,总会情不自禁地吟诵诗中的最后一句:"外婆,你给了我妈妈"。

全诗不长,且容我背录如下:

又老又穷
那就是外婆

她总是不安地说
"我没什么带给你"

待我懂得时
她已长眠地下

有什么比得上你的深厚
外婆,你给了我妈妈

诗句可谓明白如话,自然如水。没有深奥的词语,也没有刻意营造的所谓"意象",甚至连韵都没有,一切都如土地般纯朴。然而,就是这么普普通通的几句话,却让我读得泪流满面。我想,因为在不动声色的叙述下面,有着真实的情感蕴藏。这比那些不知所云的"诗",不知要高明多少倍。它让我联想到了袁枚举过的孝子哭母的例子:"哭一声,叫一声,儿的声音娘惯听,如何娘不应?"不是写诗,却是真诗。

这首诗到底是写外婆还是写妈妈,我至今还闹不清楚。当然,她写了外婆,"又老又穷","总是不安地说",不过,这是欲扬先抑,更重要的是"待我懂得时"这一句,这里有着巨大的想象空间。而就全诗来说,写外婆似乎是为了写妈妈,妈妈到底怎么样,诗人什么也没说,但因为有了"外婆,你给了我妈妈"这一句,妈妈的可亲可爱一下子到了极致。孩子的发自内心的满足,不是对妈妈的最高评价吗?真是"不着一字,尽得风流"。

辨字析词

说"剌"谈"刺"

潭 人

刺与剌相差只有一笔，形体极为相似；刺与剌又都可以重叠起来组成"刺刺"和"剌剌"，稍不注意就会认错、写错。其实它们的形、音、义都不一样。

刺，左旁为朿。《说文》："朿，木芒也，象形，凡朿之属皆从朿，读若刺。"常用字从朿的不多，常见的有棘、枣，都与芒刺有关；策，与刺音有关。刺的基本义为"尖的东西进入或穿过物体"。(《现汉》)引申为刺激，如刺眼、刺耳、刺鼻等。刺字叠用为"刺刺"，辞书释为"多言貌"。"刺刺"何以形容多言，辞书未作说明，不知是否因耳鼓连续遭到话语的刺激而产生"多言"的感觉，未经考证，姑妄猜之。但可借此帮助记忆字形。

剌，左旁为束。《说文》："束，缚也，从口木，凡束之属皆从束。"常用字中从束的，如速、欶、嗽、漱、悚等，都是与束音有关的。另外还有一些是与"剌"音有关的，常用字有喇、辣、赖、籁、瘌等。"剌"字重叠成"剌剌"用为象声词，形容风声，形容拍击、破裂声，亦可用来形容燥热。

弄清剌与刺的区别，就可避免认错、写错。《海峡语文世界》(高中版)2000年第5期"读书文摘"栏刊载季羡林《漫谈散文》一文，最后一段有这样的句子："我自己则认为这是正见。否则我决不会这样剌剌不休地来论证。"这里的"剌剌不休"应作"刺刺不休"。季老先生是饱学之士，想来不会有此差错，当是校对不慎造成的吧。

1—25

"羊蝎子"为何物

安鸿逵

《咬文嚼字》2002年第9期的封底有一篇题为"小'吃'店"的配照短文,说"吃"是自造字,此说极是。但是,文中"且不说'羊蝎子''奶馒头'为何物"的说法引起了我的兴趣,想在此说几句。"羊蝎子"在北京是众人皆知的,就是从颈项到尾尖的完整的羊脊椎骨。北京及其周边地区的商家在出售羊肉时,把羊的肉剔下来,分部位出售,不同部位的价格各有差异。剔剩下的骨头,四肢部分叫"棒骨",完整的脊椎骨因形状像蝎子,因而得名"羊蝎子"。羊蝎子价格便宜,剁开炖烂后其汤鲜美无比,骨上的肉亦还不算少,是较实惠的食品。本人是回族,自幼至今常食羊蝎子,对此十分了解。该文作者来先生不知羊蝎子为何物,乃是地域不同使然,可以理解。

自20世纪90年代中期以来,北京的大小餐馆兴起吃羊蝎子之风,至今盛行不衰。由此却衍生出一个文字问题来,就是大多数餐馆都把"羊蝎子"误写作"羊羯子"。"羯"字的音义与"蝎"字都大相径庭。蝎,音xiē,节肢动物,长有一对螯,四对脚。羯,音jié,李时珍《本草纲目·兽一·羊》:"去势曰羯羊。"所谓"羯羊"是阉割过的公羊。把"羊蝎子"误写成"羊羯子"者,大概以为与羊有关的东西自然该用羊偏旁,而不知其得名和蝎子有关,因此以讹传讹。

语丝 陈寅恪巧作『防空联』

周德茂

抗战时期,国学大师陈寅恪正在昆明西南联大任教。那时日本飞机经常轰炸大后方,昆明同重庆、成都等地一样,时常发警报"防空",以致终日人心惶惶。陈寅恪却习以为常,曾用两个常用成语制成妙联:"见机而作;入土为安。"『机』是飞机,『入土』即躲入防空洞之意。全联自然贴切又十分诙谐,让人忍俊不禁。

"差胜"应作何解

张若牧

清代梁绍壬有一则随笔,说:"某作诗力求新异,有句云:'金欲二千酬漂母,鞭须六百挞平王。'语奇而殊无理,此与'青溪二千仞,中有两道士'何异?又有句云:'芍药花开菩萨面,棕榈叶散夜叉头。'风趣差胜。"在范春三的文白对照全译《两般秋雨庵随笔》第292页里,"风趣差胜"被解释为"风趣但缺乏胜义"。毫无疑问,这个解释是错误的。

由于"差胜"不是词而是一个词组,所以《辞海》和《辞源》都没有列为词条收录。但"差胜"在古文献中却经常使用,因此有必要弄清楚它的真正含义,避免以讹传讹,习非成是。"差"是个多音字,读音不同,意思也有区别。如果把"差"解释为"缺乏",显然应读作 chà(去声);但在词组"差胜"里,"差"该读作 chā(阴平)。按照《汉语大字典》的音注,chā 音下共有六个义项,第6项释为:"副词。相当于'颇'、'稍微'。"引用的古今例句有《汉书·匈奴传下》:"从塞以南,径深山谷,往来差难。"鲁迅《书信·致台静农》:"近仍在就医,要而论之,终较夏间差胜矣。""差胜"的"差"就是"颇、稍微"的意思,"胜"则义为"胜过、超过"。

回头再看原文,说前两句诗不合事理,后两句诗也同样不合事理。两相比较,后者"风趣差胜",即后两句的风趣要稍微超过前两句。这样解说,才合原文的意思。

路 口

妙语角

一位第一次开车的姑娘,慌乱之中在路口熄了火。红绿灯红了又绿,绿了又红,她的车仍一动不动。

这时,警察走了过来,冲着姑娘一笑:"小姐,还没等到您喜欢的颜色吗?"

一针见血

"剪烛西窗"？

刘佳莹

"我的居所常常停电。……这时,我便剪烛西窗,捧卷阅读至深夜。"(蔡勋建《剪烛西窗下》)

"剪烛西窗"出自唐代诗人李商隐的《夜雨寄北》:"君问归期未有期,巴山夜雨涨秋池。何当共剪西窗烛,却话巴山夜雨时。"这是诗人思念远方的妻子,渴望早日相聚的真实写照。后来"剪烛西窗"便用来泛指亲友重逢、聚谈。蔡先生大约看到一个"烛"字,便望文生义,把它用来形容"挑灯夜读"了。

"多"还是"少"

陈 章

余杰先生《我们有罪,我们忏悔》(北京台海出版社《文化口红·解读余秋雨》)一文中,有这么一段话:"1966年8—9月的40天里,北京的红卫兵在北京打死了一千七百七十二人——这是官方统计的数字,只会多,不会少。这个数字也不包括被毒打后自杀的人……"

这句话中的"多"与"少",是将红卫兵实际打死人数与官方统计数字相比较。从"这个数字也不包括被毒打后自杀的人",可证实作者想表达的意思是"官方统计数字只会少于实际被打死的人数"。因此,文章中的"只会多,不会少"恰好说反了,应该是"只会少,不会多"。

太阳"陨落"？

隋世杰

"大美不言。天下之大美莫过于太阳,悄悄地出升,静静地陨落。"(《人民日报》2002年5月6日4版《叶里藏娇"的启示》)

"出升"属生造姑且不说,"陨落"也是误用。所谓"陨落"是从高空掉下来,其特点是又急又快,一闪即过。太阳落山时不是这样,它是渐渐下落,慢慢接近地平线；再者，在人们的心理感觉上，"陨落"带有毁灭意味，而太阳今天落下明天还会升起。

十万人超世界记录？

谢礼波

《青岛晚报》2002年4月11日10版有条醒目的新闻标题："田径大赛周六鸣枪，超世界记录者十万"。看了之后，不禁为之一震，咱中国人真棒，田径超世界记录者，竟达十万之众! 回过神来想想，这不可能! 果真如此，奥运会岂不成了我们一家的天下？细看内容方知，原来是有关部门奖励运动员，设立了各种奖项，其中最高的一项是：超世界记录者可获得奖金10万元。上引标题少一个"元"字，10万元便成了10万人，真是一字之差闹出了天大笑话。

耶稣有几个门徒

一 言

《巴黎的落雪》(人民中国出版社出版)中这样写道："巴黎的13区应该算是一个穷人区。因为'13'在欧洲的天主教和基督教中是一个不吉利的数字，据说出卖耶稣的犹大就是他的第13个大弟子，所以'13'是犯忌的。"

《圣经》上说，耶稣只有12个门徒。即：彼得、安德烈、老雅各、约翰、腓力、巴多罗买、多马、马太、小雅各、达太、西门、犹大。后来犹大为30块钱出卖了耶稣。耶稣被出卖后的最后一次晚餐，进餐者为耶稣及12个门徒，共计13人。所以13被西方人视为不祥的数字。

"貂禅"和"荆柯"

程翠仙

《咬文嚼字》曾在1995年刊登过一则读者来信，指出电视屏幕文字把"吕布戏貂蝉"误为"吕步戏貂蝉"，认为该错误"似有失上海水准"。

想不到"有失水准"的错误在《大众电视》上重演。该刊2001年第13期用两个彩页介绍电视剧《吕布与貂蝉》，文中18处"貂蝉"无一幸免全部错成"貂禅"；另外还有一处将"荆轲"误为"荆柯"。

眼下，电视荧屏上错别字太多，有识之士一再呼吁，仍不见效。笔者真诚地盼望有关人士重视这一现象，严格把关，不要让"貂禅""荆柯"之类再度出现。

"红娘"何曾嫁"李岩"

兰　军

崔永元的《不过如此》写到洪洞县志办林主任历数洪洞名人时，突然出现了"红娘的丈夫李岩"。明眼人一看便知，这里的"红娘"是"红娘子"之误。

红娘者，《西厢记》中女主角崔莺莺的丫环也，因撮合莺莺与张生的婚姻而闻名。红娘子者，明末农民起义女首领也。后与丈夫李岩同投李自成。《辞海》中同录夫妇二人姓名，只不过称二人同是河南杞县人氏，与洪洞县不搭界。

"乱窜"岂能乱用

张广藩

第1636期的《报刊文摘》刊载了《女警"与狼共舞"掏赌窝》一文，其中有这样的描写："当时，筹码房里的一张大桌子上，堆满了小山似的钞票，四周黑洞洞的、乱糟糟的，民警、杀手、赌徒等到处乱窜……"

"乱窜"是个贬义词，意思是乱跑、乱逃，用来描述杀手、赌徒慌忙逃跑时的丑态是恰如其分的，可把民警与他们作斗争时的正当行为也说成乱窜，这是很不恰当的。

"二八妙龄"？

村　友

2002年5月6日《北京晨报》第7版《一个股民的婚恋生活》一文的第1段说："当我第一次看到她的时候，就被她深深地迷住了。当时她正值二八妙龄……"

此处用错了"二八妙龄"。根据后文，作者想说的是自己的女友二十八岁。但"年方二八"是指十六岁，是两个"八"相加之和。比如《三国演义》中提到貂蝉时说"年方二八"，就是说貂蝉正当青春年华十六岁。二十八岁是无论如何谈不上"二八妙龄"的。

有此一说

时间基点的错位

苏培成

时间是一个连续的流。人们通常以说话的时间为基点，来观察整个事件发生的时间，从而确定过去、现在和将来。叙述一件事情的来龙去脉时，有时从过去说到现在，有时从现在说到将来。鲁迅写的《一件小事》开头说："我从乡下跑到京城里，一转眼已经六年了。"这是从过去说到现在，经过的时间是六年。《阿Q正传》里写阿Q赴法场，无师自通地说出半句从来不说的话："过了二十年又是一个……"这是从现在说到将来，经过的时间是二十年。不管是从过去说到现在，还是从现在说到将来，有一条规则要遵守，就是在一段话语中所用的时间基点要一致，不能一会儿以现在为基点，一会儿又以过去或将来为基点，让读者摸不清头脑。请看下面三个例子：

(1)14年前，他差一点成为阿富汗历史上的首位宇航员；14年后，他被任命为阿富汗目前的空军司令，尽管这支"空军"实际上连一架战斗机都没有。(《北京晚报》2002年2月24日)

(2)34年前寄求职信　34年后通知面谈(标题)

一个现年52岁的印度人，在本月初接到该邦政府一个部门的来信，要求他就求职一事前来面谈。这对这个现在已当上祖父的小吃店店主来说，真是一个莫名其妙的邀请，因为他是在34年前寄出的求职信，而且他的年龄早已超过求职者年龄的上限：37岁。(《北京晚报》2002年3月14日)

(3)30年前的2月21日，美国尼克松总统对中国进行了被视为"破冰之旅"的访问，是中美两国关系中的一个重要里程碑，而布什总统在30年后的同一天对中国进行访问，据外交部新闻发言人回答：是期望通过此访问，通过双方共同努力，使中美建设性合作关系发展到一个新的阶段，取得新的成果。(《北京晚报》2002年2月

20日)

先看例(1),作者想说明的是"14年前,他差一点成为阿富汗历史上的首位宇航员",但是没有成功,到了现在,"他被任命为阿富汗目前的空军司令",而通过语句表达出来的意思却不是这样。读者在阅读时以现在为基点。"14年前"是从现在向上推,说的是已经发生了的事情;"14年后"是从现在向下推,说的是将要发生的事情。"14年前"和"14年后"合在一起就成了28年。事实上"14年后"说的也是已经发生了的事情!造成误解的原因,是在说"14年前"的时候,所用的基点是现在;而在说"14年后"的时候,所用的基点是14年前:时间的基点发生了错位。

例(2)似乎好一点,好在整个事情的终点清楚,是"在本月初接到该邦政府一个部门的来信,要求他就求职一事前来面谈",但是存在的问题和例1相同。读者在阅读时以现在为基点,整个事情经历的时间不是34年,而是两个34年,也就是68年。显然这和作者要说的意思不同。

例(3)"30年前的2月21日"是以现在为基点,而"30年后的同一天"又是以30年前为基点,造成了时间基点的错位。根据基点一致的原则,"30年后的同一天"不是2002年2月21日,而应该是2032年2月21日了。

上面三个例子里都存在着时间基点的错位,而这种语病的产生是因为同时使用了"多少年前"和"多少年后"。这种语病该怎么解决呢?看下面的例子:

(4)7年前,18位幸运的下岗女工在蓝天上找到了新工作——成为上海航空公司首次招聘的18位空嫂。一时间,她们成了下岗女工中的"明星",万众瞩目。7年过去了,她们如今飞得还好吗?(《文汇报》2002年5月9日)

(5)30年前签署《反导条约》时,美国是主动的,甚至是有求于苏联,因为那时苏联的反导技术比美国先进。常言道:"30年河东,30年河西"。如今形势发生了天翻地覆的变化。(《光明日报》2002年5月24日)

例(4)先说"7年前"如何,基点是现在。接下去作者没有说"7年后",而是说"7年过去了",基点仍旧是现在。基点没有错位,读起来文从字顺,清清楚楚。例(5)和例(4)相同,"30年前签署《反导条约》时",基点是现在;"如今形势发生了天翻地覆的变化",基点仍旧是现在。我们试着用这种表达方式来修改例(1):"14年前,他差一点成为阿富汗历史上的首位宇航员;14年过去了,现

"泰山"三说

凌 大

大家知道，"有眼不识泰山"是句成语。但其中的"泰山"到底指什么，众说纷纭，莫衷一是。现将有关"泰山"之说的三种版本，分述如下，以飨读者。

第一说"泰山"是指山名。我国五岳之一的东岳即为泰山，在山东省境内，主峰高达1500多米，山地绵延200多公里，雄伟秀丽，现已成为中外著名的旅游胜地。

泰山系指山名，不仅现代辞书上这么说，而且古代典籍上也如是说。例如《诗经·鲁颂·閟宫》说："泰山岩岩，鲁邦所詹。"孔颖达疏："言泰山之高岩岩然，鲁之邦境所至也。"《诗经》一书出于春秋时代，可见泰山作为山名早已有之。因此，古人以泰山为高山的代表，常用来比喻敬仰的人物和有价值的重大事物。例如司马迁曾说："人固有一死，或重于泰山，或轻于鸿毛。"毛泽东在其《为人民服务》一文中引

在，他被任命为阿富汗目前的空军司令，尽管这支'空军'实际上连一架战斗机都没有。"可见要避免时间基点的错位，关键是不要同时使用"多少年前"和"多少年后"。

有人觉得，像例(1)(2)(3)那样使用"多少年前"和"多少年后"，形式整齐，对比鲜明，富有表现力；而像例(4)和例(5)的写法，就失去了这种整齐的美。我们认为语言的形式和内容要统一，形式是为内容服务的。撇开了内容的准确性而片面追求形式的美是不足取的。其实，"多少年前"和"多少年后"的对比，是个有用的格式，可以用来表示在两个连续的时段内发生的变化。请看：

(6)10年前，他是个刚出生的孩子；10年后他将成为一个充满青春活力的大学生。

像例(1)(2)(3)那样使用"多少年前"和"多少年后"，是糟蹋了这种格式。如果认为例(1)(2)(3)是可以接受的，那么要表达例(6)的意思又要用什么办法呢？

用这句"经典"来赞扬革命战士张思德。

第二说"泰山"是指人名。据说，泰山是古代名匠鲁班的弟子。此人天资聪颖，心灵手巧，干活总是别出心裁，但往往耽误了鲁班的事，于是惹恼了鲁班，被撵出了"班门"。时过境迁，有一次，鲁班出门见集市上有人摆着精巧别致的竹制器具在出卖，他很惊讶，一打听，原来这些上乘之作竟是被其撵走的徒弟泰山所制，实出意料，赞叹不已。为此，鲁班自愧地感叹："我真是有眼不识泰山！"后来，人们把"有眼不识泰山"比喻地位高或本领大的人就在眼前，而自己却认不出来。例如《水浒》第二回中写道："师父如此高强，必是教头，小儿有眼不识泰山。"

第三说"泰山"是指岳父。相传，唐明皇有一年决定去泰山封禅祭天，便命大臣张说为封禅使，前往泰山修庙铺路。张说领旨后，随即赶往山东泰安，把修庙铺路的任务交给其女婿郑镒负责办理。岂知郑镒是个贪官，偷工减料，把碧霞祠的面积缩小了许多，还将铁墙改为砖墙，金瓦换成铜瓦，省下的银两全揣入了翁婿二人的腰包。此外，郑镒还依仗岳父的权势，由九品小官跃升为五品官，绿衫换成了红袍。

工程完毕，唐明皇率领朝廷文武百官前往泰山举行封禅大典，他见碧霞祠修得很糟糕，心中十分不悦，气恼地指着侍立在一旁的郑镒问群臣："诸位爱卿，尔等可知郑镒官升五品靠的是什么？"群臣慑于张说的权势，大家面面相觑，装聋作哑，不敢直言。此时，有个名叫黄幡绰的伶人灵机一动，当即用手指了指脚下的泰山，并用眼睛瞄着张说，一语双关地说："我看郑镒是凭'泰山'之力高升的。"唐明皇和群臣听了，心里都明白黄幡绰之言明说的是泰山，但暗指的是张说。从此，"泰山"作为岳父的别称，便被人们承传下来。

讽贪官联

王国锋

从前有个当官的，贪婪成性，却还要以清廉自居。老百姓对他的行径十分不满，怨声四起。贪官厚颜无耻，为自己辩护说："竹本无心，外面自生枝节。"有人把它作为上联对上了一句："藕因外窍，中间抽出丝毫。"刺得贪官哑口无言。

语丝

倒贴"福"字的由来

张国学

民间有个习俗,过年时,把"福"字倒贴在门上;在春节联欢晚会上,也时有倒写"福"字的舞台背景。虽然我们都知道这是借"福倒了"的谐音"福到了"以图吉利,但从何时起倒贴"福"字,这"福"字倒贴与什么人有关,有怎样的传说?笔者经过多方搜集,原来,倒贴"福"字民间还有这样一个故事。

早在清代某一年的除夕,恭亲王府的大管家为了讨好主子,挖空心思想计策。他想,恭亲王最宠爱的是王妃,凡事只要王妃高兴他也就高兴,王爷的妃子叫"福晋",那就在王妃的称呼上做文章。于是,他就亲自写了很多个大大的"福"字,并叫人贴在王府的大门上、窗子上和库房上,以期让王爷和妃子看了高兴。不料那个家丁做事不细致,忙三火四地竟把大门上的"福"字贴倒了。为此恭亲王十分恼火,他想鞭笞惩罚那个做事马虎的家丁。大管家见此,害怕王爷怪罪下来自己也受到牵连,急中生智,慌忙跪下谎称道:"奴才常听人说,恭亲王和王妃寿高福大造化大,如今大福真的到(倒)了,这是吉庆之兆啊!"一向爱听奉承话的福晋听了,觉得也合情理。她心想:"怪不得过往行人都说恭亲王福到(倒)了,吉语说千遍,金银增万贯。也真难为他们能想出这种招式。"于是,她让恭亲王赏赐了管家和那个倒贴"福"字的家丁各50两银子。

后来,倒贴"福"字的习俗由达官府第传到平民百姓家,人们都希望过往行人念叨几句:"福到了!福到了!"以此图个吉利。

---- 妙语角 ----

某厂伙食差劲。小李用筷子扒拉着碗里的"溜肉片",皱着眉头说:"肉片呢?"小王笑嘻嘻地说:"溜了!不然,怎么叫'溜'肉片呢!"

百家会诊

省略号前后的点号如何处理？

一概省略？
全部保留？
还是……？

纯属多余

省略号前后的点号如何处理，在国家标准《标点符号用法》中，没有作出明确的规定，但文件中的例句，其实已经提供了答案。请看例句："在广州的花市上，牡丹、吊钟、水仙、梅花、菊花、山茶、墨兰……春秋冬三季的鲜花都挤在一起啦！"这里省略号前后都没有其他点号。我觉得应该照此办理。道理其实很简单，既然连文字都省略了，标点符号还留着干啥？

(赵乙)

大势所趋：不用

我查了鲁迅的《呐喊》，省略号共用了二百多处。多数是点号用在前面，如"杀革命党。唉，好看好看，……"；一部分干脆不用，如"什么都有：稻鸡，角鸡，鹁鸪，蓝背……"；而用在后面的最少，只有《药》三例，《明天》二例。如："嘴里哼着说，'这老东西……。'"由此可见，省略号前后标点的用法，确实是个问题，不但各人的处理方法不同，就是同一作家，也会"随心所欲"。依我的看法，不用是大势所趋。不用，既不影响读者对语言的理解，又符合方便经济的原则，何乐而不为呢？

(娄底)

顿号可省

请看下列句子："走进商场，琳琅满目，家用电器空调、冰箱、电视机、录音机、……可谓应有尽有。"这里,省略号前的顿号是应该省去也是必须省去的。这是因为,顿号表示的是句子内部并列词语之间的停顿。既然"录音机"后面的词语已省略,顿号也就同时失去了存在的条件,因为词语和标点符号是不能并列的。而这样的差错并不鲜见,如袁珂校注的《山海经》:"巫咸、巫即、……十巫从此升降,百药爰在。"省略号前的标点同样应该省去。

(李美仙)

省略号是标号

我想提请大家注意一个问题:省略号是标号而不是点号!省略号虽然也能起到停顿的作用,但这种停顿的提示是不明确的,因为省略号也可能省掉的是个别词语而不是整个句子,因此在实际阅读过程中,人们往往会犹犹豫豫,不知如何掌握停顿和语气。这在相当程度上影响了阅读质量。请读读下面这句话:"我想,你应该去看看黄哥、李姐……他们这一家人,早不是先前的景象啦!"一般人读到省略号处,总要试探地看看能否和后面连在一起,不敢轻易停顿。与其让读者猜谜,还不如干脆加上点号。一概加上容易规范,而视情况具体掌握,则难免继续出现混乱。

(孙山)

不要舍本求末

标点符号是文化发展的产物。郭沫若曾说过:"标点之于言文有同等的重要,甚至有时还在其上。言文而无标点,在现今是等于人而无眉目。"省略号前后的点号如何处理,关键要看这些点号具有什么样的作用;如果有助于理清句子的结构,方便读者的阅读,那是万万省不得的。比如:"这几年里,我去过山东、福建、浙江、安徽、四川、辽宁……福建、浙江的水,四川、辽宁的山,给我留下了很深的印象。"省略号后面如果不加一个逗号或者句号,两个句子便有"粘连"在一起的感觉,造成视觉上的困惑。为了省一个标点符号而导致行文眉目不清,岂不是舍本求末的做法?

(钱翱)

请看两个例句

在说出我的观点以前,请大家先看两个句子:

一、该厂可以生产电机、电表、

1—37

电线……多种产品。

二、该厂可以生产电机、电表、电线……，多种产品在省级评比中获奖。

在第一个句子中，省略号后是不能加点号的，因为"多种产品"和"电机、电表、电线"是同位结构，它们是"生产"的宾语，中间不能用点号断开。

在第二个句子中，省略号后是不能不加点号的，因为"多种产品"和前面的句子没有关系，它是"获奖"的主语。只有在省略号后加上句号或者逗号，这个句子的结构才清晰无误。

因此，我的观点是：有时，省略号后的点号是省不得的。（陶廷桢）

问号、叹号不可或缺

省略号前面的句子，如果是疑问句或感叹句，其疑问或感叹语气自然紧附于后，同后面省略的内容无关，那么一定要用上"？"或"！"。且看曹禺《日出》中的一个例句："(连忙打电话)喂喂，是新报馆么？我姓潘，我是潘四爷呀！……我找总编辑张先生说话。快点！快点！……什么？出去了？他刚才？……哦，他刚出去。……你知道他上哪儿去了？……不知道？……混蛋！"这个句子中的省略号，是为了表现通电话时断断续续的说话过程。在省略号的前面，既有叹号，也有问号，这就把"潘四爷"说话时的神态和腔调完全表现出来了。我认为这样处理是合理的。若是把这些符号去掉，非但达不到现在的表达效果，甚至连句子都会读不通顺。

（宏波）

句子是否完整

省略号前的点号如何处理，关键是看前面的句子是否完整。如果是个完整的句子，问号、叹号毫无疑问应该保留，即使是句号同样也应该保留。因为省略号不能改变前句既定的语义和语调。不然，既会破坏前句的准确与完整，而且还会影响后句与前句的衔接和贯通。省了一个标点，导致如此后果，这是得不偿失的。

如果不是一个完整的句子，情况便大不一样，不仅顿号应删，逗号、分号同样应该删去，因为这些标点只表示句内停顿，而紧随在后的省略号有着承前启后的作用，保留这些点号，只会隔断文气，影响

阅读。　　　　　　　（刘理忠）

冒号酌情处理

省略号前如果是冒号，我认为应该酌情处理。大致有三种情况：

一、省略号在引号内，冒号必须保留。如："出发前，王班长语重心长地说：'……一定要记住我们班的传统。'"

二、省略号和冒号直接连接，省略号后面还有其他文字，冒号应该保留。如："赵老师多次说过：……提问的人傻五分钟，不提问的人傻一辈子。"

三、省略号和冒号直接连接，省略号是引号内的最后部分或者在段末，冒号不宜保留。如："在这关键时刻，我想起了革命烈士方志敏曾经说过……"

（李思）

特殊语气　特殊处理

问号和叹号是用来表示特殊语气的，在省略号前应该保留，在省略号后同样应该保留。否则，表达的意思可能适得其反。"他去过北京、南京、上海……"和"他去过北京、南京、上海……？"一个是陈述句，一个是疑问句，如果去掉后者的问号，怎么分得清楚？有时，句子中也许有疑问词可以起到提示作用，如"你怎么知道他去过北京、南京、上海……"但还是以用上问号为好，增加表述的清晰度。胡裕树先生主编的《现代汉语》中，举过两个例子："你以为……？""这未免太……！"这两个句子都没有说完，但作者为了表达特殊语气，用上了问号和叹号。我认为这样处理是正确的。

（周其五）

以不省略为上策

有人说，连内容都省了，省略号后的标点为什么不能省？其实话不能这么说。

问号、叹号不能省，毋庸赘言，就是句号也不能省。因为句号一省，两个句子就会"剪不断，理还乱"，相信读书人都遇到过这样的尴尬。

非但如此，我现在想说的是，在省略号后面，连逗号、分号之类也以不省略为上策。这样做的最大好处，就是能够分清句子内部的结构，知道到哪里是正常的停顿，把内容省略和说话吞吞吐吐、断断续续之类区别开来，不至于因为缺一个点号而曲解了作者的意思。

(李坚)

话说例外

省略号前后能否保留标点符号,我基本上是个保留派,但仔细想想,也有例外,特提出以下几点,供各位参考:

一、省略号用于句首,前后都可不加点号,如"……同志们,这张党员登记表的历史就是这样"。

二、省略号独占一行,标示该行省略或整段省略,前后都可不加点号。

三、省略号标示沉默不语,前后都可不加点号,如"'……'张闻天痛苦地摇摇头"。

四、省略号是引号内的最后部分,为了避免标点太多,版面显得琐碎,省略号后可以不加点号。

五、省略号位于段末,无"后顾"之忧,除特殊语气外,省略号后可以不加点号。

(吴柳)

一个点号足矣

省略号前后的点号如何处理,我的体会是可以全都不用,却不能全都用。标点的作用是使文章眉目清楚,用上一个点号,足以达到目的,如果前后都用,就会三个符号并列,有时还会出现引号,就会四个符号并列,实在有点"不堪入目"。举个例子:"1964年,作者回到北京,写出了一部长篇,还改编了一个剧本,……'文革'开始,大祸临头。"省略号前的逗号,实在是不必加的。

(郑维栖)

编者附言

本以为是一个小问题,谁知讨论起来却是众说纷纭,而且很难一言以蔽之。

编者认为首先要明确两个前提:一是这里讨论的是省略号前后的点号问题,引号、括号等标号可以照常使用,不在讨论范围之内;二是点号是指本该有的点号,如要表现说话断断续续之类,原本没有点号可言,也不在讨论范围之内。

经过讨论,编者倾向于接受以下的观点:

省略号前的点号,关键是看前面的句子是否完整。凡是完整的句子,问号、叹号、句号均应保留,因为后句不应改变前句既定的语义和语气;如果是不完整的,除冒号要酌情处理外,逗号、分号、顿号皆不必或不该保留。

省略号后的点号,除处于段末或引号内句末者外,原则上皆应保留。这样做的最大好处,是有助于分清句子的结构,提高表达的清晰度。这也正是我们使用标点符号的目的。

"候诊"对象

1. "惟一"还是"唯一"?
2. 冒号究竟管多宽?
3. 丛书名称用书名号还是引号?
4. "想象"还是"想像"?
5. "百年诞辰"还是"诞辰百年"?在报道庆贺活动时,报刊上的标题有时是"庆贺百年诞辰",有时是"庆贺诞辰百年"。两种结构都可以,还是有一种是错的?请说出理由。

语丝

知府考皇帝

殷宝盈

相传乾隆皇帝一日微行至松江,正遇上走马上任的知府宴请当地著名骚人墨客。乾隆大模大样来到宴客厅,一坐下就旁若无人地吃了起来。知府闻讯,有些恼怒,决定试一试这位不速之客的才学。他走过来对乾隆皇帝说:"我有一句上联,请你对出下联后再用好吗?"

乾隆皇帝一面点头,一面继续搛菜。知府指着桌上的一道松江特色菜道:"鲈鱼四鳃独占松江一府";乾隆皇帝正用筷子夹"无肠公子",下联脱口而出:"螃蟹八足横行天下九州"。说罢,扬长而去。

文章病院

孔子卒年·布雷顿森林会议

封常曦

在我的印象中，大凡专门从事学术研究的学者，一般不大会在历史纪年的问题上出纰漏，而不少以散文创作为业、偶尔涉及历史纪年的人，则经常会发生莫名其妙的差错。这里举一中一外两个例子。

（一）关于孔子的卒年

李木生先生在《蜿蜒的圣脉》一文中写道：

公元前四百七十年夏历二月十一日，孔子歌罢"泰山坏科（"科"当为"乎"字之误）！梁柱摧乎！哲人萎乎！"溘然永逝，享年七十三岁。（百花文艺出版社《跨越百年的美丽》第168页）

这里，李先生把孔子之死说成"公元前四百七十年夏历二月十一日"，实在有点不伦不类。按照学术界的惯例，对于古人生卒年月的标注，要么一律用传统的旧历（或称夏历、阴历），要么都折算成国际通用的公元年月（或称公历、西历、阳历）。没有见过年份用公历而月、日仍用旧历的。这种阴阳杂糅的标法，实在让人摸不透作者究竟想要对人们透露些什么信息。

更不可思议的是，李先生竟然把孔子的卒年定在"公元前四百七十年"。这种闻所未闻的新说根据何在呢？我们不妨来看看历史文献的记载：

《春秋·哀公十六年》："夏四月己丑，孔丘卒。"

《史记·孔子世家》："孔子年七十三，以鲁哀公十六年四月己丑卒。"

根据《中国历史纪年表》的折算，鲁哀公十六年，应当是公元前479年。

过去，学者们曾经在孔子究竟

生于鲁襄公二十一年(前552年)还是二十二年(前551年),以及他到底活了七十二岁还是七十三岁等问题上,有过一些争论,那是由于史料的记载和推算方法的不同而引起的,但对孔子死于鲁哀公十六年即公元前479年这一点,则从来没有产生过分歧。李先生怎么能随心所欲地让这位儒家的"至圣先师"死了九年以后再去死一次呢?

至于"夏历二月十一日"的说法,似乎也没有根据,应当按照《春秋》及《史记》的记载,改为"四月己丑"。这里的"己丑",据钱穆先生《先秦诸子系年·孔子卒年考》引吴程按大衍历的推算定为"十一日"。"二月十一日"和"四月十一日"也整整差了两个月。

(二)关于布雷顿森林会议召开的年份

矫健先生在《迷乱之夜》一文中写道:

我必须专门介绍一下外汇交易。1974布雷顿森林会议之后,美国放弃了美元与黄金挂钩的固定汇率,使其自由浮动,由市场决定美元与各国货币之间的汇率。(《跨越百年的美丽》第246页)

布雷顿森林会议,是第二次世界大战末期召开的一次重要的国际会议,对战后资本主义世界贸易和经济的发展产生了一定的积极影响。许多大中型的百科词典,都专条加以收录,如《世界知识大辞典》(1988年百科知识版)、《当代百科知识大词典》(1989年南京大学版)、《外国历史辞典》(1991年湖北教育版)、《第二次世界大战百科词典》(1994年上海辞书版)等。现摘抄《外国历史辞典》该条释文如下:

布雷顿森林会议 又称"联合国货币金融会议"。美国在第二次世界大战末期为控制战后世界经济所召开的国际经济会议。1944年7月在美国新罕布什尔州布雷顿森林召开。参加筹建联合国的美、英、苏、中、法等44个国家的代表出席了会议。……

其他几部词典的释文大同小异,但是关于这次会议召开的年份则一无例外,都锁定在1944年。矫健先生怎么会把它推迟了整整三十年? 要知道,1974年正是中国文化大革命期间,我们怎么有可能派代表去跟美国人坐在一起,讨论人民币同美元之间汇率的问题呢?

《辞海》中的黄浦江

信男

以下是摘自《辞海》(上海辞书出版社 1999 年版)中的三个词目：

黄浦江　长江下游支流。在上海市境内。旧称黄浦；别称黄歇浦(简称歇浦)、春申江(简称申江)。相传为战国楚春申君黄歇疏浚而得名。源出太湖，东流穿淀山湖为拦路港，汇园泄泾及大泖港后称黄浦江。

春申江　简称申江。上海市境内黄浦江的别称。误传战国时楚春申君黄歇疏凿此江而得名。

黄歇浦　上海市境内黄浦江的别称。简称歇浦。因相传战国时楚春申君黄歇疏凿此浦而得名。

不难看出，词目"黄浦江""春申江""黄歇浦"是一回事，指的是同一条江，即现在的黄浦。然而词目"黄浦江"的释文是"相传为战国楚春申君黄歇疏浚而得名"，"春申江"的释文变成"误传战国时楚春申君黄歇疏凿此江而得名"，"黄歇浦"的释文又回到"相传……而得名"。

"相传"也好，"误传"也好，因为怎么"而得名"我们也暂且放置一旁，有待再考。但"相传"是"相传"，"误传"是"误传"，是两回事，两个概念，绝不可混为一谈。

"相传"应是指长期以来互相传说，不一定确有实据，但不排除其可能性。而"误传"却定然是指错误的传说，且彻底否定了其可能性。

因"黄浦江""春申江""黄歇浦"等名称之来源还有待于进一步考证，我觉得对其释文还是用"相传"为好，也相对准确些，倘用"误传"便是"盖棺定论"，便没有了一点退路，连"商榷"的余地也没有了。

显然，《辞海》对于词目"春申江"之释文是有失当之处的，望其再版时加以修正，将"误传"改为"相传"。

1—44

洪承畴"偷吃饼干"?

石斯仁

中国文联出版社出版的《大案写真》一书,其中《殊死较量》一文,说到歹徒因饿极而取出冰箱里的香蕉狼吞虎咽时,"指挥员们的心情暂时轻松了一些,因为他(指歹徒——引者)既然想吃东西,就想活,不至于走绝路","记得明末有个传说,吴三桂叛变,引清兵入关,洪承畴在松山被俘。起初他很坚定,拒不投降,绝食三天,后来,清将领窥见他半夜起来偷吃饼干,断定他有生之留恋,遂百般利诱,终于劝降成功"。

其实,洪承畴兵败松山被俘之事发生在吴三桂"引清兵入关"之前,这已是定论,这儿姑且不论;而洪承畴半夜所"偷吃"的"饼干"明朝是否已经出现,这儿也不去追究;本文只想探究一下洪承畴是不是因为半夜"偷吃饼干"这个"小动作",而被断定他不会自寻短见。

据史载,洪承畴,福建南安人,明万历四十四年(1616年)进士。以文臣而能知兵,受命于崇祯帝。初与李自成的农民起义军血战;崇祯十二年(1639年),被任命为蓟辽总督,率部与清军交锋。1641年明军惨败,死五万多人。洪承畴坐困松山,至翌年二月城破被俘。《清史稿》本传有如下记述:

"上(皇太极)欲收承畴为用,命范文程谕降。承畴方科跣谩骂。文程徐与语,泛及古今事。梁间尘偶落,著承畴衣;承畴拂去之。文程遽归,告上曰:'承畴必不死,惜其衣,况其身乎?'"

这则记述,屡被引用,几乎被公认为洪承畴"降清"的"转折点"。

它记的是拂去屋梁上落下来的灰尘,而不是半夜"偷吃饼干"。《大案写真》中的说法,恐怕只能归之于"戏说"一类吧。

向你挑战

长风破浪会有时

——出版改革座谈会侧记

（试卷）

编者按

这份试卷，是由本刊设计的，曾供部分新闻、出版单位作考核用，现予公开发表。试卷中除用字错误、用词错误、语法错误外，还有标点错误、数字错误等等，请你一一改正过来。每改对一处得一分，改错一处扣一分。你能得多少分？答案下期公布。

初夏时节，虽说不上骄阳似火，但气温也够灸人的。为了迎接建社50周年，一场关于如何深入开展出版改革的座谈会，于02年5月20日在我社召开。这天虽是星期6，会议室里早已是挤挤一堂。大家一面寒喧，尽情渲泄着心中的快乐，一面已迫不急待地开始讨论。

上午九时会议正式开始。高明远社长首先汇报一年来的出书情况。由于全社同志的共同努力，使我社在今年新春书市上声誉雀起，订货量几乎翻了1番。新推出的科普读物"银河书系"，在读者中悄悄崭露头角；它和早已名闻暇迩的"夜读文丛"，已成鼎足之势，堪称我社图书中的两根支柱。更令人可喜的是，浮燥情绪正在得到克服，全社精神面貌涣然一新。这是我社大展鸿途的最重要的条件。

参予会议的同志，首当其冲论了改革的目标问题。大家一致认为，出版改革是否成功，关键并不是图书品种的丰富、也不是个人收入的增加，而是出版工作要更加有效地组织社会文化生产，为建设社会主义精神文明服务。已经离休的老编辑郑宏应邀出席会议。郑老今年已是七十二、三，但精神镬铄，性格粗犷，说话声如洪钟。他端祥着红色会标，拨直嗓门说道："无视市场是错误的；迁就市场同样有失偏颇。改革，是要我们更加坚定地沿着社会主义目标前进。社里形势很好，我们为之额首称庆，但决不能小有成就，便踌躇满志"。郑老的发言戛然而止，会议室里响起一片掌声。

总编辑刘成同志提出了"书品"问题。他认为书品有三层含义：一是品质要真，目前书市上有些书以"大全"自炫，以"精典"自居，一个个气慨非凡，炒作得淋漓尽至，其实是"泡沫图书"泛滥；二是品位要高，那些津津乐道于拈花惹草、床笫私情的所谓纪实文学，捕风捉影、兜售隐私的所谓名人传记，已经不知有羞耻二字，任何时侯我们都要保持警惕。三是品相要美，书不仅要有阅读价值，还要有观赏价值，装祯要有现代意识，版式也要追求个性。刘总原是美编出生，谈起图书美学，自是十分老到。

发行经理小董非常赞成刘总发言。前些日子，华东地区在山东荷泽召开订货会，他在现场坐阵。他说："刘总的发言言简意赅。这些年在市场的薰陶下，我最大的体会是，一定要实施精品战略。我们的'夜读文丛'之所以能在书市上深受亲睐，在读者中不径而走，就因为这是一套别出心栽的精品书。这套书不仅选题新颖，作者人选整齐，犹为人称道的是，作者能站在时代的至高点上，用入目三分的文笔，针贬世道人心，揭示生活真缔，从而起到了震聋发聩的作用。可见，出书只有独辟溪径，才能出奇致胜。"小董的感慨，引起了很多编缉的共鸣。

午饭以后，会议继续。围绕"热点"问题，展开了一场争论。究竟应该追赶热点，还是无视热点？长期以来存在不同意见；今天会上更是唇枪舌战，争论不己。赞成者认为应该"追赶"，因为热点是一种市场现象，反应了读者的阅读需求，无视热点是出版活力馈乏的表现；反对者则认为"追赶"是一种机会主义，丧失主体意识，一有热点便星急火燎，趋之若鹜，非但赶不上热点，还会误入岐途，前景令人堪忧。双方各执一词，顿时热闹非凡。

高社长及时作了分析。他认为

1—47

对于热点应持辨证的态度。热点是一种客观存在，是一种文化现象，不能视而不见；但是，也不能象长颈鹿一样，整天伸长脖子东张西望，哪里热就往哪里靠，如同邯郸那样，跟着别人学步，忘了自己是谁。要有一种前瞻的眼光，予见热点；同时还要有一种捕捉的能力，营造热点。要以我为主，而不是唯"热"是从。高社长还特别强调，我们要有一个合理的出书结构，而不是只顾热点，不及其他。他非常风趣地说：今天中午请大家吃饭，既有冷盘海蜇、烤夫、酸缸豆、糖罗卜，又有热菜炸里肌、蒸扁鱼、炒蓊菜、炖面巾，还有水果哈蜜瓜、弥猴桃，再加上点心酒酿园子。这就是橱师精心考虑的结构。我们出书同样要讲究结构，冷热结合，动静结合，大小结合，长短结合，既要有长春藤，又要有月季花，这样才能保持文化上的"生态平衡"。

座谈会临近尾声，有人提出了图书编校质量问题，又一次掀起了高潮。大家认为，"无错不成书"的局面虽已引起重视，但还没得到根本的扭转。据报载，某书差错严重，读者索赔已状告法院，不日将对薄公堂。某名人传记，有人声称要出勘误本，不知是真是假？校对科王天兴科长说，对此我们不能兴灾乐祸，相反要反躬自问，举一反三。编校差错的大量存在，首先是因为思想上重视不够，总认为文字问题瑕不掩玉，孰不知既使内容再好的书，也会因为编校差错而玷污形像；其次是制度不够完善，有些制度名存实亡，或者编辑自持经验丰富，自编自校，难免留下遗撼。还有一点，便是编校人员自身的功力问题，缺乏相关的知识准备，心有余而力不足。这一切，其实正是深化改革所要解决的，今年在这方面一定要有所动作。

会议结束时，高社长代表社领导，向全社全人表示感谢，并以一诺千斤的口气，表示一定要为大家做好服务工作。他还说："长风破浪会有时，直挂云帆济苍海。只要我们全社同舟共济，齐心协力，出版改革这条大船一定会永往直前的。"

妙语角

"正 味"

大画家黄永玉，擅长冷幽默。有次从国外归来，下了飞机，想方便一下。他一进厕所，只觉臭气扑鼻。想起国外厕所的洁净、卫生，黄先生悠悠地说："嘿！这才是正味儿！"

"八年了!……"
——2002年《咬文嚼字》合订本出版感言

满纸真诚言,一把辛酸泪;
莫云编者痴,且解其中味。

编定2002年合订本,油然想到的一句话是:"八年了!……"酸甜苦辣,一齐涌上心头。在这八年中,我们没有偷懒过一天,没有敷衍过一次,视刊物如生命,视读者为至友,在语文规范的长途中,留下一串浅浅的足迹。也许一阵轻风,便会把一切覆盖,然而,我们无怨无悔,因为我们投入过,我们追求过。刊物中的每一个字,都可以为我们作证。

《咬文嚼字》八年的足迹

合订本每册平装22元,精装28元,1995年至今共8册。
如在当地购买不到,可汇款至上海绍兴路74号上海文艺出版总社邮购部购买。
邮政编码:200020。

YOUZHAO
WEIZHENG
有照为证

◆ "工众"？　　王玮

"公众"是指社会上大多数的人。现在写成"工众"，是专指"工人大众"吗？难道只有工人才有评议资格？

◆ 何谓"腱身"　　纪珉

如今风行"洗脚"，"洗足屋"遍布大街小巷。上海某小区一家洗足店，大模大样打出了"腱身先养脚"的广告。"健身"本是个常用词，这家店却写成了"腱身"，让人不知所云。

ISSN 1009-2390

刊号：CN31-1801/H　国内代号：4-461
定价：2.00元

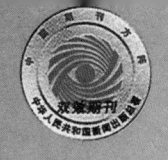

YAOWEN-JIAOZI

咬文嚼字

2003年 第2期

上海文化出版社

雾里看花 Kan Hua

"包办婚姻"？

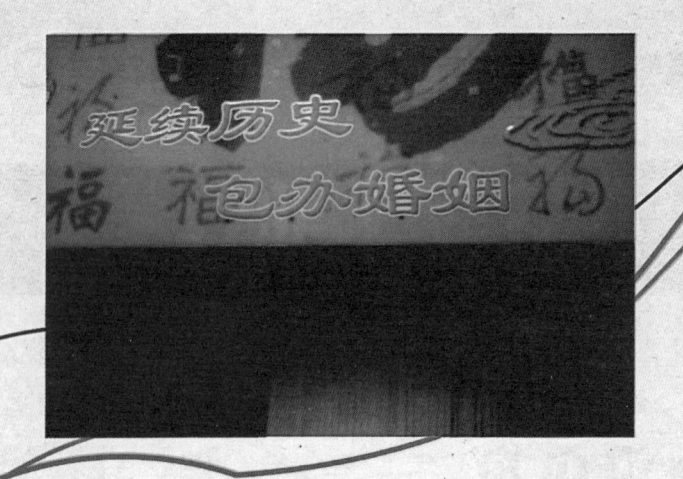

　　无意间在玉溪街头见到有家店前有"延续历史包办婚姻"几个大字，着实让我吃了一惊。"包办婚姻"死灰复燃，这是怎么回事？这家店是干什么的？难道是家婚介所，介绍婚姻时全部包办而不听取男女双方的意见？请读者朋友猜猜看。

张在明

卷首幽默

涮　车？

张长彬·文
麦荣邦·画

驾车经一小镇,见一火锅店灯箱上书写着"火锅涮车"。不禁纳闷:"车也要下锅涮吗?"原来"涮车"系"刷车"之误。这家火锅店除供应饭菜外,还经营洗车业务。

目 录

咬文嚼字
2003年2月1日出版
第2期
（总第98期）

主管：上海市新闻出版局
主办：上海文化出版社
编辑：《咬文嚼字》杂志社
E-mail：yaowenjiaozi@sina.com
电话：021 - 64330669
传真：021 - 64330669
邮购电话：021 - 64372608 - 291
地址：上海市绍兴路74号
邮政编码：200020
发行：上海市报刊发行局
订阅处：全国各地邮局
国内代号：4 - 641
ISSN1009 - 2390
CN31 - 1801/H

电脑排版：
　上海艺文激光电脑排版厂
印刷：上海中华印刷有限公司
广告业务：
　上海文艺广告传播中心
电话：021 - 64431400
广告经营许可证：沪工商广字
　3101034000029号
定价：2.00元

卷首幽默
涮车？ …………… 张长彬　麦荣邦（1）

语林漫步
为"蟹脚"把脉 …………………… 郑中建（4）
学会写"编辑体" …………………… 曹明生（6）

锁定名人
西汉能看到甲骨文吗 …………… 封常曦（8）
李存葆笔下的三个典故性词语
　………………………………… 宛　啸（9）
刘邦"屁股上"有七十二颗黑痣？
　………………………………… 胡守贵（11）

时尚词苑
不尽"物流"滚滚来 ……………… 金波生（12）
花花绿绿的"包装" ……………… 余双人（14）

一针见血
周瑜和孙权是连襟吗 …………… 雪　荣（16）
谁乐水，谁乐山 ………………… 黄善邦（16）
英国没让菲律宾用英语 ………… 一　言（16）
人死怎能回乡 …………………… 村　友（17）
"经济人"应为"经纪人" ………… 谷士错（17）
日本没有"外交部长" …………… 拾　谷（18）
刘伯温活到什么时候 …………… 孤　闻（18）
《西游记》是"六才子书"之一吗 … 石谷文（18）
"踢进……入球"？ ……………… 杨济恩（19）
"望其项背"还是"望尘莫及" …… 马志国（19）
"熊掌"怎么"宰杀" ……………… 赵　华（19）
"不容置喙"与"不容置疑" ……… 杨公平（20）
父子变兄弟 ……………………… 何　兴（20）

辨字析词
"入闱"和"入围" ………………… 盛书刚（21）
"刹那"与"霎时" ………………… 岳泽和（23）
"阴鸷"和"阴鸳" ………………… 周照明（24）

过目难忘

- 最难忘的一句歌词……………………(25)
- 读你千遍………………纪　梅(25)
- "三百六十五里路"………袁　诹(26)
- 品味"风雨"……………丁婵婵(27)
- 我是不是该安静的走开……晓　梅(28)
- 最浪漫的事……………方孝红(29)
- 牵挂……………………张冲挺(30)

文章病院

- 文天祥是雕塑家吗………张海铭(31)
- "革故鼎新"岂能改为"革新鼎故"
　　　　　　　　　　　…高蓬洲(32)
- "时文"不是"时下之文" ……韩　府(33)
- 罗尔纲是胡适的"私淑弟子"吗…陈宗德(34)
- "略地"还是"掠地"………喻圻华(35)
- "屁"并非都是"臭"的 ……黎贤红(36)

词语春秋

- "四海为家"的真相 ………宣炳善(37)
- "著作等身"的由来 ………倪培森(39)
- 学生为何称"桃李"………黄文杰(40)

百家会诊

- "身份"还是"身分"？…………(41)
- "身分"源远流长…………杨　光(41)
- 工具书一边倒……………杨继光(41)
- 华语圈"身份"占优 ………汪　贡(42)
- 香港的"护边运动" ………汪惠迪(42)
- 重新分工谈何容易………苏培成(44)
- "身份"你大胆往前走 ………罗　超(44)

语丝

- 辜鸿铭敬祖………………曹　阳(13)
- "危害民国"？……………李广华(24)
- "辞呈"……………………赵增民(27)
- 毛泽东给程思远取字………刘爱护(30)
- 半联敲开总督府…………孙　晓(36)
- 萧伯纳的婉讽……………江　舟(38)

向你挑战

- 望文生义知多少（成语改错）
　　　　　　　　　…田思芳设计(46)
- 《长风破浪会有时——出版改革
　座谈会侧记》试卷参考答案………(47)

顾问　张　斌　濮之珍
主编　郝铭鉴
编委　李玲璞　何伟渔
　　　　陈必祥　金文明
　　　　姚以恩

特约编委
　汪惠迪（中国香港）
　田小琳（中国香港）
　林国安（马来西亚）
　吴英成（新加坡）

责任编辑　黄安靖
发稿编辑　韩秀凤
封面设计　官　超
特约校读　王瑞祥
　　　　　　陈以鸿

2—3

语林漫步

为"蟹脚"把脉

郑中建

"蟹脚"者,广告也。此典出自文坛前辈廖沫沙先生当年发表在《申报·自由谈》上的一篇杂文。先生说:"看报不看广告,正像吃蟹不吃蟹脚。"仔细品味,真是妙不可言。确实,广告不仅能够传递商品信息,而且还能折射出社会的经济状况、文明程度和审美趣味,其独特的"味道"和价值,是决不在某些千篇一律的新闻之下的。

改革开放激活了市场经济,我国的广告业呈现出空前活跃的状态,其影响渗透到社会生活的各个领域。然而,令人不解的是,在社会文化批评中,广告批评竟是长期缺席,你几乎天天可以看到电影批评、戏剧批评、文学批评,却很难看到广告批评,结果导致某些广告在社会上产生了负面影响。有感于此,笔者不揣浅陋,想从语文角度,谈谈广告中普遍存在的三大病症:

一是内容上的虚假。某些广告的口头禅是:国内第一、世界首创。谈到价格,总是"全市最低";谈到疗效,总是百分之百。形容词无不用到极点,甚至不惜编造神话故事。某化妆品便是一个典型。生产厂家在报刊上公开伪造购买盛况,还信口开河说这种化妆品是"慈禧太后"当年使用过的;慈禧死后,"大太监李莲英将此美容秘方作陪葬品,供慈禧在阴间继续享用"。"孙殿英夜盗慈禧墓",发现"死去二十年后的慈禧面目如生,皮肤柔嫩光滑",才让这一秘方重见天日。后来,孙殿英的贴身卫士将秘方偷出,流落民间,直到上世纪90年代被这家公司用高科技破解出其中的奥秘。广告做得可谓曲折有致，有鼻子有眼，其实却是不值一驳的弥天大谎。如此大胆的虚假广告也许不多，但不实之词在广告中是屡见不鲜的。

二是道德上的暧昧。为了"吸引眼球"，某些广告往往喜欢"闪烁其词"，就像风尘女子挤眉弄眼一样，竭尽挑逗之能事。某酿酒饮料公司，除在报上刊登大幅广告外，还做了十六块霓虹灯广告。广告画面是一旧式装束的女子，羞人答答地坐在磨盘前。画面上的广告语是："绵绵二房，回味悠长。"有关部门认定这则广告"宣扬腐朽道德，违背社会风尚"。厂家辩解说：这家公司最初是靠两间草房起家的，所以广告语中用了"二房"。我想，他们肯定是知道汉语中的"二房"是具有特定含义的，只不过利用词的多义性作一番诡辩而已。

无独有偶，最近又发生了一件类似的广告案。有家广告公司，为户外广告牌招租，制作了一则广告。招租就招租呗，广告设计者偏偏不用"租"字，而是别出心裁地用了一个"包"。广告画面以一年轻女性剪影为背景，衬上一句广告语："就等你来包!""包"字当然也是个多义词，但在"包二奶""包小蜜"高频率使用的社会背景下，用这个"包"字希望产生怎样的联想，是司马昭之心路人皆知的。

三是文字的拙劣。我可以断言，作为一种公开发布的应用文体，文字差错率最高的，非广告莫属。有些广告人运用文字，目无规范已经到了随心所欲的地步。某房产公司开盘，广告中竟将"准予出售"误为"难予出售"，这不是和自己开玩笑吗？另有一家房产公司，在介绍自己的楼盘时，说"有尊容优雅的王子公寓，也有恬静悠然的东兰兴城"。这里说的"尊容"，想来不是尊称别人的容貌，而是尊贵从容的略称，未免太莫名其妙了吧。我曾去过一家饭店，墙上有鲜红的八个大字："营养直达你的心脏!"当时看得我心惊肉跳，不知广告为何做得如此杀气腾腾。更令人匪夷所思的是一则旅游广告："当蛤蟆遇上天鹅，当牛粪遇上鲜花，当旅友遇上……（此处略去旅游景点——笔者），一切便如《诗经》里所描述的——'关关雎鸠，在河之洲；窈窕淑女，君子好逑。'"这样的广告，岂不是对游客公开的侮辱？

广告已成为社会文化环境的重要组成部分。上述问题的存在，不仅影响广告自身的宣传效果，还会导致环境污染，和精神文明建设背道而驰，因此是不能掉以轻心的。

学会写"编辑体"

曹明生

有一则古代笑话,说的是一位"才子",写字龙飞凤舞。一天,有人拿着他写的字,问他究竟写的什么。他看了半天,自己也不认识,便说:"你怎么不早点来问我!"

别以为这是笑话,在现实生活中,这样的尴尬也是经常发生的。当年我在机关工作,在一份文件上,领导批了一句话,我反复看了半天,终于明白了是"研究制订处事条例"。当我辛辛苦苦拟好草稿送呈领导时,领导却说文不对题,原来他批的不是"处事"而是"外事",弄得我哭笑不得。

字是一种书写符号,它是用来记录语言的。如果字写得像"鬼画符",势必会影响工作效率,甚至可能造成重大损失。我读到过一则材料,某监狱释放一名刑满的犯人,已开具了释放证。犯人名叫"周继江",开证人写得十分潦草,"江"字的三点水连成一笔,看上去更像"红"字。结果,负责监管的狱警把一个名叫"周继红"的要犯放了。这究竟是谁的责任?

有些事尽管没有这么严重,但性质上同样是一种失误,究其原因,往往也和写字有关。比如上海解放日报社原总编辑丁锡满笔名萧丁,在安徽出版的一本书上却被改了名字,排版工人把"萧丁"认做了"萧厂"。上海某出版社出了一本关于胡适的书《无地自由》,书名有很强的针砭性,在报刊上开展宣传时,由于手写的宣传稿书写笔画不到位,"无"字最后一笔不向右拐,结果"无地自由"全被印成了"天地自由",意思截然相反。

作为编辑、记者,不少人都练过字,临过帖,有些人的字还很见功力,只是往往走的是书法艺术的路子,潇洒、漂亮但不容易辨识,甚至写的是一手草字。也有些编辑、记者,视书写为"小儿科",没下过"临池"功夫，基本上是"自由体"，爱怎么写就怎么写，毫无法度可言而又喜欢别出心裁，常常让看的人如读天书。这两种情况，都有可能造成手稿的阅读障碍，出现下列伤害性结果：

脱骱。一个字被分成两个字。比如某书稿本应是"一腔真诚"，因为"腔"字左右间距留得较大，被排印成了"一月空真诚"。

粘连。两个字被并成一个字。比如某书稿在介绍元人小令时，作者字距留得较小，字又写得行书味十足，"元人小令"被排印成了"元人怜"。

错位。此偏旁被误为彼偏旁。比如简化的"讠"字旁极易和"三点水"混淆，"扯淡"成了"扯谈"，"设有岗哨"成了"没有岗哨"，就都是因此而造成的。

变形。整个字模糊不清，从而导致张冠李戴。比如某作者的笔下，本是"如果"的"如"字，因为用的是草体，全被排成了"为什么"的"为"字。

我国自古以来便有重视写字的传统，"书"曾被列为"六艺"之一。唐代甚至和做官有关，《选举志》上说："凡择人之法有四：一曰身，体貌丰伟；二曰言，言词辩证；三曰书，楷法遒美；四曰制，文理优长。"当时着眼的是"遒美"，这是书法艺术成长的土壤；今天的文字工作者更应看重的是它的传递信息的功能。

早在1951年，毛泽东主席在审定《中共中央关于纠正电报、报告、指示、决定等文字缺点的指示》这一文件时，曾提出"五不要"的要求："不要写错字，不要写草字，不要写怪字，不要写别字，不要写简字。"这正是针对文件写作中某些人的用字问题提出的。今天，尽管社会已经进入电脑时代，但这段话仍有现实意义。这不仅因为电脑也会出现误植、乱码等现象，更重要的是，操作电脑同样需要"五不要"的精神，不能粗枝大叶。

写到这里，想起了出版界前辈陈原先生提倡的"编辑体"。他认为编辑写字应有特殊的职业要求，即以清晰为第一，其次才是美观。这里，让我们重温一次陈原先生的教导吧："我说的一个编辑要学会写字，是指做编辑的要会写'编辑体'，那就是说，一笔不苟、规范化，任何人一眼看上去就能认得出是什么字；编辑的字不一定是书法家的字，甚至大部分不是书法家那些颜柳欧苏的字，也不一定那么美，可是容易辨认，而且规范。"

你在从事新闻、出版工作吗？请学会写"编辑体"吧。

锁定名人

西汉能看到甲骨文吗

封常曦

李国文先生在《司马迁之死》一文中写道：

其实子承父业继任太史令的他（司马迁），在国史馆里，早九晚五，当上班族，何等惬意？翻那甲骨，读那竹简，渴了，有女秘书给你沏茶，饿了，有勤务员给你打饭。（人民文学出版社2002年4月版《中国文人的非正常死亡》第4页）

在这段文字中，李先生虽然用了一些游戏笔墨，如"上班族""女秘书""勤务员"等都是现代词语，司马迁生活的时代还不可能有这样的称谓，但是，"翻那甲骨，读那竹简"这两句话，却分明是在一本正经地谈论历史。因为，从地下已经发掘出来的文物资料看，西汉及其以前的书籍有相当数量确实是写在竹简上的，如湖北云梦睡虎地秦墓竹简、山东临沂银雀山汉墓竹简、湖南长沙马王堆汉墓竹简等，就是明证。既然秦、汉时早已有了长篇大论写在竹简上的书，而且被作为殉葬品埋进了贵族的坟墓，那么司马迁当然可以在国史馆里读到它们。然而对于甲骨文来说，就完全是另外一码事了。

大家知道，甲骨文是一种刻在龟甲和兽骨上的古老文字，据统计，目前已经出土的甲骨已有十余万片。其中最多的是河南安阳的殷墟和陕西的周原，北京、甘肃、山西、河北、辽宁、吉林、江苏、湖北、四川等一些地方也出土过零星的占卜甲骨。据专家推测，民间零星的甲骨出土，也许战国时代就发生过，但当时没有人知道上面刻有文字，只当是普通的骨片，随得随弃，很难保存下来。《神农本草经》里记载了一种名叫"龙骨"的中药，能治咳逆、泻痢、便血、惊痫癫狂等疾病。据说这种

李存葆笔下的三个典故性词语

宛 啸

典故性词语,是人们在文学创作中理解和运用的难点。不熟悉它们的典源,理解时不够准确,或运用时稍有疏忽,就很容易出现差错。这里举李存葆先生《祖槐》和《大河遗恨》两文中的三个例子,试作考辨与分析。

吴晗先生在《朱元璋传》中这样写道:"迁令初颁,民怨即沸,至于率吁众蹙。惧之以戒,胁之以劓刑。"(《祖槐》,见《跨越百年的美丽》第55页)

这里的"率吁众蹙",是个来自《尚书》的典故性词语。一般人可能不太了解,因此也难以发现它的差错。《尚书·盘庚上》云:

"龙骨"中可能就有地下挖出的甲骨。真正发现甲骨上刻有文字,并判断其为殷商时代卜辞的,是清朝末年的王懿荣。他自1899年秋至1900年春,先后从古董商手里购得甲骨1500片左右。据王国维1917年所作《戬寿堂所藏殷虚文字〉序》说:

土人得龟甲牛骨,上有古文字。估客携至京师,为福山王文敏公懿荣所得。庚子(1900)秋,文敏殉国难(八国联军占领北京时投井而死),其所藏悉归丹徒刘铁云观察鹗。(刘鹗即《老残游记》作者)

刘鹗从王懿荣家属手中购得甲骨1000余片,自己又陆续从山东、河北、河南等地广事收购,使其所藏甲骨达到5000余片。后来,他又从中选拓1058片,于1903年编成《铁云藏龟》一书出版。这是我国第一部甲骨文著录问世,标志着一门新兴学科——甲骨学的诞生。

由此可见,甲骨文的编纂成书,最早也要到20世纪初。生活在2000多年前的西汉太史令司马迁,怎么可能在国史馆里翻看到这样的文字呢?

盘庚迁于殷(今河南安阳),民不适有居,率吁众慼出,矢言。

《尚书》的这段文字,历来有不同的断句和解释。清代孙星衍的《尚书今古文注疏》说:适,悦也,即喜欢。率者,借为聿,辞也,即助词,无实义。吁,呼也。慼,《说文》引作"戚"(现"慼"为"戚"的异体字,已废而用"戚"),即贵戚近臣。矢,陈也,言呼众近臣听其陈言。总起来说,这段话的意思是:盘庚迁都到殷,臣民们都不喜欢这块迁居的地方。于是盘庚呼唤一些贵戚近臣出来,请他们陈述意见。吴晗先生的《朱元璋传》,写到明太祖初年的大规模移民,情况正好与盘庚迁殷相似,所以就借用了《尚书》中"率吁众慼"这个词语。"慼"字下部明明是个"心",它也可以省作"戚",现在李先生转引时,把"慼"错成了"蹙"(音cù)。这是两个音义都不同的字,写错以后怎么还能讲得通呢?

大禹挥动倚天之锄疏浚洪患,他那"三过家门而不入"的赤忱,至今仍令一秉大公的仁人志士高山景行……(《大河遗恨》,见《跨越百年的美丽》第187页)

高山景行,语出《诗经·小雅·车舝》:"高山仰止,景行(háng)行(xíng)止。"综合古今各家的注解,"仰"指仰望;"景行"义为大道;"止"字当作"之"。袁梅先生在《诗经译注》中把两句翻译成:"高山巍巍可仰瞻,大道宽广走向前。"我认为是可以的。但是,去掉了"仰止""行之"这两个表示动作的词语以后,仅仅将"高山"和"景行"(大道)两个名词组合而成的成语"高山景行",便只能具有名词的性质。《汉语大词典》解释为:"后以'高山景行'比喻崇高的德行。"现在,李存葆先生说:"[大禹]至今仍令一秉大公的仁人志士高山景行。"分明把"高山景行"理解成"景仰",当作动词来使用了。这样做,显然有点自我作古的味道,是难以为人们接受的。

凌汛过后,有数不清的硕大冰砣横卧竖立于河滩,像一群群搁浅的巨鲸陈尸光天霁月……(同上,第188页)

众所周知,成语有"光天化日"和"光风霁月",均含褒美之意。李存葆先生大概认为用在这里都不确切,所以从中抽出"光天"和"霁月",合成了一个从未有人用过的"光天霁月"。殊不知"天"和"月"都高高在上,巨鲸是无法到那里去"陈尸"的。所以人们在使用"光天化日"这个成语时,都必须在后面加上"之下"两个字。再说,"光天"和"霁月"总是让

刘邦"屁股上"有七十二颗黑痣?

胡守贵

汪曾祺先生的小说《异秉》中写了一个曾为幕僚后沦为食客的人物张汉,此人"走过很多地方,见多识广;什么都知道,是个百事通"。有一天,张汉谈起人生有命,凡成大事者,皆有异相或特殊的秉赋,他说:"汉高祖刘邦,股有七十二黑子——就是屁股上有七十二颗黑痣……"张汉将"股"释为"屁股"显然是错误的。

《史记·高祖本纪》中写道:"高祖为人,隆准而龙颜,美须髯,左股有七十二黑子。"《汉书》写刘邦生相奇异,也照搬了司马迁的说法。"黑子"就是黑痣。"股有七十二黑子"确实生得奇特,但这"股"绝不是"屁股"。查《辞源》及《现代汉语词典》便可知道"股"的意思是"大腿","股"没有作"屁股"讲的义项。"屁股"是"臀"的口头说法。《现代汉语词典》对"臀"的解释是:"人体后面两股的上端和腰相连接的部分,也指高等动物后肢的上端和腰相连接的部分。"《辞源》释"臀":"哺乳动物腰下股上的后面部位。"由此看来,"股"与"臀"(屁股)是人体不同部位的称谓,不可混为一谈。

《史记》《汉书》皆成于汉代,当时"屁股"一词恐尚未出现,"左股有七十二黑子"之"股"只宜解作"大腿",而绝不能讲成"屁股"。汪先生为文或许是嘲讽张汉其人不学无术,望文生义,但文中似应点明这一意图,这样读者才不致误解。

时尚词苑

不尽"物流"滚滚来

金波生

"物流"是个新词。不过,在今日新闻媒体上,"物流"已经可算作常用词了。然而,《现代汉语词典》不仅1996年版的修订本没有收为词条,连增收了"新词新义"1200余条的2002年增补本也未收录。是不是因为"物流"很好懂,所以不必立词条呢?不得而知。

我曾经随机口头调查了老中青三位男士:什么是"物流"?他们都不假思索,脱口而出:物资流通呗!我还在马路边请教过"××物流公司"厢式货车的一位驾驶员,他的回答也挺干脆:"物流"就是货物流通嘛!

如果请专家打分,这两种答案至多只能打50分。

现代物流是一个蓬勃兴起的新行业。据《新民晚报》2001年8月3日报道,仅香港一地,就"拥有物流公司近六百家"。

现代物流又是一个蓬勃兴起的新专业。许多高校都增设了物流专业,不但要培养专科生、本科生,而且要培养硕士和博士。据《青年报》2002年8月19日报道:"物流人才,上海缺二十万。"

如果"物流"仅仅是"物资流通"或者"货物流通"的话,要那么多物流公司干吗?要那么多物流人才干吗?

现今有一种"伪物流"。不少所谓物流企业是由原先一些运输车队直接"翻牌"而成。"你找我托运,我帮你拉货",走的是"靠力气吃饭"的老路。——这至少是误解了"物流"的概念。

现代物流是一种优质高效的服务。比如占全国音像制品市场20%

份额的上海音像制品公司"往往是上午接到订单,白天生产,晚八九点交货",由第三方物流企业"连夜装车,第二天中午这些音像制品就能上北京、广州等中心城市的货架"。(据《新闻晨报》1999年11月22日报道)如此惊人的速度,靠的就是社会化、专业化的第三方(交易双方之外的第三方)"物流"企业。

现代物流产业是利用信息和网络技术,运用现代组织和管理方式,对运输、仓储、装卸、分类、包装、加工、配送等物流环节进行一体化经营,组织产品从生产地到消费地之间的整个供应链的新兴产业。(参看《新民晚报》2001年2月8日)

过去,我国大部分生产企业,自己出资人搞仓储、管运输等,不但费力费时,而且把成本"摊"大了。这样的物流成本约占商品价格的40%。而世界平均水平是15%至20%。(参看《文汇报》2002年4月17日)因此,"专家认为,物流是继劳动力、自然资源之后的第三利润源"。(《文汇报》2001年5月20日)我国加入世界贸易组织之后,假如不在现代物流方面迎头赶上,就无法与国际接轨,无法参与国际上的竞争。

物流是一种融合商流、实物流、资金流、信息流等子系统的一体化系统。(参看《新民晚报》2002年3月24日)为了发展现代物流,除了先进的物流技术和设备外,我国急需新一代的"物流人"。这些"物流人"必须了解、掌握现代物流、国际物流、第三方物流、供应链管理、电子商务与物流,以及运筹学、商品检验与养护、数理统计、市场调查等方面的知识、理念和操作技能。

"物流"已经成为全球最热门的新兴产业,并且必将成为我国21世纪的"朝阳产业""黄金产业"。新编的词典似乎没有理由不收"物流"词条,但愿"未收"只是一个疏漏。

语丝

辜鸿铭敬祖

曹 阳

辜鸿铭在英国留学,每逢中国重大传统节日,如清明、端午之类,必在租住的房间里设祭台,上供品,一本正经地磕头祷告。房东老太太看到后,曾忍不住揶揄他说:"你的祖先什么时候来吃你的大鱼大肉啊?"

辜鸿铭立即回敬:"就在你们的祖先闻到鲜花的香味的时候。"

花花绿绿的"包装"

余双人

包装,原是生活中的寻常事。把商品用纸包起来,用绳扎起来,或者装进盒子里、瓶子里,就是包装。为什么要包装?主要目的是防止污损,便于携带;后来有了真空包装,则是为了延长商品的保存期或保质期。如果是礼品,包装还有另一个要求:美观大方。比如牙膏,原来用铝管包装,现在改为复合软管包装,干净而美观;外边再加个纸盒包装,以免压坏或变形。

现在市场上有一些盲目追求"豪华"的过度包装让人大跌眼镜。"某品牌的礼品装洋参胶囊,包装重量是商品净重量的约45倍,外包装的纸板箱体积估计在胶囊总体积的100倍以上!""月饼盒从原来单一的纸盒变为塑料盒、金属盒、竹盒、锦盒、漆盒……外包装及附带物的成本,竟占了总成本的七成!"(《新民晚报》2001年5月8日)这种华而不实的包装,使消费者掏了冤枉钱,使环卫工人增加了负担,还浪费了资源,污染了环境,有害无益。这是"包装"在目的上的异化。更值得注意的是"包装"词义的异化。

不知道从什么时候开始,"包装"的对象,不再限于食品、日用品之类了。什么东西都可以"包装",戏剧、电影、出版物等文化产品要"包装",房产、企业、学校、种种招标的项目也要"包装";甚至连人都可以"包装",像演员、歌星、作家、应聘的大学生等也成了"包装"的对象。例如:

(1)《申江服务导报》最初的成功,很大程度上也得益于形式的包装:封面大照片、大标题、大提要,具有视觉冲击力,所谓"三大一冲";内页中英文版头,版式设计新潮,具有全彩效果;按性质相关分成四叠,后又推出铜版纸豪华版。(《新闻记者》2001年第6期)

(2)一台全新包装、布景盛大、

群星荟萃的新版越剧《红楼梦》将呈现在广大观众面前。(《文汇报》1999年8月6日)

(3)当被"包装"过的歌手再现于舞台上时,不仅发型衣着变了,相貌肤色变了,甚至表情腔调也变了,变得弱不禁风地、忸忸怩怩地、半遮半掩欲嗔还喜气喘吁吁嗲声嗲气地说:"我好想好想你们哦……"听得人汗毛阵阵起伏。(《文汇报》1999年7月4日)

例(1)是"包装"一份新出版的报纸。例(2)是通过"在表演、布置、灯光、服装造型等方面寻找新的突破点","把现代科技手段用于戏曲表演"来"包装"新版越剧《红楼梦》。(参看《新民晚报》1999年7月18日)例(3)则是"包装"歌手。

"包装"词义的异化,用法的扩大化,其发源地是在我国大陆之外的华语圈(包括新加坡、马来西亚、我国的港台地区等)。《咬文嚼字》的特约编委汪惠迪先生编著的《新加坡特有词语词典》为"包装"立了词条:"动词。对人或事物从形式上加以美化,使更具吸引力或商业价值。"上文所举的(1)(2)(3)例中的"包装"正是这个意思。

更为令人不安的"包装",是某医药公司的药品供货目录:"天亮前、红杏春、美人鱼、黑蝴蝶、黑寡妇、心上人;一帖灵、一搽灵、一擦净、一日清、一点红;再生人、俏佳人、更娇丽……"(引自《新民晚报》2002年4月2日)如此"包装",怎不叫自行购药的病家堕入五里雾中!

最后用两句俗话和一个成语来结束本文。第一句俗话"人要衣装,佛要金装",说明中国人历来是看重包装的。第二句俗话"绣花枕头一包草",旨在抨击以花哨的包装掩盖内在低劣质量的欺骗行为。成语"买椟还珠"则嘲讽了只重包装、本末倒置的蠢事。

语 丝

个个草包

传说,和珅建了一座亭子,请纪昀题写横额。纪昀挥毫写了两个大字"竹苞"。竹苞,竹笋也,出自《诗经》,是形容事物像竹笋一样可以顶石破土。和珅想,这是说我在仕途上能取得成功,非常高兴。后来,乾隆探访,看到亭上大字,突然发笑,问是何人题写。和珅愣了愣,回答是纪昀。乾隆说,"竹"字拆开是"个个","苞"字拆开是"草包",纪昀是在骂你,说你家"个个草包"!

一针见血

周瑜和孙权是连襟吗

雪 荣

2002年5月30日东方电视台"才富大考场"出了一道知识题:"周瑜和孙权是君臣关系,还有另一种什么关系?"我茫然。结果亮出"正确"答案是"连襟",这有点出乎我的意外。

查一下《三国志》和《三国演义》可知:大乔小乔是两姐妹,大乔嫁东吴孙策,即孙权之兄;小乔嫁周瑜。可见与周瑜连襟的是孙策而不是孙权。出题人以弟代兄,闹了笑话。

谁乐水,谁乐山

黄善邦

《福州日报》2001年11月22日所刊《东煌花园:实现水生活的梦想》开头说:"人们说:智者喜山,仁者爱水。"其实,智者"喜"的是水,仁者"爱"的是山,"人们"说反了。

《论语·雍也》:"子曰:'知者乐水,仁者乐山。知者动,仁者静。'"知,智也;乐,喜爱也。孔子认为聪明的人爱水,仁德的人爱山。为什么呢?宋代理学家朱熹解释说:"知者达于事理而周流无滞,有似于水,故乐水;仁者安于义理而厚重不迁,有似于山,故乐山。"意思是说聪明的人明理通达、随机顺变,和水的流动畅通、随岸赋形相似,所以爱水;仁德的人厚仁自重、沉静不移,同山的肃穆屹立、岿然不动相似,所以爱山。后世用"乐水乐山"说明不同思想性格的人有不同的爱好。这里谁乐水、谁乐山已成定格,转述时要对榫合卯,不宜张冠李戴。

英国没让菲律宾用英语

一 言

2001年2月26日《北京晚报》所刊《新词语让我难过》一文第2段说:"上个世纪英国利用枪炮,使印度、菲律宾及非洲的许多国家官方改用英文。"

"上个世纪"的说法不妥。2001年是21世纪的第一年,"上个世纪"就是20世纪,即1901至2000年这一百年。英国统治印度及非洲许多国家是从19世纪开始的。这些国家被迫以英语为官方语言也是在19世纪。另外,菲律宾把英语作为官方语言是美国造成的,而不是英国。菲律宾曾长期沦为西班牙的殖民地,19世纪末,美国与西班牙之间爆发"美西战争"。美国打败了西班牙,取代了西班牙对菲律宾的统治。美国的官方语言是英语,菲律宾后来也就把英语作为官方语言(菲律宾的国语是他加禄语)。

人死怎能回乡

村 友

《中国电视报》2002年第8期《百家姓水泊梁山话阮姓》一文第6段说:"'阮氏三雄'在梁山起义队伍接受招安后,经过征辽以及打方腊等战争,因不满朝廷的统治,最终还是回到了梁山石碣村。"

"阮氏三雄"即立地太岁阮小二、短命二郎阮小五、活阎罗阮小七,都是《水浒传》里的梁山好汉。《水浒传》(百回本)第九十六回和第九十八回交代:阮小五和阮小二都在跟随宋江征讨方腊的战斗中阵亡了,最后只剩阮小七回京,因不愿为官,又回石碣村打鱼为生。可见,阮氏三雄并未都回石碣村,阮小二、阮小五死于征方腊的战斗中,只有阮小七活着回到了家乡。

"经济人"应为"经纪人"

谷士锴

2001年1月1日《北京晚报》第10版《准备加盟中国队赴意作战——新年前夕访杨晨》一文最后一段说:"至于年轻的杨晨,尽管保持着一贯的平静和沉默,但事态的发展或许早已超出了他对于残酷激烈的德国商业足球赛制的理解。那么他的经济人是否能够在关键时刻力挽狂澜呢?这更是一个难以回答的问题。"其中的"经济人"应为"经纪人"。

"经济"与"经纪"是两回事。"经济"指社会物质生产和再生产的活动,以及个人生活用度等,而"经纪"指筹划并管理(企业)。"经纪人"是靠为买卖双方撮合从中获取佣金的人。"经济人"显然错了。

日本没有"外交部长"

拾 谷

2002年1月27日《北京青年报》第7版《下属自行其是 女外长哭诉委屈》一文第1段说:"日本外交部长田中真纪子本月25日在国会中为自己辩护,……在会后,这位女部长终于忍无可忍……"

文中"日本外交部长"应为"日本外务大臣"。日本内阁阁僚不叫部长,而称大臣或长官。如外务大臣、防卫厅长官等。田中真纪子的职务是"外务大臣",应称"这位女大臣"才对。

刘伯温活到什么时候

孤 闻

《燕京传说》(农村读物出版社出版)第66页有这样一段话:

"历朝皇帝都非常注重风水阴阳。明成祖朱棣在北京当了皇帝以后,为了大明朝长盛不衰,有一天扮做平民百姓,密约道士刘伯温去郊外选陵址。"

明成祖即永乐皇帝,系明太祖朱元璋第四子。刘伯温即明朝开国功臣刘基(伯温是他的表字),浙江青田人。明朝洪武八年,也就是1375年,刘伯温病故,有传说是被宰相胡惟庸暗害。刘伯温死时,朱棣只有十六岁。直到1402年,即建文四年,朱棣率兵攻破南京,将侄儿朱允炆(惠帝)赶下皇位,取而代之。此时刘伯温作古已经27年。朱棣当皇帝后与刘伯温微服出外选陵址显然是无稽之谈。

《西游记》是"六才子书"之一吗

石谷文

《少年必读书手册》(中国华侨出版社出版)第29页有这样一段话:"有了《水浒传》,我国才有了第一部成功的长篇白话小说。清代著名小说理论家、批评家金圣叹将《水浒传》《西游记》《庄子》《离骚》《史记》及杜甫诗相提并论,合称为'六才子书'。"

其实,列入金圣叹"六才子书"的不是《西游记》而是《西厢记》。《西厢记》是元朝著名剧作家王实甫的名作,金圣叹曾称赞《西厢记》"不是何人做得出来,是他天地直会自己劈空结撰而出"。

"踢进……入球"?

杨济恩

我时常收看中央电视台直播的足球比赛,在几位著名足球评论员的解说中,屡屡听到一种令人感到有些别扭的说法,即每当场上有进球的时候,评论员总要对进球者破门的情况介绍一句:"这是他本赛季以来踢进(攻进)的第×个入球。""踢进……入球"或"攻进……入球",不仅说法奇特,而且文理欠通。因为"踢进球""攻进球"和"入球"完全是一样的意思,不应在同一句话里叠床架屋。

"望其项背"还是"望尘莫及"

马志国

2001年1月11日《团结报》所载《少点浮躁 多点务实——质疑"世纪宝宝"电视直播等活动》一文中,有这样一段话:"生孩子,本是十分隐秘的事,过去是连父亲也不允许在侧的,这回可好,不但父亲可以在侧,而且公开对公众直播,我不知外国有无这种情况,但我们的媒体敢想敢干连西方人也要望其项背。"笔者认为:"望其项背"当为"望尘莫及"的误用。

《现代汉语词典》对"望其项背"的解释是:能够望见别人的颈项和背脊,表示赶得上或比得上(多用于否定式)。根据上面引文的文意,"望其项背"用在文中与作者要表达的意思正好相反。《现代汉语词典》对"望尘莫及"的解释是:只望见走在前面的人带起的尘土而赶不上。比喻远远落后。它如果用在上文中形容西方人与我们的媒体在"敢想敢干"上的差距,倒是恰当的。

"熊掌"怎么"宰杀"

赵 华

《北京青年报》2000年1月19日第17版《抢救世界级珍稀野生动物南方二号出重拳》:"1月16日,昆明市林业公安分局在市区检查宾馆、饭店时,查获已被宰杀的穿山甲两只、巨蜥两只、熊掌四只……"何谓"宰杀……熊掌"？令人费解。

"宰杀"，《现代汉语词典》的解释是这样的："杀（牲畜、家禽等）。""穿山甲""巨蜥"均为动物，非法"宰杀"的说法可以成立，可是，"熊掌"是熊的身体的一个部位，又怎么能被"宰杀"呢？

改正的办法是将"熊掌四只"移到"查获"的后面，使"熊掌"不再受动词"宰杀"的支配。这样，句子就变成了"1月16日，昆明市林业公安分局在市区检查宾馆、饭店时，查获熊掌四只，已被宰杀的穿山甲两只、巨蜥两只……"

"不容置喙"与"不容置疑"

杨公平

《中国青年报》2002年9月7日刊登了一篇题为"文艺界不该成为事故多发地带"的文章，其中有这么一段话："'权钱交易''权色交易''损公肥私'等堪称时下腐败的流行特征，此类现象在文艺界虽不能说一应俱全，但已遭受其'病症'的感染却是不容置喙的事实。"

"不容置喙"一词用得不恰当。

"喙"本指鸟的嘴，常借指人的嘴，如"百喙莫辩"，意思是即使有一百张嘴也难以说清。"不容置喙"的意思是不容许插嘴。文中作者鞭笞了文艺界的种种丑恶现象，明明是"插了嘴"，又怎能说"不容置喙"呢？难道只有作者才有权评论，其他人"不容置喙"吗？

"不容置喙"可以改为"不容置疑"。"不容置疑"意思是不容许有什么怀疑，一般用来强调事实清楚、道理正确。这符合作者所要表达的意思。

父子变兄弟

何 兴

中国国际广播出版社出版的《古今谭概故事》一书在《两头衹》这则故事中说："钟会、钟繇是兄弟俩……"

其实，钟繇、钟会不是兄弟俩，而是父子俩。从《辞源》《辞海》中可知：钟繇（151—230），三国魏人，汉末举孝廉，官至侍中、尚书仆射，入魏，进太傅，是著名书法家。钟会（225—264），钟繇子，与邓艾征蜀有功，官至司徒，后因谋叛被杀。

辨字析词

"入闱"和"入围"

盛书刚

2001年1月21日《人民日报》第9版刊登一则简讯,题为:

三百余产品入选"台湾精品"(正题)

网络电冰箱首次入闱(副题)

把正题和副题联系起来看,这里"入闱"和"入选"同义。"网络电冰箱首次入闱"就是"网络电冰箱首次入选"。

然而,人们只要稍微留意就不难发现,在近年来的报纸上,还有一个表示"入选"意思的同音词更为活跃,它便是"入围"。这就向我们提出了问题:"入闱"和"入围",在表达"入选"(或"进入……范围")之义时,哪一个是正确的? 抑或两个都正确?

有人认为用"入闱"表示"当选"(或"进入……范围")是正确的,而用"入围"则不正确。吴小如先生在《同音异义字的误用》中这样说道:"'入闱'一词,原是沿袭旧日科举制度流行时的常用词。而现在报刊上的体育新闻或经济新闻报道中,却出现了'入围'字样。'闱'和'围'音同而义异,两字不能混用。'入闱'表示当选或中标而进入竞赛圈,而'入围'则是进入了被包围的圈中,与'入闱'并不是一个意思。"(1997年10月14日《北京晚报》)

笔者认为:"入闱"和"入围"是同音异义词,当然不应混用;但是,在表示"当选"(或"进入……范围")之义时,应是"入围"而不是"入闱"。理由如下。

首先,从词典上看,没有哪部词典说过"'入闱'表示当选或中标而进入竞赛圈",也没有哪部词典说过"'入围'表示进入了被包围的圈中"。恰恰相反,一些反映现代汉语应用实际的新词典倒是作了这样的释义:

入闱:科举时代应考的或监考的人进入考场。(1996年版《现代汉语词典》第1078页)

入围：1. 经过选拔进入一定的范围；入选。(1996年版《汉语新词典》，汉语大词典出版社、商务印书馆[香港]联合出版)；2. 指取得进入某一范围的资格。例如：中国电影能在西方电影盛会中入围已非同等闲，得奖与否并不重要，重要的是使中国电影在西方国家中闯出一条新路。(《文摘报》1991年6月23日)日本大阪"每日放松"电视台最近将推出《亚洲笑星》特别节目，王汝刚成为首批入围者将走进"亚洲笑星"行列。(《解放日报》1993年8月28日) (1997年版《精选汉语新词语词典》，四川人民出版社出版)

其次，从语用上看，虽然报纸上可以找到把"入闱"当作"入选"(或"进入……范围")的用例，但绝大多数作者在表示"当选"(或"进入……范围")时用的是"入围"而不是"入闱"。请看笔者统计的很有影响力的三家报纸的数据：

年份	报纸	入围	入闱
1994年	人民日报	15次	0次
1995年	人民日报	22次	0次
1996年	人民日报	15次	1次
1997年	北京日报	52次	0次
1997年	北京晚报	67次	2次
合计		171次	3次

171：3——这个统计数字的对比，多么悬殊。尽管它不一定十分准确地反映各种报纸使用"入围"和"入闱"的情况，但至少可以说明绝大多数作者认同"入围"而舍弃"入闱"。

根据语言规范化的从众原则，我们的看法是：

一、"报刊上的体育新闻或经济新闻报道中"(还有其他有关"选拔"和"竞赛"等活动)大量出现的"入围"字样，没有一例表示"进入了被包围的圈中"，均表示"当选"或"进入……范围"。因此，它决不是"误用"，而是不能否认的极有表现力的新词。

二、"入闱"之"闱"指："①宫中小门。②[宫闱]皇后和妃子居住的地方。③[庭闱]父母居住的地方。④考试的地方。"(《古汉语常用字字典》)"入闱"一词带有浓重的古汉语色彩，只有少数人把它作为"当选"来使用，尚未形成"当选或中标而入竞赛圈"的引申义而进入汉语新词语词典。从语言规范化角度出发，应当制止它的误用，否则，经过报刊的传播和权威的提倡，有可能蔓延开来成为"入围"的异形词。果真如此，岂不是给现代汉语异形词的整理工作增添新的负担？

"刹那"与"霎时"

岳泽和

"刹那"和"霎时"都是名词，都表示极短的时间，都常在句中作状语。但这两个词仍是有区别的。

"刹那"，梵语 ksana 的音译，有多种解释。有的说，一弹指间有 60 刹那；有的说，一念中有 90 刹那，一刹那又有 900 生灭；有的说，刹那是算数、譬喻所不能表达的短暂时间。刹那原多用以解释佛典，后又用于一般口语和书面表达中，意为"一瞬间"。如白居易《和梦游春》诗："愁恨僧祇长，欢荣刹那促。"孙犁《保定旧事》："在转身的一刹那……"

刹那，也可以写成"刹时"。鲁迅《呐喊·一件小事》："我这时突然感到一种异样的感觉，觉得他满身灰尘的后影，刹时高大了……"许杰《看木头戏记》："刹时之间，一阵寒风过去，屋背上又响起了春雨来。"

霎："小雨也。"（《中华大字典》）又引申为极短的时间。如唐孟郊《春后雨》诗："昨夜一霎雨，天意苏群物。"元白朴《梧桐雨》第三折："没乱杀怎救拔，没奈何怎留他，把死限俄延了多半霎！""霎时"相当于"一会儿"。峻青《黎明的河边》："小陈脸色霎时变得苍白。"霎时，也可写成"霎时间"。宋黄庭坚《两同心》词："霎时间，雨散云归，无处追寻。"冰心《寄小读者》二五："我待要追随，霎时间雪花乱飞。"

"刹那"可说成"一刹那"，而"霎时"则不能说成"一霎时"。"刹那"除了作状语，还能作宾语，而"霎时"则只能作状语，不能作宾语。如不能把"这是他一生中最辉煌的一刹那"说成"这是他一生中最辉煌的一霎时"。"刹那"的"刹"读"chà"，不读"shà"。"霎时"的"霎"读"shà"，不读"sà"。

"阴骘"和"阴鸷"

周照明

"阴骘"与"阴鸷",形体有些相似,又都念yīnzhì,读音相同,容易相混。《阅读与写作》2001年第3期《奇特人的奇特故事》一文中有这样一例:"由此产生了一种我得不到你也享受不成的阴鸷的欲念。"这里的"阴鸷"就被当作"阴骘"来用了。

骘:原意为"公马",后引申为"安定"。"阴骘"是一个文言词。如《书·洪范》:"惟天阴骘下民,相协厥居。"孔传:"骘,定也。天不言而默定下民,是助合其居,使有常生之资。""阴骘"也就是默默安定的意思。后来也称"阴德"为"阴骘"。如唐韦贯之《南平郡王高崇文神道碑》:"灵命阴骘,有开必先。"宋苏轼《子由生日》诗:"方其未定间,人力破阴骘。少忍待其定,报应真可必。"暗中做害人的事称为"伤阴骘",即伤阴德。《现代汉语词典》对"阴骘"的解释是:"原指默默地使安定,转指阴德。"举例是:"积阴骘。"

鸷,原指"凶猛的鸟",后引申为"凶猛、狠戾"。阴鸷,指阴险凶狠。《资治通鉴·汉宣帝神爵四年》:"严延年为治阴鸷酷烈。"《明史·许誉卿传》:"吏部尚书王永光素附珰,仇东林,尤阴鸷。"鲁迅《彷徨·长明灯》:"'我知道的,熄了也还在。'他忽又现出阴鸷的笑容,但是立即收敛了……""阴鸷"在《现代汉语词典》中的解释是:"阴险凶狠。"

上述用例中的"阴鸷",从语境和语意看,同"阴鸷"的意思一点关系也没有,显然应把"阴鸷"改成"阴骘"。

语丝

"危害民国"?

李广华

一九三二年九月,国民党当局以"危害民国罪"逮捕了陈独秀先生。在公审时,大律师章士钊为陈独秀先生辩护说:『法庭高悬总理遗像,国人奉为国父,所著三民主义,党人奉为宝典。孙总理有云:民生主义即共产主义……为何孙总理宣传共产为国父,而陈独秀宣传共产主义,即为危害民国?于法于理,能服人乎?』法官一时语塞。

过目难忘

最难忘的一句歌词

第一次听到《读你》,是在一台电视节目中。当时一对小有名气的夫妇,把费翔唱红的这首歌演绎得声情并茂,荡气回肠。"读你千遍也不厌倦",这新鲜、生动的比喻,甜蜜、坚贞的誓言,让人听后,如饮甘霖。

耐人寻味的是这个"读"字。读,是一种视觉行为,它的对象本该是文字,至多是画面,而在费翔演唱的歌曲中,却上升为人——是热恋中的情人,是相濡以沫的伴侣。这种出其不意的组合,让歌词充满了冲击力。词作者把挚爱的人比作诗篇,比作经典,比作浪漫的季节,比作美丽的句点,一连串的比喻扑面而来,于是"读"得酣畅淋漓,异彩纷呈。这是一种欣赏,一种默契,"读"的过程是爱的过程。只有心心相印、灵犀相通,才能"读懂"对方的每一个表情,每一种感觉,每一款心曲。"读",真是神来之笔。

"读你千遍也不厌倦",这一句写尽了古往今来多少地老天荒、两情久长的传奇故事,印证了多少生死不渝、白头偕老的美丽现实!它让人油然升起对爱情的执着追求,对爱人的热烈思恋,对生活的无限憧憬。《读你》,我心中的歌。

读你千遍

纪梅

"三百六十五里路"

袁谂

一首《三百六十五里路》，全让反复咏叹的"三百六十五里路"覆盖了。作为音盲的我，此歌其他许多乐句都不会唱，唯独这"三百六十五里路"不仅听得清，记得牢，哼得像，而且还自以为颇能领略其中奥妙。

"三百六十五里路"是抒情主人公的抒情对象，象征着他的人生轨迹，既代表他走过的一段路程，也代表他度过的一段日程，既是空间概念，也是时间概念。"三百六十五里路"作为一个意象，贯串全歌，时空交错，成就了一种迷离扑朔的错综美。

作者看准了三百六十五这个数字在时间上的联想意义，别出心裁地创造了"三百六十五里路"这个意象，从而使"三百六十五"成为时空之间可以灵活扳动的"道岔"，时空概念的转换从而也得心应手。

"三百六十五里路哟"，分明是说行程，"越过"的却是"春夏秋冬"；"三百六十五里路哟"，分明是说空间，而"岂能让它虚度"的却只能是时间。"三百六十五里路哟，从故乡到异乡"，是路程，是空间；"三百六十五里路哟，从少年到白头"，是日程，是时间。其实，日程与路程、时间与空间本来就密切相连。每个日程安排着路程，每一段路程占据着日程。空间改变总离不开时间改变；反之，时间改变也总免不了空间改变。

故乡异乡，少年白头，一个个三百六十五里，一个个三百六十五日，这就是人生。朦胧的星辰，遥远的路途，万丈的雄心，渐去的时光，执着的追求，漂泊的日夜，忍受寂寞，饮尽孤独，都是为了梦想理想。所有这一切，给抒情主人公的人生染上了一层悲壮的色彩，让人不由得想起逐日的夸父、行吟的屈子……

品味"风雨"

丁婵婵

周华健有一首歌,叫《风雨无阻》,是歌颂爱情的坚定的。"提着昨日种种千辛万苦,向明天换一些美满和幸福。"——其实这更是对人生的一种概括。每当我轻轻地唱起它时,总觉得在漫漫长途中,有了更多的顽强和坚持的理由。

一个"提"字,多么形象。"千辛万苦",本是一种抽象的概括,因为有了"提"字,顿时便产生了质感,一切都能心领神会。面对"千辛万苦"只用一个"提"字,而不是"背",不是"扛",不是"拖",则展示了一种人生态度:举重若轻,轻松平和。这是何等可贵的超然和洒脱啊!

一个"换"字,多么沉着。谁不渴望幸福,然而,幸福不是毛毛雨,不会从天上掉下来。"幸福"是要靠"千辛万苦"来换的。轻轻着一"换"字,点明了清醒而深刻的生活信条:一切要靠自己努力。没有乞求,没有怨艾,"换"字闪烁的是信心和力量。

歌词中的"一些",同样是值得品味的。"千辛万苦",说"千"道"万",前面再加"种种",未免有叠床架屋之嫌,但我们能理解作者的苦心:这是为了和"一些美满和幸福"形成强烈的对照。前面是"种种",后面是"一些",显然是一次不等价交换,辛苦大于幸福。明知不等价,仍然"换"得无怨无悔,这是何等可贵的恬淡和从容啊!

我想,这正是这首歌的力量所在。

语丝

『辞呈』

赵增民

解放前,国民党政府腐败,人民生活困苦不堪。一位文人因不擅奉迎上司而处于生活无着的窘境。

一日,妻子狮吼,小儿啼饥。睹此情状,文人怒从心头起,愤而向上司写了这样的辞呈:"卑职一家数口,两袖清风,三餐不饱,四肢无力,五内如焚,六神无主,七窍生烟,八方受敌,九转寻思,实(十)无万全之策,理合呈请辞职。"

这位小公务员的不幸让人同情。

我是不是该安静的走开

晓　梅

我喜欢的一句歌词,和我的一段经历有关。

那年圣诞节,我来到了他的公司实习,做些抄抄写写的活儿,不累。

一天,我到他办公室送一份传真。当时,他正握着电话低低地但十分严厉地说:"我这就回去!但我告诉你,一旦有个闪失,我跟你没完!"说完,他重重放下了电话。我冒失地问了一句:"经理,出什么事儿了?"他飞快地摇摇头说没什么没什么。

我开始暗暗观察他。我发现他在员工面前总是谈笑风生,说话幽默风趣,但一个人的时候就变得异常沉默和忧郁。公司运行平稳、效益可观,员工爱岗敬业、关系和谐。我不知道他的忧郁来自何处。

那天,一个衣着华丽的女人带着个小女孩来到了单位。她径直走进了他的办公室。同事告诉我说,那是他的妻子和女儿。过了很久,那个女人面无表情地领着孩子走了出来,我和同事都站起来跟她打招呼。她看了我一眼,眼里先是流露出令我莫名其妙的敌意,接着变换成为不屑。她消失在大门外后,我仍睖睁地站在那儿不知所措。

后来,我从同事处得知,他们的夫妻关系非常紧张。那个女人嗜赌,不喜欢任何比她年轻的女人。在单位也不好好干,出了问题总要他去出面摆平。那天他所以那样愤怒,是因为她打麻将把女儿弄丢了……

我开始同情他。

一天,他拿来厚厚一摞材料要我整理,说急用。我忙到下班还没有弄完。他看到后到楼下买了许多方便食品回来,与我一起整理材料。忙到很晚,我们才有时间消受那些好吃的。他笑着说:"对付一口吧,让你受累了。干了这么多活儿,就给吃这个,你回头写实习报告时可别把这写进去啊,说我们私营企业老板剥削员工!"我被他的话逗笑了。我们在轻松的气氛中边吃边聊了起来。

我们开始无话不谈。我被他的机智和幽默所吸引,更被他的思想和才华所征服。我发现自己爱上他

最浪漫的事

方孝红

"最浪漫的事?"如果作一个问卷调查,答案一定五花八门:春日踏青,海上冲浪,上一趟陶吧,999朵玫瑰的簇拥下爱人拿出了钻戒……然而,真正让我震撼的却是这样一句歌词:"我能想到最浪漫的事就是和你一起慢慢变老……"

"今年二十,明年十八",这是每个人心里的愿望;可惜岁月无情,面对时间的风刀霜剑,每个人都不可避免地走向衰老。然而,时光可以改变容颜,却改变不了两颗相爱的心!在爱人浑浊的眼里,对方永远是初识时的潘安、西施,因为他们爱火燃烧依旧,柔情缱绻依旧。"慢慢变老"成了浪漫,这种"浪漫"是何等浪漫!

"执子之手,与子偕老。"金钱、地位是身外之物,感情却能滋润一生。记得我和先生结婚前,他一次次表白心迹,急切地追问我对他的态度,当时我就是用这句歌词来作答的。这句隽语已成了我们之间爱的承诺。我不想变老,但我不怕变老,因为我们心头都怀着这份"浪漫"。

了,从他的眼神中我也读出了他的期待和渴望。从此我不敢看他的眼睛,不敢到他的办公室去,甚至不敢听到他的脚步声。他是有妇之夫,我是一个即将毕业的大学生,可我们的爱情毕竟来了,它如此真切又如此渺茫。我请了三天假,去了一趟大连,在冰冷的海边坐了一天。在我的随身听里,郭富城的那首《我是不是该安静的走开》,陪伴了我整个行程:"我是不是该安静的走开?还是该勇敢留下来?我也不知道那么多无奈,可不可以都重来?我是不是该安静的走开?还是该在这里等待?……"

我回到了公司。在他的办公室,我将随身听的耳机递给了他。我看着他将它们塞进耳孔。我们四目相对。当他将它们从耳孔拉出来放到桌上时,我看着他的眼睛,轻轻地一字一句地说:"我是不是该安静的走开?"

他的目光瞬间被一种水雾笼罩了。他用同样低低的声音回答:"我希望你勇敢留下来!"

我凄楚地笑了。我提前三周结束了我的实习生活。是的,我选择了"安静的走开"。

牵挂

张冲挺

校友聚会,见到了阔别二十年的同学,从久违的面容上,彼此都找回了年轻时的自己。席间,当年的同桌来到我跟前,轻轻地哼了一句:"牵挂你的人是我……"这熟悉的旋律,这真诚的表白,顿时在我心头掀起了巨浪,我忍不住流下泪来。这二十年来,我又何尝不是在牵挂着对方!

年轻时我们不懂得牵挂,因为该牵挂的就在身边,因为心头还拴不住牵挂的缆绳,因为从未尝过牵挂的滋味。长大以后才发觉,原来牵挂别人是一种幸福,被人牵挂是一种喜悦,有人牵挂是一份拥有。牵挂是风,思念是风筝,每日每夜,每时每刻,风在吹,风筝在飞。

牵挂,这是一个充满着动作性的词语。那么轻柔,那么执着。因为牵挂,儿时的记忆邈远而又真实地穿透云雾的樊篱直入心底:那石桥边清澈的溪水,大樟树下遥远的故事,草丛里昆虫们演绎的夜的赞歌;那与桃花相映的笑脸,舞台上飞落的小扇,田塍上飞扬的歌声……,"牵挂"犹如魔棍,一切如在目前,让人如痴如醉。

牵挂是风筝挣不脱的细绳,是一泓永不干涸的清泉,是顺着电话线悄悄爬过去的问候,是珍藏在心底的一段或红或黄的丝线……。"牵挂你的人是我"——你听见了吗?

语丝

毛泽东给程思远取字

刘爱护

程思远原本无字。一九六五年七月他随李宗仁先生回到祖国,受到毛泽东主席的接见。一次,毛泽东问他:"你为什么叫程思远呢?"程思远回答道:"因为我对自己的前程想得远,这也是我回来跟毛主席,共产党的原因。"毛泽东了解到程思远尚无别字,马上说道:"中国古代有位大散文家叫韩愈,字退之。现在我给你取个别字,叫近之。之乎者也的之。之者,共产党也。近之,从今而后靠近共产党。你看如何?"程思远连连点头致谢,在座的人都笑了。

文章病院

文天祥是雕塑家吗

张海铭

2001年1月3日《光明日报》有一幅题名"和平的期盼"的照片，下有一段说明文字：

在新世纪到来的第一天，大型雕塑《和平万岁》在北京中国人民对外友好协会广场揭幕。由民族英雄文天祥第24代传人、著名雕塑艺术家文元衍创作的这尊用不锈钢锻造、总高度9.6米的雕塑，向全世界表达了对永久和平的期盼。

这段话里的"传人"一词似乎用得不太贴切。

《现代汉语词典》对"传人"的解释是：能够继承某种学术、技艺而使它流传的人：京剧梅（兰芳）派传人；濒于失传的绝技如今有了传人。释义和例子都是十分明确的。《光明日报》这段话里说文天祥是民族英雄，属众所周知的史实，但"民族英雄"是后人对文天祥评价性的"敬称"，既非学术，亦非技艺，岂可"继承"并使之"流传"？再者，文元衍是著名雕塑艺术家，如果说他是文天祥的第24代传人，那么他继承的就应是文天祥的雕塑艺术了，这样一来，文天祥就成了雕塑家。稍有历史常识的人都清楚，文天祥除了民族英雄这一"荣誉"称号外，还有诗人、散文家的头衔，但绝无"雕塑家"的桂冠！事实上，文元衍并非文天祥第24代"传人"，而应是第24代"孙""后裔"或"后人"。

笔者举一"传人"使用恰切的例子：2001年5月3日《兰州晚报》"文化新闻"栏《纪念恩师诞辰——马派传人会聚北京》一文说，"由文化部主办的纪念京剧艺术大师马连良诞辰100周年活动将于5月4日在北京启

"革故鼎新"岂能改为"革新鼎故"

高蓬洲

《光明日报》2001年7月6日第二版的《革新鼎故立潮头》一文报道了青岛建工学院深化改革的事迹。然而标题将成语"革故鼎新"改为"革新鼎故"却欠妥。

"革故鼎新",或颠倒为"鼎新革故",或简化、压缩为"鼎革""革新",在一般辞书上都能查到。"革"与"鼎"都是《易经》中的卦名,《易经·杂卦》解释说:"革,去故也;鼎,取新也。"是说革卦的意思是去旧,鼎卦的意思是创新。这就揭示了人类社会或事业不断变革、不断前进的规律。《易经》上的这几句话后来演化为"革故鼎新"这一成语,多指改朝换代或重大改革措施。明海瑞《乞正敕款疏》:"盖陛下有爱民无穷之念,而二三大臣无仰承善体之忠,不惟不能施恩泽于民,而且不能尽革故鼎新之美。"这一成语在建国初和改革开放的今天运用频率很高。陈毅《示儿女》:"看我中华跃上游,革故鼎新事事侔。"

从构词方式上看,"革故"与"鼎新"都是动宾结构,二者构成并列关系,所以"革故鼎新"这一成语易懂易记,而且有明显的整饬美、均齐美。而改为"革新鼎故"可就不通、不美了。因为,一、"革新"已经包含了"革故鼎新"的全部意义;二、"鼎故"又怎样讲呢?难道还能"取故"或"建故"?可见将"革故鼎新"改为"革新鼎故"实是重复、混乱而不通,也可见经久流传的、凝成固定格式的成语是不能随意改造的。

幕","此次活动中,张学津、张克让、冯志孝等京剧'马派'艺术的代表性传人将为戏迷们带来《赵氏孤儿》《三娘教子》《法门寺》等马老的名段子"。这里把张学津、张克让、冯志孝称为马连良先生的"传人"无疑是对的,因为他们正是"继承"马老的京剧表演艺术且使之"流传"的人。

"时文"不是"时下之文"

韩　府

2000年第8期《语文知识》刊载的《展开双翼才能飞得高远——浅谈指导学生课外阅读》一文中，一连出现了三个"时文"。文章第二部分的第二个小标题是"多读好书时文，多读自己喜爱的文章"，下面具体阐述道："读时文能使人关心社会把握时代，因此，引导他们多读好时文，是诱发他们课外阅读的主动性和积极性的重要因素。"可见，这篇文章把"时文"一词当作"时下流行的文章"的意思使用了。

这真可以说是"失之毫厘，谬以千里"了。

"时文"是一个文体概念，意思是"时下流行的文体"，而不是"时下流行的文章"，在科举时代专指科举应试之文。宋代欧阳修《苏氏文集序》一文中写道："其后天子患时文之弊，下诏书讽勉学者以近古，由是其风渐息，而学者稍趋于古焉。"吕本中《东莱吕紫微师友杂志》："汪信民试南省第一，颇收畜时文，无逸同试被黜，问信民用此何为，曰：'恐登科须作学官，要此用尔。'"正因为它专指科举应试之文，所以，科举应试的文体变了，它的所指也就随之发生变化。在唐宋两朝的时候，科举所用的文体是律赋，所以，那时"时文"就是"律赋"的同义词；到了明清两朝，因为应试文是以"四书"命题的书艺和以"五经"命题的经艺，即八股文，所以，这个时期的"时文"专指八股文。

在科举制度盛行的时代里，"时文"是个使用频率十分高的词。《警世通言》卷十八《老门生三世报恩》中写道："只是如今是个科目的世界，假如孔夫子不得科第，谁说他胸中才学？若是三家村一个小孩子，粗粗里记得几篇烂旧时文，遇了个盲试官，乱圈乱点，睡梦里偷得个进士到手，一般有人拜门生，称老师，谭天说地，谁敢出个题目将带纱帽的再考他一考么？"《红楼梦》第七十三回《痴丫头误

罗尔纲是胡适的"私淑弟子"吗

陈宗德

《中华读书报》2000年1月12日18版登载了余杰的一篇文章,题为"胡适:既开风气又为师"。文中有这样一段话:"胡适的私淑弟子、历史学家罗尔纲在《师门五年记》中记载了他在胡适门下生活和学习的情状……"罗尔纲是否可以称为胡适的"私淑"弟子呢?笔者认为不能。

"私淑"一词,出自《孟子·离娄下》:"予未得为孔子徒也,予私淑诸人也。"赵岐注:"淑,善也。我私善之于贤人耳,盖恨其不得学于大圣人也。"朱熹集注:"孟子言予虽未得亲受业于孔子之门,然圣人之泽尚存,犹有能传其学者,故我得闻孔子之道于人,而私窃以善其身。"可见,"私淑"是指把自己所敬仰而不能从学的前辈当作楷模,或以其人为师,从他的著作中学习他的道德修养、知识学问。"私淑弟子"即未亲自受业的弟子。

那么,胡适与罗尔纲之间是否存在这样的"师生"关系呢?从上引的余杰文中,可以明明白白地看出,罗尔纲"在胡适门下生活和学习"了五年,可谓亲聆教诲、亲自受业了。余杰还提到,"当胡适读到罗尔纲在《中央日报》发表的短文《清代士大夫好利风气的由来》时,非常生气",并去信责备(其内容实为阐发自己的治学原则)。余杰就此议论说:胡适"更关心学生学问上的成长,他对学生学问上的不足,毫不留情地指出"。可见,余杰也确认了胡、罗之间存在亲自授受的师生关系。把罗尔纲称为胡适的"私淑弟子"是不准确的。

拾绣春囊 懦小姐不问累金凤》中有这样一段:"更有时文八股一道,因平素深恶此道,原非圣贤之制撰,焉能阐发圣贤之微奥,不过作后人饵名钓禄之阶。"

"时文"就是指封建社会里科举考试中专用的文体,科举制度废除以后,就不存在"时文"了。

"略地"还是"掠地"

喻圻华

先在网络流行而后由知识出版社出版的小说《第一次亲密接触》,情节动人,大量运用网络语言,幽默风趣,别具风格。但在个别常用词语的使用上似过于随意。

第30页有这么一段:"痞子,别生气。我用的是心理学上的洪水猛兽法。在你有所期待时,狠狠地泼你冷水,你才能步步为营,攻城掠地,无坚不摧。"

这里的"攻城掠地"显然是"攻城略地"之误。"略地"和"掠地",读音相同,都可以指"夺取别人土地"这一客观行为,但它们的感情色彩却截然相反。

查《辞海》《辞源》可知,"略地"有两个含义:1. 巡视边境;2. 攻占、夺取敌方土地。前一义项比较罕见,现在基本不用了;后一义项则用在"攻城略地"这个常用词语中。"攻城略地"语出《淮南子·兵略训》。《淮南子》在论及秦末陈胜起义节节胜利的情形时,说起义军"攻城略地,无不降下",明显带有褒义色彩。现在我们使用"攻城略地"这个词,都是用来表示"攻无不克战无不胜"的意思,正气凛然,指的是正义行为,有浓厚的赞扬意味。

再看"掠地",照字面应当理解成"掠夺土地",是一种侵略行径,贬义色彩相当明显。"略""掠"的差别,正如文言中表示进攻的"伐"与"侵"一样,我攻敌用"伐",敌攻我用"侵",立场鲜明,是万万混淆不得的。

"略地"单独使用,不大容易错成"掠地";但像《第一次亲密接触》这样把"攻城略地"随意误作"攻城掠地"的,恐怕不在少数,很有纠正的必要。

"屁"并非都是"臭"的

黎贤红

辞书对"屁"字的释义,几乎千篇一律都是"从肛门排出的臭气"。我以为突出一个"臭"字不妥。从医学生理的角度来说,经肛门排出的气通称为"屁",而屁并非全是臭的。即便"臭"不是"秽恶的气味",而只是表示"气味"也不妥,因为很多时候,"屁"不但不臭,而且无任何气味。

中医有言:"矢气奇臭如败卵味",这是"脾失健运";"矢气连连,声响不臭",这是"腑气不畅所致";"若久病气虚,矢气连连",则多为"气虚下陷"。矢气,又作失气,即放屁。西医也认为,肛门排气分四种:一、臭屁,一般是食进脂肪、高蛋白类食物过多造成消化不良的表现;二、空屁,断断续续不停地放屁,但无臭味,多为饥饿引起的肠蠕动增强造成;三、多屁,无气味,常因多吃了山芋等高淀粉类食物引起;四、无屁,在肠梗阻或手术后肠未恢复蠕动所造成的肛门不排气。所以,如把肛门排出的气体有臭味的才称做"屁",是否有点以偏概全了?

我本人是个校医,执业资格是"执业医师",职称也只是"西医师",如果理解有误,还望批评。

语丝

半联敲开总督府

孙 晓

清朝光绪年间,孙中山留学归来,途经武昌总督府,想拜见湖广总督张之洞。到了总督府,递上帖子,门官随即呈与张总督。张之洞一看上面写着"学者孙文求见之洞兄",心里很不高兴,问门官道:"来者何人?"门官回答说:"是一儒生。"张总督也不发话,令人拿来纸笔,写了一行字,叫门官交给孙中山。孙中山一看,纸上写道:"持三字帖,见一品官,儒生妄敢称兄弟?"孙中山微微一笑,写下一行字,请门官呈上。张之洞只见上书:"行千里路,读万卷书,布衣亦可傲王侯",不觉暗暗吃惊,急命门官开门迎接。

词语春秋

"四海为家"的真相

宣炳善

现代人说"四海为家",言下之意是指四处飘泊流浪,颇有一种处处无家处处家的广阔胸怀。但是"四海为家"的意义就只是这么简单吗?实际上这个成语最初反映的是儒家大一统的政治文化理想,是指帝王占有四海,天下一统。这要先从"四海"开始说起。

中国最早的辞书《尔雅》的《释地》中说:"九夷、八狄、七戎、六蛮,谓之四海。"这里四海指的是四边荒远地区,不是指海洋。夷、狄、戎、蛮是指有别于中原华夏民族的少数民族,而加在前面的九、八、七、六则是泛指少数民族部族众多。"海"的本义是指天池,"海"的引申义指数量多。段玉裁《说文解字注》认为凡地大物博者,皆得谓之海。清代胡渭《禹贡锥指》卷十八中说得明白:"古书所称四海,皆以地言,不以水言。《尔雅》四海系《释地》,不系《释水》,《禹贡》九州之外即是四海,不以海水之远近为限。"这说明九州之外就是四海。

"四海为家"也就是以四海为一家,四方的少数民族都在一个民族大家庭之中。这是儒家设计的大同理想。所以《论语·尧曰》中记载尧在禅让帝位时告诫舜说:"四海困穷,天禄永终。"意思是说如果四方的老百姓生活困苦,那么作为天子也该是下台的时候了。《荀子·王制》说:"四海之内若一家。"就是讲天子的王化之治不但要实行于九州之中,而且要推向九州之外,即四海之中。儒家要求士大夫和帝王都要有胸怀天下、四海为家的大气魄,如《史记》卷八记丞相萧何劝解高祖刘邦说:"天子以四海为家。"

上古的两位帝王舜和禹在出巡的路上死在了异乡,就葬在了当地,并没有运回北方老家去安葬。儒家认为这是帝王以四海为家的典型体现。《史记》卷一记载帝舜为冀州之人,南巡狩,崩于苍梧之野。《史记》卷二记载帝禹东巡狩,至于会稽而崩。今浙江绍兴仍有大禹陵的遗迹。所以徐乾学《读礼通考》卷九十说:"天子以四海为家,舜葬苍梧,禹葬会稽,岂爱夷裔而鄙中国邪?示无外也。"汉代蔡邕《独断》中也说:"天子无外,以天下为家。"就是说天子理想的政治状况是无内外之别,四海之内与四海之外都是一家人。后来秦始皇也死在了东巡的途中,但秦始皇就没有葬在异乡,而是运回了咸阳。这是因为秦朝焚书坑儒,实行法家统治,当时的制度对于儒家的一套东西如四海为家的政治文化理想是不感兴趣的。

所以说,"四海为家"原本是指无内外之别、各民族平等的儒家理想化的政治理念。

萧伯纳的婉讽

江舟

一天,萧伯纳应邀参加一个晚宴。席间,坐在他旁边的一个家伙喋喋不休地吹嘘着自己见多识广。萧伯纳极为反感,忍无可忍之时,笑言:"先生,我今晚真是幸运,能跟您相识并坐在一起。"

"哪里哪里,认识您这位大作家才是幸运呢!"那家伙终于停止了吹嘘。

"我还没说完呢。我之所以感到幸运,是因为,有了我们两个人,世界上的事情就全知道了。"萧伯纳接着说。

"不能吧?"那家伙再次"谦虚"起来。

"怎么不能!世间万物你几乎都知道,就差不知道自己这一点了,而我刚好知道这一点……"

听到这话,那家伙满脸通红,终于安静下来用餐了。

"著作等身"的由来

倪培森

人们往往用"著作等身"来形容某些学者、专家、教授一生著作颇多。意思是说，著作叠起来同他身体一样高。

其实，该词脱胎于"等身书"一词，即每天所读之书卷展开来的长度同读该书卷人的身高等同，形容读书很多，语出《宋史·贾黄中传》："黄中幼聪悟，方五岁，玭每旦令正立，展书卷比之，谓之'等身书'，课其诵读。"说的是北宋初期，有个叫贾黄中（941—996）的人，年幼时即聪慧过人，悟性极高。他刚满5岁，父亲贾玭（曾任刑部郎中、历水部员外郎等职，以严毅善教子女而知名于时）每天早晨就让他规规矩矩地站立着，把一天所要读的书卷展开来，量其长度，同他身体的高度相等，并名之曰"等身书"，用这样的方法督促他多读、勤读、苦读。贾玭为什么如此教育儿子呢？因为皇帝宋太宗（赵光义）有规定：凡10岁以下男童，能读通"十三经"（宋代所列的《周礼》《礼记》《仪礼》《公羊传》《谷梁传》《左传》《诗》《书》《易》《孝经》《论语》《尔雅》《孟子》）中之一经者就可封以官职；读通"七经"者，即考中童子科（宋代规定"七经"为《诗》《书》《周礼》《仪礼》《礼记》《公羊传》《论语》）。贾黄中在父亲贾玭的督促指导下发愤苦读，6岁就考中童子科，7岁能写文章，15岁考取进士，被授予校书郎、集贤院校理，后又历任著作佐郎、礼部员外郎、给事中、参知政事等职。

"等身书"后来引申演化为"著作等身"，语义也从"读书甚多"扩展为"著述颇丰"。清钱泳《履园丛话·兰泉司寇》："从征缅甸有功，赏戴花翎，而谦恭下士，著作等身。"茅盾《新？老？》："做第二篇作品的他并非是第一篇时的他了，是另一个人了，是一个'新'作家。推而至于第三第四，乃至无穷篇，乃至他'著作等身'，须发苍白。"

学生为何称"桃李"

黄文杰

"桃李满天下",指老师辛勤培育出大批的学生,是个使用频率很高的常用语。然而,学生为什么不称作别的,偏要称为"桃李"呢?有这么一则典故。

《韩诗外传》卷七记载,战国初期,魏国有个大臣名叫子质,他做官得势时,曾培养提拔过不少人,后来因为得罪了魏文侯被罢了官,当时也没有谁出来替他讲情,所以只好无奈地独自逃往北方的赵国。

赵国的国君简主接纳了子质。一天,子质向简主吐露真言,埋怨从前他所培养和提拔的人不知图报。

简主细细听了子质的遭遇,笑着开导他说,春天种下桃李,夏天可以在树下纳凉休息,秋天就可吃到结的果子;春天要是种下蒺藜,不但夏天不能纳凉休息,秋天无果子可吃,而且它身上的刺还常常伤人呢!君子培养人才,就像植树,先选准,再培养,回报大不一样啊!简主一席话,说得子质茅塞顿开、心悦诚服。

从此人们常借用这个典故,将培养人称为"树人",称培养出来的人为"桃李"。

《资治通鉴·唐则天后久视元年》记载,狄仁杰曾推荐夏官侍郎姚元崇、监察御史桓彦范、太州刺史敬晖等数十人,都成为一代名臣。有人对狄仁杰说:"天下桃李,悉在公门矣。"狄仁杰答道:"荐贤为国,非为私也。"后世便用"桃李满天下"比喻所引荐的后辈或栽培的学生极多,各地都有。唐白居易《春和令公绿野堂种花》:"令公桃李满天下,何用堂前更种花?"姚雪垠《李自成》二卷三三章:"他想,黄、叶二人都是有名的朝臣,而黄更是当代大儒,海内人望,不惟桃李满天下,而且不少故旧门生身居显要。"也作"桃李遍天下"。明焦竑《玉堂丛语·荐举》:"爱乐贤士大夫,与共功名,朝有所知,夕即登荐,以是桃李遍天下。"

百家会诊

"身份"还是"身分"?

你也许有一张"身份证",但上面的"身份"二字,有人认为应是"身分"。请说说你的意见。

"身分"源远流长

从使用的历史来看,"身分"要远远早于"身份"。《辞源》举了三条书证,最早的一条是北齐的《颜氏家训》:"吾自南及北,未尝一言与时人论身分也。"《汉语大词典》举了十三条书证,除现代作家曹禺、刘澍德外,无论是史书《宋书》,还是董解元的《西厢记诸宫调》,抑或曹雪芹的《红楼梦》,无一例外全作"身分"。可以说,在"五四"以前,找不到一点"身份"的影子。从词的理据分析,应以"身分"为是。(杨光)

工具书一边倒

为了参加会诊,我查了工具书,选用的是最权威的五种词典:《辞海》《辞源》《汉语大词典》《现代汉语词典》和《新华词典》。查的结果是:《辞源》只收"身分"不收"身份";《汉语大词典》《辞海》《新华词典》均以"身分"为主条,在释义时交代一下"亦作身份";只有新版《现代汉语词典》以"身份"为首选。这也反映了工具书在这一问题上的基本倾向,即比较认同"身分"而不是"身份"。

(杨继光)

"身份"应运而生

"份"本是"彬"的古字,"文质彬彬"原来写作"文质份份"。为什么有人把"身分"写作"身份"呢?原来这和多义词的演变规律有关。

汉语中不少词是多义词。为了使用的方便,多义词呈现出分化的趋势。比如"臭"字,本有名词和动词两种用法。用作动词,是闻的意思;用作名词,泛指气味。后来前一种用法分化出来,变成了"嗅"。

"分"也是个多义词,既可以读fēn,也可以读fèn,《汉语大词典》收有30个义项,其任务之繁重是可想而知的。正因为此,人们想到了"份"字,在读fèn音时,有人写成了"份"。"身份"便是其中之一。我觉得这是符合汉语发展的大趋势的。

(立青)

一对异形词

毫无疑问,"身分——身份"是一对异形词。其实,"分"读音为fèn,表示"名分,位分;情分,情谊;整体或全部中的一部分;量词"等义项时,一般都可写作"份"。如:"分内、分外"也可写作"份内、份外"。同是曹禺的作品,其《原野》第二幕中有"虎子,你看在我的分上,你把他放过吧!"其《雷雨》第三幕中又有"看在妈的份上,别同他闹";沈从文《三个男人和一个女人》中有"我们试去水边照照看,就知道这件事我们无分了",茅盾《一个女性》却是"造作那些不利于女士的流言,黄胖子和何求都有份"。如果要二者选一的话,我倾向于选"身份",因为它有助于减少多音字,提高使用效率。

(谢正军)

华语圈"身份"占优

香港人1949年开始使用"身份证",半个多世纪过去了,香港也已回归祖国,港人使用的还是"身份证"。可能受香港"身份证"的影响,我国内地在1984年颁发"身份证"时,选用的也是"份"字。澳门人也是使用"身份"一词的。新加坡的华文报纸以前用"身分",现在也改用"身份"了。马来西亚的《南洋商报》用的也是"身份"。由此可见,除了台湾以外,华语圈都用"身份"。在这种情况下,硬要恢复"身分"的传统地位,不仅在国内,在整个华语圈中也会造成用字混乱,这是不可取的。

(汪贡)

香港的"护边运动"

香港用的是"身份证"。1984年,《香港基本法》完稿,法律条文用的也是"身份"。1988年5月8日,有人在报上撰文呼请港英政府将"身份证"之"份"改为"分"。1991年9月,港英政府律政署决定以"分"代"份"。因为有人反对,媒体各用各的,"身份"和"身分"并存。

1997年6月17日,在港人迎接香港回归祖国的庆祝热潮中,又有人在报上撰文批评律政署未经咨询,不顾文化界持有异议,不理会《基本法》和内地都用"身份证"的事实,急于强行将"身份"改为"身分"。香港回归次日,即1997年7月2日,特区政府的一位法律草拟专员在报上回应读者的批评,引用多部权威的词典,又根据香港制定的《法定语文条例》和《一九九七年人民入境(修订)(第三号)条例草案》,解释官方舍"份"取"分"的理由。此文一发表,香港立刻就像炸了锅似的展开了一场笔战,许多知名人士不约而同地卷入这场争论,并进行所谓"护边运动"("护边"指保护"份"的单人旁)。

1997年12月10日下午4时20分,特区政府临时立法会召开会议,议员们就"身分"与"身份"之争进行辩论,双方相持不下,处于胶着状态,于是在5时15分进行表决。结果是赞成用"份"的有14票,反对用"份"的有30票,7票弃权。"减边派"以压倒性优势大胜"护边派"。从此以后,香港的主流报纸用"身分"的多了起来,但仍有坚持用"身份"的。

(汪惠迪)

天平在向"身份"倾斜

"身份"和"身分"是一组异形词,《第一批异形词整理表》没有收录。根据异形词整理的原则,笔者利用《人民日报》(1977~2000)对二者进行了词频统计。结果发现,"身份"的使用频度占有绝对的优势,1977年为76次,2000年为892次,是逐年递增的。相反,"身分"1977年为20次,最高的是1985年用了55次,2000年却只有6次,很明显地呈现出逐年递减的趋势。语言是社会全体人民的语言,具有约定俗成的社会属性,这决定了我们在考察异形词的时候,不能不首先看一下它在"咱老百姓"中的使用情况。我们认为在表示人的名分或地位这一意义时,还是采用"身份"一词为好。

(黄启庆)

一笔巨大的开支

如果把"身分"作为规范词形,那"身份证"就得改,否则和国家语文政策发生冲突,再怎么样也总不能让国家颁发的这么重要的证件用一个不规范的字吧?如果要改这一个字,目前每补一张"身份证"要20元,假若按全国有10亿居民拥有

"身份证"计算，换证需要花费200亿元，这是一笔巨大的开支。所以我认为，就是从经济的角度考虑，也应该取"身份"这一词形，千万不能轻举妄动。

（王文）

莫让"身份"成孤儿

笔者是"身分"派。别的理由且不说，单从词的系统性考虑，也非"身分"莫属。国家语委在2001年已经公布了《第一批异形词整理表》，在涉及到"分——份"二字时，以"分量、分内、分外、分子、辈分、本分、成分、过分"为规范词形。我想这是经过深思熟虑的。如果"身份"继续保留，岂不成了孤儿？"身份证"可能是个问题，但这是可以改的呀！考虑到经济问题，不妨从新证改起，旧证继续使用，允许有一个过渡期。

（林利藩）

重新分工谈何容易

有人主张用"身份"，并且把"分"所有读fèn的义项一律改成"份"。这样改会使"分"和"份"两个字重新分工：读fēn时都写"分"，读fèn时都写"份"。这不是更容易掌握吗？这个想法不能说不好，但事实上做不到。以《新华字典》提供的音义来说，要做到这一点就必须把"分"(fèn)的所有的义项全部改为"份"，也就是把"分所应当、身分、本分、成分、水分、糖分、养分"等等里的"分"都改为"份"。这样改不但增加了笔画，而且数量很大，改不胜改。再说即使勉强改了，古代文献里的"分"(fèn)怎么办呢？"分"字自古以来就有平声和去声两个读音，宋代编写的《广韵》里分别注明了府文切和扶问切。《汉语大字典》里，读"分"(fēn)的有15个义项，读"分"(fèn)的有12个义项。要想把这12个读"分"(fèn)的义项都改为"份"，怎么可能呢？而且有什么必要呢？如果只改现代的"分"(fèn)，古代的不改，这就会破坏古今用字的统一。我们还必须明白，汉字的发展有自身的规律，不是我们想怎么改就可以怎么改的；随意破坏这种规律，带来的只能是混乱和灾难。

（苏培成）

"身份"你大胆往前走

有人说，"身分"和"身份"纠缠不清，"身份证"是始作俑者。其实不是这么回事。在我的记忆中，上个世纪50年代我读书的时候,通用的就是"身份"。而且,用"份"的远不止"身份"一例,比如"缘份""情份""成份""部份""知识份子""份内份外",等等,等等,全都用"份"。

究其原因,因为"分"是个多音字,使用起来多有不便,群众便起用"份"字来分担"分"的任务。我认为这是一种创造。当时学生几乎人手一册的《四角号码小词典》,原本收的是"身分",后来改为"身份",正是对群众创造的一种呼应。

由于有这样一个基础,"身份证"用"份"决不是什么失误,而是顺应民心民情,符合汉字发展规律的。但是不知始于何时,出于何因,"份"字在很多词语中纷纷撤退。如果没有"身份证"的发放,"身份"肯定也回归为"身分"。这无疑是一次倒退。因此,我认为应该维护"身份"的合法地位(其实还有"股份"),不要人为地横加干涉。最好"身份"还能带动一批词,凡是读fèn的,都写成"份"。这对汉字是有益而无害的。

(罗超)

编 者 附 言

开栏以来,这次讨论是最热烈的。不仅参加者众,而且观点针锋相对。考虑通用性的,主张用"身份";从系统性着眼的,则投"身分"的票。何去何从,让人为难。从历史上看,"身分"见诸经典,"理据"十足;而从现实来看,"身份"人多势众,何况还涉及到华语圈。编者考虑再三,决定暂时站在"身份"一边。之所以说"暂时",是因为这一问题,有关决策部门已在调查研究,如有新的规定出台,本刊自当遵照执行。总之,我们第一是承认现实,第二是静观其变。

"候诊"对象

1. 冒号究竟管多宽?
2. 丛书名称用书名号还是引号?
3. "想象"还是"想像"?
4. "百年诞辰"还是"诞辰百年"?
5. "惊爆"还是"惊曝"?"惊bào"是媒体新宠,有人说应写作"惊爆",如世界药物业惊爆丑闻;有人说应写作"惊曝",如美国惊曝校园枪杀案内幕。请说说你的看法。

2—45

向你挑战

望文生义知多少
（成语改错）

田思芳设计

成语结构凝练，含义丰富，但运用不当，也会闹出笑话。下列见之于报刊的文字，皆犯有望文生义的毛病，请你一一指出，并说明理由。答案下期公布。

（1）他是位业余作者，十分勤奋，但屡遭退稿。每次他写作时，人们总取笑他说："啊，又在写不刊之论哪。"

（2）在语文老师的严格要求下，我逐渐改正了文不加点的毛病。

（3）人非圣贤，孰能无过？犯点小错误是难免的，也是不足为训的。

（4）最近他很烦，一连几件事情，总是办得差强人意。

（5）难怪小李业务水平不高，原来师出无名啊。

（6）张雄这次虽然犯了法，处理是应该的，但他毕竟是功臣，罪不容诛啊。

（7）成都俱乐部一二三线球队请的主教练及外援都是一色的德国人，其雄厚财力令其他甲B队只能望其项背。

（8）今年入夏以来，长江流域、黑龙江流域五风十雨，洪峰连连，水患不断，给人民的生命财产造成了巨大损失。

（9）他这个人做事不肯踏踏实实，老希望一些如明日黄花的事情发生。

（10）做人要正派，到处刺探他人隐私是不道德的，古人不是说要目不窥园吗？

（11）他这个人有知识，有头脑，有魄力，在市场经济下，抓住改革开放时机，终于成就了一番名山事业。

（12）告别时，这位服装个体户一定要送我几件高档的衣服，真所谓大方之家。

（13）女子乒乓球队蝉联团体冠军，消息传来，人们无不弹冠相庆，兴奋异常。

2—46

《长风破浪会有时——出版改革座谈会侧记》
试卷参考答案

（按差错出现先后为序，括号中的文字是正确的）

1. 灸人（炙人）
2. 02年（2002年）
3. 星期6（星期六）
4. 挤挤一堂（济济一堂）
5. 寒喧（寒暄）
6. 渲泄（宣泄）
7. 迫不急待（迫不及待）
8. 上午九时（上午9时）
9. 使我社（我社）
10. 声誉雀起（声誉鹊起）
11. 翻了1番（翻了一番）
12. 悄悄崭露头角（崭露头角）
13. 名闻暇迩（名闻遐迩）
14. 已成鼎足之势（已如双璧辉映）
15. 令人可喜（可喜）
16. 浮燥（浮躁）
17. 涣然一新（焕然一新）
18. 大展鸿途（大展鸿图）
19. 参予（参与）
20. 首当其冲（首先）
21. 图书品种的丰富、也不是个人收入的增加，而是出版工作要更加有效地（图书品种是否丰富，也不是个人收入是否增加，而是出版工作能否更加有效地）
22. 七十二、三（七十二三）
23. 镁铄（熨铄）
24. 粗旷（粗犷）
25. 端祥（端详）
26. 拨直嗓门（拔直嗓门）
27. 是错误的；（是错误的，）
28. 有失偏颇（失之偏颇）
29. 社会主义目标（社会主义道路）
30. 额首称庆（额手称庆）
31. 踌躇满志"。（踌躇满志。"）
32. 嘎然而止（戛然而止）
33. 精典（经典）
34. 气慨非凡（气概非凡）
35. 淋漓尽至（淋漓尽致）
36. 床第（床笫）
37. 时侯（时候）
38. 保持警惕。（保持警惕；）
39. 观尝（观赏）
40. 装祯（装帧）
41. 美编出生（美编出身）
42. 刘总发言（刘总的发言）
43. 山东荷泽（山东菏泽）
44. 坐阵（坐镇）

2—47

45. 言简意骇(言简意赅)
46. 薰陶(熏陶)
47. 亲眛(青睐)
48. 不径而走(不胫而走)
49. 别出心栽(别出心裁)
50. 犹为人称道(尤为人称道)
51. 至高点(制高点)
52. 入目三分(入木三分)
53. 针贬(针砭)
54. 真缔(真谛)
55. 震聋发聩(振聋发聩)
56. 独辟溪径(独辟蹊径)
57. 出奇致胜(出奇制胜)
58. 编缉(编辑)
59. 一埸(一场)
60. 究竟(究竟)
61. 唇枪舌战(唇枪舌剑)
62. 争论不己(争论不已)
63. 反应(反映)
64. 馈乏(匮乏)
65. 星急火燎(心急火燎)
66. 趋之若鹜(趋之若鹜)
67. 误入岐途(误入歧途)
68. 令人堪忧(令人担忧)
69. 辨证(辩证)
70. 象长颈鹿一样(像长颈鹿一样)
71. 如同邯郸那样，跟着别人学步(如同邯郸学步)
72. 予见热点(预见热点)
73. 海蛰(海蜇)

74. 烤夫(烤麸)
75. 烤夫、(烤麸、)
76. 酸缸豆(酸豇豆)
77. 糖罗卜(糖萝卜)
78. 里肌(里脊)
79. 扁鱼(鳊鱼)
80. 蓊菜(蕹菜)
81. 面巾(面筋)
82. 哈蜜瓜(哈密瓜)
83. 弥猴桃(猕猴桃)
84. 酒酿园子(酒酿圆子)
85. 橱师(厨师)
86. 状告法院(告于法院)
87. 对薄公堂(对簿公堂)
88. 斟误本(勘误本)
89. 是真是假？(是真是假。)
90. 兴灾乐祸(幸灾乐祸)
91. 瑕不掩玉(瑕不掩瑜)
92. 孰不知(殊不知)
93. 既使(即使)
94. 形像(形象)
95. 自持经验丰富(自恃经验丰富)
96. 遗撼(遗憾)
97. 遗撼。(遗憾；)
98. 有所动作(有所改变)
99. 仝人(同人)
100. 一诺千斤(一诺千金)
101. 苍海(沧海)
102. 永往直前(勇往直前)

如入宝库　语文知识奥妙无穷
如听相声　语言幽默妙不可言

"今日说话丛书"一印再印，热销不衰

《西北风，东南雨
——方言与文化》
易中天著
每册 15.00 元

《零距离看远距离
——字词春秋》
刘志基著
每册 15.00 元

《妙语生花
——语言策略秀》
吴礼权著
每册 16.00 元

《沪语盘点
——上海话文化》
钱乃荣著
每册 16.00 元

妙文点击　南腔与北调 / 洋芋与土豆 / 上海口头禅 / 吃不了兜着走 / 倒霉的蛋 / 关于"挂着羊头卖狗肉" / "不肖子孙"与"亲子鉴定" / 看"毛病" / 侃"爷" / "八"的解析 / 单提老子的胡子做什么 / 一次"性"处理 / 说"作" / "酷"的时代 / 上海人读白字 / ……你不想先睹为快吗？

如在当地购买不到，
请向上海文化出版社邮购部邮购。
邮政编码：200020。

YOUZHAO
WEIZHENG
有 照 为 证

蓝球场管理须知

蓝球场是为校内活动提供服务的，除双休日外，对外不予开放
严禁在如下时间内活动：
早6:30前 午12:30~15:00间 晚19:00后

◆ **篮球与"蓝"无干**

据说篮球最初是把球投入方的篮子中，现在球架上的铁便由篮子演变而来，所以"篮"字是带竹字头的。篮球不是蓝的，与"蓝"无干。

◆ **别给赣文化"加水"** 曹和澄

此照摄于江西南昌市。赣文化在中国文化中别具一格，应该弘扬。但把"弘扬"写成"泓扬"，岂不是给赣文化"加水"？

泓扬江西赣文化
字画

ISSN 1009-2390

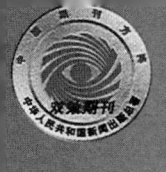

YAOWEN-JIAOZI

咬文嚼字

2003年 第3期

上海文化出版社

雾里看花
Wu Li Kan Hua

"砍头房"?

沈阳市某街一家新店开张,取名为"榜首砍头房",过路者无不惊讶。"砍头"躲避还怕不及,哪里还敢光顾!这到底是家什么店呢?下期告诉你。

刘五柳

《"包办婚姻"?》解疑

这是一家酒楼,内有主持婚礼、承办喜宴、提供新房以及其他相关服务。所谓"包办",意思是婚礼一切都由酒店办理。说成"包办婚姻"实在匪夷所思。

卷首幽默

火锅待客

吴秋耘·文
麦荣邦·画

某单位来了客人,决定以特色火锅招待。宾主团团围坐于一桌,主人见火锅里水开了,按照当地的说法叫"水滚了",便举箸邀客说:"来来来,别客气!滚了就吃,吃了再滚。"客人一听,面面相觑。

目　录

咬文嚼字
2003年3月1日出版
第3期
（总第99期）

主管：上海市新闻出版局
主办：上海文化出版社
编辑：《咬文嚼字》杂志社
E-mail：yaowenjiaozi@sina.com
电话：021－64330669
传真：021－64330669
邮购电话：021－64372608－291
地址：上海市绍兴路74号
邮政编码：200020
发行：上海市报刊发行局
订阅处：全国各地邮局
国内代号：4－641
ISSN1009－2390
CN31－1801/H
电脑排版：
　上海艺文激光电脑排版厂
印刷：上海中华印刷有限公司
广告业务：
　上海文艺广告传播中心
电话：021－64431400
广告经营许可证：沪工商广字
　3101034000029号
定价：2.00元

3—2

卷首幽默
火锅待客…………吴秋耘　麦荣邦（1）

语林漫步
"有事请进"的人情味……朱楚宏（4）
公主你大胆地往前走！……汪惠迪（5）

时尚词苑
"攻略"的来龙去脉……金東生（7）
人见人厌的"托儿"……邬琳玲（9）
"第一时间"的源和流……高丕永（10）

一针见血
"须眉不让男儿"？……孤　闻（12）
文化程度怎么平均………王道庄（12）
"妻儿满堂"？……韩志柏（12）
"王羲之"与"两岸景色"……杨程锦（13）
河内没有"总统府"……一　言（13）
联"昧"主演？……蒋半农（13）
"呀呀"学步？……洪家模（14）
"光秃秃的森林"？……王兆欣（14）
谁的"令尊"……洪寿三（14）

锁定名人
王妹妹何来李哥哥………姚隼高（15）
由介词"于"引出的差错…闵　诚（16）

过目难忘
最难忘的一句产品广告……………（18）
"上当"小记…………迟　虹（18）
"不太准确"的手表……陈一平（19）
可怕的"敲门"………加　云（20）
好一个"吹"字………老　骥（20）
一语双关说"联想"……裘冠民（21）
"八段"和"九段"………顾　遥（22）
我的遗憾……………俞松年（23）
"开心"的瓜子………姜洪水（24）

词语春秋	何时"破天荒" …………… 顾云卿 (25)
	"星期"的由来 …………… 雁 寒 (27)

教材扫描	"船背"在哪里 …………… 黄自怀 (28)
	"冰窖"不是"地窖" …… 黄新宇 (29)
	关于"争渡" ……………… 孙立新 (30)
	俞伯牙的焦尾琴? ……… 俞敦雨 (31)
	乐山大佛坐落何处 ……… 林 廉 (32)
	误用"责无旁贷" ………… 陈志祥 (32)

追踪荧屏	"美人鱼"就是海牛吗 …… 赵昌春 (33)
	不该用"当机立断" ……… 村 友 (34)
	"不亦乐乎"的"乐"怎么读 … 严 修 (35)

百家会诊	能否说"曾经的男友"? ……………(36)
	践踏语法规则 ……………… 文 非 (36)
	得其所哉 …………………… 侯新民 (36)
	这是一种"活用" …………… 吴早先 (37)
	"曾经"扮演新角色? ……… 张谊生 (37)
	语法的和语义的 …………… 郑泽宇 (38)
	此"曾经"非彼"曾经" ……… 李家君 (38)
	典型的搭配不当 …………… 郭 恒 (39)
	宽容,然而有度 …………… 朱文献 (39)
	时尚的产物 ………………… 曹世年 (40)
	跨越"三道坎" ……………… 何令祖 (40)

文章病院	左路?右路? ……………… 余双人 (43)
	怎能为"日军"遗憾、伤感 … 徐清白 (44)
	用词岂能拉郎配 …………… 谢礼波 (45)
	如此"老二" ………………… 王其伟 (46)

向你挑战	主角是谁 ………………… 孟 吉设计 (47)
	《望文生义知多少》参考答案 ………(48)

语丝	夏"鼎"同志? ……………… 孙桂民 (6)
	测试 ……………………… 仇 冈 (24)
	中西合璧 ………………… 赵增民 (26)
	镜花水月 ………………… 艾 笑 (42)

顾问 张 斌 濮之珍
主编 郝铭鉴
编委 李玲璞 何伟渔
　　 陈必祥 金文明
　　 姚以恩

特约编委
　汪惠迪(中国香港)
　田小琳(中国香港)
　林国安(马来西亚)
　吴英成(新加坡)

责任编辑　韩秀凤
发稿编辑　黄安靖
封面设计　宫 超
特约校读　王瑞祥
　　　　　陈以鸿

3—3

语林漫步

"有事请进"的人情味

朱楚宏

去年暑期,笔者因有教学任务来到湖南津市电大教学点。这所学校紧张而有条不紊的工作秩序,让人感受到一种旺盛的人气和欣欣向荣的景象。尤其是学校每个办公室门上"有事请进"四个字,更是给我留下了深刻的印象。

在一些单位门前,我们常常可以看到"闲人免进"的字样,类似的还有"非请莫入""游客止步""禁止入内"等。这些,都是从否定语气的角度措辞,而惟独"有事请进"用的是肯定语气。当我们面对着各式各样的大门,多数说"免进",只有一家说"请进"时,"请进"所包含的特有的亲切和温暖,怎能不令人感动。

其实,"有事请进"与"闲人免进"语义上是相互蕴含、互为补充的。说"有事请进",前提是"有事",言外之意是无事就不必进了("闲人免进");说"闲人免进",当然也传达出这样的信息:如果有事是可以进的("有事请进")。两相比较,"有事请进"让人感受到的是热情、友好;"闲人免进"则显得生硬,缺乏人情味。语言是调节人际关系的润滑剂,成功的语言交际能有效地增进感情、促进工作。"有事请进"正是起到了沟通人际关系的作用。

应该特别指出的是,"有事请进"和"闲人免进"这两个措辞不同的短语,代表了说话人对交际对象的不同认定。即说话人的预设不同:前者预设对方是"有事"者,后者则预设对方是"闲人"。面对"有事请进",我们遭遇的不是冷语冷脸,而是热情和笑脸。在竞争异常激烈的当今社会,人们的生存压力普遍增加了,在快节奏的现代生活中,人际关系往往被忽视。因此,人们常慨叹"门难进、脸难看、事难办",大家不愿意这样,又不得不面对这样的现实。正是

公主你大胆地往前走!

汪惠迪

某省一16岁少女茶饭不思,心事重重。其母见状,颇为焦急,欲问底细,不得要领。无奈之下,遂偷阅其日记,但见×月×日一则写道:"没有起伏的原野,只有荒芜;缺少波涛的海洋,即是死海。天既生我,为何又罚我……"百思不得其解,乃请教左邻,亦不知所云。复问右舍,为一医生,阅后仰天大笑不止,谓少女母曰:"令爱始发育,却忧为'太平公主',恐日后易为男人'一手掌握'矣。"[注] 妇人仍不解,乃问:"太平公主何朝帝王之千金也?"答曰:"太平须作别解,指胸部坦荡如砥也。明乎此,'一手掌握'尚须解释乎?"妇人颔首不语。

上文系据某健康报所刊谈隆胸之短文撮要改写而成,原文用了"太平公主"。

太平公主是武则天小女儿,电视连续剧《大明宫词》的主人公就是太平公主。

据史书记载,太平公主长相"丰硕,方额广颐"。丰硕,体态丰满之谓也。由此推断,太平公主酥胸并非坦荡如砥,然而有人从"太平"二字悟出可用别解法加以诠释,"公主"则可喻娇媚之女性。如此这般,便将"平胸的女人"谑称为"太平公主"。"平胸"何解?《应用汉语词典》(商务印书馆2000年1月)解释为"部分妇女的平坦而不隆起的胸部"。

以"太平公主"谑称"平胸的女人",是活跃思维下的产物,是港台媒体的杰作。新、马华文媒体早就跟进,且略有发展。新加坡就有人将"平胸的女人"谑称为"长平公主"。长平公主是明朝末代皇帝崇祯的女儿、《帝女花》的主人公。笔者亦曾见港台和新、马媒体将"部分妇女的平坦而不隆起的胸部"喻为"飞机场"的。难怪新加坡人要把"机场小姐"叫做"长平公主"了。

我国改革开放后,"太平公主"才从港台传入大陆,且已被收编进一部英汉双解的俚语词典了。2001年10月,笔者在上海某语文周报上读到一篇短文,作者批评"太平公主"是个"对女性进行侮辱和挖苦的词条",是"粗俗词语",不应让它在国内社会上流行,应作为"语言垃圾"加以扫除。笔者认为"平胸的女人"话语未免过于率直、刺激,不及"太平公主"委婉。因此遽下结论,将它定性为"语言垃圾"予以扫除,未免可惜。故此,笔者不禁要唱道:公主你大胆地往前走啊,往前走,莫回头!

有朝一日语言的用户们都冷淡它、厌恶它,它就走不下去了,会变成一堆垃圾,任由人们把它扫除。

[注]"千万别让男人一手掌握"为一丰乳用品之广告用语。

语丝

夏『鼎』同志?

孙桂民

夏鼎同志你可好,
夏鼎同志吓一跳。
偷我头上一个乃,
还来同我打交道。

夏鼎(鼐音nài)先生系我国著名的考古学家。以上四句诗出自《人民日报》资深记者白夜之笔。相传『文革』期间,夏鼐同志参加一个欢迎国际友人的宴会,正好与当时的《人民日报》总编辑同座。此人学识浅薄,是一个大草包,他看见桌上的名单后,站起来同夏鼐打招呼:『夏鼎同志,你好!』夏鼐听后,哭笑不得。

平日与夏鼐先生相处甚厚的白夜以此为由,作了一首打油诗,嘲讽这个草包总编。

3—6

时尚词苑

"攻略"的来龙去脉

金東生

2000年春天,上海等地放映香港演员梁朝伟、郑伊建和日本演员藤原纪香主演的影片《东京攻略》。许多观众看完电影,还闹不清片名中的"攻略"是什么意思,因为汉语中没有"攻略"这个词。于是引出《新民晚报》三篇讨论文章(分别刊于当年3月4日、3月11日、5月7日),第一篇是"质疑",第二篇是"辟疑",第三篇则是日本朋友的议论。

有意思的是,自此之后,"攻略"渐渐融入汉语,成为新闻媒体的新"宠儿"。报纸纷纷用它作栏目名,如《上海经济报》的"商场攻略",《劳动报》的"律师攻略",《青年报》的"口语攻略"。接着新闻标题也群起仿效,如"中国枪手悉尼攻略"(《解放日报》2000年8月10日),"家庭投资基本攻略"(《文汇报》2001年6月16日)。如今,"攻略"已堂而皇之地走进人们的生活中。例如:

(1)时尚是不分年龄的,我爸就是个生动的例子。……我爸的全套攻略如下:……(《新民晚报》2002年8月5日)

(2)我先生实在不忍心看我整天气急败坏的样子,只好改变攻略,外面吃饭,保姆持家了。(《生活周刊》2002年6月20日)

"攻略"一词来自日语。可是,我们即便查阅日本语辞典,也解释不了《东京攻略》中的"攻略"二字。这是什么缘故呢? 说来话长。

按照语言谱系学的说法,汉语和日语分属两大语系。不过,由于中国和日本是一衣带水的邻邦,从古到今各方面的交往十分密切,语言上的交流自然频繁。一方面,汉语的大量词语直接变成日语词汇中的成员。只消举一例即可见一斑：樱花是日本的国花，1982年4月笔者在大阪的日本造币局观赏樱花，发现每株樱花树上都挂有名牌，名牌上的名字大多与汉语有关，有的是汉语成语（如"千娇百媚""姹紫嫣红"），有的是中国古代美女名（如"王昭君""杨玉环"）。另一方面，汉语的外来语中，有相当大的一部分借自日语，像"漫画""派出所""支部书记"等都是。

"攻略"一词其实是源自汉语、生长在日本、再流向汉语的一个典型个例。大家知道，汉语有个成语叫"攻城略地"，《汉语大词典》的解释是："攻占城池，夺取土地。指征战。"日语的"攻略"正是由汉语的"攻城略地"缩略而成。

在撰写本文之前，笔者特意请教了一位曾在中国度过少年时代的日本朋友。他查阅了多种日本语词典，归纳出"攻略"的三个义项（并说明相当于汉语的什么词）：

1. 本义：攻打敌人并夺取阵地。相当于汉语的"攻下""攻陷"。

2. 引申义：在竞争或比赛中赢了对方。相当于汉语的"击败"。

3. 比喻义：说服对方使其改变意见。相当于汉语的"说服""劝导"。

显而易见，"攻略"的本义就是汉语"攻城略地"的意思。可是，这个本义，连同引申义、比喻义，跟《东京攻略》中的"攻略"义似乎还不能完全对上号。原来，日语的"攻略"又有了新义，新的引申义。这就是用于电子游戏、电脑游戏中的"攻略"义。

有些游戏，内容烦杂，设置了许多机关（包括解谜、暗道等），很难打通。为了帮助玩家识破机关、熟悉打法、迅速通关，就将其中的奥妙一一罗列出来，这就是所谓"攻略"。电影《东京攻略》，故事扑朔迷离，情节跌宕起伏，如同玩游戏一般，颇有"攻略"的味道。

最近几年流入汉语的"攻略"正与游戏有关。因此，媒体上流行的"攻略"，其释义似可概括为：通盘的计划、策略和做法。比如前边举例中的《家庭投资基本攻略》一文的"攻略"便是这个意义，该文所讲的"用闲余资金投资""切勿过量投资""摒弃幻想""不妨观望一下""忍耐也是投资"等内容，都离不开策略和做法。

就汉语来说，表示"通盘的计划和策略"义的，原本已经有一个词："方略"。由于"方略"比较文气，比较庄重，一般交际中很少使用，眼前倒让新词"攻略"占了上风。

人见人厌的"托儿"

邬琳玲

一个名叫陈晓的人开了家婚姻介绍所，为了吸引求婚者，找了不少"爱情托儿"，他的妻子小枫也是"托儿"中的一员。俗话说："常在河边走，哪有不湿鞋？"有一天，小枫爱上了一个美籍华人，于是由此发生了一系列事情。这是前不久被各大媒体炒得沸沸扬扬的话剧《托儿》（陈佩斯主演）的主要情节。这一部舞台喜剧，揭露了社会上的一种特殊"职业"——托儿。

一提到"托儿"，人们难免会联想到"欺骗""骗子"一类意思。"托儿"，利用人们消费时的从众心理，通过欺骗的手段，诱惑人们把钱花在由他们推销的商品上。请看下面报道："托儿哄客，黑店诈钱，为数不少消费者因受托儿诱导，前往某场所消费，结账时稍有异议，就会有（面露）凶相者出来对其威胁恐吓。"（《天府早报》2001年7月2日）又如："导游做'托'，商家售假，一些不法商家与无牌无证地下导游相互勾结，串通一气，导游带顾客购物，商家给'导游'提成费，甚至有的导游直接是商家雇的'托儿'。"（《广州日报》2001年9月8日）不难看出，"托儿"就好比鱼饵，让不明内情者上钩。他们用诱骗的方式来达到自己的目的——谋取金钱利益。

"托儿"并非新造词，它原本是旧社会北京一带的江湖黑话。上点年纪的人可能记得，以前在庙会等热闹场所，有借打拳、练武等作幌子而卖假药（如假膏药、"大力丸"等）的，由同伙假扮买主，夸赞药好，当场掏钱买药。围观者不明真相，也纷纷跟着买，结果上当受骗。这种勾结串通起来行骗的行为叫做"蔽黏子"，而假扮成买主的助手就是"托儿"。（参看徐世荣编《北京土话辞典》）

只要关注一下报纸，就能找到形形色色的"托儿"。常见的有"婚托儿""爱情托儿""医托儿""美托儿"……可以说"托儿"已经融入到各行各业中去了，俨然成为三百六十行之外的一个新兴"行业"。"美托儿"就是给美容院拉顾客吃回扣的人，给

"第一时间"的源和流

高丕永

近年来,"第一时间"在媒体上的使用率比较高。据不完全统计,2001年1月1日至2002年11月30日,《人民日报》用到该词的文章共有46篇,《文汇报》148篇,《新民晚报》294篇。它的使用频率有不断升高的趋势,以《人民日报》为例,1995年使用该词的文章只有两篇,以后逐年增加,2002年(统计到11月30日为止),已经有27篇了。从我们掌握的语料来看,"第一时间"的最早使用,我国内地在1986年,港台等地估计还要早一些。它的最早使用者是记者等媒体从业人员。

"第一时间"译自英语的"prime time"。根据最新版的英语词

医院或诊所拉病人的称"医托儿"。有人以为,学校应该是一方净土,可是,"净土"也有不"净"之处:"利用一些高考学生的急迫心理,一些自称能通过自己广阔的社会关系找到某某领导而将不够录取分数的高考生弄进大学的大人物又开始大做生意,人们习惯称这样的人为'学托儿'。"(《天府早报》2001年7月30日)

在众多"托儿"中,还有一种对社会危害极大的"腐败托儿"。2002年3月20日《华西都市报》上发表了一篇题为"警惕'介绍贿赂者'——圈点浙江四大'腐败托儿'"的文章。所谓"腐败托儿",是指那些在贿赂案件中穿梭于行贿人与受贿人之间、牵线搭桥、谋取利益者。

如今"托儿"一般都作贬义词用,但偶尔也有例外。如"葛优、王刚、梁天、谢园给陈佩斯捧场,和广大观众一起前仰后合地笑着给陈佩斯当了一回'托儿'"(《广州日报》2002年3月8日)。这个"托儿"是捧场的意思,是一种修辞手段。

典 Merrian-Webster's Collegiate Dictionary，"prime time"有两个意义，本义指"（电台、电视台）受众最多的时间段"，相当于汉语的"黄金时间"；另一个是引申义，指"最佳时间或最热闹时间"。也许是因为"prime"还有大家比较熟悉的"最初、第一"意义，"prime time"就被意译成"第一时间"，有时写成"第一时间段"。

进入汉语之后，"第一时间"不再表示"prime time"的本义，因为汉语有现成的"黄金时间"可以满足表达"受众最多时间段"的需要。

目前，汉语中的"第一时间"也有两个意义。一个是"最佳时间"，用得相当少，如"在追买股票时，股价形态非常重要，在起动之初，量经常迅速放大，投资者并不一定敢追涨，而此时正是追涨的第一时间……"（《国际金融报》2001年7月21日）另一个意义比较特别，不是指"受众最多时间段"，而是转指"吸引最多受众的方式"，对媒体来说，就是"迅速、即时、以最快的速度（报道）"了。

作"迅速"义的"第一时间"用得很多，可以修饰动词，也可以修饰名词。如：

（1）据了解，在政协会召开的当天，京报网就在首页醒目位置精心设置了"两会聚焦"页面，开辟了"市民寄语两会""代表委员建言献策""两会花絮"等栏目，以网络大容量、空间无限等特点，第一时间报道会议进程，网民一上网就如同列席了"两会"。（《北京日报》2002年1月26日）

（2）为了给"现场目击"栏目捕捉第一时间的独家新闻，一些记者如猎鹰似的，随时都处于出击状态。（《人民日报》2002年10月17日）

由于使用者的"顾名思义"，有时"第一时间"的意义，简直就是"第一和时间"的简单相加，相当于"首先，最早"。例如："广东影视频道负责人称：他们与制片商签订的协议是第一时间播出，可亚视却先播出，届时即使广东再播也是二手货，因此该剧制片商应按事先协议退款。"（《江南时报》2000年8月8日）

出于修辞的需要，还根据"第一时间"仿造出"第二时间"，表示比"第一时间"晚一些，如"……在听说了录像带事件后的第一时间里，他大为惊愕，第二时间里，感到深受伤害"（《环球时报》2000年12月19日）。偶尔，也有用"第三时间"的，比如："谁瞅上一眼这份告球迷书，谁就是中国足球的追随者。第一时间不敢发表，第二时间，第三时间还来得及。"（《民主与法制》2002年第7期）

3—11

一针见血

"须眉不让男儿"?

孤 闻

黑龙江人民出版社出版的《汉武帝》上部第72页有这样一段话:"汉高祖十年,须眉不让男儿的吕雉皇后就是在这座宫殿中处死了淮阴侯大将军韩信……"

"须眉"即胡须和眉毛,是男子的代称。吕雉是汉高祖刘邦的皇后,怎么能称"须眉"呢?再说"须眉不让男儿",就是男儿不让男儿,岂不是废话?巾帼是女性的代称,吕雉是巾帼,不是须眉。所以应说成"巾帼不让男儿"或"巾帼不让须眉"才对。

文化程度怎么平均

王道庄

"此次比赛选手平均年龄19岁,平均身高1.68米,平均文化程度大专以上。"这是《洛阳日报》2001年8月13日第3版报道洛阳市礼仪之花大赛的一篇消息中的一段话,当天洛阳电视台新闻节目中也有同一内容的三个"平均"。年龄可以平均,身高可以平均,让人疑惑的是:文化程度怎么平均?如何平均法?是按1个本科与1个中专之和除以2等于大专这种数学平均方法,还是其他方法?"平均文化程度"这种说法,既不符合逻辑,也不符合语言习惯。倒是同日的《洛阳晚报》"文化程度基本为大专以上"的表述,与现代汉语习惯相符。若要表述更准确、严密些,似可说成"文化程度基本为大专及大专以上"。

"妻儿满堂"?

韩志柏

"直到1946年王洛宾已是妻儿满堂,还为罗珊写了一首歌。"这是《追寻那遥远的美丽》(《读者》2002年第16期)中的句子。笔者感到"妻儿满堂"放在这里很别扭。形容一个人年岁已老或家庭幸福时,人们常用"儿女绕膝""儿孙满堂"或"子孙满堂"这类词语。"子孙满堂"是儿女孙辈很多,挤满了屋子,"子"和"孙"都是有实在意义的。"妻儿满堂"中的"妻儿"却没法落实,也不符合实际。

"王羲之"与"两岸景色"

杨程锦

素素在《接踵而至的历史》(见散文集《就做一个红粉知己》,上海远东出版社)中写到听老人讲古时有这么一段描述:"就这样一路说下去,满耳朵风云激荡。听的人,好比刘姥姥进大观园事事新鲜,又好比王羲之行在山阴道中,两岸景色目不暇接。"其实,这里的"王羲之"实为王羲之第七子,与王羲之并称"二王"的王献之(字子敬)。典故原载《世说新语·言语》第九十一则:"王子敬云:'从山阴道上行,山川自相映发,使人应接不暇,若秋冬之际,犹难为怀。'"所以,除了上述人名搞错外,"两岸景色"也应改为"两边景色"才是。

河内没有"总统府"

一 言

2002年第23期《中国电视报》中《南北越南各不同 不能乱使人民币》一文说:"河内是越南的首都,也是这次行程的第一站。在导游的陪同下我们参观了许多名胜:胡志明墓、总统府、国子监等等。"

河内自从1945年"八月革命"胜利后,一直是越南民主共和国(1976年改称越南社会主义共和国)的首都。和美国扶植的南越政权不同,越南从来没有设过总统,越南的元首称国家主席,已故的胡志明曾长期担任国家主席职务。所以,河内的名胜中绝对没有"总统府"。

联"昧"主演?

蒋半农

一则电影广告上这样写着:"张××吴××联昧主演"。"昧"主要有两种释义:①糊涂,不明白,如愚昧;②隐藏,如拾金不昧。照这样说来,

3—13

"联袂主演"要么是两人糊里糊涂地表演,要么就是两人昧着良心演出,这种广告实在令人啼笑皆非。联合演出该用"联袂演出"才是。"袂"为衣袖,"联袂"即"携手"之意。

"呀呀"学步?

洪家模

2002年9月7日《现代快报》A16版上有这么一句话:"4岁半的时候,她终于站起来了,开始了迟到几年的呀呀学步。"

有一个成语叫"牙牙学语",形容婴儿学说话的声音。"呀呀学步"闻所未闻。"牙牙"是象声词,只能形容奶声奶气的说话声;走路是不能用"牙牙"来形容的。小孩子刚学步时,摇摇摆摆,跌跌撞撞,用"蹒跚学步"倒是比较形象的。

"光秃秃的森林"?

王兆欣

《检察日报》2001年5月3日《心疼森林》一文说:"春节回家尽管事先作了思想准备,但忍不住还是被路旁光秃秃的森林吓了一跳:这是我记忆中那一片郁郁葱葱举头不见阳光、低头不见土地的森林吗?"

"光秃秃的森林"令人费解。既然光秃秃就是没有任何树木、花草覆盖;如果有被称为森林的植被,就不可能是光秃秃的。其实,猜得出作者想表达的意思是:那片浓密的森林已被砍伐殆尽,只剩下光秃秃的一片荒地。那么,此句中的"森林"不应保留,应换成"荒地"或"荒坡"才对。

谁的"令尊"

洪寿三

电视剧《水浒传》某一集中有吴用同阮小七去宋家庄拜见宋太公的情节。吴用对宋太公说:"奉公明哥哥之命,特来拜见令尊。"

"令尊"是称呼对方父亲的一个敬词。吴用若对宋江说去"拜见令尊",那就是去见宋太公;但吴用对着宋太公说"拜见令尊",指的绝对不是对面的宋太公,而是宋太公的父亲、宋江的祖父——这岂不是违背了原著的意思?这句话换成"奉公明哥哥之命,特来拜见伯父"才说得通。

锁定名人

王妹妹何来李哥哥

姚隼高

读过《汉书·司马迁传》的人大概都知道,汉武帝天汉二年(公元前99年),发生过一个历史上有名的事件:贰师将军李广利和骑都尉李陵受命出塞攻击匈奴。李陵深入敌境后陷入匈奴重围,经过浴血奋战,虽然重创敌军,威震匈奴,却终因矢尽援绝,最后被迫投降。朝廷群臣在讨论此事时,都一致谴责李陵,只有太史令司马迁为李陵辩护,他认为李陵之所以不死,恐怕是想等待时机,以图将来报效汉朝。谁知这番话激怒了汉武帝,认为司马迁是毁谤他那无功而返的大舅子、贰师将军李广利,于是下令将司马迁处以腐刑。

这一事件,引起了许多文史学家的兴趣。著名作家李国文先生在《司马迁之死》一文中写道:

他(司马迁)不是不知道,那个未能如期会师,致使李陵孤军奋战,兵败而降者,正是陛下(汉武帝刘彻)心爱的王美人之兄长,贰师将军李广利。(人民文学出版社《中国文人的非正常死亡》第5页)

这段叙述,出现了明显的漏洞,不能不让读者心头泛起疑云:汉武帝心爱的王美人明明姓王,她的兄长贰师将军怎么会姓李呢?难道两人是异姓的表兄妹?或者其中之一曾过继给别人而改从了他姓?

李文中提到的"美人"不是泛称,而是西汉皇室对妃嫔的一种封号,禄秩比二千石。根据文献的记载,西汉时确有"王美人",如《汉书·武帝纪》说:

孝武皇帝,景帝中子也,母曰王美人。

这位王美人也称王夫人。武帝刘彻七岁时立为太子,她也被景帝封为皇后,史称王皇后。可见王美人是武帝的母亲,不是他的妃嫔。他们两人只可能有母子之爱,而根本谈

由介词"于"引出的差错

闵诚

"于"本是个古汉语介词,现代还在使用,一般容易理解,不会出错。但其中表示被动的"于",用或不用,意思正好相反;表示所从的"于",前后成分的内容,必须互相照应,如果大而化之,不加注意,就不可避免地会造成失误。下面举李存葆先生散文中的两个例子进行辨析。

人们的故土情愫,并不决定地理位置的远近,有时离故土愈远情丝愈长。(《祖槐》,见百花文艺出版

不上什么"心爱"。

汉武帝心爱的妃嫔中倒是另有一位王夫人,但她只称"夫人",从来没有被称为"美人"。《汉书·外戚传》说:

〔武帝〕皇后(卫子夫)立七年……后色衰,赵之王夫人、中山李夫人有宠,皆蚤(早)卒。

又说:

〔武帝〕宠姬王夫人男齐怀王、李夫人男昌邑哀王皆蚤薨。

还有,《汉书·武五子传》中也说:

齐怀王闳母王夫人有宠,闳尤爱幸,立八年,薨,无子,国除。

从这三段仅有的史料来看,王夫人出生于赵国,虽然曾得到过汉武帝的宠幸,而且生了一个儿子刘闳,被封在齐国。但她死得很早,死后也不见有什么封赠,跟贰师将军李广利更扯不上任何关系。李国文先生把他俩说成兄妹,显然是搞错了。

其实,贰师将军李广利的妹妹应当是李夫人。这在《汉书·李广利传》中有明确的记载:

李广利,女弟(妹妹)李夫人有宠于上(武帝),产昌邑哀王。太初元年(公元前104年),以广利为贰师将军……

我想,李国文先生如果查核过这段记载,也许就不会发生王妹妹和李哥哥这样的问题了。

社《跨越百年的美丽》第 62 页）

这段话的意思，读来很不顺畅，主要原因是脱漏了一个"于"字。一般说来，人们对于离得越远的事物，越是不会去想它。但李先生在上文所说的"人们的故土情愫"却正好相反，离得"愈远情丝愈长"。这是什么原因呢？李先生没有直接回答，只交代说：它跟地理位置的远近没有关系。这里要表达的，是"情愫"受不受"地理位置"影响的问题，而不是"情愫"决定"地理位置"的问题。所以"决定"的后面必须加上一个"于"字，或者把句子变成被动式，改为"并不由地理位置的远近所决定"，才讲得通。

然而，人类能够造出一座起人类沉疴于霍然、挽地球生态于艰厄的"通天塔"吗？（同上，第 72 页）

上面这段话中，有两个并列的结构："起人类沉疴于霍然"和"挽地球生态于艰厄"。后面一个比较好懂，前面一个就不知所云了。

我们不妨举一些类似的例子来分析：

拯民于水火

解民于倒悬

起先人于地下

挽狂澜于既倒

这四例中的介词"于"，都可以翻成现代汉语"从"，解释时，应当把"于"字跟后面的名词性词语组合成介词结构移到前面来讲述，如：

把人民从水火之中拯救出来

把人民从倒悬的困境中解救出来

让死去的先人从地底下复活过来

把决堤而出的狂澜从奔腾横流的状态中挽回正道

以上四例，有一个共同之处，即介词"于"前面的动词"拯""解""起""挽"，必须能与后面的名词性词语"水火""倒悬""地下""既倒"互相搭配和照应，在意义上才讲得通。按照这个原则，我们再来看一下李存葆先生散文中的两个结构：

"挽地球生态于艰厄"，可以解释成"把地球生态从艰厄中挽救出来"。"挽"和"艰厄"是能够搭配和照应的。但"起沉疴于霍然"呢？"沉疴"是指长久危重的疾病；"霍然"是形容疾病迅速消除。"起沉疴"就是把重病治好，恢复健康。既然"沉疴"已"霍然"而愈了，还要"起"它干什么呢？所以"起"和"霍然"是不能搭配和照应的，而且将"起沉疴于霍然"翻成"把沉重的疾病从霍然中治愈"，也根本不成话。看来这是个死句，就像沉疴成了绝症，连治都没法治了，只好删去。

过目难忘

最难忘的一句产品广告

"上当"小记

迟 虹

我曾上过广告的当。

那次只是偶然一瞥,见到一行文字:"二十一天真相大白。"心想,这是一则社会新闻吧,比如破案啊,平反啊,辩诬啊。当时出于好奇,凑上前去看了。看过之后,方知是一条广告,宣传的是增白露一类的化妆品。

本人对广告并不排斥,但有两种广告例外。一种是保健品,从报纸到荧屏,这类广告铺天盖地,国人不论是老是少,是男是女,不是喝这个"酒",就是饮那个"液",仿佛都是"病夫"似的。另一种便是化妆品,俊男靓女,"巧笑倩兮,美目盼兮",长发一甩,肩胛一耸,一个个感觉都好极了。遇上这两种广告,我往往会不屑一顾,不料这次却中了"圈套"。不过,事后回想,倒很佩服广告制作者的绝顶聪明。

首先,这条广告的构思别具一格。分明是在"自吹自擂",却以新闻的面目出现,走的是出奇制胜的路子。而且,这是一则刺激"眼球"的新闻,一下子便能点燃读者的阅读欲望。"二十一天真相大白"——表面上看,这只是一个简单的陈述句,其实却暗藏玄机,待你读完广告之后,便会悟到这是广告设计者对产品效果的充满激情的肯定。一句话便揭示了主题,掀起了高潮,其"杀伤力"可谓大矣。

其次,"二十一天"也用得恰到好处。正因为有"二十一天",像煞有介事,这条新闻才具有可信度,读者凭借"二十一天",可以想象出很多情节和细节。而当你明白这是广告之后,"二十一天"又成了诱人的"卖

"不太准确"的手表

陈一平

为了追求宣传效果,广告词通常都是"王婆卖瓜",什么品牌如何响亮啊,质量如何上乘啊,价格如何低廉啊,服务如何周到啊,等等,等等,见得多啦!然而,有一则手表广告却反其道而行之。广告中说:"这种手表走得不太准确,二十四小时会慢二十四小时,请君购买时要三思。"

手表是计时的,谁愿意去买走时"不太准确"的手表呢?可你不要"三思",只要一思,便会发觉,"二十四小时会慢二十四小时",这不是说这种手表精确到分秒不差吗?这种欲扬先抑的表述技巧,令人拍案叫绝。

手表计时是十二小时周而复始,广告作者正是利用这一特点,将一昼夜纳入相等的数量之中,巧妙地作出质量承诺。广告中精心设计的语言陷阱,既刺激人们的探究欲,又诱导人们进行消费选择,可谓一箭双雕。这比那种只知道拍胸脯的广告,显然要有味得多,聪明得多。"文似看山不喜平",广告又何尝不是如此呢?

点":治病有疗程,美容也有"美程","增白"是指日可待的。"二十一天",一个具体而短暂的日子,它让读者感受到的是:"美梦"很容易成真。

最妙不可言的是,用上了"真相大白"这个成语。凡是破案之类新闻,和这个成语几乎有了不解之缘。本人之所以被"误导",也是由于思维惯性在起作用,被"真相大白"牵着鼻子走了。然而,妙处还不止于此。一般化妆品的所谓"增白",只是一种暂时性的效果,一旦"卸妆"之后,依然黑不溜秋;而这种化妆品却能让你"真相"大白!这里,广告设计者用上了"别解"的修辞手法,"真相"的"相"是"相貌"的"相"。无疑,这一成语成了这条广告最为传神的一笔,让爱美者怦然心动。

"上当"的事,已经过去多年,这句广告语却记忆犹新。

可怕的"敲门"

加 云

前些日子,电视台放映一则"美国××参"的广告。广告画面是这样的:有两个人先后给某人送礼,因为送的是一般的礼物,结果都吃了闭门羹。这时第三个人上场,他送的是"美国××参",紧闭的大门终于打开。于是送礼的人以一种庆幸而傲然的口气说道:"礼重门自开!"屏幕上也打出广告语:"美国××参,礼重门自开。"

这条广告,看得我目瞪口呆;而这条广告语,更是听得我心惊肉跳。"礼重门自开",没有一点修饰,没有一点含蓄,如此赤裸裸地向社会推销送礼的经验:要送就要送得重!在当前反腐倡廉的大背景下,这条广告究竟要宣扬什么?这岂不是给行贿者鼓劲打气吗?

"礼重门自开"这类广告语的出现,反映了当前广告道德的混乱。中国是礼仪之邦,礼尚往来是人之常情,广告在"礼"字上做文章也未尝不可,但一定要守住道德底线,不能怂恿违法乱纪。"礼重门自开"这样的广告,显然不是语言问题,而是思想问题,立场问题!制作、播映这样的广告,商家值得三思,电视台也值得三思。莫非电视的大门也是给重礼打开的吗?

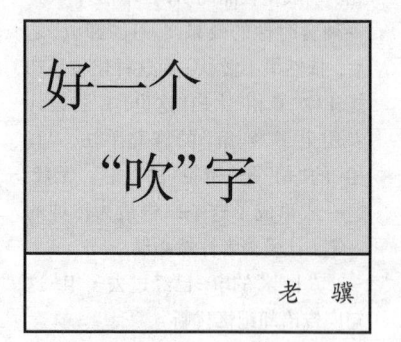

好一个"吹"字

老 骥

正话反说,形贬实褒,是广告的常用手法。建国以前有两则广告堪称经典:一是梁新记牙刷,广告词是"一毛不拔";另一则是鹤鸣皮鞋,广告词是"天下第一厚皮"。可谓出语不凡,妙趣横生,貌似自嘲,其实却是自夸,恰到好处地渲染了商品的优点。

无独有偶,建国以后这类广告也有相当出色的,"天仙牌"电风扇的广

一语双关说"联想"

裘冠民

"如果没有联想,世界将会变成怎样?"面对这句铿锵有力的广告语,我有一种被震撼的感觉。

确实,从心理学的角度来说,联想太重要了!联想是思维的过程,是经验的运用,是创造的前提。如果没有联想,科学技术就不可能发展,人类社会就不可能进步,那将是一个多么可怕的局面啊!

值得称道的是,这里的"联想"是一个双关语:既是指一种心理现象,更是指一种名为"联想"的高科技单位及其产品。广告作者巧妙地偷换了概念,把一虚一实两个"联想"混为一谈,或者说结合得天衣无缝,合二为一。人类没有"联想"能力,世界将会停滞不前;同样,人类如果没有联想公司生产的联想产品,世界也会遭受不可估量的损失。人们在思考广告提出的问题时,不知不觉地接受和认同了广告作者预设的答案。于是,广告圆满地完成了自己的宣传任务。没有说教,没有强制,一切都水到渠成。

我佩服广告作者的联想力。

※※※※※※※※※※※※※※※※※※※※※※※※※※※※※※※※

告便给我留下了深刻的印象。它的广告词是:"天仙是吹出来的!"这一个"吹"字,真是神来之笔,开始你也许会想到"吹牛",但当你明白广告产品是电风扇时,准保会会心一笑,不能不佩服广告创作者的聪明。电风扇的功能自然是"吹","天仙"是由湘潭电机厂生产的,其质量可与老名牌华生电扇比肩而立,在全国名重一时。这种名气不靠"吹"靠什么?

"一毛不拔",抓住了牙刷的特点;"第一厚皮",突出了皮鞋的用料;这一个"吹"字,则是强调电风扇的功能。这还不是一般的"吹",而是"吹"得出色,"吹"得优秀,"吹"得胜人一筹,不同凡响,否则,天仙能"吹"出来吗?如今家里装上空调,不用电风扇了,但这句广告词仍是那么耐人寻味。

"八段"和"九段"

顾遥

《我情我心》是围棋高手孔祥明写的一本书,四川人民出版社出版。在一次全国书市上,这本书隆重推出,用了陈祖德先生评价该书的一句话作广告语:"围棋:八段;写作:九段。"我在广告牌前驻足良久,深为这条别出心裁的广告语折服。

平庸的广告,常用一些"放之四海而皆准"的词语,自己喊得声嘶力竭,别人却留不下一点印象。而这条广告语却是独特的,是典型的"这一个",只能用于这本书,不能用于其他任何一本书。

而且,广告语和该书的内容可谓水乳交融,浑然一体。作者是一位"棋人",主攻的是棋艺,在书中写到前夫聂卫平、儿子孔令文,写到自己的父亲和日本的棋界:"棋"始终是一条贯串全文的线索。广告语则同样从"棋"着眼,以棋论棋,一语点破,主旨毕现,境界全出。

广告语的构思,更是非同一般。孔祥明在女棋手中,无疑是第一流的。她几乎已攀登上了围棋的最高峰,在国内外的大赛中叱咤风云,风光无限。这句广告语中,棋艺其实只是衬托,"八段"是为了突出"九段"。棋艺是公认的,写作是未知的,通过两者比较,广告传递给读者的信息是:写作更胜一筹。书的阅读价值于是不言而喻。何况,这还不是出版社的自吹自擂,而是出自权威人士陈祖德之口,其影响力、号召力自非一般广告语可比。由此也可看出出版社的"狡猾"。

还可一说的,是这句广告语的简洁和整齐。寥寥八字,铿锵有力,掷地有声;其内容的丰富,远远胜过一篇洋洋洒洒的评论。李东阳题画诗说:"君看萧萧只数叶,满堂风雨不胜寒。"这句广告语也取得了"以少少许胜多多许"的效果。它让我看到了态度的真和智慧的美。

我的遗憾

俞松年

"几乎所有的父亲都知道儿子的生日,又有几个儿子知道父亲的生日!"听到这句广告语时,我感受到了一种穿透灵魂的震撼,往事历历浮上心头。

我出生于浙东一个贫困的小山村,自幼家境贫寒。从牙牙学语起,家父就远赴广东做工,在我的印象中,父亲只是一个淡淡的影子。但我记得父亲在一次离家前,摸着我的头说:"过几天就是你的生日,到了上学的年龄了,可是我们家穷,读书的事再过几年吧。"我的生日,父亲是记得很清楚的。

1953年我在山村小学里读了半年书,后来考到上海,直接读四年级,跳了三级!到期终考试时,居然名列前茅。父亲知道后很高兴。就在那年我过生日的前几天,收到了他从广州专门捎来的一大包学习用品。父亲说这是给我的生日礼物。当时我很自豪。

然而,我却从来没问过父亲的生日在哪一天,更没有为他庆祝过一次生日。亲爱的父亲早于1962年辞世,一切都已成为无法弥补的遗憾。我想,如果我当年能听到这句广告语,即使我生活再拮据,也一定会在他老人家生日那天,送上一件礼物的。现在留给我的只有缅怀和惆怅。

回到广告本身来说,我觉得它的最大特点是以情感人。短短的两句话,以父子作对照,具有极大的生活概括性,非常切合现实中的父母和子女的关系,因而具有一种真实的力量。一切富有良知的为人子、为人女者,在这句广告语的"谆谆教导"下,都会恍然大悟,想起被他们"遗忘"的父母。这不正是广告期望达到的最佳效果吗?

"开心"的瓜子

姜洪水

瓜子,人称"电视食品"。一年春节,我在家里边看电视边嗑瓜子,优哉游哉。美中不足的是,那瓜子很难嗑开,要么左咬右咬纹丝不动,要么连壳带肉粉身碎骨,嗑得心烦意乱,看电视的兴致也被打了折扣。

正在这时,电视里出现了瓜子广告。一颗颗瓜子,饱满匀称,诱人垂涎,同时传出了广告语:"阿里山的瓜子,一嗑便开心。"这句广告语,真仿佛是对着我说的,我不禁笑出声来。真的,要是当时手里有一包阿里山瓜子,该多开心啊!

这句广告语,也像瓜子一样,让人听来有滋有味。"一嗑便开心",说的是瓜子的优点,只要上下牙对正一嗑,瓜子仁儿便会蹦出来。别人家的瓜子,"小扣柴扉久不开";而这家的瓜子,"一嗑便开心"。这自然便形成了一种独特的产品优势。广告抓住这一点做文章,可谓抓到了节骨眼上。

而此"开心"又是彼"开心",一语双关。瓜子容易"开心",嗑瓜子的人自然开心。嗑这样的瓜子是一种享受。我后来没买到阿里山瓜子,却记住了这一句广告语,想想也很开心。

语丝

测试

仇闵

作家肖复兴的儿子对他说:"刘禹锡的《陋室铭》开头两句是,'山不在高,有仙则名',你只要仿照这个句式起个头,我就能随意往下编。"肖复兴不相信儿子有这个能耐,于是便开始了一场测试。

肖说:"货不怕假——"儿子答:"回扣则灵。"又说:"饭不怕贵——"儿子答:"公款就行;酒不怕醉,请客就灵。"再说:"路不在远——"儿子答:"有车则行;钱不怕多,报销则灵。""官不怕高,送礼就行;奖不在大,发钱就灵。""分不在高,后门就行;学不在深,有爹就灵。"……

想不到这两句话,竟成了世风民情的晴雨表。

词语春秋

何时"破天荒"

顾云卿

"破天荒"的意思是事情第一次出现。这个典故是怎么来的,《文史知识》2002年第3期柳菲的《"破天荒"的来历》一文作了介绍。该文称江西新干县在宋代开国300多年来没人在全国科考中登榜,让人感到有点失落。宋哲宗绍圣四年(1097年),该县何家村士子何昌言一举夺魁,消息传出,人们欢呼雀跃。同邑的谢民师也赋诗祝贺:"万里一时开骥足,百年今始破天荒。"作者说这就是"破天荒"的由来。从网上得知,《广西支部生活》及《文摘报》均转载了此文,影响不小。

谢民师曾将"破天荒"写入诗内,这不错,但说"这就是'破天荒'的由来",则是不确的。"破天荒"的典故,其实始于唐朝。当时荆州每年举人考进士,屡试不中,人称"天荒"。首次破了"天荒"的,该是刘蜕(字复愚,号文泉子)。据五代人王定保《唐摭言·海述解送》记载,唐宣宗大中四年(850年),刘蜕"以是府解及第",成了古荆州第一个考上进士的人。当时的地方官崔铉"以破天荒钱七十万资(助)(刘)蜕",刘蜕写信感谢说"五十年来自是人废,一千里外岂曰天荒"。这才是"破天荒"的出处。此说也可在宋人邵博的《邵氏闻见后录》卷十七中得到印证。

谢民师贺何昌言的诗,见于宋代曾敏行的《独醒杂志》卷二,谢民师或许可说是将"破天荒"入诗的第一人。有趣的是,与谢民师同时的苏轼,也曾将"破天荒"写入诗中。其间,还伴有一个动人的故事。据《邵氏闻见后录》记载:苏轼在被贬到海南岛后,结识了一个叫姜唐佐的青年。姜唐佐举止文雅，有中土士子之风，但海南那个地方也是"号天荒"的，没有出过进士。苏轼觉得可惜，便送了两句诗给姜唐佐："沧海何曾断地脉，白袍端合破天荒。"意思是：边远地区哪里会中断与繁华地区的地脉联系，你现在虽然穿着白袍（古代未中士人的便服），但我相信你一定会考上进士。苏轼还说，今天只写两句，以后你真的登科，我会续成全篇送给你的。

隔了数年，姜唐佐离开海南来到广州，随后北上经过许昌，他拿了这两句诗去寻找苏轼，却不料苏轼已经去世两年了。苏轼的弟弟苏辙接待了他。听了姜唐佐讲述的故事，苏辙想：现在哥哥已死，再没有人能给他写全这首诗了，不由伤感得流下了眼泪。为了给这位边远地区来的学子一点鼓励，苏辙立即动手凑齐了另外的六句："生长茅间有异方，风流稷下古诸姜。适从琼管鱼龙窟，秀出羊城翰墨场。沧海何曾断地脉，白袍端合破天荒。锦衣他日千人看，始信东坡眼目长。"最后两句既是对姜唐佐的鼓励，又是对苏轼的缅怀，这可真是"破天荒"入诗的一段佳话。

语丝

中西合璧

赵增民

一九一八年春，正在湖南衡阳省立第三甲科工业学校读书的夏明翰（一九〇〇—一九二八），目睹国家内忧外患，民不聊生，立志改变这种令人痛心的局面。该校的训导主任曾留学日本，回国以后，他不仅模仿日本人的衣着发式，还大肆鼓吹『东洋文明』，向学生灌输奴化思想，极力压制学生参加革命活动。夏明翰对此人的奴才行径十分痛恨，他写了一副对联，趁夜深人静时偷偷贴在训导主任办公室的门口。上联是：『洋衣洋帽洋袜子，头发亦有洋光』；下联为：『卖国卖民卖祖宗，江山也快卖光』；横批：『ABCD』。这副对联的横批，不用汉字，却用了二十六个英文字母中的前四个字母，对那个帝国主义奴才的滑稽嘴脸和丑恶行径进行了辛辣的讽刺和有力的鞭挞，收到了比汉字横批更好的艺术效果。

"星期"的由来

雁寒

西方国家七日一周制的称呼多带宗教色彩。如基督教徒做礼拜这一天，叫"礼拜日"，以后按顺序叫"礼拜一、礼拜二……"七天称"一个礼拜"。日本则称一周为"七曜日"，周日至周六按顺序叫日曜日、月曜日、火曜日、水曜日、木曜日、金曜日、土曜日。中国为什么把七日一周叫"一星期"呢？这得从袁嘉谷说起。

袁嘉谷(1872—1937)字树五，又字澍圃，云南省石屏县人。光绪二十九年(1903)，袁嘉谷参加科举考试，殿试中二甲六十二名，赐进士出身。同年，云贵总督魏光焘又保荐袁嘉谷参加"经济特科"考试，袁嘉谷复试获一等一名，有人称之为"特元"，滇人则称之为"状元"。授翰林院编修，派赴日本考察。

光绪三十一年(1905)，清廷宣布停止乡试、会试，废除延续了一千多年的科举制度，成立"学部"，袁嘉谷即奉命调入学部筹建编译图书局，后任该局首任局长。

编译图书局下设编书课、译书课，任务是研究编写"统一国之用"的官定各种教材。各种教科书的编写中自然遇到一个"新名词"该怎么处理的问题。1909年，编译图书局设立了一个新机构"编订名词馆"，专门负责统一规范教科书中的名词术语。袁嘉谷亲自参加了这个馆的工作，主持制定了很多统一的名称。把七日一周制变为中国自己的"星期"，就是在袁嘉谷主持下制定的。

我国古代历法把二十八宿按日、月、火、水、木、金、土的次序排列，七日一周，周而复始，称为"七曜"；西洋历法中的"七日为一周"，跟我国的"七曜"暗合；日本的"七曜日"更是直接借自中国。但袁嘉谷感到不顺口，使用不方便，与同事们商量后，将一周称一星期，以"星期日、星期一……星期六"依次指称周内各日。

这就是既与国际"七日一周"制"接轨"，又具中国特色的"星期"的由来。

3—27

教材扫描

"船背"在哪里

黄自怀

明代魏学洢的《核舟记》多年来一直选入初中语文教材。现行新版教材九年义务教育三年制初级中学教科书《语文》第四册收此文。该文第五段是：

其船背稍夷，则题名其上，文曰："天启壬戌秋日，虞山王毅叔远甫刻"，细若蚊足，钩画了了，其色墨。又用篆章一，文曰"初平山人"，其色丹。

由此可见，"稍夷"的"船背"上，刻着14个字和1个篆章。关于"船背"指何处，前些年的教材注为"船底"，并据此制作了教学投影片，就是在稍平的船底上刻着两行行书字，右为"天启壬戌秋日"，左为"虞山王毅叔远甫刻"和一篆章。而现行教材注释为"背，脊背。这里指船顶"（第131页注⑭）。配套的《教师用书》"有关资料"中收录隋树森发表在《课文分析集》（广东教育出版社1990年版）上的《〈核舟记〉赏析》一文，其中对"其船背稍夷"作了专项补充说明，原文（《教师用书》第178页）如下：

……"背"字在这里应当解作"上面"。动物的背向上，所以上面也叫"背"。"船背"的"背"同"驴背""鹤背""鹏背"的"背"意思一样。唐朝诗人白居易有两句诗："夜雨滴船背，风浪打船头。"夜雨只能滴在船的上面，决不能滴在船底，这是很清楚的。

笔者在教学时，有学生提问："船顶为箬篷，这题款是刻在箬篷上的吗？"细细想来，学生的提问不无道理。因为就这只"核舟"而言，正面"中轩敞者为舱，箬篷覆之"，"船头坐三人"，船尾坐二人，能称"船顶"的，只有"箬篷"了。这题款刻在"箬篷"上，总令人费解。

"冰窖"不是"地窖"

黄新宇

《一面》是初中语文教材的传统篇目。文中有这么一句:"店里冷得像地窖一样,冷气从裤管里向上钻。"此语似是而非。

地窖,指为保存薯类、蔬菜等所挖地洞或地下室。它与水井和天然溶洞一样,冬暖夏凉。形容冷气直向上钻、冷得透心凉的该用"冰窖"。

请看下列正确用法:

那些文物储存室,因为冬天不准生火而冷如冰窖。(子冈:《紫禁城遐想》)

明晃晃的火一下子阴了,把一对恋人从六月天一下子扔进了冰窖里。(麦天枢:《爱河横流》)

当时他的办公室,就在故宫午门外的午朝房内。金碧辉煌的宫廷,十冬腊月,冷如冰窖。(郑笑枫:《坚实地站在中华大地上——访著名老作家沈从文》)

隋树森说:"动物的背向上,所以上面也叫'背'",但不能说"下面"就不能叫"背"吧! 他引用白居易《舟中夜雨》中"夜雨滴船背,风浪打船头"作佐证,说"船背"就是船顶。白居易所写的"船背",当然是指船顶,夜雨滴在船篷上,这是自然的。但仅此一句诗就能说"船背"都指"船顶"吗?

作为一件精湛的艺术品,正面既然刻了如此复杂的"大苏泛赤壁",而让船底空着,似有安排不当之嫌,此其一;船顶既为"箬篷",说明箬枝、箬叶可见,再在上面刻这么多字,除凹凸不平不便刻"细若蚊足,钩画了了"的字之外,还有损"箬篷"的自然美,此其二;倘若这些字刻在船舱底板上,虽为"上面",但绝不能说是"船背",此其三;若将船的上面理解为"正面",下面理解为"背面",也没有什么不妥的,此其四;"下面"称"背"的事物也不是没有,一本书打开,那"书脊"不也是朝下的吗? 人仰卧着,脊背不也是朝下的吗? 此其五;若将题款刻在"箬篷"(船顶)的内面,一则刻起来困难极大,二则不符合题款规格,此其六;若是敞口船,"船背"又在何处? 此其七。

综上所言,窃以为"船背"应指"船底"。亦即说,旧教材的注释更为恰当。

关于"争渡"

孙立新

人民教育出版社出版的九年义务教育四年制初级中学语文课本第八册第30页,在注释李清照《如梦令》词"争渡,争渡,惊起一滩鸥鹭"一句时这样写道:争渡,"抢着把船划出去";而新教材将"争渡"释为"怎渡"。笔者认为,改得好。

将"争渡"理解为"抢着把船划出去"是错误的。

首先,要表达为"抢着把船划出去"至少要有两条船,即使是两人乘坐一条船也不能译为"抢着把船划出去",而词中并未说明或暗示词人是与别人同行,更未提及他们是乘坐了两条或两条以上的船。

其次,即便是当时确有两条或两条以上的船,译为"抢着把船划出去"也不妥,因为这样翻译,人们通常会理解为船进入了危险境地,人们争相逃脱。而整首词表现的是词人游玩的乐趣,误入藕花深处不能算是进入了危险境地。旧课本对这一句的注释与全词情调不符。

笔者认为"争渡"应释为"怎渡"。"争"在古汉语中可释为"怎"。《辞海》释义:"争",通"怎",怎么。如宋柳永《八声甘州》词:"争知我倚阑干处,正恁凝愁!"《辞源》释义:"争",犹"怎"。如唐白居易《新秋》诗:"老去争由我,愁来欲泥谁?"

在《如梦令》词中,对于"争渡"的理解,涉及对整首词主题的理解。这首词表现的是词人游玩的乐趣和热爱大自然的美好情趣。对于"误入藕花深处"一事,不应理解为陷入了危险境地,而应理解为出游归途中一段颇有情趣的小插曲,它使词人的这次出游更加妙趣横生。将"争渡"释为"怎渡",固然也表现了词人找不到出路的焦急,但同时带有戏谑的意味:怎渡,怎渡?小船左冲右撞,惊起了一滩鸥鹭。试想,身边是盛开的荷花,眼前是飞起的鸥鹭,这何尝不是一番美景?相信词人是笑着向读者讲述这

俞伯牙的焦尾琴？

俞敦雨

2003年上海春季高考语文试题阅读材料选用了散文《流浪的二胡》（作者陈荣力，《散文》2001年第11期），其中一句是："虽然高山流水，我们只见过俞伯牙的那具焦尾琴，浔阳江边，我们也只闻见白居易的那把琵琶。虽然众多的唐诗宋词元曲明剧之中，我们很难听得二胡的那一声低泣，触到二胡的那一脉无奈，但是谁能说，倘无焦尾琴和琵琶，二胡就不会在江南寂寞地流浪呢？"俞伯牙与钟子期的传说确与"琴"有关，但这"琴"并非"焦尾琴"。焦尾琴的故事见于《后汉书·蔡邕传》："吴人有烧桐以爨（音窜 cuàn，义为"烧火做饭"）者，邕闻火烈之声，知其良木，因请而裁为琴，果有美音，而其尾犹焦，故时人名曰'焦尾琴'焉。"可见"焦尾琴"是蔡邕制作的，与俞伯牙无关。这把"焦尾琴"很有名气，它与齐桓公的"号钟"、楚庄王的"绕梁"、司马相如的"绿绮"一起，被称为我国古代的四大名琴，蔡邕的"专利权"岂可剥夺？拿试题的这篇材料同原文对照，发现命题者对原文已作了改动，"俞伯牙的那具焦尾琴"，原文是"钟子期的那具焦尾琴"。改得似乎有道理，因为"俞伯牙善操琴，钟子期善听"；但是"焦尾琴"真正的主人，试卷仍未弄清。

个故事的，理解为"怎渡"才能与全词情调相符。

上海古籍出版社出版的《唐宋词鉴赏辞典》在这个问题上也有失误。鉴赏文章中写道："盛放的荷花丛中正有一叶扁舟摇荡的美景"；又说："正是由于'争渡'的快捷，所以又'惊起一滩鸥鹭'"。既然只有一条小船，何来争渡的快捷？岂不是前后矛盾？

乐山大佛坐落何处

林 廉

乐山大佛究竟坐落何处？人民教育出版社全日制普通高级中学统编教材《语文读本》第一册(2000年4月第2版)《大佛的沉思》两处说到大佛坐落于"岷江、青弋江、大渡河三江会合处"，课文将大佛坐落之处弄错了。实际上，乐山大佛坐落在岷江、青衣江、大渡河三江会合处。

《辞海》："岷江：长江上游支流。在四川省中部。……经乐山纳大渡河，到宜宾入长江。"

"青衣江：……大渡河支流。在四川省中部。……到乐山市草鞋渡入大渡河。"

"青弋江：长江下游支流，在安徽省东南部。……在芜湖市附近纳水阳江后入长江。"

由此可知，青衣江和青弋江虽然同入长江，但青衣江是长江上游大渡河的支流，在四川；而青弋江是长江下游支流，在安徽。一字之差，将大佛从四川乐山"搬"到了安徽芜湖，差之毫厘，其谬何止千里！作为全国统编教材，影响广泛，希望重印时能予以改正。

误用『责无旁贷』

陈志祥

人教版高中语文第三册《纳谏与止谤——重读〈邹忌讽齐王纳谏〉有感》是臧克家以读后感的形式写的议论文。此文文笔老到，比喻生动，但文中有一小小瑕疵：

《邹忌讽齐王纳谏》这篇文章之所以动人，不仅由于它的意义，也还因为它那委婉而讽的进谏方法。这样关系国家命运的大事，邹忌并没有板起面孔，摆出义正词严的态度，反之，却以与徐公比美、妻妾评议之闺房琐事出之，如果遇到一个暴君，责以亵渎之罪，也是责无旁贷。

句中的"责无旁贷"用得不是地方。"责无旁贷"指自己的责任不能推卸给别人。作为臣子的邹忌，对齐王尽忠进谏是他"责无旁贷"的分内事，责无旁贷若用在此处是十分合适的；至于把因讽谏而导致获罪说成是责无旁贷，那就有点莫名其妙了。联系文章的语境看，作者要表达的意思是，暴君加给的罪责是冤枉的，但又是无处可申辩的，那么，就该把"责无旁贷"换成"有口莫辩""百口难辩"之类才合乎情理。

追踪荧屏

"美人鱼"就是海牛吗

赵昌春

10月4日是世界动物日,2002年10月4日中央电视台第八套节目的《动物世界》曾播放过一期特别节目。当提及南美洲的亚马逊河时,著名播音员赵忠祥如此解说:"就在这条河的河口,生活着一种'美人鱼',至少古代人是这么叫的,我们知道,它就是海牛。"这话说得让人心生疑窦。

摘录《辞海》有关海牛的释义:长3～4.5米,前肢呈鳍状,后肢退化,尾圆形,成体无毛,仅头部保留稀疏硬毛和触毛,皮厚,灰黑色,栖于浅海,或上溯河湖中,分布于大西洋、北美东南沿岸及南美东北沿岸。其中不见"美人鱼"的影子。

那么,"美人鱼"有没有呢?有!它就是海牛目的"儒艮"。《辞海》上有关的解释是:儒艮,亦称"人鱼"。体呈纺锤形,长1.5～3.3米,前肢呈鳍状,无指甲;后肢退化。皮肤灰白色,有稀少分散的粗毛。乳头一对,位于胸鳍腋后方。分布于亚洲热带海湾及中国广西、广东、海南、台湾沿海。为国家一级保护动物。

就在中央电视台播放这期《动物世界》的同时,新华社发了一幅照片,标题是"'美人鱼'回来了",说明词是:"广西北海市合浦县的沙田海域是我国惟一的儒艮国家级自然保护区。儒艮别名'美人鱼',与中华白海豚列为我国仅有的两种一级保护海洋哺乳动物,从上个世纪80年代开始,在中国海域它们似乎失去了踪迹。然而,这两三年来,越来越多的儒艮在沙田海域现身,使人们相信,'美人鱼'又回来了。"

笔者上个世纪80年代初期在海南岛当记者时,就亲眼看到过一只

不该用"当机立断"

村友

电视剧《誓言无声》中,老公安人员许子风在分析案情时说:"当但戈然(台湾特务)这个假投诚者的真面目被识破后,台湾特务机关就当机立断,杀人灭口。"

"当机立断"即抓住时机,迅速作出决定。这是个褒义词,说特务机关当机立断,岂不是混淆了用词的感情色彩。应该说台湾特务机关"丢卒保车"或"舍车保帅"才妥帖。因为但戈然向我安全机关提供假情报的目的,是为了转移我安全机关的视线,以掩护隐藏在北京某科研部门、代号"牧师"的特务范仕成。但戈然的真面目被我识破后,敌人怕他泄露机密,在其去教堂与我安全人员接头时将他灭口,为的是保全范仕成这个重要人物。所以此处用"丢卒保车"这个词较确切。

渔民无意中捕捞到的活儒艮,可惜,在水池里没养多少天就死去了。据一些资料称,儒艮食海草,人工难以饲养成功,至今,尚未听说国内哪家动物园展出过这种有趣的动物。

制作这期《动物世界》的有关人员可能会这么辩解:称海牛为"美人鱼"并没有错,因为儒艮就是海牛的一种。这种说法并非毫无根据,笔者手头便有一本出版比较早的《十万个为什么》,里边的《"美人鱼"是一种什么动物》一文就有这样的句子:"被称作'美人鱼'的动物,实际上是一些生活在海洋和河道中的海兽,叫做海牛。这种动物目前仅存四种,在我国南海沿岸常见的一种叫儒艮。"其实,这是把两者混为一谈了。海牛与儒艮虽同属哺乳纲海牛目,但不是一个科,海牛在海牛科,儒艮为儒艮科。由中国青年出版社出版的《中国的珍禽异兽》一书中说得也很明白:"美人鱼"就是儒艮,儒艮是这种动物外文名字译音。书中说:"儒艮与海牛同属于海牛目,二者外形相似,大小也差不多,主要的区别在尾部。海牛的尾是圆的,形如圆盘;儒艮的尾呈叉形,两端尖,中间凹。"又说:"儒艮不同于海牛,不能生活在淡水中,也不能忍受污浊的水质,但能忍受较低的水温和气温。"

"不亦乐乎"的"乐"怎么读

严 修

"有朋自远方来,不亦乐乎?"是《论语·学而》中的名言,经常被人引用。然而常常有人把"乐"字读错了。"不亦乐乎"的"乐",应该读"lè(音勒)",不该读"yuè(音月)"。近来发现,有些电视台的节目主持人和电视剧的演员(例如电视剧《张学良》中张群与张学良的对话)也把"不亦乐乎"读成"不亦yuè乎"。

读错的原因可能有两个:

一、"乐"是个多音字。"乐"字有五种读音(据《辞源》和《汉语大词典》),而常用的读音有两种:1.在具有名词性的词素义时,读"yuè",如"音乐""乐器""声乐""哀乐""管弦乐""交响乐"等。2.在具有形容词或动词性的词素义时,读"lè",如"快乐""欢乐""娱乐""乐意""乐于助人""安居乐业"等。在"有朋自远方来,不亦乐乎"这句话中,"乐"是"快乐""欢乐"的意思,所以应该读"lè",不应该读"yuè"。

二、受原文上句影响。《论语》原文是:"子曰:'学而时习之,不亦说乎?有朋自远方来,不亦乐乎?……'""不亦说乎"的"说",不是"说话"的意思,而是"喜悦"的意思。这里的"说"字就是"悦"字。"说"与"悦"的关系为古今字。《说文解字》里只有"说"字,没有"悦"字。后世的"悦"在先秦古籍中都写作"说"。由于上句"不亦说乎"应读为"不亦yuè乎",因而有人把下句"不亦乐乎"也依样画葫芦地误读成了"不亦yuè乎"。

希望以后人们引用"有朋自远方来,不亦乐乎"这句名言时,把"乐"字读为"lè",不要误读为"yuè",以免以讹传讹,贻误大众。

百家会诊

能否说"曾经的男友"?

"我曾经的男友","米卢曾经的弟子","我曾经的作品"……这些说法能成立吗?

践踏语法规则

"曾经的男友"之类说法,违背了起码的语法规则,不合现代汉语的表达习惯,因此是说不通的。

从胡裕树主编的《现代汉语》到张斌主编的《现代汉语虚词词典》,都认为"曾经"是个副词,"表示行为、状态在以前发生或早已存在",用于修饰动词或动词短语。稍有现代汉语常识的人都知道,副词一般不修饰名词。

当前语言混乱不仅表现在错别字,还表现在语法规则得不到应有的尊重。"曾经的男友"之类,便是扬言要"扭断语法的脖子"的人的杰作。如果听任这类句子泛滥,那么"曾经的桌子""曾经的工厂""曾经的天空"以至"曾经的曾经",都会"联袂登台",语言的糟蹋恐怕莫此为甚!

(文非)

得其所哉

"曾经的男友"这一说法乍一看感到别扭,但仔细想想,却又挑不出毛病来。《现代汉语词典》对"曾经"的释义是:"表示从前有过某种行为或情况。"那么,"曾经的男友"就是从前的或有过的男友,"曾经"一词在此用得是很恰当的。同时,"曾经"是个常见词,文化低的人也知道是什么意思,所以不会感到费解。之所以觉得它出现在这句话里不习惯,那是因为过去对它的作用发挥得不够充分。

常言说:"人尽其才,物尽其用。"词语也应充分发挥自己的功能,把"曾经"用在这句话里,等于开发了"曾经"一词的潜力,可谓得其所哉。

(侯新民)

这是一种"活用"

汉语是重意会的语言,在词类之间,往往并没有不可逾越的鸿沟。一般认为,副词的语法作用比较单一,只能在句子中作状语修饰动词,但有些副词也有一些实际意义,并非完全不能"客串"其他词类。比如"刚才的事件""永远的尹雪艳"。"刚才""永远"都是表示时间的副词,这里发挥的却是形容词的作用。

"曾经的男友"与此有点类似,相当于"曾经交往过的男友","曾经"临时有了"以前的,先前的"意义,已经由副词活用为一个形容词了。当然,这种说法有点像外国人说中国话,不大地道,但基本上能让人明白,姑且还是认为这种说法可以成立吧!至于"曾经"是否会发展出一个新的义项(形容词,义为"以前的"),还不能马上下结论,走着瞧吧。

(吴早先)

"曾经"扮演新角色?

我们在网上随意检索了最近几天的报纸,发现"曾经"充当定语的情况虽然不很普遍,但也并不罕见,在近一周的《人民日报》中共出现了十几例,例如"曾经的计算器""曾经的希望"等等。

作为一个以前只能充当状语的副词,为什么现在又可以扮演新角色充当定语了呢?首先,语言是一种复杂的系统,内部存在着各种特殊的情况,各成员之间存在着细微的差异。每一类词,除了那些典型的、一般的成员以外,必然还会有一些特殊的成员。譬如"好极了""糟透了""顽固透顶"中充当补语的"极、透、透顶","最前线、顶下面、尽东头"中充当定语的"最、顶、尽",很难将它们排除在副词之外。"曾经"也是如此,它充当定语是语言本身复杂性和副词内部多样性的具体表现。

其次,作为一种交际工具,语言必然会随着社会生活的发展,始终处在不断变化之中。譬如,随着语言表达方式精密化、个性化的日益强化,一些本来只能充当状语的副词,就有可能突破原来的限制,被用作定语或其他成分,"相当""永远"就是两个比较典型的例子。作为副词,"相当"现在已经可以自如地充当定语,而"永远"现在不但可以充当定语,有时甚至可以充当补语或谓语。同样,定语性"曾经"的出现,也是语言进化的结果。

第三,从语言表达的角度看。在

现代汉语中，用于表示"过去时间"的名词主要有："过去""以前""以往"和"往昔"等。人们之所以选用副词"曾经"作定语，是因为"曾经"还可以表达"过去"等词所难以表示的特定的语义内涵。也就是说，"曾经"除了表示"过去的时间"以外，还隐含着同现在的对比、对现在的否定，其隐含义就是"现在不是这样了"。所以，虽然我们完全可以将定语位置上的"曾经"换作"过去"或"以前"等，但替换的结果，必将大大削弱句子原本所隐含的对比义和否定义。

从社会语言学的角度讲，追求创新始终是人类一切社会实践的主流，语言的运用也不例外。"曾经"的这种超常搭配关系，正好可以在一定程度上满足说话人(作者)追求新颖别致的语言组合功用和讲究语言表达修辞效果的需要。

（张谊生）

语法的和语义的

提供讨论的三个例句，正好代表了三种不同的类型：

1."我曾经的男友"：由于恋人关系与时间紧密相关，"男友"有两种发展可能：不是已成为"我的丈夫"，就是已经和"我"拜拜了，所以用表示已然的"曾经"来修饰是可以的。

2."米卢曾经的弟子"：虽然师徒关系并不是绝对不可改变的，但一般说来这种关系并不以时间为转移，特别是在国人的观念中，"一日为师，终生为父"，师徒关系是一种终生的关系。"米卢曾经的弟子"这种说法就不怎么站得住了。

3."我曾经的作品"：由于作者与作品之间的关系是永恒不变的，只要是"我的作品"，那么无论是过去、现在，还是将来，都永远是"我的"作品，所以"我曾经的作品"的说法是绝对不能成立的。

由此可见，"曾经"能否修饰名词，不仅要从语法角度来考察，还要从语义角度来考察。（郑泽宇）

此"曾经"非彼"曾经"

通常情况下，"曾经"是一个副词。副词的基本特点之一是不能放在名词前面作名词的修饰语。但"曾经"似乎是个例外，"米卢曾经的弟子"这个短语中"曾经"就作了名词"弟子"的修饰语。于是，摆在我们面前的选择似乎只有两个——要么承认副词有时也能修饰名词；要么判定"米卢曾经的弟子"不合乎语法规范。显然，前者与副词的性质相悖,而后者也多少有些武断。这岂不是左右为难!

我的理解是,此"曾经"非彼"曾经",放在名词前的"曾经"不是副词,而是由副词"曾"和动词"经"构成的偏正结构的动词短语。白居易《送客南迁》中"曾经身困苦,不觉语丁宁",以及元稹《离思》中"曾经沧海难为水,除却巫山不是云"的"曾经"都作此解。造成"曾经"两解这类现象的原因在于古今词汇的演变。副词"曾经"反映了由单音词向双音词演变这一古今词汇演变的基本规律,而动词短语"曾经"则保持其原貌。我们还可以举出类似的例子。譬如"非常",这是一个使用频率很高的程度副词,但在"非常时期"和"非常男女"(某电视台的一个栏目名称)中的"非常"就不是副词,而是由否定副词"非"和形容词"常"(平常、寻常)构成的偏正结构的形容词短语。 (李家君)

典型的搭配不当

为了肯定"曾经的男友"这类搭配,有人认为这里的"曾经"不是一个词,而是两个词,即"曾"和"经"的组合。最有力的证据便是元稹的那两句诗:"曾经沧海难为水,除却巫山不是云。"既然古已有之,为何不可沿用? 我觉得这是曲为之辩,其理由是站不住的。

首先,"曾经沧海"这是一个动宾结构,"曾经的男友"却是一个偏正结构,两者并没有可比性。元稹笔下的"曾经",确实是"曾"和"经"的组合,体现了古汉语简练的用词特点;"曾经的男友"则是十足的现代汉语,这种结构能否成立,元稹并没有提供任何证据。

其次,也是更重要的一点是,"曾经沧海"的"经",有经过、经历、经受的动词义,它可以支配"沧海"。这种搭配是符合汉语的结构规律的。在现代汉语中,也可以组织类似的结构,如"曾经百战""曾经炼狱",而"曾经的男友""曾经的弟子""曾经的作品"即使和"曾经沧海"一样,"曾经"也是两个词的组合,但"经"无论是作经过、经历、经受中的任何一种解释,都是无法和"男友""弟子""作品"搭配的。

鉴于上述理由,我对这类用法投否定票。 (郭恒)

宽容,然而有度

"曾经"是副词,不能修饰名词,这是传统的语法观念。但社会的迅速商业化,使人们的传统观念、思维方式等发生了极大的改变,语言的变异即是这种改变的文化反映。它的特征之一,是词语之间的超常规搭配,如出现了"很中国""很东方""永远的微笑""永远的邓小平"之类的用法。

对于这种现象,应抱宽容的态度。不能否认,有些另类搭配是深受群众特别是广大青年欢迎的,因为它们在传递基本信息的基础上,抹上了一层浓浓的修辞色彩,让人听起来觉得轻松、活泼,极富概括力。如台湾艺人凌峰说"我的长相很中国",既传达出了中国人黄皮肤、黑头发的外表特征,又揭示了炎黄子孙勤劳俭朴、热情爽朗、团结爱国的内在气质,其深层次的涵义要远远超过"我是地道的中国人"这样的大白话。同样,"曾经的男友"比起"过去的男友"来,也有着更强的表现力。

不过,这种反语法的语言格式是不可无限推广的,应以完成交际任务为前提,而不是随心所欲。如"这是我曾经的作品",就未免有点令人费解。作品是你的,就永远是你的,不可能曾经是你的,后来变成不是你的。还有像"曾经的亲戚""曾经的衣服""曾经的课本"等等,恐怕都是由"活用"而走向"滥用"的产物。

(朱文献)

时尚的产物

当今是时尚社会,流行成了一种文化标志,语言也不例外。不仅有流行词语,而且有流行句式,一人用,众人和,直至铺天盖地,泛滥成灾。什么"××没商量"啊,"将××进行到底"啊,"××中国"啊,"大话××"啊……一茬接一茬,一浪连一浪,管它通与不通,先跟上趟再说。"曾经的××"也是其中的一种。

社会生活经验告诉我们:时尚的往往是短命的。物质生活领域,"六十年风水轮流转";语言何尝不是如此?"曾经的××"之类,既没有现代口语作为基础,又没有语法规则作为后盾,我看是兔子尾巴——长不了的。

(曹世年)

跨越"三道坎"

在古代汉语中,由于名词可以活用,副词修饰名词的现象并不罕见。如"不衫不履"(不着上衣不穿鞋子)"不蔓不枝"(不爬蔓不长枝)"不伦不类"(不像这一类也不像那一类)。

3—40

发展到现代汉语,"名词不能用副词修饰"(见胡裕树主编《现代汉语》重订本第292页)成了一条铁定的语法规则。如果有人说"不鞋子""不树枝""不类别",肯定是不合语法的。

不过,语言是为社会服务的,为人服务的,语言不可能一成不变。现代汉语在变,其中词汇变得最快,最引人瞩目,语音和语法也在悄悄地变,缓缓地变。纵观近百年的现代汉语,即使像"名词不能用副词修饰"这种铁定的语法规则也做不到"纹丝不动"。使用汉语的人们先后尝试跨越三道坎——三道"副词修饰名词"的坎。

第一道坎,时间副词修饰时间名词、处所名词。例如:"昨天已经冬至了。""这个月才五月。""这儿已经新世界(商场)了,前边马上大光明(电影院)了。"这种组合来源于口语,要受两个条件限制:一是限于少数表时间的副词,如"才、刚、已经、马上、即将"等。二是只能用作谓语。目前,在小说、剧本以及诗歌中,不难找到这类用例。

第二道坎,程度副词修饰名词。例如台湾艺人凌峰说:"我的长相很中国。""很中国"意思是很具有普通中国人的特点、特征、特性(如黄皮肤、黑头发……)。又如"真牛""很青春""(比我)更专业""十分哥们""非常流氓""太小儿科了"。这种用法在文学作品中已经是通行无阻的。不过,被修饰的名词必须是具有鲜明的特点、特征、特性的。寻常的名词还是不能进入这种组合,比如"很桌子""真(副词)水果""更操场"之类都难以成立。

第三道坎,时间副词修饰一般名词。这种时间副词只限于两个:"曾经"和"永远"。《咬文嚼字》2002年第5期有一篇文章批评了"曾经的新年""曾经的霸主""曾经的一切"一类组合。好几种语文刊物还批评过"永远的恩师""永远的榜样""永远的病痛"一类组合。主要理由仍是副词不能修饰名词。另一理由则是可以不用副词"曾经"或"永远",改用其他合适(意义合适、功能合适)的词。

依我看,第一道坎、第二道坎已经跨越过去了,大多数人都认可了,第三道坎正在跨越之中。"曾经的新年""永远的恩师"的用法先流行于台、港、澳地区,在内地,能不能跨过这道坎呢? 有利条件是表意尚属明确,不需要受众去猜测捉摸;不利条件是如此组合跟多数人的语感不相吻合。当前似不必匆忙下结论,对于媒体上出现的用例不

3—41

妨宽容一点。让时间来考验吧，让群众来抉择吧！

（何令祖）

编者附言

出乎意料，对于"曾经的男友"这类结构，大多数人持宽容态度。这也许是语言运用中的理性程度在提高吧。

本刊早在2002年第5期刊登过《不能如此"曾经"》一文，指出这类用法不合规范，这也可以说是代表了编辑部的看法。经过这场讨论以后，编者觉得有必要对这类语言现象保留一个"观察期"，如何令祖先生所说："让时间来考验吧，让群众来抉择吧！"

但是，在我们自己的刊物上，暂时仍不想接纳这种"另类"搭配形式；也不准备再发表批评文字。读者朋友如另有高见，敬请赐教。

"候诊"对象

1. 丛书名称用书名号还是引号？
2. "想象"还是"想像"？
3. "百年诞辰"还是"诞辰百年"？
4. "惊爆"还是"惊曝"？
5. 不完整引用，标点如何处理？毛泽东在《为人民服务》中说："我们都是来自五湖四海，为了一个共同的革命目标，走到一起来了。"如果只想引用毛泽东的"我们都是来自五湖四海"这一句，句末标点该如何处理？用逗号还是句号？放在引号内还是引号外？

语丝

镜花水月

艾笑

杨乃武被『小白菜』一口咬定，严刑拷打之下，只得乱供，连累了『爱仁堂』药店的老板钱坦。

在他出狱之后，钱坦已过世，杨乃武心怀愧疚，曾去钱家登门致歉。他把药王庙的一副对联，书赠『爱仁堂』。联曰：

名场利场，即是戏场，做得出满天富贵，

寒药热药，无非良药，医不尽遍地炎凉。

横批：镜花水月。

左路？右路？

余双人

足球场上，参赛的甲乙两队是相向站位的。甲队的左路即乙队的右路，甲队的右路即乙队的左路。新闻报道中，时有误左为右或误右为左的，把读者搞得稀里糊涂，想象不出现场的实际情况。

在足球赛的电视解说中，"左""右"错乱的口误倒是情有可原的，电视观众不会太计较。因为一来有电视画面可以帮助理解，二来足球场上的风云瞬息万变，"说时迟，那时快"，解说词中出些小差错，实属难免。可是报刊图书中的文字记载，经过众多眼睛"把关"，似乎不应该有这样的差错。

上海人民出版社出版的《目击十强赛》，有一节写的是十强赛（2002年世界杯预选赛）中卡塔尔队与中国队在多哈的比赛。该书第67页这样写道："卡塔尔的进球是在上半场第11分钟，当时杨璞正在场边接受治疗，卡塔尔佯攻左路，由于左路杨璞下场成了一个空档，所以李铁与祁宏急忙去补位，此时卡塔尔队员却突然横传中路空档，结果由纳伊米远射建功。"

那场球，吴承瑛停赛，由杨璞顶替，打的是左后卫。这就是说，杨璞处在中国队的左路，面对的是卡塔尔队的右路。如果真的像书中所写的那样——"卡塔尔佯攻左路"，则中国队中首当其冲的，应该是右前卫李霄鹏和右后卫孙继海，不可能是左后卫。事实上，卡塔尔不是"佯攻左路"而是"佯攻右路"。

怎么修改？为了便于跟下一分句（"由于左路杨璞下场成了一个空档"）衔接得自然一些，"卡塔尔佯攻左路"不妨改为"卡塔尔佯攻中国队左路"，这样就没有破绽了。

怎能为"日军"遗憾、伤感

徐清白

《北京广播电视报》2002年第26期第2版有一篇关于世界杯足球赛的报道，标题十分醒目（见下图）。如果不看正文内容，简直被这条标题惊出一身冷汗。

众所周知，二战结束后，为了防止历史悲剧重演，日本国宪法和有关国际条约都明文规定，日本的军事实力只能维持在自卫所需的低水平，其名称为"自卫队"（陆上自卫队、海上自卫队、航空自卫队）。因此，说到"日军"，只能指战败前的日本国家军队，而且特指日本军国主义操纵的反动军队队。"日军"在侵略中国时，烧杀抢掠，毫无人性，对中国人民犯下了滔天罪行。前不久，南京人民还以烛光游行的方式声讨"日军"的暴行，祭奠"南京大屠杀"遇难同胞的亡灵。对于"日军"，中国和世界上爱好和平的人民只有仇恨；对于"日军"的"解散"，我们只会欢呼、庆贺，绝对不可能有任何的"遗憾"和"伤感"。

可见，这条"世界杯"的新闻报道用"日军"来指称日本国家足球队是非常不妥的。作者的本意也许只是想换一个称呼来指称"日本国家足球队"，但用字必须慎重推敲，以免闹出"军旗装"之类的尴尬。

用词岂能拉郎配

谢礼波

《青岛晚报》2002年4月17日《文化板块》有篇题为"《墓主记》：最早的志怪小说"的短新闻，报道了专家经多年考证，最近认为秦简《墓主记》是我国最早有文字记录的志怪小说的消息。该文最后介绍说："在此之前，我国最早的志怪小说一直被认为是出现于魏晋时期，《墓主记》的发现则将志怪小说的历史提前至了战国时期。"这段话不难理解，但"至了"二字，听来别扭。

不错，"至"可以解释为"到"，但它的用法跟"到"有许多区别，最明显的一点是它不能跟时态助词"了"连用。这是因为，"至"是一个文言倾向十分强烈的动词，一般情况下，它要求保持文言用法。"了"作为时态助词，是存在于近现代汉语而不存在于文言的虚词，"至""了"天生拒绝结合，硬将它们扯在一起，怎么能不别扭？其实，"至"既表示"到"，也表示"到了"。例如要说"到了上海"，若改"到"为"至"，则只能说"至上海"，而不必也不能说"至了上海"。引文"提前至了战国时期"应删去"了"或写作"提前到了战国时期"。其实，说"提前到战国时期"就已经清楚明白了。

这个"至了"还让我想起经常在报刊上见到的"其的"，例如：

"目前，姬向午被依法逮捕，当地反贪部门正在对其的经济问题进行深入调查。"(《生活导报》2000年9月8日第17版《窃贼偷翻了"财神爷"》)

"同一书画家不同质量的作品进行价格换算，通常可以中品为一个价格单位，上品的价格即是其的一倍半……"(《半岛都市报》2001年5月10日第10版《投资书画咋定价格》)

"人们习惯把竹、梅、松称为'岁寒三友'，可见人们对其的喜爱程度。"(《半岛都市报》2002年4月15日第29版《关注竹刻艺术》)

以上三段引文中均有"其的"一语，可以看出三段引文的作者都喜欢使用文言词"其"而不爱用白话的指示代词。但他们都犯了同一个错误，只知道"其"表示"他""它"或"他们"

如此"老二"

王其伟

2002年8月2日的《杭州日报·下午版》,头版头条粗黑的大字标题夺人眼球:浙江人口排行"老二"!我吓了一跳,心想:浙江省的人口什么时候蹿到全国第二位啦?众所周知,浙江省从面积上讲是大陆上最小的省份之一,而人口排行在全国省、自治区十位之后,河南、山东、四川、广东的人口都比浙江多得多。如果真的浙江人口排行"老二",那还得了,对计划生育国策负责任的省里干部可能得下台了。

我连忙拿起报纸细读:"据最新出版的浙江省第五次人口普查显示(按:"出版的……人口普查",这本身是个病句,暂且不说),浙江省的老年人口比重为8.92%,老年人口位居全国第二。"噢,原来"老二"说的是"老年人口位居全国第二"!——请问编辑大人:能够这样缩写吗?

也许有人会说:"老二"不是打上引号了吗,那不过是报纸编辑搞的噱头,故意制造耸人听闻的效果而已。我认为,一张面向大众的报纸(特别是头版重要新闻的标题)不应该开这种玩笑。如果只看标题不读文章,不就给读者提供了一个绝对错误的信息吗?

"它们"等,所以要表述"他的""它的"时,就生造出这个奇怪的"其的"来了;如果"其的"的作者知道"其"首先表示的正是"他的""它的"和"他们的""它们的"的话,我想,也不至于如此"其的"了吧?

向你挑战

主角是谁

孟 吉设计

汉语中的不少成语和历史人物有关,比如"舌粲莲花",便是说的诗人李白:"李白有天才俊逸之誉,每与人谈论,皆成句读,如春葩丽藻,粲于齿牙之下。时人号曰李白粲花之论。"请你说出下列成语的主角。答案下期公布。

① 四面楚歌——( )
② 初出茅庐——( )
③ 望梅止渴——( )
④ 投笔从戎——( )
⑤ 画龙点睛——( )
⑥ 完璧归赵——( )
⑦ 卧薪尝胆——( )
⑧ 三顾茅庐——( )
⑨ 程门立雪——( )
⑩ 墨守成规——( )
⑪ 一字千金——( )
⑫ 萧规曹随——( )
⑬ 口蜜腹剑——( )
⑭ 双管齐下——( )
⑮ 指鹿为马——( )
⑯ 入木三分——( )
⑰ 负荆请罪——( )
⑱ 前度刘郎——( )
⑲ 目不窥园——( )
⑳ 铁杵成针——( )
㉑ 纸上谈兵——( )
㉒ 闻鸡起舞——( )
㉓ 图穷匕见——( )
㉔ 背水一战——( )
㉕ 痛饮黄龙——( )
㉖ 鸡鸣狗盗——( )
㉗ 广陵绝响——( )
㉘ 投鞭断流——( )
㉙ 马革裹尸——( )
㉚ 举案齐眉——( )
㉛ 煮豆燃萁——( )
㉜ 围魏救赵——( )
㉝ 高山流水——( )
㉞ 一诺千金——( )

㉟覆水难收——(　　)　　㊳江郎才尽——(　　)

㊱坦腹东床——(　　)　　㊴暗度陈仓——(　　)

㊲衣锦夜行——(　　)　　㊵洛阳纸贵——(　　)

《望文生义知多少》

参考答案

①“不刊之论”即不能改易的言论。“刊”是指修改、删削而不是刊登、发表。

②“文不加点”形容写文章不用涂改就能写成。“点”是指涂改而不是标点符号。

③“不足为训”即不能当做典范或法则。“训”是指典范、法则而不是教训。

④“差强人意”是大体上还能使人满意。“差”是程度副词，理解为稍微、大体，不是表示不好。

⑤“师出无名”是说出兵没有正当的理由。“师”指军队而不是老师，“名”指理由而不是名气。

⑥“罪不容诛”是说罪大恶极，即使判死刑也不能抵偿他的罪恶，而不是还没到判死刑的地步。

⑦“望其项背”是说还看得到对方，意即还赶得上而不是赶不上。通常用于否定句：“不能望其项背”。

⑧“五风十雨”，即五天刮一次风，十天下一次雨，意即风调雨顺，不是指刮大风下大雨之类的自然灾害。

⑨“明日黄花”出自苏轼诗“明日黄花蝶也愁”，喻指过时的事物，而不是幻想中的美景。

⑩“目不窥园”说的是汉代的董仲舒，常用来形容发愤攻读，跟刺探隐私不相干。

⑪“名山事业”出自《史记》，通常指著书立说，不能泛指所有的事。

⑫“大方之家”的“大方”，指称学识渊博或专精于某种技艺的人，不是出手阔绰的意思。

⑬“弹冠相庆”是贬义词，指一人升官，同伙相互庆贺，等待一起高升，不能用于正面描写。

在历史中穿行　在文化中寻觅

上海文化出版社《世界文化遗产图典》一版再版持续热销

资料翔实　图片精美　编排独特　价格低廉
既是画册，又是词典，每册仅售108元

一百零八元　周游全世界

如在当地购买不到，
请向上海文化出版社邮购部邮购。
邮政编码：200020。

YOUZHAO 有 照 为 证 WEIZHENG

◆ 严禁什么　宋长樟

"黑车非驾",似通非通,是"黑车不能驾驶"吗?那岂不是好事,为什么要严禁?是"黑车不能非法驾驶"吗?难道黑车还有合法驾驶的?如此缩略,岂非玩笑!

◆ "停车出"　贺华婷　孙国华

从牌子下方停着的自行车来看,这里应是自行车停放处。但牌子上的三个字中有两个错别字:"停"错为"停"已经让人惊愕;"处"用了个毫不相干的近音字"出"替代,则更是离谱!

ISSN 1009-2390

刊号:CN31-1801/H　国内代号:4-461
定价:2.00元

YAOWEN-JIAOZI

咬文嚼字

2003 年 第 4 期

上海文化出版社

百期·百尺·百里

编者

岁月如流，转眼之间，迎来了本刊第100期。在刊物之林中，一个小刊物的100期，也许微不足道，但作为编刊人，却别有一番滋味在心头。我们忘不了每一期"分娩"的阵痛，忘不了每一篇文章斟酌的况味，忘不了"小草之歌"的坚韧的旋律，忘不了读者朋友和我们风雨同舟的铿锵的历程。

半年以来，每天都收到读者、作者朋友关于100期的贺信、贺电。他们有的写诗，有的绘画，有的撰文，其中用得最多的一句话是："百尺竿头更进一步"。我们感谢大家的鼓励和鞭策，但自知远未到达这一境界；即使有朝一日真的到了"百尺竿头"，也没有任何停止攀登的理由。《五灯会元》中的偈语说得好："百尺竿头不动人，虽然得入未为真；百尺竿头须进步，十方世界是全身。"

编完第100期稿件，编者自己想得最多的一句话是："行百里者半九十。"走一百里路，九十里只能算一半的路程，因为剩下来的路会越来越难走。这句话真是充满了辩证法。办刊物何尝不是如此？刊物刚创办时总是虎虎有生气，"天下英雄舍我其谁？"办到后来则会捉襟见肘，疲态毕露。本刊自当引以为戒。

记得《西游记》中，唐僧念叨得最多的一句话是："赶路要紧。"这句话正说到了编者的心里。我们愿以此和各位共勉。

卷首幽默

电报风波

张　漠·文
麦荣邦·画

"文革"期间,在北京工作的陈某给妻子发了份电报:"带兵进京。"发报员见到这份电报后大惊失色,立即送交公安局,陈某夫妇很快成了审查对象。折腾了一个月以后,方才弄明白原来陈某的儿子叫"陈兵","带兵进京"是想一家人在北京团聚。

目 录

咬文嚼字
2003年4月1日出版
第4期
(总第100期)

主管:上海市新闻出版局
主办:上海文化出版社
编辑:《咬文嚼字》杂志社
E-mail:yaowenjiaozi@sina.com
电话:021-64330669
传真:021-64330669
邮购电话:021-64372608-291
地址:上海市绍兴路74号
邮政编码:200020
发行:上海市报刊发行局
订阅处:全国各地邮局
国内代号:4-641
ISSN1009-2390
CN31-1801/H
电脑排版:
上海艺文激光电脑排版厂
印刷:上海中华印刷有限公司
广告业务:
上海文艺广告传播中心
电话:021-64431400
广告经营许可证:沪工商广字
3101034000029号
定价:2.00元

卷首幽默
电报风波…………张 漠 麦荣邦(1)

百期贺语
百尺竿头更进一步…………李行健(4)
咬文嚼字要与时俱进…………张 斌(6)
生机勃勃的刊物…………濮之珍(7)

锁定名人
"劳燕"岂能"双飞"…………戈春源(9)
虎臣就是姓虎…………娄可树(10)
舒婷成语用字两误…………田之雨(11)
雨果能参加"法国大革命"吗…省 庐(12)

时尚词苑
《大话西游》与"大话"的流行…黄 清(13)
大事小事皆"速配"…………高丕永(15)
褒义的"偶像"…………邹 群(16)

有此一说
"明月"和"斜阳"怎能同时看见
…………马君骅(18)
"罄竹难书"的另一面 …………王忠贤(19)
"钻木取火"质疑 …………孙永亮(21)

一针见血
"平方"是平方公里吗 …………欧 震(22)
"一睹"岂能"熟视" …………匡立庆(22)
白崇禧是黄埔高材生吗…………一 言(22)
"殒落"? …………程 芳(23)
李安东案件发生于哪年…………村 友(23)
"友情于笃"? …………陈 放(24)
"新军"不是新四军 …………薄桂翠(24)
"梁山泊"与"梁山伯" …………孤 闻(24)
"五一"节的第六天? …………李树恩(25)
何谓"间不容发" …………经吉夫(25)
长辈不可"收养" …………何 兴(25)

栏目	文章	作者
我与《咬文嚼字》	惊喜	李子健(26)
	赢到牛肉火锅	唐育(27)
	胜似老年大学	董鸿毅(28)
	"雾里看花"让我"大海捞针"	凌大(29)
文章病院	"脉望"何物	庄际虹(30)
	结婚岂能说成"结金兰"	黄善邦(31)
	"母性之库"?	夏军(32)
	"专科"何来"学位"	程观林(33)
过目难忘	最难忘的一句贺词	(34)
	王安忆的"美丽"	郭忻(34)
	为"高贵妇人"画像	袁谀(35)
	"把头抬起来!"	叶志荣(36)
	传神的"大白话"	王文(37)
	"如果……"	顾豪(38)
汉字神聊	话说"嫖"字	徐慧(39)
	奇妙的表音功能	[斯里兰卡]达默迪纳(40)
百家会诊	"惟一"还是"唯一"?	(42)
	听其自然	周建成(42)
	"惟"字崛起和朱熹有关	邹玉华(42)
	"唯一"的浮沉	史跃林(43)
	优势从何而来	朱文献(43)
	"惟一"卷土重来	王宪(44)
	不必要、不在理、不合法	刘金(44)
	自乱其例	郭洁如(45)
	自相矛盾的《现汉》	余健(45)
	舍"惟"而取"唯"	曹文文(46)
语丝	郭沫若的"剥皮诗"	郑友消(20)
	姜昆小学作《"商"字诗》	顾建国(29)
	巧妙的"无情对"	李人凤(33)
	《红楼梦》中的人名	陈振东(38)
向你挑战	组装成语	关仁山设计(47)
	《主角是谁》参考答案	(47)

顾问 张　斌　濮之珍

主编 郝铭鉴

编委 李玲璞　何伟渔
　　　陈必祥　金文明
　　　姚以恩

特约编委

汪惠迪(中国香港)

田小琳(中国香港)

林国安(马来西亚)

吴英成(新加坡)

责任编辑 黄安靖
发稿编辑 韩秀凤
封面设计 官　超
特约校读 王瑞祥
　　　　　陈以鸿

4—3

百期贺语

百尺竿头更进一步

李行健

吕叔湘先生1992年在中国语文报刊协会成立大会的讲话中，提出希望语文界办一个"咬文嚼字"的刊物，以提高社会的语文素质，促进语文规范。吕先生的思想从《语法修辞讲话》发表以来，可谓一以贯之，即语文工作应着重解决应用问题。《咬文嚼字》创刊以来，充分体现了叔湘先生的意图，如九泉有知，他会高兴的。

岁月匆匆，《咬文嚼字》出版100期了！它的业绩有目共睹。读者的欢迎，发行量的不断攀升，就是最好的证明。在这100期8年多的语文生活中，每个人都会感到我国语言变化发展很快，分歧、混乱频频出现，但同时这也是规范工作力度最大的时期。在这特定的背景中，许多新的语言现象和新潮观点不断涌现，自然给"咬文嚼字"的工作增加了新的难度。与此同时，也给"咬文嚼字"工作创造了更广阔的用武之地。100期平凡而扎实的工作历程，反映了《咬文嚼字》辉煌的历史。展望未来，如何把刊物办得更好，这就是我们纪念出版100期时首先要考虑的问题：既要发扬成绩，又要开拓创新。

内容实用是《咬文嚼字》突出的特色，也是读者爱不释手的主要原因。内容实用体现在"咬"和"嚼"的对象绝非作者或编者向壁虚造的东西，其中不少是现实语用中困惑读者的实际问题。而这些问题又正是读者渴望解决而查阅现行工具书又无法解决的，所以读者就会感到《咬文嚼字》实用。实用的另一方面就是分析评论摆事实讲道理，尽可能做到有理有据，并且采用容易为大家接受的商讨方式；即使有不同的意见，只要言之成理，也同等地能在刊物上发表。这些都是吸引读者参与和深受大家欢迎的地方。

高举语文规范化旗帜是《咬文嚼字》的另一特色。我国语文工作当务之急就是在口语(推广普通话)和书面语中加强规范性。这也就是维护和推广《国家通用语言文字法》中确定的普通话和规范汉字。我们生活在高科技和信息化的时代,语言规范问题不仅要求高,还要求严,只有规范化的语文才能提高交际的效率,适应高科技发展的需要。因此,严格的语文规范观正是社会发展中与时俱进的要求。如果有人以为可不按规范随便使用语言,甚至还以为能写异体字或异形词是大"学问",只能说他是当代的孔乙己,要让人学习回字的四种不同写法,岂不可笑?自然,语言的规范只能因势利导,不能强迫命令。所谓"势"也就是发展的潮流。比如"必恭必敬"这个成语,群众都写成"毕恭毕敬"了,我们还要按两千年前《诗经》里的原形把"毕"硬改作"必",否则就斥之为语文水平差,这肯定也是会碰壁的。如若不信,不妨拭目以待。好在《咬文嚼字》没有这样的失误。

文章简短、浅近,可读性强是《咬文嚼字》良好的风格。一事一议,既可把道理讲透,也使文章简短。不空洞讲大道理,用语言事实来说话,就会使文章浅近,增强可读性。平等讨论,没有居高临下的面孔,读者会感到亲切。正因为这样,读者在茶余酒后,或利用片刻空闲,即可读完一篇文章获得有益的知识。所以有读者说,一本《咬文嚼字》好像一份可口的零食,不知不觉地就吃完了,急盼下一期送来,从未感觉到有什么负担。我想一本语文刊物,并且是以纠错为己任的语文刊物(往往被人视为面目可憎的东西),能办到这个份儿上,确是难能可贵了!

祝《咬文嚼字》百尺竿头更进一步,为提高社会语文素质,促进语文规范化作出新贡献!

(作者为中国语文报刊协会会长)

卓别林的演说

妙语角

喜剧电影大师卓别林,在被授予1971年度奥斯卡荣誉奖时,面对台下不断的掌声和欢呼声,眼含泪水,十分动情,却只说了句:"此刻,言语是那么多余,那么无力。"

咬文嚼字要与时俱进

张 斌

在吕叔湘先生的鼓励之下,《咬文嚼字》于1995年1月问世,至今已经出版100期了。咬文嚼字,在旧社会是少数士大夫的事,如今参与的人愈来愈多,议论的内容也空前广泛,这其实是我们的社会发展到了一个新阶段的反映。

语言文字规范化的工作是古老而又常新的。说它古老,因为在秦代已经用法令把文字化异为同了。由于当时社会条件的限制,只能注重文字的规范。到了"五四"时期,规范化的工作就不限于书面语了。当时除了提倡用白话代替文言,用新式标点代替旧式句读之外,还制定注音字母,推行"国语",强调口语的规范化。新中国建立之后,大力推广普通话,公布《汉字简化方案》,还特别注重用词造句的问题。1951年《人民日报》为此发表了《正确地使用祖国的语言,为语言的纯洁和健康而斗争》的社论。总之,语言文字的规范化工作是与时俱进的。

今天的规范化工作有什么特点呢?那就是规范化与现代化紧密联系,相辅而行。国家社会的现代化要求语言文字的现代化,而语言文字的现代化离不开语言文字的规范化。语言文字的现代化包括语音标准化、文字简便化、表音字母化、文体大众化、信息处理电脑化。这些内容涉及的范围不限于国人的交往,还包括中外的交流,也关系到人和机器的对话。今天的规范化工作,无论是深度还是广度都是空前的;当然,任务也是艰巨的。

要搞好当前的语言文字规范化工作,自然须要多方面的努力。在一定的阶段内,规范必须明确,这个任务是由国家承担的。例如公布有关字形和字音的规定,公布拼写方法和某些词语用法的规定。有了明确的标准,还须大力推广应用,在这方面,各级政府机构和群众团体都有责任尽其所能。2001年《国家通用语言文字法》的实施,更从法律上保障了规范化工作的开展。除此之外,还有许多工作要做,其中重要的一

生机勃勃的刊物

濮之珍

《咬文嚼字》发行100期了。对比创刊初期时的艰辛，现在刊物深受广大读者的喜爱，发行量节节攀升，真是可喜可贺。一份"冷门"刊物，创刊至今不到九年，何以如此生机勃勃？

首先是办刊思路正确，处处以读者为中心，一切为读者着想。在2001年合订本中，刊有主编郝铭鉴先生《推开三重门》一文，他认为一个刊物成功与否，可从社会知名度、阅读认同感和情感期待值三个方面

项就是"匡谬"。

一个字错写的形式往往不止一种，一个成语错写、错念、错用的往往有许多形式，情况十分复杂，匡谬该如何着手呢？可行的方法是抓住典型。吕叔湘、朱德熙先生的《语法修辞讲话》把语病加以归类，着重分析典型的错误，收到很好的效果。《咬文嚼字》除了重视典型的语病之外，还注重分析有影响的报纸、有影响的著作、有影响的作家的语病。这些语病可能是典型的，也可能不十分常见。由于有影响的人物和作品的语病带有传染性，所以是要及早防治的。

当然，我们不能满足于匡谬。我们也很重视这个"嚼"字。古人推敲音律，常说成"嚼徵"或"嚼羽"，我们讲的"嚼"就含有推敲的意思。我曾经写过一首小诗："未必雕虫皆小技，文坛一向重推敲。宜将玉尺量长短，省得名家自解嘲。"玉尺由谁掌握？李白说"仙人持玉尺"，我们认为玉尺掌握在广大读者手中。我们的刊物如果在这个知识经济的时代能发挥一些促进作用，应该归功于作者和读者；如果存在若干缺点和错误，责任在编者，也包括我这个顾问在内。我们将继续努力，踏着时代的节拍，迈步前进。

（作者为上海师范大学教授）

来考虑。这些年来,《咬文嚼字》正是以极大的努力去推开办刊的"三重门"的。比如创刊初期,就以"向我开炮""一字千金"等活动,发动群众,联系群众,使《咬文嚼字》一举成名,赢得广大读者的关注。

《咬文嚼字》的读者对象,有编辑、记者、教师、文秘等,定位十分明确。在取稿内容、专栏设置等方面,读者需要什么就刊发什么,发现什么问题就解决什么问题,密切联系社会语文实际。比如,当前社会语文中新词语较多,刊物就设置"时尚词苑"专栏,对靓、秀、人气、白领、蓝领、套餐、洗钱、上岗、下岗、黄金周、含金量、因特网等新词,说明来源,分析词义,并就如何规范应用详加分析,文章也短小精悍,通俗易懂。又因当前书刊中语文错误较多,《咬文嚼字》刊小胆大,设"众矢之的"专栏,先抓名人、明星在语文应用上的问题,引起了广大读者对语文规范的重视。

由于刊物处处关心读者,读者也就关心刊物。据说,《咬文嚼字》的稿子,百分之九十以上来自读者自发来稿,这可是中国期刊界的一个奇观。正由于广大读者的热心参与,《咬文嚼字》充满生机,欣欣向荣。

除了以上所说,办刊态度也是值得肯定的。我阅读了《咬文嚼字》合订本的前言、后跋,以及"编者的话"等,深为编者那种坦诚、友好、亲切的态度所感动。请看1996年合订本勒口上的一段话:

亲爱的读者朋友,当你开卷之时,你知道我们怀着怎样的不安?

我们害怕由于自己理解的失误,影响了国家语文政策的正确传播;害怕由于学识根底的浅薄,无力承担匡谬正误、寻根探源的重任;害怕由于编校作风的粗疏,导致谬种流传,以讹传讹;害怕由于内容或形式的单调,败坏读者朋友的阅读口味……

总之,随着你的手在翻动书页,我们的心也在激烈跳动呢。

如此恪尽职守,如此谦虚谨慎,请问中国有多少刊物能这样做?《咬文嚼字》能有今天的成就,这决不是偶然的。有这样的编者,才有这样的刊物。祝《咬文嚼字》越办越好,为语文规范化,作出更大的贡献。

(作者为复旦大学教授)

锁定名人

"劳燕"岂能"双飞"

戈春源

刘心武先生在《深夜月当花·远去了,母亲放飞的手》(中国工人出版社2002年1月出版,《作家文摘》3月5日转载)一文中,有这样一段话:"对于母亲来说,夫妇是不能自动分离的。……她都要与父亲携手同行,在每个可能的日夜。这是封建的'嫁夫随夫'思想吗?这是'资产阶级的恋爱至上'吗?或许,这仿佛老燕,劳燕双飞,是一种优美的本能。"从这段文字我们可以看出,刘心武把"母亲"比成了"燕",把"父亲"比成了"劳",用"劳燕双飞"形容母亲"与父亲携手同行"。这可大错特错,把意思弄反了。

劳,伯劳,亦作"博劳",旧称"鵙",是一种留鸟,属伯劳科,体型较大,分布于我国长江流域、西南等地。而"燕"属于燕科,体型较小,是一种候鸟,夏天遍布全国,冬则迁至南方。伯劳与燕子的生活习性有明显的区别,觅食、嬉翔、栖息从不在一起,《乐府诗集·东飞伯劳歌》中就说:"东飞伯劳西飞燕。"因此,人们用"劳燕分飞"比喻"分离""离别"。元王实甫《西厢记》二本四折:"他那里思不穷,我这里意已通,娇莺雏凤失雌雄;他曲未终,我意转浓,争奈伯劳飞燕各西东,尽在不言中。"苏曼殊《断鸿零雁记》第六章:"良不忍与之遽作分飞劳燕。"燕谷老人《续孽海花》第五十六回:"你的郁郁,大部分是劳燕分飞的结果。""劳燕分飞"可以简作"劳燕"。叶圣陶《前途》:"惟自辞师他适,互为劳燕,非第无接席之雅,亦且莫通音问。"所谓"互为劳燕",是说分隔两地,互不相见。

可见,劳燕不可能比翼双飞,刘心武先生用"劳燕双飞"比喻母亲父亲相守在"每个可能的日夜",可以说是"失之毫厘,谬以千里"了。

虎臣就是姓虎

娄可树

何满子《太学祭酒举止乖张》（载当代名家杂文系列丛书《五杂侃》）一文，引用明代阙名笔记《郊外农谈》里的一条资料："凤翔之麟游（今属陕西宝鸡市）有虎臣（按，姓氏书中无姓虎者，疑此处脱其姓）者，慷慨有节气。"从全文的体例可知，两个括号都是引者加的，然而第二个括号的"按"却按错了。

虎姓在我国是有的。我是江苏省邳州市（原邳县）人，"文革"前，邳州县计委就有一位干部叫虎士杰。这是我亲眼所见亲耳所闻的事，错不了。若说古代，据笔者所知，虎姓光是名见经传的也有好几个。汉有虎旗，合浦太守，见《广韵》引《风俗通》。元有虎秉，河内知县，史称刚果有志节，为官抑强扶弱，决事明敏。清有虎坤元，字子厚，四川人，官至提督。再一个就是何先生引文中提到的那个虎臣。

虎臣，明代麟游人，成化末年贡入太学。当时明孝宗要在万岁山搭建一座棕棚，以备登眺之用。虎臣听说后，立即切谏不可。虎臣所在太学的首长——祭酒费訚生怕虎臣惹祸连累自己，就召集全体师生，鸣鼓声讨虎臣犯上的"罪行"，还用铁锁链把虎臣锁起来，听候朝廷发落。谁知皇上却派人将虎臣召到左顺门，对他说："你的建议是对的，棕棚已经拆除。"为了褒奖他，还封虎臣七品正官。这么一来，费訚反而无地自容。从此，虎臣声名鹊起，誉满都城。后来任云南碍嘉知县，死在任上。

虎臣，姓虎名臣是肯定的，因为《明史》有传，就作"虎臣"。《明史》中还提到虎臣回陕西省亲，正赶上陕西大闹饥荒，于是"臣赍奏行，陈饥歉状，词激切"，从中也可看出"臣"是虎臣的名。如果像何先生所说"虎臣"是名的话，那么《明史》就不会再省称他为"臣"了。

舒婷成语用字两误

田之雨

当代女作家舒婷曾在天津《今晚报》2001年11月16日第10版副刊上发表了《大足宝顶石窟》一文，文中在使用成语时有两处出现错字。笔者试析如下。

舒婷在说到诗人高洪波时有这样一句话："诗人高洪波果然不孚众望，七步不到即成绝句。"这里的"不孚众望"应为"不负众望"。"孚"字读fú，是"俘"的本字，后假借表"诚信"，《尔雅·释诂》："孚，信也。""孚众望"是使众人信服的意思，古人常以"深孚众望"表示"颇能使人信服"。后又衍生出"不孚众望"，表示"不能使人信服"。负，辜负也，"不负众望"当是由"不孚众望"衍生出来的一个四字结构，表示"不辜负大家的期望"。高洪波"七步不到即成绝句"，应当是"不负众望"。

文中说到吃饭时菜品"样样极辣"，于是只好"涕泪泗流地求要一碗清汤面"。句中的"涕泪泗流"让人难以理解。

在古代，"涕"指"目液"，即眼泪；"泗"指"鼻液"，即鼻涕。《诗经·泽陂》："涕泗滂沱。"毛传："自目曰涕，自鼻曰泗。"涕后来失"目液"义，而转指"鼻液"即鼻涕了。在舒婷的"涕泪泗流"中，"涕"如果按古义"目液"理解，则和"泪"重复；如果按今义"鼻涕"理解，又和"泗"重复，让人无所适从。如果把"涕泪泗流"改为"涕泗交流"就好了。"涕泗交流"是个成语，指眼泪鼻涕一齐流下来，用以形容吃饭时"辣得一把鼻涕一把泪"的狼狈样，非常贴切。如果硬要求俗用"泪"字，也可说成"涕泪交流"。

妙语角

"剧终"

德国著名剧作家费希特去世后葬礼十分隆重，可是墓碑上只刻了两个字："剧终"。表述言简意赅，含蓄深刻。

雨果能参加"法国大革命"吗

省庐

余秋雨先生在他的《山居笔记·脆弱的都城》中，本来谈的是中国的城市文明，可谈着谈着，他突然把笔头一转，谈起欧洲的古希腊哲学、文艺复兴和法国大革命来了。他说：

> 不能设想，古希腊的雅典没有亚里士多德，文艺复兴时期的伦敦没有莎士比亚，法国大革命时期的巴黎没有雨果。

这段话中，提到了欧洲古代的三位历史名人：希腊的亚里士多德、英国的莎士比亚和法国的雨果。据我的记忆，前两位余先生说的是对的，可其中的第三位，却不能不使我产生疑问：雨果参加过"法国大革命"吗？

其实，这个问题解决起来很容易，查一下1999年新版《辞海》就可以了：

[法国大革命] 1789—1794年法国推翻封建专制统治、确立资本主义制度的革命。（缩印本第1083页）

[雨果]（Victor Hugo 1802—1885）法国作家，法国浪漫主义文学的重要代表。（同上，第2400页）

答案非常清楚，雨果是在19世纪初的1802年呱呱坠地的，这时离开"法国大革命"结束已经整整八年。因此，在1789—1794年轰轰烈烈的大革命运动中，根本就不存在雨果这个人。你叫读者怎么去"设想"呢？

余先生发表这种见解，也许是事出有因的。大家知道，19世纪70年代初，法国爆发了另一场伟大的革命运动——巴黎工人举行武装起义，于1871年建立了巴黎公社。雨果当选为国民议会议员，曾发表言论捍卫公社。巴黎公社失败后，他又竭力保护受迫害的公社社员。次年发表的诗作《凶年集》，反映了巴黎公社惨遭镇压的史实和自己无比愤慨的心情。雨果的名字是跟19世纪的巴黎公社联系在一起的。余先生显然将发生在18世纪的"法国大革命"同它混为一谈了。

时尚词苑

《大话西游》与"大话"的流行

黄清

在生活中,人们常将那些夸大其辞的行为斥之为"说大话"。这个"大话"是名词。《现代汉语词典》对"大话"的解释是"虚夸的话"。然而曾几何时,"大话"一词却作为动词粉墨登场,"大话时事""大话网络""大话历史"……一时间,"大话"成为十分热门的时尚用语风行神州大地。要了解目前这股"大话"热,则不能不从电影《大话西游》说起。

《西游记》是中国四大古典长篇白话小说之一,长期以来深受人们的喜爱,可以说是家喻户晓。1994年,香港艺人周星驰主演一部"取材"于小说《西游记》却与其内容几乎不相干的电影——《大话西游》。多少有些出人意料的是,这部将中国古典名著肆意"篡改"的电影不仅没有受到冷遇,反而引起了巨大的轰动,其台词更是成为全新的样式在年轻人中广为流传。有人甚至声言,《大话西游》的台词就是现今网络语言的先祖。随着《大话西游》在各地放映,"大话"成了媒体上的时尚用语。当然"大话"一词也已经有了与以往不同的全新内涵。先引电影中的几句台词:

曾经有一份真诚的爱情放在我面前,我没有珍惜,等我失去的时候我才后悔莫及,人世间最痛苦的事莫过于此。如果上天能够给我一个再来一次的机会,我会对那个女孩子说三个字:我爱你。如果非要在这份爱上加上一个期限,我希望……一万年!

这段"大话"是至尊宝的台词,曾使多少性情中人潸然泪下。人们在感动之余突然想到,电影中的至尊宝与原本熟悉的孙悟空还有一丝相似之处吗?《大话西游》与经典名著《西游记》的故事情节还有些微吻合吗?答案自然是不言而喻的。而为这一嬗变提供护身符的正是"大话"一词。被冠以"大话"之名的《大话西游》似乎名正言顺地摆脱了经典名著《西游记》

的约束,为人们演绎了一个全新的西游故事。由于这种"大话"只是一种"玩笑性地讲述",因此很少有人再去计较高举"大话"旗帜的《大话西游》与《西游记》的契合程度。谁还会与将诸如"我 kao""I 服了 you"之类的话常挂嘴边的人计较呢!《大话西游》的流行使得"大话"模式不胫而走,广受欢迎,广被应用。因而"大话"的词义也从"虚夸的话"转而具有了"玩笑性地讲述"的含义。既然是"玩笑性地讲述","大话"自然也赋予了人们更为自由的叙事空间。《四川日报》2002年7月25日刊出的《颠覆经典?》一文说:"电视剧《吕布与貂蝉》……播出后,面对观众的吃惊与质疑,陈导不温不火地解释说这不是传统的三国,是一部大话三国。"这里,导演陈凯歌对"大话"的运用可谓纯熟,想必他也是深得"大话"新内涵之三昧的。

《大话西游》的台词是极具特色的:"喂喂喂,做人干嘛那么认真、冲动呢?""大家不要生气,生气会犯了嗔戒的!""谁说我斗鸡眼?我只是把视线集中在一点以改变我以往对事物的看法。"这一类让年轻人津津乐道的台词在《大话西游》中比比皆是。特别是唐僧在大敌压境时高喊的那句"打雷啦,下雨收衣服啦!"可以说更是《大话西游》台词风格的集中体现。从这些台词中,我们可以发现,剧中人物在面对那些原本严肃的话题时,其谈话的方式不再是那么正统、那么认真,那么一副正襟危坐、学究气十足的样子,取而代之的是以一种更轻松的调侃的方式来谈论那些看似严肃的话题。《大话西游》这一谈话模式使得"大话"一词又被赋予了"调侃式地谈论"这样一种新的词义。《每日新报》2002年7月8日刊登了一篇题为"众明星大话高考,趣话当年应考故事"的文章,这里的"大话"绝对没有"颠覆"高考的意思,但是,众明星"大话"出来的"高考"只怕要比什么优秀教师、高考状元谈论的"高考"轻松许多,"黑色七月"的色彩也会丰富许多。因为他们的"大话"正是"把视线集中在一点以改变我以往对事物的看法"的体现。既然是"趣话当年应考故事",他们对高考的"大话"自然带有更大的随意性,变成海阔天空、调侃式地谈论了。

综上所述,电影《大话西游》引发了一个崭新的时尚用语"大话"。"大话"从名词变成了动词,其含义也从原来"虚夸的话"演绎出全新的内涵,"大话"既可以是"玩笑性地讲述",也可以是"海阔天空、调侃式地谈论",借此营造出一种轻松、另类的氛围,使人们获得了诠释事物的新视角。

大事小事皆"速配"

高丕永

1998年,香港凤凰卫视开始播放台湾综艺制作的《非常男女》。很快,类似的电视征婚节目在大陆遍地开花。这类节目的路子都差不多:玫瑰色的拍摄现场,英俊漂亮的男女嘉宾,在风趣幽默的男女主持穿针引线下,从第一次面对面到三言两语讲条件,再到成双捉对"办家家"做游戏等,最后当场配对。现在,这类节目大多数遭遇冷落,但随《非常男女》等流行起来的"速配"一词却时尚依旧。

"速配",字面意义看上去是"迅速配对"。实际上,"速配"原为闽南方言(台湾的所谓"台语"就是闽南方言)词。台湾1995年常用语词调查报告书中,"速配"的释义为"合适、适合",例句是"他仿佛和我相当'速配'"。可见"速配"的本义同恋爱或婚姻没有直接联系。那时,在台湾指"短暂而快速的谈情方式"的常用语词并不是"速配",而是"速食恋爱"。

《非常男女》节目的策划人非常聪明,把节目最后一个单元取名为"非常速配",很可能就是考虑到了一语双关的"速配"的字面意义和实际意义。1996年,《非常男女》在台湾播出,一炮打响,"速配"也传遍了大街小巷。1998年,台湾的《新词语料汇编(一)》对"速配"作如此解释:"本为台语,现在则国、台语通用。多半指男女情侣彼此条件十分相称。"随着《非常男女》的不断升温,"速配"演变出"根据男女条件迅速配对"这一新义项。一语双关的"速配",成了婚介类广告的流行语。进而它还可以与恋爱或婚姻无关,指"根据两方面条件迅速配对、配置",既用于人也用于物。例如,台湾房产商开发了一种叫做"宅速配"的网络售房系统,业务员可以通过PDA(个人数字助理)一分钟之内迅速搜索2000个潜在买方及500间房子,同时记载买方的20项配对条件,卖方的18项配对条件,每间房屋的43项详细资料。据说,有了"宅速配",房产成交量增加不少。有时,方便食品制造商也借用"宅速配"一词,指自己的产品是"在家就能根据口味快速配制出的美味佳肴"。

内地的"速配",随《非常男女》等电视婚介节目的播出而流行,但

变义的"偶像"

邹群

成年人不轻言崇拜,也慎言"偶像",他们的一切有赖于理性的思索;而许多少男少女则有自己的"偶像"。以下三句话均摘自《成长启示录——上海市第九届中学生作文比赛获奖作品选》:

①我从小到大有过许多梦想,有过许多偶像,大多有些可笑且不合实际。近来读了《孟子》,心中升起了一个不灭的偶像——孟轲。

②我呆呆地盯着电视屏幕,看着"挑战者"号航天飞机的大爆炸……麦考利,你的梦想破灭了,我心中的偶像也消失了。

③偶像的范围言之极广,从诺贝尔奖金的获得者到影视明星……

这些话是崇拜者与被崇拜者思想碰撞的火花,也是少男少女们对"偶像"的诠释。但是,关于"偶像"一词的用法曾经有过争议。

《语文学习》1996年第1期上刊有《看不懂"偶像"》一文,作者查证了词典的义项后,认为"偶像"是一个明显带有贬义色彩的词语,并且这种感情

使用"速配"本义"合适、适合"的非常少,而表示"根据男女条件迅速配对"的意义却很常见。例如:"有意思的是,由于登记的人多,不少人当场就开始'相亲'。他们一边登记,一边了解对方,红娘也不失时机地进行速配"(《新闻晨报》2002年10月6日)内地的"速配",也可以指"根据两方条件迅速配对、配置"。用于人的,如"另一对混双选手则需在封训期间速配成功……"(《江南时报》2002年8月22日);用于物的,如"从2001年10月份双方开始接触,到昨天合资公司的隆重开业,仅用了1年左右的时间,'北京现代'刷新了中外汽车合作项目'拍拖'的最短时间纪录,可以说这是一场汽车业罕见的速配姻缘"(《京华时报》2002年10月19日)。

生活在快节奏的社会里,人们的生活节奏快了还想快。舍不得花时间烧饭,就吃快餐。缺少时间学习,就上速成班。抽不出时间恋爱,电视婚介见个面……恨不能大事小事皆"速配"。这大概就是"速配"流行的真正原因吧。

色彩"直到现在并未改变,将来恐怕也不会演变",并由此断定用"偶像"来称呼自己的崇拜者,是不恰当的,许多人对"偶像"一词的运用是错误的。我觉得这种说法有些武断。

首先,作者简单化地选用了词典中"偶像"的释义,只强调了它的"土木等雕塑"这一特征,并且与迷信行为联系起来,由此来确定该词的贬义色彩。遗憾的是他忽略了对"偶像崇拜"者的心理行为分析。一般说来,被作为"偶像"来崇拜的往往是神、佛等已经人格化了的塑像,"其特征:一方面把偶像视为神灵之造型而非神灵本身;另一方面,偶像一旦制成,便由神附于其身,且与神本身一样成为神圣"(《辞海》)。因此,在"偶像崇拜者"的心目中,"偶像"绝不等同于一般意义上的木偶、泥偶。这种心理行为是一种情感寄托,这种崇拜是在"尊敬、钦佩"基础上的进一步提升。再说,对神、佛的崇拜,那是人类在科学不发达的条件下,面对自然而产生的惊奇、恐惧、喜悦等多种感情的糅合,有着复杂的历史、宗教、民俗的原因,也不能简单地以"迷信行为""盲目崇拜"概括之。

其次,作者以词典的义项来解释某些时尚词语,这种方式未必可取。词典的解释固然有其权威性和可依照性,但也应该看到它的"滞后性"。语言是易变的,语言的发展推动词典的更新。事实上,"偶像"在词义的演变过程中,崇拜的对象逐渐由虚幻的神、佛转移到现实中出类拔萃的优秀人物了。词义已经变化,似可重新概括如下:原指土木等雕塑的神像,比喻盲目崇拜的对象;现在大多用来形容在某些领域内出类拔萃的人物,为公众所崇拜的对象。作为时尚词语的"偶像",无疑是后一义项。例如:

①同时,他却是一个患肌肉萎缩病的病人,其科学研究基本上是在轮椅上完成的,他因此成为全世界大众崇拜的偶像。(摘自《果壳里的空间之王——史蒂芬·霍金》)

②杨澜与诺贝尔物理学奖获得者崔琦的对话中,崔琦觉得自己的成长受杨振宁、李政道的影响很大……崔琦:"对,在美国叫rolemodel。"杨澜:"偶像。"(参见《诺贝尔奖背后的故事》)

至于"偶像"的新义项能否在以后的词典编写中体现出来,这是后话;但在目前的实际运用中,它已被赋予新的意义,并已约定俗成了。在年轻人的心目中,"偶像"一词显然带有"褒义"色彩。

有此一说

"明月"和"斜阳"怎能同时看见

马君骅

偶读《宋词选》所收张孝祥《西江月·黄陵庙》词,发现其中描写的景色和时间有自相矛盾之处。全词原文如下:

满载一船明月,平铺千里秋江。波神留我看斜阳,唤起鳞鳞细浪。

明日风回更好,今朝露宿何妨。水晶宫里奏《霓裳》,准拟岳阳楼上。

(中华书局1962年版)

此词上阕首句的"满载一船明月"与第三句中的"看斜阳",这两种情景,显然不可能同时出现在一个人的视野里。"斜阳"是指西斜的太阳,表明时间还在白天,那船上怎么可能洒满皎洁的月光?作为宋词名家的张孝祥,恐怕不会有这样的败笔。此外,下阕一二两句的"明日"和"今朝"("今朝"泛指"今日")意思也有点犯重。这些问题,使我忍不住想要把它查查清楚。

我从书架上取出唐圭璋先生主编的《全宋词》(中华书局1965年版),在第三册1708页找到了张孝祥的这首《西江月》。跟前面的录文一对照,发现《宋词选》中上阕的一二两句,在《全宋词》里作"满载一船秋色,平铺十里湖光"。你看,后者根本就没有出现"明月"二字。人的目光所及,不过在数里之内,作为对眼前实景的描写,"十里湖光"显然比空泛的"千里秋江"要来得形象贴切。此外,《宋词选》下阕的第二句"今朝露宿",《全宋词》作"今宵露宿"。尽管两者的意思都讲得通,但"今宵"与上句"明日"相对,无论从时间的衔接、对仗的工稳,以及跟"露宿"一词的组合上看,都要远胜于"今朝"。

为什么同一位作者的同一首词,收在《全宋词》和《宋词选》两种版本中,会有如此优劣之分呢?究其原因,全在于它们所据原本的不同。《全宋词》移录的,是宋本《于湖居士

"罄竹难书"的另一面

王忠贤

笔者曾跟刘乾坤先生的看法一样(见《咬文嚼字》2001年第3期《"关怀"怎用"罄竹难书"》),认为成语"罄竹难书"向来是个贬义词。然而最近,笔者对这一成语的用法却有点疑惑了。

一日,灯下浏览"当代学者文史丛谈"《文史拾穗》(陈诏著,山西古籍出版社),书中有一段话:"但我认为,大千世界,纷纭人事,可写要写的事情实在太多。就拿上海来说,这一个世纪以来,风风雨雨,沧桑巨变,好像一个大舞台,真是百戏杂陈,罄竹难书。"寻绎上下文意,此处"罄竹难书"显然不是"形容罪恶多得写不完",而是用来说明上海"可写要写的事情实在太多"。这成语能这么用吗?近日,购得《新文言》(湖北人民出版社)一书,其中有《王洛宾墓志铭》一文,文末铭文里又出现这一成语。"铭曰:……民间瑰宝兮撷之于民,人间绝唱兮得之于心。传歌之志兮可嘉可钦,洛宾之功兮罄竹难书。"读后则更为惊愕,因为这里竟用"罄竹难书"来赞颂西部歌王王洛宾的功绩。

带着疑窦,笔者翻检了一些工具书,对这一成语的涵义和用法才有了较清楚的认识。语言是一种社会现象,有其复杂性。王力先生在《汉语史稿》中指出:"区别一般和特殊,这个原理非常重要。"他把这种区别视之为"辩证法的原理之一"。因此,对一个词语,如若我们仅掌握它的"通例",而不识它的"例外",只知其一,而不知其二,那就有可能陷入绝对化的境地。

文集》,并校以宋本《于湖先生长短句》,所以能保持张孝祥词的原貌。而《宋词选》所录,是采用明毛晋编集的《宋六十名家词》(也称《宋名家词》),而且没有经过详细的校勘。据《四库全书总目提要》说,毛晋的《宋名家词》共收六十一家,其书"随得随雕,亦未曾有所去取","其中名姓之错互,篇章字句之讹异"均难以避免。因而,前面提到的张孝祥《西江月》词中出现的这些问题,也就不足为怪了。

"罄竹难书",《汉语大词典》解释说:"极言事实之多,难以尽载。常指罪恶,后偶亦形容好人好事。"书证则举邹韬奋先生《抗战以来》:"沦陷区的同胞在抗日战争中所表现的奇迹,真是所谓罄竹难书。"又,《汉语成语考释词典》(商务印书馆)亦云:"指事实很多,难以写尽,多用来指罪恶,间或指功绩。"书证有唐皮日休《皮子文薮·移元徵君书》:"果行是道,罄南山之竹,不足以书足下之功;穷有谷之波,不足以注足下之善。"

从这两部辞书的释义可知,这一成语"常指罪恶"或"多用来指罪恶",这只是它的一般用法,即所谓"通例";而"偶亦形容好人好事"以及"间或指功绩",则为它的特殊用法,即所谓"例外"。我们岂能以其"通例"来否定其"例外"呢?其实,成语的这种现象也并非仅此一例。《汉语成语考释词典》的编著者刘洁修先生就说过:"一个成语往往不止一种涵义,必须仔细审辨,不能只知其一,不知其二。例如'拔本塞源'除贬义的毁灭根本的意思,还有褒义的除恶务尽的意思,而通行的词典多只注前一义,不注后一义。"笔者有感于自己的孤陋寡闻,特草此小文以记之。

郭沫若的『剥皮诗』

郑友消

剥皮诗是指按前人有影响的诗篇的形式,改动部分字句,赋予诗以新的内容的一种诗体。这种诗往往滑谑可笑,妙趣横生。「煮豆燃豆萁,豆在釜中泣」,是曹植的《七步诗》;郭沫若『反其意而剥皮』为:「煮豆燃豆萁,豆熟其亦羡,不为同根生,缘何甘自毁?」原诗的中心是「相煎何急」,喻骨肉自相残害;改诗则强调「豆熟其灰」,说的是亲人相助。改诗将原诗的贬义翻了个儿,变为褒义,这又叫「翻案剥皮诗」。

语丝

"钻木取火"质疑

孙永亮

钻木取火,《辞海》云:"钻子钻木,因摩擦发热而爆出火星来。"可是谁见过或做过钻木发热而爆出火星来的事?《辞海》的说法有点可疑。

据文献记载,古人取火方法有两种,一是"金燧"取火,一是"木燧"取火。

"金燧"就是用透明的磨制凸透镜或凹面镜,让太阳光通过凸透镜聚焦产生高温或凹面镜反射太阳光聚焦产生高温,从而点燃棉艾木麻等易燃物而得到火种。《礼记·内则》有"左佩金燧"的记载,郑玄注:"金燧可取火于日。"陆德明释文:"燧,火镜"。"金燧"又名"阳燧"。崔豹《古今注·杂注》:"阳燧,以铜为之,形如镜。照物则影倒,向日则得火,以艾炷之则得火。"王充《论衡·诘术》:"阳燧乡日,火从天来。"就是今天,我们仍然用凸透镜或凹面镜"乡(向)日"取火,如太阳灶。

"木燧"就是敲击燧石爆出火星的取火器具。《辞源》"火石"条说:"取火之石。即燧石。"解放初,笔者还曾亲见农民用"木燧"取火的情景:把蕲艾(一种草本易燃植物)揉搓成的棉绒条一端靠紧一弓形铁片的棱锋处,用一块火石斜着向棱锋用力敲击,敲击爆出的火星就点燃艾棉条。这种取火用具,农民称为"火镰"。《礼记·内则》说:"右佩木燧。"郑玄注:"木燧,钻火也。""钻火"就是敲击(攒击)燧石以取火的意思。《辞源》"木燧"条注文是"钻取火种的用具"。

"金燧"和"木燧"这两种取火器具适用于不同的天气情况,"金燧"宜在天气晴朗的时候使用,而"木燧"则在阴雨天气里使用。《礼记·内则》旧注有"晴则以金燧取火于日,阴则以木燧钻火也"的记载。

"钻木取火"是钻木燧取火的意思,而不是钻木头(木材)取火。古文献中"钻木取火"与"钻燧取火"是同一种取火方式,如《白虎通》卷二:"谓之'燧人'何?钻木燧取火,教民熟食,养人利性,避臭去毒,谓之燧人也。"韩非子《五蠹》:"有圣人作,钻燧取火,以化腥臊,而民悦之,使王天下,号之曰燧人氏。""钻"有镌凿义,"钻"又通"攒",引申为聚集敲凿义。

有这样简便的取火器具,人们何必舍易而就难,硬要用一把高速的钻子去钻木得火呢?而且钻木真能得火吗?我没见过,你见过吗?

一针见血

"平方"是平方公里吗

欧 震

如果你随便问一个中学生,我国的面积有多大?他一定会把答案准确地告诉你:九百六十万平方公里。但舒婷的抒情诗《祖国呵,我亲爱的祖国》,把我们亲爱的祖国的面积说成了"九百六十万平方"。

众所周知,平方是平方米的简称,按照一平方公里等于一百万平方米的换算关系来看,诗中所写的"九百六十万平方"实际上只等于九点六平方公里,这样说来,我们祖国的面积竟比现在农村的一个乡还要小,这真是一个天大的笑话。

"一睹"岂能"熟视"

匡立庆

2001年9月10日《新华日报》在有关国内首例见义勇为索赔案的报道中称:"作为受益者的李某对张秋明见义勇为的行为熟视无睹……遂当庭一审判决:李某需向王敏(烈士妻)补偿3000元。"

一审结果固然告慰了烈士英灵,弘扬了人间正气,但对照案情我们不难发现,"熟视无睹"一词明显词不达意。

"熟视",经常看到,看惯;"无睹",没有看见;"熟视无睹"意思是:虽然经常看到,却跟没有看见一样,形容对事物漫不经心,不予过问。

此案中,烈士张秋明在2001年4月5日凌晨驾出租车经过被告李某手机店时,与企图撬门入室的小偷搏斗,英勇牺牲,其行为与结果都是一次性的,又怎能"熟视无睹"呢?从语意上看,把"熟视无睹"换成"视若无睹"才合情合理。

白崇禧是黄埔高材生吗

一 言

《铁流——共和国陆战纪实》(西苑出版社出版)第6页有这样的话:

白崇禧曾经是黄埔军校的高材生,熟知兵法,行动狡猾,素有"小诸葛"之称。

白崇禧(1893—1966)字健生,广西桂林人。曾任国民党政府的国防部部长、国民党军队参谋总长等要职。白崇禧没有进过黄埔军校。他十四岁考入广西陆军小学,十八岁时辛亥革命爆发,参加学生敢死队。中华民国建立后相继进入武昌陆军军官预备学校和保定陆军军官学校,系保定军校第三期毕业生。黄埔军校成立于1924年6月,其时白崇禧已官拜"定桂讨贼联军"参谋长,成为桂系军界仅次于李宗仁的高级将领。白崇禧根本就没有进过黄埔军校的门,谈何"黄埔军校的高材生"?

"殒落"?

程 芳

《文汇报》2002年9月12日有《英灵已做蓬莱客》一文,其中说:"文学研究会这株大树上最后一片叶子顾毓琇先生殒落了。"笔者以为"殒落"当系"陨落"之误。"殒"义为"死",由它组成的合成词有"殒灭""殒命"等,均指丧命,是中性词,用于直接陈述某人死去。汉语中并无"殒落"一词。"陨"可组成"陨落",指星体或其他在高空运行的物体从高空掉下。重要人物逝世,常被比喻为"巨星陨落"。引文中的"殒落"应为"陨落"。

李安东案件发生于哪年

村 友

2001年2月27日《作家文摘》第2版《周恩来的美国老朋友包瑞德》一文说:"在1949年10月1日庆祝中华人民共和国成立的开国大典前,北京破获了一桩震惊世界的国际特务阴谋使用'八二迫击炮'轰击天安门,行刺毛泽东和中共其他领导人的重大案件。涉案主犯,和日本有勾结的意大利法西斯分子兼军火掮客李安东和日本人山口隆一于1951年8月17日被处决。"

意大利法西斯余孽李安东和日本特务山口隆一企图炮击天安门检阅台一案发生于1950年。李安东和山口隆一阴谋乘1950年10月1日庆祝中华人民共和国成立一周年之机,用迫击炮轰击天安门城楼,行刺我国党政领导人。这一罪恶阴谋未能得逞，李安东和山口隆一伏法。上述文章把时间无端提前了一年。

"友情于笃"？

陈放

《光明日报》2002年9月18日《反"好汉奸论"说周作人》一文，有这样一句话："鲁迅先生是这样的友情于笃，以长兄为父的爱心呵护他……""友情于笃"不通，正确的说法应为"友于情笃"。

《书·君陈》有言："惟孝，友于兄弟。"后世遂用"友于"指兄弟。如《后汉书·史弼传》云："陛下隆于友于，不忍遏绝。""友于情笃"即兄弟情深，用以说明鲁迅对周作人的呵护，十分妥帖。

"新军"不是新四军

薄桂翠

2001年2月2日《联合日报》所刊《白崇禧与我党的秘密交往》中说道："1939年12月，蒋介石掀起第一次反共高潮。首先是阎锡山于1939年底在山西对新四军突然进攻，接着于1940年初国民党第九十七军朱怀冰进攻八路军总司令部。"1939年左右，新四军主要活动在黄河以南的区域，不可能出现在山西。阎锡山当时进攻的不是"新四军"，而是"新军"。新军，指抗日战争初期，由中国共产党人在与阎锡山建立统一战线的过程中组建和领导的，以山西青年抗敌决死队为主力的山西抗日武装。关于阎锡山进攻新军的始末，参看《毛泽东选集》第2卷《团结一切抗日力量，反对反共顽固派》一文及文后的注释便可知晓。

"梁山泊"与"梁山伯"

孤闻

2002年10月6日《北京青年报》第7版《北京琴童捧场克莱德曼》一文第2段说："当然，作为改编中国乐曲最多的外国音乐家，克莱德曼演奏他最喜欢的《梁山泊与祝英台》时，观众给予了特殊的照顾。"

梁山伯与祝英台的爱情故事可以说家喻户晓，而梁山泊是地名，就是《水浒传》里一百零八位好汉聚义的山东梁山。"梁山伯"是不能写成"梁山泊"的。

"五一"节的第六天?

李树恩

众所皆知,"五一"节就是指五月一日这一天。而2001年5月10日《人民日报》第4版《火热的紫坪铺》一文却有这样一句话:"今天是'五一'节的第六天,洞内战果辉煌,掘进神速,已经打通36米。""五一"节怎么会出来个"第六天"呢?联系上下文,方知其本意是指"五一"节长假的第六天。那么,在"节"字后加上"长假"二字才妥帖。

何谓"间不容发"

经吉夫

《华章》2000年第2期上有篇散文《精神的三间小屋》,其中写道:"这些复杂对立的情感,林林总总,会将这间小屋挤得满满,间不容发。"看来此文作者把"间不容发"理解成"十分拥挤,中间连一根头发也容不下"了。其实这是望文生义。

"间不容发"语出枚乘《上书谏吴王》:"系绝于天,不可复结;坠入深渊,难以复出。其出不出,间不容发。"谓成败利钝,其间容不下一根头发。比喻情势危急到了极点或与灾祸相距极近。如《中国现在记》一回:"这事间不容发,我明天就上个折子,一定要争回此事。"也可比喻诗文用语天衣无缝,没有破绽。如宋叶梦得《石林诗话》:"荆公晚年诗律尤精严,造句用字,间不容发。"

长辈不可"收养"

何 兴

2002年8月7日《南县报》在所刊《今朝百岁老人,昔日乞讨为生》一则短讯中说:"据唐银秀自述,她……与村民徐志远结为夫妻,三年后徐志远去世,唐银秀老人被徐的侄儿收养。"

收养,据辞书解释,是指领养他人子女为自己子女。而文中的唐银秀与"徐的侄儿"是婶侄关系,侄儿是不能收养婶母等长辈的。

短讯中的"被……收养"宜改为"由……赡养"。赡养是指子女等晚辈对于父母等长辈在物质上和生活上的帮助,符合上述短讯的意思。

我与《咬文嚼字》

编者按

本期为《咬文嚼字》出版第100期。不少读者写来了热情洋溢的信件，回顾和本刊风雨同舟的历程，对本刊同仁多所褒奖，读后令人感奋不已。为了促进编读之间的交流，本刊自本期起，将选刊若干来信，并将在适当时候结集出版。

惊 喜

广西宏企公司 李子健

要说与《咬文嚼字》的相知相识，得从我与内人说起。

我和妻都是做文字工作的，她是报纸编辑，我是企业秘书——因此一来，用句西南方言来说，真是"钉子遇到了板子"。从恋爱到结婚，只要两个人在一起，一旦发现对方偶然的笔误或者口误，立即大张旗鼓，口诛笔伐。别人不以为然，说我们"像孩子般胡闹"，我们却甘之如饴。

2001年底，到邮局订阅报刊，我们两人都瞪大眼睛，在邮发报刊目录里搜寻，生怕漏过自己喜欢的出版物。忽然在上海杂志目录栏里，我发现了"咬文嚼字"四个字，至今仍能感受到当时发自内心的惊喜。你想呀，一个平时便热衷于"咬文嚼字"的人，竟然无意之中遇上了"同好"，那种惊喜之情该是多么强烈。我随即就想把自己的发现告诉妻子，一看到她仍在搜寻，转念一想，不如给她一个惊喜。于是便不露声色地用她的名字，订了一份《咬文嚼字》。

转眼到了第二年的元月中旬，一天我和妻外出游玩回来。我估计《咬文嚼字》应该已到出版的时候，于是在妻子打开邮箱时，便站在一边静观其变。出乎意料的是，妻递过

赢到牛肉火锅

湖南衡阳师范　唐　育

在《咬文嚼字》2002年第8期上，读到一篇文章：《法国梧桐不是梧桐》。所谓"法国梧桐"，既不来自法国，也不是梧桐树。这让我不大不小吃了一惊，同时也窃喜自己长了一份见识。

几天后与同学散步，见到路边有法国梧桐，我便向他炫耀我的"博学"。这位同学听后说：别逗了，你敢说"中国功夫"既不是中国的也不算功夫吗？我说我是从一本权威杂志上看到的。他说现在不少杂志都是靠胡编乱造增加销量，怎么能信以为真？我知道无法说服他，便提出打赌，他欣然应允。赌注是一顿牛肉火锅。

接下来就是找证据。《咬文嚼字》当然不能自己证明自己，还得有其他材料。我想到了《辞海》。可《辞海》是很贵的，我们这些学生哪买得起，只有到学校图书馆去借。可我还没借到《辞海》，生态学老师便乱了我的阵脚，她在讲环境保护时，说："某些植物具有净化空气的作用，比如法国梧桐。这种来自法国的梧桐有吸收有毒气体的功能……"同学一听摇着我的肩膀："你还能狡辩吗？快快买火锅吧！"

四天以后，我终于借到了《辞海》。翻到"法国梧桐"一条，终于证明了真理在我手里。这时真让我扬眉吐气。我那位同学讪讪地说："《咬文嚼字》这杂志还真不赖。"

这天晚上，我有滋有味地吃到了牛肉火锅。

来一册《咬文嚼字》，上面竟写着我的名字！正当我大惑不解时，妻又发出一声惊呼，她在报纸中又发现了一册《咬文嚼字》。原来我们都偷偷地为对方订了一份。当我们明白是怎么回事时，不禁相视大笑。

整整一年，我们夫妻俩经常在晚上一人一册《咬文嚼字》，读得津津有味。我们愿意与《咬文嚼字》长相厮守，一生无悔。

胜似老年大学

上海开鲁路 董鸿毅

我在退休之前,曾在一所中学里担任过十年语文教师。那时候,天天要批阅学生的语文作业,修改病句,纠正错别字,长此以往便养成了喜欢"咬文嚼字"的习惯。然而说来惭愧,本人的文笔却笨拙不美:说话写文章,只会直来直去,没有华丽的辞藻,也不知道如何修辞。有一次,我投给《咬文嚼字》一篇稿件《"不"和"没(有)"》,内容是写这两个否定副词在用法上的不同。稿件刊出时,标题已改为"该说'没'时别说'不'"。我一读到这个标题,内心真的是激动不已:一是赞赏这个标题改得好,二是感激编辑同志的费神斟酌。你看这两个标题:前者呆板僵直,缺乏鲜活感;而后者则生动顺口,灵性毕现。

我虽然毕业于某师范大学的中文系,但平时读书不多,比如历代的文学作品就看得很少。就说《诗经》吧,也只是读过具有代表性的那几首。另外,我既没有一目十行的本事,也缺乏博闻强记的能耐,所以写文章要举例要引经据典,就感到有点为难。再说一个例子。又有一次,我投稿给《咬文嚼字》,内容是辨别"悠哉悠哉"和"优哉游哉"两个词组的不同含义。前者,我记得是出自《诗经·周南·关雎》篇的第三章,于是就"引了经""据了典";可是,对于后者,我却是心中无数,因而无法"獭祭"。不料,稿件发表以后一读,又是编辑同志替我补充了好多材料,包括"优哉游哉"这个词组的出处。原来这个词组也出于《诗经》,是在《小雅·采菽》篇中,我对此却是全然不知。

我想,举此两例大概已足以说明问题。《咬》刊的编辑,迄今为止,我一个也没有晤过面。但这并不重要,因为从《咬文嚼字》中就可以体会到他们的博学和高风,他们勤勉的敬业精神和孜孜不倦的工作态度。

社会上有老年大学,开设着各种课程,如绘画、书法、养花、保健等等,可以让老年人颐养天年。但依在下看来,有一册《咬文嚼字》在手,随意浏览,若兴之所至,意有所属,尽可欣然命笔,写上几行,如此修心养性,较之于上老年大学,诚恐更有实惠在焉。

"雾里看花"让我"大海捞针"

南京化纤新村 凌 大

"雾里看花"是《咬文嚼字》的一个名牌栏目,图片生动有趣,文字耐人寻味,我是每期必看。但2000年第3期《放弃什么?》一则,却让我疑窦丛生。这期的图片是某科研单位墙上刷着的一条标语:"进院放弃一切自治"。作者认为标语的设计者误把"自治"理解成了"自由散漫、自作主张、自行其是……"对此我有点怀疑。

在我印象中,这句标语是有"来头"的。它不是科研单位的创造,也不是个别人的别出心裁,而是出自马恩列斯之手,但要证明这一点,必须找到原文才行,否则便成了空口说白话。当时我已退休五年。我翻遍手头笔记,结果却一无所获,于是决定"愚公移山",把马恩列斯著作全搬出来,一篇一篇地翻。

这真是谈何容易!四卷本《马恩选集》,共计2907页,摞起来高达15厘米;四卷本《列宁选集》,共计3726页,尽管纸张比前者薄,摞起来也有10厘米。我每天戴上老花眼镜,上午翻到下午,有时晚上还要"加班"。老伴揶揄地说:"你这不是大海捞针吗?"我说:"只要大海里有针,就一定把它捞出来。"功夫不负有心人,经过十几天的不懈寻觅,终于在恩格斯的《论权威》一文中找到了这句话:"进门者请放弃一切自治!"原来也不是恩格斯的原话而是套用但丁《神曲》中地狱大门上的题词。

我据此写成一篇小文,投寄《咬文嚼字》,在2000年第12期刊出。我为自己"呕心沥血"纠正《咬文嚼字》一则失误而高兴,也为编辑部的从善如流、敢于"向我开炮"而欣慰。

语丝 姜昆小学作《"商"字诗》

顾建国

姜昆读小学五年级时,学校里开展消灭错别字活动。他发现小学生中常有人把"商"字错写成"商"。于是,便以此为题材,写下了一首《"商"字诗》:

我的名字本叫商,
商人商品由我当,
如果你要写商量,
只有用我最恰当。
有的同学真淘气,
弄个十字插口上,
没撇没捺难断肠,
肚里有病好心伤。
小朋友们要注意,
希望正确写好商。

文章病院

"脉望"何物

庄际虹

偶读伍立杨先生《也谈必读书》一文。该文由老辈学者为青年开国学必读书书目说起,联想到今天的文化名人学殖浅薄,然后说道:"老一辈与今之青年文化脉望的巨大断裂,就有这样的惨酷,像鲁智深拳下郑屠的脸,惨不忍睹。"现在的青年与老辈在学问修养上的悬殊,确实值得伍先生如此这般的感慨,不过伍先生所说的"文化脉望",却不知所指为何物,让人有钦其宝而莫名其器之感。

大概因为伍先生文章写得好,此文曾先后刊于《中华读书报》(2002.7.26)、《文汇读书周报》(2002.8.30)等多家报纸,而且后来还有不少报刊作了转载,而这一节文字始终保持原样没有改变。推测伍先生这里的用法,当是把"脉望"解作"脉"或"脉络"之类,这显然是不明就里、望"脉"生义了。

其实,"脉望"是传说中的蠹鱼所化之物。查《辞源》(合订本)第1390页:

传说谓蠹鱼所化之物。唐段成式《酉阳杂俎》续集二《支诺皋》:"据《仙经》曰:蠹鱼三食神仙字,则化为此物,名曰脉望。"

这就是说,"脉望"原来只是"蠹鱼",因吃掉书中"神仙"字三次,遂得道而"羽化"为"仙蠹"。

前人常常用"脉望"作为诗文典故。如明童冀《赠医者》诗:"雨荒苔巷夫须合,日上芸窗脉望飞。"鲁迅《祭书神文》:"绝交阿堵兮尚剩残书,把酒大呼兮君临我居。缃旗兮芸舆,挈脉望兮驾蠹鱼。"有时古人也用"脉望"指蠹鱼。如明谢肇淛《五杂俎》(卷七)"今世书画有七厄"条:"富贵之家,朱门空锁,榻笥凝尘,脉望果腹,五厄也。"所谓"脉望果腹",就是书画为蠹所毁。此外,还有人以

结婚岂能说成"结金兰"

黄善邦

2002年12月4~7日《报刊文摘》第3版《萧军:一个桀骜不驯的文人》一文中有这样一段话:"萧军没法再在西安呆下去,准备去新疆。巧遇朱星南、王洛宾、罗珊一行去兰州,随之同行。不久他与家在兰州的苏州美术专科学校学生王德芬喜结金兰之好,又折回四川。"文中"喜结金兰"说错了。

"金兰"指友情契合,友谊深厚。语出《易·系辞上》:"二人同心,其利断金;同心之言,其臭如兰。"(金,喻坚;臭,指气味;兰,喻香。)南朝宋刘义庆《世说新语·贤媛》:"山(山涛)与嵇(嵇康)、阮(阮籍)一面,契若金兰。山妻韩氏觉公与二人异于常交,问公,公曰:'我当年可以为友者,唯此二生耳。'""结金兰"后引申为结拜兄弟。川剧《柳荫记》第二场:"一个红日当空照,喜今朝,结金兰,胜过同胞。"由此词派生出来的词还有"金兰谱、金兰契、金兰簿"等,都与结拜兄弟之义有关。"金兰谱"是结拜兄弟时互换的帖子,"金兰契"是结拜兄弟的盟约关系或深厚情谊,"金兰簿"是登记结拜兄弟姓名、年龄、籍贯的簿册。

凡读过王德芬《我与萧军》一书的人,都知道萧军就是于1938年在兰州同王德芬由相识、相恋到结婚的。王德芬在书中写道:"从1938年6月我十九岁和萧军结婚,到1988年6月他去世,我们共同生活在一起整整五十年。"怎能把他俩喜结良缘说成"喜结金兰"呢?

"母性之庠"?

夏军

近读《新闻晨报》2003年1月1日"闲情版",大字标题"母性之庠"赫然在目,觉得十分新奇。庠者,古之学校也,哪儿开办了这所培养"母性"的学校?读后不禁哑然失笑。原来,这篇文章说的根本不是什么学校,而是说"自己"尚未生子的妻子得了"宝宝综合征",每每看到别人家小孩可爱的样子,就走不动……每当此时,"我就知道,她的'母性之庠'又发作了"。

这儿的"庠"应是"痒"字之误。"庠"音 xiáng,是古代的学校。作为学校是要有校舍屋宇的,故"庠"从"广"。在汉字中,从"广"的字,大多与屋舍有关,如"庐、庙、店、府、库"等等。"痒"音 yǎng,是一种皮肤或黏膜受到刺激而引起的想挠的感觉,这在古人看来是一种病态,《释名》就把"痒"归于"释疾病"。所以"痒"从"疒"。

"母性之痒"又作何解释呢?这先要说到一部电影。关于婚姻,西方有一种"七年震撼"的说法,大意是说,婚姻到了第七年,开始进入平淡期,易产生求新求变的欲望而造成裂变。玛莉莲·梦露主演的影片 The Seven Year Itch 讲的就是这一婚姻状况。这部影片传入中国,被译作《七年之痒》,随着影片的热播,"×年之痒"的说法被植入汉语,一时广为流传。

"×年之痒"开始还只是限于婚姻范围以内,指婚姻在×年出现的一些"震撼"。如:"听这位朋友公司的客户一路哼歌,说他婚姻的三年之痒。"(网络小说《进入北京》)

后来"×年之痒"使用范围扩大,意思也有所变化。如:"人的职业生涯划分为成长、探索、创新、维持和衰退五个阶段,'三年之痒'就出现在职业探索阶段。"(《中国青年报》2002年8月1日)这里的"三年之痒",指在职业探索的第三年出现的不满现状、频繁跳槽的现象。

如果套用"×年之痒"的用法,把尚未生子的妻子看到别人家孩子可爱样子时的心灵"震撼",说成"母性之痒",当然也未尝不可。但把"痒"误成"庠",就"失之毫厘,谬以千里"了。

"专科"何来"学位"

程观林

2002年9月12日广州《信息时报》A2版有一条新闻标题：

七万考生争八千专科学位

读了这个标题，"专科学位"四个字，一下子把我给愣住了：专科怎么也设有学位？这究竟是怎么回事？于是，我一口气把这则新闻读了两遍，才勉强猜出这里的"学位"是"招生名额"的意思。既有"招生名额"，考上了也就肯定有位置让你坐上去学习。"学位"者，"学习座位"之谓也。我想，凡是读通了的朋友，大概都会粲然一笑的吧！

按照《中华人民共和国学位条例》的规定，我国的学位分学士、硕士和博士三级。其中最低一级的学士学位，也必须是高等学校的本科毕业生才有资格获得。现在，这"七万考生"连专科学校的门都还没有跨进，怎么谈得上去争"学位"呢？而且即使入了学读到毕业，也仍然与学位无缘。因为据我所知，目前世界上任何一个国家的专科学校（无论中专或大专），都没有为其毕业的学生设立学位的。你要想争取学位，还必须跨进更高一级的大学本科的门槛，并且读到毕业，取得合格的证书，才有这种可能。

总之，"学位"一词有其特定的含义，不能想当然地随便解释和滥用。

语丝

巧妙的『无情对』

李人凤

当代四川联家倪丁一先生有一『无情对』，颇耐人寻味。

联曰：

珍妃苹果脸；

瑞士葡萄牙。

珍与瑞乃奇珍异宝对吉祥如意；士与妃乃才子对佳人；苹果与葡萄皆水果；脸与牙皆人体的一部位。珍妃，既是一位皇妃，又可通指美女；瑞士，既是一国名，又可通指美男子。上联说珍妃的脸像苹果一样美丽；下联讲瑞士的牙像葡萄串一样整洁干净。此联出语巧妙，妙趣横生。

最难忘的一句贺词

王安忆的"美丽"

郭忻

《小荷雨》问世,作家王安忆题词祝贺。这是一本以训练写作能力、传播语文知识为宗旨的出版物,王安忆的贺词是:"爱惜我们的文字,不要在我们手中折损它的严格的美丽,一代一代传下去。"

"不要在我们手中折损它的严格的美丽",按照习惯性的思维,也许会写成"不要破坏它的规范",但那样一来将是何等枯燥乏味!王安忆毕竟是王安忆,在信手挥洒之中,让我们看到了一种别具神采的"美丽"。

你看,"折损"一词用得多好!这个词充满了动作感,甚至于可以让我们听到"咔嚓"声。而"折损"的对象却是"美丽",这一不合逻辑的搭配,收到了显著的修辞效果。前者具体,后者抽象,虚实结合,动静一体,从而让"美丽"产生了鲜明的质感。正因为有了这样一层铺垫,"爱惜我们的文字"中的"爱惜"二字也落到了实处,令人油然而生一种面对奇花异卉的小心翼翼的感觉。

你看,"严格"一词用得多好!有用"严格"来修饰"美丽"的吗?从未见过,但用在这里却是浑然天成,极富想象力。贺词中的"美丽"是文字的美丽,我们的文字美在哪里?美在科学,美在系统,美在协调,美在规范,一言以蔽之,美在"严格"。这是作家的别出心裁的概括。正因为"严格",因而才"美丽";为了"美丽",必须坚持"严格":一切尽在不言之中。

我们欣赏王安忆的"美丽"。王安忆的"美丽",是一种创造的美丽。

为"高贵妇人"画像

袁诹

1900年，美国作家马克·吐温写了一篇新年贺词，全文如下："19世纪给20世纪的贺词，由马克·吐温用速记的形式记录如下：给你带来这个名为基督教世界的高贵妇人，邋遢、龌龊、无耻，刚从胶州、满洲里、南非和菲律宾劫掠而归。她心怀卑鄙，身藏赃物，满嘴假仁假义。给她肥皂毛巾吧，镜子可得收起来。"

马克·吐温不愧是幽默大师，连写新年贺词也不老实。新年贺词本当喜气祥和，而他一反常规，新年伊始就给资本主义列强侵略扩张的丑恶面目画了一幅穷形尽相的画像。

贺词开头采用假托的修辞手法，说这是"19世纪给20世纪的贺词"，而他自己仅是记录者而已。矫传时间老人的"圣旨"，看似一个无足轻重的闲笔，更似摆了一个噱头，然稍加体会，便会发现其中至少包含着两层用意。其一，借以表明列强侵略扩张是19世纪的跨世纪问题，犹如19世纪给20世纪的一份"礼物"；其二，表示这种野蛮行径是不容否认的客观存在的事实，这也不是我马克·吐温的发现，而是已被时间（历史）记录在案了的。这一手法文约义丰，不经意间就鞭辟入里，收事半功倍之效。

接下来真正的贺词正文，就以19世纪对20世纪说话的口吻行文。把谴责的对象锁定在"基督教世界"，是因为当时列强的侵略扩张都是以在外教堂被毁、教徒被杀为由的，所有的强盗行径都打着保护宗教的旗号。马克·吐温揶揄地把"基督教世界"比喻为"高贵妇人"，然后毫不留情地概括描述她的形象——"邋遢、龌龊、无耻"；逮个正着似的列举她的罪行——"刚从胶州、满洲里、南非和菲律宾劫掠而归"；进而对其罪行从内在层面上加以深入揭露——"心怀卑鄙，身藏赃物，满嘴假仁假义"。如果说以上都是怒骂，接下来就又忽而转为嬉笑——"给她肥皂毛巾吧"，浑身肮脏必须

"把头抬起来!"

叶志荣

先说一段个人经历:

中学时代,我的调皮捣蛋,是全校闻名的。成绩报告单上,经常是"大红灯笼高高挂"。毕业前一年,学校采取特殊措施,把类似我这样的"困难户"集中起来,专门编成一个班级,理由是"便于重点辅导"。但我们自己分明有被打入"另册"的感觉。

新班级的第一节课,班主任走了进来。同学们下意识地低下了头,教室里出现了令人难堪的沉默。我们在等待着司空见惯的训斥、讥讽和警告。然而,班主任的开场白却是这样说的:"同学们,把头抬起来!人生好比一场马拉松,暂时的落后并不等于最后的失败。从今天开始,我和你们一起起跑……"犹如春风拂过荒原,犹如暖流涌向冰川,我们的灵魂被强烈地震撼了。就在这堂课上,一颗颗"顽石"下定了痛改前非的决心。

从此,"把头抬起来"成了我们的常用语。我们以它为题编过墙报,开过班会。毕业留言簿上,班长给我的留言便是:"在人生的马拉松跑道上,你要永远记住:把头抬起来!"现在逢年过节,我们同学之间还是用这句话相互勉励,它已成了一句经典贺词。这普普通通的五个字,在我看来,充满着强烈的情感和人生的哲理,是它,改变了我的人生道路。

好好洗一洗;这样犹嫌不足,再补上一句"镜子可得收起来",将幽默推向极致——这样的丑恶嘴脸,自己看也是惨不忍睹的,还是不看为佳。贺词多重设比,信手挥洒之间,将高贵外衣下的卑鄙、文明掩盖下的野蛮揭示得淋漓尽致。

马克·吐温本人身处基督教文化圈,却能跳出圈子,从事实出发,不以种族、文化、宗教划线,理性地观察思考,批判的锋芒毫不含糊地指向邪恶,这就尤其显得难能可贵。

传神的"大白话"

王文

1980年北京大学教授王力先生八十寿辰，恰逢从事学术活动50周年。为了表彰先生50年来对中国语言学作出的卓越贡献，中国的语言文字工作者于8月20日在全国政协礼堂举行庆祝活动。复旦大学教授、著名学者郭绍虞未能与会，他给庆祝会发去的贺电中，有这样两句评价王力的话："是真学者！是好风格！"

这两句话造语平实，没有一点修饰，就像"大白话"，然而，却是深中肯綮，字字传神，令人难忘。

王力是中国语文学术领域的泰斗，他做学问总是从基础做起，脚踏实地，勤勤恳恳，为中国语文学科做了许多开创性工作。他不仅继承了我国两千多年来，特别是乾嘉学派的语言文字研究的优良传统，而且在用现代语言学的理论和方法研究中国语言的语法、语义、方言、语言发展史，建立中国语言学的学科体系方面，取得了很大成就，决不是浪得浮名。对中国语文学术而言，如果论起"真"来，有几个人比得上王力呢？

说到王力先生的"风格"，有人说起这样一件事。1982年初，湖北沔阳县一个中学生给王力写了一封信，请教高中语文课文中的两个问题。一是"吾王庶几无疾病"中的"庶几"是什么意思，二是《屈原列传》中秦向楚割汉中之地，出于什么原因。王力接到这封信的时候，正在埋头修改《汉语史稿》，但他还是抽空给这位同学写了回信。信中说：你读书提出问题，这是很好的学风，值得赞扬。"吾王庶几无疾病"中的"庶几"，是揣测之词，相当于"大概"。秦割汉中之地的理由我也不清楚，只好存疑。语文泰斗在十分繁忙的情况下，能给一位素不相识的中学生解疑答问，这已经难能可贵了；但更可贵的是，在中学生面前不摆"谱"，对不能解答的问题直言"存疑"，这可不是一般"学者"可以做到的。窥一斑而见全豹，难道王力先生的"风格"还不"好"吗？

"如果……"

顾 豪

羊年春节，收到一批贺卡贺信。其中有一句贺词，至今仍读得津津有味。这句贺词是："如果一滴水代表一个祝福，我送你一个东海；如果一颗星代表一份快乐，我送你一条银河；如果一棵树代表一份思念，我送你一座森林。"

这条贺词值得称道之处，首先是形象生动。它不像那些千篇一律的贺词，只是应景式地说一声"新年快乐，万事如意"，而是别出心裁地选择了东海、银河、森林等形象，让人可以感知，可以想象，而且极富诗意。

其次是渲染巧妙。作者先说一滴水代表一个祝福，然后实际送出来的却是一个东海，巨大的反差让受贺人产生了意外的惊喜。而这种渲染一而再、再而三地出现，一个惊喜连着一个惊喜，幸福的感觉于是达到极致。

第三是形式整齐。三个"如果……"，犹如歌曲一样，层层推进，节奏和谐，有一种回环往复的旋律美。

语丝

《红楼梦》中的人名

陈振东

《红楼梦》中的人名，往往大有深意存焉。比如宝玉、黛玉、宝钗和妙玉，这是书中的四个主要人物，他们之间有着复杂的关系。曹雪芹的起名，可谓煞费苦心。钗、黛都和妇女妆扮有关，它们代表着两种不同类型的封建少女。「宝玉」二字，一分为二：「宝」字和「钗」字相连，成了宝钗；「玉」字则和「黛」字相连，成了黛玉。这种设计，在相当程度上，概括了《红楼梦》的情节：宝玉本钟情于黛玉，结果却与宝钗联姻。妙玉和宝玉，在思想性格上有极其相似之处，故两人都有一个「玉」字，妙玉成了宝玉的一面镜子。

汉字神聊

话说"嫖"字

徐 慧

偶读司马相如《长门赋》,其中提及陈皇后,注为长公主刘嫖之女,不觉大吃一惊:怎么堂堂一个长公主,居然取了这么一个"不正经"的名字呢?略翻字书,方知其中奥秘所在。原来,"嫖"字还颇有一段来历。

嫖字是个形声字,从女票声,但声符"票"也兼表义。"票"字小篆作㯱,是个会意字,段玉裁认为字的上部是"𦎍"(同"迁")的省写,义为"升高",下部是个"火"字,上下两部分合起来的意思是:火焰升腾。所以《说文》释"票"为"火飞也"。"票"其实就是"嫖"的本字。在"飞"的火是没有重量的,其"轻"可想而知,故而以"票"为声符的字往往有"轻飘、轻浮"类意义,如"飘""漂"等。由于女性也是身体灵便动作轻盈的,所以在"票"旁加上形符"女"构成"嫖",用以指人动作轻捷劲疾。如汉代的霍去病为"嫖姚校尉",其中的"嫖"即此义。古人用"嫖"作为女子的名字,意思是希望女子轻捷可人。所以说,汉代陈皇后之母取名为"嫖"一点也不奇怪。

在现代汉语中,"嫖"的意思和古代根本不同,指男子玩弄妓女,即狎妓。

"狎妓"的意思最早出现于明代,如无名氏《霞笺记·洒银求欢》:"家富豪,打扮十分俏……娼门去摇,花街去嫖。""嫖"字这一新的义项的产生,与当时的社会经济和文化氛围有很大关系,可见语言是社会的投影。

明朝中后期,资本主义萌芽在江南一带破土,人们的整体生活水平有了很大提高,在丰裕的物质条件下,资产阶级金钱关系开始侵入并滋长,人们的生活观念发生了变

4—39

奇妙的表音功能

[斯里兰卡] 达默迪纳

我是一个被中国朋友称作"老外"的留学生,在中文系从本科读到硕士研究生,专业是"汉语言文字学",少不了与汉字打交道。最初我也同有些"老外"一样被汉字难得龇牙咧嘴,但时间长了,接触多了,竟也能够渐渐体味汉字的奥秘,有的"发现"(姑且让我这样用词吧)居然得到文字学教授们的首肯。于是大着胆子把它发表出来。

人们常说汉字是表意文字,但我发现,汉字其实也有奇妙的表音功能。比如"盲(máng)"字,目(mù)表意,亡(wáng)表音,然而我们如果将它的一个偏旁"目"的声母和另一个偏旁"亡"的韵母组合起来,不正是"盲"的正确读音吗?这个读音比声符"亡"可要来得准确。而且这类现象并不偶然。举另外几个例子吧。我们知道"娘(niáng)"字,由女

化。由于官方无禁娼之令,一些浪荡小生闲来无事,奢靡淫逸,都市中秦楼楚馆遍地,娼妓业空前繁荣,而"嫖"字狎妓的意思也于这时期出现并得到强化。

"嫖"和"婊"读音相近,听到"嫖"就很容易想到"婊子"的"婊";且"嫖"本身的"轻捷"意思,也易与"轻浮"相联系。于是"嫖"在那特定的时代背景下,成了一个"时尚词语"。由于当时的骚人墨客出没青楼,"嫖"字的这一意义又以文字的形式被肯定下来,写入曲中,唱在口中。久而久之,原来的"轻捷、劲疾"的意思慢慢淡化,直至退出历史舞台;而"狎妓"的意思得到了高度的认可,最终取代了前者,成为"嫖"字唯一的含义。正因为有了这样一个历史性的变化,"嫖"字也就失去了在女子名字中出现的权利。

(nǚ)表意，良(liáng)表音，有趣的是"娘"字也跟"盲"字一样，"女"偏旁的声母和"良"偏旁的韵母组合起来就可以读出准确的读音。还有"烘"(hōng)字，这个字由火(huǒ)表意，共(gòng)表音，两个偏旁的声母和韵母组合起来就是"hòng"音，和 hōng 只是声调不同而已。同样的字还有"堂(táng)"字，"土(tǔ)"表意，"尚(shàng)"表音；"坦(tǎn)"字，"土(tǔ)"表意，"旦(dàn)"表音：它们的两个偏旁的声母和韵母组合起来的读音也只与字音声调不同。

许多形声字的声旁已经可以准确表示字音了，而且形旁的声母又与字音的声母相同，换言之，将其两个偏旁的声母和韵母组合起来依然也是字的准确读音。比如"葱(cōng)"字，"艹(cǎo)"表意，"匆(cōng)"表音；"附(fù)"字，"阜(fù)"表意，"付(fù)"表音；"鞏(巩)(gǒng)"字，"革(gé)"表意，"巩(gǒng)"表音等。在常用汉字中，这类表音汉字比较多。如果您不信，瞧一瞧下面这些字的结构吧！煌、鍵(键)、鏡(镜)、鋸(锯)、瞒、梅、奶、捨(舍)、深、瀋(沈)、授、摔、塘、塗(涂)、圍(围)、惜、想、議(议)、譯(译)、翼、雲(云)、躁、筝、踪。

这种情况并不限于形声字，会意字也有类似的现象。比如"就(jiù)"字，这个字由京(jīng)和尤(yóu)会意，如果把"京"的声母和"尤"的韵母组合起来，就是"就"的音节，只是声调不同而已。

有些汉字看似与以上列举的汉字情况完全不同，但我们只要深入了解其最初的造字理据，却能发现依然可以将两个偏旁的声母和韵母组合起来表示准确字音。如"覺(觉)(jué)"，"見(jiàn)"表意，"學(xué)"省形表音，两个偏旁的声母和韵母组合起来即"觉"的准确读音 jué；"貌(mào)"，"兒(mào)"表意，"豹(bào)"省形表音，两个偏旁的声母和韵母组合起来即"貌"的准确读音 mào。

我并不想贸然地依据这种奇特的表音功能将汉字定性为表音文字，但我肯定智慧的古代中国人和现代中国人在按照表意的原则创造汉字时，并没有忽略对音的表达。对一种博大精深的文化，不能仅以一种简单的思维模式去理解它。我想，这种启示，并不仅仅有益于我们学习和认识汉字。

百家会诊

"惟一"还是"唯一"?

过去"唯一"占优势,如今"惟一"成新宠,那么用"惟"还是用"唯"?

听其自然

"唯一"还是"惟一"?关键是要区分"唯、惟"二字。其实,还应包括"维"字。这"三兄弟"本各司其职,"唯"从口,义为应答声,成语有唯唯诺诺;"惟"从心,《说文》:"惟,凡思也",义为思考;"维"从糸,义为系物的绳子。但它们都可以作副词用,义为"单单;仅仅;只;独"。从先秦典籍看,三个字形成了"三国鼎立"的局面,故《辞源》"唯"字下特别说明:"《左传》'惟'字皆作'唯',《毛诗》皆作'维',《尚书》皆作'惟'。"时至今日,"维"字已退出这一舞台,剩下唯、惟尚未决出雌雄。

既然它们都是假借字,谁都不是正宗的"王麻子",而在实际使用中各有"拥趸",那就不如让时间去选择,不必强行定于一尊。**(周建成)**

"唯"比"惟"历史长

从语源上看,"唯""惟"都非"独""仅"义的本字。但从文字产生的先后看,"唯"比"惟"产生得要早一些。甲骨文中已有"唯"字,而未有"惟"字,徐中舒《甲骨文字典》"唯"字条的释义列两个义项:①语词,与佳同;②人名。义项①下例句为:"其唯大史寮令。"此句与"其唯圣人乎"(《易·乾》)句式相似,"唯"字也应为"独""只有"义。可见"唯"表"独""仅"义,早在甲骨文中就产生了。如果以较早使用为本源的话,应以"唯"和"唯一"为正。

(鲁昌)

"惟"字崛起和朱熹有关

从先秦到汉唐,唯、惟并存,不分伯仲。宋特别是明清以后,逐步统一为"惟"字。这一时期的语料，据笔者所查《三国演义》《水浒传》《西游记》《金瓶梅》《儒林外史》《红楼梦》《镜花缘》《老残游记》《二十年目睹之怪现状》《官场现形记》等书，98%以上皆为"惟"，"唯"除用于"唯诺"之义外，基本不用。

出现这种情况，其中一个重要原因恐怕是科举制度对读书人的影响。宋元以来，程朱理学成为封建统治者维护封建统治的思想武器，明太祖朱元璋规定，朱熹注释的《四书》是科举取士的必考内容。朱熹《四书章句集注》中表"独""仅"义的 wéi 除引用之外，90%以上均为"惟"字。即使经典著作用的是"唯"，朱熹仍用"惟"来注释。例如，《论语·里仁》"唯仁者能好人，能恶人"句下注释为："惟仁者无私心，所以能好恶也。"可以说，"唯""惟"统一为"惟"，与朱熹的影响不无关系。

(邹玉华)

"唯一"的浮沉

在我印象中，"五四"以来，仍是唯、惟通用。比如同是鲁迅，《为了忘却的记念》中用"惟一"："但那时我在上海，也有一个惟一的不但敢于随便谈笑，而且还敢于托他办点私事的人，那就是送书去给白莽的柔石"；《出卖灵魂的秘诀》却用"唯一"："这据说是'征服中国'的唯一的方法"。

随着时间推移，"唯一"的影响越来越大，以至有一统天下之势。有人曾以《人民日报》作词频统计，在 1978~1996 的 19 年中，共有 12577 篇文章用到"唯一"，而"惟一"仅出现了 12 例。即使这 12 例，其中还有人名、店名和引语，真正用"惟一"的不过 8 例。

《毛泽东选集》语言具有很高的权威性和规范性。据国家语委语用司厉兵先生检索，该书 1999 年版共出现"唯"字 176 次，其中 36 个"唯一"全都用"唯"；其他如"任人唯贤""唯利是图"也都用"唯"。"惟"字仅出现 25 次。

近两年来，确实如某些人所说，"惟一"成了"新宠"。但这和《现代汉语词典》定"惟一"为首选条目有关。

(史跃林)

优势从何而来

"五四"以来，"唯一"逐步确立了优势，这是不争的事实。

优势从何而来？

一和西方哲学思想的引进有

4—43

密切关系。在历史上，早在唐代，"唯"字就曾作为佛经译字使用，如佛教语"唯识论""唯我独尊"等，但毕竟只是在一个狭小的圈子中出现。"五四"以后，中国人睁大眼睛看世界，各种思想潮流纷纷涌入，"唯心""唯物""唯我""唯美"在社会上广为流传，这在相当程度上影响了社会用字。

二和学校教育有关。为了和"唯物""唯心"呼应，"唯一"也取得了正统地位，中小学语文教材基本上用"唯一"，这给学生留下了极深的印象。学生用的《词语手册》和《3500常用字字典》，也是只收"唯一"。如果在学校中搞一次测试，"唯一"可能是学生的唯一选择。

(朱文献)

"惟一"卷土重来

1978年关于真理标准讨论，《光明日报》发表的文章是《实践是检验真理的唯一标准》。文章标题中用的是"唯一"，相信国人记忆犹新。

2001年7月1日，江泽民同志在庆祝中国共产党成立八十周年大会上发表讲话，说到"要坚持实践是检验真理的惟一标准"。这份文件发表时用的是"惟一"。

由此可见，关于这一词语的写法，发生了重要的变化，江泽民同志顺应文字发展的潮流，作了相应的改变。在语言运用方面，同样应该与时俱进。

(王宪)

不必要、不在理、不合法

《现代汉语词典》将"唯一"改为"惟一"，我认为，这样改是不必要、不在理、不合法的。有必要将它再改回来。

先说不必要。"唯一"这个词的流行少说也有七八十年了吧？有谁觉得这个"唯"字不妥当、不方便、不习惯呢？没有。它违反了汉语规范了吗？没有。唯其如此，在现代汉语中，"唯"字使用的频率大大高于"惟"字。如果不是《现汉》编辑诸公硬将"唯一""唯恐""唯有""唯独""唯利是图""唯我独尊"等词语，脱"唯"字之帽，加"惟"字之冕，"惟"字头的条目，不知还有几个？

再说不在理。《康熙字典》释"唯"字，开宗明义就引《玉篇》说："唯，独也。"同是《康熙字典》，释"惟"字引《玉篇》，却是"有也，为也，让也，伊也"，而没有"独也"。这样看来，"唯一"总比"惟一"略胜一筹。而《现汉》却废除"唯一"而独尊"惟一"，期期以为不可也。

末了，我想提一个问题：《现代汉语词典》废除"唯一"而确立"惟一"（其实不仅是"唯一"，还有"唯恐""唯有""唯独""唯利""唯我"等），请示过谁了？经谁批准了？如果未经过请示国家有关部门并得到批准，那就是不合法的。人们可不要一窝蜂地去拥"惟一"非"唯一"啊！

（刘金）

自乱其例

在表示"单单、只"这类副词意义时，《现代汉语词典》主张用"惟"而不用"唯"。这未尝不是一种处理方法。但慑于"唯物主义"这类词语影响太大，总不能一律改为"惟物主义"吧。结果，在《现汉》中出现了自乱其例的非常尴尬的情况。具体做法是：同一个"唯"字一分为二，普通词语改用"惟"，如惟独、惟恐、惟其、惟一；而专用词语仍用"唯"，如唯理论、唯名论、唯物主义、唯心主义。语素意义是一样的，用字却不一样。这样的处理我认为并不可取，因为它破坏了汉语词汇系统的一致性。

（郭洁如）

自相矛盾的《现汉》

毫无疑问，《现代汉语词典》是竭力推行"惟一"的。我记得自1983年起，这本词典便以"惟一"立目，不兼收"唯一"。然而，编者在释文中，却一再出现"唯一"。

且以1996年修订本为例：

第82页"标准"条："实践是检验真理的唯一标准。"

第187页"除非"条："表示唯一的条件，相当于只有。"

第310页"独苗"条："一家或一个家族唯一的后代。"

第1482页"依靠"条："女儿是老人唯一的依靠。"

第1522页"犹太教"条："奉耶和华为唯一的神……"

第1599页"真主"条："伊斯兰教所崇奉的唯一的神……"

……

这实在是令人尴尬的自相矛盾。为什么会出现这种情况，只能有一个解释，就是"唯一"影响深远，即使编者主观上想推行"惟一"，在下意识中仍站在"唯一"一边。既然如此，何苦强人所难呢？

（余健）

4—45

舍"惟"而取"唯"

李行健先生主编的《现代汉语异形词规范词典》,最近由上海辞书出版社出版。"唯一/惟一"已收入其中。该词典认为,这是一组"全等异形词"。从词频统计来看,"唯一"为5883,"惟一"为45,"唯一"占有绝对优势。根据异形词整理的通用性原则,编者主张以"唯一"为推荐词形。

不但"唯一/惟一"作了这样的处理,凡是涉及"唯/惟"的,该词典均提出了明确的意见,如:唯恐/惟恐、唯利是图/惟利是图、唯命是从/惟命是从、唯命是听/惟命是听、唯其/惟其、唯我独尊/惟我独尊、唯有/惟有,凡是作副词使用,义为"只有""只是"的,均舍"惟"而取"唯"。这样一来,便又解决了词汇的系统性问题。

(曹理文)

编者附言

通过这场讨论,大致已弄清楚了"唯一/惟一"的来龙去脉。唯、惟、维三字,均可用作副词,表示"仅仅""只"的意思。先秦时代,三字并存;汉唐以后,唯、惟对峙。明清时代的作品,"惟"字独步一时。到了"五四","唯"字又东山再起。上一世纪80年代,《现代汉语词典》推行"惟一",于是唯、惟重起纷争。

鉴于以上认识,我们形成了三点看法:一、以"唯/惟"为语素构成的词,已成异形词,有整理的必要;二、以"唯一"为代表的"唯"字家族根深蒂固,影响深远,应该得到尊重;三、目前"惟一"虽成"新宠",但有强制的因素,且妨碍词语的系统性,似不足为训。

为此,本刊的态度是:"唯"字兮,归来!

"候诊"对象

1. "想象"还是"想像"?
2. "百年诞辰"还是"诞辰百年"?
3. "惊爆"还是"惊曝"?
4. 不完整引用,标点如何处理?
5. 人名用字能否简化?钱锺书还是钱钟书?文徵明还是文征明?

向你挑战

组装成语

关仁山设计

下列皆为成语用字。每个字均可重复使用。请问你能组装成多少条成语？答案下期公布。

不		入	非		经
之	先	荒		异	容
	想		纬		小
辞		义	老	同	
开		可		诞	口
	地	毛	天	声	

《主角是谁》参考答案

① 四面楚歌（项羽）
② 初出茅庐（诸葛亮）
③ 望梅止渴（曹操）
④ 投笔从戎（班超）
⑤ 画龙点睛（张僧繇）
⑥ 完璧归赵（蔺相如）
⑦ 卧薪尝胆（勾践）
⑧ 三顾茅庐（刘备）
⑨ 程门立雪（程颐）

4—47

⑩墨守成规(墨翟)　㉑纸上谈兵(赵括)　㉜围魏救赵(田忌)
⑪一字千金(吕不韦)　㉒闻鸡起舞(祖逖)　㉝高山流水(钟子期　俞伯牙)
⑫萧规曹随(曹参)　㉓图穷匕见(荆轲)　㉞一诺千金(季布)
⑬口蜜腹剑(李林甫)　㉔背水一战(韩信)　㉟覆水难收(朱买臣)
⑭双管齐下(张璪)　㉕痛饮黄龙(岳飞)　㊱坦腹东床(王羲之)
⑮指鹿为马(赵高)　㉖鸡鸣狗盗(孟尝君)　㊲衣锦夜行(项羽)
⑯入木三分(王羲之)　㉗广陵绝响(嵇康)　㊳江郎才尽(江淹)
⑰负荆请罪(廉颇)　㉘投鞭断流(苻坚)　㊴暗度陈仓(韩信)
⑱前度刘郎(刘禹锡)　㉙马革裹尸(马援)　㊵洛阳纸贵(左思)
⑲目不窥园(董仲舒)　㉚举案齐眉(孟光)
⑳铁杵成针(李白)　㉛煮豆燃萁(曹植)

100期读者购书优惠月

为纪念本刊创办100期,特举办读者购书优惠月活动。自2003年5月1日至5月31日(以邮戳为凭),凡购买下列三种语文图书,皆可享受六折优惠。(以下优惠价已含邮费)

①《咬文嚼字》合订本(1995~2002)

共8册。平装原价176元,优惠价110元;精装原价224元,优惠价140元。购买单本可享受七折优惠,平装每册22元,优惠价17元;精装每册28元,优惠价21元。

②《周有光语文论集》

共4卷,收有《汉字改革概论》《中国语文纵横谈》等。原价100元,优惠价62元。

③今日说话丛书

共4册,分别为谈方言的《西北风,东南雨》,谈字词的《零距离看远距离》,谈修辞的《妙语生花》,谈上海话的《沪语盘点》。原价共62元,优惠价39元。

需购买者,请在规定时间内汇款至上海绍兴路74号《咬文嚼字》编辑部(邮政编码200020)韩秀凤收。购《咬文嚼字》合订本需主编、编委、编辑签名者,请在"附言栏"中说明。本刊一定竭诚为您服务。

(编者)

雾里看花
Wu Li Kan Hua

离奇的商城

读者诸君或许见过服装商城、日用品商城,但有谁见过专门为医治痔疮而开设的商城呢?难道当地痔疮患者人数众多,医院满足不了就医需求,非得开个商城不可?这是怎么回事?请你猜猜看。

叶建松

《"砍头房"?》解疑

"砍头房"其实是家理发店。据老板说如此称呼是为了"另类",别无深意。只是不知有多少人敢大着胆子走进这"砍头"的地方。

YOUZHAO WEIZHENG

有 照 为 证

◆ 卖水货的服装店 郝××

"一衣带水"是个成语，意思是指水面像一条衣带那样窄，形容一水之隔，往来方便。这家服装店将此成语改成"衣衣带水"作为店招，岂不要让人理解为店中每套衣服都是水货？那谁还会光顾？

◆ "白猫"成病猫 杜宝山

这是上海白猫(集团)有限公司挂在大门口的牌子，遗憾的是猫字中的"田"当中的一竖出了头，让"白猫"变成了一只病猫。"猫"是个形声字，其中的声旁"苗"下面是"田"，而不是"由"。

刊号：CN31-1801/H	国内代号：4-461
定价：2.00元	

YAOWEN-JIAOZI

咬文嚼字

2003年 第5期

上海文化出版社

雾里看花

老人多少钱一斤？

近日，路过上海市中心的一家食品店，不禁吓了一跳。该店店招上写道："老人和糟货外卖"。难道老人也能出售？老人多少钱一斤？读者朋友，你能说出是怎么回事吗？

邵 竞

《离奇的商场》解疑

原来这则"牛皮癣"广告说的是：在一旁的商城内开设有一个医治痔疮的药品专柜。正确的说法应当是：痔疮患者可在商城买药。

卷首画默

"熬油"？

石 烽·文
麦荣邦·画

一个学生在作文中写道："在知识的殿堂沐浴，在知识的海洋熬油。"

把"遨游"错成"熬油"，实在错得让人啼笑皆非。

目 录

卷首幽默
"熬油"？……………石 烽 麦荣邦（1）

语林漫步
归来兮，四角号码！………冯岫六（4）
也说"垃圾虫"……………汪惠迪（5）

时尚词苑
"自摆乌龙"又一说…………金易生（7）
走近"玩家"………………莫 蕾（8）
"拇指"也成"族"…………宗守云（9）

一针见血
"点寸成金"？………………福 康（11）
谁"蒙尘"……………………陈广严（11）
"式微"地弥补？……………胡君里（11）
"得病"还是"防病"…………海 天（12）
青梅竹马？…………………刘盛嶷（12）
且慢"盖棺"…………………王丁丁（12）
连续剧与系列剧……………高 低（13）
康熙是清世祖吗？…………一 言（13）
倒"记"时？…………………单永玉（13）

碰碰车
此"时文"非彼"时文"
　——与韩府先生商榷……周建成（14）
"锓刀"种种…………………梁延学（16）
"享年二十有八"……………丛国林（17）

过目难忘
最难忘的一副对联……………………（18）
　炽烈如火……………………袁 谡（18）
　重言反复挽鲁迅……………黄炳麟（19）
　"春风""晓月"几多情………郑泽宇（20）
　栩栩如生的八个字母………傅望华（21）
　妙在自然……………………梁 文（21）
　"三公"助我成功……………杜向明（22）

我与《咬文嚼字》
圆我文章出国梦……………姜洪水（23）
家长会上扬眉吐气…………杨建千（24）
世界之颠喜相逢……………尚依刚（25）
帮你高考长分数……………荣耀祥（26）

咬文嚼字

2003年5月1日出版

第5期

（总第101期）

主管：上海市新闻出版局
主办：上海文化出版社
编辑：《咬文嚼字》杂志社
E-mail：yaowenjiaozi@sina.com
电话：021－64330669
传真：021－64330669
邮购电话：021－64372608－291
地址：上海市绍兴路74号
邮政编码：200020
发行：上海市报刊发行局
订阅处：全国各地邮局
国内代号：4－641
ISSN1009－2390
CN31－1801/H

电脑排版：
上海艺文激光电脑排版厂
印刷：上海中华印刷有限公司
广告业务：
上海文艺广告传播中心
电话：021－64431400
广告经营许可证：沪工商广字
3101034000029号
定价：2.00元

追踪荧屏	瞧这一家子…………………荆 州(27)
	"伯伯"怎么读 ……………蔡福毅(28)
	明朝有几个皇帝…………………村 友(28)
	"妇好"非"富豪" ……………赵 亮(29)

百科指谬	也说"奉天承运皇帝诏曰"…王卫东(30)
	"青旗"不是茶叶 …………娄可树(31)
	顾颉刚的老师………………………黄 东(32)
	"参加三大革命运动"? ……丁 定(33)

有此一说	"混账"应是"混帐" ………田子镒(34)
	试说"扬长" ………………周云汉(35)
	解疑还须"金大侠" ………周 霄(37)

百家会诊	冒号究竟管多宽?……………………(38)
	一种常见病………………邱振宝(38)
	"危险"后面应是句号 …张福祥(38)
	避免尴尬的三种方法………王惠明(39)
	改用句号大可不必………王国锋(39)
	以不造成歧义为限………李 聿(39)
	《毛泽东选集》中的一个例句
	………………………魏虹波(40)
	可以管到分号………………高东升(40)

文章病院	什么,"男色"? ……………公 简(42)
	谁戴"绿帽子" ……………张维伟(44)
	中国公民何处遭劫 …………王玉玮(45)
	何谓"添陪末座" ……………朱永宁(46)

向你挑战	一封未写完的信……………………(47)
	《组装成语》参考答案 …………(48)

语丝	"借东西" ……………………宗 源(29)
	"翰林"巧对"和尚" …………孙 晓(36)
	"柴米油盐酱醋茶" …………草 木(43)

顾问 张 斌 濮之珍
主编 郝铭鉴
编委 李玲璞 何伟渔
　　　 陈必祥 金文明
　　　 姚以恩
特约编委
　　汪惠迪(中国香港)
　　田小琳(中国香港)
　　林国安(马来西亚)
　　吴英成(新加坡)

责任编辑 韩秀凤
发稿编辑 黄安靖
封面设计 宫 超
特约校读 王瑞祥
　　　　　 陈以鸿

5—3

语林漫步

归来兮，四角号码！

冯岫六

读初中那年，到书店买了自己的第一部工具书：《四角号码小词典》。回家路上，便兴致勃勃地查看起来，嘴里还念念有词："横一垂二三点捺，叉四插五方框六……"在此之前，我不知"四角号码"为何物；半个小时之后，居然用这种方法找到了自己的姓。从此之后，这部词典便和我形影不离，从中不仅获得了很多知识，而且还有一种游戏的乐趣。

进了大学，我才知道四角号码原来和一个叫王云五的文化人有关。此人曾在北洋军阀、国民党政府里任职，鲁迅在书信里提到他时，总是调侃地称为"王公""四角号码王公"，可谓颇多微词；然而，他在文化方面的贡献，是有目共睹的。且不说他主持过中国第一家出版机构商务印书馆的编务，创立过中外图书分类法，主编过大型丛书《万有文库》，单就四角号码来说，给中国人提供了多大的便利呀！当年我们在学校里曾举办过查字比赛，四角号码比部首至少要快四五倍，顺手时要快十倍。一个人因此要节约多少时间！一个民族如果都能掌握这种方法，那要节约多少时间！称它"功德无量"，想来并不为过吧。

汉字和西文不同，西文检索，按字母顺序排列即可。汉字一字一形，千变万化，从中理出头绪，真是谈何容易！许慎的《说文解字》，根据汉字的不同偏旁，分立540部，这无疑是个伟大的创造，然而，毕竟有540部，实际运用起来，还是让人眼花缭乱。而四角号码凭借十个数字，便让汉字从无序走向有序，从繁琐走向便捷，从浑沌走向清明，这是何等的大智慧！没有对汉字的执着，对文化的痴情，对探索的无畏，能取得这样的成果吗？

令人遗憾的是，这些年来，四角号码似乎日见式微。在学校语文教

也说"垃圾虫"

汪惠迪

《咬文嚼字》2001年第6期刊发过田小琳女士的文章《由"垃圾虫"说到社区词》。值得注意的是,如今"垃圾虫"又有了新用法。在我国港澳特区、台湾省和新加坡、马来西亚等国的华人社区,都把在公共场所乱丢垃圾的人叫做"垃圾虫"(litterbug),因此,"垃圾虫"成为港澳台和新马五地以及海外其他华人社区共用的词语。

育中,四角号码没有立锥之地。《现代汉语词典》新版问世时,原有的四角号码索引消失得无影无踪。连皇皇八卷的《汉语大字典》,也只附部首和笔画检字,别说四角号码,连拼音也没有,岂不是存心刁难读者!本人每次查阅,都是硬着头皮,不胜恐惧之至。想到四角号码的命运,我总忍不住为"王公"悲,为莘莘学子悲,为如此宝贵的文化遗产没有得到充分利用而仰天长叹。

据我所知,有关部门还是很重视汉字查字法的。1961年11月,文化部、教育部等曾成立汉字查字法整理组,在社会提出的170个方案的基础上,遴选出4个方案供社会选用,即:拼音字母查字法、四角号码查字法、笔形查字法、统一部首查字法。可后来实际推广的,似乎只有拼音和部首两种。在高科技日益渗透的今天,汉字输入法曾经出现过"万码奔腾"的局面,速度成为重要的追求目标,而汉字查字法却是一潭死水,循规蹈矩,没有形成竞争局面。四角号码的优势湮没无闻,一项天才发现,成了一块一钱不值的石头。

当年买的《四角号码小词典》,仍藏在我的书柜里。每当看到它时,一个问号会越来越大:明明有高速公路,为什么一味引导大家走乡间小道呢?百思而不得其解。

归来兮,四角号码!

"垃圾虫"的原产地是香港。《港式广州话词典》说"垃圾虫"是"七十年代，香港政府在推行清洁运动时创造出来的一个不讲公共卫生，随地抛垃圾的反面人物"。跟"垃圾虫"相对的正面形象叫"清洁龙"，可是这个褒称几乎已为港人忘却。

由于香港、澳门、台湾以及新加坡、马来西亚社会制度相同，人民来往自由而频繁，因此，"垃圾虫"产生后很快就随着媒体、电影、电视的传播或人民的直接交往，从香港流传到澳门、台湾直至新马等地，深入到人民日常的语文生活之中。

改革开放后，大量港台词语进入大陆，好些已为普通话词汇所吸收，甚至被收进规范型语文词典中。可是，"垃圾虫"迟至最近两三年才爬进大陆，出现在媒体上，至今使用频率很低，连北京、上海、广州、深圳等大城市都还没有广泛使用。

最近，笔者上网搜索，在香港雅虎网上，"垃圾虫"出现在1058篇文章中；在北京人民网上，"垃圾虫"出现在28篇文章中；在上海东方网上，"垃圾虫"出现在4篇文章中；在上海解放日报报业集团网站2002年所发表的265507篇文章中，"垃圾虫"仅在一篇文章里用到。

去年12月1日，英国媒体报道互联网上所有垃圾邮件的"幕后黑手"全世界大约共有150人（2002年12月2日人民网），网民们把这一小撮滥发电子邮件的人叫做网络"垃圾虫"。我国的一条网络"垃圾虫"看到这则新闻后，自叹不如，便主动联系记者，向记者透露中国网络"垃圾虫"的生活内幕（2002年12月10日人民网）。

2000年1月13日，《北京日报》曾报道在北京有数以万计的外乡人靠捡垃圾吃饭。据统计，1998年，就有8.2万人捡走了350万吨垃圾，变废为宝，赚到人民币9.3亿元。可是这个被忽略的群体竟被一些人贬称为"垃圾虫"。有的作家以"垃圾虫"为题材，将他们写进文学作品中。香港人到北京，跟当地的朋友谈起"垃圾虫"，对方竟问，您是指那些捡垃圾的人吗？

还有一种网络病毒也叫"垃圾虫"（scrapworm），就不去说它了。

现在，"垃圾虫"的外延扩大了，在不同的国家或地区指三种人：乱丢垃圾者、制造垃圾邮件者和靠捡垃圾生活者。不顾公德、乱丢垃圾或制造垃圾邮件者是虫；靠捡垃圾过日子，帮助清理了数以百万吨计垃圾的人也是虫——害虫和益虫不分。不过，联想到网虫也是虫，就觉得大家都做虫算了。慢慢地，也许会有分别的。

时尚词苑

"自摆乌龙"又一说

金易生

拙作《自摆乌龙·梅开二度·帽子戏法》(载《咬文嚼字》2001年第5期)曾经对"自摆乌龙"的说法作了解释:"本队球员在防守对方进攻时,不慎将球捅进了自家大门,造成失分。""自摆乌龙"的"乌龙",是英语wrong的音译词,义为"错误"。所谓"乌龙球",也就是"错误球"。龙,乃我国传说中的神异动物,可以上下左右摆动,故有"摆乌龙"的说法。又因为是自己动作失误而失了球,所以就叫"自摆乌龙"了。

去年韩日世界杯中,葡萄牙队、美国队、西班牙队等都相继出现了"乌龙球"。不少报纸不但报道了"自摆乌龙"的赛况,而且对"乌龙球"的词源也顺带作了介绍。各家的说法不完全一致,这儿简要介绍一种与拙文不同的解释,供读者参酌。

"乌龙"译自英语的own goal,如果直译,就是"自己的球门";意译,则可译为"打进自己的球门"。由于它的读音与粤语的"乌龙"相近,香港记者就音译为"乌龙"。再则在粤语中,"乌龙"有"搞错""犯错误""滑稽""不可思议"等意思。这样说来,用"乌龙"译own goal,便是音译兼意译了。几十年使用下来,"自摆乌龙"就成了通俗的"行话"。(参见《文汇报》2002年6月6日、《青年报》2002年6月7日、《新民晚报》2002年6月26日的相关文章)

妙语角

电影《和你在一起》发行情况非常好。有人在《沈阳日报》上对该片导演陈凯歌作了如下的评价:"你贴观众的心,观众就买你的账。"

(裴焕君)

走近"玩家"

莫 蕾

不知道从什么时候开始,"玩家"走红了,我们身边似乎冒出了许多"玩家"。"玩家"是什么?在各类词典上都没有现成的答案。但是根据"玩"和"家"两个语素的意思,我们不难悟出"玩家"就是非常精通玩的人。

第一次看到"玩家"是在一条关于游戏的新闻中:"《生化危机》是日本游戏巨头 capcom 推出的一套惊悚风格的动作冒险游戏,该游戏历经三代,受到了全世界玩家的拥戴。"(《北京晨报》2000年9月16日)在这个句子中,"玩家"就是指喜欢而且精通玩游戏的人。"玩家"的这一用法是十分常见的。又如:"这个游戏以中世纪的欧洲为背景,模拟亚瑟王去世以后的欧洲世界,提供了三个阵营:大不列颠、古挪威、古爱尔兰,玩家可以在这三个阵营中任选其一。"(《新民周刊》2002年3月10日)

"玩家"是个新出现的意译词,译自英语的 player。过去,player 没有固定的译法,可以译为"游戏者""玩耍者";也可以根据具体的语境,译为"打牌人""下棋人"以及"(戏剧)演员""(乐器)演奏者"等。随着电子游戏的风行,"玩家"这种译法"一枝独秀"。精通各类电子游戏的人,都可称"玩家"。

如今,"玩家"已不单单被用于游戏界,它的用法增多了,词义也改变了。不过,它的演变还是有一定过程的:"一位名为 Mucci 的超级硬件玩家在 geforce3 显示卡上双管齐下,使用了水冷片和半导体制冷片,把 geforce3 的内核速度和显存速度超频到了令人咋舌的地步。"(《倚天硬件周刊》2002年3月14日)由于这一"玩家"还是被应用于和游戏相关的领域,因此它的词义变化不大,指的是"精通某领域中相关技术的人",同时含有"高手""专家"的意思。如例句中的"硬件玩家"可以看作硬件方面的专家。

正因为有了"专家""高手"的意思,"玩家"进入了其他领域。"记者采访万华化工工程研究所所长华卫琦博士时,华博士说:'我们的竞争对手都是世界级玩家,比如世界排名第一的巴斯夫,在美国排名第一的 Dechemical.'"(《北京晨报》2002年3月20日)"郑培敏很满意有些媒

"拇指"也成"族"

宗守云

先看两个例子：

(1) 灵巧的拇指在键盘上上下翻飞，随着一声发送成功的提示音后，短信带着或幽默或调侃或深情的语言完成了两个人之间最私密的交流。对于铁杆的拇指一族，这样的程序每天要重复数十遍。(《工人日报》2002年12月13日)

(2) 按需定制——这是很多运营商在市场上取得成功的法宝。新兴的年轻、低端用户——拇指族们是移动新业务的推动者和最大的用户群体。(《北京晨报》2002年4月10日)

这里出现了"拇指一族"和"拇指族"这样的词语。"一族"和"族"类的词语已经出现多年了，我们经常见到"上班一族、北漂一族、追星族、考研族"这样的词语，但"拇指一族"和"拇指族"却是最近才出现的。就像"一族"和"族"来源于日本一样，"拇指一族"和"拇指族"也是从日语翻译过来的。在日本街头，随时可以看见这样的景象：年轻人边走路边全神贯注其手机，还不断用大拇指按键盘，但很少自言自语。日本称这

体对他'资本玩家'的称呼。"(《中国企业家》2002年3月19日)这些"玩家"当然不是"小打小闹"的游戏高手，而是一个个傲视商界的财经专家。

最近，"玩家"又出现了一种新的用法："孙女士是一个水晶玩家，她收藏的水晶大多十分奇异。"(《申江服务导报》2002年4月23日)这里的"玩家"是指那些因为喜欢某种东西而专门搜集并收藏那种东西的人。同样的用例还有："王女士还告诉记者，尽管宠物猪每只达到千元的价格，但是还是吸引了不少宠物玩家的喜爱。"(《时代商报》2002年3月14日)

相信"玩家"的用法还会有新的发展。因为"玩"本来就是可以和许多名词搭配的动词，几乎什么都能"玩"，所以成"家"也不难。

类人为"拇指族",并认为他们是新新人类的一种。"拇指族"这个词很快就从日本传到了中国,现在我们也把那些热中于用手机发短信的人称为"拇指族"。

"我在上网,但是没看新闻;我握着手机,但是没出声音;我在画图,但是没用画笔……因为我在发短信"——"拇指族"的出现源自手机短信的风行。用拇指按动手机键盘,新闻、天气、游戏、星座、彩票……各种信息汹涌而来,与朋友的沟通也全在指掌间完成。有媒体这样评论:短信成为一种新的语言文本,一种新的交流方式,一种新的娱乐手段,一种新的人际运动,而"拇指族"就是这种运动的主角。"拇指一族"和"拇指族"这类词语的出现,不仅反映了短信风行的社会现实,而且也影响着语言。首先,它们使"一族"和"族"类词语出现了新的气象,以前的"一族"和"族"几乎都可用"……的人"来解释:上班一族——上班的人;北漂一族——北漂(在北京漂流)的人;追星族——追星的人;考研族——考研的人。而"拇指一族"和"拇指族"却不能作这样的解释,"拇指"似乎是借代的用法,代替发短信,"拇指一族"和"拇指族"是"发短信的人"。其次,在"拇

指一族"和"拇指族"的影响下,出现了"拇指经济""拇指文化"等词语。例如:

(3)拇指族的兴起也产生了经济效应,于是,拇指经济这个新词语诞生了。的确,动动手指去应聘、发个短信查电表、上网站搜罗搞笑短信……这些哪个和钱没有关系?现在,传个图片,发个彩信什么的又成为拇指族的新宠。(《工人日报》2002年12月13日)

(4)人类学者也发现,过去被人认为又粗又短、缺乏创造力的拇指,在这个电玩时代,竟然变成粗壮有力、反应神速的多面手。如果说,是拇指开创了电玩时代,手机也开拓了崭新的拇指文化。发明用十根指头打键盘的西方人,不得不承认,过去他们是低估了拇指的能耐。(《生活时报》2001年8月13日)

顺便说一句,在英语中,all thumbs(直译为"所有的手指都是大拇指")是贬义的,指"笨手笨脚的人"。随着"拇指文化"的兴起,这个短语有可能会逐渐改变意义,我们静观其变。

一针见血

"点寸成金"？

福 康

新春伊始,《解放日报》的《财富周刊》头条刊出《上海机场点寸成金》的报道。我们知道,有"点铁成金""点石成金"之类的成语。铁、石之类都是名词,是物质,所以才可以"点化"。而"寸"是量词,并非物质,怎么"点化"呢？报道说机场是"寸土寸金"的地方,那么,如果想"翻花头",用"点土成金"倒也庶几可通。

谁"蒙尘"

陈广严

2002年6月10日《解放日报》刊《"空口道"》一文,其中有这么一段:"能说会道,在封建社会就不会饿死。……如果嘴不能说,就只能蒙尘。韩非子的文章堪称一流,但他那结巴的毛病使他吃了不少亏。后来的李广,大概也是毁在这个期期艾艾上面,大小七十余战而不得封侯。"

看来作者是将"蒙尘"理解为"蒙受耻辱""吃亏"之类的意思了。

"蒙尘"是有特定含义的。《汉语大词典》注为"古代多指帝王失位逃亡在外,蒙受风尘"。《辞源》释为"多以喻帝王流亡或失位,遭受垢辱"。并引《左传》例:"天子蒙尘于外,敢不奔问官守。"《三国志·诸葛亮传》也说:"汉室倾颓,奸臣窃命,主上蒙尘。"

身非君主,岂能"蒙尘"？

"式微"地弥补？

胡君里

作家高建群的《八个不如》文笔不错,只是有一句话令人费解。作者在追思拜伦等作家后,"于是乎披衣而起,摇动秃笔,以我的平庸的写作,来式微地弥补因他们的早逝而形成的人类永恒的遗憾"。

"式微"一词出自《诗经·邶风》:"式微式微,胡不归？"式,发语词;微,衰落。式微,天将暮的意思,后来泛指事物由盛而衰。在上面的引文中，高先生似乎把"式微"当做"稍微""少许"来理解了。

"得病"还是"防病"

海 天

《大河报》2002年11月11日B2版有篇《吹气球防肺气肿》的文章。读标题以为是吹气球会吹出肺气肿来，看了正文才知道原来是吹气球可以改善肺功能预防肺气肿。"防"字既可理解为"小心"，又可理解为"防止"，标题加个"可"字，"吹气球可防肺气肿"就不致产生误解。

青梅竹马？

刘盛巍

2001年11月19日《重庆广播电视报》第6版《金装四大才子》一文有这样一段话：

名震江湖的唐伯虎、祝枝山、文征明3人青梅竹马，一同受学于六艺书院，闻名于江南一带。

"青梅竹马"是个成语，出自唐代李白《长干行》诗："郎骑竹马来，绕床弄青梅。同居长干里，两小无嫌猜。"青梅，青色的梅子；竹马，儿童游戏时放在胯下当做马骑的竹竿。后来用"青梅竹马"形容男女儿童天真无邪在一起玩耍的情状，常与"两小无猜"连用。比如："他们夫妻俩原是青梅竹马、两小无猜，结婚几十年来，感情一直很好。"唐伯虎、祝枝山、文征明都是"才子"，而且是三个人，怎么能用"青梅竹马"呢？可以将"青梅竹马"改为"情同手足"。

且慢"盖棺"

王丁丁

2002年4月2日《成都商报》A11版赫然写道："春节晚会盖棺论定。"我一看，吃了一惊——春节晚会不办了？细观全文，原来是几位专家在2002年春节晚会大幕落下一月之后对本届晚会作了个综合、全面的评价，并非春节晚会寿终正寝了。

盖棺论定，一般是指一个人的是非功过到死后作出结论，无论怎么打比方，用于春节晚会是不合适的。一个节目的死亡有两种情况：一是开办一段时间，现在不办了；二是前期工作已做完,但最后审定时被"枪毙"。春节晚会显然不属上面任何一种情况,"论定"可以,"盖棺"不行!

连续剧与系列剧

高 低

《离婚启示录》在电视台播放时,片头左上角打出的字幕是:20集电视连续剧。报纸介绍时,也将其称为电视连续剧。

所谓连续剧,是指分为若干集连续播放、情节连贯的电视剧。《离婚启示录》虽有20集,也是连续播放的,但关键的一点是,它是由10个各自独立的单元(单本剧)构成,每两集为一个单元,它们从属于一个大的主题,而在内容和情节方面又各自独立成剧,这些特征正符合"系列剧"的条件。

故而,《离婚启示录》就其表现形式而言,应该称为"电视系列剧"。

康熙是清世祖吗?

一 言

《天下粮仓》(作家出版社出版)第387页说,乾隆帝面对留着康熙遗墨的高大龙柱,发出了这样的感慨:"朕已记不起有多少回抚摸康熙世祖留下的这六个大字了,可今天,朕第一次感觉到,朕的这双帝王之手也会颤抖……"

乾隆把康熙说成"世祖"实在是数典忘祖。清朝入主中原的第一位皇帝是爱新觉罗·福临即顺治皇帝,其庙号为世祖。顺治的第三子是康熙皇帝,他的庙号是圣祖。乾隆怎么可能把祖父(康熙)和曾祖父(顺治)的庙号搞错呢!看来账应算在作者和编校者头上。

倒"记"时?

单永玉

去年,云南电视台播放了电视连续剧《终极使命》。最后几集中反复出现的一个特写镜头的字幕中有两处失误:"倒记时,距破案期限还有第××天……""倒记时"的"记"当用"计算"的"计",这是其一;其二,"第"用在数词前边,表示次序,如"第一(名)""第十(天)",表示数量多少的,前面不该用"第",说"距破案期限还有××天"就可以了。

此"时文"非彼"时文"

——与韩府先生商榷

周建成

《咬文嚼字》2003年第2期发表了韩府先生《"时文"不是"时下之文"》一文,文章指出:将"时文"理解为"时下之文""可以说是'失之毫厘,谬以千里'"。理由是"时文"是一个文体概念,意思是"时下流行的文体",只能"专指科举应试之文",而不是"时下流行的文章"。对此观点,笔者不敢苟同。

首先,"时文"的今义是全社会约定俗成的,目前业已成气候,恐怕不是谁想否认就能否认得了的。新义的"时文",不仅人们口头上经常说,文章上经常提到,而且已经正式加盟刊物栏目名称。据我狭隘视野所及,就有好几个刊物的栏目名称用到了表示"时下之文"的"时文"。笔者手边能查到的是:《中国校园文学》辟有"时文品读"栏,《中学语文》辟有"时文选粹"栏,《读写月报》辟有"时文导读"栏,《现代语文》《中学生读写》《阅读与鉴赏》和《作文与考试》均辟有"时文赏读"栏。肯定还有其他语文类刊物以"时文××"为栏目名称的,只不过恰逢寒假,一时难以查对。在中学语文界,"开辟时文荐读课"已经是一个高频话题,几乎每次举行阅读指导方面的研讨会都要多次提及。上网搜索,"时文"用例实在多。2月12日我在新浪网上查得含"时文"的网页超过2.7万,浏览了前数十条,结果是"时文"新义的用例至少达到80%。诸如金融时文、科技时文、网络时文、时文集萃之类,触目皆是,可谓来势凶猛。

其次，新义的"时文"符合汉语的构词规则，属于前偏后正式的名词。"时"为"时下"，"文"乃"文章"，"时下的文章"就是"时文"，顺理而成"词"，望词即知义，何等简洁，何等合理！

再次，肯定"时文"的旧义与认可其新义并不矛盾。"时文"一词，过去确实只有"科举应试之时行文体"的意思；但这一意义已经逐渐"淡出"。原因有二：

1. 科举专用文体，最成熟且影响最大的要算明清的八股文，虽然该文体有"制艺""制义""时艺""时文""八比文""四书文"等多种名称，但最能体现其形式结构特征、最为普及的便是"八股文"，在处于绝对强势的"竞争对手"面前，"时文"只能甘拜下风、退隐江湖了。

2. 今天已非科举时代，明清之际的科举文体，现实生活中已极少有人提及（相关学术领域的使用自然例外）。

既然旧义的"时文"已淡出当代"语林"，新义的"时文"必然应运而生、顺时而起。新义阵地巩固后，并不意味着驱逐旧义，而是新旧并存。在具体的语境中，不可能将二者混淆起来。

此"时文"非彼"时文"，事实上也并不存在将二者混为一谈的情况。我以为，除了个别特例，在"时下之文"意义上使用"时文"者，无非有两种情况：首先，他们根本就不懂得"科举应试之文"一义的"时文"；其次，他们懂得古义的"时文"，但照样使用"时文"的新义。笔者在向有关刊物投寄"时文荐读"稿件时，就经常特地将此四字标示于稿纸的左上角。

我最近购得吕冀平先生主编的《当前我国语言文字规范化问题》一书（上海教育出版社 2000 年版），该书认为，由于望文生义造成词义变异的，如果符合下列条件，则可以考虑保留：

1. 词中主要语素古今词义有别；

2. 使用今义整个词面可以得到圆满解释；

3. 在语言中有一定的实用价值。

"时文"的"文"，古指文体，今指文章，第一条没问题，其余两条已如上述。三个条件均能满足，"时文"新义在规范理据上亦条条"达标"，何必再为难它呢？

《现代汉语词典》未收"时文"条，建议修订重印时增补这一词条，并将它的新义列为第①义项。（"强人"就是如此处理的）

"镊刀"种种

梁延学

《咬文嚼字》2001年第8期载雷万忠先生的《不知所云的刀》一文,对于杨澜女士《我问故我在》一书中访谈田长霖先生时提到的"镊刀"感到"不知所云""莫名其妙"。因为不知道这种刀"究竟是什么样的刀",雷先生特地"查了几本工具书",结果,"只见菜刀、刺刀、剪刀"等等;又查了"镊"字,只见"镊子",却"未见'镊刀'的踪影"。这也难怪,虽然时下人们喜欢用"地球村""世界太小了"之类"高屋建瓴"式的话语,但从世界名物之繁多、人的见闻之有限的角度说,人们又不得不承认"世界太大了"。雷先生大约是南方人或久居大城市的人,未见过北方农村的"镊刀",也是情理中事。就笔者所知,我国东北便有"镊刀"这种东西。东北向以盛产高粱著称。成熟的高粱穗沉甸甸的,长在二米多高细长的高粱秆上。收获时先要将带穗的高粱棵齐根割下,放倒捆上,然后再掐割下高粱穗。掐割高粱穗的刀具就叫"镊刀"。这种刀长宽均不超过二寸,略呈平铲形,无把手,刀的根部有孔穿有皮套。使用时将拇指伸入皮套中,利用拇指的前推(搓)和其余四指的后捻力,将刀下高粱穗子掐割下来。此种刀极锋利,稍一不慎,便会割破手指,所以用来做凶器亦无不可,而且便于携带。

又,凡刀类之命名,皆与其功用或工作原理有关,因此有人也称"镊刀"为"掐刀",但其通称却叫"镊刀"。所以然者何? 笔者也难以回答。勉强作答,也许由这个"掐"字衍化而来。因"掐"的动作中有"捏"(东北音 niè)和"夹取"的成分,与"镊"字的音义相关,以至于将"掐刀"称为"镊刀"也未可知。

雷文说,"刀只能论'把',不能论'个'"。对于大多数的刀来说,其量词的确须用"把",这是因为刀通常要用手去把握,但也不能一概而论。有的刀,虽然须用手使,但无"把"(bà)可"把"(bǎ),主要是用手

"享年二十有八"

丛国林

赵贤德同志《享年33岁》一文（载《咬文嚼字》1999年第3期）援引《现代汉语词典》释例，认为人非七老八十"寿终正寝"者是不能受用"享年"这一敬辞的。此说，恐让古今中外年轻的亡灵难以瞑目安息于九泉之下。

其实，"享年"是一个书面讳语，故不常说，也不常听，多见于古贤墓志、近世祭文。据笔者所考，对"享年"者寿龄，似不太苛严。有书为证。汉蔡邕《郭有道林宗碑》："禀命不融，享年四十有三。"唐元稹《夏阳县令陆翰妻河南元氏墓志铭》："然而不贵不寿，夭也，呜呼，享年三十有五，殁世于夏阳县之私第。"宋徐铉《吴王李煜墓志铭》："薨于京师里第，享年四十有二。"冰心《我的学生》："她生在上海，长在澳洲，嫁在北平，死在云南，享年三十二岁。"唐宋古文八大家之一的欧阳文忠公，名高望重，仁厚有加，一生撰碑，不悭敬辞，《蔡君山墓志铭》曰："君山讳高，享年二十有八，以某年某月某日卒。""享年政策"在他的笔下掌握得多么宽松、多么优惠。看来，这或许能让那些死者以及活着的家人得到一点精神上的慰藉。

指的搓、捻、旋转或压力去操作，而无须用手去"把握"，甚至不便或不可用手去"把握"，如镊刀、指甲刀、削铅笔的卷刀之类，还有木匠使用的刨刀等等，其量词，与其用"把"，不如用"个"更确当。

附带说一下，本文所说"镊刀"，是就雷文"镊刀"字面而论，至于杨澜女士所访问的美国加州大学柏克莱分校前任华裔校长田长霖先生，在美国遭遇（"几乎被杀"）的"镊刀"，是否就指这种"镊刀"，或杨澜女士有否误听误记，本人则无法考证。

过目难忘

最难忘的一副对联

炽烈如火

袁诹

1947年6月1日，国民党军警包围武汉大学，搜捕爱国教授及进步学生，开枪打死王德志、陈如丰、黄鸣冈三人，是为武汉大学"六一"惨案。当时有不少挽三烈士的挽联，其中有一副最有名，也最让人难忘。联曰：

那边高谈人权，这边捕杀青年，好一部新宪法，吓诈欺敲，杀杀杀，自由哄人，民主哄鬼；

只准大打内战，不准呼吁和平，看三位亲兄弟，牺牲哀痛，惨惨惨，万方同哭，四海同悲。

这副挽联在今天读来仍感觉到它情感的炽烈和历史的厚重。它分明是一团烈火，在黎明前的黑暗中熊熊燃烧；它分明是一挺机枪，连珠的子弹向临终一跳的腐恶哒哒扫射；它分明是一位发言人，拍案而起，义正辞严，雷霆万钧；当然，它最终还是挽联，表达了对烈士最沉痛最深切的悼念。

上联首两句指陈了"高谈人权""捕杀青年"两个事实，言行表里，形成强烈对比，将国民党反动派的虚伪凶残揭露无遗。紧接着一句反语"好一部新宪法"，犹如埋设了一个包袱，又仿佛听得一声冷笑，随后将包袱用力一抖，抖出一堆无恶不作的罪状来——"吓诈欺敲，杀杀杀"，绘声绘色，穷形尽相。最后"自由哄人，民主哄鬼"，直指要害，把专制独裁的门面装潢彻底捣烂。"哄人""哄鬼"，冷峻中透出幽默，嬉笑怒骂，酣畅淋漓，抨击的力度在轻松中达到了极点。下联首两句挟上联之余威，对国民党反动派打内战反和平倒行逆施的罪恶继续追击。然后，峰回路转，情感由怒而悲，"看三位亲兄弟，牺牲哀痛，惨惨惨"，声声泪，字字

重言反复挽鲁迅

黄炳麟

1936年10月19日鲁迅先生病逝于上海，郭沫若撰写两副挽联，其一是：

孔子之前，无数孔子，孔子之后，一无孔子；

鲁迅之前，一无鲁迅，鲁迅之后，无数鲁迅。

将鲁迅先生和孔子并举对比，含义深刻。上联谓孔子绝后不空前，下联说鲁迅空前不绝后。正如鲁迅先生说的："孔夫子之在中国，是权势者们捧起来的，是那些权势者或想做权势者们的圣人，和一般的民众并无什么关系。"(《在现代中国的孔夫子》)孔子本是春秋时的一位平凡的教书匠（诚然有其伟大之处），而被后来的权势者抬上了神坛，祭为儒教鼻祖，以此愚弄百姓。这是上联旨意。下联说鲁迅空前伟大，其思想为众人接受传播，无数个"鲁迅"正在中华大地崛起，高举鲁迅大旗，继承鲁迅事业，将革命推向高潮。这是对亡故的鲁迅先生最好的哀悼与纪念。此联采用反复的修辞手法，表现出强烈的思想感情。重言叠唱，反复咏叹，对比鲜明，褒贬得体。

考究郭沫若这副挽联，原来是套用了北宋书法家米芾的《孔子赞》："孔子孔子，大哉孔子！孔子以前，未有孔子；孔子以后，更无孔子。孔子孔子，大哉孔子。"它正是用反复的修辞手法，讴歌赞美孔圣人的丰功圣德，可谓空前绝后吧！郭沫若化旧为新，巧拟米芾的《孔子赞》来赞扬鲁迅先生，既体现出时代的进步，又表现了文化的传承，可算一副含蕴深刻的挽联。

血，摧肝裂胆，痛彻心肺。最后两句"万方同哭，四海同悲"，语言由白转文，笔调由谐转庄，落实了悼念烈士的主题，进入风动白帏哀乐四起的氛围。

纵观全联，没有用典，明白晓畅，如同演讲，平常口语，信手拈来，入联成铁，锋利无比。它的战斗力是文绉绉的典故绝对无法比拟的。

"春风""晓月"几多情

郑泽宇

1983年春节,中央电视台等四单位联合举办了建国后首届全国迎春征联活动。其中一副获一等奖的对联是:"十里春风,长安两路;千年晓月,永定一桥。"

上联前句"十里春风",乃借用唐代诗人杜牧《赠别》诗句"春风十里扬州路",写首都北京新春佳节春风拂面、喜气洋洋,呈现出一派欣欣向荣的景象;后句"长安两路"字面是指横贯城区的东西长安街,同时语义双关,蕴涵着前进道路"长治久安"之意。

下联前句"千年晓月"是指"燕京八景"之一的"卢沟晓月"。卢沟雄伟,晓月如霜,景色优美如画,令人心驰神往。后句"永定一桥"字面是指横跨在永定河上的卢沟桥,同样语义双关,包藏着社稷江山"永固恒定"之意。

就全联来看:"十里"对"千年",空间对时间;"春风"对"晓月","春"为一年之始,"晓"为一日之始;而以"风"对"月",更是顺理成章,"风花雪月",四时佳景也;"长安"对"永定",路名对桥名,同时又都包含"永远安定"之意。四个数字的应用,更使联语锦上添花:"十里"状长,"千年"状久,是概数,是虚说;"两"和"一",指两条街和一座桥,是确数,是实说。这就使联语虚实相应,铢两悉称。

我对这副联语情有独钟,除了对联本身的艺术魅力外,同时也有我自身的原因。据我家的《郑氏族谱》记载,先祖本是北直隶人氏,旧居在宛平县平则门八里庄十八胡同,于明代后期才迁徙到湖北。为此我曾于1970年代中期去北京丰台区的宛平城故址,追寻先人的足迹,瞻仰了举世闻名的卢沟桥。"春风""晓月"便永远铭记在我心中。

栩栩如生的八个字母

傅望华

当代联家杨世光先生,曾为某休闲娱乐场所撰写过一副对联,其独特处可谓前无古人。这副对联中一连嵌进了八个大写的字母。全联如下:

骑 M 马,挥 L 鞭,跨 V 谷,放开 O 口唱春色;

过 H 桥,走 S 路,攀 A 峰,登上 T 台观曙光。

这八个字母惟妙惟肖地"摹绘"出联文所表述的意思,让人如见似睹。你看,人骑在马背上,马不正是"M"形的吗?"L"多像骑士手中的马鞭!山谷不正是"V"形的吗?唱歌时张开大口多么像个"O"字,"H"不正像一座大桥!"S"活像弯曲的道路,"A"简直是山峰的简笔画,把"舞台"称作"T 台"也十分形象、流行。

这样巧用字母,令人过目难忘!

妙在自然

梁 文

我印象最深的对联是一副集成语联。那是十几年前我出差去长沙时看到的。在火车站前不远处有一个小公园,园门两侧写着这副对联:

闻鸡起舞;

有凤来仪。

虽然是集的成语,但符合对联要求,平仄协调,对仗也十分工整;更难得的是,内容自然贴切,实属难能可贵。

这副对联的上联"闻鸡起舞",切合小公园的主要功用之一:市民早锻炼的场所。今人虽然没有古人的豪情,但奋发向上的精神是一致的。而下联切合小公园所处的地理位置。当时大部分人去长沙都是坐火车,他们出火车站没多远,就到了这个小公园门口。下联无疑就成了这个城市对远方宾客的欢迎辞。虽然有点夸张,但却符合这类欢迎辞的常态,比常见的欢迎辞文雅得多,显示了长沙这个城市深厚的文化积淀。"惟楚有材,于斯为盛",信然。

"三公"助我成功

杜向明

《中国楹联报》辟有一专栏:"征联擂台赛"。这是我最喜爱的栏目。记得那次报纸一来,我就迫不及待地翻到该栏,只见出句是:"'七一'涛声,'八一'枪声,'十一'国歌声,声声惊世界。"呵!真够绝的!句中不但运用了排比修辞和复字技巧,而且"七一""八一""十一"是三个特殊的日子,应对的难度是可想而知的。

为了攻擂,我朝也想,暮也想,走路也想,吃饭也想,不断搜索脑海"信息库"里的贮存,然而,"上穷碧落下黄泉,两处茫茫皆不见"。正当我想放弃时,一段熟悉的旋律飘进耳中:"我们唱着东方红,当家做主站起来。我们讲着春天的故事,改革开放富起来。继往开来的领路人,带领我们走进那新时代,高举旗帜开创未来……"

听着听着,我豁然开朗。这首歌不仅高度概括了中国三个不同时代的沧桑巨变,而且发自内心地歌颂了党的三代领导人,这和三个节日不正有着内在联系吗?于是稍加思索,我信口吟出:"'毛公'赤色,'邓公'特色,'江公'锦绣色,色色染乾坤。"以"三公"对"三节"当属宽对,规则允许;上联言党的光辉历史,下联言三代伟人的丰功伟绩,内容相关,平仄相协,自觉不错,于是寄了出去。不久,我的作品终于见报!攻擂成功,本人破天荒地荣登榜首!我自知这副联作,算不得完美,然而这是我"众里寻他千百度"的产物,难以忘怀。

妙语角

头 盔

交警拦住一位没有戴头盔的骑摩托车女士:"你的头盔呢?"女士:"在后车箱里。"交警说:"头盔应该戴在头上,放在后车箱里有什么用?"那女士把手一指,说:"你看,你们的宣传标语就是这样写的,'骑摩托车者应带好头盔!'" (金 中)

我与《咬文嚼字》

圆我文章出国梦

浙江江山市教师进修学校 姜洪水

1995年下半年,在浙江《联谊报》上看到《咬文嚼字》的介绍,第二年便订了这份刊物。我这个一辈子与文字打交道的人,读这份刊物读得特别认真,一篇不漏,一字不落,而且还在上边圈圈点点。自1997年起,一面读一面写,至今已在上面发表10篇作品。

最让我兴奋的是,1997年5月,我的《"酸、甜、苦、辣"音义趣谈》在《咬文嚼字》发表后,又被新加坡《联合早报》看中,转载在该报6月12日第11版上。我是8月18日上午得知这一消息的。这天,《咬文嚼字》编辑部寄来了《联合早报》的样报和稿费。这真使我有点喜出望外。有句有趣的歇后语:"胸口挂钥匙——开心。"我算体会到了这句歇后语的含义,因为自己胸前正挂着钥匙呢。

这张报纸我看了又看。它的排版很特别,作者姓名在上面,文章标题在下面。看着自己的名字登在新加坡的报上,我觉得有点不可思议,见人禁不住笑,没人也偷着乐。当晚兴奋得难以入睡,老伴说:"都十一点啦,你还不休息?"我说:"我的文章出国啦,我睡不着啊!"

我是退休教师,也是《江山日报》特约评报员。那天到报社办事,喜不自禁地把《联合早报》递给熟悉的编辑看了。想不到9月20日《江山日报通讯》报眼上刊登了一则醒目的新闻:《姜洪水〈酸、甜、苦、辣〉被新加坡〈联合早报〉转载》。报社同仁也为我高兴。

《咬文嚼字》圆了我的文章出国梦,这是我生平最难忘的一件事。

家长会上扬眉吐气

太原市委讲师团　杨建千

一天正吃午饭,孩子告诉我们要开家长会,还说学校规定,每个家长都得出席,一律不准请假。

说心里话,听到"家长会"这几个字,我就头痛。这些年,学校有事没事就把家长召到学校,我们这些"上班族",常常要请假赴会。而我不愿去开家长会,还有一个让人伤心的原因,就是自家的孩子成绩差,每到那种场合,总觉矮人三分。特别是那个教语文的王老师,一点不留情面:"你那孩子满篇都是错别字,标点符号也不会用,你这个家长咋当的?……"我真是无地自容。

然而,既然身为家长,会还不得不去。那天下午,各科老师像走马灯似的,轮番登台,总结、分析、批评、建议,倾盆大雨。六点左右,轮到了王老师,坐在教室角落的我,心里不由得"格登"一下,难过的时刻来到了!毕竟是个语文老师,说话井井有条,抑扬顿挫。最后她说到了学生的目前成绩,我下意识地低下了头。但没想到的是,王老师说我的孩子成绩明显进步,更让我吃惊的是,在由区教育局组织的语文知识竞赛中,我孩子竟得了个三等奖!

我一下子愣住了。我是得奖孩子的家长!我顿时感到教室十分宽敞,老师的话语十分亲切,第一次扬眉吐气。我一到家,便把喜讯告诉孩子他妈。两人一起把孩子找来,让他谈谈是怎么打翻身仗的。孩子开始不肯说,在我们"逼迫"下,终于揭开了"秘密":

"那是快放暑假的事了。一天,我偶然在爸爸的书柜里,翻到了一本小册子:《咬文嚼字》。这个名字深深地吸引了我。我打开一看,里面的语文知识挺多,而且挺有趣。我一连读了两个晚上,越读越觉得有味道。

"到了暑假里,我把爸爸书柜里的那些发了黄的小册子,全都找了出来,大约有二三十本。我把上面常

世界之巅喜相逢

江西南昌大学 尚依刚

1999年我大学毕业,来到了西藏的一个县城任中学语文教师。这是一个边境小县,山川阻隔,信息闭塞。由于语言的障碍,我有一种四顾茫然的孤独感。一次偶然的机会,我去了位于拉萨市布达拉宫广场附近的自治区邮政报刊零售中心,在种类繁多的杂志中发现了她——《咬文嚼字》,当时的喜悦之情真是难于言表。能在世界之巅发现这么别具一格的杂志,岂不是缘分?她是那么素雅,又是那么睿智,我真有点爱不释手。

回到县城后,阅读《咬文嚼字》成了我教学之余最大的乐趣。我沉醉其中,自得其乐。这是一份外延丰富、内涵深刻的杂志,她广泛地触及社会生活中语言文字应用的方方面面,有些问题反映的角度虽小,却能给人以文化启示。我将有些栏目的内容应用到课堂教学之中,开阔了学生们的眼界,也增强了他们的语言规范意识。

2001年9月,我考取了内地大学的研究生,研究方向是语言应用。这在相当程度上得益于《咬文嚼字》。在此祝愿这棵"小草"生机勃发,绿遍天涯。

见的错别字、用错的词语,都记在笔记本上,一有时间便翻开来看,闹清了许多原来不懂的东西。

"更想不到的是,语文竞赛中的一道题,就是《咬文嚼字》上的。我已把《咬文嚼字》给了王老师,王老师也说这本刊物办得好,让学校的语文兴趣小组同学都订了一份……"

我是《咬文嚼字》的老读者,她让我得益匪浅,没想到我的孩子也从中尝到了语文学习的乐趣。望着孩子那兴高采烈的神态,感激之情油然而生:"谢谢您,帮了我家两代人的《咬文嚼字》!"

帮你高考长分数

无锡市公益中学　荣耀祥

用一个字来评价《咬》刊：纯。两个字：实用。三个字：高品位。四个字：雅俗共赏。……不论用多少字，都说不尽心中的一个"爱"字。别的不说，刊物一到，阅读她便成了头等大事，再忙再累，不一口气读完不过夜。这种"疯狂"，还是四十多年前迷恋文学时有过；而今，只对《咬》刊情有独钟。

在众多语文刊物中，《咬》刊别具一格。语文教师有这本刊物，少出洋相不说，还可以让你把课上得妙趣横生，几乎每个例子都能出彩。同样，学生也离不开这本刊物。她能培养你语文学习的兴趣，还能帮助你在语文考试中获得好成绩。

记得1999年，高考试题中有一道关于"美轮美奂"的成语正误题，我正巧在《咬》刊上发过一篇《"美轮美奂"用法正误谈》，看过我这篇文章的学生在答题时自是得心应手。这种巧合，大大增加了我的"知名度"。

其实，不仅"美轮美奂"一篇，《咬》刊中的其他文章，也对参加高考的学生有这样或那样的启发。我曾作过统计，《咬》刊涵盖了高考正音、正字、词语解释、病句修改等各种题型，六类病句无一能逃脱它的视野，甚至有些题目便直接出自《咬》刊。因此，考生完全可以把它当做熟悉题型、积累经验、提高语文能力的补充教材。我就曾对自己的学生说过：读《咬》刊是高考长分数的有效途径。

在我们学校，读《咬》刊已蔚然成风，学生对《咬》刊赞不绝口。《咬》刊是有口皆碑的名牌刊物。

妙语角

吴大夫是一位专治男女不育症的医生。有一天，经他治愈的一对中年夫妇给吴大夫送来一面锦旗，上面绣了四个大字：无中生有。

（赵增民）

追踪荧屏

瞧这一家子

荆州

电视连续剧《大唐情史》前不久在中央电视台播放。剧中角色唐太宗一家人常有惊人的"妙语"出口。

作为一国之君和一家之主的李世民有一次感叹道:"年纪轻轻就已凋谢成昨日黄花了!"宋苏轼《九日次韵王巩》诗中有"相逢不用忙归去,明日黄花蝶也愁"。原来是说重阳节一过,菊花即将枯萎,便没有什么可以玩赏的了。且不说唐代的李世民不可能引用后代的典故,更何况"昨日黄花"正当时,怎么会凋谢了呢?唐太宗在决定高阳公主的婚事时说:"他的二儿子房遗爱还尚未娶亲。""还""尚"二字重复,只应保留一个。他还把"毋庸讳(huì)言"读成"毋庸'伟'言","一抔(póu)黄土"读成"一'杯'黄土"。编导和摄制组硬让李世民成了个不学无术的蠢皇帝。

唐太宗的皇后长孙氏也不甘落后,当她表明自己不愿干预朝政时说:"牝鸡司晨,惟家之索。"《尚书·牧誓》中说:"古人有言曰'牝鸡无晨'。牝鸡之晨,惟家之索。"牡:雄性的鸟兽;牝:雌性的鸟兽。"牝鸡司晨"即"母鸡叫明"。旧时比喻妇人篡权乱政。"牝鸡司晨"是合乎常理的,长孙皇后把话说反了。

在"父母"的熏陶下,他们的"子女"也步其后尘。皇太子李承乾说:"东宫离父皇的大内不过二三十码的距离。""码"是英美长度单位,1码等于3英尺,合0.9144米。不知这位皇太子怎么竟会使用起英美的长度单位来了。高阳公主谈起她的生母时说:"她没有国母的桂冠。""桂冠"是月桂树叶编的帽子,古代希腊人把它授予杰出的诗人或竞技的优胜者,后来欧洲习俗以桂冠为光荣的称号。莫非高阳公主和他的长兄都到欧美留过学?

对于玄奘(zàng)其人,剧中所有的人异口同声地把他称为玄"壮",大概所有的臣民都受到了皇帝一家的感染了吧!

"伯伯"怎么读

蔡福毅

2002年10月13日收看中央电视台《正大综艺》节目时,听男主持人说"王庭玉伯伯(bǎi·bai)",我吃了一惊:中央电视台的节目主持人怎么竟在"伯伯(bó·bo)"这一常用字读音上出错呢?

《现代汉语词典》标注得很清楚,"伯"字有两个读音,一个读"bǎi",只限于丈夫的哥哥"大伯子(dà bǎi·zi)"这一词系。另一个读音为"bó",有三个义项:①伯父:大~/表~。②在弟兄排行的次序里代表老大:~兄。③封建五等爵位的第三等:~爵。在"伯(bó)"这个字音的词条里,除列有"伯伯(bó·bo)"一词外,还有"伯父、伯公、伯劳、伯乐、伯母、伯仲、伯祖"等等。

由此观之,"王庭玉伯伯"中的"伯伯"不应读"bǎi·bai",而应读"bó·bo"。

明朝有几个皇帝

村友

电视剧《康熙王朝》里有一集说到康熙到南京巡视,对魏东亭说:"朕还要去明孝陵看朱元璋,明朝十五个皇帝,朕最佩服朱元璋。"

明朝从太祖朱元璋在南京称帝,建立明王朝,到崇祯皇帝(朱由检,即明思宗)在北京煤山(今景山)自缢身亡,历经十六帝共277年。康熙皇帝应该说明朝有十六个皇帝才对。当然这是该剧编导一时疏忽,害得"康熙"出此洋相。

"妇好"非"富豪"

赵亮

2003年1月9日中央电视台三套《走进幕后——民间工艺之嵌骨工艺》节目中，专家讲道，最早的嵌骨工艺发现于商代的妇好墓中，而字幕上却将"妇好墓"标作"富豪墓"。虽然"妇好"与"富豪"二词读音相近，但两者风马牛不相及。

妇好，名好，"妇"为亲属称谓。铜器铭文中又称"后母辛"，是商王武丁众多配偶中的一位。生活于公元前12世纪前半叶武丁重整商王朝时期，是我国最早的女政治家和军事家。据甲骨卜辞记载，妇好曾多次主持各种类型和名目的祭祀和占卜活动，利用神权为商王朝统治服务。妇好不仅长得美丽，而且非常骁勇，多次受武丁派遣带兵打仗，北讨土方，东南伐夷，西南打败巴军，为商王朝拓展疆土立下汗马功劳。武丁对她十分宠爱，授予她独立的封邑，并经常向鬼神祈祷她健康长寿。妇好卒于武丁在位时期。

妇好墓位于安阳市小屯村西北约100米处。1976年春由中国科学院考古研究所安阳工作队发掘，出土了大量的青铜器、玉器、石器、骨器、象牙器、陶器、蚌器等各类随葬品，其中两件妇好大铜钺，是死者生前拥有军权的象征。

由此可见，商代"妇好墓"是一个特定称谓，"富豪墓"是一类墓的总称，且带有浓厚的现代色彩。《走进幕后》是一档知识普及性的节目，编导在制作时不应留下如此明显的漏洞。

语丝

「借东西」

宗源

古时候，有个人很喜欢附庸风雅。一天晚上，浓云遮月，伸手不见五指。他随口吟道：「黑白难分。」这时我怎知南北？」这时恰好隔壁的穷秀才来向他借一样东西。秀才想了想，脱口说：「青黄不接，向你借点东西。」主人一听，'正是佳对'，于是高兴地把东西借给了秀才。

百科指谬

也说"奉天承运皇帝诏曰"

王卫东

朗学初《胡适的婚姻与中国文化》一文(《中华读书报》2002年10月23日)中说:"'奉天承运,皇帝诏曰'是几千年来回响于中国人耳畔的声音。"近来泛滥的古装戏——某些人所谓的历史剧——使"奉天承运,皇帝诏曰"成为人们耳熟能详的词句,那么,这句套语到底该怎么读?是从何时开始使用的呢?

《咬文嚼字》2001年第4期《又闻"奉天承运"》一文认为"奉天承运"是用来修饰皇帝的,"奉天承运"和"皇帝"中间不应断开,这种看法是非常正确的。明太祖《谕西番罕都必喇等诏》有"奉天承运的皇帝教说与……"一语,是为明证。"奉天承运皇帝诏曰"这一诏书套语始自明太祖朱元璋。为了加强中央集权,自然少不了借用天命,其一举一动都说成是"奉天而行",因此,他自称为"奉天承运皇帝",其诏书大多也以"奉天承运皇帝诏曰"开头,其后,这个诏书套语沿用至清朝灭亡。明清两代的诏书并不是都用"奉天承运皇帝诏曰"开头,也有相当一部分诏书开头直接用"皇帝诏曰"或"诏曰",今《辞海》"承运"条中所说的"明清两代诏书开头都用'奉天承运皇帝诏曰'字样"的说法是不正确的。

其实,最早使用"奉天承运皇帝"一语并不始于朱元璋。据笔者查证,"奉天承运皇帝"之称最早出现在唐代的后期。《唐会要》卷十九"让皇帝庙"条记载:文敬太子李谅等人死后追封"奉天承运皇帝"之号,唐文宗开成四年(839),停废此制。李谅死于贞元十五年(799),那么,"奉天承运皇帝"之称出现至今不过一千二百余年,从朱元璋定下的这一诏书格式至今仅六百多年,其使用时间更短,共五百多年,中国的封建专制存在的时间也只有二千多年,朗学初先生所谓"'奉天承运,皇帝诏曰'(逗号应删)是几千年来回响于中国人耳畔的声音"是没有根据的。

"青旗"不是茶叶

娄可树

陈龄彬注析的《元曲三百首》第72页,载乔吉《折桂令·七夕赠歌者》第二首:"黄四娘酤酒当垆,一片青旗,一曲骊珠。……"对曲中"青旗"一词,注者解释道:"似指一种绿茶,由顶芽的小叶制成,刚刚舒展小叶的称旗。"这种解释,实在是错得离奇。

乔曲中的"青旗"其实指的是酒旗,也称酒帘、青帘、酒望、酒幌、招子等等。它是将青白色布幅悬挂在酒肆外,用来招徕酒客,相当于现代酒店的广告招牌,我们可以在一些电影和电视剧里看到。

关于旗望,宋代洪迈在《容斋随笔》续笔卷十六中曾有考证:"今都城与郡县酒务,及凡鬻酒之肆,皆揭大帘于外,以青白布数幅为之,微者随其高卑小大,村店或挂瓶瓢,标帚秆,唐人多咏于诗。然其制盖自古以然矣。《韩非子》云:'宋人有酤酒者,斗概甚平,遇客甚谨,为酒甚美,悬帜甚高,而酒不售,遂至于酸。'"所谓"悬帜",也就是高高挂起的酒帘,战国时期就有了。

正如洪迈所说,古人咏青旗、青帘的诗词的确不少。例如,白居易《杨柳枝》诗:"红板江桥青酒旗,馆娃宫暖日斜时。"刘禹锡《鱼复江中》诗:"风樯好住贪程去,斜日青帘背酒家。"辛弃疾《鹧鸪天·代人赋》词:"山远近,路横斜,青旗酤酒有人家。"洪昇《长生殿》剧第十出,郭子仪到一家酒庄喝酒,唱《上京马》曲云:"遥望见绿杨斜靠画楼隅,滴溜溜一片青帘风外舞。"这里的"一片青帘"就是"一片青旗"。所以"一片青旗"只能是一面酒旗,而决不是一片"刚刚舒展"的小叶。

顺便说一下,陈注中所说的那种茶叶叫"旗枪"。这种茶叶采自茶条的尖梢,梢芽似枪,下叶似旗,一枪一旗,谓之旗枪。"旗枪"一词也有入诗的,但从未有人把它雅称为"青旗"。

顾颉刚的老师

黄 东

近日偶然读到王枪手先生的《半疯章太炎》一文(见《南方周末》2001年12月20日),在为王先生幽默笔调感染的同时,不禁也为王先生的史学常识感到惋惜。王先生在文中说:"半疯书生,终生不改。历史学家顾颉刚当年从欧洲学成归来,拜见老师章太炎,大谈西方的科学实验,强调一切事务,必须亲眼看到,才算真实可靠。老章这时一撇嘴,漫声问道:'你有没有曾祖?'顾说:'老师,我怎么会没有曾祖?'章太炎说:'你真有吗?你亲眼看到你的曾祖了吗?'顾一时无言以对。"这里章太炎先生是否说过此段话姑且不论,仅这段行文中两个常识性的错误,有加以辨明的必要。

在所引王先生的文章里,有两个问题,一是顾颉刚先生是否留学欧洲,二是章太炎先生与顾颉刚先生是否师生关系。

先说第一个问题,顾颉刚是我国现代著名历史学家、民俗学家。关于顾先生的求学经历,各种权威的传记包括顾先生的生平年谱记载都是统一的,顾先生于1920年毕业于北京大学哲学系,而后就在北京大学担任助教,继而又在各大学任教,也曾担任过一些刊物的编辑和负责人。从未闻顾先生数十年的学术生涯中有留学欧洲之事,这是王先生行文的第一个问题。

其次,顾先生毕业于北京大学,而章太炎先生从未在北京大学任教;之前顾颉刚先生是在苏州念的中学,而章先生在此期间未曾在苏州担任过教职。二者的师生关系不知所从何来,这是王先生行文中的第二个问题。其实,学术界都知道顾颉刚是胡适的学生。

王先生所写的事情,在前人的回忆文章中也有相关记载,但这番对话的主人公却是章太炎与钱玄同。回忆是否属实可以存疑,但在学术师承上和学术观点上是没有问题的。章太炎是我国近现代著名的革命家和国学大师,钱玄同是我国现代著名的文学家、音韵学家,疑古学

"参加三大革命运动"?

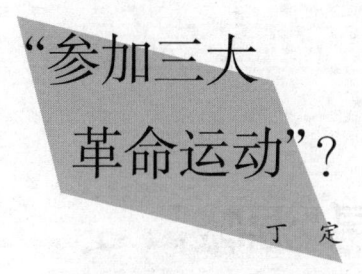

丁定

偶翻母亲给我女儿买的《楷书描红字帖》，帖前有序言一篇，是该帖书写者给中央人民广播电台写的广播稿——《谈谈怎样写好毛笔字》。其中赫然印着"把字写好，对以后走向社会，参加三大革命运动也很有用处"。

"文革"结束时我虽仅有6岁，但也清楚地记得"三大革命运动"是那个时代的政治词语之一。难道买到老古董了？忙翻版权页——中国地质大学出版社1999年1月第1版。咦，怪事！仔细想了想，估计可能是作者偷懒，捡出早年稿子敷衍编辑所致；而编辑年轻，确实不知"三大革命运动"这个词语的时代色彩。

"三大革命运动"究竟指的是什么呢？我搞不清楚，请教几位年长的同事，均表示记不得了。山穷水尽之际，忽然想起日前在旧书摊购得一本1975年版《中华人民共和国宪法》。略一翻，便在序言中找到了答案："我们……要继续开展阶级斗争、生产斗争和科学实验三大革命运动……"

我想，"三大革命运动"是特定时代的产物。对于这个口号如何评价，政治学家、历史学家们尽可研究。不过，原封不动灌输给今天的孩子，似乎有点不合时宜。

风的倡导者之一，二人是确凿无疑的师生关系。在章太炎流亡日本时，钱玄同曾与鲁迅、周作人等从其学习小学（文字训诂之学）。新文化运动兴起时，钱玄同曾化名"王敬轩"，与刘半农先生合演一出现代文学史上有名的双簧戏；而后与顾颉刚等人讨论古史辨伪问题，成为"疑古学派"的精神导师之一，并一度废姓改称"疑古玄同"。与学生的激进相反，作为古文经学大师的章太炎依然相信旧有的文字训诂，对于当时新出的甲骨、鼎器所载史料持基本否定态度，对于以地下史料证地上史料的辨伪思想以及古史考辨都不以为然。因此章、钱二先生后来的学术观点是截然不同的，如果两人讨论此问题，王枪手先生所写的场面完全有可能出现，只不过其中顾颉刚要换成钱玄同。

有此一说

"混账"应是"混炕"

田子镒

许多骂人的话,一听便懂,变为文字,也能一目了然,不存在什么疑难问题;但有一个常见的词"混账"却有些令人费解。关于这个词,《现代汉语词典》的解释是:言语行动无理无耻(骂人的话)。把账目弄得混淆不清,虽说也该挨批,提到"无理无耻"的高度,似乎有点过分。

刚好手边有一本1973年出版的《现代汉语词典》(试用本),其中也收录了这个骂人的词条,但"试用本"与"修订本"不同的是,这个词被列为"混帐",两本词典的解释一字不差。"混帐"改为"混账",估计是从用字规范角度考虑的,殊不知这是一个误改。

稍稍留意一下就会发现,中国骂人的粗话,尤其是最恶毒、最粗俗的骂法,大都与性行为或生殖器有关,许多文学作品中出现骂人的粗话,为了隐去不雅的字眼,通常就用一个"×"来代替。就是那句最著名的国骂"妈的",其实后边已隐去了一个与生殖器有关的字。而可以全文照录的骂人的粗话,最常见的如龟儿子、王八蛋等,也都与乱性有关。原因是过去民间流传有"雌龟偷蛇"一说,说是雌龟与蛇杂交才有了后代。所以龟儿子、王八蛋这些字面上并无不雅的词才成了恶毒的骂人的话。由王八蛋引申出的"混蛋""杂种"等骂人的粗话,均与乱性有关。

"混帐"这个骂人的词也不例外。

笔者曾听一位东北人讲过,北方的冬天滴水成冰,过去没有空调,人们晚上只好睡炕。为了节约起见,有些农村人家只烧一盘大炕,全家几代人都睡在大炕通铺上。为避免老两口、小两口、儿子、女儿之间的

试说"扬长"

周云汉

"扬长而去"的"扬长",《辞源》《辞海》及《汉语大词典》等辞书,都释为"大模大样",总觉得此解有隔靴搔痒之憾,何以"扬长"便是大模大样?当中似有隐秘。十几年前,曾见有人著文说"扬长"就是"扬扬得意"的"扬扬",甚觉新鲜,但细想又以为牵强,无论从语义角度还是语法角度似乎都讲不通。

辞书所引此条书证都只限于《金瓶梅》以下,更早的文献资料,留意多年,渺不可得。因此,我推想,这一词语多半是宋元以后文化人的创造。

汉语语汇的繁衍,大多是重形意的,并且与东方文化的错综思维相联系。经多年琢磨,我觉得"扬长而去"的结构机制,应与"拂袖而去""拍案而起""击节而歌""慕名而来"之类同属一格,因而"扬长"也应该是可以坐实的。

"扬长"之"长",很可能是一种虚实合一的观念外化。从虚而言,"长"可以意味己之所长、所可依恃而凌驾于人者,可以有鲁迅所谓"皮袍下面藏着的'小'"(《一件小事》)的相对意义;从实而言,它可以直指袍袖(士大夫不着短褐)。这是形意混一而较多倾向于形象思维的造语产物,因而它会给人以大模大样、旁

尴尬,分别用帐帏遮蔽,形成一个个相对独立、自由的小空间。而草原上的牧民更是以帐篷为家,夫妻俩在自家的帐篷里其乐融融。了解了这种生存状态,"混帐"为何成了骂人的话也就不言自明了。弄混了帐帏和帐篷,即成为乱伦或乱性的代名词,在国人心目中,这才是"无理无耻"的丑事儿。

若无人的意象；而"大模大样"云云，正是后人以此而得的语感判断，而不是旧注——这类话语过去一般不会加注。

汉人的语言文化如同汉人的饮食文化，是讲"五味调和"的；而当年滥觞之时的"始作俑者"，是自有其基本修养的。传统汉语里的"长"，本多这类名物化的代指，例如"断长续短""飞短流长""扬长避短""说长道短"；而以"长"代指长袍、长袖，自然"于典有据"。《广雅·释诂一》说："长，常也。"而"常"，在《说文》里意思就是"裳"："常，下裙也，或从衣。"所以，可以说"长、裳"于义相通，而"下裙"还与"下摆"意象重叠。《礼记·杂记上》云："如筮，则史(筮人)练冠长衣以筮。"这个"长衣"，注疏文繁而含混不清，但联系《深衣》一章的"深衣"注文和《仪礼·聘礼》的"长衣"疏文来看，它无疑是一种"连衣裳"而长袖的白布长袍。还有，《史记·乐书》"发扬蹈厉"一语的"正义"说："扬，举袂也。"袂，衣袖。看来，先民的言语心理稍讲逻辑而大于逻辑，习惯于模糊意象的多头整合、会通，并选择"经济"的周延形式加以外化。凡此种种都源于当初造语者头脑里的"烹调"，在特定的时候，把长袍、长袖加以约略而谓之"长"。

我们的民族母语中，像"扬长"这样披着"神秘"面纱的"公案"还有许多。为这类问题"解密"，仅靠传统的考据之学是不够的，因为大抵并无库存的现成注脚。区区一得之见，不知当否，权当抛砖引玉之举。

语丝

"翰林"巧对"和尚"

孙 晓

古时有一和尚，多才多艺，能诗会画，但有些恃才傲物。有一次，当地文人聚会，和尚想捉弄一下这些文人，于是便出了上联：画上荷花和尚画。

此联不论顺读、倒读字音都一样，要作下联实为不易。正当这些文人搜索枯肠之时，一位年轻的翰林走上前来写道：书临汉帖翰林书。

下联一出，在场人赞不绝口，和尚也心服口服。

解疑还须"金大侠"

周霄

读新武侠书,每见有"扬名立万"一语;改编的电视剧里也有这个话。初不在意,久而生疑:究竟何谓"立万"?于是近十年来,得空就检索古今字书、韵书、辞书。然而结果却大出意外:"上穷碧落下黄泉,两处茫茫皆不见。"哪里都找不到这个条目,你说怪也不怪?

有一回,与几个学有所成的学生相聚,谈起这件事。某生说:"也许是'方'之手民误植吧?"这个不无道理的猜测,仿佛是个"亮点";"方"有"道"义,而"方、万"字形也极易混淆。但末了我还是否定了它,因为"扬名立方"或者"立道扬名",对于"行走江湖"的"大侠""少侠"一类人,有如窦尔敦而羽扇纶巾、撩袍端带,未免有点滑稽;何况此语共见诸家之书,绝无所有"手民"皆"误植"之理。

但是误植之说,却使我联想到《文心雕龙》中的一则材料。《尚书大传》有"别风淮雨",《帝王世纪》却是"列风淫雨"。刘勰分析说:"'别列、淮淫',字似潜移。'淫、列'义当而不奇,'淮、别'理乖而新异。傅毅制诔已用'淮雨',元长作序亦用'别风',固知爱奇之心古今一也。"

由此我有一个推测:"扬名立万"显然是两组动宾式结构重合的四字互文词组,与"移风易俗""经天纬地""沽名钓誉"同类,"扬、立"于义相通,"名、万"也该是如此。如果此说成立,"万"字极有可能是个"望"字。望者,名也;名者,望也。"扬名立望"顺理成章。始作俑者"快意江湖"之际,以"望、万"音近而笔误,随后有人觉得"新异",纷纷"效尤",这就叫人无从索解了。

"独学而无友,则孤陋而寡闻。"到底是否如我所猜测,还请金庸"金大侠"等方家指点。

百家会诊

冒号究竟管多宽？

是"眼前有两个字：危险，写得又高又大"，还是"眼前有两个字：危险。写得又高又大"？

一种常见病

冒号最常见的用法是提起下文，但在实际运用中，往往管得太宽，读者不知道哪里可告一段落，结果文章显得拖泥带水，层次不清。请看原刊于《光明日报》上的这段话：

上海文艺出版社最近隆重推出了"当代文坛大家文库"：《巴金七十年文选》、《冰心七十年文选》、《夏衍七十年文选》、《施蛰存七十年文选》、《柯灵七十年文选》，这五种书凝聚着作者毕生的智慧和情感，是留给子孙后代的精神财富。

"当代文坛大家文库"是一套丛书的名称，在它后面用冒号，是要引出这套丛书的具体品种。这套丛书一共有五种，照理在说到《柯灵七十年文选》后，已经罗列无遗，应该用句号结束，可惜作者用的是逗号。结果冒号犯了"越位"的错位，和后面的内容纠缠不清。

类似情况，俯拾皆是。冒号管得太宽已成为一种常见病。

（邱振宝）

"危险"后面应是句号

"候诊对象"中的例句，我认为应以后者为规范，即"眼前有两个字：危险。写得又高又大"。冒号究竟管多宽？其宽度应和其提示相等，既然提示是"两个字"，那么只能管到"危险"这两个字。"写得又高又大"，是指字的形状，和"危险"不能混在一句话中。

记得《咬文嚼字》有一年"咬"作家，用过"目标：王蒙，放!"这样的标题，"王蒙"可以成为"目标"，而"放"并不是"目标"。这个标题中的冒号显然也管得宽了，正确的用法应该是在"王蒙"后面用句号。

（张福祥）

避免尴尬的三种方法

从道理上说，"眼前有两个字：危险。写得又高又大"这种处理方法是对的，但句子读来总有点尴尬。问题出在哪里呢？就在于"危险"后面这个句号把文意割断了，后面的"写得又高又大"没有主语，显得十分突兀。

为了避免尴尬，有三种处理方法：

一是取消冒号，"危险"两字加引号，即："眼前有两个字'危险'，写得又高又大。"

一是冒号改为破折号，即："眼前有两个字——危险，写得又高又大。"

这两种方法，均不必在"危险"后面用句号，可保证句子的流畅性。

还有一种方法，便是改变语序，比如："眼前有两个写得又高又大的字：危险。"

（王惠明）

改用句号大可不必

"眼前有两个字：危险，写得又高又大。"有人主张"危险"后面改用句号，我看大可不必。

一是有书为证：

1. 苏东坡游赤壁，用了八个字："山高月小，水落石出"，总结了赤壁的风景。（老舍《怎样丢掉学生腔》）

2. 绿柳丛中，露出雪白的粉墙，黑漆大书四个字："鸡鸭炕房"，非常显眼。（汪曾祺《大淖记事》）

3. 史书对他的评价是三个字："老而黠"，简洁地概括了一个真正到位的流氓型小人的典型。（余秋雨《山居笔记·历史的暗角》）

二是有理可说。无论是"候诊"的"危险"二字，还是上引例句中的"山高月小，水落石出"八字，它们既是上文的说明，同时又是下文的主语，句子之间有着紧密联系，逗号改为句号，显然是不符合表达需要的。

（王国锋）

以不造成歧义为限

冒号的管辖范围，应以不造成歧义为限。就讨论提供的例句来说，我认为两句都没有问题。"危险"后面改用句号，自不必说；即使仍用逗号，前面写明是"两个字"，冒号的管辖范围，也只能是到"危险"为止。如果换一个句子："眼前有几个字:此处危险,请行人注意安全。"这就有点难说了。如果牌子上只写"此处危险"四个字,那在这四个字的后面,一定要用上句号。

然而,不造成歧义,只是一个"对不对"的问题,还有一个"好不好"的问题。相比之下,"危险"后面用句号,才符合有关文件的规定和人们对冒号管辖范围的认识。一般说来,冒号应该管到结束性的标点符号(通常是句号)。　　**(李聿)**

《毛泽东选集》中的一个例句

在讨论冒号管辖范围的时候,我觉得《毛泽东选集》中的一个例句,是很能说明问题的:

"上面我说了三方面的情形:不注重研究现状,不注重研究历史,不注重马克思列宁主义的应用,这些都是极坏的作风。"

在《毛泽东选集》新版中,在说了三个"不注重"以后,"应用"后面的逗号改成了句号。高中语文新版第四册课文《改造我们的学习》,也相应作了同样的改动。为什么要这样改呢?因为"这些都是极坏的作风",是对"三方面情形"的概括性的评价,而不是"三方面情形"自身。"三方面的情形"是总说,冒号后面应该是分说,说完以后就应该用上句号。　　**(魏虹波)**

可以管到分号

冒号不能只管到逗号,这是毫无疑问的;但是可以管到分号。请看鲁迅先生《从百草园到三味书屋》中的一个例子:

"中间挂着一块扁(即匾——引者)道:三味书屋;扁下面是一幅画,画着一只很肥大的梅花鹿伏在古树下。"

"三味书屋"是"扁"上的文字,读来一清二楚;这和后面的画是两码事。

那么,能否仿照此例,"候诊"的例句也用上分号呢?"眼前有两个字:危险;写得又高又大。"——我看是可以的,只是这个句子比较简单,分句内又没有逗号,给人一种虚张声势的感觉,还是不用为宜。　　**(高东升)**

编　者　附　言

本期讨论,几乎是众口一词:一是认为冒号管得太宽的现象普遍存在,已成了标点符号运用中的一种常见病,有组织会诊的必要;二是认为冒号的管辖范围应视文中的提示而定,并不和句子的长短成正比;三是以不造成歧义为底线,但要力求规范和流畅。编者同意这些看法。

2000年,本刊"众矢之的"一栏,曾以"目标:××,放!"为题,现在看来,逗号应改为句号,在此一并更正。

"候诊"对象

1."百年诞辰"还是"诞辰百年"?

2."惊爆"还是"惊曝"?

3.不完整引用,标点如何处理?

4.人名用字能否简化?

5."黑名单"可以这样用吗?

"黑名单"成了一个常用词:某产品质量不佳被列入"黑名单",某人缺乏信用被列入"黑名单"。你是否同意这种用法?

100期读者购书优惠月

为纪念本刊创办100期,特举办读者购书优惠月活动。自2003年5月1日至5月31日(以邮戳为凭),凡购买下列三种语文图书,皆可享受六折优惠。(以下优惠价已含邮费)

①《咬文嚼字》合订本(1995~2002)

共8册。平装原价176元,优惠价110元;精装原价224元,优惠价140元。购买单本可享受七折优惠,平装每册22元,优惠价17元;精装每册28元,优惠价21元。

②《周有光语文论集》

共4卷,收有《汉字改革概论》《中国语文纵横谈》等。原价100元,优惠价62元。

③今日说话丛书

共4册,分别为谈方言的《西北风,东南雨》,谈文词的《零距离看远距离》,谈修辞的《妙语生花》,谈上海话的《沪语盘点》。原价共62元,优惠价39元。

需购买者,请在规定时间内汇款至上海绍兴路74号《咬文嚼字》编辑部(邮政编码200020)韩秀凤收。购《咬文嚼字》合订本需主编、编委、编辑签名者,请在"附言栏"中说明。本刊一定竭诚为您服务。　　(编者)

文章病院

什么，"男色"？

公 简

采写娱乐新闻的记者，恐怕并无多少"娱乐"可言。在我印象中，凡头上有"明星"光环的，不论"大牌""小牌"，一式的趾高气扬，和他们打交道，其滋味是不难想象的；在写作时更要绞尽脑汁，有些词语只是一知半解，为了争夺"眼球"，不惜"铤而走险"，结果往往会闹出笑话。眼前便有一例，《新疆经济报》2003年1月31日推出整版报道：《娱乐圈再掀男色风暴》。这"男色"二字，用得有点不尴不尬。

何谓"男色"？记者没有直接解释，但大体可看出端倪。该报道一处说："从2000年F4的迅速蹿红起，娱乐圈进入一个'男色'时代。"另一处又说："2003年伊始，上海'盛世强音'推出的五个花样美男，再次在娱乐圈掀起男色风暴。"看来，F4、"花样美男"是"男色"的代表。F4是男性演出群体的称呼，一般人见识过，至于"花样美男"，报道中列举了"美"的四项条件："首先要笑容灿烂、迷人；其次要皮肤白嫩、有弹性；第三要五官俊朗、没痘痘；第四要身材修长、肌肉结实。"这四条无一不从形象着眼。我想，记者理解的"男色"，想必是男人的美色吧。

其实"男色"一词,古已有之。从字面上看,说的似乎是容貌,殊不知它有着特殊的含义。也许因为这个词已在淘汰之列,故只有少数词典收列。《汉语大词典》的释义是,"谓男子以美色受宠","后指出卖色相的男人"。该词典还明确指出,"男宠"犹"男色","男妾"犹"男宠"。《茶余客话》中的"淫荡喜男色",《晋书·五行志下》中的"男宠大兴",《花月痕》中的"广置男妾"——男色、男宠、男妾,三书用了三个不同的称谓,说的都是同一类人,他们都是以"出卖色相"而"受宠"的。

"色"当然可以指容貌,不过汉语中的"色"常和"欲"纠缠不清。比如,"色情"是指具有挑逗性的男女情欲,"色鬼"是指沉溺于情欲的好色之徒,在民间俗语中有"色字头上一把刀",有"酒肠宽似海,色胆大如天",包括李白诗中的"以色事他人,能得几时好",白居易诗中的"汉皇重色思倾国,御宇多年求不得"……凡此种种,"色"后面总藏着一个"欲"字。"男色"一词也不例外,只不过"欲"的对象是男人而已。上述报道,标题如写作"美男风暴",品位虽然不高,至少在语言上没有大错;说成"男色风暴",真不知置"美男"的声誉于何地。

语丝

『柴米油盐酱醋茶』

草 木

开门七件事,常被人引入诗中。有一穷苦书生,家里揭不开锅,声声长吁短叹,又恐惊扰父母,孝子之心令人感动:

柴米油盐酱醋茶,天天为它愁断肠。
吞声不敢长嗟叹,唯恐高堂添白霜。

清人张粲在自己的书斋题了这么一首诗:

书画琴棋诗酒花,当年件件不离它。
而今七字都更变,柴米油盐酱醋茶。

诗中七雅七俗对照鲜明,诗人境况今不如昔,读来令人心酸。

有一妇人对夫君纳妾不满,也作诗一首:

恭喜郎君又有她,侬当洗手不当家。
开门诸事都交付,柴米油盐酱与茶。
『醋』哪去了?原来被这妇人吃到肚里去了。

谁戴"绿帽子"

张维伟

2002年3月13日的《兰州晨报》刊载了一篇题为"克林顿卸任后麻烦不断"的文章。文章说,克林顿与前副总统戈尔的女儿明来暗往,关系暧昧,导致了与夫人希拉里的感情危机。文中有这么一句:

"希拉里忍受不了戴绿帽子的耻辱,愤然决定'休夫'。"

"绿帽子"一词用错了。"绿帽子"是给男人戴的,不能套在女人的头上。

何谓"绿帽子"?要回答这个问题,就必须了解绿色在汉民族史上的文化象征含义。

古代汉民族是重色彩的民族。汉武帝之后,随着儒家礼乐制度的建立,服饰的尚色制度也逐渐建立起来。服饰的颜色成为区别贵贱、尊卑的一种手段。唐代官制规定,六品、七品官着绿服,八品、九品官穿青服。白居易被贬为江州郡司马,官列九品,所以,《琵琶行》诗中用"青衫"代称。他的《忆微之》诗云:"折腰俱老绿衫中",形容仕途坎坷,人老白首仍屈身于低微的"绿衫"行列之中。元明两代,乐人、妓女必须着绿服、青服、绿头巾以标志所从事的贱业。《元典章》规定:娼妓之家长和亲属男子裹青头巾。由此,"青头巾"就与娼妓之男性亲属有了联系。由于青、绿二色比较接近,又同属贱色,人们习惯于说"绿头巾"。由于绿色与娼妓有关,后来,"绿头巾"专用来指妻子有不贞行为的男人,并演变成了"绿帽子"。明郎瑛《七修类稿》卷二十八载:"吴人称妻有淫行者为绿头巾。"甘肃镇原方言中有"绿头"一词,用来戏称妻子与别人私通的男人,与"绿头巾"可能有共同的语源。

几种权威的工具书《辞海》《辞源》《汉语大词典》《汉语方言大词典》等对"绿头巾""绿帽子"的解释基本相同。例如,"绿头巾",《辞海》注:"旧因称妻有外遇为戴绿头巾";《辞源》注:"引申指其妻子与他人有不正当行为者"。两者都是针对女性一方的不贞而言的。

笔者翻阅了明清以来的一些小说,没有发现女人戴"绿头巾""绿帽子"的说法,"绿头巾""绿帽子"无一例外是戴在男人头上的:

1. 争奈这样混帐戴绿头巾的汉子,没等那老婆与他一点好气,便就在他面前争妍取怜。(明西周生《醒

中国公民何处遭劫

王玉玮

中国驻新西兰大使馆提醒赴新中国公民注意安全
在新中国公民屡遭抢劫

"在新中国公民屡遭抢劫",这是《济南时报》2002年5月26日22版的一条新闻标题。乍一看,简直吓了一跳,难道新中国的治安如此糟糕?

在习惯上,人们常常会把这条没有标点的标题断成"在新中国"和"公民屡遭抢劫"两部分;而读了引题和正文后才明白,此处的"新"非"新旧"之"新",而是"新西兰"的缩略。其实只要将原标题的语序调整一下即可免去由此产生的歧义:"中国公民在新屡遭抢劫"——既不增添一字,又可保留拟题者的初衷,何乐而不为!

———————————————————

世姻缘传》六十六回)

2. 孙三拍拍她马屁,也得了不少钱,自然没有话说,情愿戴了绿头巾,到小寓中伺候她。(清燕谷老人《续孽海花》三十二回)

3. 我下了不戴绿帽子的决心。她越哭,我越狠。(老舍《大悲寺外》)

4. 可怜回回竟把禾禾当作了座上客,扮演了一个可笑的戴绿帽子的角色……(《贾平凹文集·鸡窝洼的人家》)

从使用情况看,明清多用"绿头巾",现代多用"绿帽子",这可能与中国男子服饰习俗的变化有关。但不论哪一个,都指妻子与别人有染而使丈夫蒙羞。

看来,《克林顿卸任后麻烦不断》一文的作者不知道"绿帽子"一词的来历,以致犯了"男冠女戴"的错误。假如是希拉里红杏出墙,那么,给克林顿戴上"绿帽子"倒是名正言顺的。

何谓"添陪末座"

朱永宁

毕克官先生在《人民政协报》2002年3月9日《不忘七届二十一组》一文中写道:"尽管政协里平等的气氛很浓,工作人员不分年老年轻都以'委员'称呼,但辈分摆在那里,何况其中有几位还是我的老师。所以,自己的心态是'添陪末座',多多学习。"

什么叫"添陪末座"呢?如果按字面意思理解:似乎是说毕先生作为七届全国政协新委员,被分配在文艺21组,这个组的委员多为海内外知名的艺术家,有几位还是毕先生的老师。所以毕先生对他们怀着虔诚敬重的心情,不敢僭越,就在最末一个座位后面添加一个座位,陪坐在那里,"多多学习"。

我认为"添陪末座"不妥,应是"忝(tiǎn)陪末座"。正如毕先生所说:"政协里平等的气氛很浓",委员们分组开会是不设什么"末座"(座位分尊卑时,最卑的座位叫末座)的。毕先生这里只不过要用一个文雅的词语,以表达自己对前辈、对老师谦逊恭敬之情而已。《现代汉语词典》对"忝"字的释义为:"谦词,表示辱没他人,自己有愧。"例句是"忝列门墙(愧在师门)"、"忝在相知之列"。"忝陪末座"用法正与例句相同,意思是说,和前辈老师们在一起开会,即使自己陪侍在最卑微的座位上,也感到是辱没了老师,自己心中有愧。

"忝"错为"添",常常会使句意似是而非,作者要表达的谦逊恭敬之情也因此荡然无存。无独有偶,贵州省政协主办的《文史天地》2002年第3期《序魏宇平兄书法展》中也出现了这样的问题:"今不揣冒昧,添陈拙词以序其书法艺术展,祈就正于高明焉。""添陈拙词"当是"忝陈拙词"之误。

向你挑战

一封未写完的信

编者按

这是2002年度全国首届出版专业技术人员职业资格考试"出版专业基础知识(初级)"试卷中的一道题。该题的形式为一封未写完的信,信中设计了多处语文差错。请你一一改正过来。答案下期公布。

尊敬的赵老师:

您好!离开学校已经几个月了。毕业典礼那天,那种依依不舍的心情,实在难于用言语来描摩。我是直到6月30日下午,才一步一回头地跨出校门的,差点误了回家的火车。四年的校园生活转眼间已成为历史,然而,您一直给我们说的"建设现代化的中国,要靠你们这些年轻的一代"那句话,却仍然在我的耳边回响。

我已如愿到了出版社,从事想往已久的编辑工作。我所在的文化理论编辑室,真可谓人才挤挤。室主任不仅在历史学方面有很深的造诣,而且待人和蔼可亲,做事一丝不苟,对青年编辑更是谆谆教导。只要一提起主任,同事们都会竖起大姆指,夸耀他是一个德才兼备的好干部。能在这样的环境下工作,我感到十分幸运。我一定要像老同志那样,认真对待每一份稿件,绝不敷衍凑和。

在学校时,虽然接触图书,但对图书市场是什么状况,自己并不了解。到了出版社后,才知道这一领域的竞争十分激烈。我社实力雄厚,出过一批脍炙人口的好书,孰不知在出版观念、经营体制方面，同样存在着很多不适应的东西。为了更准确地把握市场的脉搏，社里正在提高改革的力度，提出了"坚持主弦律，占领至高点，瞄准精品书"的口号。这为年轻人提供了广阔的用武之地。

根据社里的安排，我于上星期接了一部书稿，内容是谈儿童心理发展的。我读后，觉得它至少有三个特点：一是立论不落巢臼，二是有大量生活实例，读来有亲切感；三是语言明快、犀利，常有出奇不意的发挥，让人拍案叫绝。这虽然是部学术著作，但它具有独特的魅力，一定能受到老师的欢迎，而且也会获得家长的亲睐。

为了制订明年的选题计划，我们正在开展市场调查。前些日子，我一股作气地跑了湖北的武汉、湖南的长沙、湘潭等地，走访了当地的书店，听取了营业员的意见，对市场增加了一点感性认识。我认为一个出版社，一定要有自己的追求，同时要有创新意识，敢于标新立异，打造自己的品牌，而不是千篇一律，千人一面。除此以外，还要善于做好营销工作，不断扩大市场的复盖面。记得王国维说过，治学有"三种境界"，出版何尝不是如此？只要我们持之以恒，努力不懈，"衣带渐宽终不悔"，就一定会"蓦然回首，那人却在灯火阑姗处"的一天。

《组装成语》参考答案

至少可组装 11 条成语：

1. 异想天开　　2. 经天纬地　　3. 天经地义
4. 地老天荒　　5. 非同小可　　6. 想入非非
7. 荒诞不经　　8. 义不容辞　　9. 不毛之地
10. 天地不容　　11. 异口同声

学好语文 要咬文嚼字——

《咬文嚼字·学生版》

发掘文字宝藏
品味语言芬芳

《咬文嚼字·学生版》2003年扩版，16开，48页，全年8期，每期定价3元，全年28元(含邮费)。

欢迎订阅，欢迎投稿。

★主要栏目★

汉字望远镜	词语方向标	文化流星雨	漫画大王DIY
啄木鸟	小牛犊	顺风耳	红绿灯
青青橄榄树	七彩太阳花	阅读健身吧	神奇宝葫芦
三味屋	百草园	醒堂木	哈哈镜

如在当地购买不到，可向上海文艺出版邮购部邮购。
电话：021-64372608-291
地址：上海市绍兴路74号
邮政编码：200020。

YOUZHAO WEIZHENG
有 照 为 证

◆ 西湖中的错字 纪梅

这是竖在杭州西湖中的一块木牌,意思是此处堆放新辟荷区的泥土,读来别别扭扭。由于书写者把"增"误写成"圦",更令外来游客一时不明所以,也让西湖的美丽打了一个折扣。

◆ 何为"燃销" 朱黎平

这是笔者在浙江丽水街头摄下的。因不明"燃销"为何意,特请教店主,店主也说不出所以然。

恐怕生造此语者是想用燃烧来比喻热闹、火爆的购物场面,期望商品能很快一销而空吧。

ISSN 1009-2390

刊号:CN31-1801/H 国内代号:4-461
定价:2.00元

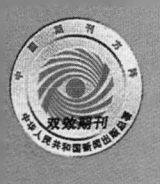

YAOWEN-JIAOZI

咬文嚼字

2003年 第6期

上海文化出版社

庆祝《咬文嚼字》出版100期

为庆祝《咬文嚼字》出版100期，2003年4月23日，本刊在上海华侨大厦召开"国际大都市与语文规范化研讨会"，到会专家约60人。有关报道见本刊封二、封三。

会场全景

专家在签到

本刊顾问、上海师范大学张斌教授

本刊主编、上海文化出版社总编辑郝铭鉴编审（右）主持会议

本刊顾问、复旦大学濮之珍教授

上海市语办公室张培先生

卷首幽默

"鸡　场"

孙　容·文
麦荣邦·画

总经理在外地开会,返回以前,通知司机到机场接他,可司机传呼机上出现的留言是:"3日下午2点,到鸡场接。"司机大惑不解,总经理到鸡场干吗?

目　录

咬文嚼字
2003年6月1日出版
第6期
（总第102期）

主管：上海市新闻出版局
主办：上海文化出版社
编辑：《咬文嚼字》杂志社
E-mail：yaowenjiaozi@sina.com
电话：021-64330669
传真：021-64330669
邮购电话：021-64372608-291
地址：上海市绍兴路74号
邮政编码：200020
发行：上海市报刊发行局
订阅处：全国各地邮局
国内代号：4-641
ISSN1009-2390
CN31-1801/H
电脑排版：
　上海艺文激光电脑排版厂
印刷：上海中华印刷有限公司
广告业务：
　上海文艺广告传播中心
电话：021-64431400
广告经营许可证：沪工商广字
　3101034000029号
定价：2.00元

卷首幽默
"鸡场"……………孙　容　麦荣邦（1）

语林漫步
从"非典"说到缩略语…………秦　怀（4）
"大公鸡"和"老母鸡"……………宗守云（6）

锁定名人
"神奇"的土地……………………孙景龙（8）
此鼎非彼鼎………………………汪明远（9）
金圣叹非大明忠臣补说…………金文明（10）

时尚词苑
从"哈日"说到"哈盘"……………高丕永（11）
"冲浪"小识………………………程　洁（13）
昨天的"妖"与今天的"妖"………于汇芳（14）

追踪荧屏
魏明伦误说"宫保"………………赵隆生（16）
"皇榜"还是"黄榜"………………陈璧耀（17）
皇太极是"四哥"吗………………黄文健（19）
应是"钧座"………………………石谷文（20）
"已亥"和"庚戊"…………………郭殿忱（20）

一针见血
45℃的酒？………………………王从海（21）
"当今"不是"历史"………………高淑琴（21）
神行太保何曾穿马甲……………白　京（21）
应是"金刚钻"……………………王德彰（22）
"高校征兵"？……………………魏文俊（22）
"魔障"与"魔怔"…………………汪德章（22）
"首开…先河"？…………………石维明（23）
有三位外国人参加长征…………王树人（23）
"跳楼秀"？………………………邱　川（24）
"试图"的误用……………………谷　村（24）
谁人雨巷抒情……………………木　桃（24）
那朱不是这朱……………………何培刚（25）
体积、面积不可比………………周依仁（25）
三个月的"徒刑"？………………冯　斌（25）

栏目	篇名	作者	页码
我与《咬文嚼字》	九三老人独白	陈同年	(26)
	知名·知人·知刊	石东海	(27)
	反"咬"一口	王中原	(28)
	不打不成相识	赵昌春	(28)
文章病院	何谓"友谅"	冀平泉	(30)
	"五脏六肺"说不通	潘素芳	(31)
	"唧唧"与"卿卿"	陆 如	(32)
	"附庸风雅"是贬义词	村 友	(32)
	宋徽宗不该乱吟诗	谷士锴	(33)
	谁"接待"谁	邵 兴	(34)
	何来"矛盾文学奖"	胡 哲	(34)
过目难忘	最难忘的一则报纸标题		(35)
	两部影片写一生	马立峰	(35)
	巧用国名	顾 遥	(36)
	"孔雀东南飞"	王培焰	(37)
	"小豹子"咬人	王道庄	(37)
	"跳高"和"跳伞"	郭 明	(38)
百家会诊	丛书名称用书名号还是引号？		(39)
	混乱现象一瞥	王国锋	(39)
	不能厚此薄彼	傅满义	(39)
	大势所趋	王惠明	(40)
	保持标点的连贯性	李美仙	(40)
	剖析一份文件	黄鸿森	(41)
	用引号自有道理	白 洁	(42)
	不宜一刀切	林利藩	(42)
	"丛书"二字的位置	洪 生	(42)
百科指谬	诸葛亮与诸葛恪是兄弟吗	周益新	(44)
	五星红旗何时问世	一 言	(45)
	李闯王没看上陈圆圆	概拾谷	(46)
	美国何来"战争部长"	孤 闻	(46)
语丝	"人生"的定义	晓 秋	(7)
	数字巧喻农具	姜洪水	(12)
	雨果的无字信	唐 山	(27)
	最早的"座右铭"	陈小平	(29)
	精短的剧本	刘金海	(38)
	观钓	顾 豪	(45)
向你挑战	找病句		(47)
	《一封未写完的信》参考答案		(48)

顾问 张 斌　濮之珍
主编 郝铭鉴
编委 李玲璞　何伟渔
　　　　陈必祥　金文明
　　　　姚以恩
特约编委
　　汪惠迪(中国香港)
　　田小琳(中国香港)
　　林国安(马来西亚)
　　吴英成(新加坡)

责任编辑 黄安靖
发稿编辑 韩秀凤
封面设计 宫 超
特约校读 王瑞祥
　　　　　陈以鸿

6—3

语林漫步

从"非典"说到缩略语

秦怀

近些日子,打开报纸,除了伊拉克战争外,报道得最多的,便是非典型肺炎。它已成为一个世界性的话题。媒体在报道时,一般喜欢用"非典型肺炎"的简称:"非典"。请看2003年4月13日的《新民晚报》:《再接再厉做好"非典"防治》《十九个国家和地区发现"非典"》《北京首位"非典"患者痊愈》《"非典"元凶是冠状病毒》……毫无疑问,"非典"这一简称已成高频用词。

简称,规范的说法应是略语、缩略语。它的作用是,口头表达可节省时间,书面表达可节省版面。它是语言追求经济性的表现。前些日子,"人大"和"政协"开会,如果不用简称,每篇报道都要一字不漏地写上"全国人民代表大会"和"中国人民政治协商会议",那写的人不胜其苦,读的人也会不胜其烦,"两会"报道的效果会大打折扣。仅此一例,即可说明缩略语的作用是不可小觑的。

然而,缩略语是一柄"双刃剑"。它可以以一斑而窥全豹,达到省时省力的目的;可是如果缩略不当,则可能导致信息模糊,甚至南辕北辙,让人百思而不得其解。记得有人到过"离协",以为那是一个"离婚者协会",闹了半天才明白是"离休干部协会"。本人也有类似的经历,那年到北方出差,拜访过一"地产办",想当然地以为他们是经营房地产的,交谈之后才知道原来是"地方土特产办公室"。真是一"念"之差,此"地"到了彼"地"。

当代社会是个高速发展的社会，它的文化特征之一，便是新词新语大量涌现。有了这个前提，缩略语自然也空前活跃。为了提高语言表达的质量，本人认为，在缩略语使用方面，至少要注意以下三点：

一是注意修辞色彩。简称要保持全称的"原汁原味"，要"以一目而尽传精神"，而不是"变腔变调"。比如邓小平提出的"建设有中国特色社会主义理论"，报纸在宣传时，开始用的都是全称，因为这是一个非常科学的概括，一时很难找到形神兼备的缩略形式，"邓小平理论"那是后来才琢磨出来的；某报曾经尝试把它缩略成为"中特理论"，但在新闻界没有得到响应。确实，"中特理论"，简则简矣，但失去了原有提法的庄重和严谨，特别是还容易让人产生中国特殊之类的错误联想。这样的缩略显然是不适宜的。

二是注意消除歧义。歧义是表达的大敌。歧义，无论是词汇的，还是语法的，除非出于修辞需要，否则都会干扰表达效果。缩略语是关键词或语素的重新组合，可能产生始料不及的情况。记得当年有则相声，谈到有人把"上海吊车厂"缩略成"上吊厂"，把"自贡杀虫剂厂"缩略成"自杀厂"，赢得了满堂笑声。其实在生活中，这样的例子并不鲜见。"人才交流中心"缩略成"人流中心"，"骨科干部病房"缩略成"骨干病房"，不都是相声创作的绝妙素材吗？日前见到有则标语，大书"做一小人"，让人看了发愣，打听以后方知，原来不是什么大人小人，而是"一小"人——"一小"是当地第一小学的简称。

三是注意应用场合。不同的缩略语，有的全国流行，有的有地域色彩；有的是社会通用的，有的是行业专用的；有的和大众有关，有的纯属圈子语言：因此，不能不加分析，乱搬乱用。比如，"'央笑'进展顺利"，中央电视台的人可能知道"央笑"是中央电视台拍摄的《笑傲江湖》电视剧，但一般读者看到"央笑"这个简称，肯定会丈二和尚摸不着头脑。本人有次读报，见到一则大标题："'战杂'现象值得关注"。我请教过当时在场的人，问他们"战杂"到底指什么，有人说指战斗力强的杂文，有人说向商品市场上的"杂牌军"宣战，还有人说是清扫杂物，美化环境。这当然都是蒙的，但没有一个人蒙对。"战杂"，实际上是"战士杂技团"的简称。在部队里，也许提到"战杂"，无人不晓，但面对地方读者，如此简称，只会让人如堕五里雾中。

6—5

"大公鸡"和"老母鸡"

宗守云

人民网2002年7月8日的一则消息中写道:

在汉阳陵西约500米处的从葬墓坑里,各种造型独特、形象逼真的动物格外引人瞩目:引颈高歌的大公鸡、踱步休闲的老母鸡、翘尾戏水的鲤鱼、昂首竖耳的狗以及成群结队的牛、羊等,整个墓坑活似一个"动物世界"。

这里有"大公鸡""老母鸡"的说法。这样的说法颇符合人们的说话习惯。的确,在日常生活中,我们常常说"大公鸡",一般不说"老公鸡";常常说"老母鸡",一般不说"大母鸡"。这里难道有什么道理可讲吗?当然有。这跟人们的认知密切相关。对公鸡来说,人们比较看重它的审美价值。在人的认知中,公鸡越大就越漂亮,其审美价值也就越高。在儿歌中,有"大公鸡,真美丽:红冠子,花外衣"这样的句子,这就是人们对大公鸡认知的反映。而对母鸡来说,人们比较看重它的实用价值。在人的认知中,母鸡越老其实用价值就越高,母鸡的价值跟它的大小无关。老母鸡的实用价值表现在两个方面。第一方面,老母鸡可以很好地保护鸡雏。因此,人们常常把保护者比喻为"老母鸡"。例如:

商家努力营造宾至如归的氛围,会所成了我们的家。商家是老母鸡,会员是跟在母鸡后面的一大群小鸡,确保能吃上合口味的玉米粒。(《深圳都市报》2002年9月24日)

另外,人们也常常把老母鸡保护鸡雏看作是一种溺爱。而在中国的家庭教育中,家长给予子女更多的也是溺爱,所以有人把中国的家庭教育称为"老母鸡式"教育。例如:

同时,学校又较少关注学生的心理健康,再加上家庭"老母鸡式"的教育和社会上的各种不良影响,所以青少年的心理健康问题越来越突出。(《解放军报》2002年3月18日)

老母鸡实用价值的第二方面是它具有食用价值。老母鸡会生蛋,还可以用来炖汤。在人的认知中,用老母鸡炖的汤具有很高的营养价值。如果某人把自己家里正在下蛋的老母鸡杀掉给客人炖汤喝,那可以说是最真诚的待客表现。例如:

8年的部队生活是在地地道道的农村度过,乡亲们对子弟兵的那份深情让他终生难忘。房东大伯一家宁愿吃高粱小麦,用节省下来的白面给战士们包饺子。生病时,一位大妈像慈母一样守候在他身旁,还杀了家里正在下蛋的老母鸡给他熬汤喝。(《中国文化报》2000年11月23日)

当然,客观事实并非完全如此。医学专家警告人们说,用老母鸡炖的鸡汤所含的营养比一般鸡肉要少得多,并且高胆固醇患者、高血压患者、肾脏功能较差者、胃酸过多者、胆道疾病患者,不宜多喝。如果盲目以老母鸡汤进补,只会进一步加重病情,对身体有害无益。(见《健康时报》2002年6月13日)可见,人的认知和客观实际并不一定是一致的。但对于语言运用来说,人们往往更注重认知的一面。

人们一般不说"大母鸡""老公鸡",但并不等于绝对不说。在语料中我们还是发现了这样的说法。"大母鸡"在意义上和"老母鸡"没什么区别,但语用量极少,我们在搜集到的近百条语料中,仅发现一例。"老公鸡"则只用于两种场合。一是贬义场合。例如:

这些"公仆"钱多,吃饱喝足,精力充沛,就像只性欲旺盛的老公鸡。(《法制日报》2001年4月8日)

二是诙谐场合。因为重庆是著名的老工业基地,人们便戏称重庆为"老公鸡"。当然这已经不是"老公鸡"的本来意义了。总的来看,"老公鸡"和"大母鸡"一样,其语用量都是非常少的。

语丝

"人生"的定义

晓秋

关于人生的内涵,在中国的词典上大多是这样说的:"人生是指人的生存以及全部的生活经历。"但在美国的教科书上却被表述为:"人生就是人为了梦想和兴趣而展开的表演。"一日"表演",一日"生存",中西不同的文化色彩可见一斑。

锁定名人

"神奇"的土地

孙景龙

1983年,笔者阅读北京出版社出版的中央广播电视大学教材《范文读本》时,发现孙犁的短篇小说《山地回忆》开头有这样一段话:"阜平的农民没有见过大的地块,他们所有的,只是像炕台那样大,或是像锅台那样大的一块土地。在这小小的、不规整的,有时是尖形的,有时是半圆形的,有时是梯形的小块土地上,他们费尽心思,全力经营。"我读这段话的时候,觉得阜平的土地很神奇,虽然地块小,但是"有时是尖形的","有时"会变成"半圆形","有时"又变成"梯形"。但仔细一想,这怎么可能呢?土地怎么会变化?即使说的是阜平人改造土地,也不会变化得这样频繁,况且这小说并不是写阜平人平山造田。想必是排版时误植,将"有的"排成了"有时"。

这篇小说,1993年被人民教育出版社中学语文室选入中等师范学校语文教科书(试用本)《阅读和写作》第一册;1999年版国家教育部规划教材,中等师范学校语文教科书(试用本)《阅读和写作》(人民教育出版社中学语文室编著)第一册第一篇文章也是孙犁的这篇小说,遗憾的是,文章依然写的是"在这小小的、不规整的,有时是尖形的,有时是半圆形的,有时是梯形的小块土地上,他们费尽心思,全力经营"。看来不是误排,而是孙犁先生的笔误,原作本就如此。我又查阅了百花文艺出版社1981年出版的《孙犁文集》(一),《山地回忆》中这段话,也分明写的是"有时"。

"有时"与"有的"各有其用。"有时"强调某一陈述对象整体在某一时间内的情况是一种样子,而在另一时间内又是另一番样子,如"那里的天气,有时冷,有时热"。陈述的对象是"那里的天气",说"那里的天气"在不同的时段冷热不同,有变化。而"有的"则是说某一陈述对象整体中的某一部分如何,而另一部分又是另一种

6—8

此鼎非彼鼎

汪明远

李国文发表在2000年2月21日《人民日报》的文章《一部了解中国的全新读本——读〈中国通史图说〉》(《新华文摘》2000年第5期转载)中说:"有机会到故宫博物院,看看那里的青铜器,便可了解《红楼梦》中曹雪芹形容贾府是'诗书簪缨之族,钟鸣鼎食之家',这'鼎食'二字,就可估计金陵贾府该是多少人口之家了。大型的鼎,煮进去一头牛,也是富富有余的。"看后令人茫然。

曹雪芹在《红楼梦》第二回中借冷子兴之口说,贾府"这样钟鸣鼎食之家,翰墨诗书之族,如今的儿孙,竟一代不如一代了"。这是说"贾府的'儿孙'过着金屋绣榻、钟鸣鼎食的贵族生活",与贾府人口之多少没有关系。

"钟鸣鼎食"源出《史记·货殖列传》:"郅氏鼎食……马医,浅方,张里击钟。"张衡《西京赋》有:"击钟鼎食,连骑相过。"王勃的《滕王阁序》有:"闾阎扑地,钟鸣鼎食之家。""钟鸣鼎食"的意思是说古代贵族用餐时,打击乐器,用鼎盛食物,形容生活奢侈。

人民文学出版社版《红楼梦》第23页脚注亦说"钟:乐器。鼎:一种三足两耳的金属器皿,这里是指盛菜肴的食具。贵族家庭宴享祭祀时,鸣钟列鼎,后常用'钟鼎之家'代指豪门"。可见,李先生对"鼎食"二字误解了。鼎食就是列鼎而食,即就餐时用鼎盛菜肴,极状生活奢侈豪华,与能煮一头牛的大型鼎不搭界。

不错,鼎有多种,用途也广:有传国重器,有载牲祭祀之器,有烹饪器,有刑器,有炼丹、煮药、煎茶、焚香之器,还有撰录先祖功德之器。但"钟鸣鼎食"中的"鼎"却是用来盛菜的盛器而非煮器,此鼎非彼鼎矣。

样子,如"十个指头,有的长,有的短"。陈述的对象是"十个指头",说"十个指头"长短各不相同,只表示整体中各部分的比较,不表示时间变化。《山地回忆》中这段话叙述的对象是阜平的土地,说那里的土地地块小、不规整,其中有"尖形的",也有"半圆形的",还有"梯形的",而不是说阜平的土地在不同的时候呈不同的形状,显然应该用"有的",而不能用"有时"。

金圣叹非大明忠臣补说

金文明

余秋雨先生在《文化苦旅·白发苏州》中写道:"你看大明亡后,唯有苏州才子金圣叹哭声震天,他因痛哭而被杀。"这段文字给人的感觉是,金圣叹不愧为朱明王朝的忠臣。你看,"大明亡后",唯有他一个人号啕大哭,而且哭声震天价响,最后还因此引来杀身之祸。

对此,2000年第9期《咬文嚼字》,已有叶才林先生指出金圣叹"哭声震天",和"大明亡"毫不相干。这里,我想补充两则材料,看看金圣叹算不算明朝的忠臣。

(一)李景屏女士在《清初十大冤案》中写道,顺治年间,有一位被皇帝金殿召对的道忞和尚传出消息:当今皇上在谈话中提到了苏州的金圣叹,说他所批的《西厢》《水浒》"议论尽有遐思,未免太生穿凿,想是才高而僻者"。此话传到金圣叹耳里,顿时在他胸中激起了波澜,他"不禁'感而泪下',怦然心动,抑制不住内心的激动,挥笔写道":

半夜虚传见贾生,
同时谁会见长卿?
卧龙只合躬耕死,
老骥何由仰枥鸣。
岁晚鬓毛浑短尽,
春朝志气忽峥嵘。
何人窗下无佳作,
几个曾经御笔评!

这首诗,不正反映了金圣叹在受到清朝顺治皇帝的青睐之后,流露出来的洋洋得意之情和刻骨铭心的知遇之感吗?

(二)北京大学教授邓之诚生前在《清诗纪事初编》卷三中写道:

〔金圣叹〕《秋感八首》诗序谓:"庚子(顺治十七年,1660)正月,邵子兰雪从都门归日,述皇上见某批才子书,谕词臣'此是古文高手,莫以时文眼看他'等语。家兄长文为某道,某感而泪下,因北向叩首敬赋。"以工于抨击、略无忌惮之人,忽又感激皇仁,令人发笑。

还有什么材料能更有力地说明,此时的金圣叹,已经被顺治皇帝那句表扬性的评语陶醉得骨酥筋软了呢?他哪里还会为灭亡了十七年的大明皇朝失声痛哭啊!

时尚词苑

从"哈日"说到"哈盘"

高丕永

日前,在因特网上"闲逛"时,发现某宠物网站上有篇文章,说到领养的一只小狗极其可爱,但还没有学会"哈人",很是烦恼。这个"哈人"是什么意思呢?为此,笔者特地留意了一下媒体上的"哈~"词语,发现数量真不少。我们可以根据动词"哈"含义的不同,把这些词语大致分为以下四类。

第一类:"哈(hā)",指"非常喜欢"。最早出现的,是1998年在台湾露面的"哈日"。"哈日",现已收入2003年1月出版的《新华新词语词典》。这个"哈",据台湾《闽南语字汇(二)》介绍,来自闽南方言,意思是"受吸引而强烈羡慕"。"哈"的对象,一般是某一国家、地区的流行文化现象。常见的还有"哈韩、哈华(哈中)、哈美、哈拉丁"等。"哈"的对象,还可以是人或物。对象是人的,如"哈哈"(哈利·波特);对象是物的,如"哈猫"(动画猫)、"哈电"(电子产品)、"哈书"、"哈瓷"等。

第二类:"哈(hā)",指"软求、讨好"。典型用例也是"哈日"——另一个"哈日"。例如:"从小就起了日本名'岩里政男'的李登辉,可以说完全是日本人的'乳汁'豢养大的,他不'哈日',谁'哈日'?"(《人民日报·华东新闻》2002年10月29日)这个"哈"的意思,可以看成是第一类"哈"的引申。实际上,北京方言里本来就有这个指"软求"的"哈"。例如:"不行就是不行,老哈人也没用。"(见《北京方言词典》《汉语方言常用词词典》)"哈人"时说的话可想而知,所以丢人的话、泄气的话从前叫做"哈话"。《西游记》第二十回里有这样一句："行者道：'老儿，莫说哈话。我们出家人，不走回头路。'"猫狗见到主人非常亲近，也叫"哈人"。本文开头提到的"哈人"，就是这个意思。

第三类："哈(hǎ)"，指"斥责、警告"。北京方言和四川方言里都有这个"哈"，如"哈了他一顿"（参看《北京方言词典》《北京话词语》《四川方言词典》）。史学家齐如山先生，在上世纪三四十年代撰写了记载"大多为北数省普通之言语"的《北京土话》，该书也收录这个"哈"，释义为"申饬"，即"斥责、告诫"。晚清，下人的"听命而行"，有叫"听哈"的。例如："我虽在这里听哈，里头却也有两个姊妹成个体统的，什么事瞒了我们。"（《红楼梦》第六十一回）"听哈"，现在仍在使用，但往往写成"听哈唤"，例如："咱们当小兵的，还不是拉磨的驴，听哈唤！"（《便衣警察》，作家出版社 2001 年）

第四类："哈"(hā)，指"呵气"。目前特别时尚的只有"哈盘"一个。所谓"哈盘"，就是"哈盘族"选购刻录光盘时，常常往光盘的刻录面呵气，再查看是否有某些品牌光盘特有的防伪标记。这些防伪标记，一般状态下看不见，但呵上气后，就会在凝结的水汽中显现出来。"呵气"，东北方言里说成"哈气"，例如："时值腊月，正是哈气成霜的时候"（见《简明东北方言词典》)。吴方言里也常用这个意思的"哈"。现在说的"哈欠"，以前也叫哈气，《红楼梦》第五十一回有这样一句："麝月翻身打个哈气，笑道：'他叫袭人，与我什么相干！'"

语丝

数字巧喻农具

姜洪水

一九七八年底，绝大多数下乡插队知青先后回城分配工作。小王回城后，去信打听同学小李的情况。小李复信说：「我现在仍在10097生产建设兵团哩。」小王琢磨一番，终于读懂了：「1」是扁担，「00」是两只尿桶，「9」是尿勺，「7」是锄头。原来小李还在农村。

"冲浪"小识

程洁

上海电视台的名牌栏目"智力大冲浪"日久弥新,依然活力四射。由于创意独特,此栏目在综艺界声誉鹊起,独领风骚。"智力大冲浪"这个名称也可谓尽人皆知。

"冲浪",本来是指脚踏特制冲浪板随着海浪滑行的水上运动方式。由于这种体育运动富于刺激性和冒险性,人们很自然地将遭遇或接受挑战也称为"冲浪",如:

可是,这群牧民的后代,还没有学会在市场经济的大潮中"冲浪",自己却很快被大浪冲上了礁岩,一点"资本"亦被浪头卷走,剩下的只有失落和遗憾。(《人民日报》1995年8月12日)

2002年1月17日启动的"恒源祥10万元创业冲浪计划"就是通过向高校学生、教师、出国留学生和再就业创业者征集创业计划书,并最终为最优者提供10万元创业启动资金。(《人民日报》2002年1月19日)

除了水上"冲浪",我们还发现了一种称为"高空冲浪"的运动方式:2000年10月22日,上海电视台生活时尚频道的"今日印象"栏目,报道了澳大利亚女子波琳·理查兹的"高空冲浪"表演。坦率地讲,将这种由高空落下在打开降落伞之前做出各种高难度动作的运动称为"花样跳伞"也许更为恰当,不过因其高度的刺激性和强烈的视觉冲击与水上冲浪有异曲同工之妙,采用仿拟造词也就顺理成章了。

由于"冲"字原有"很快地朝某一方向直闯,突破障碍"和"猛烈地撞击"的含义(参看《现代汉语词典》),"冲浪"一词也就给予人们极富形象感的鼓动意味,因此它的比喻义被广泛应用于各种场合。如,《人生冲浪记》(辽宁人民出版社1988)、《股海冲浪》(中国财政经济出版社1999)、《药海冲浪丛书》(上海科学技术出版社2001)等书名中的"冲浪"就蕴涵着"搏击、奋争"之义。上文提及的"智力大冲浪"还含

昨天的"妖"与今天的"妖"

于汇芳

一谈起"妖",也许在人们心目中浮现出来的,不是三头六臂的怪物,就是搔首弄姿的女子。

这也难怪,"妖"似乎一直是贬义的。

早在《左传》中即有"天反时为灾,地反物为妖"的文字。其中的"妖"泛指一切反常的东西或现象。宋代的周敦颐在《爱莲说》中有名句:"出淤泥而不染,濯清涟而不妖。"上海的S版语文教材中,将这个"妖"解释为"美丽而不端庄"。另外,那些神话传说中的害人的怪物形象也随着孙悟空那句"妖怪休走,看棒!"而深入人

有显示智力才识、追求新奇之义。

在电脑普及、网络通达的今天,"冲浪"一词更是成了网络上的常用词。什么"网上冲浪""尽情冲浪""感受冲浪"的说法铺天盖地。有时"冲浪"简直成了上网的代名词,就连在Internet上没有目的地浏览也可美其名曰"网上冲浪"。(参见《网络流行风——网上聊天词语妙用》,上海社会科学院出版社)

这种专门用语泛化使用的现象,特别是体育用语的泛化使用已经成了今日媒体的一道风景。比如乒乓球比赛的"擦边球",现在常用来指代那些略略偏离原则而无伤大雅的一些做法;排球的"二传手"现在可以指在全局工作中起组织、协调、配合等作用的人或集体;还有诸如"越位""热身""抢逼围"等词在体育之外的领域也常会显露头角。

不同领域的术语相互借用固然是社会交际中表情达意的需要,但人们偏好旧词新用,追求形象、通俗的表达方式的心态却是我们这个时代的一大特点,不少时尚词语都体现了这个特点。

心。在词典中，关于"妖"的几个义项几乎无一是褒义的：或指妖怪；或指邪恶而迷惑人的；或指装束奇特，作风不正派。"妖"是否就是一个"十足"的贬义词呢？

其实不然。"妖"字的含义甚多，其一便是艳丽、美好之意。西晋文人陆机的《拟青青河畔草》诗中就有"粲粲妖容姿"的诗句。毛泽东的《沁园春·雪》中有"红装素裹，分外妖娆"的句子。蒲松龄笔下，妖也有了不少好的，她们或由动物修炼而成，或由植物精气所化，浪漫而纯情。

随着改革开放的春风吹遍神州，"妖"也逐步褪去了它那层妖魔化的外衣。有人以"迹近文妖的作家"来评论香港女作家李碧华，赞其"文字空灵有致，扑面感觉到狡黠聪慧，迷离惝恍"。在上世纪，围棋界中有人评价九段高手马晓春的棋风近乎"妖"，这是形容他的着法轻灵飘逸，迷惑性强。（肯定不含贬义！）马晓春的棋其实是有些仙气的，因此被赋予了"妖刀"的绰号，如《妖刀断了 佛心动了——评三星杯围棋赛》（《天府早报》2001年11月7日），"妖刀"就指马晓春。2002年5月22日的《重庆晨报》刊有《寄望米卢再挥"妖刀"》一文，文中的"妖刀"是另外一个意思，指的是神出鬼没的战术。股市中还将变化莫测的股票称为"妖股"。

"妖"已经越来越褒义化。"蓝色妖姬"，从电视剧名转移到玫瑰花名，后又成了电脑软件名称，甚至电脑病毒名称，简直让时尚男女们爱不释口！报纸上有用"画个出位的妖妆又如何"做标题的（《申江服务导报》2001年8月16日），有本杂志以"妖言妖语"作为专栏标题，上海市一家陶艺馆叫"陶之妖妖"，泸州更有自称为"妖"的企业（泸州酒妖酒业有限公司）。

网站的名称中带"妖"的不胜枚举：妖网、妖妖乐园、老妖论坛……女性网友取一个带"妖"字的网名更成了时尚：海妖、绿妖、舞妖、妖灵妖、水晶妖精……为什么许多女人争相做"妖"？因为现在有人认为"妖"是女人的最高境界：妖必美丽，妖必伶俐，妖必妩媚，妖必千变万化……妖就是美丽的女子，叫女人们怎能不想做妖，怎能不爱做妖？

因此，当"妖"以各种形式出现在语言里，当人们越来越多地在报纸、杂志、网络中看到"新新人类"自称或互称为"××妖"时，请不必惊诧，请不必感到迷惑不解。原来此"妖"早已非彼"妖"矣！

让众"妖"焕发出美丽的异彩吧！

追踪荧屏

魏明伦误说"宫保"

赵隆生

四川卫视一个讨论川菜的节目中(2002年8月12日),主持人向魏明伦先生请教何为"宫保鸡丁",魏说:"宫保是四川总督丁宝桢的官称。宫保是总督的别称。"此说有误。

关于"宫保鸡丁"的由来,历史学家唐振常先生说:"人们都以为宫保鸡丁是四川菜,其实是清末大吏丁宝桢的家菜,丁宫保是贵州人,因曾任四川总督,川菜名气大过贵州菜,因而归类把宫保鸡丁列入川菜。"(《饮食文化之类》)这里的"总督"与"宫保",虽然指的都是丁宝桢,却是两个不同的官称。这就引出一个问题,既然此菜因丁氏官四川总督而得名,为何弃"总督"而取"宫保"?

所谓"宫保",是清代对太子少保的尊称。因太子居东宫,东宫便成了太子的别称,故以"宫"称之。太子少保是官职,负责教导皇太子,汉代始置。要弄清它的由来,却要追溯到周代。

周代官制,设太师、太傅、太保,称三公;又设少师、少傅、少保,称三孤,为三公之副。少者,副也。孤,意谓特殊。三孤,是仅次于公、高于卿的特殊官职。这六种官职统称"师保"。师、傅、保三者,均含有辅佐和教导的双重意义。武王尊太公姜尚为"师",称"师尚父";成王时,"召公为保,周公为师"。师保地位颇高,是百官的首领。他们不仅要协助天子治理天下,还兼负教导天子的责任。

汉代沿袭了周代官制,于三公系列外又增设太子太师、太子太傅、太子太保,称东宫三师;太子少师、太子少傅、太子少保,称东宫三少。统称太子六傅,专事对太子的教导。隋、唐以降,太子六傅名存实异,只作为赠官加衔的名号,也与太子无任何关系了,如宋代的岳飞、明代的于谦皆加太子少保。这种"官职"虽非实职,却是荣衔,它意味着朝廷的优待。所以,获此加衔自可引以为荣,亦颇令人钦羡。

"皇榜"还是"黄榜"

陈璧耀

电视连续剧《康熙王朝》为减少视觉污染,专设了字幕审校,值得提倡。然而遗憾的是,污染却未能尽除,错字别字依然时有所见,如"股掌之中"错作"骨掌之中","叨扰"错作"讨扰"等。本文拟就另一个被误用的古文化词"黄榜"谈一些看法。

《康》剧第十七集中,周培公有一句非常自信的话:"两年以后我周培公必登黄榜。"同集中又有康熙对李明山说的"只怕你是上不了黄榜了"的话。遗憾的是字幕把这两个"黄榜"都打成了"皇榜",这无疑是错误的。

"黄榜"一词与古代的科举关系甚密。古代的科举考试先后有三榜:桂榜、杏榜和黄榜。桂榜是乡试录取举人的公告榜,因放榜时正值桂花盛开而得名;杏榜是会试录取贡士的公告榜,也因放榜时正值杏花盛开而得名;黄榜则是殿试之后朝廷发布的录取进士的公告榜。这虽是用皇帝名义发布的,但却不叫"皇榜",而因该榜以黄纸书写而名之为黄榜。黄榜也叫金榜,且有大小之分。小金榜由奏事处进呈于内,大金榜则由内阁学士加盖"皇帝之宝"的大印后张挂于外。大金榜就是通常所说的黄榜。认为加盖

清代自雍正朝起,实行秘密建储法,不公开立太子,但仍沿用古代制度,加给某些有功的大臣以这种虚衔,以示恩宠。如四川总督丁宝桢、直隶总督袁世凯、四川总督岑春煊皆加太子少保;总督自有别称,如制军、制府、制台、大帅等,人们却喜欢称其为"丁宫保""袁宫保""岑宫保",以示尊仰。这也是"宫保鸡丁"弃"总督"而取"宫保"的原因。然而,"宫保"并没有限定加赠给总督。如湘军将领彭玉麟,官至兵部尚书,亦加太子少保,故称"彭宫保";《老残游记》中的张宫保张耀(实指张曜),官任山东巡抚。可见,"宫保是总督的别称"的说法是错误的。

了皇帝大印的公告应叫"皇榜",这是编导的误解。

用皇帝名义发布的公告为什么用黄纸书写,而叫"黄榜"呢?

《说文解字》:"黄,地之色也。"黄色被认为是我们祖先世世代代生生不息的黄土地的颜色。黄土地为我华夏民族提供了衣食住行的种种便利。庄稼丰收,人畜并旺,都赖黄土地所赐。人们由对黄土地的那份特殊的依恋之情,进而对黄色产生了一种特殊的崇尚心理。而根据五色与五行五方相配的关系(青为东方之色,属木;赤为南方之色,属火;白为西方之色,属金;黑为北方之色,属水;黄为中央之色,属土),黄又位居中央,地位特殊,为诸色之最,所以黄在华夏民族的心目中就逐渐取得了一种至尊的地位。

但这种至尊地位的最后形成却是在汉朝以后。史书记载,殷商尚白,周朝尚赤,秦人尚黑。汉初高祖时也是尚赤的,《史记》有高祖为"赤帝子"之说。文帝时贾谊曾有"汉色当尚黄"的创议(见王充《论衡·验符》),但真正的尚黄却是在汉武帝时董仲舒的影响下才最终形成的。

董仲舒认为,黄是最美丽的颜色,与土相配且位居中央。而秦原为水德,土则刚好能克水,所以他认为汉应为土德,尚黄。《史记·孝武本纪》载:"(太初元年)夏,汉改历,以正月为岁首,而色尚黄。"自汉武帝之后,汉民族就逐渐形成了这种以黄为至尊之色的尚黄观念。到了东汉,这种尚黄的观念更趋牢固了。所以东汉末年黄巾军打出的旗号也是"黄天当立"。但其时黄色还未作为帝王的专用之色。

黄色专用于帝王始于唐朝。宋人王楙《野客丛书》的"禁用黄"条说:"唐高祖武德初,用隋制,天子常服黄袍,遂禁士庶不得服,而服黄有禁自此始。"自唐高祖以后,民间就不能随便服黄了。赵匡胤陈桥兵变,黄袍加身,黄袍就是皇位的象征。黄色从此就成了皇家的专用之色。于是皇帝的话就要用黄纸记录下来,叫誊黄;皇帝的诏敕也要用黄纸书写,叫黄敕;皇帝的文告当然更必须用黄纸书写,这就是黄榜了。凡与皇帝有关的事物也多以黄命名,如皇帝的车盖叫黄屋,皇帝的仪仗叫黄钺,仪仗所用的旌旗叫黄麾,皇帝所住的帝都叫黄图;那些黄榜上的进士也被叫作黄甲,甚至那些为皇家征财赋和徭役的户口册子也被叫作了黄册。

这所有的"黄"一般都不能换写成"皇",也不需要换写成"皇",因为"黄"在我国的封建时代就是皇帝专用的至尊之色,它本身就代表着皇家。

皇太极是"四哥"吗

黄文健

《孝庄秘史》曾在全国热播,其中讲到皇太极、多尔衮和庄妃"玉儿"之间的"艳史",故事讲得缠绵悱恻,动人心魄。遗憾的是,一些不该"戏说"的史实被"戏说"了,很倒人的胃口。

努尔哈赤驾崩后,皇太极继承汗位,多尔衮在正规场合称皇太极为"大汗",在情急之中,或在私下称"四哥"。多尔衮是努尔哈赤的十四子、皇太极的弟弟,为了表示兄弟亲情,在非正规场合称皇太极为"哥哥",原本是可以的。然而,皇太极并不是"四哥",而是"八哥"。翻翻《辞海》就可知道,皇太极,即清太宗,努尔哈赤的第八子,如果按兄弟排行,多尔衮应称他为"八哥"。

《孝庄秘史》中的多尔衮怎么会误称皇太极为"四哥"呢?这可能和皇太极的"四贝勒"身份有关。剧中,皇太极在继承汗位之前满族贵族及诸臣也称他为"四贝勒"。

贝勒,满语 beile 的音译,本为部落之长的意思,《续资治通鉴·宋徽宗政和四年》:"女真(即后来的满族)……其部长曰贝勒。""贝勒"后来演变成满族贵族的称号。在清代,"贝勒"同时又是封爵名。1616年努尔哈赤建立后金,即汗位,封次子代善为大贝勒、侄子阿敏为二贝勒、五子莽古尔泰为三贝勒、八子皇太极为四贝勒,号称"四大贝勒",同听国政。"贝勒"是后金满族的最高爵位,相当于后来的亲王。1636年后金改国号为"清",参照汉族的王封制度定封爵,分为九等,贝勒位亲王、郡王之下,降为三等。后来清代的爵封制度变化过许多次,到光绪时分为十二等,但"贝勒"的身份都在亲王、郡王之下。

所以说,皇太极虽然是"四贝勒",却是努尔哈赤的第八子,"多尔衮"应称他"八哥"才对。

应是"钧座"

石谷文

《长征》(电视连续剧)某集里,当国民党四川"剿匪"总司令刘湘(四川军阀)向手下的一个旅长郭勋祺部署任务时,郭勋祺多次称刘湘为"军座"(见字幕)。这个"军座"的"军"字错了,应为"钧座"。

国民党军政界素以"×座"称呼上司,如称蒋介石"委座",因为蒋是军委会委员长。《红岩》里的特务头子徐鹏飞官居西南长官公署二处处长,所以部下都叫他"处座"。至于对高级将领,也可以通称"钧座"。这个"钧"是个敬辞,用于尊长或上司,并不限于军队。如给上峰的信函常书有"钧鉴"字样。

而"军座"仅限于称呼军长。红军长征时,四川军阀刘湘已是拥兵数十万的"总司令",早已不是"军座"了。部下称呼他"钧座"才是正确的,字幕上的"军座"应改为"钧座"。

"己亥"和"庚戌"

郭殿忱

2001年8月10日晚央视国际频道的"语林趣话"节目说的是"落"字。从小篆谈起,意符、形符;音、形、义;组词、例句,娓娓道来,有很强的知识性、趣味性。

然而,美中不足的是:当举到清代诗人龚自珍的诗句"落红不是无情物,化作春泥更护花"时,字幕误将《己亥杂稿(诗)》的"己"字写成了"已",主持人也误读"己(jǐ)亥"为"已(yǐ)亥"。

甲乙丙丁戊己庚辛壬癸的十干(天干)和子丑寅卯辰巳午未申酉戌亥的十二支(地支)不完全地排列组合,构成了六十年一个"甲子"的轮回。干支纪年中只有乙亥与己亥,绝不会出现已亥!

无独有偶,在电视连续剧《太平天国》第一集里,"翼王石达开"将庚戌(xū)年读成了庚戌(wù)年。有人在报纸上批评,编剧张笑天表示遗憾,演员王诗槐说是后期制作出的差错。不管怎么说,大手笔的大制作出了常识性的硬伤是不应该的!

一针见血

45℃的酒?

王从海

2002年第4期《今日青年》刊登了一篇写杭城"火知了"酒吧老板娘"小小"的文章。文内写道:"或者点一支烟,她抽的是扁盒子装的'三五';也喝酒,喝得最多的一次,她和另一人一小时半里喝干了两瓶45℃的'金快活'和一瓶'威龙干红'。"

众所周知,"℃"是用来表示温度的。如:明天最高气温22℃;他的体温已达41℃。按此用法,莫非"45℃的'金快活'"意思是指这酒的温度为45摄氏度?显然不可能。规范的写法是:45%(V/V)。不过,这种表述似乎太书面化。那么,也可索性写成"45度"。

"当今"不是"历史"

高淑琴

"骆玉笙从事京韵大鼓演唱几十年,她的京韵艺术已达炉火纯青的地步,在当今中华民族文化史上独占一席。"

这是《黑龙江晨报》2002年5月12日《一代"金嗓鼓王"骆玉笙》一文中的一句话,交代了曲艺大师骆玉笙的艺术经历,作者对她的崇敬之情溢于言表。然而很可惜,"在当今中华民族文化史上独占一席"的说法是不通的。"当今"是"现在","中华民族文化史"是"历史","历史"不是"现在"而是"过去",它们在时间上是截然不同的两个阶段。当然,"当今"的人和事日后也会成为"历史",但是,那必须是"日后"的事,在我们说话的"现在"却不是"历史"。《黑龙江晨报》上的这句话不妨改作"在当今、在中华民族文化史上都独占一席"。

神行太保何曾穿马甲

白 京

《钻天猴游学记——我回来了,年薪70万!》(长征出版社出版)第125页有这样一段话:

有一种豹子叫cheetah（猎豹），原产非洲，相当于我国梁山上的好汉神行太保，因为它是世界上奔跑最迅的动物。戴宗穿上马甲可以日行千里，而cheetah一日可以不止这个数，它的最高时速可达110公里。

梁山泊好汉"神行太保"戴宗穿的真是"马甲"吗？不是。《水浒传》里是这样写的："把两个甲马拴在两只腿上，作起'神行法'来，一日能行五百里；把四个甲马拴在腿上，便一日能行八百里。"（见《水浒传》第三十八回）这里说的是甲马，一种画着神佛像的符纸，而不是身上穿的马甲。其实宋朝的时候还没有马甲（背心）这一称呼。

应是"金刚钻"

王德彰

2003年1月15日《今晚报》第7版有一居民收藏老唱片的图片，图片的文字说明是："西青区杨柳青镇居民孙国成多年收藏上世纪二三十年代由蓓开、高亭、百代等公司录制的老唱片，其中有……云笑天、金钢钻的河北梆子……"这里的"金钢钻"应是"金刚钻"。

"金刚钻"是著名河北梆子女演员王莹仙（1900～1948）的艺名。王莹仙工青衣，其嗓音高亢激越，所唱大慢板迂回跌宕、摇曳生姿，有"一唱三叹"之趣，团音字尤佳。艺名"金刚钻"取矿物金刚钻（又名金刚石）极度坚硬、透明有光且折光力极强的特点，比喻其唱腔的不同凡响。

"高校征兵"？

魏文俊

《西安晚报》某日刊登标题为"我省又有六所高校征收新兵"的通讯报道。从标题上来看显然是高等院校在招兵。人们不禁愕然：学校招兵干什么？！看罢报道才知，实际上这里说的是部队在该地的部分院校在校学生中征召新兵，学籍保留。那么，标题改为"部队在我省六院校征兵"之类才恰当。

"魔障"与"魔怔"

汪德章

2003年1月28日《今晚报》第13版

《彩排不见赵本山 作品仍在修改中》一文说:编剧何庆魁"在接受记者采访时表示,对小品的修改并非不可完成,只是赵本山对自己的艺术追求和理解已经让人感觉有点'魔障'了"。此处的"魔障"应该用"魔怔"。

"魔障"与"魔怔"在《现代汉语词典》中并存,但含义不同。魔障是佛教用语,指恶魔所设的障碍,泛指人生或做善事的过程中将遇到的波折、意外。而魔怔是一种精神状态,指举动异常,像有精神病一样。上例中说的是赵本山对艺术追求已到了痴迷程度,仿佛精神不大正常,所以应该用"魔怔"。

"首开……先河"?

石维明

2003年1月12日《今晚报》第8版《魔术大师陈亚南和陈亚华》中有一段话:1932年亚南兄弟三人自组"亚志魔术团","为了打开局面,创造影响,就得把节目搞得生动活泼,丰富多彩,精益求精,他们首开了自编自演魔术剧的先河"。这里的"首"字是蛇足。

"先河"一词出自《礼记·学记》:"三王之祭川也,皆先河而后海。"意思是古代帝王先祭黄河,后祭海,以河为海的本源。先祭河表示重视根本。后来就称倡导在先的为"先河",如:"他主演《茶花女》等西洋名剧,开国人演话剧之先河。""开先河"就是首先开创(或倡导),《今晚报》例在"开了自编自演魔术剧的先河"前冠以"首"字,属于画蛇添足,应删去。

有三位外国人参加长征

王树人

中国展望出版社《中国共产党党务工作大辞典》中载:"李德,原名奥托·布劳恩。德国人……是参加中国工农红军长征唯一的外国人。"

其中"唯一"一词值得商榷,因为参加中国工农红军长征的外国人共有三位,除李德外,还有越南人武元博和英国人阿尔费雷德·博萨哈特。

武元博生于越南河内市,1925年来到广州并入黄埔军校学习,1927年加入中国共产党。1929年参加中国工农红军并改名"洪水"。后随红军参加了长征。1955年被授予中国人民解放军少将军衔。1956年回越南。

阿尔费雷德·博萨哈特1922年作为传教士来到中国，1934年10月在贵州遇上红三军团，并被收留在该部队内当翻译，随部队踏上长征的征途。1936年4月12日离开红军。之后不久，回到了英国。

"跳楼秀"？

邱　川

法律援手
讨血汗钱不必"跳楼秀"

民工是社会上的弱势群体。他们奋力劳作，却常常被"老板"盘剥，得不到应有的报酬。在走投无路之际，甚至不惜以"跳楼"抗争。这本是值得同情的生活悲剧，然而，某报在报道相关消息时，却称之为"跳楼秀"。沉甸甸的镜头化为轻飘飘的表演，这未免有点冷酷吧。

"试图"的误用

谷　村

2002年8月12日《北京晚报》第13版《轻生泰国妇女自投鳄鱼池》一文说："一名试图自杀的泰国妇女昨天跳进一个饲养了100多头鳄鱼的曼谷爬行动物农场的鳄鱼池……"

看到"试图自杀"四个字，我还以为这位妇女自杀未遂被救起，可是后文却说："据目睹惨景的一位导游说，这位年龄约40岁的泰国妇女跳入池塘后，数头鳄鱼蜂拥过来将她撕成碎片。"原来这位妇女还是没逃脱厄运。

既然自杀的目的已经达到，那么前文的"试图自杀"的提法就站不住脚了，因为一般只有当某种行为没有成功时，才可以用"试图"或"企图""图谋"这类词语。

谁人雨巷抒情

木　桃

2002年2月6日《今晚报·今晚周刊》里有一篇文章《对面的女孩看过来》，其中有这样的句子："他觉得自己成了在红场演讲的列宁，在雨巷里抒情的徐志摩。"

众所周知，《雨巷》是戴望舒的代表作，因为这首诗戴望舒被称为"雨巷诗人"。所以，在雨巷中抒情的不是徐志摩，而是戴望舒。

那朱不是这朱

何培刚

柳溪所著《战争启示录》上卷60页，写到绥远省政府小会客室的陈设："小巧的书柜里，摆着唐诗宋词、八大家的文集、孙子兵法、史记和朱熹治家格言一类的书籍。"这里，作者下笔不慎，把《治家格言》的著作权人弄错了。《治家格言》的作者姓朱，但不是朱熹。

《治家格言》，又名《朱子家训》。作者朱柏庐是明末的一位生员，江苏昆山人，名用纯，字致一，柏庐为其自号。清初居乡教授学生，治学以程、朱为本，提倡知行并进。《辞海》有词条介绍他的简历，一查便知。朱柏庐和宋朝的朱熹相差好几百年，是两个完全不同的人物，不可混为一谈。

体积、面积不可比

周依仁

《文汇报》2003年2月22日有一则电讯稿，报道挪威的一艘"三色"号沉船将被分解打捞。它的引题为"沉船体积超过两个足球场"。

记者想用人们熟悉的足球场来形容这艘沉没的货船的巨大，但遗憾的是两者的量化概念不同，缺乏互相比较的基础。船的容量(即排水量)是用体积来计算的，而足球场的大小只能用面积来量化，两者放在一起作比较是不恰当的。

三个月的"徒刑"？

冯斌

2001年5月1日《重庆晚报》上有则报道，标题为"侵占电信资费，诈骗被判徒刑"，但新闻说的却是："因诈骗罪被判处拘役3个月"。显然，这则新闻报道的记者混淆了"拘役"与"徒刑"两个不同概念。

根据我国新刑法第三十三条之规定，刑罚中的主刑分为管制、拘役、有期徒刑、无期徒刑和死刑。其中拘役的期限为一个月以上六个月以下，有期徒刑的期限则一般为六个月以上十五年以下。按照上述报道的意思，判的应该是三个月的拘役刑罚，而非徒刑。所以标题应改为"诈骗被判刑罚"。

我与《咬文嚼字》

九三老人独白

上海高邮路　陈同年

老汉今年已经93岁了,年龄虽高,学历却很低,说来惭愧,只有一张乙种商业初中文凭。就连这张文凭,得来也有点勉强,因为当时是半工半读,又实在是迫于生计,缺课太多,所得文凭可谓"解名尽处是孙山"——压末一名。

自知浅薄,工作以后倒是刻苦自学。上海图书馆新馆落成之后,我是文献资料阅览室的第一个读者,图书馆还给我拍照留念。正是在上海图书馆,我见到了我所喜爱的《咬文嚼字》,可谓一见钟情。它指出的许多语文错误,正是我经常犯的,被人搔着了痒处,感到浑身舒坦,让我怎能不喜欢呢?

《咬文嚼字》不仅纠错,还有很多有趣的知识。比如《〈三国演义〉开篇词是谁作的》一文,便让我大开眼界。我搞过多年旅游工作,到过全国各地,包括新疆、西藏、宁夏、台、港、澳等,熟悉有关史料,却不知"滚滚长江东逝水,浪花淘尽英雄"这首《临江仙》不是罗贯中的大作,而是出自杨升庵之手。

杨升庵其人,我不陌生,他是四川新都人。他的故居桂湖,离成都20公里。他是明正德年间状元,任翰林院修撰,在嘉靖时以议大礼触怒世宗朱厚熜获罪,充军云南永昌卫,72岁老死于戍所。他一生著作甚丰,至今桂湖公园有"杨升庵著作陈列室"可以参观。如果30年前,我已知道这首《临江仙》是他的大作,我肯定会在导游中,郑重介绍给游客。

知名·知人·知刊

湖北枝江三中　石东海

我和《咬文嚼字》结缘，经历了知名、知人、知刊三个阶段。

说起知名，还是在1996年。一次，我到省城去，老师托我买一本《咬文嚼字》合订本。在此之前，我没听说过这个刊物。由于时间紧，省城我又不熟，书最后没买成。老师深感遗憾。1999年老师辞世，我仍为这件事而内疚不已。

没见到《咬文嚼字》，倒先认识了它的主编郝铭鉴先生。1999年的一天晚上，中央电视台播放"读书"节目，郝主编是嘉宾。他在电视上侃侃而谈，还宣布第二年要"咬"十二位作家。我很佩服这家刊物的职业敏感和文化胆识，于是决定订阅。

2000年1月，我终于见到了心仪已久的刊物。这时，我自己也已从事教师工作。从此，我的教学内容变得丰富起来，从《咬文嚼字》中撷取了大量生动的例子，课堂上经常爆发出笑声。我每看完一期，便把刊物发到班上，让学生也饱饱眼福。不幸的是，封面为红叶的一期，在传阅过程中不知去向。同事施江波老师看我一副焦急和惋惜的样子，便说："我的这期送给你吧。"我一听喜出望外，忙不迭地"谢谢"，并把一本55元的词典递到他手里，说："我就用学生送的这本词典同你换吧。"一本厚厚的词典换来一本薄薄的刊物，可我认为我"赚"了。《咬文嚼字》在我心中，可是"金不换"呀！

雨果的无字信

唐山

法国著名作家雨果将《悲惨世界》的手稿寄给出版社，好久未见书出版，便给出版社去信，信上写："？——雨果。"很快即收到回信，信上写："！——编辑部。"这一来一往的信函除落款外没有一词一字，却已达到互通信息的目的。不久，轰动文坛的《悲惨世界》与读者见面了。

语丝

反"咬"一口

辽宁朝阳十五中学　王中原

我是一名教师。十多年前,利用业余时间,为《演讲与口才》等几家刊物审读校样。1995年夏天,挥汗如雨,正在审读《语文学习》,发现其中有则文稿,摘自《咬文嚼字》。看着这个怪怪的刊名,读着有点"麻辣烫"风味的文章,我顿时有相见恨晚之感。

十多天后,我终于得到了几本《咬文嚼字》。小小的,薄薄的,并不起眼,但一读文章,果然铜牙铁齿,名不虚传。作为担负"审读"重任的我,这自然是难得的利器,绝佳的顾问,自此以后,每期必读,不可一月无此君。

与《咬文嚼字》结缘以后,我的业务底气更足,每月审读的校样达七种之多,除本省外,远及北京、上海、山东等地。其中,《演讲与口才》在全国编校质量评比中,屡获殊荣,这里自然有我的一份辛苦。我女儿也受惠不浅,去年2月她去《山东商报》应聘,一试通过,聘为校对,如今工作得心应手。这和她长期受到《咬文嚼字》的熏陶是分不开的。

滴水之恩,当涌泉相报。我报答《咬文嚼字》的方法是:反"咬"一口。每期都认真阅读,把自认为是问题的地方,反馈给编辑部。编辑非但不恼,还赠我"荣誉校对"的称号哩。

不打不成相识

大连西岗区　赵昌春

2001年桃花绽蕾的时节,外出踏青,凑巧买到一册《咬文嚼字》合订本。刚买到时,如获至宝;回家一看,倒抽一口凉气。一是纸张既薄又脆,二是印刷粗糙,墨色深深浅浅。一本知名刊物,怎能如此糟蹋自己的品牌!一怒之下,我便给主编发了

语丝

最早的『座右铭』

陈小平

我国的『座右铭』，据说由东汉书法家崔瑗首创。崔年少抱负宏远，锐志好学，但行为欠检点，意气用事。其兄被杀，崔瑗手刃其仇，闯下大祸，逃亡他乡。后幸逢朝廷大赦，才归故里。他对过去行为悔恨不已，写下一段自戒之辞，『尝置座右，故曰座右铭也』。其铭曰：

无道人之短，无说己之长。施人慎勿念，受施慎勿忘。

世誉不足慕，唯仁为纪纲。隐心而后动，谤议庸何伤。

无使名过实，守愚圣所臧。在涅贵不淄，暧暧内含光。

柔弱生之徒，老氏诫刚强。行行鄙夫志，悠悠故难量。

慎言节饮食，知足胜不祥。行之苟有恒，久久自芬芳。

一份电子邮件。

邮件发完，已是满天星斗。第二天清晨，我怕有闪失，又发了一次。不过，我的情绪已经平静下来。我想，主编那么忙，何况又是印刷厂的事，还是我们读者多担待些吧。

谁知就在第二天，我接到了主编从上海打来的长途电话。他说我买到的是盗版本，上海也已发现，正在追查中。更让我意想不到的是，主编也来了个"双管齐下"，还在同一天发出信件，附寄三册当年的单行本，告诉我其中一册有揭露盗版本的内容。

俗话说，不打不成相识。我自己退休前是新华社的记者，深知从事文字工作的难处。我和主编素昧平生，他能如此重视一个读者的意见，让我深受感动。在打这次交道前，我觉得《咬文嚼字》内涵丰富，文笔生动，每年都买合订本；打这次交道后，我觉得办《咬文嚼字》的人，更有可贵的敬业精神。为此，除了合订本外，我又订了一份单行本。

6—29

文章病院

何谓"友谅"

冀平泉

清代李渔《闲情偶寄·词曲部》:"孔子云:'益者三友:友直,友谅,友多闻。''多闻'吾不敢居,请自呼为'直''谅'。"《文白对照全译闲情偶寄》(天津古籍出版社 1996 年版,李忠实译注)是这样译注的:"孔子说:'有三种有益的朋友:一种是坦率的朋友,一种是能够理解你的朋友,一种是见识广博的朋友。'见识广博我不敢自居,但我自信是一个坦率的、善解人意的人。"从这段译文看,很明显,李先生把"友谅"的"谅"理解为"原谅""谅解"了。

然而孔子所说的"友谅"是不是说朋友"能够理解你"或者说朋友"善解人意"呢? 不是的。

首先,"谅"字没有"理解"之意。《辞海》"谅"字下列五个义项:①信实;②料想;③原谅、谅解;④固执、坚持成见;⑤姓。李先生把"谅"译为"理解"是没有依据的。

其次,孔子说的是"有三种朋友是有益的":"友直"说的是朋友正直坦率,不容我过,我有过而直言之,我闻过而改之,使近于善,是为有益;"友多闻"说的是朋友见识广博,我与之处,以其见识教我,也增我见识,是为有益;"友谅"的"谅"如果解作"原谅",而"原谅"的意思是"容忍疏忽、过失或错误,不加责备或惩罚",试想,我有了"疏忽、过失或错误"而不责备我,这样的朋友对我有什么益处呢? 无益于我进德,怎么能叫"益友"呢? 显然这种解释不符合孔子原意。

"谅者,诚信也。""诚信"与否是孔子评价人品高低的标准之一。朱熹《论语集注》:"友谅,则进于诚。"意思是朋友诚信,我与之交,必无欺也,是有益于我也。《辞海》解释"谅"的第一个义项为"信实",所举书证正是

"五脏六肺"说不通

潘素芳

国家教育部八五规划教材、中等专业学校各类专业通用的《语文》教材第二册第六单元《明湖居听书》一文,选自晚清刘鹗所著的《老残游记》第二回。文中有这样一段话:"王小玉便启朱唇,发皓齿,唱了几句书儿。声音初不甚大,只觉入耳有说不出来的妙境:五脏六肺里,像熨斗熨过,无一处不伏贴,三万六千个毛孔,像吃了人参果,无一个毛孔不畅快。"

无独有偶,江苏省中等职业学校试用教材《语文》第三册(2002年6月第一版)也选了《明湖居听书》一文,"五脏六肺"依然在目。

查刘鹗《老残游记》原文可知,这两种教材中的"五脏六肺"均用错了,应为"五脏六腑"。

"五脏六腑"语出《吕氏春秋·达郁》:"凡人三百六十节、九窍、五脏、六腑。"《辞海》"五藏"条云:"'藏'同'脏'。是心、肝、脾、肺、肾五个脏器的总称。""六府"条云:"亦称'六腑'。'府'同腑。胆、胃、小肠、大肠、三焦、膀胱的总称。"《现代汉语词典》有"五脏六腑"一词,对"脏腑"所作的解释是:"中医对人体内部器官的总称。心、肝、脾、肺、肾叫脏,胃、胆、大肠、小肠、膀胱等叫腑。"两部词典的说法基本一致,《现汉》"六腑"少列了一项"三焦"。"三焦"是"上焦、中焦、下焦"的总称,《辞海》:"以胸膈部、上腹部及脐腹部的脏器组织分作上、中、下三焦。"

肺是人和高等动物的呼吸器官。人的肺在胸腔中,左右各一,和支气管相连。一般可称左肺、右肺,而无"六肺"之说。

人教版高级中学课本《语文》第四册(1995年第二版)也选了《明湖居听书》一文,其中就作"五脏六腑"。不知上述两种教材怎么会将"六腑"错成了"六肺"。

《论语·季氏》篇中"益者三友"这一句话。唐孔颖达正义曰:"此章戒人择友也。'益者三友……友直,友谅,友多闻,益矣'者,直谓正直,谅谓诚信,多闻谓博学,以此三种之人为友则有益于己也。"李先生可能没有查阅《论语》及其注疏,所以才导致译文的偏差。

"唧唧"与"卿卿"

陆如

2002年2月26日《民主与法制时报》所刊《将对方肖像印在马桶盖上 布兰妮与男友希望时刻相守》一文这样写道:"小甜甜布兰妮与贾斯汀这对金童玉女,除了从不避讳在公开场合唧唧我我外,现在更是希望每分每秒相守……"其中"唧唧我我"当为"卿卿我我",是形似意近混淆致误。

"卿"是旧时夫妻情人间的爱称。古诗《孔雀东南飞》中男主人公焦仲卿称他的妻子、女主人公刘兰芝为"卿":"我自不驱卿,逼迫有阿母。卿但暂回家,吾今且报府。""卿卿我我",其实就是男女之间相称自称的昵音实录,借以形容男女相爱情意缠绵。

"唧",象声词;"唧唧",叹息声。《木兰诗》:"唧唧复唧唧,木兰当户织,不闻机杼声,唯闻女叹息。""哀哀唧唧",也是对男女间对话特征的描摹,大抵是用以形容情爱不顺遂或有变故时那番光景。微知《从〈春秋〉与〈自由谈〉说起》有"卿卿我我""哀哀唧唧"连用的例子:"至《礼拜六》所刊文字,十九是卿卿我我,哀哀唧唧的小说。"

"附庸风雅"是贬义词

村友

2002年8月25日《北京晚报》所刊《什刹海 北京的新写意生活》中说:"晚上十点……'银锭观山'的石碑下面的露天茶座里还是只有5把椅子,已经坐满了附庸风雅的年轻人。"

"附庸风雅"指为了装点门面而结交名士,从事有关文化活动,是个贬义词。例如沈醉先生在《我所知道的戴笠》一书中写道:"抗战期间,重庆一些大发国难财的暴发户们,为了遮掩自己的出身和满身铜臭味,而爱附庸风雅,戴笠也是和一些暴发户一样,当他什么都有了,而只有客厅和书房缺少几张字画点缀时,便要我(指沈醉,当时任军统局总务处处长)找许多有名的书画家写些、画些给他装门面。"可见,"附庸风雅"就是假文雅的代名词。《什刹海 北京的新写意生活》一文说的是北京人的夜生活丰富多彩,年轻人追求精神上的享受,用"附庸风雅"这个含有贬义的成语形容显然不妥。难道去露天茶座的年轻人都是假文明、伪高雅?

宋徽宗不该乱吟诗

谷士锴

黑龙江人民出版社出版的《宋徽宗》第274页有这样一段话：

众人循小溪，依水声，鱼贯而行，七弯八拐，总算出了山洞，眼前顿时一片灿烂。"'山重水复疑无路，柳暗花明又一村'，蔡爱卿原来是比照着古人的诗意构思的。"徽宗颇为赏识地笑着说，"以后再兴建大型建筑，看来非卿莫属。"

这段话说的是宋徽宗赵佶到奸臣蔡京府中游玩的时候，对蔡府亭台楼阁、假山流水的景致赞叹不已。但赵佶引用的两句诗"山重水复疑无路，柳暗花明又一村"却纯属时空倒错。众所周知，这两句诗出自南宋爱国诗人陆游的《游山西村》。陆游生于北宋宣和七年（1125年），也就是赵佶在位的最后一年。《游山西村》这首七律诗是陆游四十三岁时所作，此时赵佶已经作古三十多年了，他居然用陆放翁的名句称赞蔡京的宅院，岂不有点滑稽！

同书第275页有这样一段话：

君臣人等，穿过小亭，向西迂回，又见平湖，湖中荷叶联袂，红拳高擎，莲花正含苞欲放。徽宗对蔡京曰："这便有点俗了，亭下波翻浪涌，此处又湖水荡漾，似有重复之感。幸好有满湖荷花，聊为补阙。毕竟还是'接天莲叶无穷碧，映日荷花别样红'嘛……"

又是前人吟后人诗。"接天莲叶无穷碧，映日荷花别样红"出自南宋著名诗人杨万里的七绝《晓出净慈送林子方》。诗的前两句是："毕竟西湖六月中，风光不与四时同。"杨万里号诚斋，吉水（今江西省吉水县）人。与陆游、范成大、尤袤并称南宋四大家，一生写诗两万多首。杨万里生于1127年，是年正值北宋灭亡，南宋建立。《晓出净慈送林子方》诗系杨万里中年时期所作，林子方即林枅，子方是他的字。净慈寺位于临安（今浙江杭州）西湖南岸南屏山慧日峰下。

谁"接待"谁

邵 兴

时值非典型肺炎流行,上海和全国一样,采取了一些非常措施。某报社门前,贴着这样一纸"告示":"'非典'期间,外来车辆不得入内。来访者请电话联系后在传达室接待。"

应该说,这则"告示"表意还比较明确,措词也比较得体,但有一处明显的语病,让人看不清楚到底是谁"接待"谁。也许是"非典"来势汹汹,主人没来得及仔细推敲吧。

"接待"是一种主体行为。所谓"接待",便是以主人的身份,会见、招待客人。既然如此,作为"来访者",怎么能喧宾夺主,在传达室"接待"呢?这里可以用"交谈""会面""接洽",说得文雅一点,也可用"赐候",用"接待"是说不过去的。

何来"矛盾文学奖"

胡 哲

2001年7月31日《杂文报》所刊《网络改变什么》中说:"文学还是当初的文学,鲁迅文学奖、矛盾文学奖的得主作品还是没有'网络文学'。"明眼人一看便知,"矛盾文学奖"应为"茅盾文学奖"。

据说大革命失败后,共产党员沈雁冰思想上曾一度陷入悲观苦闷中,于是创作了中篇小说《幻灭》《动摇》《追求》三部曲,署名"矛盾",寄给叶圣陶先生。叶圣陶认为"矛盾"太露,遂加了一个"艹"。沈雁冰于是以"茅盾"为笔名。生前,他立下遗嘱将稿酬25万元捐出,作为奖励长篇小说的基金,这就是"茅盾文学奖"的由来。"茅"上的草字头是不能丢掉的。

过目难忘

最难忘的一则报纸标题

每当看到报纸上名人逝世的讣闻，便不由想起了七年前报道白杨逝世那则消息的标题。那是刊登在《中国青年报》上的一则短讯，全文并不长，但标题却别致引人。引题为"一江春水流尽，八千里路行完"，正题为"白杨病逝"。

白杨堪称老一代表演艺术家中的佼佼者，有着很高的知名度。她成功地塑造了众多令人难以忘怀的艺术形象，在《一江春水向东流》和《八千里路云和月》中的出色表演尤为人称道。可以说，提到这两部影片，人们自然会想到女主角的扮演者白杨。这则白杨病逝的消息，巧借这两部家喻户晓的电影名，画龙点睛地浓缩了白杨的艺术生涯。区区十数字，在看似信手拈来之中，起到了令人回味不已的功效。

两部影片写一生　马立峰

一是文化味浓。对仗是中国文化特有的一种形式，引题虽不能说十分工整，但读来朗朗上口，自然流畅。以此描述文艺界、演艺圈中的名人，让人感受到扑面而来的文雅气息，十分贴切、和谐。

二是概括性强。用"一江春水"和"八千里路"这两部电影名的略称，来揭示女主角的扮演者是消息的主人公，同时，又表达了时光流逝、岁月无情、人生漫漫的含义，可谓一语双关。主题中的四字，也是精简到了极致，多一字多余，少一字不明。

三是寓意深刻。前一句"一江春水流尽"，似乎是传递人们对死亡的无可奈何和对白杨去世的无限惋

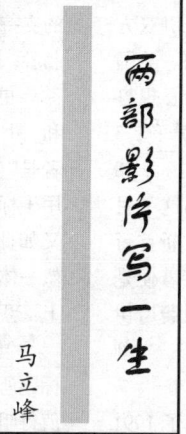

巧用国名

顾遥

2003年3月20日美国点燃"伊拉克战火"之后,关于这场战事的报道,可谓铺天盖地。其中,《新民晚报》3月25日的一则标题,堪称神来之笔。这则标题是:"美'立歼'对手伊'拉克'敌军"。

这十个字,无疑是对美伊双方战略意图的绘声绘色的描写。美国依仗其先进的武器装备,一心想打一场速决战,军方权威人士声称,3月底可结束战斗,有人甚至扬言48小时内解决问题。为了达到这一目的,他们先发制人,来了个"斩首行动",想一举炸掉萨达姆;接着便是名为"震慑"的狂轰滥炸,想袭垮伊拉克的军心、民心。"立歼"——立刻歼灭,美军心态呼之欲出。

而伊拉克呢,显然吸取了1991年"海湾战争"的教训。他们认识到了自己在人力、物力、武器装备方面处于绝对劣势,因此不再奢谈拒敌于国门之外,而是力图打持久战,通过全民抵抗,把对手拖入"泥沼",从而消耗敌人的锐气和实力,争取国际社会的支持。"拉克"——拉住拖住以克敌制胜,同样是一语中的。

更妙不可言的是,"美'立歼'"和"伊'拉克'"都是国名,只不过前者是"美利坚"的谐音而已。把国名用于标题,形成对偶,已属不易;而又如此善于点化,和报道的内容浑然一体,天衣无缝,这在标题制作史上,恐怕称得上是个奇迹。

当然,后来的战事发展,并未如标题所料,但就标题本身来说,还是值得咀嚼的。

惜。后一句"八千里路行完",则像白杨的诉说:在艺术道路上的跋涉终于"谢幕"了,我的艺术成就让后人评价吧!

四是个性彰显。这个题目就是为白杨度身定制的,其他任何人都不适用。这种唯一性,也正是过目不忘的重要原因所在。

"孔雀东南飞"

王培焰

杨丽萍小姐擅长孔雀舞,赢得了"金孔雀"的美称。1992年她应邀赴台湾演出,当时的《中国青年报》对这一新闻作了报道,题为"孔雀东南飞"。

《孔雀东南飞》是古乐府中的名篇,以此为标题,给人的感觉是亲切、生动、高雅,然而这并不是一般的引用,显然还有特别的意图。

标题中虽然只有五个字,但每一个字都有作用。"孔雀"是杨丽萍的代称,这不用说;"东南"恰好符合宝岛台湾在我国版图上的方位;而"飞"又点出了杨出访乘坐的交通工具。

五个字连在一起,诗意浓郁,构成了一幅美丽的图画,隐约可以看出杨丽萍美妙的舞姿。引用能够如此"切题",恐怕只能视为妙手偶得。

"小豹子"咬人

王道庄

2003年"3·15"《洛阳晚报》有篇报道:《"小豹子"为何"咬了人"》。不由得一惊:哪里的"小豹子"?"咬"住了什么人?看完这则消息才恍然大悟。这篇文章的题目制作得好。

原来,贵州茅台酒业集团有个"小豹子酒厂",该厂出产的"小豹子酒"有一句广告语:"茅台小豹子,好喝不咬人。""小豹子"价位不高,品质不错,又借了这句广告语的光,在洛阳十分畅销。朋友聚会喝酒前,若问喝什么酒,有人便会调侃:"就要'小豹子'吧,它'好喝不咬人'。"

那么,"小豹子"为何"咬了人"呢?其实"咬人"的,不是贵州的"小豹子",而是洛阳的"小豹子"。茅台"小豹子"的畅销,引起利欲熏心之徒眼红,他们铤而走险,用工业酒精加水勾兑成"小豹子"出售。这种假冒的"小豹子",既不"好喝",又会"咬人",致使十几个民工饮用后中毒。

洛阳市工商局查获造假"小豹子"的窝点后,《洛阳晚报》借"茅台小豹子,好喝不咬人"的语境,将此造假事件以"'小豹子'为何'咬了人'"为题刊出。此标题,活泼有趣,紧扣题旨,令人"过目难忘"!

"跳高"和"跳伞"

郭 明

本人不是股民,对于股市新闻,向来不屑一顾。不,不是"不屑",而是"不敢",因为缺乏这方面的知识,什么"割肉""平仓"之类,一看就头皮发麻。2001年年初,偶然在某报瞥到一则标题,却如刀刻斧凿一般,至今仍是那么清晰。这则标题是:"B股跳高,A股跳伞"。

股票分A股和B股我是知道的。2001年年初股市的形势是:B股"牛"气冲天,A股一"熊"不振。"跳高""跳伞"便是对这种形势的概括。当时我也查看过其他报纸,发觉大部分标题都是"B长A消""B股红红火火,A股冷冷清清"之类,远不如这则标题形神兼备。

跳高、跳伞,都是体育运动,最大的区别是,一个往上蹿,一个往下降,以此来形容B股和A股,不仅形象,而且贴切。两个词都有一个"跳"字,却跳出了不同结果,对比使用颇富修辞色彩。我曾自问:"跳伞"能否改成"跳水"?后来想想觉得不行。跳伞虽然最终要落地,但这是一个缓慢的过程;而跳水则是飞身直下,瞬间完成全部动作。由是观之,无疑"跳伞"更符合股市的实际。

语丝

精短的剧本

刘金海

一九三二年,法国剧作家特里斯坦·勃纳德写过一部微型戏剧《流亡者》:

(幕启。边境附近一幢山间木屋里,一个山里人正在炉边烤火。一阵敲门声,流亡者进屋了。)

流亡者:不管您是谁,请可怜可怜一个被追捕的人吧!他们在悬赏捉拿我呢!

山里人:悬赏多少?

(流亡者马上离开了。幕落)

简短的台词,深刻地揭露了金钱对人性的侵蚀。

百家会诊

丛书名称用书名号还是引号？

是《希望丛书》《中学生文库》,还是"希望丛书""中学生文库"?

混乱现象一瞥

丛书名用引号还是书名号,确实有点混乱。据笔者所见,用引号、书名号的都有,也有干脆什么都不用的。

即使同一家出版社,也会作出不同的处理。如三联书店,既有《三联·哈佛燕京学术丛书》《中华文库》,又有"历代基督教学术文库""三联讲坛"文库;人民文学出版社,既有《中国古典文学研究丛书》,又有"猫头鹰学术文丛"。

有时同一丛书也会忽此忽彼。如上海文艺出版社的大学讲坛丛书,《编辑例言》中用引号,《对话与漫游》一书的《后记》则用书名号;北京大学出版社的未名译库,《出版前言》的标题和落款用书名号,而文中提到各种丛书,包括未名译库时则用引号;江苏人民出版社的海外中国研究丛书有两篇《序》,一是《序〈海外中国研究〉丛书》,一是《序"海外中国研究丛书"》。由此可见,这个问题确有探讨的必要。

(王国锋)

不能厚此薄彼

关于书名号,国家标准《标点符号用法》中是这样说的:"书名、篇名、报纸名、刊物名等,用书名号标示。"这里虽没有提到丛书名,但"等"字表示"列举未尽",丛书名就应在这个"等"字之中。否则,一本书可以用书名号,一套书却不能用书名号,这不是有点厚此薄彼吗?

我的看法,在权威工具书中得到了印证。比如,《现代汉语词典》在解释"丛书"时,便是这样说的:"由许多书汇编成的一套书,如《知不足斋丛书》《历史小丛书》。"词典编纂者举了两套丛书的例子,用的便是书名号。

我的看法在语文实践中也得到了印证。我调查了大量的用例,虽有用引号的,但多数是书名号,包括一些名家也如此。如《汉语语法丛书》《汉语应用通则丛书》等。（傅满义）

大势所趋

我认为丛书名用书名号是大势所趋。

在实际运用中,书名号的运用范围正在逐步扩大。它主要向着两个方向发展：

一个是横的,不仅书、报、刊用书名号,歌曲、绘画、雕塑用书名号,连电视、广播、网络中的栏目也用书名号。

另一个是纵的,比如在图书系列中,书名号便在向两头延伸。一头伸向细部,书中的篇、章、节,人们已习惯用书名号；一头伸向整体,丛书是很多书的汇集,人们也用书名号来标示。这种势头可以说是方兴未艾。

语文是发展的,包括标点符号,它也是在使用中发展的。作为语文工作者,应该因势利导,从理论上加以总结和推广,而不是横加干涉,逆潮流而动。（王惠明）

保持标点的连贯性

在《标点符号用法》中,没有提到丛书,但有一用例,具有提示作用。这便是"4.14.3"中提到的"《三国志·蜀志·诸葛亮传》"。

在这个用例中,其实包含了三个不同层次的结构单位,在它们之间用间隔号分隔,而每一个结构单位在单独用时,都可以加上书名号,如"《三国志》的《蜀志》中有篇《诸葛亮传》"。这说明标点符号使用,是具有连贯性的。

丛书也是书。书是一个总概念,下面有丛书,丛书下面又有单本书,细分下去,还有卷、篇、章、节等等。这是一个系统。在这个系统中,标点符号的使用应该是一致的。

如果书名、篇名用书名号,而丛书用引号,势必破坏了标点运用的连贯性。这是不可取的。（李美仙）

书名号外别无选择

从道理上说。"丛书"是"书"的一个门类,如同"类书"也是书的一个门类一样。类书的名称,例如《太平御览》《册府元龟》《永乐大典》《古今图书集成》都是用书名号的,丛书名自然不能用别的标点符号。就逻辑学的概念层次而言，"书"是上位概念，"丛书"是下位概念。书名号既然是"书名"之"号"，用之于丛书名，理所当然。

从实践上看。几部权威工具书《现代汉语词典》《辞海》《辞源》《中国大百科全书》都立有"丛书"条目，释文中举有丛书名所用的标点符号应用实例。《现汉》"丛书"条释文为："由许多书汇集编成的一套书，如《知不足斋丛书》《历史小丛书》。"《辞海》举例有《儒学警悟》，《辞源》举例也有儒学警悟。《中国大百科全书》的《中国历史》《新闻出版》《图书馆学·情报学·档案学》三卷书都设有"丛书"条，举例有《说郛》《百川学海》《四部丛刊》《当代中国丛书》《走向未来丛书》等数十种。这四种权威工具书"丛书"条所举的例子无一例外都用《 》或＿＿。应用上的一致性，反映出认识上的一致性。

（李平明）

剖析一份文件

"丛书名用引号还是书名号"的提出，我猜和一份文件有关。1999年1月14日，出版署发出的《转发〈关于校对工作的两个建议〉的通知》，有两个附件，其中之一《图书编校质量差错认定细则》第三十五条（二）款规定："丛书名一般使用引号；习惯上多使用书名号，也不算错，但要注意：丛书名称为一个词的，连同丛书加书名号，如《五角丛书》；丛书名称是短语的，只把短语加书名号，如《当代农村百事通》丛书。"

上述条文颇有可议之处。

一、这个两歧的规定，令人无所适从，不知用引号好，还是用书名号好。

二、说"丛书名一般使用引号"，是否符合实际？我国出版物上丛书名使用引号和使用书名号的情况尚无统计数据，但《现代汉语词典》等权威工具书都是使用书名号的。

三、条文说，"丛书名一般使用引号；习惯上多使用书名号"，其中的"一般使用"和"习惯上多使用"如何区别？"一般"指常用，带普遍性。"习惯上多使用书名号"的意思应当是"依照过去到现在逐渐形成的稳固的用法在大多数情况下用书名号"，也就是"一般使用书名号"。条文两者并提，似乎是自相矛盾的。

四、条文说，"但要注意：丛书名称为一个词的，连同丛书加书名号，如《五角丛书》；丛书名称是短语的，只把短语加书名号，如《当代农村百事通》丛书"。使用书名号不依据标点原则——标点的对象情况如何，

6—41

而依据语法原则——书名是一个词还是短语,这是没有道理的。《细则》规定的原则,连制定者自己也没有执行。《五角丛书》的"五角",是由一个数词加一个量词构成的短语,按照条文"只把短语加书名号"的规定,这个丛书名应作"《五角》丛书"。汉语的词和短语有时不好划分,这样规定,无异自找麻烦。(黄鸿森)

用引号自有道理

标点符号的作用是什么?无非是使文章显得眉目清楚。丛书名用引号正能达到这个目的。

且看一个例子。《华商报》2001年4月15日第七版有一篇文章中写道:"吉林人民出版社出版的《成长系列》丛书:《天才也怕入错行》《人生关键14年》《成就的动力》,将在三个方面引导……"这里连着用了四个书名号,读者会误认为《成长系列》也是一本书,结果三本书被看成了四本书。如果《成长系列》改用引号,就完全可以避免这种误解。

这是因为,丛书和具体的书名,这是两个不同的层次。一概用书名号,似乎是有道理的,因为都是书,但实际效果并不好。最大的问题是,它会造成一种视觉上的干扰,影响读者的准确识别。(白洁)

不宜一刀切

丛书可以说既是书又不是书。说它是书,因为它是由许多书汇集起来的;然而,它又不是严格意义上的书,只是一个总的冠名,"虚"的成分多些。正因为此,丛书名的标点用法,便具有了相当的复杂性。

在实际使用中,起码有六种表现形式:一、全称用书名号——《希望丛书》;二、全称用引号——"中学生文库";三、"丛书"在书名号外——《通往科学之门》丛书;四、"丛书"在引号外——"学苑英华"丛书;五、书名号连用——《《读者》丛书》;六、书名号、引号连用——"《语文月刊》精选丛书"。此外还有书名号、引号均不用的——原创网络文学丛书。

因此,笔者认为不宜一刀切,应根据不同情况作不同处理。强求简单划一,会吃力不讨好。(林利藩)

"丛书"二字的位置

丛书名不管是用引号还是书名号,"丛书"二字的位置,即放在引号或书名号内还是引号或书名号外,应该明确。笔者的意见是:应以原书为准。

比如，明代的丛书《说郛》，20世纪上半叶中华书局出版的丛书《四部备要》，书上未标出"丛书"字样，就不要把"丛书"二字放进书名号内；20世纪上半叶商务印书馆出版的《四部丛刊》（"丛刊"为"丛书"的别名），书名上既有"丛刊"字样，"丛刊"二字就要放进书名号内。总之要本着"名从主人"的原则，确定"丛书"及其别名的位置。

书系、书林、书苑、书坊……皆应视为丛书的别名。　　（洪　生）

编　者　附　言

丛书名用引号还是书名号，看来尚无统一意见。《图书编校质量差错认定细则》倾向于用引号。华艺出版社1996年修订重版的《最新标点符号用法》也认为："丛书是许多同类书有机组成的整体，它的概念是集合的概念，只能用引号，标明它是有特殊含义的词语。"在实际运用中，早期以书名号为主，如《万有文库》《四部丛刊》，现在两种用法几乎平分秋色。

如何取舍呢？从逻辑角度讲，确实丛书和具体的单本书是上位概念和下位概念的关系，标点符号运用应体现出系统的一致性；而从标点符号的功能角度讲，记得刘大为先生曾在本刊著文说过，一个词语不加标点是外指，加了引号是自指，加了书名号则是专指，丛书名显然是特定丛书拥有的名称，它代表的是一套书，由此看来，也以用书名号为宜。

但丛书名和单本书名并举时，把丛书视为一本书的可能是存在的，它的确会造成一种视觉干扰。为此，编者在倾向于用书名号的同时，想提醒作文者要注意区分丛书名和单本书名；非常特殊的情况下，丛书名用引号标示，也是可以接受的。

"候诊"对象

1. "惊爆"还是"惊曝"？
2. 不完整引用，标点如何处理？
3. 人名用字能否简化？
4. "黑名单"可不可以用作"违法者、违规者或违约者的名单"？

5. "倍受欢迎"还是"备受欢迎"？以前人们都用"备受欢迎"，如今"倍受欢迎"满天飞，到底怎么用好？请说说你的意见。

百科指谬

诸葛亮与诸葛恪是兄弟吗

周益新

曾读过一本《词汇趣谈》（少年儿童出版社，1981年12月版），其中有这样一段话："三国的时候，蜀国派费祎出使吴国。吴主孙权，在宴请费祎前，示意臣僚们慢待他。费祎进入宴会厅，谁也不理睬他，都坐在桌前低头吃东西。费祎讥讽他们说：'凤凰来翔，麒麟吐哺。驴骡无知，伏食如故。'……孙权手下的文人诸葛恪（kè）（蜀国诸葛亮的弟弟）才思敏捷，立即说道：'爱植梧桐，以待凤凰，是何燕雀，自称来翔？何不弹射，使还故乡！'"

在这一段论说中，作者把东吴诸葛恪注为蜀汉诸葛亮的弟弟，显然有误。

《三国志·吴志·诸葛瑾传》："诸葛瑾，字子瑜，琅邪阳都人也。汉末，避乱江东。……建安二十年，权遣瑾使蜀，通好刘备，与其弟亮俱公会相见，退无私面。"《三国志·吴志·诸葛恪传》："诸葛恪，字元逊，瑾长子也，少知名。"可见，诸葛亮是诸葛瑾的弟弟，诸葛恪为诸葛瑾长子。诸葛恪自然为诸葛亮之侄子，并非弟弟。

另外，《三国志》注引《恪别传》言："恪答曰：'爰植梧桐，以待凤皇，有何燕雀，自称来翔？何不弹射，使还故乡！'"两相对照可发现，《词汇趣谈》把"有何燕雀"引成了"是何燕雀"，意思相差不远姑且不论；然而，把"爰植梧桐"中的"爰"引成"爱"就大错特错了。爰，句首或句中语气词，无实义，起调节语气的作用。《诗经·邶风·凯风》："爰有寒泉，在浚之下。"《三国志·蜀志·诸葛亮传》："今岁爰征，郭淮遁走。"其中的"爰"即语气词。爱，动词，喜爱。两者迥然不同，岂能混淆不分？

五星红旗何时问世

一 言

《铁流——共和国陆战纪实》（西苑出版社）第43页有这样一段话：

在向全国进军的号角声中，第三野战军的战绩倍受世人关注。这支神勇之师跨过长江天险，直取南京，将五星红旗插上了国民党"总统府"，旋即攻克上海……

中国人民解放军占领国民党政府"首都"南京的时间是1949年4月23日。但此时五星红旗还没有问世，战士们插上当时国民党"总统府"楼顶的并不是五星红旗。

五星红旗即我国国旗，其图案是经公开征集，最后由中国人民政治协商会议确定的。

1949年7月，根据毛泽东、周恩来签字通过的《征求国旗国徽图案及国歌词谱启事》，在《人民日报》等大报连续刊登八天。一个多月里，收到了全国各地及海外寄来的国旗图案1900余件。经筛选后，"复字第32号"图案被选定为新中国国旗。设计者是当时上海供销合作总社的一位科长曾联松，时年31岁，浙江瑞安人。在9月21日—30日召开的中国人民政治协商会议第一届全体会议上通过议案：以五星红旗为即将成立的中华人民共和国国旗（在曾联松设计的国旗图案上进行了修改）。30日，五星红旗首次悬挂在大会主席台上。10月1日，毛泽东主席在开国大典上亲手将五星红旗升起，宣告了中华人民共和国的诞生。

所以，五星红旗问世是在1949年9月，作为新中国国旗，始于1949年10月1日。

语丝 观钓

顾豪

春色如画，一位小姐乘轿出游。一阵风起，一只蜜蜂钻进轿来。小姐随口吟道：『风吹蜂，风出蜂入。』她回家后禀明父母，拟以此为上联征婚。

小姐生得艳丽动人，远近读书人均来应对，但苦于没有佳句。一位秀才整日在池塘边徘徊，忽见池边垂钓的老翁，钓竿一甩，碰落了树上的李子。秀才立即获得了灵感，他的下联是：『鲤打李，鲤起李落。』这位秀才终被选中人赘。

李闯王没看上陈圆圆

概拾谷

华夏出版社出版的《纵横天下：第四野战军征战纪实》第321页有这样一段话：

毛泽东道："……人都说，李自成不该一进城就看上了陈圆圆，才逼得吴三桂开了山海关，我不这么看。"

李自成看上陈圆圆之说不妥。熟悉历史的人都知道，霸占明将吴三桂爱妾的是李闯王手下的勇将刘宗敏。李闯王打下北京后，贪图享乐，放纵部下胡作非为。大将刘宗敏将明朝山海关总兵吴三桂的爱妾陈圆圆占为己有，吴三桂"冲冠一怒为红颜"，开山海关迎接清兵。

抗日战争胜利前夕，解放区曾开展过批判"刘宗敏思想"的运动，告诫党员干部面对即将到来的胜利要保持清醒的头脑，避免出现刘宗敏式的腐化现象。身为中共中央主席的毛泽东，不会不知道刘宗敏强占陈圆圆的故事，自然不可能把刘宗敏的风流债记在李闯王的头上，是上述图书的作者弄错了。

美国何来"战争部长"

孤闻

2000年12月30日《北京青年报》第5版《出人意料小布什请出四朝元老》一文第四节说："更神的还有20世纪初的亨利·斯蒂蒙森，此人先是于1911年任塔夫特总统的战争部长……1940年，他又三度出山任罗斯福总统的战争部长。"

文中"战争部长"之称有误。美国建国二百多年来从未有过"战争部长"。建国初期，美国设立了陆军部，至今已有两百余年历史。19世纪后期，随着海军力量的逐渐强大，美国又设立了海军部。1945年二战结束后，美国相继设立国防部和空军部。亨利·斯蒂蒙森，以前多译作"亨利·史汀生"，曾在塔夫特（一译"塔夫脱"，共和党人）总统当政时担任过陆军部长一职，富兰克林·罗斯福（民主党人）任总统时，也曾起用史汀生任陆军部长。所以，史汀生（即文中的"斯蒂蒙森"）先后在塔夫特和罗斯福两位总统手下当过陆军部长，而不是"战争部长"。

向你挑战

找 病 句

编者按

今年年初,天津市新闻出版局举办了"2003年天津市中青年编辑审稿水平竞赛"。本期"向你挑战"题目便是竞赛试卷的第七题。试题要求从下列句子中找出有语病的句子,编者还希望进一步说明"病"在哪里。答案下期公布。

1. 虽然他们惯于玩弄权术,但最终都逃脱不掉被权力本身的残酷玩弄。

2. 我们同去看了电影《泰坦尼克号》,讲述了一个缠绵悱恻的爱情故事。

3. 本单位计划生育工作受到表彰,因此,我们决心让我们出版的图书质量更上一个台阶。

4. 天津租界的洋楼,作为近代史上一个独特的社会现象,很值得我们认真研究。

5. 在"文革"时期的歌曲中,《远飞的大雁》是抒情性最强的曲目之一。

6. 我们要不断改进缺点和错误,提高应考能力。

7. 面对对方高大的个头,我不但不害怕、不畏缩,而是奋起反抗。

8. 没有纸张的大量供给和印刷技术的发展,就没有现代报纸的产生。

9. 全国各族人民举国上下同庆党的"十六大"的召开。

10. 只有刻苦学习,就可以考取重点中学。

11. 成功者在设定想要达到的目标时,先得找出设定这些目标的理由来说服自己。

12. 钻研数学课题,除了要有一定的智慧外,更要有毅力和考虑问题的新角度。

13. 夜,黑得伸手不见五指。我

深一脚浅一脚地摸索着前进。忽然,我清楚地看到远处树林中有一个人影。——我要找的人正在那儿!

14. 赛后,十一个泰达队的球员上台领了奖。

15. 我发现,这篇小说的作者正是我少年时期的朋友张大明写的。

16. 作者从不同角度对时下这个既活跃而又不确定的所谓小资群体作了全面而细腻的描述。

17. 这个印刷厂每印刷十万册书,过去需十天,现在只要五天就能完成,时间缩短了一倍。

18. 几年前,国际象棋冠军卡斯帕罗夫被超级计算机程序 Deep Blue 击败,曾让人怀疑人脑是否最终会被机器打败和控制。

19. 她舞姿翩跹,富于优雅、柔美、激昂和感染力。

20. 在激烈的市场竞争中,我们所缺乏的,一是勇气不足,二是谋略不当。

《一封未写完的信》参考答案

(按差错出现先后为序,括号中的文字是正确的)

1. 描摩(描摹)
2. 这些年轻的一代(年轻的一代)
3. 想往已久(向往已久)
4. 人才挤挤(人才济济)
5. 大姆指(大拇指)
6. 夸耀(夸奖)
7. 凑和(凑合)
8. 孰不知(殊不知)
9. 提高改革的力度(加强改革的力度)
10. 主弦律(主旋律)
11. 至高点(制高点)
12. 不落巢臼(不落窠臼)
13. 一是……,二是……(一是……;二是……)
14. 出奇不意(出其不意)
15. 亲睐(青睐)
16. 一股作气(一鼓作气)
17. 湖北的武汉、湖南的长沙、湘潭(湖北的武汉,湖南的长沙、湘潭)
18. 复盖面(覆盖面)
19. 会"蓦然回首(会有"蓦然回首)
20. 灯火阑姗(灯火阑珊)

"国际大都市与语文规范化研讨会"
发言专家剪影

师大何伟渔教授 　　复旦大学许宝华(左)、宗廷虎教授(右) 　　民革上海市委副主任过传忠先生

师大颜逸明教授(左) 上海师大范开泰教授(右) 　　著名语文教育家于漪女士 　　上海外国语大学王德春教授

海师大沈锡伦教授 　　上海大学余志鸿教授 　　华东师大胡范铸教授

大学陈以鸿教授 　　上海大学汤啸天教授 　　上海教育出版社唐发铙副编审

YOUZHAO WEIZHENG 有照为证

◆ "保暖内衣"谁会穿? 刘浩

这是江苏邳州市一家"南极棉"内衣专卖店的招牌,牌子上赫然写着"保暖内衣"。"暧"是"昏暗"的意思,常用在"暧昧"一词中,和"不光明""含糊的""见不得人"等意思相联系。如果穿上该店出售的内衣,就"不光明""见不得人",谁还会穿?

◆ "童子骨"也能出售? 萧晴初

这是湖南长沙某超市的商品打折广告,遗憾的是,"筒子骨"错成了"童子骨"。"筒子骨"是指筒状猪骨(即猪大腿骨),用来炖汤,是美味佳肴;而"童子"者,儿童也,出售"童子骨",法理难容!

ISSN 1009-2390

刊号:CN31-1801/H 国内代号:4-461
定价:2.00元

YAOWEN-JIAOZI

咬文嚼字

2003年第7期

上海文化出版社

雾里看花
Wu Li Kan Hua

"座机"何机

看了这个标牌,你是否会有这样的疑问:如今国内航空公司的机票价是以每分钟为单位计算了?究竟怎么回事?答案下期公布。

汪建军

《老人多少钱一斤?》解疑

向店家打听后才知道,原来这家店的名称叫"老人和"。我想,若是将店名另行书写,或者加上一个引号,当不致产生如此笑话。

卷首幽默

报 幕

邱 天·文
麦荣邦·画

晚会正在进行。相声结束之后,舞台监督让民乐演员准备上场,演奏广东音乐名曲《雨打芭蕉》。

报幕员走向前台,她瞥了一眼节目单,以清脆的声音告诉听众:"下一个节目,民乐合奏——《两斤芭蕉》。"

目 录

卷首幽默
报幕 …………… 邱 天 麦荣邦（1）

借题发挥
好一个"打"字 …………… 裘 山（4）
"压塌"什么？ …………… 洪家模（5）
"杀人狂"能"发"吗？ …… 郑卫民（6）
不伦不类的"化安夷" …… 吴 铭（7）

过目难忘
最难忘的一个书名 …………… （8）
　"鲜花"赞 …………… 李 坚（8）
　书名是怎样"炼"成的 … 顾 遥（9）
　和死神擦肩而过 …… 孙建国（10）
　"谈风月就谈风月罢" … 袁 诹（11）
　"十万"的魅力 …………… 斯 言（12）

一针见血
何谓"皇家媒体" …………… 宁源声（13）
朱熹是"明代大知识分子"？… 张德民（13）
"省级逃犯"？ …………… 李景祥（13）
"太子"只有一个 …… 张仁寿（14）
"玄祖父"？ …………… 杜宝山（14）
"牛鞭"与"牛耳" …… 胡 亮（14）
"隔岸观火"和"瞎着急" … 郑昼堂（15）
断句失误一例 …… 李 靖（15）
院士不可乱封 …… 家 木（15）

我与《咬文嚼字》
底气何来？ …………… 方 义（16）
我是个老"啄木鸟" …… 杨家宽（17）
我帮作家改文章 …… 吴振慈（18）
只有一个字 …………… 萧 斌（19）

辨字析词
且说"众志成城" …… 陈壁耀（20）
"守望相助"的新生 …… 金文明（21）

探名小札
"秭归"得名趣谈 …… 赵增民（24）
"雷峰塔"的由来 …… 孙章埂（25）
《指南录》书名的含义 …… 曹 明（26）

咬文嚼字

2003年7月1日出版

第7期

（总第103期）

主管：上海市新闻出版局
主办：上海文化出版社
编辑：《咬文嚼字》杂志社
E-mail：yaowenjiaozi@sina.com
电话：021 - 64330669
传真：021 - 64330669
邮购电话：021 - 64372608 - 291
地址：上海市绍兴路74号
邮政编码：200020
发行：上海市报刊发行局
订阅处：全国各地邮局
国内代号：4 - 641
ISSN1009 - 2390
CN31 - 1801/H
电脑排版：
　上海艺文激光电脑排版厂
印刷：上海中华印刷有限公司
广告业务：
　上海文艺广告传播中心
电话：021 - 64431400
广告经营许可证：沪工商广字
3101034000029号
定价：2.00元

教材扫描	从"忍"说开去 …………… 闫会才(27)
	"翼蔽"和"督过"
	——语文课本《鸿门宴》误注二例
	…………………………… 张志达(28)

语坛掌故	"全聚德"的"德"字 ……… 吴沛智(30)
	胡适治印 ………………… 马仲全(31)
	储罐应对建大桥 ………… 殷宝盈(32)
	张恨水的补白 …………… 小 曾(32)
	"大师"变"大帅" ………… 益 明(33)
	谭鑫培临场应变 ………… 张秀莲(33)

碰碰车	"继续"不误 ……………… 任 瑞(34)
	想起了"首鼠"问题
	——也谈"扬长而去" … 崔雅鸿(35)

百家会诊	"想象"还是"想像"? ……………… (38)
	1986年是分界线 ………… 吴 华(38)
	一桩历史公案 …………… 顾 豪(38)
	理应恢复"想像" ………… 宋桂奇(39)
	"想象"更有通用性 ……… 萧模艳(39)
	"象"实"像"虚 …………… 杨永军(40)
	尊重专业用字习惯 ……… 温珍琴(40)
	想起了韩非子 …………… 蔡 建(40)
	何必走回头路 …………… 解志雄(41)
	"想象"比"想像"合理 …… 匡 吉(41)
	结束混乱 ………………… 周 延(42)

文章病院	"联合国"不是"国" ……… 朱红梅(44)
	"五百县官下课"? ……… 刘相臣(45)
	题也朦胧,文也朦胧 …… 文 非(46)
	"再鼓余勇"自相矛盾 …… 王万岭(47)

向你挑战	古诗扩成语 ……… 成 山 设计(48)
	《找病句》参考答案 ……………… (48)

语丝	"士卿""作贼"而"死" …… 陈 章(19)
	"觉哉"对"退之" ………… 王培焰(31)
	道德可靠 ………………… 一 川(37)

顾问 张 斌 濮之珍
主编 郝铭鉴
主编助理 王 敏
编委 李玲璞 何伟渔
　　　陈必祥 金文明
　　　姚以恩
特约编委
　汪惠迪(中国香港)
　田小琳(中国香港)
　林国安(马来西亚)
　吴英成(新加坡)

责任编辑　韩秀凤
发稿编辑　黄安靖
封面设计　宫　超
特约校读　王瑞祥
　　　　　陈以鸿

7—3

借题发挥

开栏小语

题目是文章的眼睛。前人说:"题好一半文","读书读皮,读报读题"。可见题目的重要。作家秦牧曾说,他取一个名字有时比写一篇文章花的时间还多。为此,本刊自本期起,辟"借题发挥"一栏,重点探讨题目的规范,咀嚼题目的智慧。

这里的"题",主要是指报纸、刊物的文题,但也不排斥书名、刊名,甚至还可包括影视名、戏剧名。总之,凡称得上"题"的,皆可拿来做文章。根据本刊的宗旨,文章以反做为主,"咬"题中的差错;但遇到好的题目,也可推荐给我们的读者共赏共嚼。

凡本栏文章,皆要附原题图片,望投稿的朋友配合。 **编者**

好一个"打"字

裘 山

2001年3月,经过一个冬季的休养生息,中国足球重开战。3月11日,《羊城晚报》在体育新闻版上用大字标题刊出一则消息:《甲A又打起来了》。虽是平常的几个字,读来却别有风味。

这则标题,好就好在和球迷有着内在的情感上的呼应。凡是球迷,都视球如命,球赛季节,是他们的"盛大的节日"。"甲A又打起来了",有一种奔走相告的味道,欣喜之情溢于言表。看似直白的口语,却跳动着球迷的脉搏。

更妙的是,这个"打"字一语双关。打,既是本赛季"开打",又暗指绿茵场上的风波。中国足球,水平不高,但"新闻"不断,一会儿球迷闹事,一会儿球员厮打,一会儿追殴裁判,一会儿黑哨乱吹,热闹极了。2000年的足球赛季,几乎就是在

"打"中落幕的。新的赛季开始,"又打起来了",这是讽刺,也是警示,读者自会发出会心的微笑,而球界上下,则应深长思之。

顺便再说一句,这则标题像"味道好极了"一样,道地一句大白话,其实却是在用"典"呐!看过京剧《沙家浜》的人都知道,刁德一不知道阿庆嫂和沙奶奶是什么关系,暗示刘副官跟踪观察,阿庆嫂何等机灵,将计就计,故布"迷魂阵",刘副官急急回来报告:"参谋长,打起来了!"看到《羊城晚报》标题,我就想到这幕情景,越想越有味道。

"压塌"什么?

美国康州　洪家模

冰雪压塌消防队

纽约州索阔伊特市一处消防队建筑,因经受不起周二冰雪重压而部份(分)坍塌,幸无人伤亡。周三上午,拆房工程已经开始。(美联社)

2003年2月20日,美国《侨报》上登了一幅照片,显示一座房子被冰雪压塌,一辆挖土机正在将该房拆除,照片上看不到一个人。照片说明写道:"纽约州索阔伊特市一处消防队建筑,因经受不起周二冰雪重压而部份(分)坍塌,幸无人伤亡。周三上午,拆房工程已经开始。"而这段说明的标题却是"冰雪压塌消防队"。消防队是由若干消防队员组成的集合体,被压的只能是一个个消防队员,或伤或死,消防队如何能被压塌呢?

7—5

"杀人狂"能"发"吗?

郑卫民

2002年6月12日,《新民晚报》国际新闻版上有篇文章:《老翁竟发杀人狂 修道院里乱放枪》。它说的是美国南部密苏里州,有个名叫杰夫里斯的71岁男子,在10日这天来到一家天主教修道院里,开枪打死了两名神职人员,自己也在礼拜堂里饮弹自尽。

71岁,称之为"老翁",当然是可以的;无端挥舞着枪,跑到修道院里胡乱扫射,称之为"杀人狂"也不为过。然而,"老翁竟发杀人狂",这句话是说不通的。一个人可以"发狂",因为"狂"是一种精神状态,是可以"发作"出来的;而"杀人狂"只能是人,是嗜血成性、杀人不眨眼的歹徒,怎么能成为"发"的对象呢?

编者在制作这一标题时,我想一定是想到了苏轼的那首词:"老夫聊发少年狂,左牵黄,右擎苍……"上引标题很可能是仿制。可问题在于,"少年狂"的"狂"是指少年人的狂放,这是可以"发"的,而"杀人狂"却是一个特定的词。两者形似而实异。编者只考虑模仿的修辞效果,而忘了动宾搭配是否合理。

如果把"发"改为"成","老翁竟成杀人狂",上引标题庶几可通。

不伦不类的"化安夷"

吴 铭

2000年7月26日,一个名叫贺雅冰的三岁女孩,随母亲一起到建筑工地上找爸爸,不慎坠入了桩基洞。这个洞深达6米,而直径只有30厘米。经过一番惊心动魄的抢救,女孩终于脱险。《湖南日报》7月28日报道了这一消息,用的标题是:"三岁女童坠深洞 警民营救化安夷"。

应该承认,这个标题有较强的概括性,基本新闻要素都已具备,而且一看就懂,但"化安夷"三字读来别别扭扭,似属生造。其实,安即夷,夷即安,通常并不连用。可以说化险为夷,也可以说转危为安,编者之所以不这样说,无非是为了凑七个字,和上句保持语言节奏上的对应,结果因形式损害了内容。

如果仅仅是生造,那还情有可原,

问题是这样一改,在表达的准确性上也打了一点折扣。这是因为,"化险为夷"是人们熟悉的一条成语,"险"是"化"的对象,"夷"是"化"的结果,一变而为"化安夷",便给理解设置了障碍,人们也许会误以为"安夷"是"化"的对象。这和作者的原意是相悖的。

这则标题如果两句各加一个字,改为"三岁女童坠入深洞 警民营救化险为夷",就既保持了原有的风格,又解决了语言的规范问题。(请提供材料的读者来信联系)

过目难忘

最难忘的一个书名

"鲜花"赞

李坚

在我的书架上，立着一本二十多年前出版的文学作品选本，每当我看到它时，总会肃然起敬。这本书的封面设计十分简单，设计者用国画中的"枯笔"，怒扫出一片黑色，雄浑，粗犷；黑色之中绽放出一朵装饰性极强的鲜花，挺拔，高贵。这本书便是《重放的鲜花》。

我之所以会肃然起敬，是因为从这本书中，感受到了编辑的大智大勇。这本书的出版时间，是1979年5月，当时正是政治上的"乍暖还寒"时候，而书中收选的几乎是清一色的"右派"作品，如王蒙的《组织部新来的青年人》、邓友梅的《在悬崖上》、刘绍棠的《西苑草》，流沙河的《草木篇》……人还没有"平反"，作品还背着"恶谥"，编者居然敢于结集出版，这该有着怎样的眼光和魄力啊！

书名"重放的鲜花"，可以说是大智大勇的一个具体体现。长期以来，我们接受的教育是，要区分无产阶级和资产阶级，区分香花和毒草。王蒙等人的作品，自它们问世以来，便被视为"毒草"，而且是"反党反社会主义的大毒草"，二十多年中屡遭"批判"，已成"铁案"。面对这一事实，编者却如石破天惊，以不容置疑的口吻，针锋相对地称它们为"鲜花"。这无疑是对中世纪式的文化专制主义的一种蔑视，一种挑战。

"重放的"三个字，是耐人寻味的。它充满着历史的沧桑感，承认这些"鲜花"在风刀霜剑的威逼下，都曾有过"零落成泥"的悲惨命运；同时，它又洋溢着现实的喜悦感，相信随着思想解放运动的兴起，"文艺的春天"必将重回人间，"鲜花"又有了开放的权利。这三个字连接着昨天和今天，连接着苦难和幸福。

"重放的鲜花"，在中国现代出版史上，将永远散发着芳香。

书名是怎样"炼"成的

顾 遥

十年前,上海文化出版社出版过一套《金字塔文库》,系统介绍人文科学知识。当时定下的编写原则是:一门学科一本书,每本10万字左右,书名为学科名加"精华"二字,如"儒学精华""创造学精华""文化学精华""逻辑学精华"等等。后来审稿时,发觉书名过于整齐划一,"就像穿上制服的民警",既缺乏个性,又不容易辨识。于是,决定重拟。本文以"死亡学精华"为例,看看书名是怎样"炼"成的。

《金字塔文库》是普及性的理论读物,要求内容深入浅出,文笔生动可读。根据这一风格,有人提出《死亡学精华》一书可改名为"和死神握手",但讨论时遭到了一致反对。"谁愿意和死神握手呢?"——这个书名的最大问题,是不符合阅读心理。

又有人提出,可改名为"人生的大幕徐徐地落下来"。这个书名得到了一部分人的赞同,觉得它"比较有意境","把死亡升华为诗";但多数人持否定态度,理由是它没有把握好文章和书的区别,更像一篇文章的题目。作为书名,需要高度概括,"不宜像小姑娘戴首饰,到处都丁丁当当"。

提出的第三个名字是:"传向西方的马蹄声"。大家认为,这个名字保留了上一个名字的特点,比较形象,而且比较精练,但也有明显的不足:"西方"一词有歧义。在民俗意义上,西方表示死亡;但在政治意义上,西方代表资本主义。书名是不应该有歧义的。于是改为"传向天国的马蹄声"。

讨论并未到此结束。"传向天国的马蹄声"几经琢磨,又发现了新的问题:"马蹄声"这三个字,让人听到的是"得得得"的声音,似乎急促了一点,和书的主题不太吻合。有人建议改为"走向天国的驼铃"。驼比之马,更具有新鲜感;驼铃声比之马蹄

和死神擦肩而过

孙建国

20多岁时,我曾为情所困。那是一个令人心仪的女孩,我们一起读书,一起唱歌,生活充满了阳光。性格内向的我,认为爱不一定要说出口,像守着树上的果子一样,等着它成熟的一天。不料,她竟成了别人的新娘。一时间天塌地陷,我陷入了感情的泥淖,求死的念头,像蛇一样诱惑着我。

一个偶然的机会,我见到了一本书:《死是容易的》。当时我像秘密被人揭穿似的,瞧着书名心怦怦地跳。这是一本自传体小说,作者是病魔缠身的上海作家阮海彪。书中讲述的是一个患血友病男孩的故事,他八岁便与死亡结缘,无时无刻不在与死神搏斗。当我合上书时,突然觉得自己的失恋与主人公的灾难相比,实在太微不足道了。主人公命悬一线,却从不言放弃;我一个顶天立地的男子汉,怎能选择"死"这条最容易走的路呢?

"死是容易的",简简单单的五个字,却道尽了人生的全部哲理。哲人说过,人一生下来就啼哭,是因为知道自己踏上了艰难的生命旅程,在他前面有数不尽的坎坷和挫折。敢于直面人生的勇士,选择的必然是挑战。而死,则意味着放弃追求,意味着向命运投降。这个书名不仅当时让我震撼,而且在人生历程中,不断给我鞭策和警示。作者不说"死是懦弱的"而说"死是容易的",没有指责的口气,但在平静中充满着深刻,更具有激励人的力量。

声,也更具有个性;特别是骆驼的节奏比马的节奏缓慢多了,有利于营造一种低沉的氛围。讨论至此,大家一致点头。

然而,就在拍板的时候,我又提出一个问题:"走向天国的驼铃"——既然能"走",可见还没到"死"的份上,这个词还有推敲的余地。我主张改"走"为"飘"。"飘"——飘飘忽忽、晃晃悠悠,说明已是命若游丝,危在旦夕。我的提议得到通过,这本书最后定名为"飘向天国的驼铃"。

通过这次讨论,我的体会是:取书名是一个研究的过程,一个寻觅的过程,也是一个咬文嚼字的过程。

在我很小的时候看见"准风月谈"这书名,粗枝大叶地读作"淮风月谈",自以为是地理解为"淮河两岸风俗每月谈",把它记得很牢。年稍长,看清了是"准风月谈",并且也知道了"风月"是指男女情爱,"准风月谈"就是不完全够格的风月谈。从误读到确认,这书名给我留下的印象格外深刻。

及待真正读了《准风月谈》,才知道了这书名的来历,才真正理解了它的深刻内涵,所有这些都让我难忘,不仅仅书名本身。

1933年5月25日,《申报·自由谈》编辑黎烈文由于所编版面屡受国民党反动势力的压迫和攻击,愤而发表启事,说"这年头,说话难,摇笔杆尤难","吁请海内文豪,从兹多谈风月,少发牢骚,庶作者编者,两蒙其休"。不消说,这样的启事与其说是启事,不如说它本身就是牢骚。鲁迅等进步作家自是彼此心照。

鲁迅先生将1933年6月至11月的杂文结集,就叫作《准风月谈》。这书名看似随手拈来,却有着多重意蕴,是典型的曲折尽致的鲁迅笔法。

首先,我觉得,它是调侃性的,

『谈风月就谈风月罢』

袁谅

很俏皮。既然多谈风月,就多谈风月吧,只是不太够格,还望多多包涵。既似得意自己"多面手",又似谦虚自己"三勿精"。鲁迅先生在该书《前记》中写道:自从黎烈文启事刊登以来,"很使老牌风月文豪摇头晃脑的高兴了一大阵,讲冷话的也有,说俏皮话的也有,连只会做'文探'的叭儿们也翘起了它尊贵的尾巴。但有趣的是谈风云的人,风月也谈得,谈风月就谈风月罢,虽然仍旧不能正如尊意"。"风月谈"而"准",很有开开玩笑的意思在——你们以为"多谈风月"就把我难住了吗?

其次,我觉得,它是示威性的,很严肃。鲁迅先生把话说得很明白,"想从一个题目限制了作家,其实是不能够的。假如出一个'学而时习之'的试题,叫遗少和车夫来做八股,那做法就绝对不一样。自然,车夫做的文章可以说是不通,是胡说,但这不通或胡说,就打破了遗少们的一统天下"。"风月谈"而"准",就表明一种不同的声音,不同的存在,就是要打破你们的一统天下。你们能把我怎样?

最后,也是最根本的,我觉得,

"十万"的魅力

斯 言

在现代中国读者中,不知道《十万个为什么》这套书的人,大概是不多的。这套书不仅以系统的科学知识,哺育了一代代的莘莘学子,而且还为科普读物的出版,提供了新的思路。这套书的名字,同样也充满着魅力,让人毕生难忘。

"十万",这当然是个虚数,书中不可能容纳十万个条目。"十万"又是个惯用词语:十万火急、十万八千里、"十万军声半夜潮"、"十万工农下吉安"、"旌旗十万斩阎罗"……用"十万"非但没有突兀、虚饰之感,相反却能让人感受到一种气势,如置身于知识的海洋边,望着浊浪排空,听着惊涛拍岸……

毛泽东同志曾告诉我们:凡事要问一个为什么。学问学问,"学"是"问"出来的。西方有位作家说:提问题的人傻五分钟,不提问题的人傻一辈子。以"十万个为什么"为题,正是遵循了这样一种科学的思维方法,十分有利于激发读者的求知欲和好奇心,在它面前,凡是有进取心的人,都会跃跃欲试,以先睹为快。

在《十万个为什么》之前,这类知识集纳性的图书,有一些习惯性的取名,比如:手册、辞典、百科、大系。《十万个为什么》如果当初称之为"自然科学百科手册",应该说这也是个中规中矩的书名,但和"十万个为什么"相比,显然逊色多矣。前者是因袭,后者是创造;前者是"泯然众人",后者才是"独辟蹊径":两者是不可同日而语的。

《十万个为什么》出版至今,几十年过去了,依然青春勃发,而且书名还屡屡被人模仿。这里是否涉及知识产权姑且不论,至少可以看出这个书名的影响吧。

它有战斗性,很激烈。鲁迅先生在《前记》中写道:"其实,以为'多谈风月',就是'莫谈国事'的意思,是误解的。""风月谈"而"准",就明确表示决不甘于"莫谈国事",谈国事,谈风云,该出口时就出口。"准风月谈",折射出的是持枪跃马的战斗雄姿。

对"准风月谈"这书名意蕴的解析未必精当,然难忘却是确实的。

一针见血

何谓"皇家媒体"

宁源声

《百年潮》杂志广东记者站2002年年底发的广告征订单如此说:"欢迎订阅——中央机关皇家媒体——《百年潮》杂志。"中国早已不是封建帝国,也不是君主立宪制国家,何来"皇家"及"皇家媒体"?难道中央机关就是"皇家"吗?

朱熹是"明代大知识分子"?

张德民

《散文》2002年第11期《忆婺源》一文在说到文公山时,有这样的话:"据说山上的坟墓中埋着的是朱熹的四世祖,这位明代大知识分子的祖先,曾在这里生活。"朱熹的生卒年代为公元1130年至1200年,历南宋高、孝、光、宁四朝。高宗绍兴十八年进士,集北宋以来理学之大成;他整理文献,注释古籍,著述甚丰。说他是大知识分子没错,但实在与明代无涉。

"省级逃犯"?

李景祥

新华社辽宁分社主办的《时代商报》2001年7月23日第2版有一篇文章的标题是:"省级逃犯来自首"。犯人还分级?既然有省级的,有没有国家级和市、县级的呢?看了内容才知,原来所谓的"省级逃犯"是一起省级重点督办案件的在逃犯罪嫌疑人。

触犯国家法律,被人民法院依法判刑并在押的称作犯人。在监狱里服刑的犯人逃跑了,才叫逃犯。尚未经起诉、审判、量刑,不能称为犯人,只能称犯罪嫌疑人;犯罪嫌疑人在案发后逃跑了,只能称在逃的犯罪嫌疑人。另外,案情重大,列为省级重点督办案件,并不等同于有关的犯罪嫌疑人或罪犯就是省级嫌疑犯或省级逃犯。法律面前人人平等,不管他原先是哪一级的,触犯了法律都得依法治罪，不管是省级重点案件还是全国重点案件。

"太子"只有一个

张仁寿

2001年12月8日《文汇读书周报》第7版《康熙帝国》一文中有一句话不妥："……同时命行森和尚暗中考察哪位太子最聪明福寿。"

帝王的儿子中已经确定继承帝位或王位的才能称太子。所以太子只有一个，"哪位太子"的说法显然是错误的，改成"哪位皇子"才符合史实。

"玄祖父"？

杜宝山

《新民晚报》2002年12月4日第5版有篇报道说有位"长者叫徐希曾"，"一百五十一年前徐希曾的玄祖父徐荣村在首届世博会以一袭'湖丝'获得大奖。"文中的"玄祖父"这一称谓是生造的。

按照《尔雅·释亲》的记载，家族中前后辈分的称谓，从自身往上数，有父、王父（即祖父）、曾祖、高祖；往下数，有子、孙、曾孙、玄孙、来孙、晜孙、仍孙、云孙。至于在其他古籍或方言中，更早的还有远祖、太祖、始祖、鼻祖等称呼，更晚的还有远孙、裔孙、末代灰孙子等说法。但所谓的"玄祖父"，却是闻所未闻的。

"牛鞭"与"牛耳"

胡亮

诗歌评论家程光炜所著《艾青传》第185页有句话："韦氏留学德国，思想较开明，因是桂系意识形态方面的执牛鞭人物，在骨子里政治意味颇浓。""牛鞭"似有两义：其一，打牛之鞭子；其二，公牛之性器。"执牛鞭人物"当作何解？程光炜提及的"韦氏"指上世纪30年代末广西日报社社长韦永成。推究程光炜本意，似在肯定韦永成当时的地位和影响，那么当用"执牛耳人物"为是。相传古代诸侯会盟时要共饮牲血，主盟者要亲自割牛耳取血，所以后来称领导人物为"执牛耳者"。《左传·哀公十七年》："诸侯盟，谁执牛耳？"又如黄宗羲《姜山启彭山诗稿序》:"太仓之执牛耳,海内无不受其牢笼。"俱为明证。

"隔岸观火"和"瞎着急"

郑昼堂

电视剧《不要和陌生人说话》中,刘薇眼看梅湘南被安嘉和打得遍体鳞伤,劝她报警或离婚,梅湘南却顾全安嘉和的面子,不听劝告,刘薇长叹一声说:"我这是隔岸观火瞎着急!"隔岸观火是比喻见人有危难不援助而采取看热闹的态度。"隔岸观火"的人是绝对不会替人着急的。而刘薇和梅湘南是好朋友,处处替梅着想,她怎么可能隔岸观火呢?这里应换成"皇帝不急急太监"之类的话才合适。

断句失误一例

李靖

在书店买到一本江苏古籍出版社出版的由胡曦雯先生编著的书:《怎样临摹〈颜真卿大唐中兴颂〉》。本人喜爱书法,买到这本书后,欣赏观摩,受益不少。但美中不足的是,此书最后一页断句明显不妥。原书为:"噫嘻,前朝孽臣,奸骄为慆,为妖边将,骋兵毒,乱国经,群生失宁。……"实际上,这是一篇四言韵文,每三句一韵,共十五韵。上引文字应当断为:"噫嘻前朝,孽臣奸骄,为慆为妖。边将骋兵,毒乱国经,群生失宁。……"这种刻石文字章法早在秦代已有,如有名的李斯《峄山碑》。此类差错,时有发现,望能引起有关人士的注意。

院士不可乱封

家木

2003年2月19日,美国《侨报》摘登《金盾》一篇文章《死缓囚犯终成院士》。写的是死缓囚犯王树祥被吉林省名人文化研究院授予研究院"院士"称号。标题上的院士没有引号,内容上的院士有引号。不论有引号没引号都是不妥的。在我国,只有中国科学院、中国工程院有院士,他们都是造诣很深的学术权威,推选院士是一件极其严肃的事情,不能像总经理那样乱封。如果吉林省名人文化研究院确实这么做了,最好改换一个名称,不要弄混了"院士"这一称号。

我与《咬文嚼字》

底气何来？

浙江温州　方义

我今年72岁。1994年从市机关离休后，受温州日报社邀请参加校对工作，至今已快十年。一个古稀老人，"吃文字饭"的底气何来？就因我身后有《咬文嚼字》。

记得1996年，某领导同志讲话稿中有"义无反顾"一词。有人认为应是"义无返顾"。这类词语，此亦一是非，彼亦一是非，校对科里往往会争得面红耳赤，工具书也是各行其是，让人无所适从。这时我拿出了《咬文嚼字》，其中有篇文章把这个词分析得十分透彻，我们很快统一了认识。有些同志见后，也去购买了合订本。

又有一次，见到"出彩"一词。手头词典的解释是："旧时戏曲表演杀伤时，涂抹红色表示流血，叫出彩。"据此有人认为原稿用"出彩"不妥，而编辑却说我们"思想不解放"，而我们又苦于找不到新义的依据。后来，见到2001年第10期《咬文嚼字》，才知今日的"出彩"是形容某些事物"令人惊喜、赞赏、叫好"的状态，此"出彩"非彼"出彩"也。还有酷、秀、猎头、德比、亲和力、主打歌等等，本人无一不是从《咬文嚼字》中获取时尚新义，而避免"背时"失误。我深切地感受到，离开《咬文嚼字》，就不能与时俱进。

《咬文嚼字》中的"向你挑战"试题，更使我得益匪浅。我认为这是检验、提高自己的好机会，因此几乎每份必答，我把它称为"月考"。同事们还就答案展开争议。比如金婚贺词中用了"梨花海棠"，答案认为用得不对；但有些同事认为这是生动比喻，在报刊上也见到过。重温《咬文嚼字》2000年第9期，才弄清"梨花海棠"是比喻老夫少妻。大家对这样的"月考"兴趣极浓，有的同事一到月初就问新的一期到了没有。

我是个老"啄木鸟"

复旦大学医学院　杨家宽

工作之余,我曾向《咬文嚼字》投过稿,并有幸荣获《咬文嚼字》"1998年神射手奖二等奖"。这个奖虽然不大,但我看得不轻。

我本来就喜欢文字,有了《咬文嚼字》的勉励,我越"咬"越有味道。无论是在校园里还是出差在外地,是报纸期刊还是中小学教材……只要见到文字毛病,我就禁不住想"咬"想"嚼"。去黄山疗养,看到路碑、标牌上有不规范字,立即写封信给管理处,对方很快复了信,并"欢迎"我"下次来黄山指导,看看有没有得到改正";去中华医学会组稿,副秘书长送我一本新出版的《健康世界》,我回家后又"咬""嚼"一番,还写了两张纸寄给编辑部,当然,又是收到了一封热情洋溢的感谢信……我做过医生,每逢发现错别字等编校差错,就像在农村做除害灭病工作时找到血片中微丝蚴一样高兴,因为,我感到又为消灭丝虫病出了一点微薄的力量。或许,我自己也得了"病"——一种咬文嚼字的"职业病"。

咬文嚼字,我尤爱啃硬骨头,特别喜欢"咬""嚼"权威性的出版物。人民卫生出版社的《实用内科学》(第10版)曾获包括国家图书奖在内的多种奖项,意想不到的是该书的编校质量存在严重问题,甚至参考文献中的同一出版社社名的写法,都是一片混乱,有的多达一二十种!改版前的《中华医学杂志》我检查了一期,也发现了不少问题,写了《权威性学术期刊更应注重质量》的文章,被《中国出版》加了"编者按"刊用;科学出版社出版的经过全国名词委审定的一整套科技名词,也有一些考虑欠周之处,拙作发表于《科技出版》,吴阶平教授曾来信鼓励:"希望在编辑出版事业方面,为促进医学事业的发展,为社会主义建设不断作出新贡献。"

我帮作家改文章

江西鹰潭市地矿协会　吴振慈

我是搞自然科学的,爬山找矿一辈子,是一名地质工作者。偶尔也写点豆腐干文章,多属"科普"一路。由于自知文字功底欠佳,特地订了一份《咬文嚼字》。

本地有位老作家,写了一本介绍龙虎山风景名胜区的书,因涉及地质术语,让我帮忙校阅。我除了纠正几处技术性错误外,还改动了个别文字。比如原文说龙虎山丹霞地貌"是大自然地质作用这把神刀把它雕塑成似龙似虎的神奇形象"。我把"雕塑"二字改成了"雕琢"。

老作家开始不以为然。我解释说:"雕"是做减法,"塑"是做加法。自然界地质作用力对山体的侵蚀、风化和剥落,只能是对原有的地貌做"减法",而不是做诸如堆砌、贴补这样的"加法"。一听我这种既有地质学又有语言学知识的分析,老作家点头称是。其实,我这是从《咬文嚼字》2002年第2期上看来的。

最近,老作家又完成了一篇文稿,他特地找到我说:"帮我咬一咬吧。"作家让我改文章,也许是我读了《咬文嚼字》,文字功底有所长进了吧。

咬文嚼字,我越"咬"越觉得自己功底不足,力道不够。例如为了弄清全国名词委将 impotence 定名"阳萎"是否确切,我断断续续花了一年多时间,查阅了许多中英文书刊和因特网上常用的中文网站,去了上海图书馆和多家医学会图书馆,还查阅了上海书城、医学书店等处的新书,写了篇上万字的文章被压缩刊载于《科技术语研究》上。我个人认为还是用"阳痿"比较合适。这项工作费去了我大量精力,但也正因如此,它才具有挑战性。我是一个老"啄木鸟",但我不服老。曹操说:"老骥伏枥,志在千里。"我要做到"老鸟出林,除虫务尽"。

只有一个字

湖南祁东二中 萧 斌

在喧嚣的闹市中,在茫茫的人海里,在快餐文化泛滥的书摊上,2001年5月的一天,正读高二的我,发现了你——《咬文嚼字》,一棵青青的小草。当时我真惊讶,世上竟有如此别出心裁的刊物,如此超凡入圣的刊物,如此冰清玉洁的刊物,我的脑海里只有一个字:绝!

从此以后,你我相伴。我看到你是那样顽强,那样执着,不管是何方神圣,不管是哪界权威,只要出现文字差错,都是你的讨伐对象。每次打开刊物,在我面前展现的,都是一个毫无畏惧、从不屈服的战士形象。我的脑海里只有一个字:酷!

在我的生活中,不时可以听到你的名字,看到你的身影。一位"北大生",谈起你时赞不绝口。一位中学老师,把你作为奖品奖给学生。我的同桌、我的同窗,一个一个与你为友。呵,你是小草吗?不,你是一棵饱经风霜的参天大树。我的脑海里只有一个字:爽!

我们不是需要绿色食品吗?你就是最富有营养的绿色精神食粮。2002年1月,我掏出了身上仅有的二十几元钱,买回了2001年的合订本。郝铭鉴主编的《跋》,让我对你有了更多的了解。我的脑海里只有一个字:服!

语丝

『士卿』『作贼』而『死』

陈 章

清朝王士卿贪污案发被处死刑。有人作挽联曰:"士为知己,卿本佳人。"

《战国策》云:"士为知己者死。"《北史》云:"卿本佳人,奈何作贼。"

此联隐去『作贼』和『死』,又将『士』『卿』二字冠首,十分巧妙。

辨字析词

且说"众志成城"

陈璧耀

随着"非典"的突然侵袭和"抗非""防非"战役的不断深入,一些表示团结互助等意义的成语,如"万众一心""同心同德""同舟共济"和"众志成城"等,频频见诸报端。某电视台组织的大型晚会的主题便是:"我们众志成城"。遗憾的是,其中有一块标语"众志成城"成了"众志成诚"。

"众志成城"这个成语取自民间谚语,最早出现于《国语·周语下》。据载,东周的第十二代天子周景王姬贵,在他在位的第二十一年(公元前524年)和二十三年(公元前522年)时,做了两件不得民心的事情:一件是铸大钱,一件是铸大钟。大钱就是币值高的钱。景王试图以铸行大钱的方式来收缴民间的小钱。大钟即编钟。景王准备铸造两组巨型编钟,一组是无射(读yì),一组是大林。他打算把这两组编钟上下悬挂在一起配合着演奏。

景王身边的大臣单穆公对此很担忧,极力加以劝阻。他认为铸大钱不利于流通,是"绝民用以实王府",是对平民百姓的残酷掠夺;而铸大钟更是劳民伤财,既得不到悦耳的美的享受(钟过大耳朵承受不了),又加重了百姓的负担。所以这样做将会使百姓离心,国家危险,但景王听不进去。

司乐大夫伶州鸠也劝阻说,编钟的声律强调和谐,如果百姓怨恨,那就没有和谐了。他引用民谚"众心成城,众口铄金"来表明自己的观点:老百姓共同喜欢的东西,很少不实现的;而他们共同厌恶的东西,也很少不废灭的。但景王还是不听。三年间,既铸了大钱,也造了大钟。结果是,景王在第二年就死于心疾,周

7—20

"守望相助"的新生

金文明

自从全国人民在党中央领导下投入抗击"非典"的斗争以来,古老的成语"守望相助"便频频出现在各种媒体上,引起了广泛的关注和共鸣。

"守望相助"一语,出自《孟子·滕文公上》:

乡田同井,出入相友,守望相助,疾病相扶持,则百姓亲睦。方里而井,井九百亩,其中为公田,八家皆私百亩,同养公田。公事毕,然后敢治私事。

众所周知,这段关于上古井田制度的描绘和论述,是战国中期儒家代表人物孟子,为地小民弱的滕文公开出的一张治国良方,充满着理想的色彩,因而经常为后世的学者所引用。

那么,这里的"守望相助"究竟是什么意思呢?

我们不妨先来看看古人的旧注。汉代赵岐解释说:"助,察奸也。"

※※※※※※※※※※※※※※※※※※※※※※※※※※※※※※※※

王朝也随即爆发了长达五年之久的内乱。

伶州鸠所引用的"众心成城,众口铄金"这句民谚,韦昭《国语注》的解释是:"众心所好,莫之能败,其固如城也。""众口所毁,虽金石犹可销也。"应劭在《风俗通义佚文》中对"众心成城"也有一个解释,说是"众人同心者,可共筑起一城"。解释虽略有异,意义却完全相同,都是用来比喻民众只要团结一心,就能形成强大的力量,就能取得胜利。

后来"众心成城"多写作"众志成城",于是"众志成城"就成了现在的规范写法。这里要注意的是,众志所成的是"城墙"之"城",而非"诚信"之"诚",不要写错。

7—21

察奸,就是伺察坏人。宋代朱熹集注说:"守望,防寇盗也。"防寇盗,就是防御入侵的盗贼。这两种旧注讲得都比较笼统,似乎"守望"和"助"等于同义重复。其实,在《孟子》以前的先秦典籍中,"助"字最常用、最普泛的意义是"帮助"。《说文·力部》说:"助,左也。""左"是"佐"的古字,其本义就是"用手帮扶",后来泛指"帮助",根本无需像赵岐那样曲解为"察奸"。倒是"守""望"二字应当略加训释。清人焦循的《孟子正义》说:"守者,防备所已知;望者,伺察所未形。"讲得通俗一点,"守"主要指"防备",即防备眼前过往的人顺手牵羊拿走些什么;"望"主要指"伺察",伺察那些隐伏的盗贼冷不防上门来抢劫。这种解释,有其训诂学上的依据(《玉篇·心部》:"守,护也。"又《亡部》:"望,伺也。"),容易为后人所接受。我手头有一本民国时期世界书局出版的《孟子读本》,干脆把"守望相助"译成"防守瞭望盗贼,也可彼此帮助",显得简明扼要,通俗易懂。

不过,无论是赵岐、朱熹和焦循的旧注,还是白话文通俗读本中的新译,千百年来,人们对于这个古老成语的理解和运用,一直被局限在"相互共同防御""以防盗贼"这个狭隘的范围之内(见1985年版台湾三民书局《大辞典》和1989年版《汉语大词典》释文)。请看以下三条古代的书证:

宋曾巩《申明保甲巡警盗贼札子》:"于本置保甲之意,委曲备具,亦古者井田守望相助,后世置乡亭徼巡盗贼之遗法也。"

明史可法《止逃民谕》:"行文各府州县,俾劝尔乡士民,各训练本乡子弟,以自固其围,此古人守望相助御寇之良策也。"

清李伯元《南亭笔记》卷十四:"使人人能如尔辈之守望相助,则盗贼不足平也。"

以上三个"守望相助",一无例外,都是共同防御盗贼的意思。古代的文言文是如此,现代的白话文著作又怎样呢?根据我多年来编撰词典所收集的资料,使用"守望相助"这一成语的作家,真可谓寥若晨星。建国以前的,只找到两例;建国以后(截止于2002年底)的,连一个也没有。现将仅见的两条书证抄录在下面:

冰心《寄小读者·通讯十三》:"我凝望天空,有三颗明亮的星星……那两颗紧紧挨着,是我的二弟弟和小弟弟……他们知道自己的弱小,常常是守望相助。"(写于1924年)

马烽、西戎《吕梁英雄传》第五回："邻家邻舍的，总要守望相助，疾病相扶。"（写于1945年）

前一例的"守望相助"是用来描写星星的，其实星星只能"守望"而无法"相助"。这仅仅是一种诗的比喻。后一例的"守望相助"并非独用，而是与后面的"疾病相扶"紧连成句，可以认为是对《孟子》原文的直接援引，其意义也没有完全摆脱传统的窠臼。这说明，直至上个世纪的40年代，使用这一成语的人，仍然是恪守旧义。到后来，连这种用法也杳如黄鹤。似乎它已经被人们遗忘了。

2003年新春伊始，一场突如其来的灾祸降临人间。在抗击"非典"的日日夜夜里，凶恶的病魔困扰着无数的心灵，但也极大地激发了人们同舟共济、互相关爱、天下一家、有难同当的深情厚谊和崇高的人道主义精神。最近，我惊喜地发现，在全国许多报纸和荧屏上，久违了的"守望相助"频频亮相，又重新焕发了青春。请看下面这些令人鼓舞和动情的话语：

休戚相关，守望相助；

守望相助，共抗"非典"；

患难与共，守望相助，筑起我们新的长城！

守望相助中，我们知道有一种力量比病毒强大，那就是人间的温暖。

这里的"守望相助"，已经不再是传统意义上的沿用，尽管我们也可把"非典"病毒比作入侵人体的恶魔。它的内涵和力度，显然要广泛、深刻、厚重、强大得多。人们过去"守"的是自己的家产，"望"的是入侵的盗贼，而现在这两个字已经紧密结合，守望的是跟自己未必有血缘、友情或隶属关系的病人。过去的"相助"，只要大家一拥而上，奋力将盗贼击倒或赶走就行，其中还多少含有一点利己的动机，而现在的"相助"，在许多情况下，不存在利益的驱动，都属于无私奉献，特别是站在挽救生命最前线的广大白衣天使，还承受着自己被感染、病倒或牺牲的危险。可以说，是灾难发生以后的严峻形势，是这场抗击"非典"斗争的需要，才使我们的作家和宣传工作者灵感突发，想到了这个古老的成语，把它从记忆深处召唤到前台，赋予了它新的生命和丰富的内涵。对于"守望相助"的新生，我们应当表示热诚的欢迎。

看来所有的成语词典，都需要为"守望相助"增补一个新的义项：在巨大灾祸出现时，人们同舟共济、互相关爱和帮助。

探名小札

"秭归"得名趣谈

赵增民

在报道有关长江三峡的消息和文章中,常常提到湖北省"秭归"这个县名。你知道这个地名的由来吗?

"秭归"这个地名和战国时代楚国的大诗人屈原有关。

屈原是楚国的贵族。《史记·屈原贾生列传》说他"博闻强志,明于治乱,娴于辞令",深受楚怀王信任,被任命为左徒、三闾大夫,参与国家内政外交重大事务的决策。楚王身旁的某些小人嫉恨屈原,挑拨他和国君的关系,昏庸的顷襄王听信谗言,罢免了屈原的官职。屈原被放逐在外,长期流浪于沅湘流域。

据史书记载,屈原有一位知书达礼的姐姐。东汉人王逸曾考证认为,《离骚》中"女媭之婵媛兮"一句指的正是屈原的姐姐。北魏郦道元《水经注·江水》云:"〔秭归〕县,故归乡。《地理志》曰:'归子国也。'……宋忠曰:'归即夔,归乡,盖夔乡矣。'……袁山松曰:'屈原有贤姊,闻原放逐,亦来归,喻令自宽。全乡人冀其见从,因名曰秭归,即《离骚》所谓女媭婵媛以詈余也。'"可见屈原遭流放时,其姐早已出嫁,当她听说屈原的不幸遭遇后,急忙赶回娘家探望弟弟。她安慰屈原说,眼下恶人当道,国君暂时受了蒙蔽,一旦君王醒悟,一定会重新起用你,奸佞之徒的胡作非为是不会长久的。当地群众赞赏屈原的姐姐回乡安慰弟弟的举动,殷切期望屈原听从姐姐的劝慰,忍辱负重,为复兴楚国继续贡献力量。为了纪念屈原的姐姐回乡劝慰屈原这件事,乡亲们就把自己的家乡改名为"秭归"("秭"通"姊")。

"雷峰塔"的由来

孙章埂

鲁迅先生曾写过《论雷峰塔的倒掉》《再论雷峰塔的倒掉》二文,"雷峰夕照"又是著名的"西湖十景"之一,所以,不少人是知道雷峰塔的。不过,受戏曲《白蛇传》的影响,一般人会以为雷峰塔是法海和尚建来镇压白蛇娘娘的。

据有关资料介绍,雷峰塔最初叫做"西关砖塔"。"西关"的全名是"涵水西关",原是杭州城门的名字。《咸淳临安志》云:"景福二年……钱镠发民夫二十万及十三都军士新筑罗城……城门十……西曰涵水西关……""罗城"为杭州旧称,由于该塔西临西湖,在城关旁边,又是用砖砌成的,所以人们便称它为"西关砖塔"。塔藏宝箧印卷首便署名"西关砖塔"。另据《新安晚报》2001年3月12日报道,浙江省衢州市博物馆收藏一块雷峰塔造像砖,上面有用泥条黏制的题文和一尊佛像。题文为:"天下兵马大元帅、吴越国王钱俶,造此佛拾八尊,舍入西关砖塔充供养。"可见,"西关砖塔"是雷峰塔最初的名字。

雷峰塔亦名"黄妃塔"。《湖山便览》云:"吴越王妃黄氏建,以藏佛螺髻发,亦名黄妃塔。"《咸淳临安志》上记载的石刻《华严经》钱俶跋记中云:"塔曰黄妃云。"有些文献又将塔称为"皇妃塔""王妃塔"。例如:《西湖赋》(元代白珽撰)云:"皇妃保叔,双擎窣堵。"《西湖梦寻》(明代张岱撰)云:"古称王妃塔。"

雷峰塔还名"醉翁塔"。《西湖梦寻》中有一则关于雷峰塔的趣闻,大意是:李长蘅在题画时说,我的朋友闻子将曾经说西湖边两座塔,保俶塔如美人,雷峰塔如老和尚。这个比喻我极为欣赏。后来,我与朋友观赏荷花时作了一首诗,当中有"雷峰倚天如醉翁"的句子,有朋友兴奋地说:"子将把雷峰比作老和尚,不如您比作醉翁更得情态。"这是"醉翁塔"说之始。后来,才高八斗的张岱又作了一首《雷峰塔》诗,再次将雷峰塔比作"醉翁"。其诗云:"闻子状雷峰,老僧挂偏裰。日日看西湖,一生看不足。时有薰风至,西湖是酒床。醉翁潦倒立,一口吸西江……"此诗活画出雷峰塔如"醉翁"的情状,读来令人拍案叫绝。自此,雷峰塔在文人雅士中,又被戏称为"醉翁塔"。

《指南录》书名的含义

曹明

文天祥是我国南宋末年著名的民族英雄和爱国诗人。德祐二年(公元1276年),他被任命为右丞相兼枢密使,受命出使元营,被元相伯颜扣留。在被驱北行途中,从镇江逃脱,历尽千辛万苦,辗转到达温州。他在患难之中,"间以诗记所遭……道中手自抄录",编为四卷,命名为"指南录"。为什么叫"指南"呢?诗人在逃经黄海驶离扬子江头时,写过一首绝句《扬子江》。诗是这样的:

几日随风北海游,
回从扬子大江头。
臣心一片磁针石,
不指南方不肯休!

北海,北方的海,即今黄海。因在南宋的北面,故称。回,逃回。扬子江,是长江的别称。磁针石,用磁石做的指南针。南方,这里指南宋王朝。

文天祥从出使元营到南返福州,这期间所写的诗,或叙事,或抒情,艺术地再现了自己同敌人斗争,以及脱逃后颠沛流离、九死一生的流亡情景,从一个侧面展示了南宋军民抗击元军的历史画面,贯穿着忠贞不屈的爱国主义精神。用"指南"二字命名诗集,充分地表达了作者心指南宋、冒死南归的爱国情怀。

雷峰塔之得名,因为该塔建在雷峰之上。雷峰在西湖南面,是净慈寺前的一个小山峰,也称中峰、回峰。《西湖游览志》卷三云:"旧名中峰,郡人雷就居之,故名雷峰。南屏山之脉也,穿窿回映,亦曰回峰。"《西湖胜迹》云:"昔郡民雷就之所居,故名雷峰庵。"《西湖梦寻》云:"宋有雷就者居之,故名雷峰。"可见,雷峰是因宋人雷就居之而得名,而塔则因建在雷峰之上而得名雷峰塔。

据以上各种塔名可知,"西关砖塔"是以该塔的建造材料和方位称名的,"黄妃塔"是以该塔的建造者的姓氏称名的,"醉翁塔"是以文人雅士的戏称称名的,而"雷峰塔"则是以该塔的建造地点称名的。该塔前两种得名因时间久远,渐渐失传;第三种得名只在文人雅士中流行,范围不广;而最后一种得名,因以地名称塔名,容易记,这大概是雷峰塔之名得以广为流传的原因吧。

从"忍"说开去

闫会才

人教版高中语文第二册鲁迅的《为了忘却的记念》中有首诗《惯于长夜过春时》,其中颈联为:"忍看朋辈成新鬼,怒向刀丛觅小诗。"关于"忍看朋辈成新鬼",教材注释中说:"忍心看着朋友们一个个被反动派杀害。"显然,编者将"忍"释作了"忍心",这不正确。鲁迅原来用的不是"忍"字,而是"眼"字。改"眼"字为"忍"字,是为了加强语气,抒发自己因国民党反动派屠杀革命青年而产生的难以压抑的悲愤心情。这样,"忍"该是"怎忍"的意思。全句可以理解为:哪里忍心看着朋友们一个个被反动派所杀害?

从反训入手,理解相关词语的意思,才符合作者的原意。这样的例子,教材中不只这一处。人教版高中语文第三册辛弃疾《永遇乐·京口北固亭怀古》中有这样的句子:"可堪回首,佛狸祠下,一片神鸦社鼓!"我们若将"可堪"解释为"能够",那就大错特错了。正确的理解应该是"哪里能够",这样才能贯通上下文意。

人教版高中语文第五册杜甫的《咏怀古迹》(其三)颈联为:"画图省识春风面,环珮空归月夜魂。""省识",注释中说"不识",这是正确的,但不够详细。省,xǐng,察看。看来,省、识同义。但结合上下文来看,不宜照字面意思理解,应用反训手法释为"不识"。这样,"画图省识春风面"的意思为:仅凭画像怎么能够知道一个女子的美丽?也就是说,一个女子的美丽单靠画像是不可能完全了解的,王昭君也不例外。可是,教材中对这一句的翻译为:从画像上可以约略看到她的青春容貌。显然,这一句的翻译跟诗歌原意不符,也与教材对"省识"的解释"不识"相矛盾。

"翼蔽"和"督过"

——语文课本《鸿门宴》误注二例

张志达

清代训诂学家王引之在《经义述闻·通说下》说过:"古人训诂,不避重复,往往有平列二字上下同义者,解者分为二义,反失其指。"意思就是,为了表达的需要,古文中往往有两个同义连用的词语,如果把它们解释为两个不同义的词,就背离了原意。上海教育出版社出版的高中二年级第二学期用《语文》H版课文《鸿门宴》有两个注释,就犯了这种错误。

一、翼蔽

"项伯亦拔剑起舞,常以身翼蔽沛公,庄不得击。"课文注:"[翼蔽]像鸟张开翅膀一样掩护。"(1996年版)这个注释把"翼"理解为常用义"翅膀",想当然地把它当作"蔽"的修饰语,因而作出了不合情理的解释。试想,一个人在舞剑的同时,身体怎么能"像鸟张开翅膀一样"呢?即使双手也算是"身",双手可以张开举起,但这样一来,项伯还怎么与项庄对着舞剑呢?显然,这个注释未为允当。

"翼"与"蔽"一样,都有"遮蔽""保护""护卫"义。《汉语大字典》第五卷"翼"字条注:"⑥遮蔽;保护。《正字通·羽部》:'翼,卫也。'""翼"用作蔽护义,古汉语中常有所见。《后汉书·董卓传》:"(韩)暹惧诛,单骑奔杨奉,帝以暹、杨有翼车驾之功,诏一切勿问。""翼车驾之功"即护驾之功。《北梦琐言》卷十三:"至一大岛,见楼台岿然,中有女仙处之,侍翼甚盛。""侍翼"即"侍卫",全句说该女仙有许多侍从保卫者。又,《聊斋志异·梦狼》有"丁乃以身翼翁而进"语,而《太平广记》卷一百五十三"裴度"条有"以身蔽公"云云,一作"翼翁",一作"蔽公",二者所处的语言环境完全相同,语意也十分相似,足证"翼""蔽"可用作同义词,就是掩护的意思。正如清代著名训诂学家王念孙《读书杂志》在论述《汉书·樊哙传》"项伯常屏蔽之"的"屏蔽"时所说："彼(指《史记·项羽本纪》——笔者注)言'翼蔽',犹此言'屏蔽'矣。"

当代语言学家指出,古代汉语中的同义词连用,有两个显著的特点：一是"对词的意义要求并不是十分严格的,只要有相关相连之处,就可连用"(汤可敬主编：《新编古代汉语》,北京出版社1989年版);二是"几个同义词可以自由组合,甚至可以颠倒"(王力主编：《古代汉语》,中华书局1981年版)。所以,"翼"和"蔽"不仅可以连用为"翼蔽",还可以分别与"卫"和"护"等同义词连用为"翼卫""蔽护""护蔽"等,都作护卫的意思。

顺便补充一句,"翼蔽"的这种用法,在现代汉语中还偶有孑遗。如赵苕狂《浮生六记考》说："然而,宇宙如是之广大,不见得个个都投入于所谓'先王''大道'的翼蔽之下,终究也有几个天分绝高、生性潇洒的人,会从这势力圈中逃了出来,而仍能保持着他们的真性情和面目的。"而在叶圣陶的《语文教学二十二韵》中,还两见"翼"和"护"连用而成的"翼护"："则复翼护之","翼护亦无须"。

凡此种种,都无可辩驳地证明,"翼蔽"确为两个同义词的连用,"常以身翼蔽沛公"是说项伯在舞剑时经常用自己的身体掩护刘邦。

二、督过

"闻大王有意督过之,脱身独去,已至军矣。"课本注："[督过]责备其过失。"这也是忽视了"过"可用作动词所致。古代汉语中,"过"除名词义失、过错义外,还可用作动词,有指责义,在古代文献中时有所见。西汉政治家、文学家贾谊著名的政论文《过秦论》中的"过",就用此义。关于"督过"一语,王念孙在《读书杂志》中曾经作过专门的论述。他在批评唐人司马贞《史记索隐》说《张仪列传》"唯大王有意督过之也"的"督过"是"深责其过"时说："念孙按：督、过皆责也。《晏子春秋·杂篇》曰：'古之贤君,臣有受厚赐而不顾其国族则过之,临事守职不胜其任则过之。'《楚辞·九章》曰：'信诶谀之溷浊兮,盛气志而过之。'《吕氏春秋·适威篇》：'烦为教而过不识,数为令而非不从。'高诱注曰：'过,责也。'(《广雅》同——原注)是督、过皆责也。若以'过'为过失之过,则当言'督过',不当言'督过之'矣。"这里,王念孙从词义和语法两个方面作了论证,所说极是。读上海S版一年级第二学期课本,注作："[督过]责备、怪罪,过,作动词用,指责过失,找岔子。"(1995年11月版)这就注对了。

语坛掌故

"全聚德"的"德"字

吴沛智

"老外"到北京，都想吃烤鸭；北京烤鸭店，首屈一指当数"全聚德"。"全聚德"的创始人是杨全仁，130多年前，他开了个烤鸭小铺，想不到如今竟成了中国饮食文化的一大代表。

到过这家烤鸭店的人，一定见过"全聚德"这块金字招牌。这块匾额，可谓历经风雨，已有一个多世纪。可是不知你有没有注意，"全聚德"的"德"字，应该是15画，匾额上却是14画，"心"字上没有一横，写成了"徳"字。

这是怎么回事呢？

有人说，当年小店准备开张时，杨老板看中了一位叫钱子龙的秀才，此人写得一手好字，想请他题写店招。钱秀才请到后，杨老板和他开怀对饮，不亦乐乎。等到酒过三巡，再铺纸研墨，钱秀才趁醉挥毫，不免有点醉眼蒙眬，以致漏写了一画。

也有人说，这一画是存心不写的。杨老板创业时，雇了13个伙计，加上自己正好是14人。"全聚德"的"德"字右面上部是十四，下面是心，表示十四个人上下一心，同心协力，同舟共济，何必再在"心"上横加一杠子呢？

其实，这些都是附会的说法。

德字历来有不同的写法，查查《汉语大字典》便可知道，它的异体字至少有九个，如悳、惪、恴、徝等，缺少一画的"徳"也是其中之一。秦公钟、礼器碑上的"德"都是没有一横的。历代书家也是德、徳并用，王羲之笔下没一横，苏轼笔下有一横，而郑板桥则是有时有一横，有时没一横。"全聚德"的匾额，不过是反映了汉字形体不定这一历史面貌而已。当然，按照今天规范汉字的要求，"德"字应是有一横的。

胡适治印

马仲全

胡适有一回曾携一方上好"鸡血石"前往京华刻印店治一枚私章。刻印店老板王元一见是大名鼎鼎的胡适,即以贵宾礼迎入内室奉茶。

王元原系湖南才子,中过举人,是反对白话文的干将,但平常苦无机会发泄,今见胡适"自投罗网",要求"治印",认为机不可失。"胡博士,请问刻什么字?""刻'胡适之印'即可!"胡适答道。王元讥讽道:"胡博士提倡白话文,怎么也用起之乎者也来?"胡适笑而不答。

三天后,王元派伙计送去印章。胡适一看,只见上面刻的是"胡适的印",弄得他哭笑不得。由此可见,当年提倡白话文运动也是阻力重重。

语丝

『觉哉』对『退之』

王培焰

唐代大文学家韩愈,字退之,因谏阻宪宗皇帝奉迎佛骨,被贬至广东潮州。潮州当时还是蛮荒之地,有一天,他坐在书房批阅公文,得知各地灾情频发,心中焦急而又无能为力,不禁心生辞官之意,于是信手写下半副对联:

恶山恶水恶环境,韩退之退之!

几百年来,此联一直无人能对,被视为稀世绝联。到了二十世纪二十年代,老一辈革命家谢觉哉来到潮州,一日,他阅读陈望道翻译的《共产党宣言》,越读越爱不释手。他手边刚好有韩愈的那半副绝联,胸中豁然开朗,提笔对道:

好书好句好文章,谢觉哉觉哉!

储罐应对建大桥

殷宝盈

据《明史》记载，泰州名人储罐，少时聪明好学，九岁能写诗文。

传说某年，有位商人载两船石材至泰州出售。船泊在南门前的河边，好久却无人问津。一天，商人和船对岸布店老板聊天，他说古城泰州文人荟萃，谁能当即应对他的出句，就将石材送给谁。此信息不胫而走。翌日，小储罐骑在父亲肩上，从北门到南门，会见商人，说明了来意。商人见状随口说："将父作马"；储罐从父亲肩上下来，漫不经心回敬一句："望子成龙"。商人望着船上的石材，出了上句："石重木轻轻载重"；储罐面对布店，吟道："布长尺短短量长"。商人觉得这个孩子倒真的小看不得。他还想再试试储罐，便站在河边，凝神思索，忽然指着河面一群浮鸭对储罐大声吟诵："绿鸭浮波数数一双四只"，他想，联中既有"六"与"绿"谐音，又运用了一双四只共六只的加法，这下可要难住小储罐了。储罐知道商人不服气，故意为难自己。他沉思片刻，对出下联："赤蛇出洞量量九寸十分"。对句丝丝入扣，天衣无缝。商人心悦诚服，称赞储罐是个文思敏捷、才智过人的神童。

储罐父子将得到的石材交与官方，建造了一座当时泰州堪称宏伟的南门大桥。

张恨水的补白

小曾

现代著名小说家张恨水，素以才思敏捷、下笔成文而著称。他曾在《南京人报》任职。一天夜里，报纸即将拼版，但有一版上还有一小块空白。张恨水得知后，信手提笔写了几句打油诗：

楼下何人唤老张，
老张楼上正匆忙。
时钟两点刚敲过，
稿子还差二十行。

该诗见报后，报界同仁和广大读者无不拍手叫好。

"大师"变"大帅"

益 明

1967年秋，国画大师张大千应邀到台北举办个人画展。当地报纸在发布消息时，"师"错成了"帅"，标题成了"张大帅回台北观光"。当时，刚获得"自由"但仍受到"保护"的张学良将军看了消息，风趣地对身边的人说："我的消息太闭塞了，人事多变，几年的时间，我大哥竟飞黄腾达成了大帅了，真是文武双全！"

张大千前往张学良寓所拜访。二人一见面，张学良便打趣地问："大哥，你是什么时候改了行的？现在何处统率三军呀？"生性开朗的张大千笑答："我何止统率三军！还得加上一军，就是笔墨纸砚。"张学良感叹道："新闻界敕封好厉害，一字就抵'千军'呢！"

谭鑫培临场应变

张秀莲

京剧表演艺术家谭鑫培年轻时在北京演出，因为经验不足，演出时曾出现过一些差错。但是由于他聪明过人，能随机应变，因而非但没露出破绽，反而增强了演出效果。有一天晚上上演《文昭关》，谭鑫培在剧中饰伍子胥。伍子胥腰间应该佩带宝剑，上场后有这样四句唱词：

　　过了一天又一天，
　　心中好似滚油煎。
　　腰中枉佩三尺剑，
　　不能报却父母冤。

当时，由于管道具的人粗心，错把宝剑换成了刀。谭鑫培当时也没注意，出场后才发现问题，但又来不及更换，他急中生智，手握腰刀唱道：

　　过了一朝又一朝，
　　心中好似滚油浇。
　　父母冤仇不能报，
　　腰间枉挂雁翎刀。

这一改，改得天衣无缝，再加上他那优美的唱腔，博得了观众的满堂彩。

"继续"不误

任瑞

拜读了《咬文嚼字》2002年第12期裘永红先生《"继续"的误用》一文，不敢苟同裘文的意见，我认为裘文所举两例中的"继续"都不是误用。为了便于说明，特将两个例子抄录如下：

1. 听众朋友们，今天的"城乡天地"节目就播送到这儿，稍候请继续收听本台的"空中体坛"节目。

2. 恭喜你答对了，我们继续看下一题。

裘文根据《现代汉语词典》对"继续"的解释"（活动）连下去；延长下去；不间断"，得出结论："'继续'只能适用于同一件事或同一个活动。"然而《现代汉语词典》还收录了"继续"的第二个义项："跟某一事有连续关系的另一件事：中国革命是伟大的十月革命的继续。"可见，裘文"'继续'只能适用于同一件事"的论点是站不住的。

裘文说："以上例句中的'城乡天地'和'空中体坛'，'这一题'和'下一题'，分明是两个不同的节目，或一件事做完了接做另一件事，显然没有连下去，是间断了的。"裘先生想突出的是两个例子中都是"两件事"，前后"是间断了的"。节目与节目之间、题目与题目之间自然会有间断，但是"收听节目"前后相继，"回答题目"彼此连接，它们作为同一个活动是前后相连、没有"间断"的。我们不能因为收听的节目或是回答的题目内容不同就否认"收听节目"或"回答题目"作为一个活动的前后连贯性。其实，裘文也不否认这一点，上两例随后给出了"修正"后的"正确的用法"：

3. 这次节目播送完了，请继续收听本台的节目。

4. 恭喜你答对了，让我们继续答题。

并且说"这里每一句说的都是做同一件事：收听本台节目、答题"，其中强调的"做同一件事"也就是前

想起了"首鼠"问题
——也谈"扬长而去"

崔雅鸿

《咬文嚼字》今年第5期刊登了《试说"扬长"》一文,作者认为"扬长而去"中的"扬长"与"拂袖而去""拍案而起"等结构中的"拂袖""拍案"结构相同,并且引经据典地说明这个"扬"与"发扬蹈厉"中的"扬"同义,是"举袂"的意思,而"长"就是"常",是"下裾"。

看着作者如此煞费苦心地为"扬长"这一"披着'神秘'面纱的'公案'""解密",我不禁想起了"首鼠"问题。《辞源》引用了宋代陆佃《埤雅·释虫》的解释:"旧说鼠性疑,出穴多不果,故持两端谓之首鼠。"以"鼠性"来说明为何形容犹豫观望、迟疑不决要用"首鼠"。然而这种解释其

后连续的同一个活动。其实,"节目"还是两个不同的节目,"题目"也还是不同的题目,"修正案"与"原案"之间并没什么大区别。第一例可以说等于没改,不过是修改前还知道是具体的哪两个节目,修改后不知道而已;第二例则是换了动词,为了突出"答题"将"看下一题"改了,实际上,考虑到前后主语的不同,还是原来的句子更加通顺。因为这句话是主持人说的,回答问题的是"你"而不是"我们",与其说"让我们继续答题",还不如说"我们继续看下一题"更加准确。而且"我们继续看下一题"所接续的活动是"我们看完了这一题"(这句话为了表达的便捷在语境中省略了),而不是"你答对了"。同样,"收听本台节目"所接续的活动也不是"播送",而是没有出现的那个"收听"。

由此可见,上两例中的"继续"表达是正确的,根本不存在"误用",倒是裘先生误判了。浅见不知能否成立,还望方家指教。

实是犯了望文生义的错误,"首鼠"也写为"首施",都是"踌躇"的音转,跟"老鼠"没有瓜葛。

"首鼠"是个联绵词,这在学术界早有定论。《辞通》的编者朱起凤就是因为误解了"首鼠"一词受人嘲笑而发愤著书的:朱先生清末在海宁安澜书院任教,一次批阅作业,见卷中"首施两端"字样,疑为笔误,于是批道:"当作'首鼠'。"卷子发下后,学生哗然。

所谓的"联绵词",也称"联绵字",是指汉语中由两个音节联缀成的表示单个含义的词。联绵词最本质的特点是它用来记音的两个汉字单用时的含义与联绵词的含义没有关系。不少联绵词都有好几种不同写法,如"含糊"又可写为"含胡""函胡","逶迤"又作"委佗""委移""逶迤""逶蛇"等。虽然使用的汉字不同,但是它们记录的读音相同或相近,表达的含义则完全相同。这也说明联绵词的意思绝不能看成是构词的两个汉字字义的简单相加。

从联绵词的含义与构成联绵词的汉字字义的关系来看,可分三种情况:

1. 构成联绵词的两个字都不能单独表达意义。如"妯娌""窈窕""朦胧""囫囵"等。而且这些字一般不能与其他字构成另外的词。

2. 构成联绵词的两个字,其中一个能单独表达意义,另一则不能单独表达意义,而能表达意义的那个字就是这个联绵词的意义。如:"蝴蝶"的"蝴"不能单独表义,"蝶"可以,就指蝴蝶。其中不能表义的字不能与别的字构成词,能表达意义的字可与别的字构成另外的词。如"蝴"不能与别的字构成词;"蝶"可以,如:"粉蝶""蝶泳"等。

3. 构成联绵词的两个字,其中的一个单用有意义,甚至两个都单独有意义,且能与别的字构成另外的词,但是表示的意义和构成的词语都与原来的联绵词无关。如"玫瑰"拆开后,"玫"古书中指一种玉石,"瑰"音由轻声变为阴平,含有珍奇的意思,与"玫瑰"无关,"瑰"可构成"瑰丽""瑰宝"等。

如此不厌其烦地举出许多例子、分出许多类别,只是为了说明汉语中的联绵词是无法简单地通过分解求和的方法来解释的。而"扬长"也并不同于"拂袖""拍案",而是和"首鼠"一样,是个联绵词。何以见得"扬长而去"的"扬长"是个联绵词呢?

《汉语大词典》所引"扬长"条的书证确实最早见于明朝的《金瓶梅词话》第三十四回:"说着扬长抽身

就去了。"其实《金瓶梅词话》第二十七回中还有一个"扬长"："春梅越发把月琴丢与妇人，扬长的去了。"而《金瓶梅词话》第六十七回中还有一"佯长"："西门庆道：'别要慌，我见了那奴才和他答话。'伯爵佯长笑的去了。"在明朝《钟馗传》第一回也有"佯长"："[钟馗]于是举手谢了袁先生，佯长去了。"这个"佯长"是什么意思呢？《汉大》解释"佯长"同"佯常"，而对"佯常"的解释则是："扬长，大模大样地离开的样子。元关汉卿《蝴蝶梦》第二折：'那大蝴蝶两次三番只在花丛上飞，不救那小蝴蝶，佯常飞去了。'……"

可见，"扬长""佯长""佯常"三个词形表示的都是同一个意思，而"佯常"这种写法出现在元朝，比"扬长"还要早。其实"扬长"还可写为"佯长"，且看《汉大》：

"佯长 犹扬长。大模大样地离开的样子。《红楼梦》第十二回：'说毕，佯长而去。'一本作'佯常'。参见'佯常'。"

这么多不同的词形读音都相同，其实记录的也只是同一个含义，就是"大模大样离开的样子"，这就充分说明"扬长"是一个联绵词。

前一阵在一个语言文字网的论坛上看见有关于"扬长"的"长"到底指的是什么的讨论，结果有的说是衣袖，有的说是马鞭，还有的说是头发，说法五花八门，不一而足，最后也没有一个定论。其实这个问题本身便提错了。"扬长"作为一个联绵词是不能分开单个解释的。

关于"扬长"还有一个问题，比"扬长"还早的见于关汉卿《蝴蝶梦》中的"佯常"又是从哪里来的呢？据我个人推测，似乎与"徜徉"（"徜佯"）有关，"徜徉"有"自由自在地往来"的意思，比如宋玉《风赋》："然后徜徉中庭，北上玉堂。"（《辞海》）"徜佯"又作"佯徜"，意思是"安闲自在地行走"，如《西游记》第十三回："他说罢，径出门，佯徜去了。"此处的"佯徜去了"与"佯常去了"或"扬长去了"非常接近，几乎可以互换。然而，其间的关系毕竟不敢完全肯定，现斗胆提出，还望方家教我。

语丝

道德可靠

一 川

"文革"中，沈从文被勒令在中国历史博物馆打扫女厕所。他欣然从命，说道："这是造反派领导、革命小将对我的信任，虽然我政治上不可靠，但道德上可靠……"

百家会诊

"想象"还是"想像"？

自从"像"字恢复使用后，象、像二字一度造成混乱，"想象"和"想像"至今纠缠不清。你认为用哪个 xiàng 字更合理？

1986年是分界线

不说历史，就现代汉语运用来说，"想象"和"想像"的纠缠是1986年以后出现的。1986年前是"想象"一统天下；1986年重新公布《简化字总表》，恢复了"像"字的使用，"想像"开始崛起。

它突出表现在两个方面：

一是工具书肯定了"想像"的地位。比如《现代汉语词典》，旧版只收"想象"，新版则两者兼收，但以"想像"为主条，释义后注："也作想象。""想象"后只注"同'想像'"。编者的态度是显而易见的。同样，《辞海》1979年版只收"想象"，1999年版则反其道而行之，只收"想像"。

二是教材接受了"想像"的用法。人民教育出版社的统编教材，一向只用"想象"，但近年来出现了微妙的变化。比如2000年推广使用的"试验修订本"《语文》，第一、二、三册均用"想象"，至少出现了59次；而第四、五、六册则一律改为"想像"，至少出现了63次。尤其值得注意的是，收入第五册的吴组缃的《我国古代小说的发展及其规律》一文，文中两处出现"想像"，旧教材中均作"想象"，原文发表于1992年第1期《文史知识》，当时用的也是"想象"而不是"想像"。

用"想像"也许是大势所趋吧？

（吴华）

一桩历史公案

"想象"和"想像"之争，其实并不自今日始，这是一桩历史公案。

工具书中，谈到"想像"，总以屈原《楚辞·远游》为书证："思旧故以想像兮，长太息而掩涕。"其实不同版本用字并不一致,所以王逸特地加了个注:"像,一作象。"时代文艺出版社出版的《中国古典文化精华》丛书,选用的《楚辞》本子,便是用的"想象"。

又如曹植的名篇《洛神赋》:"遗情想像,顾望怀愁。"查《佩文韵府》,此句分明归于"想象"条下。在目前流行的各种选本中,"想像"和"想象"也是平分秋色。

对此,段玉裁在《说文解字注》中有个解释。他认为最初有"象"无"像",在表示"像"义时,"古书多假象为像"。后来"像"字出现,但该用"像"处,仍"皆从省作象",于是"学者不能通矣"。他慨叹曰:"凡形像、图像、想像,字皆当从人,而学者多作'象',象行而像废矣。"

那么,我们今天是拨乱反正,还是将错就错呢?愿听高明裁夺。

(顾豪)

理应恢复"想像"

"五四"以后,《汉字简化方案》推出以前,在这一段相当长的时间里,显然是"想像"更为流行。翻翻当时的文学作品,便可证明此言不虚。

瞿秋白在《饿乡纪程》中写道:"我现在想像,他说这话时的笑容,还俨然如在目前呢。"杨朔在《迎志愿军归国》一文中,也有同样的用法:"你们想像中的祖国正应该是这样。"

正因为此,当时的工具书,无论是《辞源》《辞海》,还是《国语词典》《同音字典》,都是只收"想像"而不收"想象"。

现在,既然"像"字已经恢复使用,那么"想像"理应恢复使用。这是顺理成章的事情。 (宋桂奇)

"想象"更有通用性

毫无疑问,"想象"和"想像"是一组异形词。通用性是异形词整理的第一原则。那么,它们谁更具有通用性呢?

李行健先生主编的《现代汉语异形词规范词典》认为,"想象"和"想像"为全等异形词,"象"和"像"是古今字。根据词频统计,"想象"为2350,"想像"仅为22。为此,推荐"想象"为规范词形。

笔者也作了一次调查,调查对象包括鲁迅、老舍、张爱玲、苏曼殊、金庸等人的作品以及现代人编的部分史书,其中"想象"用了169次,"想像"用了30次。笔者还统计了1981~1998年《读者》的用字情况,结果大致相同,用"想象"的有155篇,用"想像"的仅4篇。可见,"想象"的使用频率远远高于"想像"。

出现这种情况,可能和推行简化字有关。从1956年到1986年,"想象"已经用了30年。既然事实如此,本人倾向于用"想象"。（萧模艳）

"象"实"像"虚

整理异形词,词频统计是重要的,但不是唯一的。因为这种统计,既受制于对象,也受制于时间,不同的统计对象,不同的统计时段,得到的结果是不一样的。相比之下,构词的理据分析显得更为重要。

"想象"和"想像",区别在于"象"和"像"。在甲骨文、金文中,有"象"无"像","像"是后起的区别字。"象"的本义是指哺乳动物大象,也可泛指事物的情状和样子。"像"则指比照人物创造或制造出来的形象,如塑像、画像。由此观之,"象"是实的,"像"是虚的;"象"是本体,"像"是造体。

"想象"或者"想像",无论是作为心理学名词,即指在知觉材料的基础上经过新的配合而创造出新形象的心理过程,还是作为一般词语,指设想不在眼前的事物的形象,它都是一种"思维活动",也就是说,它

是比较抽象的。有鉴于此,我认为用"想像"比较合理。（杨永军）

尊重专业用字习惯

本人是读心理学的。当年读书时,只知有"想象"而不知有"想像"。

据我所知,至今为止,一些权威的心理学教材,仍然用的是"想象"。比如黄希庚的《心理学导论》、叶奕乾的《普通心理学》、李铮的《心理学新论》,等等。

非但教材,《中国大百科全书》中的《心理学》这一卷,在关于"想象"(imagination)的论述中,同样用的是"想象"。"想像"一次也未用过。

"想象"是心理学中的一个重要的概念。《中国大百科全书》以及上述教材,都是十分有影响的出版物。对于专业用字习惯,我认为社会应予以尊重。（温珍琴）

想起了韩非子

"想象"还是"想像"？我想起了韩非子说过的一段话,也许可以让我们得到一点启发。

《韩非子·解老》:"人希见生象也,而得死象之骨,按其图以想其生也。故诸人之所以意想者,皆

谓之象也。"

"希"通"稀","希见生象",即很少看到活象。这段话的意思是,由于地球生态的变化,人们很少看到活象,得到死象的骨头,便按照骨骼的样子想出活象的模样。所以凡靠主观意识去推想者,都称之为"象"。

由此可见"象"和"想"一样,都是动词,"想"就是"象","象"就是"想"。

既然如此,"象"当然不能用单人旁。否则,反而是用了一个别字。不知诸君以为然否?(蔡建)

何必走回头路

韩非子关于"想象"的解说,生动有趣,有如寓言,因而屡被引用,连上一世纪50年代日本大修馆出版的《大汉和辞典》,也曾用作书证,可见影响之广。

然而,这一说法是靠不住的。段玉裁在注《说文解字》时,在"象""像"二字条下针锋相对地提出了自己的看法:"似古有象无像。然像字未制以前,想像之义已起。故《周易》用象为想像之义,如用易为简易、变易之义,皆于声得义,非于字形得义也。韩非说同俚语。"他认为"象"字只不过因为同音借用一下,和"大象"没有任何关系。韩非之说同"俚语"一样不可信。

那么,"像"字制出以后呢?段玉裁也有说法。他注"象"字时说:"许书一曰指事,二曰象形,当作像形。全书凡言象某形者,其字皆当作像,而今本皆从省作象,则学者不能通矣。"注"像"字时又说:"凡形像、图像、想像,字皆当从人,而学者多作象。象行而像废矣。"

可见,按照段玉裁的观点,不但"想象"应是"想像",而且"象形"也应是"像形"。那么,为什么事实并未如此呢?因为出版物上"皆从省作象","而学者多作象"。这就出现了"象"行"像"废的局面。这就是说,早在段玉裁时代,"想象"已经压倒"想像"。这是文字"从省"的产物,也是"学者"选择的结果。

既然如此,何必走回头路呢?
(解志雄)

"想象"比"想像"合理

"想象"与"想像"这组异形词,在书刊上使用频率相当,《现代汉语词典》将"想像"列为推荐词形,其实从理据上看,"想象"更为合理。

首先,从语素表义的合理性上看,"象"字更胜一筹。分析词的内部结构,"想象"和"想像"都是动宾

7—41

(或述宾)结构,即"心造或悬想(某种或某些)形象"(这是根据该词的词义概括出来的)。在此前提下,我们可以确定"象"或"像"是作为名词性语素出现在"想xiàng"一词中的,因此在分析语素义时可以不考虑"象"或"像"用作其他词类的情况。("象¹"指动物大象,虽然是名词,但与我们的讨论无关)。

从这两个语素本身的意义上看,"象"更具涵括力。举凡与"形状;样子"有点关系的皆可谓之"象",例如"景象""天象""气象""印象""表象""现象""形象""抽象",所谓"万象更新""万象归一"之"万象"正表明了"象"的涵盖面之广。而"像"只限于"比照人物制成的形象"(如肖像、画像)或从物体发出的光线经某种镜面反射或折射后所形成的与原物相似的图景(分虚像和实像),义域狭窄。"想xiàng"的内容却是无物不包的,当然宜用"象"字。

其次,《现代汉语词典》在给"想xiàng"进行解释时,两个义项中都出现了"形象"一词:"①心理学上指在知觉材料的基础上,经过新的配合而创造出新形象的心理过程。②对于不在眼前的事物想出它的具体形象;设想:不难~/~不出。"释义中的两个"形象"都与"象"字对上了号,却与"像"字不搭界。

(匡吉)

结束混乱

"想象"——就构词形式来说,这个词是动宾式的,"想"支配"象",或者说"象"是"想"的具体内容。究竟用"象"还是"像"呢?不妨先把这个"象"字具体化。

"想"——"想"什么呢?天象、物象、景象、事象以及印象、形象、表象、现象,等等,等等,它们皆可以成为"想"的对象。这林林总总用一个字来概括,那就是"象"。既然天象、物象用"象",那"想象"当然应该用"象"。这样才能体现词汇的系统性原则嘛。

在现代汉语中,"象"和"像"是有分工的。"有形之物皆曰象";而"像"是"象"的影子,就好像文学作品是生活的影子一样。先有人的形象,才有人的图像。"象"是第一性的,"像"是第二性的。"想像",它的词汇意义总不该是去"想"一幅"图像"吧。

不错,这两个词在历史上纠缠不清,但现在到了结束混乱的时候了。

(周延)

编者附言

又是一个难题。通过讨论,我们大致得到的印象是:在甲骨文、金文时代,有"象"无"像"。"象"的本义是指大象,也许因为大象在先民的心目中具有特殊的地位,所以又被借用来表示形状、样子。小篆"像"字问世后,凡"形象"之类皆应有单人,但事实并非如此,长期以来,象、像混淆不清。究其原因,段玉裁在《说文解字注》中的说法有点道理。

在现代汉语中,"像"字一会儿简化,一会儿恢复,又经历了一番变动,现在终于尘埃落定,按照周延先生的说法,"'象'是第一性的,'像'是第二性的"。凡指事物的形状、样子,一律用"象";凡依照某一事物创造或制造的形象,一律用"像"。

至于"想象",从来稿看,一般认为是动宾结构,但也有专家认为是联合结构。如果是动宾结构,想的是事物的形状、样子,用"象"应该说是合理的。如果是联合结构,"象"字本身也是动词,即韩非子说的"故诸人之所以意想者,皆谓之象也"。"想"即"象","象"即"想",用"象"同样应该说是合理的。

动宾结构还是联合结构,这个问题可以作为一个悬念,留待专家继续讨论。现在可以形成的共识是:用"想象"是比较合理的。

"候诊"对象

1. 不完整引用,标点如何处理?
2. 人名用字能否简化?
3. "黑名单"可不可以用作"违法者、违规者或违约者的名单"?
4. "倍受欢迎"还是"备受欢迎"?
5. 如此"惊艳"行不行?"惊艳"一词大行其时。网球运动员库娃形象美丽,报上说"库娃惊艳上海";中国电影别具一格,报上说"中国电影惊艳巴黎"。请问:如此"惊艳"行不行?

文章病院

"联合国"不是"国"

朱红梅

哈尔滨地图出版社出版发行的《世界全图》(2002年1月第10次印刷)图注上有这样一句话:"根据联合国、印度尼西亚和葡萄牙三国1999年5月5日签署的关于东帝汶未来地位问题的一揽子协议,经1999年8月30日全民公决,东帝汶向独立过渡。"联合国能和印尼、葡萄牙并称三国吗?

"联合国"一词是1941年12月,美国总统富兰克林·德兰诺·罗斯福在反法西斯同盟国家起草《联合国家宣言》的过程中提出来的。美国认为只有建立一个以几个大国组成的国际安全机构为核心的、单一的普遍性国际组织,才能维持战后世界秩序和国际和平。1945年6月26日,包括中国在内的51个国家签署了《联合国宪章》,组建了联合国。联合国的宗旨是"维护国际和平及安全","发展国家间以尊重人民平等权利及自觉原则为根据的友好关系","协调各国行动",等等。联合国设六个主要机构:大会、安全理事会、经济及社会理事会、托管理事会、国际法院和秘书处。联合国的重大问题在大会和安理会上讨论。《联合国宪章》规定,联合国安理会决定实质性问题时,采取"大国一致"原则,即中、法、苏(俄)、美、英五个常任理事国拥有"否决权",即五个国家中只要有一国反对,议案便不能通过。

一般意义上的国指国家,从政治学的角度理解,国家是经济上占统治地位的阶级对被统治的阶级进行政治统治的工具,它由权力机关、武装力量、监狱、强制机关等构成。国家拥有主权、领土和居民。可见联合国不是一般意义上的"国",而是一个国际组织。同样,有些地区虽然

7—44

"五百县官下课"?

刘相臣

2002年10月23日的南京《现代快报》有这样一则消息:"湖南 五百县官下课重竞聘"。乍见此题,心中欣喜万分:我国行政机构的改革真可谓大刀阔斧,动真格了。一个湖南省竟有五百个县长下课重上岗!可仔细一看,并非如此。此新闻转载自《羊城晚报》,原报道是这样的:"近500名县机关官员的金饭碗全被端掉后,重新竞聘。……近500名县直机关官员全部'下课',通过竞争上岗。"很明显,"五百县官"乃"500名县直机关官员"。

笔者带着疑惑,查了一下词典。1947年商务版《国语辞典》和1999年新版《辞海》对"县官"的解释,分别是"即县令","旧指县级的行政长官",意思基本相同;而《汉语大词典》却有所区别,释为"县的长官;县的官吏"。根据后者的注释,"县官"有专指和泛指两种用法,它既可以指县的最高行政长官,也可指县属机关的官员。据笔者了解,在北方方言中,"县官"更多的是前一种用法,一提"县官",老百姓就认为是指县的最高行政长官。

报纸是面向大众的,它所传播的信息必须是准确无误的。而上引那则消息中的"县官"容易让人产生歧义,那还不如老老实实按原报道说成"县直机关官员"较为妥当。

有高度的自治权,但却不享有国防、外交等涉及国家主权的权力,因而只能称为地区或特区,而不能称为国家。

综上所述,应该将"联合国、印度尼西亚和葡萄牙三国……"改为"联合国、印度尼西亚和葡萄牙三方……"因为联合国不是"国"!《世界全图》已经发行了28万余张,这个错误不能继续存在下去了。

题也朦胧，文也朦胧

文 非

大概是朱自清先生吧，曾经写过一篇散文，题目是"月朦胧，鸟朦胧，帘卷海棠红"，而我读到的以下一则消息，感觉是"题也朦胧，文也朦胧"。

"王蒙十万元奖金有下落"，这是《中华读书报》2002年3月13日头版的新闻标题。这里的"下落"不可能是"下降"的意思，当指"寻找中的人或物所在的地方"。因此，这个标题映入眼帘后，我脑中顿然闪过一念：王蒙所获的十万元奖金曾经丢失过，现在找到了？可这则消息的主要内容却是：

3月6日，由人民文学出版社主办的春天文学奖揭晓，河南30岁的青年女作家戴来从王蒙先生手中领过获奖证书。至此，首届《当代》文学拉力赛冠军王蒙先生10万元奖金终于有了下落。在2000年底举行的首届《当代》文学拉力赛颁奖仪式上，冠军王蒙出人意料地宣布，将其获得的10万元奖金还赠给人民文学出版社，用以设立一项年度文学新人奖。此举曾一度被认为是出版社和名家的联手"作秀"，这项春天文学奖的诞生，终于破除了这一怀疑。据了解，一年一度的春天文学奖用于奖励30岁以下的文学创作成就显著的青年作者，一年一人，奖金1万元。

原来，王蒙没丢钱呀！从没丢失过又并非正在寻找着的东西，有什么下落不下落的？再说，戴来也只获得了1万元奖金，不是还有9万元没下落？追求文题的吸引力是可以的，但如此题不对文，还真难避"炒卖"之嫌。根据文意，题目似宜改成"首届春天文学奖尘埃落定"或"首届春天文学奖得主浮出水面"之类。

其实，不仅是"题"不对"文"，"文"本身也是云遮雾罩的。王蒙"还赠"给人民文学出版社的10万元不知道是不是奖励基金。文中说是年度文学新人奖，即每年要发出1万元，这10万元，10年（考虑到利息因素，顶多也就发上个十二三年吧）也

"再鼓余勇"自相矛盾

王万岭

《中国排球》2001年第5期载《四川男排重整山河待后生》一文,说"尽管老将周建安重新披挂上马,张利明带伤厮杀,张翔再鼓余勇,可失去了朱刚,失去了自信的四川队还是无奈地被当年的手下败将——上海有线队、韩国三星队、日本三得利队一一斩落马下",这句中"再鼓余勇"的说法自相矛盾。

"余勇"一词见于《左传·成公二年》:"齐高固入晋师,桀石以投人,禽之而乘其车,系桑本焉,以徇齐垒曰:'欲勇者,贾余余勇!'"杜预注:"贾,卖也,言己勇有余,欲卖之。"成语"余勇可贾(gǔ)"即本于此。齐晋鞌之战,齐国的高固敢于冲入晋军,取胜后还说自己余勇可贾,可见"余勇"是指取胜后尚余勇力,是一种藐视敌军的语气。而四川男排本来就"失去了自信",比赛中又被对手"一一斩落马下",哪有"余勇"可言?

另外,"再鼓余勇"本身也是自相矛盾的。"余勇"本来已经表示"己勇有余",何需"再鼓"呢?须知,"余勇"之"余"字,意谓勇力绰绰有余也,一般用于取胜一方,不宜用于馁兵败将。

向你挑战

古诗扩成语

成 山设计

下面是唐诗《登鹳雀楼》。请把诗中的每一个字扩展成一条成语。注意：原诗中的字必须在该成语第二字的位置。

( )白( )( )　( )黄( )( )　( )欲( )( )　( )更( )( )
( )日( )( )　( )河( )( )　( )穷( )( )　( )上( )( )
( )依( )( )　( )入( )( )　( )千( )( )　( )一( )( )
( )山( )( )　( )海( )( )　( )里( )( )　( )层( )( )
( )尽( )( )　( )流( )( )　( )目( )( )　( )楼( )( )

《找病句》参考答案

②成分残缺。后一分句缺主语，可补上"这部电影"四字。　③逻辑错误。计划生育和图书质量不构成因果联系。　④逻辑错误。"洋楼"不能等同于"现象"。　⑥搭配不当。"改进"和"缺点和错误"不能搭配，可把"改进"改为"改正"。　⑦关联词搭配不当。原句是递进关系而不是转折关系,可把"而是"改为"而且"。　⑨同义重复。"全国各族人民"和"举国上下"删其一。　⑩关联词搭配不当。可把"就"改为"才"。　⑬逻辑错误。"黑得伸手不见五指"和"清楚地看到"矛盾。⑭ 语序不当。可把"十一个"移到"球员"之前。　⑮ 句式杂糅。或者删去"的作者"，或者删去"写的"。　⑰ 不合事理。可把"一倍"改为"一半"。　⑲ 搭配不当。"富于"不能和"优雅、柔美、激昂"搭配。可改为:她舞姿翩跹, 优雅、柔美、激昂, 富于感染力。　⑳ 句式杂糅。或者删去"不足""不当"，或者把"所缺乏的"改为"的问题"。

为城市洗把脸吧

在今年4月召开的"国际大都市与语文规范化"研讨会上,本刊宣布明年的"众矢之的"栏目将以净化城市语文生活为主题,检查12座大城市的语言文字应用情况。这12座城市是:北京、成都、重庆、广州、哈尔滨、杭州、昆明、南京、天津、武汉、西安、香港。(以汉语拼音为序)

店名、楼名、市招、标牌等等将是检查的重点内容。凡发现差错者,请拍成照片并配以分析文字,寄本刊编辑部。比如"家乐福"这家国际知名的大型超市,它的金字招牌上"家"字便少了一撇。类似这样的差错,都应是"神射手"们捕捉的目标。

亲爱的读者朋友,让我们一起来为城市洗把脸吧。

编者

YOUZHAO
有 照 为 证
WEIZHENG

◆ **岂可"拐骗女工"** 陈

　　这是张贴在某市街头的"招工"广告。招工者把"招工"写成了"拐工"，试想，有哪个女子胆敢去应"拐"呢？

◆ **"署促"？** 李玉焕

　　这是"联想"电脑做的暑假促销广告。可把"暑"写成"署"，让人一下子转不过弯来，还以为是哪个专署在搞活动呢！

ISSN 1009-2390

刊号：CN31-1801/H　国内代号：4-461

定价：2.00元

咬文嚼字

YAOWEN-JIAOZI

2003年 第8期

上海文化出版社

雾里看花
Wu Li Kan Hua

此店何店

这是一家店铺的店招,其中"+"是何意?这家店是什么店?猜猜看。

胡荆州

《"座机"何机》解疑

"座机"原来指的是"固定话"。"国内座机每分4角",思是"国内固定电话的收费标准每分钟4角钱"。

卷首幽默

"白耗子"

王一川·文
麦荣邦·画

著名漫画家方成的儿子,小名叫"七一"。"七一"小的时候,妈妈让他帮保姆记账。一天,妈妈看到账上有"白耗子20斤",怎么也想不出"白耗子"为何物。晚上问儿子,儿子说:"'耗子'就是'鼠'呀!"原来小保姆买的是"白薯",儿子认为就是"白鼠",又把"鼠"写成了"耗子"。

目　　录

卷首幽默
"白耗子"……………王一川　麦荣邦（1）

语林漫步
想起了太炎先生…………………楚　民（4）
菜名包装酷毙啦…………………汪惠迪（5）

锁定名人
一台时间的搅拌机………………黄鸿森（7）
《论语别裁》二误 ………………谷士锴（8）

时尚词苑
感受"阳光"………………………吴　琼（10）
刮来一阵"炫"风 …………………于汇芳（11）
透视"透视"………………………郑　艳（13）

一针见血
"泰門"乎…………………………华　德（15）
"担任第一夫人"？………………一　言（15）
"出动车辆50人次"？……………王连杰（15）
"有口皆碑"的误用 ……………张书斌（16）
"日籍华侨"？……………………钱　行（16）
公私兼顾？………………………吴　明（17）
戈培尔是英国人吗………………何培刚（17）
年过花甲谈何"英年早逝"………村　友（17）
包公怎见放翁诗…………………一　言（18）
莫把"首府"当"首都"……………石谷文（18）
"唐高宗宠着杨贵妃"？…………概拾谷（18）

追踪荧屏
"匠石"是石匠吗 ………………周　标（19）
"华佗在世"？………孙建　刘云（20）
《失乐园》"失"在文字…………顾　豪（21）
"成婴"和"金貔箭"………………谷　村（22）

咬文嚼字
2003年8月1日出版
第8期
（总第104期）

主管：上海市新闻出版局
主办：上海文化出版社
编辑：《咬文嚼字》杂志社
E-mail：yaowenjiaozi@sina.com
电话：021－64330669
传真：021－64330669
邮购电话：021－64372608－291
地址：上海市绍兴路74号
邮政编码：200020
发行：上海市报刊发行局
订阅处：全国各地邮局
国内代号：4－641
　ISSN1009－2390
　CN31－1801/H
电脑排版：
　上海艺文激光电脑排版厂
印刷：上海中华印刷有限公司
广告业务：
　上海文艺广告传播中心
电话：021－64431400
广告经营许可证：沪工商广字
　3101034000029号
定价：2.00元

栏目	篇目	作者	页码
探名小札	"曲院风荷"和康熙写别字	毛 弯	(23)
	"罗稷南"的由来	张兆前	(24)
借题发挥	"惹人怒"的是谁	冬 冬	(25)
	"呼呼"危机?	胡天霞	(26)
	不能乱"狂"一气	费 周	(27)
文章病院	人岂是"天物"	陈晓云 鲍继湄	(28)
	叠床架屋的"天籁之音"	夏 军	(29)
	管鲍并未割席	韩铁民	(31)
过目难忘	最难忘的一个影、视、剧名		(32)
	"一江春水向东流"	袁 谡	(32)
	"拎起个大舌头"	郭圣林	(33)
	呼唤宽容精神	张振华	(35)
	"枯木逢春"	肖史信	(36)
百家会诊	"百年诞辰"还是"诞辰百年"?		(37)
	捍卫语言的严肃性	孙 建 刘云	(37)
	要力挽狂澜	陆俭明	(37)
	两种结构都有问题	隋世杰	(39)
	纪念·诞辰·一百周年	刘大为	(40)
	三点意思	邢福义	(43)
	不必整齐划一	何令祖	(43)
	"诞辰百年"逐年增加	邵敬敏	(44)
	历史的启示	张 斌	(46)
语丝	板桥六十自寿	邱 天	(9)
	汾酒广告	郭 林	(14)
	大解脱	罗永宝	(26)
	木器时代	王德兴	(27)
	周恩来改标语	曹思彬	(36)
向你挑战	"引文"中的别字	顾 豪设计	(48)
	《古诗扩成语》参考答案		(48)

顾问 张 斌 濮之珍
主编 郝铭鉴
主编助理 王 敏
编委 李玲璞 何伟渔
　　　陈必祥 金文明
　　　姚以恩
特约编委
　汪惠迪(中国香港)
　田小琳(中国香港)
　林国安(马来西亚)
　吴英成(新加坡)

责任编辑 黄安靖
发稿编辑 韩秀凤
封面设计 宫 超
特约校读 王瑞祥
　　　　　陈以鸿

语林漫步

想起了太炎先生

楚 民

报载,国家《人名用字表》即将出台。据专家透露,这份"用字表"其实就是《规范汉字表》,表中共收一万多字。有人担心,颁布这份"用字表",会不会侵犯公民取名自由权,这些问题且让法学家们去讨论;在我看来,取名有表可查,有法可依,实在是善莫大焉,它对提高姓名质量,强化语文规范意识是大有裨益的。

不错,姓名是应该有个性的。给孩子取名,搬出本《康熙字典》寻寻觅觅,也是人之常情。不过,个性和生僻字是不能画等号的。正如一条谜语所说,姓名这个东西,是"别人用得多,自己用得少"。别人看到你的名字,只能目瞪口呆,再有个性的名字,其使用价值也会大打折扣的。章太炎先生为女儿取的名字便是一例。

太炎先生是国学大师,他的学问自是没得说的,然而,无论是治经还是攻史,先生都是运笔古奥,用字艰深,别人难以索解。《訄书》问世,连他的学生鲁迅都说:"我读不断,当然也看不懂。"单是这个"訄"(qiú)字,恐怕认识的人便不多。先生有三个女儿,他给她们取的名字是:章㸚、章叕、章㞤。多么古色古香!章先生过了一把取名的瘾,他的女儿却深受其累。三位千金人品、相貌皆没问题,成人以后却一直待字闺中,原来都是名字惹的祸。小伙子连你的名字都叫不出,谁还敢来谈情说爱?

也许有读者想知道这是三个什么怪字,且听我一一道来。㸚,音lí,"二爻也","爻"是八卦中的符号,有阳爻、阴爻之分。叕,这是一个多音字,一共有四个读音,用在姓名中似有连缀义,读音为zhuó。㞤,音zhǎn,其实就是"展"的古字,段玉裁注《说文》曰"工为巧,故四工为极

菜名包装酷毙啦

汪惠迪

巧",这里的"巧"和"目力"有关,义为仔细审视。以上这点知识,我是查了《说文解字》《康熙字典》《汉语大字典》《汉语大词典》才知道的。碰到这样的名字,你说累不累啊?

颁布《人名用字表》,我想,首先因为"太炎遗风"今犹在,在一定程度上影响了社会交际。有年开会,和我同室的一位名叫"石厽",我不知该怎么称呼他。此公却因此而十分得意,他说他叫石 léi,名字大有深意存焉。别的姓"石"的,都叫石磊,三块小石头;而他叫石厽,三座巍峨的高山,何等气势!有年高考发榜,报上刊出了考取者的名字,其中有些字恐怕连孔夫子也要发愣。比如"金"旁加个"舆","木"旁加个"哲"……我至今也不知道这些字见于何典。

颁布《人名用字表》,不仅是要给生僻字念"紧箍咒",更是要推动用字规范。当年有位作家叫李准,写过不少好作品,比如《李双双小传》《黄河东流去》,由于有位评论家也叫李准,于是作家宣布自己改名"李凖"。改名是可以理解的,但是改为"李凖",从用字规范角度来说,是不足为训的。"凖"不是"准"的繁体字吗?日前在派出所办事,见到一位给新生儿报户口的,给孩子取的名字是"丁喆"。家长说"喆"好,两个"吉"字,上上大吉,殊不知这个"喆"字是"哲"的异体字。难道今天能让已经废弃的异体字在名字中复活吗?女同志中常见有叫什么"琍"的,其实这个"琍"字是某些人给"玻璃"的"璃"字自造的简化字。我想,在《人名用字表》中,这类繁体字、异体字、自造字,是应该被拒之"表"外的吧。这种做法,对个人也许有一点小小的限制,但是于社会,却提供了大大的方便。我们乐观其成。

菠菜,一作波菜,原产伊朗(波斯),据说是从"尼婆罗"(尼泊尔)传入中国的。因叶绿根红,故亦称赤根菜。

赤根菜是家常蔬菜。把这种百姓天天吃、月月吃、年年吃的蔬菜炒给皇上吃,御厨们顾虑重重,怕他生气。"所以大家对他就不称为波菜，另外起一个名字，叫作'红嘴绿鹦哥'"。（鲁迅《华盖集续编·谈皇帝》）——红嘴绿鹦哥，红绿相对，鹦哥喻菜。御厨们思维活跃，创意一流，包装得好！

进入21世纪，新新人类还吃赤根菜，而且吃得比皇帝考究。包装呢，那就更不用提了，当然得超越御厨多多，方显出当代厨师的本色。哪位大爷上馆子是先试菜后点菜？还不是翠花把菜谱给你，你顶多咨询几句就点开鸳鸯谱了。所以你要是开餐馆的话，烹调功夫倒在其次，菜名包装可得讲究。眼球效应第一，务必酷毙食家。

且看当代厨师的包装术。在红嘴绿鹦哥上放几条长白山鲜参，名之曰"赤身裸体"。哥儿身上躺着一位"赤身裸体"的玉女，多有吸引力。

常识告诉我们，"赤身裸体"之前，必须先"脱"。你"裸"，我就"脱"吧。于是削了皮的红萝卜蘸着酱料吃，就取名"玉女脱衣"。萝卜成了"玉女"，黄瓜岂能坐视？皮一刨，也自称"玉女脱衣"。各位，有机会点"玉女脱衣"的话，请先问问翠花，是萝卜还是黄瓜。

有道菜叫"宫廷红枣"。既已走出深宫来到民间，就得改名换姓，才能贴近社会，贴近生活！叫什么呢？这道菜是把花生嵌在红枣里，那花生就是"小蜜"，那"红枣"就是"大款"，所以就叫"小蜜傍大款"。两只牛蛙焖在一个沙锅里，叫"生死恋"；炒鸡蛋盖在番茄片上，叫"金屋藏娇"。

餐馆如此，街头小贩也纷纷跟进。在深圳一冷饮摊前，一个小男孩要买"包二奶"（雪糕名），摊主说卖光了。男孩说换"梦中情人"，谁知也断了货。摊主对小男孩说，你就买"风流寡妇"吧，挺不错的。小男孩说钱不够，我就要个"一代名妓"算了。

我国人民在奔小康了，"吃"已提升到文化的层次。吃吃喝喝颇为低俗，叫"饮食文化"才高雅，才有品位。不是有人在宣扬"三分吃味道，七分吃文化"吗？笔者记忆犹新的是，在上个世纪50年代末，一日三餐，既不吃味道，更不吃文化，只想吃个饱。如今提倡吃文化，笔者当然赞成，当然拥护。如果那"七分"是"红嘴绿鹦哥"，起箸当如风卷残云。如果是"包二奶""生死恋""玉女脱衣""赤身裸体""金屋藏娇""梦中情人""风流寡妇""一代名妓""小蜜傍大款"……新新人类当然吃得津津有味，眉开眼笑，可顽固如我者，却难以下咽。

锁定名人

一台时间的搅拌机

黄鸿森

耶鲁大学教授赵浩生先生,在抗战胜利后采访过周恩来、胡适、朱家骅;后在美国采访过宋美龄、林语堂;在台湾采访过蒋介石、李登辉;上世纪70年代以来多次来大陆,访问过杨尚昆、邓颖超、江泽民、朱镕基等,可谓是在海内外享有盛名的大记者。赵先生写的回忆录《八十年来家国》(百花文艺出版社2001年版)第71页说:

> 以《自由中国》月刊事件为例,蒋(介石)在庆祝六十寿辰时宣布禁止一般祝寿活动,而要求大家以写文章的方式对他个人和政府提出批评和建议。……享有自由特权的胡适不会放过这个表现的机会,他在《自由中国》月刊发表了一篇祝寿文章,里面的内容包括三个小故事。

三个小故事都是有关美国艾森豪威尔将军的。第一个是说艾当哥伦比亚大学校长时,听不懂系主任的汇报,也作不出指示,承认自己是外行;第二个是说艾当总统时,秘书来请示文件的处理办法,艾说不懂,让他去问副总统;第三个是白宫总管艾德姆受贿被揭发,艾不顾私交让他辞职。赵浩生就此说道:

> 这三个故事显然是在批评蒋的三大缺点:自视无所不能、强不知以为知、任人唯亲,实在击中了蒋的要害。然而心胸如蒋者,焉能不怀恨在心?不久,《自由中国》即以其他理由被停刊了。

有趣的是,上面引述的两段话,像一台时间搅拌机,把不同年代的事搅拌在一起了。先列出有史可征的有关事件的年月。

一、蒋介石生于1887年10月31日,依传统习惯,按虚岁祝寿,做六十大寿是在1946年10月。

8—7

《论语别裁》二误

谷士锴

南怀瑾先生学问融贯古今，博大精深，是享誉海内外的国学大师。《论语别裁》（复旦大学出版社出版）是南先生的代表作，也是一部在学界有深远影响的著作。然而该书在涉及文史掌故时也偶有失误。

比如讲解《泰伯》篇时，说到了隋炀帝杨广，南老曰："到他（隋炀帝）自己晓得快要失败了，被困江都的时刻，对着镜子，拍拍自己的后脑：'好头颅，谁能砍之？'后来果然被老百姓杀掉了。"

隋炀帝其实不是被老百姓杀掉的。据《隋书·炀帝纪下》载："二年（隋朝义宁二年，即公元618年）三月，右屯卫将军宇文化及……以骁果（御林军）作乱，入犯宫闱。上（杨广）崩于温室，时年五十。"《隋书·恭帝纪》："三月（义宁二年三月）丙辰，右屯卫将军宇文化及杀太上皇（杨广）于江都宫。"《隋书·宇文化及传》："（宇文）化及……令将帝（杨广）出江都门以示群贼，因复入。遣令狐行达（宇文化及部下）弑帝于宫中。"可见隋

二、艾森豪威尔任美国哥伦比亚大学校长在1950年至1952年，任美国总统在1953年1月至1961年1月。

三、《自由中国》杂志1949年11月创刊于台湾，胡适、雷震等创办，1960年停刊，共出版290期。（据《中国国民党在台湾四十八年》第29页，中国大百科全书出版社1998年版）

令人不解的是，胡适庆祝蒋介石六十寿辰的文章怎能未卜先知，谈艾森豪威尔四年后当哥伦比亚大学校长、七年后当总统的故事，又怎能发表在三年后才创刊的《自由中国》杂志上？

《自由中国》是1960年停刊的，怎么可能是胡适1946年为蒋介石写祝寿文章，引起蒋介石的"怀恨在心"，而"不久""被停刊"的呢？1946年撰文，1960年才停刊，时隔14年，以地质年代论之，可谓"不久"，就人世之事而言，怎能是"不久"呢？

再说，《自由中国》杂志存在11年，共出290期，年均约26期，当为双周刊或半月刊，而非"月刊"。

炀帝是被自己的臣子、右屯卫将军宇文化及杀死的。宇文化及是左翊卫大将军宇文述的儿子，其人"性凶险，不循法度"。隋炀帝的女儿南阳公主嫁给了宇文化及的弟弟宇文士及，"(宇文)化及由此益骄"。当各地反隋义兵揭竿而起，隋炀帝在江都（今江苏省扬州市）醉生梦死时，宇文化及便迫不及待地弑君，过了几天皇帝瘾。(改国号为许，不久即被反隋义军首领窦建德擒杀。)所以，隋炀帝是死于自己宠臣之手，不是被老百姓所杀。

又如讲解《子罕》篇时，南老说道："读《史记》，刘邦和项羽两个人，分别看到秦始皇出巡的那种威风与排场。项羽看后，对朋友说：'彼可取而代之。'用白话说是：'老子可以把他拿下来，我来干。'刘邦看后则说：'大丈夫当如是也。'用白话来说：'一个大丈夫，应该做到这样，才够味道。'"

项羽确实指着秦始皇说过"彼可取而代之"，但不是对朋友说的。《史记·项羽本纪》："秦始皇帝游会稽，渡浙江，梁(项羽的叔叔项梁)与籍(项籍，即项羽)俱观。籍曰：'彼可取而代也！'梁掩其口，曰：'毋妄言，族矣！'"可见，项羽是向自己的叔叔说"彼(秦始皇)可取而代也"的，南老把项梁误作项羽的朋友了。

板桥六十自寿

邱 天

清代的郑板桥，『扬州八怪』之一，人称诗、书、画三绝集于一身。他为官清廉，为人耿直，因赈饥民冒犯大吏而被罢官。六十岁时，曾写过一副自寿联；从中可看出郑板桥的个性和生活状况：

常如作客，何问康宁，但使囊有余钱，瓮有余酿，釜有余粮，取数页赏心旧纸，放浪吟哦，兴要阔，皮要顽，五官灵动胜千官，过到六旬犹少；

定欲成仙，空生烦恼，只令耳无俗声，眼无俗物，胸无俗事，将几枝随意新花，纵横穿插，睡得迟，起得早，一日清闲似两日，算来百岁已多。

时尚词苑

感受"阳光"

吴 琼

适逢几天连连阴雨,空气潮湿阴冷,心情低迷,于是就盼望着温暖的阳光早日出现。久违的阳光会令人精神抖擞,心情放松。阳光常常被人们忽视,唯有这时才能感受到它的可贵。

"阳光"的本义,从字面上就可以明白,即太阳所散发出来的光芒。感情色彩上不含褒贬,是个中性词。如"温暖的阳光、强烈的阳光、刺眼的阳光、阳光普照、阳光灿烂"等等。今天,由于社会的日新月异,"阳光"这个词语,也在发展变化。人们赋予它更多新的内涵,它已不仅仅是那能带来温暖的阳光了。

看看例子:

①一条竖花色的直身背带短裤,可以有很多件T恤与之相配,脚蹬一双REEBOK旅游鞋,轻松休闲,很阳光,很青春的感觉。(《海上文坛》2002年第8期)

句中的"阳光"活用为形容词,和"青春"相近,似乎还蕴含了"健康、年轻,充满朝气和活力"的意思。时下形容一个人年轻而健康,常用"阳光"一词来概括。"阳光男孩、阳光女孩"的用语频频见诸报端。

②马书记说:"冯乡长帮凤舞山庄挖你们的人才,虽然做法有些不阳光……"(电视剧《刘老根》续集中的台词)

这里的"阳光"也是活用,当作形容词用。但与例①有所不同,其含义是"光明正大、光明磊落"。

仍作名词的"阳光",现也"推陈出新"了。例如:

③"给你点阳光就灿烂,给你点木炭就造炸弹。"(2003年春节联欢晚会的相声《马路情歌》中冯巩的台词)

例③中"阳光"用的是比喻义,"阳光"是指给人的鼓励、表扬、机会等。

刮来一阵"炫"风

于汇芳

"不管华语流行乐坛怎么变,林志炫还是唱着优客李林时代带着淡淡哀愁的情歌,他的高音依然炫得几乎无人能及……"(《上海电视》2002年12月B刊)看到这段文字,注意力不由得集中到其中一个时下热得发烫的字眼——"炫"。此处"炫"究竟该作什么解释?是高超、华丽、美妙吗?或者仅仅是为了和歌手的姓名呼应?让我们先翻开工具书看个究竟。

"炫"是一个古老的汉字,早在汉代的《说文解字》中就收录了,解释为"燿燿也"。《现代汉语词典》的解释,一是"(强烈的光线)晃人的眼睛",如光彩炫目;二是"夸耀",如炫耀。

可见,"炫"的本义是中性的;引申义则明显含有贬义,往往和骄傲自满联系在一起。在现代汉语中,"炫"一般不能单独成词,只是构词的语素。谁知这个古今意义变化不大的字眼在人类跨入21世纪的时候,突然冒出一些特别的用法,并被时尚人士频繁地挂在嘴上。

(1)最炫的火热装扮:条纹+条纹(《新民晚报》2001年6月15日)

(2)球场:尽炫日韩科技(《新民周刊》2002年5月18日)

(3)周杰伦台北炫唱(《燕赵都市报》2002年10月1日)

以上都是正规媒体上的新闻标题。至于市井青年脱口而出的诸如"她今天真炫"之类的话语则多如恒

此外,"阳光"还被用于政府的一些事务中,比如2002年10月21日的《新闻晨报》上提到的"政府采购工作是老百姓心中的'阳光工程'"。这句话中的"阳光"是由阳光能给人带来温暖之义引申而来的。政府为老百姓分忧解难,仿佛一缕阳光给人民带来了温暖与希望。我们还常听到有人说政府在处理事务时要"阳光化",其实也就是说要公开化,提高工作的透明度,增强政府与老百姓的沟通,更好地为老百姓服务。

社会发展了,词语"阳光"也在完善自己。让我们感受阳光带来的温暖,也感受"阳光"带给我们的丰富的涵义。

河沙数。

在时尚产品的广告中,"炫"字更如菜肴中的味精必不可少!比如:"苹果Smart Phone手机,要多炫就有多炫";"超炫的SONY笔记本GR390"。

娱乐圈中也离不开"炫"。比如:"郭富城——目炫城迷全精选"(华纳唱片公司2002年10月发行的唱片);"阿妹(张惠妹)舞炫津门"。

这一切正以迅雷不及掩耳的速度,"炫"爆你的视觉神经,着实刮起了一阵"炫"风。

"炫",摇身一变,成了一个可以单独成词的、词性多变的、其内涵只被某个以年龄或时髦程度划分的群体所认可的"新词"。"炫"的这种用法,到今天为止尚未被传统语文(或称"正统语文")所认可。不说别的,只要在电脑上点击一下"拼写和语法",通篇的"炫"就会被红红绿绿地标上错误记号,电脑还给了它一个新鲜罪名——"非词单字"。

细细揣摩这个"炫",用法虽变了,词的本义并没有大变:仍然是晃人眼睛,不过晃人的不再是强光,而是出位的打扮之类;仍然是夸耀,夸耀的是走在时尚最前沿的勇气、能力,等等。

举例来说吧:最出位的打扮是穿着大一号(甚至几号)的工装裤,在小腿肚的地方打几个褶,显出一副疲沓的样子。还有运动鞋或厚底靴,钓鱼帽或者是棒球帽,波希米亚风格的头巾、腰带,挑染的几缕头发。而相应的佩饰则有:藏式手链、项链、银质耳环或者是鼻环、墨镜、双肩背包等。以这身打扮上街,无论其目的是否想夸耀,恐怕仍有不少"志同道合"者会评上一句:"真够炫的!"

由此联想到前些年的"酷",那一身的黑色劲装,一脸的不苟言笑,已渐渐在人们心中淡漠,不想现在又和"炫"搭配在一起,起死回生。什么"超酷炫多功能休闲包""又酷又炫的超小数码摄像机""酷炫图画"等等,不一而足。只是委屈了"酷",虽然排位在前,可联系语境细辨词义,"炫"的成分似乎要更炫一点。请看某个饮料广告的说法:"炫,炫,炫,比酷的更灿烂;比Q的更鲜艳;比high的更耀眼;比in的更超前。"

前卫的新新人类为何如此钟情于"炫""酷"一类的字眼?许多人都觉得不可理解。依我看,过多的雷同恰恰违背了时尚的本意,未免显得有些"俗"!这只怕是他们尚未想到的。

也许,这一阵"炫"风也仅仅是一阵旋风。

透视"透视"

郑艳

一个新的时尚词语悄然而生，并很快为大众欣然接受，这就是"透视"。我们来看下面的报纸标题：

(1)透视三菱事件：为何一哄而起又一哄而散？(《人民日报》2001年3月28日)

(2)全景透视枪杀莫斯科副市长事件(《北京青年报》2000年12月27日)

(3)新闻透视：中国黑社会到底有多黑(《法制日报》2000年12月24日)

(4)透视好莱坞"中国功夫热"(《羊城晚报》1999年7月25日)

你看，政治、经济、法制、娱乐，都可以"透视"。不仅如此，我们还可以透视人生，透视到更细微的人的灵魂世界。那么，这里"透视"的含义是什么呢？从上列标题相关的文章内容来看，有一个共同点，即揭示事件内幕，剖析事物实质。由此可见，"透视"的含义是指清楚地看到事物的本质。

这一含义并非"透视"的本义。"透视"源于绘画术语，指眼睛所见的物象落在透明平面上的物理现象。它是观察、研究景物，在平面画幅上表现立体空间的直接的和基本的方法，应用在绘画上，有助于精确描绘物体的远近、高低、大小等关系。(参见《美术辞林》)在西洋画中，透视画法于意大利文艺复兴时出现。在我国，也早于北宋时期便出现了中国画所特有的几何学透视画法。不过那时候并没有出现"透视"一词，在北宋郭熙的《林泉高致》中是以"三远法"来命名的。那么，"透视"一词是如何产生的呢？在英语中，"透视"叫perspective(法语也是这个单词)。这个单词中，per是"贯通、透过"之意，spect是"看"的意思，ive是名词或形容词后缀。很明显，"透视"是perspective的意译词。2002年高考上海卷语文考题中，有一道名词解释题——"透视图"，其中的"透视"便是这个意思。

"透视"一词产生后，它却没有固守于绘画领域。在西医中，有两个术语fluoroscopy和roentgenoscopy，分别表示用荧光学方法和X射线方法来检查人体内部的意思。我们汉语能不能找到一个词一目了然地表达出它们的共同含义呢？有！这个词便是"透视"。为什么呢？这是由"透"这个字（代表语素）的丰富内涵决定的。透，形声字，从辶，秀声，本义为"跳，跳跃"，后由本义引申出"穿过、透过""彻底、完全"等意义（参见《高级汉语大词典》）。在医学上，X射线的作用就是穿透衣服和皮肉等，在荧光屏上透彻地显现出人体的内部结构。"透视"一词能科学地、完美地体现出这层含义。"9·11"事件后欧美各大机场加强检查的"X光行李透视仪"，最新研制出的"透视相机"，前不久媒体报道的"透视麻将"等，正是通过同样的透视原理制造的。

进入新世纪，"透视"又绽放出新的魅力。"张信哲自嘲怕冻，演唱不穿透视装。"（《香港商报》2000年10月17日）"为瑞奇马汀捧场，刘嘉玲透视装现身。"（《东方日报》2000年10月11日）还有靓女美眉们不仅身着透视装，还背着透视包，手机穿着透视套，"透视"成了流行风潮。这里的"透视"可千万不能理解成上文的意思，所谓"透视装""透视包"也就是"透明装""透明包"。追求新奇的现代人偏要创造出更时尚的词来称呼它。而仔细琢磨琢磨，这一改变有道理，说起来更有味道。"透明"是一个形容词，只表示事物的状态，而"透视"呢？它有透过表层看到内部之意，既保留了"透明"之义，又产生了一种新奇的效果，能引起人某种好奇而美好的想象，因而给事物增添了动态感、神秘感。词语的内涵丰富了，更具有时代气息了。

透视"透视"，我们看到了一个生机勃勃的语言世界。随着新世纪日新月异的变化，新事物、新理念的不断涌现，"透视"还会有什么新的演变吗？

语丝

汾酒广告

郭林

山西一经贸团在和当时的大连市长薄熙来洽谈时，抱怨汾酒市场销售不畅。薄熙来说：关键是广告没有做好。《三国演义》上有句名言："天下大势，合久必分，分久必合。你们不妨借用后面这八个字：『喝酒必汾，汾酒必喝！』"

一针见血

"泰鬥"乎

华德

某学院60周年校庆,许多名人题辞庆贺,某公用繁体字题写"軍工泰鬥"四字。鉴于该校在"军工"方面的成就,称之为"军工泰斗",原本是可以的;题辞用繁体字也无可厚非。但"泰斗"却不能繁写成"泰鬥"。

斗、鬥在过去是完全不同的两个字。斗读dǒu,北斗星的简称;鬥读dòu,争斗也。后来,"鬥"简化成"斗",两个字才变成一个字形。泰斗即泰山北斗,怎能写成"泰鬥"呢?

"担任第一夫人"?

一言

2002年8月14日《北京晚报》第14版《托莱多上电视为妻辩护》一文说:"有消息称,托莱多(秘鲁总统)的妻子在担任第一夫人的同时,另有一份未经申报的高薪银行顾问工作。"

"担任第一夫人"说法不妥。担任,指担当某种职务或工作。第一夫人是西方国家对元首(或首脑)的妻子的称谓,不是具体的职务,不能说"担任"。

"出动车辆50人次"?

王连杰

2002年6月3日河北《牛城晚报》有条新闻,正题是"都是大风惹的祸",副题是"电力'110'两天出动车辆近50人次"。读了生疑:出动的是"车辆",怎么结果却成了"人次"呢?

急读新闻内容,文中还是这样表述的:"两天时间里,因为大风的缘故造成停电,市用电服务中心共派出车辆近50人次。"

车辆,各种车的总称。"出动"车辆多少,应以"辆次"来计算。人次,《现代汉语词典》:"复合量词。表示若干次人数的总和。以参观为例,第一次三百人,第二次五百人,第三次七百人,总共是一千五百人次。"

上引文中说的是出动车辆,却不说明出了多少"辆次";未说出动人数,却说出了"近50人次",在表述上有缠夹之嫌。

"有口皆碑"的误用

张书斌

《读者》2002年第14期转载了丁学良的《腐败忧思》一文。文中说道:"与此同时,中国内地腐败的急速蔓延也是天下有口皆碑。"此句有两处可议。

其一是误用成语"有口皆碑"。"有口皆碑"意思为:所有的人的嘴都是记功碑,形容为人们普遍称颂。常用于到处为人称颂的人,及其业绩、成就、作品等。用作褒义。中国内地的腐败急速蔓延之现象,难道能被人们普遍颂扬吗?这显然不符合逻辑。因此,此处"有口皆碑"纯属误用,可改成"有目共睹"或"天下共知"。

其二是在"有口皆碑"前一般不加表数量或范围的修饰词。因为"有口皆碑"本身就有表示范围十分广泛之意,所以此处表示范围的"天下"一词,也以不加为宜。

"日籍华侨"?

钱 行

2002年7月22日《姑苏晚报》登了一篇文章,介绍原籍苏州后到日本工作的李先生,称"出国前曾在苏州沪剧团和苏州手表厂工作,先后留学日本和美国,现为日籍华侨……今年秋,他将在故乡苏州举行独唱音乐会"。

"日籍"是说他现在的国籍是日本,持有的是日本国护照,到中国来就是"外宾"了,而"华侨",则是中国公民侨居国外,持有的是中国护照,到中国来则是"归国"。这篇文章在下面讲到"已是别国公民",那么"日籍华侨"中,"日籍"是对的,"华侨"是错的。

公私兼顾？

吴 明

这是《检察日报》2001年5月28日《草原上检察群星闪闪亮》一文中的一幅插图。图中锦旗上"执法公正，秉公办事"八个大字，写成了"执法公证，兼公办事"，让人看了不着边际。若真是"兼公办事"，岂不意味着"谋私为主"？肩负反腐倡廉重任的检察机关仅是"兼公办事"，并因此而受到所谓的赞誉，岂不是国之不幸、民之不幸！

戈培尔是英国人吗

何培刚

畅销小说《寒风竹》（中国文联出版社出版）第369页写道："所以，英国有个政治家叫戈培尔的，说是谣言重复三遍就是真理。这是经典之论。"

戈培尔，这个纳粹德国的宣传部长，怎么在《寒风竹》中成了英国人？

戈培尔，1922年参加纳粹党，成为希特勒的狂热信徒。1929年起负责纳粹党的宣传机构。1933年希特勒上台后任国民教育与宣传部长，疯狂鼓吹战争，宣扬种族主义，并以造谣说谎的手段鼓舞士气，"谣言重复三遍就是真理"，确是他的"名言"，可他是德国人，不是英国人。

年过花甲谈何"英年早逝"

村 友

2002年3月28日《北京晚报》第37版《石鲁·国画天才》一文说："1939年元月，在抗日战争最艰苦的岁月中，石鲁这个20岁地主少爷抛弃富贵……奔赴圣地延安。"接着又说："1982年8月25日，石鲁英年早逝。"

既然石鲁1939年20岁，那么他1982年去世时应是63岁的老人。"英年早逝"指正处于壮年的人去世，而石鲁享年六十有三，已逾花甲，何谈"英年早逝"？

包公怎见放翁诗

一 言

电视剧《包公生死劫》某集里,包拯在河东节度使的府中与节度使叙谈时,墙壁上有一条诗文条幅是陆游的名句"山重水复疑无路,柳暗花明又一村"。这显然不妥。包拯是北宋初年生人,死于北宋中期的1062年。而陆游是北宋灭亡前两年,即1125年出生的,属南宋时代的人物。陆游出生时,包拯已死去60多年。包拯不可能在同僚府中见到尚未出世的陆放翁的《过山西村》诗的条幅。

莫把"首府"当"首都"

石谷文

2002年3月21日《北京晚报》第29版《奥斯卡实力派》一文,介绍了几位有望获得2002年美国奥斯卡男女最佳演员奖的好莱坞影星,其中提到拉塞尔·克劳时有这样一句话:"1964年7月,拉塞尔·克劳出生在新西兰的首府惠灵顿,4岁时便举家移居澳大利亚。"

"首府"显然错了,应为"首都"。一个国家最高政权机关所在地,即全国的政治中心称首都;而附属国和殖民地的最高政府机关所在地,以及(某国)自治区、自治州政府所在地则称首府。例如北京是我国的首都,乌鲁木齐是我国新疆维吾尔自治区的首府。新西兰是一个国家,不是地区,也不属殖民地,惠灵顿当然应该说是新西兰的首都才对。

"唐高宗宠着杨贵妃"?

概拾谷

《漫游美利坚》(中国文联出版社出版)第31页有这样一段话:"换个角度,从美学上看,一个人长得稍许胖点,反有一种丰满腴润之美。想我大唐古国,那唐高宗宠着的大美人杨贵妇(应是"杨贵妃"),不就是一个肌肤凝雪、光彩照人的胖妹子?"

杨贵妃即杨玉环,中国古代四大美人的最后一位。她是唐玄宗李隆基的宠妃,而不是玄宗的祖父唐高宗李治的宠妃。李治死于683年,杨玉环生于719年,两人根本没见过面。

8—18

追踪荧屏

"匠石"是石匠吗

周 标

央视一档收视率颇高的益智类节目,某期出了这样一个题目:"运斤成风"的是谁?随后主持人公布答案:石匠,不是"木匠",也不是"漆匠"。笔者认为,该题答案值得商榷。

"运斤成风"的寓言出自《庄子·徐无鬼》:

郢人垩漫其鼻端若蝇翼,使匠石斫之。匠石运斤成风,听而斫之,尽垩而鼻不伤,郢人立,不失容。

这则寓言说的是,楚国的郢都有个勇敢沉着的人,"匠石"是他的朋友。一次这个楚人在鼻尖上涂上像苍蝇翅膀一样薄的白粉,让"匠石"用斧头把白粉削去。只见匠石挥动斧头,呼地一声,白粉被削掉,而那楚人的鼻尖丝毫没有损伤。楚人站着,面不改色。

原文中是"匠石",到了智力题中成了"石匠","匠石"和"石匠"真是一回事吗?答案是否定的。

"匠石",《汉语大词典》:"古代名石的巧匠";《辞源》:"名石的匠人"。而"石匠"是"从事开采石料或用石料制作器物工作的工人"。从《庄子》原文中丝毫看不出这位"匠"到底是什么"匠"。"运斤成风"的"斤":"斫木斧也"(《说文》)。根据常识,"斤"就是砍伐木头的斧头,当是木匠用的。成语有"班门弄斧",这"弄斧"之人就是木匠,鲁班是木匠的祖师爷。即便如此,我们也不能断言"运斤成风"的"石"就是木匠,更别说是石匠了。把"匠石"释为石匠没有根据。

匠石,石是其名,而匠是职业或身份。这种"职业(或身份)+名"的命名方式在《庄子》一书中很普遍,

"华佗在世"？

孙建 刘云

《神医喜来乐》是近几年来难得的好看又有内涵的电视剧,初播后,好评如潮。然而,美中不足的是,京城"一笑堂"中的一块称赞喜来乐医术高明的匾上书有"华佗在世"四个大字。显然,"华佗在世"写成"华佗再世"才对。

在世:活在世上。如:①若皆为此族孙取去,李节妇一日在世,又复靠谁乎?(明李贽《复士龙悲二母吟》)②老王掌柜在世的时候,你就帮我们。(老舍《茶馆》第二幕)③老舍若是在世,他一定会作出揭发"四人帮"的义正词严、淋漓酣畅的发言。(冰心《老舍和孩子们》)再世:再出世,重生。如:④在武汉当时,这位邓演达的旧部随着政治部的复活,认真仿佛着邓演达的再世。(郭沫若《洪波曲》)⑤那况钟是有名的包公再世,足智多谋,厉害无比。(昆曲《十五贯》第六场)

由以上数例可以看出,"在世",仅指人活着,与"死亡""去世"相对。例①指"节妇活着",例②指"老王掌柜活着",例③指"老舍活着"。而"再世",则被用来称赞某人的聪明才智如同历史上有名的、已经家喻户晓的人物。"某某再世"意思是被称赞的人就仿佛是历史上某个著名人物重新活了一样。例④"邓演达的再世"是极赞这位"邓演达的旧部"就像邓演达又重新活了一样,例⑤"包公再世"是称赞况钟就像包公又活了一样,断案如神。

喜来乐在电视剧《神医喜来乐》中被称为"神医",对各种疑难杂症能手到病除,于是人们赞他就是汉末神医华佗的重生。根据意思应用"再世"才对。

例如庖丁(《庄子·养生主》)就是名丁的厨师,轮扁(《庄子·天道》)就是名扁的造车工人,等等。

值得一提的是,将"匠石"误作"石匠"的并非央视一家。三秦出版社《庄子集解》(1998年9月第1版)中有关该故事的插图及所配文字也犯了同样的错误。这可能是不懂古代这类称谓的特点,而"匠石"和"石匠"又十分相似的缘故造成的。

《失乐园》"失"在文字

顾 豪

电视里播《失乐园》,我以为是早就看过的日本片,开始没有留心;有次偶然瞄了一下,发觉竟是濮存昕主演的,原来是一部国产片,主题是呼吁关爱艾滋病病人。片子有明确的宣传目的,但情节相当曲折感人,演员也很到位,遗憾的是字幕不时出现差错,影响收看效果。

且以2003年4月27日播放的第26集为例。这一集中,总经理权正阳发现了当年的同学、今日的医生董军"诈骗"的秘密,一路跟到董军家里。面对权正阳咄咄逼人的责问,董军有一段感人肺腑的自白。然而,其中至少有三处"硬伤":

一是"刚刚建全的实验室……","建"应为"健",这是一个同音别字。

二是"你还是那样好高骛远……","骛"应为"鹜",这是一个形似别字。在出版物中,"骛"常和"鹜"相混,"好高骛远"成了"好高鹜远","趋之若鹜"成了"趋之若骛";"鹜"写成"骛"倒是不多见的。驽,音nú,指劣马,跑不快的马,荀子在《劝学》中说:"骐骥一跃,不能十步;驽马十驾,功在不舍。""骛"有纵横驰骋义,"驽"是不能胜任的。

第三个错误,不但字幕错了,台词也错了:"每当孤影相吊、夜深人静的时候……"汉语成语中有"形影相吊",见于曹植的《上责躬表》"形影相吊,五情愧赧",却没有"孤影相吊"。为了强调孤单寂寞,改"形影相吊"为"孤影相吊",结果是弄巧成拙。"形",指自己的身体,"影",指自己的影子,"吊"是慰问。所谓"形影相吊",便是自己的身体和自己的影子相互安慰。"孤影"——只剩下孤单单的影子,"相吊"还从何说起?

"成婴"和"金貔箭"

谷 村

2001年1月2日中央电视台"2001年元旦京剧晚会"有一位演员演唱《搜孤救孤》时,屏幕上出现了"×××饰成婴"的字样,"成婴"应为"程婴"。虽然"程"与"成"仅一字之差且同音,但中央电视台出现这样的差错还是令人遗憾的。程婴是京剧《搜孤救孤》的主人公,这出戏唱了多少年,居然给程婴改了姓。

同台的京剧演员于魁智唱《四郎探母》时,屏幕上又出现了"公主去盗金貔箭"的字样,"金貔箭"应为"金鈚箭"。鈚箭,是一种头较薄而阔、杆较长的箭,金鈚箭是君王专用的箭矢,因箭头与箭杆皆以金饰而得名。《三国演义》第二十回描写曹操与汉献帝在许田围猎,"操(曹操)就讨天子宝雕弓、金鈚箭,扣满一射,正中鹿背"。《四郎探母》里的杨延辉(四郎)为出关去探视母亲佘太君,要公主去盗取金鈚箭,作为出关的"通行证"。"金貔箭"的"貔"字错了,"貔貅"是古代传说中的一种猛兽,后以比喻勇猛的军队,与箭矢无关。

助我一臂之力

自一九九五年创刊以来,《咬文嚼字》印数逐年上升,但几乎每天都收到读者来信,反映在当地买不到《咬文嚼字》。

为了有效改变这种情况,本刊拟招聘特约发行员。凡有能力在地区级城市中承担本刊发行任务者,无论是国有单位还是私营公司,是集体还是个人,均欢迎和我们联系。联系电话和电子邮箱详见版权页。报酬另议。

《咬文嚼字》除适合一般门市销售外,更适合向新闻出版、学校、机关等单位对口发行。如读者朋友的亲朋好友中,有适合担此重任者,也欢迎向我们推荐。为了刊物的发展,望各位助我一臂之力。

编者

探名小札

"曲院风荷"和康熙写别字

毛 弯

"曲院风荷"是杭州西湖十景之一,名满天下,可谓无人不知无人不晓。"风荷"好理解,"风中之荷",这里以荷闻名,如此命名很有诗意。"曲院"作何理解?《天雨花》第十回有:"公子心惊曲院事,低头失色不开声";清王韬《淞隐漫录·李韵兰》有:"妾勾栏贱质,曲院微姿"。以上"曲院"均是"妓院",应该和西湖之"曲院"不相干。那"曲院"到底是啥意思,难道是"曲折迂回的院子"吗?

事实并不如此简单。据明人田汝成《西湖游览志》记载:"麴院,宋时取金沙涧之水造麴,以酿官酒。其地多荷花,也称麴院风荷是也。"看来,"曲院风荷"既和"妓院"不相干,也和"曲折迂回"搭不上界,"曲"是酒曲(酿酒的酒母)之"曲"(繁体字作"麴")。"曲院"在宋朝是为酿官酒而制造酒曲的地方,因其地多荷花,便称"曲院风荷"。

在简化字使用之前,"曲折"之"曲"和"酒麴"之"麴"是两个不同的字,绝对不可混用;而"曲院风荷"之"曲"显然不是简化字,因为在"简化字表"颁布以前,就写作"曲"。这又是怎么一回事呢?

这可颇有来历。康熙南巡,来到杭州西湖,不知是真不知道"麴院风荷"的来历,还是一时笔误,挥笔题写御碑"曲院风荷",此碑至今还屹立在西湖苏堤跨虹桥西北的一座亭子内。由于是康熙题写的御碑,是皇帝留下的墨宝,尽管写得并不那么精美绝伦,却很能引人瞩目,"麴院"也因此变成了"曲院"。如今漫步院内,有多少人知道这个"曲"字是康熙皇帝写的一个别字呢?

"罗稷南"的由来

张兆前

近年来,因周海婴先生披露了罗稷南先生请教毛主席"假如鲁迅活着会怎样"的逸事,罗稷南这位被遗忘多年的翻译家的大名又屡屡在媒体出现,勾起了我三十年前的一个疑问。

那时我读了罗先生译的《双城记》,很佩服他的译笔,只是不明白他何以用了这么个怪名。因为在西班牙小说《堂吉诃德》里,那位愁容骑士的坐骑就叫"罗稷南特"(Rocinnante)。《双城记》的译者,用的是真名还是笔名,和那匹瘦马同名,是偶然巧合,还是有意为之呢?

经多方查找,终于弄清了"罗稷南"这个怪名的由来,解开了三十年前的结。原来,"一·二八"淞沪抗战前后,原名陈小航的罗先生任十九路军总指挥部秘书兼十九路军发言人,和蔡廷锴将军结下了很深的友谊。他曾作为十九路军代表赴赣南苏区和红军商谈联合问题,并由此结识了毛泽东。蔡将军为人耿直,身高体瘦,形象酷似塞万提斯笔下的堂吉诃德。陈小航先生既然是蔡的得力助手,以堂吉诃德的坐骑自名便也顺理成章了。这个怪名含有供蔡将军驱驰、为抗战奔走的意思,既是自谦,也不乏自谑。

疑团既解,感慨良久。

1751年,乾隆皇帝南巡时,看到康熙写的别字,可能觉得这有损皇祖威名,灵机一动,写了一首诗刻在碑阴上,为康熙辩解:

九里松旁曲院风,
荷花开处照波红。
莫惊笔误传新谤,
恶旨崇情大禹同。

最后两句意思是说,你们不要以为康熙写错了字就大惊小怪,须知他和大禹一样厌恶美酒,崇尚节制情欲。因为贪恋酒色,会导致乱政亡国,所以,他连这个"麯"字也不愿写了。

辩解归辩解,康熙写别字毕竟是事实。

借题发挥

"惹人怒"的是谁

冬冬

产妇生完孩子,刚从医院回家,奶粉推销员、保险公司业务员、尿不湿销售员的电话便接踵而至,有人甚至直接找上门来,强行打破你生活的宁静。针对这种现象,《北京晚报》2003年4月18日刊出一则通讯:《产妇隐私谁出卖 不堪骚扰惹人怒》。

"产妇隐私谁出卖",这是问题的实质,作者单刀直入,一针见血,很有力度;然而,"不堪骚扰惹人怒"却让人读来一愣:"惹人怒"的究竟是谁?

毫无疑问,产妇及其家庭是"受害者",由于"隐私"被出卖,他们的正常生活受到了骚扰,对此表示不满、表示抗议应该说是一种正常"反应"。难道因为"不堪骚扰"便会"惹人怒"吗?世上哪有这种道理!作为传媒的正义感何在?

问题出在哪里?揣摩作者的原意,这"惹人怒"的"人"似乎不是别人,而是产妇自己。"惹人怒"其实是产妇的"夫子自道":出卖隐私者让我生气。遗憾的是,题目中却是"不堪骚扰"和"惹人怒"放在一起,两者构成了因果关系,"不堪骚扰"是因,"惹人怒"是果,误会于是由此产生,读者不知所云矣。

"呼吁"危机?

胡天霞

100位著名专家在人民大会堂呼吁：
中国人正面临营养素危机

《大河报》2002年11月6日A19版，以醒目大字标题刊出一则消息：《中国人正面临营养素危机》，对读者很有冲击力。然而，这则消息上面还有一个肩题："100位著名专家在人民大会堂呼吁"。两个题目连在一起，顿时显得文理不通。

所谓"呼吁"，是向个人或社会发出呼告，后面如果有宾语，这个宾语便是呼告的内容，"呼吁"什么，便是希望出现什么，做到什么。

100位著名专家呼吁什么呢？中国人正面临营养素危机！这显然不是专家的意思。这不是"呼吁"，而是"提醒"，是"警告"；如果要用"呼吁"，正题则应改为"中国人应预防营养素危机"，或者"中国人应警惕营养素危机"。

总之，正副标题的逻辑关系一定要理顺。

语丝

大解脱

罗永宝

厕所，藏垢纳污之地也。中国对联的种类很多，厕所联似不多见。但偶有发现，不论长短，皆谐趣横生，令人捧腹。

进去三步紧，出门一身松。

且看下面一联。

寥寥十字，不仅写出形态，而且写出心态，[紧]、[松]、[爽]、[可谓活灵活现，让人读之忍俊不禁。和上一联的明白晓畅相比，下一联则显得含蓄蕴藉：

有小便宜，得大解脱。

初读似乎禅味十足，暗藏玄机；仔细一想，方才有会于心，顿觉妙不可言。原来最后一个字必须分读：有小便——宜；得大解——脱。小便进厕所，自是找到了适宜之地，若是大便，毫无疑问：裤子脱下来呀！

8—26

不能乱"狂"一气

费 周

有位叫焦国标的作者,在台海出版社出了一本书,题目叫"我为卿狂"。2003年6月1日出版的《上海新书报》发了篇短评:《你不卿狂 谁为你狂?》。我想,读着这个标题,你一定和我一样傻眼了吧。

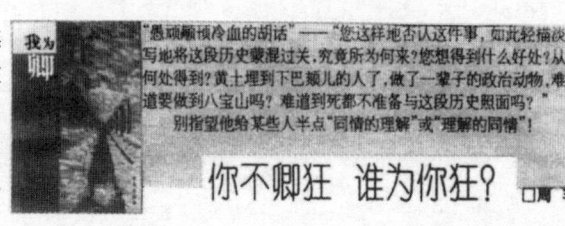

"卿"是第二人称的代词,可以表达一种特殊感情。《我为卿狂》中的"卿"者为谁?据作者说,"真善美爱、自由平等、正直正义、父老乡亲是也"。面对如此神圣的对象,"我为卿狂"是可以理解的,而且是值得钦佩的。

然而,何谓"卿狂"?是"我为卿狂"的缩略吗?"卿"本是"狂"的对象,缩略以后却成了"狂"的主角,岂能如此缩略?是"轻狂"的谐音吗?平白无故骂作者轻狂,未免也太不讲理了吧。

想来想去,有一个可能,就是作者为了凑四字句,不惜以词害意。其实,真要凑的话,说成"不为'卿'狂,谁为你狂?"不是稍好一点吗?

木器时代

语丝

王德兴

著名外交家王正廷出任驻美公使期间,一次和美国友人聊天。友人说:"西餐用刀叉,而中餐用筷子,可见贵国还处在野蛮阶段。"

王正廷当即答道:"此言差矣!考察一下人类进化史可知,人类先用石器,再用铁器,然后便是木器。贵国人尚处于铁器时代,而中国人已进入木器时代了。谁文明谁野蛮,还不一清二楚吗?"

文章病院

人岂是"天物"

陈晓云　鲍继湄

1998年第3期《散文选刊》刊载的《感甄赋》一文有下面一段话：

让袁熙疼爱过的，让曹植痴恋过的，也许，还让曹操惦念叹惋过的甄后被曹丕享用了数年之后，就这么轻易地给杀掉了，魏文帝真奢侈到了暴殄天物的地步。

这里运用"暴殄天物"这个成语，似有不妥。

看来被魏文帝曹丕杀掉的甄后，《感甄赋》的作者将她列入"天物"之内了。"天物"指的是什么？请看：

指鸟兽草木等自然界的生物。（上海辞书出版社《中国成语大辞典》第49页）

泛指鸟兽草木等各种自然产生之物。（《辞海》缩印本第1224页）

自然界的物产。（《辞源》新版第一册第687页）

唐代著名经学家孔颖达为《书经》作注时，曾指出过："天物之言，除人外，普谓天下百物，鸟兽草木。"《后汉书·皇后纪上·和熹邓皇后》："未有内遭家难，外遇灾害，览总大麓，经营天物，功德巍巍若兹者也。"唐陆龟蒙《书李贺小传后》："吾闻淫畋渔者谓之暴天物；天物既不可暴，又可抉摘刻削露其情状乎？"鲁迅《坟·摩罗诗力说》："[裴伦]作汗漫游，始于波陀牙，东至希腊、突厥及小亚细亚，历审其天物之美，民俗之异。"例中"天物"，莫不是"自然界的鸟兽草木等"。

由此可见，"天物"之义，古今一也。甄后不是"天物"。"暴殄天物"改为"灭绝人性"庶几可通。

叠床架屋的"天籁之音"

夏　军

你如果上网输入个"天籁之音"去搜索，一定会找出一大串这样的"声音"来：

(1)我把车倒出车库，停在车道上，背靠着车座静静地欣赏这大自然的天籁之音。(新浪读书2003-01-27《快满十七岁》)

(2)让他美妙的歌声化成天籁之音，以风声、雨声、山林海洋之声再次滋润人间以及我们的心灵……(《华商报》2003-04-06《各地歌迷昨日香港烛光祭莫偶像张国荣》)

(3)周末，一人的小屋，寂寞弥漫在每个角落。电话铃忽然响了，哈，此时在我听来，简直犹如天籁之音。(《扬子晚报》2003-04-16《打电话给你就为说我爱你》)

"天籁之声"的说法也不少见。如：

(4)登高遥望，座座殿宇宛若碧海中的仙岛，令人神往，林中漫步，您会聆听到久违的天籁之声。(《生活时报》2001-10-29《世界文化遗产——清西陵》)

(5)比如说摇滚重金属，或者恩雅或者是朱哲琴那样，连词都没有，叫天籁之声。(新浪文化2001-11-06《酸菜莛：雪村—英达》)

(6)此刻，才真正触到了音乐，那天籁之声萦绕在耳畔，气息中没有杂质，更没有修饰，仅是一种朴实的味道。(新浪文化2001-09-11《心弦》)

从以上各例我们可以体会到，"天籁之音(声)"是一种十分美妙的声音，人们经常用它来形容动听的音乐，可是，这四个字组合在一起，果真是那样的和谐吗？

要说"天籁"，它同音乐还真有着不解之缘。"籁"是古代一种管乐器，《说文》说它是"三孔龠"，《广雅》认为它指"箫"。由于是吹管乐器，所以渐渐就用来指从孔穴中发出的声音，也指一般的声响。《庄子·齐物论》云："汝闻人籁而未闻地籁；汝闻地籁而未闻天籁夫!"这就是"天籁"

的出处。天、地皆自然,"天籁"就是指风声、鸟声、流水声等自然界的声响。由"人籁"而"地籁",由"地籁"而"天籁",层层递进,可见在庄子的心目中,大自然是最伟大的音乐家,天籁是一切声音的最高境界,"人籁"只不过是对天籁的蹩脚的模仿。我们看下面几个句子:

(7)鼓角凌天籁,关山倚月轮。(杜甫《寄张十二山人彪》)

(8)偶尔有徐徐清风拂过潺潺流水,满树的槐花伴着美妙的天籁翩翩起舞……(《平顶山日报》2003-04-16《又是槐花飘香时》)

(9)刘欢的优美演绎配着韩红天籁般的二部和声格外动听,那英的低声部和唱以及孙楠的背景哼唱让这首作品绕梁不绝、听醉了众人。(《江南都市报》2003-04-01《刘欢发片,四高演唱》)

(7)(8)两句指的是自然界的声响;第(9)句用"天籁般"三个字来形容韩红"格外动听"的二部和声,足见"天籁"的美妙动人。

"天籁"既然已经表示了"自然界的声响"的意思,那么它的后面就没有必要再叠床架屋地加上个"之音"或"之声",否则,就变成"自然界的声响的声音"了。"万籁俱寂"就从未有人写作"万籁之音俱寂",也不能写作"万籁之声俱寂"。

有人认为"天籁之音"和"凯旋而归"一样,由于"天籁""凯旋"的实际意义已经比较模糊了,于是加上"之音""而归"来提示,这说明语言是发展的,不能算错。不过,这种"床上架床"式的"提示""发展"是不规范的,不应提倡。

清除网络文字垃圾

针对目前网络文字错别字泛滥、用词用语不当、语法逻辑混乱等现象,搜狐网从自身做起,与《咬文嚼字》杂志社联合推出"网络文字搜错"活动。从6月15日起,在搜狐新闻中心首页、相关频道首页新闻标题中找出文字错误(包括错别字、用词不当、病句等)的读者,就有机会获得搜狐送出的奖品。《咬文嚼字》杂志社将定期对读者挑出的错误进行点评,优胜者可成为搜狐荣誉监督员。

相关链接:http://media.sohu.com/00/15/blank210371500.shtml

管鲍并未割席

韩铁民

中国华侨出版公司出版的《汪精卫叛国前后》一书披露了许多鲜为人知的史实，且文笔生动、引人入胜。美中不足的是文中在描述汪逆投敌叛国前用了这样一段话："……并拿出中国知识分子管鲍割席的决裂精神到武汉去了！"这是一块硬伤。作者把有关友情深厚和友情破裂的两个典故杂糅在一起，乱成了一锅粥。

关于"割席"的典故是这样的：东汉末年，洛阳太学有两位同窗好友北海朱虚（今山东临朐）人管宁（字幼安），平原高唐（在今山东）人华歆（字子鱼）。有一天，管宁与华歆正坐在草席上用心读书。一会儿，从街上传来一阵马蹄声和车轮的滚动声，华歆放下书本，伸头一看，是位朝廷大臣乘车路过门前。他情不自禁起身，赶到门前，用无比羡慕的眼光盯着那渐渐远去的车队，直至车队转过街角消失了，他才转身回来读书。华歆走到草席前，愣住了，那一领草席已被管宁用佩刀自中间一划，分成了两半。管宁说："你不配做我的朋友，所以我划开草席，与你绝交。"促使管宁下此决心的，还在于他想起以前二人一起锄地同时发现一块金子时，华歆那贪婪的神情。（事见《世说新语·德行》）拿现在的话说，二人的人生观、价值观不同。道不同，不相为谋。后以"割席"指代朋友间的决裂。

"管鲍"则指春秋时齐国的两位政治家管仲和鲍叔牙。两人也是好朋友。先前管仲和鲍叔牙在一起做过买卖，每次分利管仲总要多拿些。鲍叔牙并不在意，因为他知道管仲家贫穷。后来，齐国的权力出现真空，公子纠和小白为了王位发生了争斗。由于各为其主的原因，管仲险些射死小白，后被小白俘获。这时，辅佐小白的鲍叔牙竭力向小白推荐管仲。认为管仲的才能在自己之上，并主动将相位让与管仲，甘居管仲之下。管仲不负鲍叔牙厚望，帮助小白（即齐桓公）成就了霸业。管仲曾说："生我者父母，知我者鲍子也。"他们的友情被传为佳话。后以"管鲍"指代知交友情。他们怎么会"割席"呢？

过目难忘

最难忘的一个影、视、剧名

『一江春水向东流』

袁谅

盘点几十年来看过的电影,真正难忘而又值得称道的,当首推《一江春水向东流》。虽然这是一部1947年拍成的老片子,但却似陈年佳酿,历久弥香,仅其片名就让人永远回味。

这一片名取自名篇名句,有着得之于先天的信息含量和艺术魅力。南唐后主李煜的这首《虞美人》,词评家向"以神品目之",这句"一江春水向东流"更被认为是李煜词中最好的句子。《苕溪渔隐丛话前集》卷五十九引《雪浪斋日记》:"荆公(王安石)问山谷(黄庭坚):'作小词,曾看李后主词否?'云:'曾看。'荆公云:'何处最好?'山谷以'一江春水向东流'为对。"所有这些掌故都对加深印象加强记忆起着很大作用,这是以成句为片名的好处。

"一江春水向东流"在原作中是用来比喻愁之多的,完整地引当为"问君能有几多愁,恰似一江春水向东流"。所以,单引"一江春水向东流"通常隐含的意蕴便是一个"愁"字。而作为这部电影片名的"一江春水向东流"似乎有着更为丰富的内涵。

抗战八年,影片女主人公素芬在沦陷区支撑着抗日英雄丈夫张忠良留下的家。她带着孩子从上海到乡下老家,弟弟张忠民与其未婚妻

"拎起个大舌头"

郭圣林

2002年10月18日晚6点半,著名的电影纪录片制作人段锦川的纪录片《拎起个大舌头》在复旦大学文科楼二楼放映。这部纪录片说的是一个叫吕国华的人的故事。他是东北农村一个叫翻身村的村委会计生委员。

影片一开头就是吕国华装假牙的镜头。屏幕上吕国华绘声绘色地描述他的下牙床怎么弄没了:他骑摩托牵马,嘴巴咬着缰绳,他怎么一发动摩托,一放离合器,马怎么一摆

婉华一起参加游击队,公公被日军吊死,她又领着婆婆从老家到上海。整整八年,颠沛流离,饱经风霜,备尝艰辛。她盼望抗战胜利,盼望丈夫归来,全家团圆。她无尽的思念满怀的热望何尝不像一江春水在日夜涌动!胜利了,张忠良却混迹于灯红酒绿的交际圈,醉生梦死。无论是在大后方还是在上海,都没想起回家。做帮佣的素芬终于认出了舞会上的忠良,他没有回头的表示……素芬在绝望中奔到黄浦江边,纵身一跃……"一江春水向东流",流的是情感之水,思念之水,流的不仅是愁,更多的是恨。李煜另有"人生长恨水长东"句,东流之水从来是不仅与愁而且也与恨相连的。

以"一江春水向东流"为片名,更有着可以意会而无须言传的象征、隐喻的意义。这一江春水向东流,从古到今,昼夜不息,是不以任何人的意志为转移的,是历史逝水,也是时代潮流。张忠良们花天酒地纸醉金迷的日子已到尽头,一个腐朽黑暗的时代行将过去,无可挽回;而张忠民与婉华英姿飒爽的结婚照透出新的消息,一个新的时代潮流来了,澎湃浩荡,势不可挡。

头去够什么吃的,怎么一抹嘴血糊糊的,怎么发现牙床没了。

接下来是村里出现了第三胎,村委会一班人怎么去找怀孕的妇女,怎么做那个妇女的丈夫的工作。其间穿插了吕国华讲述自己怎么被选作村委委员的。原来他爱打架,什么人都敢惹,上至老大爷,下至小姑娘。老百姓心想,你不是能耐嘛,就选你做计生委员。就这么上了。14年了,中间也被免过,原因还是打架,不过,这次打的是乡里的张书记。

影片重头戏是翻身村村委会第五次换届选举。这种选举是"海选",即直接选举。吕国华竞选委员,原来的村会计竞选村主任,他们的对手是原村主任李忠琴。影片记录了他们如何分析对手的力量,如何挨家挨户"串联"拉选票,如何争取在外打工的选民的支持。在这一进程中,吕国华的组织能力得到充分的展现:分析敌我形势,在哪里可以争取多少多少选票;安排串联日程,先去哪后去哪;布置专用摩托,接送支持己方的选民填写选票;如此等等。最后,竞选成功。

看完影片的人都有点儿纳闷,为什么用"拎起个大舌头"做片名?段锦川解释说,这部影片有中文版和英文版,英文版的片名是 The secret of my success。中文版要是叫"我成功的秘密",那就太平淡了,没有味儿了。片名"拎起个大舌头"来自东北方言。东方言非常有特色,常常会有吓你一跳的说法冒出来。一次聊天的时候,吕国华妻子评价他说:"他这个人啊,整天拎着个大舌头满村子乱跑。"段锦川说他当时就愣住了,半天才回过神来。后来就决定用它了。

这句口语让人不禁想到"拎着脑袋干革命""脑袋拴在裤腰上"的说法。脑袋都是"拎着""拴着"的,那不是不要命了?所以大无畏的气概都在"拎""拴"里面了。

但是,"舌头"怎么可以"拎"呢?要知道它在口腔里面,不在外面;它那么轻,也用不着"拎"。"舌头"可以"拎着",实在出人意料。

然而,有了这个"拎"字好像"舌头"是个独立的、有分量的个体,可以脱离人的身体,有它自己的生命。而这个独立的、有分量的个体的价值体现在哪里?无非说话而已!这不,主人公的爱说敢说爱跑动的特点都有了:"拎着个大舌头满村子乱跑"。

呼唤宽容精神

张振华

大凡好的影视片名,总要给观众耳目一新之感,又须言简意赅、十分贴近主题。海外作品的译名,则应符合民族审美心理,富于回味无穷的韵致——美国先驱导演格里菲斯的史诗式电影《党同伐异》,便堪称成功之范例。

这部摄制于1916年的鸿篇巨制,由远古篇《巴比伦的陷落》、中世纪篇《圣巴泰勒姆教堂的屠杀》、犹太篇《基督受难》和现代篇《母亲与法》四个故事组成。时间上下数千年,地点跨越数大洲,从不同侧面谴责社会纷争、宗教狂热、暴力杀戮、相互仇视等种种恶行,反复阐释了"人类从排斥异己到宽容与进化"这一变化。影片形式新颖,构思大胆,场面恢宏,大量运用了标新立异的时空转换等技巧。其中现代篇的"最后一分钟拯救"段落,更成为世界电影史上脍炙人口的蒙太奇经典……

然而,比电影本身更令我心折的是它奇巧剀切的译名。该片英文原名 Intolerance,意为"不容异己"。不知哪位聪明人,引进时翻译成"党同伐异",真可谓匠心独具。查《后汉书·党锢传序》:"自武帝以后,崇尚儒学,怀经协061,所在雾会,至有石渠分争之论,党同伐异之说。"自此在中国,人们便把无原则地分门立户、偏袒与自己意见相同者、打击相异者的行径,斥之为"党同伐异"。

社会发展史表明,宽容与理解精神乃人类文明进步的标志之一。可时至今日,我们周围仍不乏结党营私、彼此攻讦、排斥异己等事例。我想,那些热衷于搞党同伐异的人,实在应该好好领悟格里菲斯在影片结束时打出的一组字幕:"博爱将带来永恒的和平"。

"枯木逢春"

肖史信

我是上一世纪60年代读的大学，读的是中文系，在校期间看过不少电影，大多已淡忘，唯有一部《枯木逢春》，至今回忆起来仍心潮起伏。我喜欢这部片子，也喜欢这个片名。

片子的主人公是苦妹子。生活中的不幸使她成了一段"枯木"：逃难流落异乡，丈夫患血吸虫病去世，她自己也是血吸虫病患者，奄奄一息。正在这时，人民政府建立了血防站，中西医结合的方法终于治愈了苦妹子的病，还使她赢得了冬哥的爱情。"枯木逢春"这四个字，无疑成了整个剧情的最生动、最准确的概括。

这个片名之所以令人难忘，还因为它概括的不仅是剧情，而且是生活。我是江西人，知道血吸虫病的可怕。在余江县那个地方，由于血吸虫病猖獗，解放前50年内，有20多个村庄成为废墟，14000多亩良田成为荒野；而在人民政府领导下，1958年全县消灭了血吸虫病。毛泽东主席听到这个消息，"浮想联翩，夜不能寐"。这正是"枯木逢春"的最好注脚。

"春天"是党，"春天"是社会主义，影片通过艺术形象，唱出了一曲"春天"的颂歌。

周恩来改标语

语丝　曹思彬

一九五九年一月八日，周恩来总理和邓颖超同志来到广东从化温泉，顺便参观了从化县流溪小学，受到师生的热烈欢迎。

周总理看到墙上有张标语"人人要讲普通话"，他点头赞好，但建议改为"人人学讲普通话"。一字之改，可以看到周总理的思维缜密和务实精神。

"要讲"和"学讲"有什么区别呢？"要讲"带有强迫性，非讲不可。但南方不同于北方，小孩子不同于成年人，硬性规定要讲，反而不切实际。改为"学讲"就大不相同，孩子们可以先学后讲，这老师也有责任教学生怎样讲普通话，这正是学校的任务。

百家会诊

"百年诞辰"还是"诞辰百年"？

在报道纪念活动时，报刊上的标题有时是"诞辰百年"，有时是"百年诞辰"。是两种结构都可以，还是有一种是错的？

捍卫语言的严肃性

语言，是活在人民群众口头上的交际工具，有相对的稳定性，不以个人的意志为转移。

诞辰，据"词素分释法"可解释为"诞生的时辰"，因此，属名词性质，绝无动词功能。所以，常见的工具书均明确无误地注为"生日（多用于长辈或所尊敬的人），名词"。《实用汉语词典》（商务印书馆）举了两个例子：

1. 今天是老师八十岁诞辰，学生都来庆贺了。

2. 纪念鲁迅先生一百周年诞辰。

以上两例中的"诞辰"可以替换为"生日"，只是失去了庄重的色彩。不过，绝不会有人说成"生日八十岁"或"生日一百周年"。如要用这种语序，只能说成"出生八十年"或"出生一百周年"，若嫌色彩不庄重，则可换成"诞生"二字。以上两例可表述为：

3. 今天是老师诞生八十周年，学生都来庆贺了。

4. 纪念鲁迅先生诞生一百周年。

所以，只能说成"百年诞辰"，而不能说成"诞辰百年"，若一定要用这样的顺序，则只好说"诞生百年"了。语言是有它自身的规律的，不能因为某些人常用"诞辰百年"就姑息迁就。

（孙建　刘云）

要力挽狂澜

从语言文字的角度说，"百年诞辰"的说法是符合汉语规则的，

"诞辰百年"是不符合汉语规则的。须知,这里的"百年"是"一百岁"的意思,"诞辰"是"生日"的意思。"百年诞辰"就是"一百岁生日",如果说成"诞辰百年",那就等于说"生日一百岁",这显然不通。不过这是读书人的意见,是读书人的"咬文嚼字"。实际运用才不管你这一套呢。在1998年周恩来总理百年诞辰时,1月23日、24日两天的《人民日报》所刊登的新闻稿和文章中,"诞辰百年/诞辰100年"用了18次,而"百年诞辰/100年诞辰"却只用了2次,大有"诞辰百年"倒压"百年诞辰"的势头。

那么为什么会把"百年诞辰"错说成"诞辰百年"呢?那是因为"诞辰"是个书面语词,一般人对"诞"还有点认识,知道是"诞生"的意思;对"辰"就不太了解了,不知道"辰"是"日子"的意思。如同人们"不识字念偏旁"一样,把"诞辰"误解成了"诞生",把它当作动词来用。这样,不合汉语规则的"诞辰百年"之说就时见报端了。况且由权威报纸《人民日报》带头,大家也就跟着说了,这就叫"以讹传讹"。

遇到上面所说的情况,持不同意见的人,常常会责问语言学家:"你们干什么吃的?为什么不管?"语言学家只能叫屈,只能"忍气吞声"。殊不知,语言学家没有"规定"的权力,只有"圆"的义务,说得好听点,只有重新分析、解释的义务。譬如说上个世纪50年代讨论过"打扫卫生""恢复疲劳",最后证明阻挡不住,语言学家只得去"圆":说"卫生"是目的宾语(为了卫生而打扫),类似"准备抗洪"(为了抗洪而作准备)的说法;说"疲劳"是源点宾语(从疲劳中恢复过来),类似"退出会场"(从会场退出来)这样的说法。

这样说来,是不是就不用强调规范了?强调、提倡汉语规范似乎就没有用了?不,为了祖国语言的健康和纯洁,还得时时强调规范,提倡汉语规范化。政府有关机构要大力宣传,语言工作者要责无旁贷、义不容辞地负起做好汉语规范化工作的责任来,但更重要的是希望媒体、出版界、广告界,特别是希望有影响的报刊、出版物,高举汉语规范化的大旗,把好汉语言文字规范这个关。

以上想法,曾送请北大中文系的周先慎、苏培成、蒋绍愚三位先生提意见,他们都表示赞同和支持。其中,苏培成先生(中国语文现代化学会会长)另提了两点意见,有必要抄录于下：

1.语文工作者要发挥作用，分辨正误，理直气壮地引导社会语文应用，不要轻言放弃。要死守，力挽狂澜，实在守不住了，再考虑退让。这是丁声树先生的观点，词典室的人告诉我的。以讹传讹，得以流行的是极少数。大多数的误用，都能纠正。"最好水平"至今没有得到承认。"首当其冲""空穴来风""万人空巷""再接再厉"等错用的也很多，要努力纠正。"诞辰百年"还没有到不可救药的地步，要说服公众，努力纠正，发挥语文工作者的作用。

2.坚信语言的应用是有规律的，这个规律也是可以认识的。使用语言的人要努力维护这个规律，才能发挥语言的交际作用。语文工作者要不断加深对应用规律的研究，提高自己判断正误的能力。要允许语文工作者犯错误，谁也不是先知先觉。您说的"圆"就是不断改进，改进自己的认识，这是正常的。不是我们无能。语文工作者也要研究极少数不通的说法为什么得以流传，从中找出规律来。

这两点意见非常好。他所引的丁声树先生的那段话："语文工作者要发挥作用，分辨正误，理直气壮地引导社会语文应用，不要轻言放弃。要死守，力挽狂澜。"对广大语文工作者，首先是对我，是很好的教育，我们应该这样去做，坚定不移。

(陆俭明)

两种结构都有问题

"百年诞辰"和"诞辰百年"两种结构都有问题。我想先结合以下六个例子来讨论。

A.纪念毛主席一百周岁诞辰。

B.纪念毛主席诞辰一百周岁。

C.纪念毛主席诞辰一百周年。

D.纪念毛主席一百周年诞辰。

E.纪念毛主席诞生一百周年。

F.纪念毛主席诞生一百周岁。

以上六句，只有 A、E 是正确的，其余四句都有问题。

表示年龄的单位，习惯上用"岁"(或周岁)，一般不用年(或周年)。比如问一个孩子："你几岁了"和"你几年了"，两问大不一样，前者明确无疑地在问他的年龄，后者则有些不知所问。再如"您今年高寿？——还小呢，72啦。""72"后边省略的只能是"岁",不能是年。由此可见,C和D两种说法都不可以。

"诞生"不能与"岁"搭配。"诞生"是出生的意思,与"年"搭配后才可以替代"岁";也就是说,"岁"本身含有"诞生"和"年"两项。"诞生一百周年"就是"一百周岁","一百周岁"就是"诞生一百周年"。所以,F句中的"诞生一百周岁"也不通。

B句的问题出在语序。"诞辰"是生日的敬称,是名词。一般情况下,名词前面能加数量词组,后面则不能。说"1993年12月26日是毛主席一百周岁生日"毫无问题,谁都听得懂。可是,如果说"1993年12月26日是毛主席生日一百周岁",一是说起来听起来都很别扭,二是意思也不明确,是毛主席一百周岁呢,还是毛主席的生日一百周岁?

再回过来看看"百年诞辰"和"诞辰百年",前者如D句,属于用词不当的问题,后者如C句,除了用词不当外,还有语序的问题。总之,两种结构都有缺陷。

(隋世杰)

纪念·诞辰·一百周年

"诞辰"和"生日"一样都有二义,一是指出生的发生日,二是指出生的纪念日。"一百周年"在使用中也有二义,一是指作为序数的第一百年,二是指作为基数的一百年的累积。"纪念"用在这里只有一义,就是以某种形式对过去的事情、人物或者日子进行追思,表示怀念。

要确定"诞辰一百周年"与"一百周年诞辰"语言上是不是合格,就要看它们能不能被指派给一个汉语的句法结构——"诞辰一百周年"能不能解释为一个主谓结构的词组?"一百周年诞辰"能不能归在偏正结构的词组中?

搞庆典纪念活动时如果要用一个词组表明这样两重意思:活动针对的是现在年代的纪念日而不是历史上的发生日,同时要指出这一纪念日在历史顺序上是第几个——譬如是第一百个,这时就应该使用"一百周年"的第一义(序数)去限制表示纪念日的名词,于是就有了"一百周年诞辰"或是"一百岁生日"。"一百周年诞辰"在句法上语义上都是一个合格的偏正词组。

如果我们要表明的两重意思是:活动针对的是历史上发生的某个事件(降生也是一个事件),并且要指出该事件的发生至今已有一百周年的历史,那就应该使用"一百周年"的第二义(基数)去陈述表示事件的名词,这样就有了主谓结构的"甲午海战一百周年"。如果事件用动词来表示,就应调整为"(甲午海战)发生一百周年"。

可是活动针对的如果是历史上的某个日子或某人的诞辰,同时也要指出这个日子距今已有一百周年,能不能类比"甲午海战一百周年"说"诞辰一百周年"呢?如果可以类比,意思就应该是某人降生的发生日(而不是降生这一事件)一百年了。关键就在于,这样的意思能够成立吗?它决定了作为发生日的"诞辰"语义上能不能与一百周年的第二义(基数)组合。

可以说"这个孩子五岁了",是因为这个孩子从降生到现在的五年间一直存在着;可以说"这张桌子一百年了",是因为这张桌子从产生到现在的一百年间一直存在着;也可以在将来的某一天说"五四运动一百年了",因为五四运动一旦发生,我们就认为它一直延续至说话那一天的历史中存在着,就和桌子存在在我们生活中一样。如越来越多的研究所表明的,这正是一种隐喻关系的投射。

可是我们能不能说某一个时间点,例如甲午海战发生的那一天,有一百年了?能不能说1919年5月4日那个日子有八十四年了?这个孩子的生日五岁了?我们的语感马上会敏锐地作出拒斥的反应,因为时间点只是用来衡量事件存在的一个标尺,本身不是一个可以在历史中存在的事件。也就是说,"诞辰"也罢,"生日"也好,都是事件发生的时间点而不是事件。它们只是时间的刻度,是事件能够存在的条件,谈论它们本身在时间中的存在就是毫无意义的了。可以说这一时间点距今有一百年了,却不能说这一时间点有一百年了。这两个说法的不同就在于,前一种说法中"距今"表示"有一百年"的是某一时间点与今天之间的距离,不是时间点自身;后一种说法却在指明"有一百年"的是时间点自身。如果一定要说"诞辰一百周年",语言结构显示的意义必然是某某降生的那一天有一百周年了,这种意义显然是悖理的。

根据这样的分析,可以认定"诞辰"的第一义(出生的发生日)就不能与"一百周年"的第二义(基数)组合,语义上的抵牾,使它们不

8—41

能在句法上以主谓关系的方式发生关系,"诞辰一百周年"不可能指派给汉语的主谓词组,正像我们不能说"生日五岁"一样。

要判断"诞辰一百周年"是否合格似乎还有这样一条思路——"诞辰一百周年"有没有可能如同《咬文嚼字》一百期""金茂大厦三十六层"一样,是一个由名词和序数词组组成的偏正词组?

偏正词组的指称功能通常是与中心语的指称功能一致的,"一百期"这里指的是第一百期刊物,"《咬文嚼字》一百期"也是如此,只不过增加了刊名的限定。"诞辰一百周年"如果是一个偏正词组,我们希望它表示的当然是第一百周年的那个诞辰,可是作为中心语的"一百周年"却只能指向第一百周年的那个年头,根本不能指向这个年头中的某一个日子。

如果说"诞辰一百周年"指称的就是第一百周年那个年头呢?"《咬文嚼字》一百期"中"《咬文嚼字》)"对"第一百期"语义上是领有关系,"金茂大厦"对"第三十六层"更是如此。可是诞辰无论作为纪念日还是发生日指的都仅仅是某一天,语义上都不可能拥有第一百周年那个年头。

可见"诞辰一百周年"无论作为主谓词组还是偏正词组都是不合格的,"纪念某某诞辰一百周年"当然也就是不合格的了;"一百周年诞辰"是合格的,可是它指的却是现在的某一天,就只能与"庆祝""欢度"等词语而不能与"纪念"组合,因为后者必须指向过去。"纪念一百周年诞辰"显然又是不合格的。

然而语言单位并非一定会因为它的不合格而退出使用,合格性与交际功能并不是完全等价的。由于语言的任意性特征,任何不合语法、不合语义的语言单位只要在一定条件下是能够理解的,并且事实上被人们大量使用,就有可能作为一个熟语性的语言单位稳定下来。尤其是人们希望通过这个不合格的语言单位表达出来的意思,在语言系统中确实找不到一个能够适应它的合格的格式,这时这个不合格的语言单位就更有可能成为语言系统中的一员,在这个意义上只能承认它的规范性。"纪念某某诞辰一百周年"恐怕就处在这种状态中吧。至于"纪念某某一百周年诞辰",由于它的结构直接显示了"纪念"与"诞辰"在时间上的冲突,最好不要使用。

(刘大为)

三点意思

我想说三点意思。

第一,不要孤立地讨论"百年诞辰"和"诞辰百年"。语言结构的使用,落实于句子,受到句法环境或句域环境的管控。"百年诞辰"固然可以成立,但"诞辰百年"一类说法不一定不能成立。看这个例子:

在纪念周恩来总理诞辰八十周年的日子里,吴吉昌这个六十九岁的老人心情十分激动。(穆青等《为了周总理的嘱托——记农民科学家吴吉昌》)

《为了周总理的嘱托——记农民科学家吴吉昌》一文,原载1978年3月14日《人民日报》,后选入高中《语文》第一册,"诞辰"在前,"八十周年"在后。

第二,把语言规范问题绝对化,一定要在此和彼之中判定一对一错,这不符合语言事实,也根本影响不了广大群众的语言运用。比如"十载寒窗"和"寒窗十载","小猫跳上锅台"和"锅台跳上小猫",等等,都可以在不同语境中为了适应不同的表述需要而选用,并不存在一对一错的问题。

第三,从语言片段在句子中的结构配置看,当数量词"百年"之类是两个音节的时候,偏向于用在"诞辰"前边;当数量词多于两个音节的时候,偏向于用在"诞辰"后边。比较:

纪念周恩来总理百年诞辰

纪念周恩来总理诞辰一百周年

由于"诞辰"是不变项,总是两个音节,"百年"之类数量词是可变项,比较灵活,可以是三个、四个甚至更多的音节,因此,在实际语言运用中,"诞辰+数量词"的使用频率要高于"数量词+诞辰"。上面所举《为了周总理的嘱托》中的例子,由于"八十周年"音节较多,说"在纪念周恩来总理诞辰八十周年的日子里",念起来,比说"在纪念周恩来总理八十周年诞辰的日子里"更顺畅。

以孔子来说,假设在他诞生2222周年的时候,学术界举行讨论会,人们一定会说成"孔子诞辰二千二百二十二周年学术讨论会",而不会说成"孔子二千二百二十二周年诞辰学术讨论会"。(邢福义)

不必整齐划一

"诞辰"是个地道的名词(意思

相当于"生日",它跟"生日"的区别,在于多了一层庄重色彩)。既然是名词,"百年诞辰"便是"数量名"结构,"诞辰百年"则是"名数量"结构。于是,讨论的焦点应当是:"名数量"结构在汉语中能不能成立?

我们汉语,一般的语序是"数量+名"(不必举例)。不过也可以采用特殊的语序"名+数量"。比方说,餐馆的采购员向老板报告采购的物品,往往会用"名+数量"的形式来列举:"大青鱼三条、鲜猪肉半匹、嫩豆腐两板、卷心菜五十斤……"当然,这种形式是可逆的,可以变换为"数量+名",即"三条大青鱼、半匹鲜猪肉、两板嫩豆腐、五十斤卷心菜……"汉语中,也有一些组合是不可逆的,比如,"数量名"的"百年大计"不能说成"大计百年","名数量"的"母女两个"也不能说成"两个母女"。

多数情况下,"数量名"可以变换为"名数量"。例如:"十二卷军书"与"军书十二卷(卷卷有爷名)"(《木兰诗》);"万里长城"与"长城万里(知谁许,看镜空悲两鬓霜)"(陆游《休日留园中至暮乃归》诗)。又如:"十里洋场"与"洋场十里";"一潭死水"与"死水一潭"。

汉语的"数量名"结构中的"量"有时可以省略,如"一( )人一( )马一条枪"。这种省略了"量"的"数+名",有些也可以变换为"名+数"。毛泽东《七律·人民解放军占领南京》:"钟山风雨起苍黄,百万雄师过大江。"陈毅《纪念宁沪解放十周年》:"席卷神州解放风,雄师百万下江东。"前者为"百万雄师",后者为"雄师百万",表达的意思却是一样的。

如此看来,"百年诞辰"是一般的语序,"诞辰百年"是特殊的语序,两者都是合乎汉语语法的。

谁都喜欢我们的汉语多姿多彩,而不喜欢过分的整齐划一。就让"百年诞辰""诞辰百年"以及其他同义的表达形式"合法"地并存,供人们自由选用吧!

(何令祖)

"诞辰百年"逐年增加

"百年诞辰"可称为A式,"诞辰百年"可称为B式。这两种格式都是合法的、规范的,不存在一个对另外一个错的问题,也不必人为地规定只允许使用一种格式而拒绝另一种格式。在实际使用中,台湾以及香港地区,往往倾向于使用A式,而很少使用B式,文风比较传统。内地B式用法逐年增加，占了压倒性多数。其原因可能是以下几点：

一、事实上存在着不出现数字的"某某某诞辰"的用法，例如："毛泽东诞辰""纪念铁人诞辰""纪念宋庆龄诞辰大型演唱会""高尔基诞辰纪念日"。如果还要进一步补充说出具体的多少周年，那么，最简单可行的办法就是把这一数字添加在后面，如：标题是"纪念宋庆龄诞辰大型演唱会"，正文则说"纪念宋庆龄女士诞辰一百周年大型演唱会……"。

二、"百年诞辰"和"诞辰百年"尽管在语义上，两者好像差不多，而且在某些语言环境里，两者还可以互换，但是，这两种表达还是有区别的。前者是普通的陈述，重点是诞辰；后者则强调诞辰的数量，重点是计数。汉语句法结构往往把新信息放在最后面，"诞辰百年"就比较符合汉民族的心理认知，因为人们需要获知信息的重点往往是诞辰多少年。

三、更为重要的是，"名词+数量词"结构，特别是表示时段的"××年"及其相关结构有其特殊的使用场合和作用，也就是说，"名词+数量词"常常作为标题语出现，而且有扩大化的趋向。例如：纪念聂耳诞辰九十周年、汉语语法研究五十年、南极三十天、母爱三十春、中国城市雕塑六十年。

四、A式跟B式如果交叉使用，就会在语言使用方面形成一种错综美，显得不单调，有变化。通常是标题使用B式，正文使用A式。例如：

1.纪念李约瑟诞辰一百周年（标题B式）

今年正值李氏百岁诞辰……（正文A式）

2.荷兰纪念印象大师凡高诞辰150周年（标题B式）

凡高博物馆为纪念凡高150周年诞辰现免费开放……（正文A式）

也有标题使用A式，而正文使用B式的。例如：

3.马连良百年诞辰纪念演出在京举行（标题A式）

马连良诞辰一百周年纪念演出由文化部、北京市政府和中国文联联合主办……（正文B式）

4.纪念柔石百年诞辰大会举行（标题A式）

昨天是"左联五烈士"之一的柔石诞辰一百周年……（正文B式）

8—45

总之，我们认为，"百年诞辰"和"诞辰百年"都是合法的格式，从发展趋势看，B式出现率高于A式，这也是很自然的，既符合语言内部的发展规律，也适应语言的交际需要。我们对这种语言现象，可以观察，可以分析，可以研究，但是不必充当裁判员去判断是非。

（邵敬敏）

历史的启示

语言在发展过程中经常会出现一些新的成分或新的用法，于是引起争议。例如"五四"时期曾讨论过"的"的分化问题。当时有三种意见。有人主张三分，即区分"的""底"和"地"。有人主张二分，即区分"的"和"地"，不采用"底"，让它并入"的"。有人主张一律用"的"。经过实践，证明区分"的"和"底"不切实际，大多数作者区分"的"和"地"，也有人一律用"的"（如老舍）。这件事给我们以下列启示。

第一，语言问题的争议，谁是谁非要由广大群众的言语实践来下结论。

第二，语言工作者的任务在于依据语言发展的规律，预计实践的结果，提供恰当的建议，这样有助于语言的合理的发展。例如几十年前有人提倡区分"的"和"底"，于是就有人要求中小学教材中加入这方面的内容。由于语言学家指出这是不切实际的措施，才避免了浪费学生的精力。

第三，不同的意见并不一定是对立的，有时属于两可。比如或者区分"的"和"地"，或者不加区分，只用"的"。这两种意见可以并行不悖。

现在谈谈我对"百年诞辰"和"诞辰百年"的看法。

二十多年前，曾经开展过关于这两种说法的讨论，意见未能统一。长期的语言实践已经证明属于两可。采取哪一种说法都不会引起误解，也不会产生负面影响（主要指违反汉语的结构规律）。

从汉语的结构来看，数量词常出现在名词的前边，有时也出现在名词的后边。值得注意的是，这里的"百年"是序数，而不是基数。用基数形式表达序数，在汉语里并不罕见。把"第一百年"说成"百年"是省略的说法。之所以省略了"第一"，是因为节奏的需要，构成四字格，更能显示庄重。序数后置于名词有如"宝塔第七层"之类，语法上没有问题。

（张斌）

编者附言

本期会诊，有三个没有想到：

一是"百年诞辰"还是"诞辰百年"，这本是一个老题目，没有想到仍会吸引这么多的读者朋友参加；

二是没有想到在参与会诊的各路高手中，竟集中了这么多的语文学界的名家，比如上海师范大学的张斌教授、北京大学的陆俭明教授、华中师范大学的邢福义教授、暨南大学的邵敬敏教授、华东师范大学的刘大为教授……

三是没有想到这样一个老题目，竟碰撞出了如此耀眼的学术火花，无论是名家还是"新秀"，都对这一语言现象作出了崭新的思考，本刊限于篇幅，无法展示"会诊"的全部内容（单刘大为教授的文章就长达七千字），但我们相信这一话题还会继续深入探讨下去。

目前会诊提出三种观点：一是对"诞辰百年"持抵制态度；二是认为两种句式均可，不必定于一尊；三是认为两种句式都有问题，但并不妨碍它们可以继续使用。本刊认为这两种说法已经经受了几十年的语言实践的考验，在表达上没有出现什么问题，而且如陆俭明先生所说，语言学家也正在努力从理论上把它们说"圆"，因此，本刊的态度是赞成两说并存。

"候诊"对象

1. 人名用字能否简化？

2. "黑名单"可不可以用作"违法者、违规者或违约者的名单"？

3. "倍受欢迎"还是"备受欢迎"？

4. 中国电影在巴黎获奖，报上说"中国电影惊艳巴黎"，"惊艳"用得对吗？

5. "提出质疑"对吗？"质疑"的意思是"提出疑问"，按理说其前面不该再出现"提出"。但是，现在书刊上经常出现"提出质疑"。这种用法对吗？

向你挑战

"引文"中的别字

顾 豪设计

下列句子中,都引用了前人的诗文名句。你能指出其中的差错吗?

①斗转星移,换了人间,脑海中突然浮现出那两句诗:"旧时王榭堂前燕,飞入寻常百姓家。"

②骆宾王的檄文气势如虹,发出一连串的责问:"一杯之土未干,六尺之孤安在?……"

③那热烈的场景让人想到,"九州生气恃风雷,万马齐暗究可哀"的时代,已经成为历史。

④他们虽然没有读过"关关雎鸠,在河之洲",但爱情的种子已经萌芽。

⑤正是春回大地的时候,老人结伴同行,"烟花三月下杨州"……

⑥每当读到陆游的句子"红酥手,黄滕酒,满城春色……",他总会触景生情。

⑦当年也曾有过"避席畏闻文字狱,著书都为稻粮谋"的经历,而今想到的,却是"文化"二字。

⑧远隔重洋,心心相连,在这月圆之夜,他轻吟着"但愿人长久,千里共蝉娟"。

⑨即席挥毫,满纸淋漓,只见"落霞与孤鹜齐飞,秋水共长天一色"……

⑩尽管这帮人老谋深算,最后只能落个"一枕黄粱再现"的结果。

****

《古诗扩成语》参考答案

不白之冤	青黄不接	人欲横流	三更半夜
计日程功	江河日下	山穷水尽	七上八下
依依不舍	量入为出	大千世界	说一不二
拔山扛鼎	沧海横流	百里挑一	层层叠叠
苦尽甘来	中流砥柱	过目成诵	琼楼玉宇

为城市洗把脸

在今年4月召开的"国际大都市与语文规范化"研讨会上，本刊宣布明年的"众矢之的"栏目将以净化城市语文生活为主题，检查12座大城市的语言文字应用情况。这12座城市是：北京、成都、重庆、广州、哈尔滨、杭州、昆明、南京、天津、武汉、西安、香港。（以汉语拼音为序）

凡城市都会见到宣传牌，这也是我们"咬嚼"的对象。比如上图："违章仃车，锁轮胎、拖走。"——文字称得上简洁，但态度也称得上生硬，这且不说；其中还有用字和标点错误。遇到这类宣传牌，忘读者朋友拍成照片、写成文章供我们发表。

亲爱的读者朋友．让我们一起来为城市洗把脸吧。

编者

YOUZHAO WEIZHENG
有照为证

◆ "瘸腿"的店招　芜崧

"这是一家副食品店的招牌，"鹏"字的偏旁"鸟"少了一短横成了瘸腿。据说这还是店主有意为之，目的是吸引"眼球"。只是如此创意，岂不是在糟蹋祖国语言文字？

◆ "众志成诚"？　李玉焕

抗击"非典"当然离不开一个"诚"字。但"众志成城"是个成语，意思是大家同心协力，就像城墙一样牢固，比喻团结一致，一定能取得成功。其中"城"不能写成"诚"。

ISSN 1009-2390

刊号：CN31-1801/H　国内代号：4-461
定价：2.00元

YAOWEN-JIAOZI

咬文嚼字

2003年 第9期

上海文化出版社

雾里看花 Wu Li Kan Hua

加风补呔？

这是某省公路边的一块营业广告牌。何谓"加风"？何谓"补呔"？请您猜猜看，下期告诉你。

陈振华

《此店何店》解疑

这是一家美容店，兼做整形手术。据店主说，"十"有二义，一是指红十字，表示店内可做手术；二是指加号，和"家"谐音，表示此店是"美丽的家园"。读者朋友，你能接受这种解释吗？

卷首幽默

探监？

何令祖·文
麦荣邦·画

街上，一辆大客车正在候客。车窗上贴着四个大字："看班房车"。班房者，监牢也。路人十分惊讶：难道是去探监吗？其实这是某房产公司接送购房者的"看房班车"，可两扇车窗一移动，"看房班车"竟成了"看班房车"。

目 录

咬文嚼字
2003年9月1日出版
第9期
（总第105期）

主管：上海市新闻出版局
主办：上海文化出版社
编辑：《咬文嚼字》杂志社
E-mail：yaowenjiaozi@sina.com
电话：021-64330669
传真：021-64330669
邮购电话：021-64372608-291
地址：上海市绍兴路74号
邮政编码：200020
发行：上海市报刊发行局
订阅处：全国各地邮局
国内代号：4-641
ISSN1009-2390
CN31-1801/H
电脑排版：
　上海艺文激光电脑排版厂
印刷：上海中华印刷有限公司
广告业务：
　上海文艺广告传播中心
电话：021-64333125
广告经营许可证：沪工商广字
3101034000029号
定价：2.00元

9—2

栏目	篇名	作者(页)
卷首幽默	探监？	何令祖 麦荣邦(1)
语林漫步	从《最后一课》说起	沈锡伦(4)
	漫话"买一送一"	王道庄(7)
借题发挥	"申花"无须"弹冠"	黄文健(8)
	"安危"怎能被"进逼"？	王 莉(9)
	该不该"操戈"？	裘 玫(10)
过目难忘	最难忘的一则当代谜语	(11)
	此情、此景、此谜	李建中(11)
	假山上面挂条谜	洪 第(12)
	孔融让梨	姜洪水(12)
	难忘那年"七一"	韦 正(13)
	名联新姿	于常宁(13)
	上了孔子的当	天 长(14)
一针见血	"最早的渊源"？	王德彰(15)
	行云流水？	谭国标(15)
	"伊人"可指男性	贡树铭(15)
	德彪西？瓦德西？	一 言(16)
	"涓涓"不能形容"春雨"	王心章(16)
	抽刀焉能断水	文 卿(16)
	鸟乎？兽乎？	洪家模(17)
	"雅号"？	赵先宏(17)
	王冕何曾"官至宰相"	陆 贞(17)
	隋代没有状元	王德彰(18)
	费解的"斡旋"	赵增民(18)
辨字析词	"阎""闫"的历史和现状	孙中运(19)
	何谓"筛酒"	乐乎时(22)
	说"箸"道"筷"	刘保富(23)

栏目	篇名	作者	页码
追踪荧屏	从曹丕不识字谈起	曲晓明	(24)
	"寅夜""徒然"之类	张德民	(25)
	曹操所杀何人	王彼德	(26)
	大学士读白字	雅峰	(26)
	诸葛亮到上海找谁	王爻	(27)
碰碰车	再谈"略地"还是"掠地"——与喻圻华同志商榷	朱云雷	(28)
	也说"走狗"	葛清江	(29)
	男子也可送秋波	汪明远	(30)
一字难忘	别字引出的亲情	汪兆龙	(31)
	昊·晟·旻的故事	李祖贵	(32)
	害人不浅的"他巴唑"	林尚碧	(33)
	"放心"与"不放心"	赵志伟	(34)
百家会诊	"惊爆"还是"惊曝"?		(35)
	赞成"惊爆"	吴全鑫	(35)
	名不正言不顺	侯新民	(35)
	着眼于"令人震惊"	郭圣林	(35)
	从音、形、义来考察	吴早先	(36)
	不如统一于"惊爆"	匡吉	(36)
	应该各司其职	林利藩	(37)
	客观和主观	荣耀祥	(37)
	"惊爆""惊曝"先后有别	李海宁	(38)
	"惊爆"的新用途	邹亦言	(38)
文章病院	女公主·陆军司令·揭竿而起	谷士锴	(40)
	竟有如此《窦娥冤》	逯心珍	(41)
	王溶和邓文?	孤闻	(42)
	"白云边"不是酒名	刘少雄	(43)
	"欸乃"非"吼声"	张万银	(44)
	"三日而省"?	李景祥	(44)
	"风雨如磐"能用于"校庆"吗	居茂文	(45)
	不经一"咬"	范萍	(46)
向你挑战	由诗句猜诗题	傅望华设计	(47)
	《引文》中的别字》参考答案		(48)
语丝	"逮着了吗?"	顾豪	(6)
	张家男女	尽文	(21)
	"门内才"和"马旁主"	李振德	(22)
	"水"和"酒"	陈章	(34)
	四字重叠成佳联	王中原	(39)

顾问 张斌 濮之珍

主编 郝铭鉴

主编助理 王敏

编委 李玲璞 何伟渔 陈必祥 金文明 姚以恩

特约编委
汪惠迪(中国香港)
田小琳(中国香港)
林国安(马来西亚)
吴英成(新加坡)

责任编辑 韩秀凤
发稿编辑 黄安靖
封面设计 宫超
特约校读 王瑞祥 陈以鸿

9—3

语林漫步

从《最后一课》说起

沈锡伦

早年上初中时,语文课学过一篇课文《最后一课》,是法国作家都德的小说。这篇小说写到普法战争,法国战败,阿尔萨斯和洛林割让给了普鲁士,根据柏林当局的命令,这两个地方的学校将取消法语课,改上德语课。作者用第一人称说这是"我"的最后一堂法语课。读过这篇课文的人,都会被小镇上的人们对祖国、对法语的深厚感情所打动。

去年到欧洲访问,在法语的故乡,我亲身感受到了法国人的语言感情。在作为国际大都市的巴黎,我们看到的所有户外公共标志、广告、招贴等都是法文,想见英文也难。那天参观卢浮宫,流连忘返之际有同行者内急,想行个轻松,可是偌大一个卢浮宫,除了法文标志外,居然不见一个其他语种的标牌。后来看到一位工作人员,我上前用英语询问何处有洗手间,不料他对我说了一通法语,说得我似乎在听天国梵音似的。他态度很认真,不像是故意刁难,从他用手势准确无误地指示了洗手间的方位推断,我想他一定听懂了我的英语,但他对我说的是法语。

法国人热爱自己的母语体现了一种民族情怀,姑且称之为母语情结吧。母语情结能提振民族精神,历史上这样的例子倒是不少。想当年日本占领我国台湾省以及朝鲜半岛时,曾强行推行日语教学,结果适得其反,激起了反抗的浪潮,这是许多老人还记得的事。

我却联想到了身边的事,我们的母语情结呢?

正在迈向国际化大都市的今日上海,市民学英语的热情空前高涨。热情高涨是好事,有利于树立国际化的形象。于是有的人讲汉语时不时夹进几个英语单词,颇有领风气之先的前卫人士气派。他们在英文能力日益增强的同时,汉语能力开始萎缩,讲话中不夹带进几个英文单词似乎就表达不出那个意思。1980年代提倡的10字礼貌用语(您好,请,谢谢,对不起,再见)流行了好多年后,现在在有些人嘴里缩水一半,只剩下了5个字,"对不起"已被 sorry 替代,"再见"早已不说,但还算有幸,用了同为汉字的"拜拜"替代,成就了"洋为中用"的一件杰作。他们早两年还说"一切都搞定了",现在改用了舶来品"一切都OK了"。"摆了一个姿势"要说成"摆了一个 pose",毕竟"姿势"太老气,pose 才是新潮用语。求职过程中"收到一份意向书",必须说"收到一份 offer",否则就有"土老冒"之嫌。至于这年头商务楼里哪位小姐再说"办公室"不说 office,那简直是"冒天下白领之大不韪",非得从"奥菲斯小姐"队伍中清理出去不可。这架势,不禁使人想起鲁迅的小说《理水》中写到的从奇肱国飞往文化山的飞车上人们所说的那种话。阿尔萨斯的韩麦尔老师倘若知道俺们这里有的人说母语(汉语)说到这个份上,不厥倒才怪。

事实上这种话语也从口头发展到书面语,试看媒体例子:

(1)标题:时尚 IN & OUT

正文:不过自己要有自己的 style,有自己风格的才是最时尚的。……向大家介绍了今年的时尚打扮的 IN & OUT

(2)今年最 hot 的流行之一就是"超短迷你裙"。(以上摘自2003年3月5日上海某报)

(3)有一位说的颇给我启发,每个人这样打扮那样打扮,说到底是因为这样期望那样期望……显示你非常非常 OPEN,随便男人怎样?

(4)假日,打定主意不去 shopping,而去拜会色彩顾问。(以上摘自2003年6月6日上海某报)

(5)主人公的一招一式,一颦一笑都全部 COPY 自大帅哥金城武。(2003年6月12日上海某报)

(6)以方言为表现手段的 Flash 可谓层出不穷,印象最深刻的除了《东北人都是活雷锋》以外,还有一个《大话西游》的方言版本。(2003年6月18日上海某报)

真不知道是不是汉语的"风格"不如英语的 style 表现力强,汉语的"购物"不如英语的 shopping 儒雅俊逸,以至于作者不得不用了英文表达;还是习惯成自然不这样说就不舒服,——就像"《法门寺》"里的贾桂

——站惯了"，让他坐就不舒服；或者是我太不"酷"，不能消受其精髓？

多年来一直有人说汉语是世界上少有的历史悠久的语言，汉语有着极为丰富的文学文献资料，汉语的话语表现力生动而多彩。这里有民族自豪感的问题，也不全是民族自豪感。联想到小说《最后一课》，联想到法国人对法语的语言感情，真有一种令人汗颜的感觉。

好在我们现在有了国家通用语言文字法，对"厚英薄汉"的现象有了约束力，手头也有两个"利好"消息。第一个是有一位老人向有关部门投诉上海的路牌设计有问题，原先的路牌是用E、W表示东西方向，用S、N表示南北方向，老人投诉说，路牌没有用中文指示方向，给老年人带来不便，并不是所有的人都知道这几个字母是什么意思。有关部门接受了他的意见，作了改正。现在的路牌在E、S、W、N旁加上了东、南、西、北的字样，方便了群众。第二个是有一位女士向法院起诉某航空售票处出售机票用PVG标示"浦东国际机场"而没有加注汉字，令她误去了"上海虹桥机场"以致耽误了航班。该航空售票处辩称，机票用英文字母标示机场是国际通例，某女士误去了上海虹桥机场（英文标示为SHA），是她自己造成的，他们没有责任。法院认为，消费者享有知情权，航空售票处有责任以国家通用的语言文字告知消费者必要的信息。法院判决该航空售票处败诉，赔偿旅客的损失。这两个消息使人清醒，令人鼓舞。

我想，崇尚外国语、按国际惯例办事本身都没有什么过错，错的是厚彼薄此，崇洋话而轻母语，把母语置之一边。《阿Q正传》里不是说了吗："他却总说道NO！——这是洋话，你们不懂的。"以此为荣，那才是最大的悲哀。

语丝

"逮着了吗？"

顾豪

一天，马季请客。一位年轻人自告奋勇，到厨房里为大家烧水。谁知他粗手笨脚，弄得锅碗瓢盆一阵乱响，不知碰翻了什么。

马季正在客厅里陪着客人说话，听到响声，他冲着厨房大声问道："嘿，逮着了吗？"

漫话"买一送一"

王道庄

有一则小幽默,说张师傅买冰箱,看见商店门口的广告上写着"冰箱买一送一",心想,买一台奉送一台,划算,就买了一台。可是店家送给他的不是一台冰箱,而是一包冰箱除臭剂。过了几天,张师傅买空调,又看见一家写"买一送一"的,这一次张师傅多了个心眼,问老板是不是买一个空调,免费送一个空调,老板信誓旦旦说:是。张师傅买了一个空调,正等着让老板再送一个,岂料,老板向门口送货的三轮车工人一招手:"来,请把这个空调给这位先生'送'到家!"这后一个故事中,将"买一送一"的"送",由"奉送"曲解为"送货",现实中倒不多见;而在"买一送一"的"一"上做文章的,倒是屡见不鲜。

漫步商业区,商家"买一送一"的促销宣传,比比皆是。本来"买一送一"的两个"一",意义是非常明确的,就是"购买"的是什么"一","奉送"的也应该是什么"一"。然而,不少商家在这两个"一"上偷换概念,奉送的"一",往往要比购买的"一"价值小得多。时不时看到消费者为此与商家发生争执。商家的解释是,我"送一"的"一",并没有标明是"买一"的"一"呀!此话纯属诡辩。

约定俗成是语言的本质属性之一。在商店购物这一特定的语言环境中,"买一送一",是"买一个什么商品奉送一个同样的商品"的简缩,只不过是量词和名词中心语省略了,由数词"一"来代替。这句话所表达的意义是明确而唯一的,亦即奉送的"一"与购买的"一",必须是同一型号、规格、质量的同一种商品。任何曲解都毫无道理。

如果送的"一"与买的"一"不同,那么,商家应该在两个"一"的后面写明各是什么东西。如若没有注明而又信口雌黄地解释后一个"一",可能会出现这样的笑话:别墅买一送一百、轿车买一送十,而实际送给你的,是一百元人民币、十块擦车布。这岂不是故设圈套?因此,若遇到类似"买一送一"而又没有其他的说明解释,消费者购买了"一"后,尽可理直气壮索要商家承诺奉送的那个"一",如果商家靠玩弄文字游戏而耍赖,可以与他公堂相见。

借题发挥

"申花"无须"弹冠"

黄文健

申花,未到弹冠相庆时!

这是今年7月9日《解放日报》第8版一篇文章的标题。文章说的是,7月6日"沪青之战"申花一举取胜,"登顶"甲A联赛榜首,迎来了媒体铺天盖地的赞誉:"龙头老大""中国的皇家马德里"……面对这些"重磅级"称誉,申花将士坚守自己的"清醒法则",不敢以"老大"自居,不敢沾沾自喜,认识到还远远未到喝庆功酒的时候。

文章写得自然是好,可是很遗憾,标题上"弹冠相庆"一词用得不准确。

弹冠,弹去冠上的尘土,表示准备做官。这一成语出自《汉书·王吉传》:"吉与贡禹为友,世称'王阳在位,贡公弹冠',言其取舍同也。"王吉字子阳,故称王阳。意思是王吉和贡禹是志同道合的朋友,王吉在朝掌权,必然要引荐贡禹做官。后来用"弹冠相庆"指一人做了官或升了职,他的同伙掸去帽子上的灰,相互庆贺,准备做官。这是个贬义词,多用来指小人得志,相互勾结,狼狈为奸。如蒋光慈《乡情集·乡情》:"农民协会封闭了,豪绅们又重新弹冠相庆。"

如此看来,"弹冠相庆"虽然有"相庆"二字,但用于申花是绝对不合适的。

"安危"怎能被"进逼"?

王莉

今年7月上旬,淮河流域骤降暴雨,一时淮河防汛形势严峻。7月9日,上海《新闻晨报》有文章报道汛情,用的标题是:"暴雨进逼淮河安危"。

在淮河汛情严重的背景下,这个标题的意思不难理解,但标题中"进逼……安危"的搭配很不恰当。

"进逼"指的是有威胁的事物(如军队等)向前逼近。"进逼"的对象一般是某一地方,如"美军进逼巴格达";也有用于人的,如:"黄昏拥着恐怖,直向她进逼。"(闻一多《什么梦》)无论是人还是地方,"进逼"的对象一般总是具体的。而"安危"指的是抽象的"平安与危险",是不能成为"进逼"的对象的。

也许有人说,这个标题应在中间断开,读为"暴雨进逼,淮河安危"。可是,这也不通。在"暴雨进逼"的威胁下,淮河面临的显然是危险,而"安危"除了"危险"还有"平安"的意思。"安危"在使用时常常要与决定"安危"的某关键要素同时出现,如:"他肩上担着关系全军安危的担子哪。"(孙继先《强渡大渡河》)孤零零地说"淮河安危"实在让人费解。

其实,若将标题中的"安危"换为"告急",并在中间加上逗号,表达的意思就明确了。如此改后就是:"暴雨进逼,淮河告急"。或者可以去掉"安危","暴雨进逼淮河",倒也清楚。如果要保留"安危",则应加上决定此"安危"的关键,改为:"暴雨进逼,防汛部门心系淮河安危"。

总之,"进逼"与"安危",两者是不能直接搭配的。

|关注·汛情|

暴雨进逼淮河安危
干流全线超警戒水位 苏皖大部将有大暴雨来袭

该不该"操戈"？

裘玟

上届奥运会女足赛分组抽签，中国队和美国队、挪威队强强碰头，同入"死亡之组"。第二天《文汇报》在报道这则消息时，用了一个标题："中美挪同组操戈"。

"同组操戈"显然是"同室操戈"的仿词。何谓"同室操戈"？据《汉语大词典》说，春秋时，公孙楚和其从兄公孙黑都看中了一个漂亮姑娘，一个已经下聘，一个仍要强夺，于是弟兄之间上演了一场"执戈逐之"的闹剧。后来便用"同室操戈"比喻弟兄相残或内部纷争。这就是说，同室操戈总是不正常的。当年周恩来同志曾为皖南事变作过这样的题词："千古奇冤，江南一叶；同室操戈，相煎何急？！"

那么，作为仿词，"同组操戈"理应和同室操戈具有相似的意义指向，然而，事实并非如此。作为体育比赛，分在一组相互之间便成了直接角逐的对手，成了"执戈逐之"的对象。因此，"同组操戈"是正常的，不操戈、假操戈反而违背了体育比赛精神。

既然如此，上引标题中用上"同组操戈"，便有点别扭、牵强，非但修辞效果无法显现出来，而且还有用词不当之嫌。

本报讯 2000年奥运会足球比赛抽签仪式昨天上午在悉尼举行，中国女足抽得下签，与美国队、挪威队同分入"死亡之组"。

本次女足比赛抽签将东道主澳大利亚队和世界杯、奥运会双料冠军美国队作为两支种子队，分别分入A、B两组。运气不佳的中国队被分入B组，同组的还有首届女足世界杯得主挪威队和非洲新崛起的尼日利亚队，小组出线难度大为增加。而A组除澳大利亚外，还有德国、瑞典、巴西三队，相对实力较弱。

奥运会男足比赛分组形势则为：A组美国、捷克、喀麦隆、科威特；B组澳大利亚、意大利、尼日利亚、洪都拉斯；C组韩国、西班牙、摩洛哥、智利；D组巴西、斯洛伐克、南非、日本。（雨田）

奥运女足赛分组抽签揭晓

中美挪同组操戈

过目难忘

最难忘的一则当代谜语

我的初中语文老师姓陈,个子不高,皮肤黝黑,说起话来声震屋宇,在学校里以急公好义著称。

一天早晨,学校门口发生了一场争执。一方是一个抱小孩的瘦弱女子,另一方是推一辆货郎车的小贩,在他们旁边,便站着我们的陈老师。只见他指着小贩的鼻子问:"你怎么可以这样!你怎么可以这样!这不是行骗吗?"吓得小贩连连后退。四周围着看热闹的同学。

正在这时,学校里铃声响了,大家一哄而散,撒腿向教室奔去。

第一节课正是语文课,陈老师急匆匆地走了进来。他突然大声问道:"你们喜欢猜谜吗?"

"喜——欢!"

"会猜哑谜吗?"

"不——会!"

陈老师解释说:"猜哑谜就是不要说话,只要做个动作就行。有年庙会,某老者在自家门前设一哑谜:小方桌上放了一串铜钱和一个脸谱,要求打一句俗语。围观的人很多,就是猜不出来。过了很久以后,挤进来一个年轻人,他抓起铜钱就走。大家正觉惊讶,老人却说'猜中了!猜中了!'同学们知道谜底是什么吗?"

"不——知——道!"

"我告诉你们,这条俗语是'要钱不要脸'。你们说校门口那个人是不是要钱不要脸啊?"

"是——!"

"好,请同学们打开课本,翻到第53页,现在我们上课……"

46年过去了,此情,此景,此谜,却依然如此清晰。

此情、此景、此谜

李建中

假山上面挂条谜

洪 第

有年参加猜谜游园会,进得园门,只见假山上悬挂着一条谜,犹如一道红色瀑布飞流直下,煞是壮观。那谜面是:"请君来猜谜,不要说话,也不要走,且站在一边,对着细看。"要求猜一个字。

粗粗一看,这条谜节奏参差不齐,句子又不押韵,似乎相当拙劣,但因为置于入口处,而且又和游园主题十分契合,相当于主办者致欢迎辞,很能营造气氛。等你猜中之后,才发觉这条看似貌不惊人之谜,实在大有妙不可言之处。

它用的是制谜中常见的"增损法":"请君来猜谜"——实话实说,猜的就是一个"谜"字;"不要说话"——"谜"字去掉一个"言",成了"迷"字;"也不要走"——"迷"字再去掉一个表示"走"的偏旁,便成了"米";"且站在一边"——"且"站在"米"的一边,分明是个"粗"字;"对着细看"——"粗"和"细"不是对着的吗?

可谓一句一个提示,曲径通幽,最后豁然开朗,发现谜底是个"粗"字。难度不大,但是谜味浓郁,特别是最后一句,让你"对着细看",你说这制谜人是狡猾还是顽皮?猜谜人知道谜底后,一定会发出会心一笑。

岁月如流,本人垂垂老矣,想起这条旧谜,仍觉温馨宜人。

孔融让梨

姜洪水

七八年前,曾在电视上看到一则"孔融让梨"的谜语,谜底是打一通信用具。从表面上看,"孔融让梨"与通信用具风马牛不相及。我把电话、电报、BP机等与之对照,显然都挂不上号。后来突然想到移动电话"大哥大"(现称"手机"),中了!四岁的孔融分梨,自己吃小的,而把大的让给大哥吃,这不就是"大哥大"吗?作者把高科技产品"大哥大"与人人皆知的传统故事"孔融让梨"联系在一起,可谓构思巧妙,意趣高雅,这则谜语令人过目难忘。

难忘那年"七一"

韦正

本人所在的党支部，有一批灯谜高手，时常"谜"来"谜"往。那年"七一"，在支部大会开完以后，特地安排了一个余兴节目：主题猜谜。支部书记要求所有谜面，都要和"党"有关。

活动一开始，便像开了锅，一个个轮番登台，你一条，我一条，各不相让。听到佳谜，全场一片掌声。我现在还能记得的如："时刻听从党召唤"，猜一医学名词，谜底是"心音"；"共产党人攻书莫畏难"，猜一物理学名词，谜底是"应用力学"；"不求升官，不图发财"，猜两位电影艺术家，谜底是"谢晋、谢添"；"党员要读新书，读好书"，猜一成语，谜底是"不念旧恶"……

正当会场里热闹非凡时，支部书记在黑板上写下一条标语："团结在党中央周围"。他说："这是我们今天会议的主题，也是我出的谜面，请大家猜一个字。"没过一会儿工夫，有人便猜中了：回。"党中央"是个"口"字。"团结在党中央周围"，不正是一个"回"字吗？形象！巧妙！而且应时应景，思想性和艺术性高度融合，全场掌声雷动。

难忘那年"七一"，难忘这条佳谜。

名联新姿

于常宁

2002年8月一次专题谜会上，我被一条灯谜新作镇住了，谜面是上世纪40年代抗战胜利后一副著名的集名联：中国捷克日本，南京重庆成都。上联是三个国家，下联是三座城市，对仗工整，浑然天成。为了铭记这段历史，谜坛大师奇思妙想用此联来猜《水浒》两员大将，谜底是白胜、时迁。一个是白日鼠、一个是鼓上蚤，身有劣迹，小丑模样但不乏可爱之处。

此谜用的是会意法。"中国捷克日本，南京重庆成都"，陈述（白）的是抗战胜利时国都从重庆迁往南京。名联名著，珠联璧合，集思想性、艺术性和趣味性于一炉，不失为当代灯谜的一条佳作，也是灯谜界献给抗日战争胜利纪念日的礼品。

上了孔子的当

天 长

自小就喜欢猜字谜,什么"二小二小,头上长草""一个王大夫,穿着白大褂,坐在石头上""木字口中栽,莫把困字猜"等等。这些字谜常令我惊叹:一个普通的汉字竟然还有如此妙趣横生的一面!我特别喜欢那些构思巧妙的字谜,这种字谜往往能在第一眼就吸引你去努力猜,而猜出来之后,拿谜底与谜面参照,又能让人为其构思的奇妙击节赞叹,再三回味。每当到了这个时候,我就像是吃了人参果,浑身每一个毛孔都透着舒坦。

一次,一同好让我猜个字谜:"下头去上头,上头去下头,两头去中间,中间去两头。"我一看这个谜面就来了兴趣,"上头""下头""中间""两头"回环往复,一看就知道是字谜中的精品。正当我细心琢磨时,他又补充说:"这个字谜是一个研究文字的博士在去北京的路上想出来的,他要去向王力先生请教学问,就顺便请王力先生猜猜,结果王力先生猜了好几天也没猜出来。"他这么一说,我兴致更高了,我想如果马上猜出来不是比王力先生还要"厉害"了吗?我凭猜谜经验,知道字谜的谜底往往与谜面中的某个字有关,就抓住了"去"字,一番狂拼乱凑——"哈,是'至'字!""咦,不错嘛,你比王力先生还'厉害'呢。"那位同好就势捧了我一句。我按捺不住自己的兴奋,连着好几天逢人就说这则"王力先生也猜不出的谜语"。

办公室一位猜谜高手给我泼了一盆冷水:"你别太高兴,什么'王力也猜不出',这不过是个噱头而已。你这字谜看似复杂其实简单,我给你猜个看来简单其实不然的:'一字九横六直,孔子猜了三日。'你如果在三天之内猜出来就比孔子还'厉害',呵呵!"我拿了一张纸,在纸上"九横六直"画来画去,画了半天,终于猜出来,原来是个"晶"字,可我这一回已经不敢以为自己真的比孔子"厉害"了。谁知那猜谜高手却说:"还要到纸上去画,孔老夫已经告诉你是'三日'了嘛!"我一听,目瞪口呆,真恨不得买块豆腐来撞死,这根本不是什么"看来简单其实不然"的字谜,其实是简单至极。唉,想不到在思考时上了孔子的当。

一针见血

"最早的渊源"?

王德彰

天津《今晚报》2003年3月13日第18版《彩陶纹饰三大系统之二:地》一文说:"山水画几可谓中国画的永恒主题,各个时代人们都通过山水画寄托自己不同的情感,它最早的渊源同彩陶文化无关系吗?"这段话里"最早的渊源"中"最早的"是蛇足。

"渊源"原指水源,比喻事物的根源、事情的本原。如"家学渊源"是说家世学问的传授有根源。而根源、本原只有一个,肯定都是"最早的"。将"渊源"冠以"最早的",不仅多余,而且还让人产生误解:"渊源"莫非还有"最晚的"?

行云流水?

谭国标

由共青团某市委主办的一本青年读物2002年第1期《又辛酸又美丽的重逢》一文说:"时间真如行云流水,一晃这么多年过去。"

"行云流水"比喻飘洒自然,毫无拘泥之态,多指诗文字画或歌唱等;也可比喻无足轻重。《警世通言·庄子休鼓盆成大道》:"(庄生)把世情荣枯得丧,看做行云流水,一丝不挂。"

文章作者大概一看到"行"和"流"便想当然地把它和时间挂上钩了。

"伊人"可指男性

贡树铭

《中学生读写》2001年第8期刊登《词的"限用"例说》一文。该文多处释义尚有可斟酌之处,现仅举"伊人"一例:"伊人是那个人。多指女性。(男的就不适用)"

《辞海》(缩印本)269页:"伊人犹言此人。意中有所指的那个人。"《汉语成语词典》"秋水伊人"条:"伊人,那个人,指意中的那个人。指想念中的朋友。"(上海教育出版社版)不管是"意中有所指的那个人"也好,"想念中的朋友"也好,都没有"多指女性"的意思,更没有"男的就不适用"的意思。我们再来看《诗经·蒹葭》:"蒹葭苍苍,白露为霜。所谓伊人,在水一方。"余冠英《诗经选译》译为:"芦花一片白苍苍,清早露水变成霜。心上人儿他在哪,人儿正在水那方。"译诗也没把"伊人"解作女性。

德彪西?瓦德西?

一 言

团结出版社出版的《袁世凯》第167页有一段关于赛金花的文字:

那德彪西,身为八国联军的统帅,看见这娇美人儿,仗都不愿意打了,准备挟了她跑回德国闲居。

"德彪西"应为"瓦德西"。德彪西(1862—1918)是19世纪末和20世纪初法国著名印象派作曲家,代表作有《欢乐岛》《被淹没的寺院》等钢琴曲目。八国联军1900年侵华时,先由英国海军中将西摩尔任统帅,后由德国陆军元帅瓦德西接任。清末京师名妓赛金花与瓦德西曾有交往,曾朴在小说《孽海花》里渲染过赛、瓦的风流韵事。假若德彪西地下有知,岂不要大呼冤枉:"我何时成了侵华总司令,且与中国青楼女子有染?"

"涓涓"不能形容"春雨"

王心章

2003年5月17日《今晚报》第18版《燕儿情》一文说:"……那絮絮的呢喃,犹如涓涓的春雨。"

"涓涓"是形容词,指细水慢流的样子。陶渊明《归去来辞》中有:"木欣欣以向荣,泉涓涓而始流。"我们常说的"涓涓小溪""涓涓水流",都是指地面上的细小水流;形容春雨可用"淅沥"或"淅淅沥沥"之类。

抽刀焉能断水

文 卿

2003年2月20日《新安晚报》"女性心语"版《喜欢广告》一文说:"喜欢广告,似乎是现实生活的逃避……但那些快速变幻的镜头,常常可以使我的种种忧虑、担心、多愁易感一笑而散,消弭于时空的无穷远处,起到釜底抽薪、抽刀断水的巨大功效。""釜底抽薪"本义是"抽去锅底下的柴火",比喻从根本上解决问题;而"抽刀断水"则是一种无谓的、没有任何效果的举动。两者风马牛不相及,怎么能"并驾齐驱"形容广告的"巨大功效"呢?

鸟乎?兽乎?

洪家模

白鹤在福州产下双胞胎

这是刊登在2003年4月29日美国《侨报》"今日福建"版上的一幅照片。图片说明为:"白鹤在福州产下双胞胎"。鸟为卵生,兽可胎生,这是普通常识。如今竟有胎生的鸟,真是奇事!

"雅 号"?

赵先宏

《淮北日报》2002年3月6日第3版《剪报乐》中有这样的句子:"爱爬格子的人,大多有剪报的雅号,而剪报时的心情又都是愉快的。"其中"雅号"一词的使用是不当的。

雅号,高雅的称号。如果按此意来理解,就成了:爱爬格子的人,大多有"剪报"这个高雅的称号。亦即:爱爬格子的人,大多可以被叫做"剪报"。这怎么说得通呢?

其实,《剪报乐》一文讲的是作者对剪报的爱好。因此,引文中的"雅号"是"雅好"之误。

王冕何曾"官至宰相"

陆 贞

章含之所著《跨过厚厚的大红门》(文汇出版社)第334页上说:"古时有放牛娃王冕,在牛背上苦读成材,官至宰相。"这一说法与史实不符。

《辞海》"王冕"词条说:"初为牧

童,……试进士不第,即弃去。曾游大都,泰不花荐以翰林院官职,不就。归隐九里山,卖画为生。"

游国恩等主编的《中国文学史》上说:"应进士举不中,遂下东吴,入淮楚。至正七年左右,北游大都,见天下将乱,遂归。晚年,南方起义兵兴,移家浙东九里山避难。"中国科学院文学研究所编写的《中国文学史》也有类似说法:"在考进士时,屡试不第,知天下将乱,遂决心放弃仕途的追求,做一个隐士,……晚年避居会稽九里山,种植豆粟,灌园养鱼,维持生活。"

吴敬梓在《儒林外史》第一章专门讲了王冕的故事,最后还大发感慨:"可笑近来文人学士,说着王冕,都称他作王参军,究竟王冕何曾做过一日官?"

所以说,王冕一生没有任过官职,更不用说"官至宰相"了。

隋代没有状元

王德彰

2003年8月8日天津《今晚报》第18版《高考与选才》一文说:"中国从隋代到清代千余年的科举考试,最会(应是"后"——笔者注)考试的优胜者——状元……"这个说法有问题,因为隋代没有状元。

科举制肇端于隋,确立于唐。进士科虽始于隋炀帝大业三年,但由于隋炀帝腐败昏庸,隋王朝寿命又短,仅处于草创阶段的科举制很快夭折。所以隋朝不仅没有状元,而且连"状元"的称谓也没有。到唐高祖武德五年(公元622年)壬午科,才出现了中国历史上第一名状元——孙伏伽。

费解的"斡旋"

赵增民

2002年11月12日《写作导报·初中版》刊登了一篇题为"莫泊桑的曲折斡旋"的文章,文章开头说:"法国著名作家莫泊桑写作特爱追求曲折斡旋,用我们现在通俗的话叫'文似看山不喜平',《项链》就是其成功的典范。"

"斡旋"是扭转、调整的意思,引申为调解争端。如:"以巴形势又趋紧张,欧盟派特使前往斡旋。"在上面所引的标题和句子中,作者误把"斡旋"理解为"(情节)起伏跌宕""有波澜",于是与"曲折"并列使用,这自然让人感到费解、别扭。

辨字析词

"阎""闫"的历史和现状

孙中运

《现代汉语规范字典》597页："闫,姓。'闫'不是'阎'的简化字。'闫'和'阎'是两个不同的姓。"598页："阎,姓。'阎'不能简化为'闫'。"

查阅《康熙字典》："闫同阎义俗用。"《汉语大字典》："闫同阎。"《中文大辞典》(台湾)："闫,姓也,与阎通。"《李氏中文字典》(香港)："阎同闫。"《中华字海》："闫同阎,姓。闫曾作阎的简化字,后停用。见《第二次汉字简化方案》。"《中国姓氏辞典》："阎又作闫。"这些字书都没有把"阎"和"闫"分作不同两姓。

把"闫"和"阎"分为"不同的两姓"的唯一根据是《正字通》："闫,姓也,《说文》有'阎'无'闫',今《姓谱》分为二。"《姓谱》即《万姓统谱》,此书已亡佚,不可查证。引用此书的《正字通》,《四库提要》认为："其书征引繁芜,颇多舛驳,又善排斥许慎《说文》,尤不免穿凿附会,非善本也。"

"阎"和"闫"二字的关系应从汉字发展的规律和特点上进行分析,既要考虑它在历史上约定俗成的客观现实,又要考虑到姓"阎(闫)"的群众的传统宗族情感及使用的现状。

一、"阎"和"闫"是同类、同义、同音的繁简关系

1. 阎和闫第一个义项是"里巷的门",也指"里巷"。是形声字的繁简二字。这个义项用"阎"用"闫"都有例句。《荀子·儒效》："虽隐于穷阎漏屋,人莫不贵之。"《汉语大字典》说"闫同阎",并引《俗字背篇》载明佚名《吕翁三化邯郸店》："向东华,上九霄,你到南闫走一遭。"

2. 阎(闫)第二义项是"阎(闫)王",这是佛教用语,梵语译音。这个义项用"阎"和"闫"都有例句。唐崔

泰之《哭李峤》诗:"魂随司命鬼,魄逐见阎王。"清谢振定《游上方山记》:"及闫王巘,雨益密,行益窘。""闫王巘"也即"阎王巘"。"阎""闫"是同义的。

3. 阎(闫)第三个义项是"姓"。《汉语大词典》:"姓。唐有闫知微。见《说郛》卷二引唐张鷟《朝野佥载》。今本《朝野佥载》卷四作'阎'。"两字是同一个概念,不应分作两个不同的姓。

二、"阎"和"闫"的关系不同于姓氏分化字

有人认为"阎"和"闫"同音同义,是一姓分化为两姓,其实不然。下面举三组姓氏分化字说明:

1. 随(随)"和"隋"。随以国为姓,周有随国,在今湖北随州市,后被楚国所灭。子孙以原国名"随"为姓。隋文帝仕北周为相时,初封为随公,建立隋朝时,因"随"字从"辶"有奔走不宁之嫌,去掉"辶"改为"隋"字。姓"随"的亦改姓"隋",有部分不改,仍姓"随"。"随""隋"实为一姓改为二姓,"随"和"隋"两姓同宗。

2. "丘"和"邱"。"丘"氏以地名为姓。周,姜太公受封于齐国,建都营丘(在今山东淄博市),其后有丘氏。后来为避孔子(名丘)的名讳,将"丘"加"邑(阝)"旁改姓"邱"。两姓同宗,但两字的含义不完全相同,如"丘陵"不可写作"邱陵"。据《现代汉语规范字典》:"1955年《第一批异体字整理表》将'邱'作为'丘'的异体字予以淘汰。1988年《现代汉语通用字表》确认'邱'作姓氏用时为规范字,表示小山、土堆、坟墓等意义时,仍作为'丘'的异体字处理。"

3. "谭"与"覃"。春秋时有谭国,在今山东省章丘市。后来谭国为齐桓公所灭。谭子逃亡至莒国,子孙为避仇去"言"旁改姓"覃"。读 tán 的"覃"与"谭"同宗同姓,而与读 qín 的"覃"不是同宗同姓。"谭"还有"谈"义,而"覃"无"谈"义。

"随"与"隋"是减形分化同宗两姓;"丘"与"邱"是增形分化同宗两姓;"谭"和"覃"也是减形分化同宗两姓。"阎"和"闫"不是上述减形或增形分化为两姓,而是改形的繁简字。

三、应视"闫"字为"阎"的简化字

因为"闫"不仅是历史上约定俗成的简体字,而且具有简化字的特点。简化字也分各种类型,其中有一种是保留繁体字的部首(义类),用简笔字代替声旁,如:"赵"字保留"趙"的部首"走","肖"用"×"代替。"邓"字保留"鄧"的部首"阝(邑)",

9—20

"登"用"又"代替。"囯"字保留"阎"字的部首"门"，门是"阎"的义类。"臽"则用"三"代替。"三"既不标声也不表义，和赵、邓中的"×""又"具有同样的特点。

更值得注意的是，"阎"姓百姓已认同这个"囯"字。1999年8月25日，我曾同董君到大连市金州区三里村和红塔村（过去称为囯家楼村）作过走访，接触五户八人。他们都异口同声地说："我们姓'阎'，也姓'囯'，'阎'是官版正字，'囯'是'自古以来的简化字'。"有位82岁的囯承安叫他老伴把户口簿拿出来给我们看，上面写的是"囯承安"，我说："你姓'囯'不姓'阎'吧？"他急了，说："这是祖宗留的姓，一个姓两种写法，怎么能丢掉一个呢？"有位40多岁的姓囯的供销社的营业员说："我有时写'阎'，有时用'囯'，我开的发票上都签'囯'字，但到银行会碰到麻烦，银行的人说，你姓'阎'，不能取姓'囯'的款。用了多少年的简化字，不知怎么变了天。"有人还说："'阎'是我们姓的正字，'囯'是简化字，不信可以到坟地看看死人的碑文。"我们到附近的公墓看了看，果然有姓"囯"的墓碑。

可见，应该把"囯"字作为"阎"的简化字处理，这既符合汉字发展的规律和特点，又符合姓阎（囯）的群众的传统的宗族感情，同时也解决了一些不必要的麻烦。因为繁简体是一个字的两种写法，如我的身份证上写的是"孙"字，我的印章刻的是"孫"字，到邮局取邮件，"孙"和"孫"都是被承认的；"囯"和"阎"也应该这样处理。

编者附记： 本文资料翔实，分析透彻，问题说清楚了，但结论尚有待商榷。因为"囯"并不是法定简化字。《现代汉语规范字典》也许正是考虑到这种现实情况，才把它们作为两个不同的姓来处理的吧。

语丝

张家男女

语言学家周有光先生的夫人张允和说，她们张家共有姊妹兄弟十个人。前面四个是女孩子，分别叫元和、允和、兆和、充和，名字里都有"两条腿"，所以注定要走出家门的；后面六个是男孩子，分别叫宗和、寅和、定和、宇和、寰和、宁和，名字里都有"宝盖头"，所以注定要留在家里的。

（尽　文）

何谓"筛酒"

乐于时

《红楼梦大辞典》注释"筛酒"有二义:一指斟酒,又指温酒。表面看来薛蟠"说着便要筛酒"很像是斟酒;《金瓶梅词话》潘金莲与武松对饮更给人以斟酒的印象:"妇人又筛一杯,武松却筛一杯递与妇人,连筛了三四杯饮过。"然而,为何弃"斟"字不用,特意选用一个"筛"字?

其实,所谓"筛酒",既不是斟酒,也不是温酒,而是一个筛滤过程。《金瓶梅词话》第四十二回便曾说到"[用铜布甑儿]筛酒"。铜布甑儿被崇祯本莫名其妙地删除。这铜质覆布的甑儿,应是滤壶儿;它的功能是用来筛滤从而使酒汁更澄清。给人筛酒就不是一般的斟倒,而是奉上筛滤过的澄清的酒,一个"筛"字有敬意在。与今时的洋酒不同,也与今时蒸馏的烧酒不同,古时汁滓混在一起的原酿,必须过滤去滓才能饮用。由于今时的酒可以直接入口而不必筛,所以便错会了筛的含义。

古人饮酒,既有用铜布甑儿当桌而筛,又有仆人事先筛好的。《红楼梦》第六十三回"两个老婆子蹲在外面火盆上筛酒",写得明明白白:两个人隔着火盆,面对而蹲,把原酿之坛倾倒筛滤进另一清汁坛中。也许这种筛滤要重复多次,以求酒汁的清澄而不含滓。

未经筛滤的原酿叫醪叫醅。杜甫的《客至》诗有"樽酒家贫只旧醅"句,谦恭地说我只能拿出未经筛滤的酒,慢待客人了。筛字古作釃,《诗经》"釃酒有衍"指筛过的不混浊的清汁酒才佳美。

语丝

"门内才"和"马旁主"

李振德

清咸丰年间,汨罗人刘昆吾游学中曾因贫寒被经馆先生挡在门外,且遭言语侮辱:"门内有才,闭门不纳无才客。"刘倚门朗声曰:"马旁是主,驻马还须问主人。"经馆先生听了,惊叹他才思敏捷,马上将他迎了进去。

说"箸"道"筷"

刘保富

闲来无事翻字典,在《康熙字典》和《辞源》中竟找不到进餐时用的"筷"字,再查清代以前的字典、词典,"筷"字更是"上穷碧落下黄泉,两处茫茫皆不见"。原来古人对用来挟取食物或其他东西的两根小棍,不叫筷子,称梜、箸、箭或柱。如《礼记·曲礼上》:"羹之有菜者用梜。"《荀子·解蔽》:"从山下望木者,十仞之木若箸。"《世说新语·忿狷》:"王蓝田性急。尝食鸡子,以箭刺之,不得,便大怒,举以掷地。"南朝梁庾肩吾《长安有狭斜行》:"三子俱来宴,玉柱击清瓯。"因两根筷子一般长,古人还戏称为"齐肩大士"。宋代陶谷《清异录》云:"张君亦有艺也,彼日夕差使齐肩大士,功力如神。"意思是说张君很会用筷子,远近盘中之菜,皆能攧到口中。

后来人们为何又将用来挟食物的两根小棍称作"筷子"呢?清代赵翼在《陔余丛考·呼箸为快》中云:"俗呼箸为快子。陆容《菽园杂记》谓起于吴中。凡舟行讳住讳翻,故呼箸为快子。"箸、箭、柱皆谐音"住",住,停止也,吴中行船视"住"为不吉利之语,于是反其意改"住"为一帆风顺的"快",因筷子多为竹制,慢慢演变成加竹头的"筷"。开始将"箸"称"筷"不过只在行船、打鱼人中流传,书面语中不见"筷"字。"五四"新文化运动前后,文人的著述中还是将筷子称作"箸",如郁达夫《北国的微音》:"举起箸来取菜,提起杯来喝酒。"然而,人民是语言的创造者,"五四"新文化运动后,越来越多的人开始使用"筷"字,现在人们已经很少在口头上称筷子为"箸"了。

追踪荧屏

从曹丕不识字谈起

曲晓明

看了这个题目,您可能会觉得奇怪,曹丕与其父曹操、其弟曹植被后人并称为"三曹",他难道会不认识字?

请您不要着急,本文中提到的"曹丕"并非史实中人,而是电视连续剧《三国演义》中的那位曹公子。该剧剧情发展到曹丕逼汉献帝刘协"禅让"王位,自己荣登皇帝宝座后,说了下面一番话:"……谥先王为武皇帝,大赦天下……"这句话中,那位饰演曹丕的演员说错了一个关键的、也是古汉语中较为常见的字"谥"。谥,读 shì(是),而这位"曹丕"却按半边读音读成了 yì(益)。古代帝王、贵族、大臣等死后,依其生前事迹所给予的称号曰"谥",如楚庄王的"庄"字,齐宣王的"宣"字,诸葛亮谥"忠武",曾国藩谥"文正"。这个字"曹丕"不认识,观众是不能原谅的。

类似的事情在《雍正王朝》一剧中也曾出现过。"雍正"一次在褒奖重臣张廷玉时说:"你是朕的股肱之臣。""肱"的正确读音是 gōng(公),可演员却把它念成了 hóng(宏)。"股"是大腿,"肱"指上臂,二字合在一起常用来比喻得力的助手。

有一部电影叫《血滴子秘史》,剧情如何姑且不论,单说那位清朝大臣向雍正帝说话时自称"下官",实在让人可笑。众所周知,大臣向皇帝说话时自称臣或微臣,清朝时汉人沿用这种规矩,满人则自称奴才,可无论如何不会称下官,如果真有此事,依雍正的残暴,这位"下官"轻则顶戴丢失,重则脑袋搬家,反正是再也当不成"下官"了。

"寅夜""徒然"之类

张德民

电视荧屏上的错别字"捉拿"不尽。就连在中南海怀仁堂给中央领导人演出的2003年新年京剧晚会也不例外。只粗略地看了一遍，就发现了三处明显差错。

一是《锁麟囊》中薛湘灵的唱词"忙把梅香低声叫，莫把姓名信口哓"中的"哓"错为"晓"。这两个字，字形一笔之差，读音近似，分别是xiāo和xiǎo，但意义却不同。"哓"形容争辩的声音，如哓哓不休。而"晓"则表示知晓、使人知道……剧中梅香曾和赵鲁寒争辩过，故此薛湘灵用了一个哓字。前辈先生用的也都是这个字，而不是晓字。

再是《红娘》唱段，红娘唱"果然是胆量如天大，贪夜深入闺阁家"时，"贪"字错为"寅"。贪、寅读音相同，都是yín，但字形和表义却不同。"寅"是地支中的第三位，用来表时间的"寅时"，指夜里三点到凌晨五点这段时间。"贪"即"深"，贪夜即深夜。而张生"深入闺阁家"正是深更半夜，而且从没有"寅夜"的说法。

新编历史剧《瘦马御史》"赠瘦马图"一场中，须生与青衣情意绵绵的对唱中，青衣唱"陡然心中春潮泛"时，唱的是"陡"，字幕却错为"徒"。"陡然"是"突然"的意思，"徒然"却是"空然""白白地"意思，此处用"徒然"显然讲不通。不知字幕制作者怎会如此疏忽，而这些白字又如何从众多编剧、导演、演员们眼皮底下溜了过去。

* *

电视剧《西楚霸王》演到项羽兵败退到乌江边上，手下人劝其渡江时说道："大王暂且过江，以图日后东山再起。""东山再起"一词虽说用得挺有说服力，可项羽肯定听不懂这个词是什么意思。该成语与东晋名臣谢安有关。谢安辞官后在东山隐居，后来复出任要职，指挥了著名的淝水之战。而谢安"东山再起"要晚项羽"乌江自刎"五百多年，项羽又怎么能知道"东山再起"的含义呢？说句玩笑话，也许项羽真的因为没有听懂，所以最终没有过江，留下了千古遗恨。

曹操所杀何人

王彼德

电视连续剧《三国演义》拍得不错,演员演得也不错。第37集《横槊赋诗》中有这么一个情节,曹操与百官幕僚饮酒作乐,曹操酒酣横槊赋诗《短歌行》,曹操赋诗完毕,笑问乐师师勖:"我歌如何?"师勖性情刚直,对曹诗赞美一番之后,指出不祥之句,曹操盛怒之下将师勖刺杀。

其实,原著中为曹操所杀的乃扬州刺史刘馥。当曹操歌毕众人皆欢笑之时,座间忽站起一人进曰:"大军交战之际,丞相何故出此不吉之言?"操视之,乃刘馥。馥起自合肥,久事曹操,多立功绩。操问:"吾言有何不吉?"馥曰:"'月明星稀,乌鹊南飞,绕树三匝,无枝可依。'乃不吉之言也。"操大怒:"汝安敢败吾兴?"手起一槊,刺死刘馥。

《三国演义》的故事和人物可谓家喻户晓。改编者应忠实于原著,不应将曹操横槊刺杀之人张冠李戴。

大学士读白字

雅峰

电视连续剧《铁齿铜牙纪晓岚》,以其剧情曲折、幽默风趣深受观众喜爱。但其字幕错漏百出,几乎惨不忍睹。该剧的续集也已播映,大概编导演及有关部门听取了群众意见,字幕干净多了,但纪大学士却出了个大错。

剧情中有一段是这样的:纪晓

诸葛亮到上海找谁

王 文

电视剧《大清药王》中主人公乐宏达解释同仁堂制造的"诸葛行军散"时说,这是当年诸葛亮"五月渡沪,深入不毛"时用的方剂。观众不禁纳闷:沪,是上海的简称。因"松江东泻海曰沪海,亦谓之沪渎"而得名。三国时那里是东吴孙权的地界,诸葛亮千里迢迢跑到东吴去"渡沪",是找谁去呢?

其实,明眼人一看就知道,诸葛亮渡的不是"沪"而是"泸"。诸葛亮那篇有名的《出师表》中就有"五月渡泸,深入不毛"的话。泸,指泸江,或称泸水,在四川云南交界处。诸葛亮七擒孟获渡的就是泸江。京剧里还有《祭泸江》这出戏。因为"泸""沪"二字字形相近,于是,演员嘴里念的是"沪",字幕上打的也是"沪"。一个疏忽,竟把诸葛亮支到上海去了。

岚因怂恿民妇咒骂皇上,被判寸磔之刑。这位乾隆进士、《四库全书》总纂纪晓岚,居然把"寸磔"念成"寸磷",并且在万千观众面前,把"寸磷"之刑大大发挥了一番。磔音zhé,《辞源》列有四个义项,前两个为:一、分裂祭牲以祭神;二、分裂人的肢体的一种酷刑,如车裂。由此可见,"寸磔"即千刀万剐之刑。磷音lín,其义一为水在石间,二为色彩鲜明貌,三同燐,如燐火。磔与磷二字,除字形略有相似外,其读音与含义都毫不相干。也许正是字形有些许相似,才让电视剧中这位博览群书、大清第一才子的纪大学士,在众人面前当了一回白字先生。

再谈"略地"还是"掠地"

——与喻圻华同志商榷

朱云雷

《咬文嚼字》2003年第2期《"略地"还是"掠地"》一文中,喻圻华同志认为小说《第一次亲密接触》中的"攻城掠地"应改为"攻城略地",我认为不妥。

《中国成语大辞典》(上海辞书出版社,1987年8月第1版)对"攻城略地"有详细的解释。整个成语的意思是:"攻占城池,夺取土地。"其中"略"为"夺占"的意思。该词条下还有:亦作"攻城掠地""略地攻城""略地侵城"。

再打开《辞源》(合订本,商务印书馆,1988年7月第1版)看一下,"略地"正如喻圻华同志所引用的:1.巡视边境;2.攻占、夺取敌方土地。但是与此词相对应的"略"字的第四个解释为:"侵略、掠夺,通'掠'。"

喻圻华同志认为"攻城略地"有褒义色彩,但是《中国成语大辞典》中不论是整个成语"攻城略地"的解释还是其中的"略"字的解释都没有说它们是褒义的,我们怎么能说"攻城略地"明显有褒义的色彩呢?《辞源》说"略地"指"攻占、夺取敌方土地"。值得注意的是,这里并没有说夺回敌方侵占的我方的土地,也就是说,"略地"可能带有侵略的性质。另外《辞源》中"略"字的"侵略、掠夺,通'掠'"这一义项,进一步说明了《第一次亲密接触》中"攻城掠地"这个词是用得正确的。喻圻华同志文章的观点是不全面的。

也说"走狗"

葛清江

《咬文嚼字》2000年第2期江源先生《闲话"走狗"》一文中谈道:"清代名画家郑板桥对徐渭无限崇敬,刻了一枚印章'青藤门下走狗'。"对此,王剑华先生有不同意见,曾写了《郑板桥没自称走狗》一文(见《咬文嚼字》2000年第10期),其中有一段是这样写的:"清人徐兆丰在其《风月读余录》中曾收由郑板桥自辑之《板桥先生印册》,其中有一印曰'青藤门下牛马走'(吴于珍刻)。"王先生最后的结论是"可知《闲话"走狗"》所引,系以讹传讹,不可信也"。

手头有一本《中国文坛掌故事典》(上海辞书出版社1993年6月第1版),清代逸闻部分有《郑燮 童钰》一则,主要文字如下:

[典源]郑板桥爱徐青藤诗,尝刻一印云:"徐青藤门下走狗郑燮。"童二树亦重青藤,《题青藤小像》云:"抵死目中无七子,岂知身后得中郎?"又曰:"尚有一灯传郑燮,甘心走狗列门墙。"○清·袁枚《随园诗话》卷六

按:徐兆丰《风月谈馀录》卷六所录《板桥先生印册》,印文为"青藤门下牛马走,吴于河所刻"。徐云:"今按册内乃牛马走,可证前说(指所引袁语)之诬。"

以上引文与王剑华先生的文章有三处不同:一处是《风月谈馀录》与《风月读余录》,一处是吴于河与吴于珍,另一处是徐兆丰所录的《板桥先生印册》与"由郑板桥自辑之《板桥先生印册》",不知王先生参考的是何资料。

关于是否自称走狗这个问题,我们不必舍近求远,可以直接从郑板桥的文字中来找答案。笔者有一本巴蜀书社1997年11月第1版的《郑板桥文集》,其中收录有郑板桥《范县答无方上人》的书信,郑在信中写道:"……大师于孙公家见燮所画竹石横幅,因印文有'徐青藤门下走

男子也可送秋波

汪明远

2002年第4期《咬文嚼字》载彭朋澈的《男人也送"秋波"?》一文:"自古以来,'秋波'都用于女子",继而对周国平《没有目的的旅行》中出现的"一对妙龄男女隔座顾盼,两情款洽,眉间秋波频送"的小景,"觉得有点别扭","有照应不周之处"。

"秋波"果真是女子的专利吗?元代书画家朱德润的《对镜写真诗》就有"两面秋波对彩笔"句,他对镜画像自况眼睛秋水般清澈,可见秋波用于男子古已有之。《红楼梦》第三回描写宝玉这位年轻公子"面如桃瓣,目若秋波"(人民文学出版社1982年版第49页),就更是秋波用于男子的有力佐证了。

尽管《现代汉语词典》《新华词典》《汉语大词典》《中华成语大词典》《汉语成语词典》都对"秋波"或"暗送秋波"作了比喻女子的眼睛或眼神的注释,我个人以为失之偏颇。金盾出版社于1994年出版的《新编成语多用词典》对"暗送秋波"的注释则为:"原是形容男女之间眉目传情。后来比喻献媚取宠,暗中勾搭。"这或许可作男人也送秋波的又一证据。

狗'字样,以为太不雅观,大师何不达哉……燮平生最爱徐青藤诗,兼爱其画,因爱之极,乃自治一印曰'徐青藤门下走狗郑燮'。印文是实,走狗尚虚,此心犹觉慊然!使燮早生百十年,而投身于青藤先生之门下,观其豪行雄举,长吟狂饮,即真为走狗而亦乐焉。山阴童钰诗曰:'尚有一灯传郑燮,甘心走狗列门墙。'今为大师诵之,不知再以为怪否?"如果郑板桥的这封书信不是伪作,那便不能说是江源先生弄错了。

一字难忘

别字引出的亲情

汪兆龙

一个别字,引出一个感人的亲情故事——这是一位军人十多年前的亲身经历。

当年,战士小王曾被派往祖国的南疆、中越边境的一个哨所驻守。一次超强度的体能训练后,小王又累又渴,他突然想念起一样东西,那就是清香飘逸的家乡茶。当天晚上,他提笔给父母写了一封信,请他们给自己寄两斤家乡产的新茶。

信是寄到父亲单位的,父亲刚巧出差去了。单位同事便将小王的家书送到了他母亲手中。小王的母亲拆开信看了以后,竟忍不住掉下了眼泪。因为信中写着:"请父母务必买两斤新菜寄来。"没想到儿子当边防兵那么艰苦,连蔬菜也吃不上一口!小王的母亲难过得一夜未曾合眼。第二天一大早就去菜场买了几十斤青菜,一棵棵洗净,摘去梗,仅留着绿绿的菜叶,拿到太阳底下去晒。

此时正值江南梅雨季节,要想把菜叶晒干可不容易。为了尽快把菜叶送到儿子手中,只要一有太阳,小王的妈妈就早早将菜叶晒出去;有时早上太阳好好的,过了晌午,天上竟飘起了细雨,不会骑车的母亲就连奔带跑地赶回去收菜。

菜叶快晒干了,小王的父亲也出差回家了。看到满屋子的菜叶,他十分纳闷。小王的母亲拿出儿子的信,父亲左看右看,总觉得有些不对。虽然儿子写的是"新菜",但他猜想儿子要的不是蔬菜,该不是儿子把"新茶"误写成"新菜"了吧?这么一说,母亲也觉得有这个可能。于是,他们俩便给儿子寄去两斤家乡的新茶。小王的父亲还附上一封信,信上说了母亲为他所做的一切。

儿子尽管没有收到"菜叶",但却从字里行间读出了母爱的分量。这个别字引出的故事,也在边防哨所传为佳话。

昊·晟·旻的故事

李祖贵

二十年前,我刚从师范学校毕业,年纪轻,个头小,一点儿也不像个教书先生。但因为是"文革"后方圆数十里第一个真正通过高考跳"农门"的人,所以我得到了邻里乡亲的格外尊重。

一天,我到镇上的理发店去理发。店主是一位熟识的老先生,和颜悦色,戴一副眼镜,很像旧小说中的账房或师爷之类的人物。见我进来,顿时满脸堆笑,恭敬有加。理完发,当我准备付账的时候,想不到他竟从口袋里掏出一张小纸条,一本正经地对我说:"老师,今天不收你的钱,但有一事相求,前几天在家里看闲书,遇着三个字,形象极为相似,但不知读音和意思有何差别,还要请教。"我知道他是爱看书、爱抠字的人,不过,我这个师范学校毕业的老师,认几个字肯定不在话下。接过纸条一看,只见上面写着"昊、晟、旻"三个字。说实话,当时除了"昊"尚能大致读出它的音之外,其他两个字可是见也没有见过。支吾半天,也没能令老先生满意,只得两颊绯红,飞也似的逃走。回来一想,觉得既有失于颜面,更有负于乡邻,便连夜翻查字典,详尽录下。昊:hào〈书〉①广大无边。②指天。晟:Chéng 姓。shèng〈书〉①光明。②旺盛;兴盛。旻:mín〈书〉①秋天。②天空。另附一短笺,深表歉疚之意,一起托人带给老先生。后来,仿佛也曾因此得到过这位老先生的赞誉。

作为一段往事,至此似乎已无悬念,但人世间偏就有许多蹊跷的事情。十多年后,我连襟家的老爷子,竟刻意求新,分别从字典里挑出这几个字给自己的三个孙子命了名,当许多人望着这几个孩子的名字张口结舌的时候,我竟能娓娓道来,详加"训诂",硬把妻妹一家镇得一愣一愣。

这也所谓"失之东隅,收之桑榆"吧。

害人不浅的"他巴唑"

林尚碧

这事认真起来，完全可以打一场医疗索赔官司。

事情发生在1995年夏天。那时我在中国核工业第二十四公司育红中学教书。与我同一个办公室的王老师，是位教龄三十余年的老教师，因为患高血压，经常去医院看病。有一天从医院回来，带回一盒写着拉丁文的西药，她说这是医院推荐的新药，叫"地巴唑"，有舒张血管、降低血压的良好功效。王老师回家后严格按照医嘱服药：每日三次，每次两片。考虑到自己带的是高年级，王老师说什么也要坚持上课。服药没两天，王老师满脸通红，呼吸急促。办公室其他老师都关心地说："实在不行请两天假，班上有什么事我们可以照应。""不碍事，大概是讲课讲累了，休息一会儿就好了。"话虽这样说，王老师的脸色却越来越难看。大家问她吃了地巴唑可有好转，她回答说本来的头晕、胸闷未见减轻，反而感到发热、口腔灼痛。"看来你还得再去医院仔细查查，"大家关切地议论道，"说不定这药有问题。"

王老师这次从医院回来，印证了众人的猜测——原来她吃的药不是降血压的"地巴唑"，而是抗甲状腺亢进的"他巴唑"。这种药不仅对治疗高血压病不管用，而且对少数病人可能引发白细胞减少、粒细胞缺乏等不良反应。王老师的症状正是这种副作用的具体表现。幸好发现还算及时，不然，后果不堪设想。

按说，病人对自己的疾病和医生的处方享有知情权，可是有几个患者能读懂处方笺上的拉丁文和龙飞凤舞的药名？有几个医生会逐字逐句给你解释他开的药方？像这样把"地巴唑"误为"他巴唑"的例子，恐怕不止此一例。

大夫啊，慎用你手中的笔！

"放心"与"不放心"

赵志伟

古今词语的差别有时很难分辨,有些词语自以为懂其实并不懂。我曾在自己所写的《书声琅琅》(上海人民出版社2002年第2版)一书第16页写道:"孟子提出要专心有恒。他以为'学问之道无他,求其放心而已矣'。所谓'放心',是指静下心来,一心一意读书。"近日读朱熹《小学辑说》,其中有句云:"是以方其幼也,不习之于小学则无以收其放心",忽然惊觉到自己以前的理解完全是望文生义。于是我查检杨伯峻先生的《孟子译注》(中华书局1995年第10版),杨先生对上引句的译文是:"学问之道没有别的,就是把那丧失的善良之心找回来罢了。"原来此处"放心"之"放"是"放佚,失去"之意,"放心"并非"放下心来"。这两者相去很远。

产生这一错误的原因是早年读书不求甚解、心浮气躁之故。其实,这种自以为"放心"之处常有令人"不放心"的地方。最令人惭愧的是,这样的错误往往一错就是几年十几年,由此可见,学习时第一次进入大脑的概念何等重要!尤其是文字,一旦错误的图像进入编码顺序,要修改远比第一次要难。而这等失误,耽误自己还事小,做教师的误人子弟则事大,写成文章传播天下,那就影响更大。故草此小文以为检讨之意。

语丝

「水」和「酒」

陈章

一读书人家境贫寒,欲给朋友祝寿,又无钱买酒,遂以水代酒曰:"君子之交淡如",其友笑答:"醉翁之意不在"。两句话隐去了「水」和「酒」,纯朴的友情,尽在不言中。

百家会诊

"惊爆"还是"惊曝"?

"惊bào"是媒体新宠,有人说应写作"惊爆",如世界药物业惊爆丑闻;有人说应写作"惊曝",如美国惊曝校园枪杀案内幕。请说说你的看法。

赞成"惊爆"

"惊爆"和"惊曝"在报刊上频频出现,从表达效果来看,我认为"惊爆"要优于"惊曝"。这是因为,"爆"有"猛然破裂或迸出""忽然发作,突然发生"等义项,给人的感觉十分强烈,或者说具有震撼性,前面再加一个"惊"字,更好地渲染了这种效果。在新闻标题中用上"惊爆"一词,必然有利于吸引读者去阅读。有鉴于此,我完全赞成"惊爆"。(吴全鑫)

名不正言不顺

"惊曝"的使用率是不低的,但我感觉名不正言不顺。

"曝"是个多音字,本应读 pù,如"曝露""曝晒""一曝十寒"等;当它读 bào 时,只用于"曝光"一词。相比之下,"爆"的义项十分丰富,在表示"突然发生""出人意料"时,过去经常说"爆冷门""爆出特大新闻"之类;现在为了突出它的"爆炸性效果",又在"爆"前加上一个"惊"字,说成"惊爆"。"惊爆"一词,在词典里虽然还查不到,但我相信它是有资格收进词典的。

总之,我认为"爆"和"惊"组合,两者相得益彰;而"曝"和"惊"组合,则有点大惊小怪。(侯新民)

着眼于"令人震惊"

恰巧看到一条和"会诊"有关的消息,在《上海壹周》的"城市新闻"中,刊登了一篇《惊曝2000年前的木乃伊是赝品》的短文。我认为此处"惊曝"当为"惊爆"。

"曝"的本义是晒。引申指暴露、显示,有"曝光"一词,但多指不光彩的事情显露出来。而上引新闻中,着眼点是令人震惊,两千多年前便有人伪造木乃伊,实在有点让人匪夷所思!标题中如用"惊爆",则显得贴切而鲜明。相反,用上"惊曝"一词,倒似乎是在追究2000年前的造假者的道德责任,这显然不是写作者的本意。

(郭圣林)

从音、形、义来考察

"惊曝"还是"惊爆"?从音、形、义三方面来考察,得到的结论是"惊爆"更胜一筹。

首先,"曝"是个多音字,而且多数情况下是读pù,连"曝光"本应也读pùguāng,不如"爆"只读bào,明确无误。其次,从字形看,"曝"从"日",让人感到的是温暖;而"爆"从"火",迅猛,危急,一看就让人能产生爆发、爆炸、爆裂等充满突发性的联想。第三,更重要的是字义,"爆"有"出人意料"的意思,而"曝",词典中对单字并未作解释,"曝光"虽然有显露义,但"曝光"并不等于"曝",

两者不能混为一谈。

综上所述,我取"惊爆"。

(吴早先)

不如统一于"惊爆"

若分析语素,从工具书所暗示的"字理"上说,应当说"惊爆"占上风。"爆"的本义是"猛然破裂或迸出",引申为"突然出现或发生"。《现代汉语词典》"爆"的第②义项即"出人意料地出现;突然发生",举的例子是"爆冷门"和"爆出特大新闻"。既然"特大新闻"可以"惊爆","惊爆丑闻"之类就显然是合理的说法了。"曝"字下则没有这一义项,据此似乎可以定"惊爆"于一尊了。

然而,语言现象是复杂的,"惊曝"并非毫无理据。"曝"就是"曝光",而"曝光"本指"使照相底片或感光纸感光",可"比喻隐秘的事(多指不光彩的)显露出来,被众人知道"。既然语素"曝"有"显露出来"之意,那么说"惊曝内幕"(即原来隐秘的内幕显露出来)亦无不可。问题是:"丑闻"在未惊爆之前,也属于"内幕",既然"惊曝内幕"可说,"惊曝丑闻"似乎也可以说。进言之,丑闻的揭露或内幕的公开常常是"出人意料"或"突然"的,似乎"曝"也含"突发"之义。其实,若考察本义,照相底片或感光纸的"曝光"是一个相对短暂的过程,具有"突发性"。隐秘之事的显露固然也可以是缓渐式的,但更多的情况则是突如其来的。而在"惊曝"中,由于"惊"字的制约,"曝"就只能是突发性的。"爆"和"曝(光)"在动作的突发性上存在"共域"。这大概就是人们在"惊爆"与"惊曝"之间犹疑不定的原因吧。

看来,"惊爆""惊曝"是异形词,不如让"惊爆"承包算了。 （匡吉）

应该各司其职

"惊bào"是近年来流行的新词,类似的还有"突bào""自bào"等等。这个"bào"字是"曝"还是"爆",本人的观点是:曝爆有别,应该各司其职。

凡强调意外、突然的,应该用"爆"。如《彩电惊爆超低价》《西城工地惊爆血案》等等。这个"爆"字其实原来一直在用,"爆冷门"便是其中一例,只不过现在加上了一个"惊"字,成了双音词。

凡强调隐秘的事情公之于众的,应该用"曝"。比如《色情狂自曝畸形心理》《焦晃自曝曾和李媛媛相爱》等。这里的"曝"其实就是"曝光"的意思。"曝光"本是物理学名词,后比喻披露、揭发不光彩的事情,从香港传入内地,现已逐渐演变为中性词。"自曝"写成"自爆",当然也可以,只是让人有一种不太适应的惊天动地的感觉。（林利藩）

客观和主观

"惊爆"和"惊曝",我认为不必作出非此即彼的选择,实际上这是一对近义词,承担着不同的表达任务。

"惊爆",多半带有自发性,是事物本来面貌的客观显现,只是这种面貌因其出人意外,一旦显现出来,便有很强的新闻冲击力。比如《江西一公安局副局长家中惊爆杀人案》《美联邦航空局惊爆安全官淫乱行为》,这两条新闻都是就事件本身来报道的,"惊爆"也是事件本身所具有的效果。

而"惊曝"的着眼点,除了事件本身之外,还有曝光者。如果是当事人披露的,可以称之为"自曝";如果是媒体或相关部门报道的,可酌情称之为"惊曝""突曝"。反正不管是当事人还是非当事人,用"曝"

字是说得通的,无非是告诉读者,这是主动披露的结果。

"世界药物业惊爆丑闻",这说明"世界药物业"是"丑闻"的发生者而不是披露者;"美国惊曝校园枪杀案内幕",则是告诉读者,美国有媒体揭发出了枪杀案的内幕。比较这两则新闻,可以看出"爆""曝"的不同。

(荣耀祥)

"惊爆""惊曝"先后有别

"惊爆"和"惊曝"词形相似,词义相近,人们常将两者混用,其实两词在用法上有明显的区别。"惊爆"是指事情突然发生,而且一般为影响较大、令人震惊的事件。"惊曝"有曝光之意,一般指原本隐蔽的缺陷、矛盾、问题,尤其是一些不良现象、恶劣事件的内幕被公之于众。以美国校园枪杀案这一事件的报道为例,可以有如下两种不同含义的表述:

"美国惊爆校园枪杀案"

"美国惊曝校园枪杀案内幕"

前者指这一恶性事件的突然发生,后者则侧重于对原来被掩盖的事实真相的披露。从事物发生、发展的规律来说,"惊曝"某事应在某事"惊爆"之后。

(李海宁)

"惊爆"的新用途

有人认为,"惊爆""惊曝"是异形词,择一即可。对此,本人不敢苟同。

在上海一些出租车上,张贴着某火锅店的广告,其中有一句广告词是:意想不到的惊爆价。这里的"惊爆",恐怕只能视为形容词,无非是指价格低廉到令人吃惊的地步。

日前逛街,又见到一则户外广告,也用到了"惊爆"一词。这则广告是推销旅游的,它的广告词最后一句是:"如此惊爆价,你还想等啥?"

上引两例"惊爆",我想都不能换成"惊曝"。

"惊爆"能否由动词演变成形容词,还要拭目以待,但它和"惊曝"之间的区别,是显而易见的:"惊爆"惊的是爆发,而"惊曝"惊的是曝露。

(邹亦言)

编 者 附 言

可以断定,惊爆、惊曝是新词,一般词典都未收。从网上看,"惊爆"略占优势;从本期"会诊"看,为"惊曝"说话的也不在少数。

爆和曝均以"暴"为声符,"暴"亦表义。"暴"字小篆从日、从出、从廾、从米，其义为晒，段玉裁《说文解字注》："日出而竦手举米晒之，合四字会意。"后加"日"为"曝"，引申出显露义。

本刊倾向于惊爆、惊曝为近义词，前者强调的是事件本身的爆炸性影响，后者强调的是事件已被曝光的新闻现实；前者是客观的，后者是有人主观介入的。两词应各安其位，各司其职。

返观报刊，惊爆、惊曝频频出现，但在使用时似乎有点随心所欲。不知本期"会诊"能否给读者朋友提供一点有益的思考。

"候诊"对象

1. "黑名单"可不可以用作"违法者、违规者或违约者的名单"？

2. "倍受欢迎"还是"备受欢迎"？

3. 中国电影在巴黎获奖，报上说"中国电影惊艳巴黎"，"惊艳"用得对吗？

4. "提出质疑"对吗？

5. "入闱"还是"入围"？某电影演员被提名"百花奖候选人"，报上说"×××入闱百花奖"；某某进入选美决赛，媒体称"选美最后一博 某某入围"。你同意用"入闱"还是"入围"？

语丝

四字重叠成佳联

王中原

古时有个姓解的解元，一日外出回家，又热又渴，忙招呼侍女倒茶。侍女送来茶水后，随口吟出："一杯香茶，解解解元之渴。"解元一听，竟忘了口渴，连称："妙句，妙句啊！"一字四叠，前两个"解"为"解渴"之"解"，第三个"解"为"解元"之"解"，第四个"解"为"解元"之姓。

京城里有一姓乐的乐师，一日回家，不见夫人身影，只闻清唱之声，便责备说："不理家事，唱曲为何？"夫人笑答："两支清曲，乐乐乐乐师之心。"前两个"乐"为"娱乐"之"乐"，第三个"乐"是乐师之姓，第四个"乐"是"乐师"之"乐"。乐师夫人的下联对解元侍女的上联，简直天衣无缝。

文章病院

女公主·陆军司令·揭竿而起

谷士锴

企业管理出版社出版的《蒋介石沉浮岁月》(第3卷)有几处措辞不当的文字。如第111页关于"选美"的一段话：

其他入选的还有：杜鲁门总统的女公主玛格丽特的耳朵，英国玛格丽特公主的眼睛，温莎公爵夫人的额头……

文中所说的"入选的"，是1949年美国艺术家协会搞的选美比赛的参加者。公主就是君主的女儿，当然，美国不是君主制国家，总统的女儿也不是真正意义上的公主，只是个比喻罢了。所以用公主没有问题，问题出在"公主"前的那个"女"字。"公主"是女性的专利，"女公主"的说法和"女小姐""女千金"的称呼一样可笑。需要说明的是，旧时也有尊称高官显贵的千金为"女公子"的，但从未有称阔少爷为"男公子"或"男少爷"的。

第181页有关于"美国陆军司令"的说法：

(美国)陆军司令也说："我上个月去福摩萨(台湾)，陈诚还说长沙没有关系，国民党已有重兵守卫。"

文中有五次称"陆军司令"如何如何，其实应该是："陆军部长"。这段话是美国总统杜鲁门召集阁僚商讨中国大陆局势时，美国陆军部长向总统作的汇报。美国宪法规定，总统既是国家元首，又是政府首脑，同时还是三军司令。所以，美国陆、海、空三军没有司令，因为总统身兼三军司令之职。除参谋长联席会议主席由军人担任外，国防部长、陆军部长、海军部长、空军部长均为文职官员。所以，美国没有单设的陆军司令，只有陆军部长。

第192页有一个用错"揭竿而

竟有如此《窦娥冤》

逯心珍

张信刚写了一本《大学之修养》（三联书店）。其中《戏曲随想》一文说："《窦娥冤》的故事可长了！就是讲大老婆、小老婆争风吃醋。大老婆想把小老婆害死，就给她一碗羊肚汤，在汤里下了毒药，但是小老婆说，太腥，我不想喝。丈夫就说，我来喝吧，他就把羊肚汤喝了，就给毒死了。""在京戏里面，女主角就不用死了，她唱了一大段很动听的'反二黄'之后，正要斩首之际，有人来救了她。"

这和关汉卿的杂剧名作《窦娥冤》的剧情大相径庭。《窦娥冤》又叫《感天动地窦娥冤》。故事讲的是，蔡婆婆和窦娥婆媳两人相依为命，过着孀居日子。地痞恶棍张驴儿和他的父亲借口救过蔡婆婆，强搬进蔡家居住。蔡婆婆生病，张驴儿在药内下毒，想毒死蔡婆婆，霸占窦娥，不巧毒死了自己的父亲。张驴儿恶人告状，诬告窦娥害死其父，楚州太守贪官桃杌错判窦娥死刑。临刑前，窦娥发下"六月飞雪""血溅白练""亢旱三年"三桩"无头愿"，死后一一应验。所以，窦娥真的是冤死了，并没有人"来救了她"。《戏曲随想》的作者编的故事实在太离谱了。

起"的例子：

蒋介石当时已露出亡国的不祥之感，但陈明仁并没有料到蒋介石会败得这样惨，这样快，连自己也揭竿而起，走向了对方的阵营。

"揭竿而起"典出西汉贾谊《过秦论》："斩木为兵，揭竿为旗。"意思是陈胜率众造反，砍下树木做兵器，举起竹竿当旗帜，反抗秦朝暴政。后来就以"揭竿而起"比喻人民反抗统治阶级的起义。陈明仁是黄埔军校毕业生，蒋介石的得力部将，作为蒋介石集团的成员的投诚，不能称为"揭竿而起"，而应说是"弃暗投明"。

王溶和邓文？

孤 闻

《说话有分寸，办事讲尺度》(九州出版社)第173页有这么一段话：

三国末期，西晋名将王溶于公元280年巧用火烧铁索之计，灭掉了东吴。三国分裂的局面至此方告结束，国家又重新归于统一，王溶的历史功勋是不可埋没的。岂料王溶克敌致胜之日，竟是受谗遭诬之时……这不能不令功勋卓著的王溶感到畏惧。当年，消灭蜀国，收降后主的大功臣邓文，就是在获胜之日被谗言构陷而死……

后文又有三处称"王溶"，其实"王溶"应为"王濬"。"邓文"应为"邓艾"。据《晋书·王濬列传》载：王濬字士治，弘农湖县(今河南灵宝西北)人。是西晋著名将领，西晋太康元年(280年)春奉晋武帝司马炎谕旨，与大将杜预分兵伐吴。王濬率先攻下建业(今江苏省南京市)，吴国末帝孙皓(孙权之孙)归降，从此三国鼎立的局面结束。后因安东将军王浑嫉妒其功，向晋武帝司马炎诬告王濬违旨不受节制，并抢夺吴宫宝物。王濬愤而上表辩白，司马炎阅览后，以王濬灭吴功大，拜为辅国大将军。王濬曾有"吾始惧邓艾之事"的感慨。邓艾是三国时魏国大将，字士载，义阳棘阳(今河南南阳南)人氏。曹魏景元四年(263年)，邓艾奉司马昭之命与钟会分兵伐蜀，邓艾为夺头功，冒险从小路进兵，侥幸成功，从而直捣蜀京成都，蜀国后主刘禅开城投降。邓艾因此立下大功，被封为太尉。后因钟会妒其功勋，司马昭也有除邓艾之心，便借钟会之手收捕邓艾。不久邓艾被杀。所以王濬感叹自己犹如当年的邓艾。

王濬和邓艾都是魏晋时期的名将，却被误作"王溶"和"邓文"，这是不应该的。

另外要指出的是，引文中"王溶克敌致胜"中的"克敌致胜"应为"克敌制胜"。

"白云边"不是酒名

刘少雄

《政策》杂志2001年第12期中《梅林和白云边》一文，引用了唐代诗人李白的诗句，其原文摘要如下：

"且就洞庭赊月色，将船买酒白云边"，这是诗仙李白对白云边的偏爱之作，他也许没有想到，一千多年之后的今天，他所钟爱的白云边酒仍能流传于世并跻身于中国名酒行列。（着重号为笔者所加）

显然，作者在文中引用诗人李白的诗句目的有二：一是想通过李白诗句来佐证"白云边品牌酒"历史悠久；二是想通过名人效应扩大白云边品牌酒的知名度，从而取得更好的广告效果。然而，诗句"且就洞庭赊月色，将船买酒白云边"中所指"白云边"，并非作者所提及的"白云边酒"。其实，这两句诗正是李白浪漫主义艺术手法的体现。诗人幻想着借洞庭湖的月色，乘着小船到白云边去买酒，这该是多么惬意的事情！显然李白所说的"白云边"并非是某一种酒的名称，而是指水天相接之处。诗中提及的所"买"之"酒"也绝非特指哪一种名酒，而是泛指好酒、美酒。从语言逻辑上看，"且就洞庭赊月色，将船买酒白云边"并不能与后面一句"这是诗仙李白对白云边的偏爱之作"形成必然的因果关系，紧承此句之后的递进语句也因此而毫无基础。

诗句中的"白云边"是名词短语作后置状语，作者在引用诗句时，仅仅简单地从字面意思上理解，没有注意到古诗词中的这一特点，在逻辑推理过程中，又犯了偷换概念的错误，所以造成了对原诗句意思的曲解。

"欸乃"非"吼声"

张万银

2002年10月29日《大众日报》第6版《俺也真想吼一声》一文中,有这样一段话:"柳宗元曾在诗中描写过一个渔翁的吼声:'渔翁夜傍西岩宿,晓汲清湘燃楚竹。烟销日出不见人,欸乃一声山水绿。回看天际下中流,岩上无心云相逐。'这个潇洒的打鱼老头,清晨在河边岩石旁醒来,打来让文人伟人咏叹不已的湘江水,烧着让人浮想联翩的湘地的竹子;早餐的炊烟刚刚散去,老头却不见了,原来他'欸乃'一声吼,已到了江的中流了。看,这一声吼,给了渔翁多大的力量!"

《现代汉语词典》收有"欸乃":"象声词。1. 形容摇橹的声音。2. 划船时歌唱的声音。"《辞海》也把"欸乃"释为"摇橹声",所举的例句便是柳宗元的《渔翁》诗:"烟销日出不见人,欸乃一声山水绿。"广西人民出版社出版的《古代诗词曲名句选》在赏析这一名句时,对"欸乃"有综合全面的解说:"摇橹声。唐代民间有渔歌叫《欸乃曲》。这里的'欸乃'可指渔歌。烟雾消散,太阳出来了,却不见渔翁,只听到一声渔歌在青山绿水中回荡。"由此可见,上引文章中的"欸乃"可作摇橹声,亦可作渔歌声,却不能如作者那样理解作"渔翁的吼声"。

"三日而省"?

李景祥

2002年9月13日的《辽宁法制报》头版上方用大字标题"三日而省,看校园周边可安宁",报道了沈阳市有关部门大力整顿校园周边环境的情况。文章的内容好懂,可是标题中的"三日而省"却无人能懂。

《论语·学而》篇有"曾子曰,吾日三省吾身"之句,说的是曾参每天

"风雨如磐"能用于"校庆"吗

居茂文

东北林业大学为迎50周年校庆,在2002年4月2日《光明日报》C4版上登了一整版的广告,其中学校党委书记和校长联名致海内外校友的一封信上有这样两句:"风雨如磐五十春,再展蓝图谱新篇。"前一句的本意,是说在过去的五十年,学校取得了伟大成就;后一句是说今后还要再创辉煌。可是前一句里的"风雨如磐"却是辞不达意。

鲁迅在上世纪初写了一首七绝《自题小像》,其第二句是"风雨如磐暗故园"。这句诗的意思是:当时的中国封建统治非常黑暗,国家的形势给人一种磐石一般的重压之感。可见鲁迅是用"风雨如磐"来形容旧中国的。将东北林业大学从建校到现在的五十年说成是"风雨如磐五十春",那就成问题了。"风雨如磐"既不能用来形容五十年的工作成绩,更不能用来形容已经逝去的岁月(须知该校是解放后的1952年创办的)。按照信的执笔者的本意,应该是"艰苦创业五十春"或类似的话语。"风雨如磐五十春"则让人感到:这五十年把人压得喘不过气来了。

五十年校庆是一件大喜事,如此措辞实在有点煞风景。

多次反躬自问之事。"省"有自我检查、反省、内省之意。"三"是表示次数之多。由于《论语》中的这一句,后来有了"三省""省三"等词。当然,"省"也有"探望""问候"义,如"省亲""省视"。"省"还有"醒悟""明白"义,如"省悟"。可是《辽宁法制报》上的这个"三日而省"无论取哪个义项,放在此处都让人莫名其妙。执法者去检查、整顿学校周边环境,即使是一天多次或连续去了三天,也都与"省"搭不上边儿;况且检查别人不是检查自己,怎么能用"省"呢?看来拟题者是把这个"省"字理解成"视察""检查"之类的意思了。

不经一"咬"

范萍

2003年7月29日《解放日报》头版,刊有王多先生的《何必"逗咬"》一文,虽只有短短几百个字,却出现了一处又一处的"硬伤"。

一、金文明、余秋雨之争"引起不少争议,一时煞是风景"。按照现代汉语的习惯,"煞是"后面一般跟形容词,可以说成"煞是热闹""煞是轰动",却不能说成"煞是风景",因为"风景"是名词,两者不能搭配。一定要用"风景"的话,不妨改为"一时成了风景"。

二、"我很少见一位学者将理论著述阐释得如此清晰流畅……"这个句子中的"著述"一词应该删掉,说成"我很少见一位学者将理论阐释得如此清晰流畅";如果要保留"著述",则应换一种说法:"我很少见一位学者的理论著述如此清晰流畅"。这是因为,"理论著述"是"阐释"的结果而不是"阐释"的对象。

三、"不要把学术之争上升为意气之争……""上升为"?这是什么话!难道"意气之争"高于"学术之争"吗?实在闻所未闻。如果一定要分层次的话,我想不是"上升为",而是"下降为";或者干脆不作比较,把"上升为"改为"演化为"。

四、"自清代起,中国学术便有了一个考据之风……""一个考据之风",多别扭的说法!风者,风气也。你可以说"一种风气",可是能说"一个风气"吗?作为量词,"个"的适用性很强,但也不能到处乱套啊。

够了,够了。王多先生在文章中是反对"咬"的。其实,"咬"是一种修辞说法,指关于文字本身的批评。现在看来,他之所以反对"咬",是因为知道自己不经一"咬"。心中有鬼,所以害怕别人捉鬼。然而,如此文字,不"咬"行吗?堂堂《解放日报》,刊登如此文字,用王多先生的话来说,"煞是风景"啊!(不对,为对读者负责,我还是改为"大煞风景"吧。)

向你挑战

由诗句猜诗题

傅望华设计

碧玉妆成一树高,
万条垂下绿丝绦。
不知细叶谁裁出,
二月春风似剪刀。

这首唐代大诗人贺知章写的《咏柳》,全诗四句,句句写"柳",而又全然不露一个"柳"字,真是别具韵味,耐人咀嚼。像这样有意地避开诗题的写法,叫作不犯题,不犯题的诗就称之为"避题诗",有趣的是,许多"避题诗"其实可以把它看作"谜语诗"。你看,我们不妨将其诗句看作"谜面",诗题就是"谜底"。

有首"避题诗"写得情真意切、感人肺腑,读来催人泪下:

在娘家绿鬓婆娑,
到婆家青少黄多。
不提起倒也罢了,
一提起泪洒江河。

诗句韵味隽永,仿佛一个在旧社会里受尽虐待、满腹苦水的童养媳,声泪俱下地诉说她那悲惨身世;而只要仔细琢磨一下,还是能想到这里写的是撑船用的"竹篙"。你看,"竹篙"砍伐前生长在竹林中不正是"绿鬓婆娑",而后经刀削火烤制成"竹篙"时岂不是"青少黄多";撑船入水时自然不滴水,提起"竹篙"时水哗哗地往下滴,真是"泪洒江河"啊!形象逼真、惟妙惟肖,诗中的意象与童养媳的遭遇十分吻合,情真意切,具有强烈的感染力,让人对旧社会罪恶的童养媳制度感到无比的憎恨。这是"谜语诗"的又一特色,也正是其魅力所在。黑格尔说:"艺术最杰出的本领就是想象。"写诗作文离不开"想象",我们通过"避题诗"的赏析,不仅能提高读写水平,而且有助于想象力的开发。

下面撷选几首"避题诗",请大家说出它们的诗题即谜底来。

一

半烟半雨江桥畔,
映杏映桃山路中。
会得离人无限意,
千丝万絮惹春风。

二

雨打灯难灭,
风吹色更明。
若飞天上去,
定作月边星。

三

解落三秋叶,
能开二月花。
过江三尺浪,
入竹万竿斜。

四

远看山有色,
近听水无声。
春去花还在,
人来鸟不惊。

五

吾家有郎瘦如柴,
若要体胖甘霖来。
无奈把柄落人手,
一朝提起泪满腮。

《"引文"中的别字》参考答案

①旧时王榭(谢)堂前燕
②一杯(抔)之土未干
③万马齐暗(喑)究可哀
④关关雎(睢)鸠
⑤烟花三月下杨(扬)州
⑥黄滕(縢)酒
⑦著书都为稻粮(粱)谋
⑧千里共蝉(婵)娟
⑨落霞与孤鹜(鹜)齐飞
⑩一枕黄梁(粱)再现

李行健/主编　**现代汉语应用规范手册**

一书在手　可防万错

权威　实用　新颖

■ 本书是李行健主编的现代汉语系列规范工具书的精华集成。

■ 纠正了某些权威工具书的不规范之处。

■ 本书对《第一批异形词整理表》中未包括的常见异形词提出了规范使用意见。

大32开　精装

定价：25.00元

书海出版社发行部
电话(传真)：(0351)4922102
邮政编码：030012
地址：太原市建设南路15号 出版大厦

山西教育出版社发行部
电话：(0351)4060360　4130022
传真：(0351)2024348
邮政编码：030001
地址：太原市迎泽园小区2号楼

错字　别字　病句

书海出版社　山西教育出版社隆重推出

YOUZHAO WEIZHENG
有照为证

◆ 到底谁可攀登？ 芜荻

京郊某著名景点入口处有这一个牌子："未满18岁成年人，勿攀登通天峡"，此牌让人不知措。未满18岁称为未成年人，未年人和成年人都不可以攀登，到谁可攀登？

（牌子内容：未满18岁成年人 请勿攀登通天峡 Not mature men of 18 ages No ascending tongtianxia please）

◆ 不能如此"风雅" 汪建军

这家美发中心借用了辛弃疾《青玉案》中的句子"众里寻他千百度，蓦然回首"来吸引顾客，也算得上有创意。但不知为什么11个字改动了3个，"她"即使通得过，"千百'渡'"和"'默'然回首"则无论如何是讲不通的。

ISSN 1009-2390

刊号：CN31-1801/H 国内代号：4-461
定价：2.00元

YAOWEN-JIAOZI

咬文嚼字

2003 年第 10 期

上海文化出版社

雾里看花 / Wu Li Kan Hua

何为"阳光冰洗节"

这张照片拍于浙江省台州市。"阳光冰洗节"到底是一个什么节？有人说是在阳光下用冰水洗澡的节日，你说对吗？

叶建松

《加风补呔？》解疑

"加风"是粤方言，意为"给轮胎充气"；"补呔"即"补胎"，"呔"写了个别字。

卷首幽默

旅途奇观

张玉国·文
麦荣邦·画

日前外出旅游,首站由汕头至厦门。途经一加油站,游客纷纷下车"减轻负担"。公厕设在一花园中,环境清幽宜人。从公厕出来,忽见门前有一指示牌,看后不禁厥倒。

只见牌子上方,大书"公厕"二字;下面有一大箭头,并附一行小字:"内有园林式餐厅,欢迎旅游团体和个人前往小酌。"

目 录

卷首幽默
旅途奇观 …………张玉国　麦荣邦(1)

语林漫步
话说新词规范化 ……………张　斌(4)
"小姐"何以称"翠花" ……………吴礼权(7)

锁定名人
董桥与"云南知府" ……………黄有宾(9)
李敖误解李商隐……………………邹亨昌(10)

时尚词苑
气死历史学家的"戏说" ……庄　骏(11)
"挂牌"演变记 ………………………广　马(12)
从北京"膀爷"说起 …………宗守云(14)

一针见血
"女式坤包"？……………………谷士锴(16)
"年方及屏"？……………………余培英(16)
"几千年"？………………………柏乃冰(16)
野猪林何来黑旋风………………一　言(17)
"愈老愈弥健"？…………………陈建舟(17)
毛泽东出国几次…………………村　友(17)
"国务院"还是"政务院" ………石谷文(18)
宁夏总面积最小吗………………朱克华(18)
何谓"潜越" ……………………赵增民(18)
圆明园是谁烧的…………………陈　章(19)
"醮水"还是"蘸水"……………陈建舟(19)
"调任……任"？ ………………河　流(20)
是"绝意"而非"决意" …………缪顺才(20)
应是"板荡识诚臣" ……………谷　村(20)

追踪荧屏
标准答案不标准…………………杨庆铎(21)
"万乘"的"乘"读"chéng"吗…赵　茹(22)
治白血病的是 gān 细胞吗……盛祖杰(23)
何来"邮船部" …………………李荣先(23)

咬文嚼字

2003年10月1日出版

第10期

（总第106期）

主管：上海市新闻出版局
主办：上海文化出版社
编辑：《咬文嚼字》杂志社
E-mail：yaowenjiaozi@sina.com
电话：021-64330669
传真：021-64330669
邮购电话：021-64372608-291
地址：上海市绍兴路74号
邮政编码：200020
发行：上海市报刊发行局
订阅处：全国各地邮局
国内代号：4-641
ISSN1009-2390
CN31-1801/H
电脑排版：
上海艺文激光电脑排版厂
印刷：上海中华印刷有限公司
广告业务：
上海文艺广告传播中心
电话：021-64333125
广告经营许可证：沪工商广字
3101034000029号
定价：2.00元

栏目	篇名	作者	页码
借题发挥	上了"面包"的当	张紫欣	(24)
	"德比"为何要"免票"	黄文雯	(25)
	"责成谁家"作何解	余 点	(26)
词语春秋	也谈"'寿比南山'的由来"	曾 史	(27)
	"卿卿"由来趣说	倪培森	(29)
	"书法"的启示	刘志基	(30)
文章病院	何谓"坐大"	王兴宗	(32)
	莫把将军当才女	张兆前	(33)
	何谓"环宝"	黄韦韦	(34)
	"羽扇纶巾"者是孔明吗	概拾谷	(34)
	"浇漓"是"浇淋"吗	周建成	(35)
	楚霸王何曾"吸疮疗毒"	石谷文	(36)
	"带着各种穷形尽相"?	徐东杰	(37)
过目难忘	最难忘的一则手机短信息		(38)
	"月色浓浓如酒"	袁 谞	(38)
	情人节那天	殷 滢	(39)
	"铁饭碗"的含义	若 木	(40)
	姐姐你大胆往前走	韩 笑	(42)
百家会诊	不完整引用,标点如何处理?		(43)
	如果不能独立成句	孙怀伦	(43)
	前面是冒号怎么办	李家君	(43)
	句末不用标点	林仪辉	(44)
	一般宜用省略号	李 聿	(44)
	不保留的和该保留的	彭春芳	(45)
	无奈的选择	顾 遥	(45)
	《邓小平文选》的处理方法	江 舟	(46)
语丝	杜三烟	柯 桥	(37)
	鲁迅梁实秋"咬文嚼字"打笔仗	晓 秋	(41)
	"前""后"妙喻	王培焰	(47)
	鲁迅制谜	张秀莲	(48)
向你挑战	读联猜谜	熊晋勋设计	(48)
	《由诗句猜诗题》参考答案		(48)

顾问 张 斌 濮之珍
主编 郝铭鉴
主编助理 王 敏
编委 李玲璞 何伟渔
  陈必祥 金文明
  姚以恩
特约编委
  汪惠迪(中国香港)
  田小琳(中国香港)
  林国安(马来西亚)
  吴英成(新加坡)

责任编辑 黄安靖
发稿编辑 韩秀凤
封面设计 官 超
特约校读 王瑞祥
  陈以鸿

语林漫步

话说新词规范化

张 斌

词汇随着社会的发展而发展,新词不断增加,同时也有旧词的消失(或称之为死亡)。所谓旧词的消失,准确地说,应该是隐匿,它们有时会死而复活。比如编写历史剧,常常要用上许多旧词。有些词是旧瓶装新酒,原来的意义与今天的意义不相同。例如"强人"古代指盗贼,今天讲到"女强人"却是指能干的妇女。一般认为这属于新词。至于那些一直在使用的词,新义不断增加,旧义并未消失,通常就不看作新词了。例如"演绎",古代指推演经义,后来用于逻辑推理,今天有人用来指表演。其实,诸如此类的情况也有规范问题。

新词在词汇领域里能不能取得"公民"的资格,这是经常争议的问题。语言的规范化问题包括规范不明确的问题和规范不普及的问题,首先要解决的问题当然是前者。语音的规范已经十分明确,当前的工作在于普及,即推广普通话。语法方面虽有许多争论,但实际上着眼点主要不在正误标准的辨认,而是对语法规律的系统描写和合理解释的探讨。词汇方面要解决的是明确规范的问题,而且主要是关于新词的问题。

新词的出现,主要是由于交际的需要,不过,这种需要有不同的层次。有小范围的需要,也有大范围的需要。这里的范围包括时间、地域和条件。比如若干年前北京出现"面的"这个词,它适应了当时当地的需要。时过境迁,这个词也就隐匿了。又如"的士"这个词原来是香港的说法,如今通行于全国。新词的这种不同命运很值得我们深思。

新词的隐匿大都是由于所指称的事物的消失。至于新词成为词汇中公认的成员，有不同的情况。有些词先在口语中流行，然后出现在书面语当中，于是为全民所公认。有些词先在书面语里出现，然后才在口语中流行。书面语中频繁出现的词，不管口语中流行不流行，大都容易取得合法的地位。自然，我们说的口语与书面语并非是拿表达形式来区分的。比如，电台广播政府的文件，形式是口头的，仍旧属书面语。又如许多文学作品如实记录人们的对话，形式是书面的，仍属口语。口语与书面语的区别在于风格的不同。在口语中流行的新词，总是先在小范围内流行，使用范围不断扩大，才可能进入书面语。如前边提到的"的士"就是如此。有些新词的流行限于小范围内，书面语一般不采用。例如"酷"用来表示"极妙""很怪""非常美"，很难听到老年人、学校教师、体力劳动者使用这个词。当然，我们并不同意某些学者所说的那样，认为这类词的出现使语言受到污染。我们也不同意另外一些学者所说的那样，认为既然有人喜欢使用，就有存在的价值。存在的并非都是合理的。有没有存在的价值，还得让时间考验。经过时间筛选，使用范围不断扩大，然后为书面语所容纳，才能成为普通话词汇中的一员。

这样看来，书面语对新词的规范化起着决定性的作用。书面语对新词的选用，宜遵循三个基本原则。

第一是需要的原则。例如"克隆"含有"复制"的意思，可是复制的对象是无生命的，它不能表达"克隆"的意义。所以"克隆"的出现是合理的。

第二是简明的原则。这个原则主要用于同义词的选用。表示同一概念的新词往往有多种形式，书面语选用时会遇到一些不同的情况。一种情况是给引进的外来事物命名时，音译和意译并存，如果意译的含义比较明确，通常是选取意译词。回顾一下以往的情况，不少这样的例证。如"葛朗玛"与"语法"并存，选取"语法"。"德律风"与"电话"并存，选取"电话"。"烟司匹里纯"与"灵感"并存，选取"灵感"。当然，也有无法意译的，如"咖啡""华尔兹"之类。另一种情况是让同义词并存，一个是明而不简，另一个是简而不明。由于它们分别适应了不同的表达需要，可以并存不悖。例如"电子计算机"与"电脑"，"传染性非典型肺炎"与"非典"。另一种情况是指称同一事物的几个词,形式上难分高低,书面语宜选用使用范围较广的。例如有四个词语是同义的,即"无线寻呼机""寻呼接收机""BB机""BP机"。宜选取两个作为规范。前两个名称中选取一个作为术语,BB机和BP机中选取一个作为通俗用语。在口语中有人用BB机称呼,有人用BP机称呼,不必强求一致。书面语宜统一用法,即根据调查以确认使用面较广的形式作为规范。书面语在规范化工作中应该起主导作用。

第三个原则是要求合乎语言的造词法。一般的词汇学都讲构词法。构词法分析词的结构,如现代汉语的词可分为单纯词与复合词,复合词包括许多不同的类型,等等。但是构词法不等于造词法,造词法研究的是如何创造新词的方法,比如把短语简缩成词,属于造词法而非构词法。又如用英语字母加上汉字,也属于造词法,如"X光""O型血""T恤衫"。当然,音译和意译都是造词的方式。此外,语素置换也是常见的造词方式。如原有"酒吧",后来出现"氧吧",如今又有"网吧"。汉语里的反序造词,常见于颜色的表达。例如从"红枣"造出"枣红",从"蓝天"造出"天蓝",从"黄金"造出"金黄",从"紫玫瑰"造出"玫瑰紫",等等。这里举出的简缩造词、字母造词、翻译造词、置换造词、倒序造词不过是常见的几种造词方式,不同的造词方式如何适应不同范围的表达需要,很值得研究。

讲语言的规范必须有个立足点。毫无疑问,我们的立足点是国家通用的语言,即普通话。与普通话相对的是方言俚语之类。提倡使用普通话,并非要禁止方言的使用,我国的"国家通用语言文字法"对方言的使用有所说明。记得《人民日报》1978年8月24日发表过一篇文章,题目是"语言是活的东西",这个命题完全正确。可是文章的结论却是"在社会上切不可搞什么'语言规范化'",这就大错特错了。语言的规范化要求人们使用合乎标准的语言,这是社会发展的需要。语言是在不断发展的,然而规范化并不是限制语言的发展,而是促进语言的健康发展。拿词汇来说,新词几乎逐年在增加,来源十分复杂。是让它们混杂在我们的语言当中,自生自灭,还是有意识地加以引导,使有用的成分能及早为全民服务,让无用的东西早些隐匿起来?我们必须有所选择。

"小姐"何以称"翠花"

吴礼权

"小姐"是个既老又新的词儿。说它老，是因为它的历史很悠久，中国封建时代早就有"小姐"的称呼了；说它新，是因为"小姐"一词在新中国成立以后，特别是"文革"期间，因为有"封资修"的色彩销声匿迹了很长时间。后来，因为吹起了改革开放的春风，"小姐"又死而复生，身价百倍。

由于"小姐"成了"香饽饽"，以至很多年纪一大把的女人甚至奶奶辈的也被称为"小姐"，被叫者还特别高兴。不仅年纪大的女人喜欢被称为"小姐"，而且有些人还自己称起自己"小姐"来。我有位朋友有次去一家中介公司登记买卖房子的事，是一个年纪50岁左右的女性接待的。临了他问怎么跟她联系，那女人递过一张名片，说："上面有电话号码，就找王小姐好了。"王"小姐"就是她自己。我的朋友奇怪了好几天，后来跟我说起此事。我说了一大通道理，又举了一大把例子给他听，他这才开了窍。

可是，真是奇怪，历史演进到21世纪初，情况突然发生了变化。"小姐"不香了，而且很臭，很多女子不愿别人称自己为"小姐"了。原因是"小姐"一词用久了，就变味了，就像很多名牌产品风行一时之后便被假冒名牌搞得身价暴跌一样。"小姐"由最初称呼年轻女子的敬称开始泛化，什么"三陪小姐""坐台小姐""按摩小姐""洗头小姐""洗脚小姐"等等都出来了。这些个"小姐"是干什么活儿的，大家都知道。于是，有很多正经的女子开始不乐意混入"小姐"行列了，怕污了自己的清名。曾经在某报上读到一则报道，说北方某省有一个服务行业的年轻女子被客人呼为"小姐"，她上前就给了客人一个响亮的大嘴巴，还骂了一句："你妈才是小姐!"读到这则新闻，我隐约预料到："小姐"不行了，又要打入另册了。果不其然，去年我去武汉大学开一个国际学术会议，在回来的火车上读到一份《楚天都市报》，上面有一则消息，说武汉饭店的服务员小姐，现在都被称为"翠花"了。说"翠花，再来瓶啤酒"，服务员很高兴。我一寻思，明白了其中的原因。因为时下有一首流行歌曲叫《东北人都是活雷锋》，是雪村唱的，"翠花，上酸菜"便是这首歌的最后一句。

这事，过去也就过去了。可是，偶然在网上读到一则报道，是中新网一篇名为"嫌叫'小姐'不雅，株洲女服务员被改称'翠花'"的文章。可见，"小姐"被称为"翠花"已不是武汉一地的个别现象，而是一个已然成为既定事实的新语言现象，我们应该正视它的存在。有感于此，我想应该就我所知，讲明其中的语言学学理。

"小姐"之所以被称为"翠花"，是修辞学上的一种借代法。借代就是不直接说出某事物，而借用另一种与之有关的事物来代替。借代可以分为"旁代"和"对代"两大类。

所谓"旁代"，是指用随伴事物的名称代替主干事物的借代。例如："先生，给现钱，袁世凯，不行么？"用"袁世凯"代替银圆，是用事物的特征或标记来代替事物。"首先，是革命还是反革命？是延安还是西安？有些人不懂得要划清这种界限。"用"延安""西安"分别代替不同的政权，是以事物的处所代替事物。"何以解忧？惟有杜康。"用"杜康"代替酒，是用事物的制作者代替事物。"我们的原则是党指挥枪，而决不允许枪指挥党。"用"枪"代替"军队"，是借与事物相关的工具代替事物。

所谓"对代"，其中借来代替本名的，是与所说事物相对待的事物的名称。例如："不拿群众一针一线。"用"一针一线"代替所有财产，是用部分事物来代替全体事物。"你们杀死一个李公朴，会有千百万个李公朴站起来！"后一个"李公朴"代替的是所有与国民党坚决斗争的人，这是以特定的名称代替普通的名称。"烽火连三月，家书抵万金。"用"烽火"代替战争，是用具体事物的名称代替抽象事物的名称。"汉皇重色思倾国，御宇多年求不得。"用"倾国"代替佳人，是用结果的名称代替原因的名称。

"翠花"代指"小姐"，属于"对代"大类中的"以特定的名称代替普通的名称"。因为"翠花"是雪村那首歌曲中的人物形象——女服务员，是个特定的对象，以此特定对象代替"翠花"同类人物——服务行业的年轻女性从业人员，就是特定代替普通。可见，"翠花"之所以能取代"小姐"而流行，是有其语言学依据的。既然有学理依据，加之《东北人都是活雷锋》这首流行歌曲的风行传唱，"小姐"被称作"翠花"也就自然而然、不足为怪了。

锁定名人

董桥与"云南知府"

黄有宾

董桥的文字，向来为人称道，有人以"时代的眼睛，文字的知己"称誉董桥。近读《董桥自选集》，果然深受启迪。不过，也发现其中有些地方还需推敲。

在《古艳说》一文中，有这样一段话：

梦楼是探花。高宗南巡见了他写的钱塘寺僧碑，大大赏爱，找来在翰林侍读，当过云南知府。

这里说的梦楼，是清代书法家王文治，他与刘墉、梁同书、翁方纲齐名，称清四大家。董桥先生在这段话中说，王文治任翰林侍读的原因，是"高宗南巡见了他写的钱塘寺僧碑，大大赏爱"，这恐怕与史实不符。王文治在《清史稿》中有传，看看其中的这段文字：

乾隆三十五年，成一甲三名进士，授翰林院编修。逾三年，大考第一，擢侍读。出为云南临安知府，因事镌级，乞病归。后当复官，厌吏事，遂不出，往来吴、越间，主讲杭州、镇江书院。高宗南巡，至钱塘僧寺，见文治书碑，大赏爱之，内廷有以告，招之出者，亦不应。

从这段话可以看出，王文治在乾隆三十五年考中探花（一甲三名进士），授翰林院编修。三年以后，在翰林院的升职考试（大考）中考第一名，升为侍读。出任云南临安知府，但因事降级（镌级）而辞官归里。后来可复官，但"厌吏事，遂不出"，在吴、越一带讲学。乾隆南巡，在钱塘僧寺见到王文治书写的碑文，非常"赏爱"。后来朝廷再次征招，还是没有应招。《清史稿》记载得非常清楚，王文治是在翰林院的升职考试中考第一名，而"擢"为翰林侍读的。乾隆对王文治的"书碑"确实"大大赏爱"过，但这和王文治升翰林侍读无关。

王文治曾任云南临安知府，而

李敖误解李商隐

邹亨昌

《读者》2003年第10期选有一篇台湾作家李敖的文章,题目为"床"。文中引用了晚唐诗人李商隐《贾生》中的诗句"可怜夜半虚前席",李先生对其中的"虚前席"作了如此解释:"虚前席"就是两人在席上对跪,中间保持一段距离,表示是皇上尊敬知识分子。按照李先生的理解,"虚"指"空着"的意思,"前席"指身子前面席上的空间,"虚"与"前席"构成动宾结构,意即彼此空着前面的一段空间对跪着。这个解释值得商榷。

其实,李商隐的这句诗用了一个典故。贾谊贬长沙,文帝召之回宫,《史记·屈原贾生列传》载:

贾生征见。孝文帝方受釐,坐宣室。上因感鬼神事,而问鬼神之本。贾生因具道所以然之状。至夜半,文帝前席。既罢,曰:"吾久不见贾生,自以为过之,今不及也。"

这段文字中,出现了"前席"一词。从字里行间可知,"前席"是一谓词,乃"前于席"之意,亦即在坐席上向前靠近对方。李商隐诗,就是以此为典表示文帝当时的虚心与虔诚。其中的"虚"应作"白白地""徒然"解,与"可怜"相照应,表达了诗人对孝文帝"不问苍生问鬼神"的遗憾与嘲讽。

对李商隐这句诗,历来的注家都作此解,从无异议,李敖先生的"发挥"是没有根据的,误解了李商隐。

"府"的长官,二者不能直接搭配。比如有人曾当过湖北省鹤峰县县长,能不能称他为"湖北县长"呢?答案不言而喻。

所以说,在"云南"和"知府"中间的这个"的"字是不能省的,否则意思就不清楚了。或者把这话写成"在云南当过知府"也行。

董桥省去"临安"二字,说王文治当过"云南知府",也是不对的。按清代官制,省与州县之间设府统辖州县,最高长官称"知府"。清代云南十四府中,没有云南府,所以也就不可能有"云南知府"之称。当然,董桥先生的意思是王文治曾做过"云南的知府"。问题是,"云南"是省级行政单位,而"知府"是省的下属行政机构

时尚词苑

气死历史学家的"戏说"

庄 骏

2002年7月,中央电视台"实话实说"栏目以"名著能否戏说"为话题,引发了王晓鹰和张颐武针锋相对的论辩。争论缘起于文艺界愈演愈烈的"戏说"风。目前看来,否定"戏说"的声音似乎更大一些,但张颐武所谓的"戏说倒是一个反而让你贴近名著的办法"也点出了"戏说"积极的一面。

"戏说"并非新词。原来,"戏说"之"戏"乃戏谑、玩笑之意。1991年,香港的电视剧《戏说乾隆》给内地带来了戏说历史之风。这个"戏说"中的"戏"字被赋予了"戏剧"之意,用戏剧的手法说人物、述历史,由历史而来,却不受历史的羁绊,使艺术创作空间豁然开朗;当然它也继承了"戏说"的本义,对历史采取了玩笑的不严肃的态度,使"戏说"成为近于媚俗的艺术表现形式。

忽如一夜春风来,千树万树梨花开。"乾隆"一出手,电视剧编导们的创作自由就无限膨胀、天马行空了。这历史之酒是大可以或重酿或勾兑的,至于真实,哪里有观众口味(收视率)来得重要?于是,《戏说慈禧》粉墨登场,纪晓岚与和珅较上了劲,类似"关公战秦琼"的怪事,层出不穷,观众只能佩服改编者的"高超想象力"。更有甚者,明明是胸无点墨,还打着"戏说"的旗号,号称"气死历史学家"。"戏说"的口碑越来越差,到今天,在文艺界已近乎一个贬义词了:

①不少娱乐作品的健康情调似乎也荡然无存,津津乐道于"气死历史学家"的戏说、胡说。(《解放日报》2002年7月28日)

②更可怕的是,众多戏说胡编的清宫戏,大肆歪曲历史,让历史上真实的人物,套上子虚乌有的事件,一些中小学生以其作为学习历史的启蒙教材,怎不误人子弟。(《解放日

"挂牌"演变记

广 马

"挂牌",顾名思义,就是挂上牌子或牌匾。使用这一含义,在报章上不乏其例:

①与其挂牌告示,不如修复围栏。(《解放日报》2002年12月4日)

②还有,买的时候要留心狗脖子上的挂牌——正宗的狗狗都有自己的名字。(《申江服务导报》2002年3月6日)

例①例②中"挂牌"的词性不同,意义却是相通的。但如果据此举一反三,就会有误解之嫌。请看:

③本市日前又有9个区的老干部活动室对外挂牌,受到老干部们的欢迎。(《解放日报》2002年12月28日)

④打造上海科技第一品牌,上海张江集团挂牌。(《解放日报》2002年12月26日)

难道只要挂一块牌子(匾),老干部们就会大呼欢迎吗?张江集团就可

报》2002年4月19日)

③金文雄最后指出,过去电视荧屏上戏说风、豪华风和滥情风盛行,经过整顿,这些现象确实有所收敛。(《新闻晚报》2003年1月19日)

有调查数据表明,现在40%~70%孩子的历史知识是从那些戏说的电视剧里学来的,"戏说"甚至有可能扭曲年轻人的历史观。于是,"戏说"受到了国家广电部门的强力整顿。

"戏说"之风虽然声名狼藉,但"戏说"这个词的生命力却不可小视。

借荧屏东风,作为一个旧词,它又在媒体上经常亮相,并且深入人心:

④所以有人戏说,北佤是佤邦毒品的大脑和手,而南佤是脚。(《新闻晚报》2002年12月22日)

⑤阿加西戏说当爹苦(《新闻晚报》2002年11月11日)

⑥戏说"上海男人"(《新闻晨报》2003年1月7日)

这里所取的都是"戏说"的本义。人们不用"戏谈""笑谈"之类同义词,而喜欢用"戏说",充分说明了这个旧词获得了新生命。

以打造上海科技第一品牌吗？这显然不合事实！诚然，牌也许是挂的，挂牌仪式也可能相当隆重，但是，"挂牌"一词的意义已经有了引申和发展。

"挂牌"有三个引申义。第一个指的就是医生、律师等正式开业。例③和例④中的"挂牌"作正式的"开业"或"开张"讲才是合理的。为什么原先是特指"医生"和"律师"职业呢？这和传统有关。解放前，医生、律师开业，总要悬挂"某某诊所""某某律师事务所"等标牌。起先只是形式，久而久之，"挂牌"就借代为"开业"了。直到今天，不少医生仍与"挂牌"有着亲密接触：

⑤只有取得"上海职业兽医上岗证"的挂牌医师才能开相关处方。(《解放日报》2002年12月22日)

⑥电力医院首推减肥医师挂牌制。(《申江服务导报》2002年9月18日)

例⑤例⑥的"挂牌"在"开业"基础上又作了引申，成为"挂牌"的第二个义项，指"挂上有文字的标志，以示拥有某种资格或能力"的意思。服务行业的"挂牌"还有第三种引申义，指的是"服务人员佩带标明自己姓名、号码、职务等项目的证件，以便顾客对其工作作出评价"，如"这家商场的售货员都必须挂牌上岗"(《解放日报》2002年9月11日)。

追根溯源的话，"挂牌"二字在古代章回小说中很常见。《封神演义》里，子牙曰："连伤二人，且挂'免战牌'出去。"《隋唐演义》里，程咬金吩咐小军道："我老爷肚痛得紧，挂了免战牌吧！"牌子一挂，意味着免战，这与今天那些牌子的信息传递功能是一致的。另外，梨园内"老板"(演员)亮相要挂牌，米铺中粮食价格要挂牌……用时尚的话说，"挂牌"有着"深厚的历史积淀"。

股市球市房市的日渐兴旺，"挂牌"二字突然间不绝于耳。老树萌发新芽，其生命力令人惊讶：

⑦土地挂牌出让开先例，经十五轮报价，恒大房产获地块使用权。(《解放日报》2002年11月22日)

⑧据悉，倍受市场关注的企业债券回购交易品种，将于12月30日起在上证所正式挂牌。(《解放日报》2002年12月26日)

⑨中远挂牌胡志军，李晓可能退役。(《解放日报》2002年12月27日)

这里，"挂牌"又添新义，成了"明码标价出售"。此义项有个对立面——"摘牌"，二者如影随形，往往是你挂牌我摘牌，如"江津：苦候中远摘牌"(《解放日报》2002年12月14日)。

从北京"膀爷"说起

宗守云

北京正在流行一个词——"膀爷"。"膀爷"是什么人呢？《北京青年报》2002年9月9日有一则消息说：

（1）今年7月到8月之间，外国各大媒体的报道中对北京的夏天特别关注。在所有的报道中，不约而同地重复着一个个的"新名词"——Bangye、Grandpa Shoulder、Topless men，这些词就是北京人说的"膀爷"。一位曾在去年来北京采访大运会的外国记者说，今年北京街头的"半裸的男人"少了，全世界都知道北京的"膀爷"已经开始穿上了T恤。

可见，所谓"膀爷"，其实就是北京街头光着膀子的半裸男人。

"爷"的意义很多，按《现代汉语词典》的说法，有：①〈方〉父亲；②〈方〉祖父；③对长一辈或年长男子的尊称；④旧时对官僚、财主等的称呼；⑤迷信的人对神的称呼。"膀爷"的"爷"跟其中的任何一个意义都对不上号，它是一种比较新的用法。从《现代汉语词典》的释义来看，"爷"的基本用法有两个，一是反映人的辈分，一是反映人的身份。反映人身份的"爷"不仅"旧时"存在，即使在现代社会中也是屡见不鲜。例如，有钱的人可以称为"款爷"，有权的人可以称为"阿爷"。"款爷"出现比较早，"阿爷"则是近年出现的，是港澳特区的人们对内地某些官员的称呼。例如：

（2）其次，是时下非常突出的问题——公款读书。这已经成为变相腐败的一种，群众对此是极为不满的。这个班的收费情况见不见报道不得而知，但人们更关心的是这些钱最终由"阿爷"埋单还是由他们自己支付？（《南方日报》2002年9月20日）

（3）据了解，从1996年8月至1999年2月，马向东等人先后17次私自到港澳赌博……就在第17次，马向东东窗事发，"慕马大案"浮出水面……据说，曾有赌场经营者这么说："我们喜欢'阿爷'来赌，他们赌得大方，赌得爽，输掉了也不会找我们的麻烦，没有后患。"（《南方周末》2002年8月29日）

反映人身份的"爷"不仅有类似"款爷""阿爷"的通称用法，还有专称的用法。媒体上常见的专称，如"星爷"，指的是香港"无厘头大师"周星驰。例如：

（4）持续了3个多月的周星驰选秀活动昨天在广州结束。经过沈阳、北京、济南、杭州、广州5站的选拔，14位新人从上万名参赛者中脱颖而出，成为周星驰所在的星辉海外有限公司签约的新人。据悉，这14位新人将在今年开机的由星爷（周星驰）自编自导自演的新片中扮演角色。（《北京娱乐信报》2002年8月28日）

这和影视作品的影响有关。一部《大话西游》，使"大话""无厘头""星爷"这些新词语频频出现于内地媒体。影视作品对语言的影响是不可忽视的。跟"星爷"的使用相似，有人还把郭宝昌称为"宝爷"。例如：

（5）同大多数的转型导演一样，郭宝昌在百姓中的扬名之作当属电视剧《大宅门》，不仅稳坐2001年央视收视率头把交椅，在整个华人世界都引起轰动。此外，这位被誉为电视界丰碑的老导演创作激情四溢，短短一年就有《宅门逆子》《欲望的漩涡》等多部作品问世。只是，宝爷曾数度对记者感叹："我再也拍不出《大宅门》那样的作品了。"（《长江日报》2002年4月3日）

以上这些"爷"都是对有身份有地位人的称呼，是出于什么样的目的使用这些称呼，可能情况很复杂。不过有一点是可以肯定的，这样的称呼是用于非正规而且随意性较大的场合的，庄重严肃的场合一般不用。从例子中看出，使用这样的称呼，调侃色彩很浓。

"膀爷"的情况与上面这些不大相同。"膀爷"与以前就存在的"板爷"（蹬平板车拉客的男人）、"侃爷"（闲聊的男人）等有些类似，都是用来指身份地位不高的普通人的。

一般说来，"款爷""阿爷"之类的称呼是带有贬义色彩的。李行健说："'款爷'是有钱的人，但有钱的人却不能都叫'款爷'，好像它同钱的来源和速度还有点关系。"（见《词义演变漫议》，载《词汇学新研究》，语文出版社1995年版）"阿爷"似乎跟腐败不无关系。"星爷""宝爷"之类的称呼除了可以显示他们的身份外，更多的是调侃色彩。如果把这些称呼中的"爷"看作权势性的"爷"的话，那么，"膀爷""板爷""侃爷"中的"爷"则是平民化的"爷"，这纯粹是调侃性的称呼了。"膀爷"的出现，不仅给平民化的"爷"家族增添了一个新成员，而且它强化了"爷"的新意义——从事某种职业或具有某种特征的男性称呼。

一针见血

"女式坤包"？

谷士锴

2002年4月21日《北京晚报》第5版《法官挺身勇追歹徒》一文第3段说："张卿(法官)打开车门下车,见到刚才那个人(歹徒)已经跑出了七八米远,臂下还夹了一个女式坤包。张卿大喊：'抓住他！'"

"女式坤包"的"女式"二字实属多余。"坤"就代表女性,如坤包、坤表、坤车等。因为在八卦中,坤代表地,旧时以地喻女性,故女性用品可冠以坤字。坤包即女式挎包或手提包,何须再加"女式"二字！

"年方及屏"？

余培英

电视连续剧《格格要出嫁》,有一集屏幕上出现了"年方及屏"四字,这个"屏"应是"笄"。

"笄"读 jī,簪子,古代用来插住挽起的头发或帽子。《释名·释首饰》："笄,系也,所以系冠使不坠也。"《礼记·内则》："(女子)十有五年而笄。"后称女子年满十五为及笄,亦指女子已到可以出嫁的年龄。《儒林外史》第十回："鲁老先生有个令爱,年方及笄。"

"几千年"？

柏乃冰

《看世界》2002年第10期"说吧"栏目中有一篇邱贵平先生写的文章,其中有一段话："……按照美国医学界几千年流传下来的传统,医生毕业时都要立下誓言,即著名的'希波克拉底誓言',作为一个医生,要尽其所能为患者谋利益……"美国医生的高尚医德确实值得我们学习,然而我们地球上这个美利坚合众国是1776年才宣告成立的,至今才200多年,何来"几千年流传下来的传统"？"说吧"未免"说"得太过。

野猪林何来黑旋风

一 言

2002年4月21日《北京晚报》第10版《明天世界地球日：善待地球》最后一段说："在荒野中，你可以云山雾罩地充分想象，做荒原上的杰克伦顿，做遥看瀑布的诗仙李白，还可做野猪林的黑旋风李逵……荒野可以使历史从古籍中复活。"

"野猪林的黑旋风李逵"的说法不准确。《水浒传》里大闹野猪林的好汉是花和尚鲁智深。豹子头林冲原是东京八十万禁军教头，因受太尉高俅陷害被发配沧州。两个公差受高俅指使，半路上在野猪林要杀死林冲，幸得花和尚鲁智深赶到，救了林冲性命。所以，正确的说法应为"野猪林的花和尚鲁智深"。

"愈老愈弥健"？

陈建舟

《散文选刊》2002年第6期转引了《文学报》2001年11月8日的《黑发苏州》一文。其中有这样的形容："苏州虽白发苍苍，可苍苍白发蕴涵着的全是文化种子。而且是文化的都是愈老愈弥健的。"

"弥"在这里的意思是"更加"，表示程度；"愈……愈"的意思是"越来越"，也表示程度的加深。因而"愈老愈弥健"犯了叠床架屋的毛病，不如将"弥"字删去。

毛泽东出国几次

村 友

《决战朝鲜》（长江文艺出版社出版）第51～52页有这样一段话：

毛泽东比约定时间早到了三分钟。斯大林办公室的门紧紧关着，毛泽东和随从人员坐在那里静静地等待。此次访苏是毛泽东一生中第一次也是最后一次离开中国。他此行是为了给百废待兴的新中国争取援助，也是为了给斯大林庆贺七十寿辰。

毛泽东主席1949年12月访问苏联确实是他平生第一次出国，但说"也是最后一次离开中国"就错了。大家知道，毛主席一生中只出过两次国，去的都是苏联。第一次是在

1949年12月至1950年2月,即新中国刚刚成立时。此行毛泽东与斯大林签订了《中苏友好同盟互助条约》。1957年11月,毛主席第二次也是最后一次出国,赴苏参加十月革命四十周年庆典,并参加社会主义国家的共产党和工人党会议。所以,毛主席最后一次出国访问是在1957年,一生中出国两次。

"国务院"还是"政务院"

石谷文

《中国共产党:八十年历程　八十件大事》(新华出版社出版)第178页有这样一段话:"新中国一成立,外交上的第一个问题就是同其他国家建立外交关系,走向国际社会。周恩来在担任国务院总理的同时,兼任了中华人民共和国第一任外交部长。"

新中国刚成立时,最高国家权力机关的执行机关(即最高国家行政机关)称政务院。直到1954年9月,第一届全国人民代表大会通过《中华人民共和国宪法》和《中华人民共和国国务院组织法》,政务院才改称国务院。所以,周恩来在1949年至1954年期间,担任的是政务院总理兼外交部长。

宁夏总面积最小吗

朱克华

2002年9月9日《中国电视报》刊有《正大综艺——宁夏》一文,介绍宁夏概况时有这样一句话:"宁夏回族自治区总面积在全国范围内是最小的……"读后颇觉意外,宁夏总面积怎么会是最小的呢?在中华人民共和国行政区中,除京、津、沪、渝四个直辖市及港、澳特别行政区外,省级行政区中面积最小的是海南省,为3.4万平方公里,其次是台湾省,为3.6万平方公里,第三个才是宁夏回族自治区,为6.64万平方公里。

何谓"潜越"

赵增民

2002年12月9日央视国际频道播出的"走遍中国"节目,讲到"春秋大墓"的有关情况时说,经专家考证,这个大墓是赵简子的墓葬。赵简

10—18

子是春秋末年晋国的正卿。按古代礼制，公卿埋葬时只能用五个鼎，然而出土的文物中却有七个鼎，这是"潜越"古制的行为，说明他有野心。这里的"潜越"于理不通。

僭，音jiàn，是超越本分的意思，过去指下级冒用上级的名义、礼仪或器物。双音词有"僭分""僭越"。如《北史·魏清河王怿传》："宜杜渐防萌，无相僭越。"意思是说，应从一点一滴的小地方注意防范，不要超出自己的本分。电视字幕中的"潜越"显然是"僭越"之误。

圆明园是谁烧的

陈　章

美国炸我驻南使馆之后，香港电视台有位时事评论员在演讲中说："……中国，已不是八国联军火烧圆明园时代的中国了！"圆明园真的是八国联军烧掉的吗？非也。圆明园是1860年英法联军烧的，事后，法国著名作家雨果还写信痛骂过那个纵兵焚园的法军上尉。就在1860年那次事变中，咸丰皇帝逃往承德，第二年死于承德避暑山庄，慈禧趁机发动政变，抓了以肃顺为首的"顾命八大臣"，开始了她把持朝政、祸国殃民四十多年的罪恶生涯。八国联军入侵北京，则是1900年义和团运动期间，距英法联军火烧圆明园迟了整整四十年。英法联军的账，怎能要求八国联军"埋单"呢？

"醮水"还是"蘸水"

陈建舟

"鞭刑的皮鞭是用牛皮特制的，由执刑人员醮水后抽打犯人背部，一鞭下去皮开肉绽，三鞭子打下来，不死也得脱一层皮，所以要分三次行刑。"这是《龙门阵》2002年第1期所刊《新加坡见闻》一文中的一段话，其中对犯人施以鞭刑是否合法姑且不论，要论的是"醮水"当作"蘸水"。"醮"与"蘸"虽然只差一个草字头，音义相去可远啦。"醮"念jiào，是"古代结婚时用酒祭神的礼"，后来多借代结婚，如旧时以"再醮"指女子再嫁。"蘸"念zhàn，是一种动作，指"在液体、粉末或糊状的东西里沾一下就拿出来"，如"钢笔蘸水""蘸点糖再吃""大葱蘸酱"等。以皮鞭"醮水"抽打犯人，显然说不通。

"调任……任"?

河流

《光明日报》2002年9月2日刊有《英雄与梦想》一文,其中有"张广新由锦州市轻工局调任凌川酒厂任厂长兼党委书记"之语,"调任……任"是典型的谓语重复。"调任"是调至某处担任之意,其后再加一个"任"字,那不就成了"调至某处担任担任"之意吗?矫正之法是"斩断蛇足",去掉后一个"任"字;或者将"调任"改成"调至"。

是"绝意"而非"决意"

缪顺才

《中国经营报》2002年10月21日第37版《赚多少钱才算够——金钱与生活 从李渔谈起》一文中说:"李渔……生于明朝后期,25岁中秀才,此后两赴乡试,前次名落孙山,后次因兵乱中途折返。清以后,家道中落,决意仕途,从事传奇小说创作及经营书店等文化活动。"

"决意仕途"令人生疑。所谓"决意",是下定决心去做某一件事;而此文中的意思是说李渔见自己仕途不顺而萌另谋发展之心,"决意仕途"从何说起?

通观上下文,"决意"改为"绝意"庶几可通。因为"绝"有"断绝"的意思,如希望断绝称"绝望",拒绝进食称"绝食"。

应是"板荡识诚臣"

谷村

电视剧《金粉世家》有一集里,"国务总理"金某和朋友谈话时说:"疾风知劲草,坦荡识忠臣。"(见字幕)"坦荡"应为"板荡","忠臣"应为"诚臣"。

"板荡"一词典出《诗经·大雅》,其中有《板》《荡》两篇,写当时政治黑暗,人民生活贫苦,后来"板荡"便被用来形容天下大乱,局势动荡不安。唐太宗《赐萧瑀》诗:"疾风知劲草,板荡识诚臣。"意思就是在狂风中才能看出草的坚韧,在乱世里方能显出忠臣的赤诚之心。把"板荡"写作"坦荡",当是音近致误。

追踪荧屏

标准答案不标准

杨庆铎

上海电视台《智力大冲浪》栏目有选是非、辨真假、争高低、夺盟主等游戏，内容丰富多彩，雅俗共赏，收视率一直很高。其中许多游戏是"做题目"，可惜有些题目的标准答案并不标准，未免遗憾。兹举其一二于下。

有一次该栏目的主题是"良药苦口"，其中有一道题是："病人膏肓"和哪位名医有关？标准答案是"扁鹊"。这个答案不标准。查《史记·扁鹊列传》可知，扁鹊虽有医治赵简子、虢太子、齐桓侯等事迹，《韩非子》也记载了"扁鹊见蔡桓公"的故事，却都和"病人膏肓"无关。

《左传·成公十年》说得明明白白：

（晋景）公疾病，求医于秦，秦伯使医缓为之，未至，公梦疾为二竖子，曰："彼，良医也，惧伤我，焉逃之？"其一曰："居肓之上，膏之下，若我何？"医至，曰："疾不可为也。在肓之上，膏之下，攻之不可，达之不及，药不至焉，不可为也。"

可见和"病人膏肓"有关的医生是名字叫作"缓"的人，而不是扁鹊。

又一次主题是"瘦身男女"，有道题是：杨贵妃的真名是什么？标准答案是：名太真，字玉环。"玉环"是字吗？查乐史《杨太真外传》：

杨贵妃小字玉环，弘农华阴人也……开元二十二年十一月，归于寿邸。二十八年十月，玄宗幸温泉宫，使高力士取杨氏女于寿邸，度为女道士，号太真。

看来节目组把"小字"当作"字"了。果真能如此理解吗？查《辞源》《辞海》可知，"小字"即小名，也就是

"万乘"的"乘"读"chéng"吗

赵 茹

在电视连续剧《康熙微服私访记》的《铃铛记》中,宜妃有一句话说:"他(康熙)一个万乘之躯,说抛就抛了。"饰演宜妃的邓婕把这句话中的"乘"读为"chéng"了。实际上,"乘"在这里应该读"shèng"。

在古汉语中,当"乘"读"chéng"时,它的意义为"驾车、乘车",如《左传·僖公四年》:"与屈完乘而观之。"后引申为"乘船",如《诗经·邶风·二子乘舟》:"二子乘舟,泛泛其景。"又引申为"凭借、趁着",如《孟子·公孙丑上》:"虽有智慧,不如乘势。"当"乘"读"shèng"时,意义是"兵车,包括一车四马",是名词,如《左传·隐公元年》:"缮甲兵,具卒乘。"又作为量词使用,春秋时代,兵车一乘有甲士三人,步卒七十二人。如《左传·隐公元年》:"命子封帅车二百乘以伐京。"

古人所谓"千乘之国""万乘之国",是指国家具有"千乘""万乘"这样的武装力量。今天《现代汉语词典》中还保留着"乘"的"shèng"音,释义为"古代称四匹马拉的车一辆为一乘",举的例子就是"千乘之国"。由此可以看出,"万乘之躯"是由"万乘之国"而来,形容极尊贵的人,在古代就是指国君。在宜妃的话中,"他一个万乘之躯",实际指的是康熙的尊贵地位,因而"乘"在这里不读"chéng"而读"shèng"。

乳名,如曹操小字阿瞒,刘禅小字阿斗,刘裕小字寄奴。所以"小字"不是"字"。古人除了"名"外是有"字"的,如苏轼字子瞻,韩愈字退之,诸葛亮字孔明,但古人的字是在长大成人后才取的。《礼记·曲礼上》说:"男子二十,冠而字;⋯⋯女子许嫁,笄而字。"所以说,"小字"和"字"是完全不同的概念,"玉环"是杨贵妃的"小字",不是"字"。

治白血病的是 gān 细胞吗

盛祖杰

中央电视台曾在不同频道的多个栏目中,报道了有关干细胞移植治疗白血病、我国干细胞库的扩容计划等内容,通过现场直播、专家访谈、街头调查、跟踪报道……多方位地进行了宣传。遗憾的是,参与这些节目的记者、主持人、解说者中,有好几位说的都是"gān 细胞"。看来,他们也和许多非专业人员一样,对此缺乏必要的了解。

能移植治疗白血病的干细胞是最原始的血细胞,血液中的红细胞和白细胞都是由干细胞分裂、分化而来。可见这个"干"字是指事物的本体、主体,必须读 gàn,如干线、干流。决不是与湿相对的 gān,液体血浆可以制成干血浆,而干细胞却是"湿"的。治疗用的干细胞来自骨髓,因而常被称为骨髓移植。由于科学技术的进步,现在都是从循环流动的外周血液中采集干细胞,既安全方便又免除了人们对所谓"抽骨髓"的恐惧。相信我国会有越来越多的志愿者奉献爱心捐赠干细胞,这将是白血病患者及其他一些血液病患者的福音。"干细胞"的"干"应该读作 gàn。

何来"邮船部"

李荣先

上海电视台"生活时尚"频道,曾有一档专题节目,名为"时髦外婆"。在此节目的"结婚"篇中,九十三岁的盛承业老先生,提到了他的祖先——前清邮传部尚书盛宣怀。

可惜,在该片的字幕上,"邮传部"被误作了"邮船部"。"邮传部"始设于1906年(光绪三十二年),辖船、电、路、邮四政。1911年,盛宣怀受任"邮传部尚书",旋改称"邮传部大臣"。他是洋务派中亦官亦商的干才,我国近代史上的名人。我国首批按西方模式创建的高等学校之一——南洋公学,即盛宣怀奏准于清廷后所建。它是今日交通大学的前身。交通大学,在其校史上,曾隶属于不同的部门,校名亦随之而变更。当它隶属于邮传部时,校名为"邮传部上海高等实业学堂"。

与名校、名人有着密切关系的邮传部,其名称是不应该被写错的。

借题发挥

上了"面包"的当

张紫欣

2003年8月2日,《楚天都市报》热线新闻版有一篇新闻报道,标题的引题为"南湖井冈村铁路道口再生祸",正题为"火车推着面包跑"。引题好理解,是说武昌南湖井冈村铁路道口是交通事故的高发地带,现在又发生了车祸;正题"火车推着面包跑"很"搞脑子",让人难以明白其中的意思。

办公室有两位同事喜欢"脑筋急转弯",我正好拿这则标题"考考"他们。其中一位拍拍脑袋,好像很有把握地说,火车出了轨道,撞翻轨道旁的一个面包房,因此"火车推着面包跑"。不对! 不对! 是火车和一辆装着面包的汽车相撞,因此"火车推着面包跑"。另一位以一种不容争辩的口气反驳。一场围绕"面包"的舌战在两人之间爆发……在两人争得面红耳赤的时候,我说,不要争啦,看看新闻报道内容不就明白了?

两人看后才知道都猜错了。这则报道说的是,一列火车倒车时,在武昌南湖井冈村铁路道口,撞上一辆行进中的面包车,并将它推行了20多米远。原来这则新闻报道标题中的"面包"指的是"面包车",根本就和两位同事争论的"面包"无关。两位同事差点"晕过去",大呼上当,说"面包车"怎么能不看语境,随意缩写成"面包"呢?

"德比"为何要"免票"

黄文雯

2003年7月16日,上海中远足球队主场作战,和申花队上演了一场精彩的"德比大战"(同一城市的两支球队比赛)。在此之前《新闻晨报》刊发了一篇正题为"中远高挂'免票牌'"、引题为"德比战上海体育场可能爆满"的新闻报道。看到这则报道的标题,会让人脑子里出现这样的情景:在德比战场上,中远足球俱乐部高高地挂起一块牌子,上面醒目地写着两个字"免票",上海体育场因此爆满,因为这则新闻报道标题的字面意思很清楚:在7月16日的德比大战中,中远俱乐部不收门票。

转而又想,这怎么可能呢?德比之战是同城兄弟"同室操戈",很有看点。在足球史上,德比之战历来都蕴藏了无限的商机,足球运营商可以借此赢得巨额门票收入,是赚钱的大好机会。去年意大利甲级联赛,罗马的两支球队罗马队和拉齐奥队德比大战,主场作战的拉齐奥队创下了门票收入130万英镑的纪录。中远俱乐部干吗这么"傻",放弃这么

德比战上海体育场可能爆满
中远高挂"免票牌"

晨报讯 记者昨天从中远俱乐部了解到,下周三的德比大战将掀起今年申城球市的首轮风暴,比赛的出票情况出奇得好。

头脑精明的中远俱乐部将德比战的票价定为四个档次,分别为200元、120元、80元和50元,比平常的票价上涨四成。尽管如此,球票还是供不应求。尽管距比赛还有五天,销售量已经达4万张。据中远俱乐部有关人士估计,届时,上海体育场极有可能出现爆满的情况。现在中远俱乐部接到的索票电话络绎不绝,俱乐部已经高挂"免票牌",免费的招待票没有,即使掏钱还要尽量争取。

之所以德比战球市如此火爆,与两支球队目前均居积分榜前三名有很大关系,而且现在两队相差2分,下周三两队的角逐一定会异常火爆。前天,双方俱乐部已经开过协调会、申花的球迷将买到平价票进场。

(记者 鲁敏)

好的赚钱机会?

带着疑虑,我仔细看完了这篇报道。原来中远俱乐部根本就不"傻",不仅不"免票",反而把票价上涨了四成。尽管如此,球票还是供不应求,距比赛虽然还有五六天,但球票快要告罄。中远俱乐部每天要接到许多索票电话,但俱乐部明确表示:免费的招待票没有,即使掏钱还要尽量争取。

如此看来,中远俱乐部并不是

10—25

"责成谁家"作何解

余 点

《新闻晨报》7月29日刊出《百余学子"浪迹"不来梅港》的追踪报道,标题是"误入异乡责成谁家"。

初读这则标题,一愣,不知所云。因为"责成"是"指定专人或机构负责办好某件事"的意思,按照字面理解,这个标题的意思就是"指定哪一家机构去误入异乡"。"指定机构误入异乡"?这样的表达恐怕没有几个人能明白吧?

读该文,了解到所谓"误入异乡"是说不少中国学生在某留学中介的介绍下,花了几十万元人民币去德国某学院求学,结果"就读四年毕业的学生,可拿到国际认可的硕士学历资格证书"的承诺根本无法兑现。该报道想追问的是百余名学子被误导去了德国,到底该由谁来对此负责。标题中"责成谁家"想表达的意思,应该是"责任由谁家承担"。然而,"责成"作为一个定型的词语,它的含义也是固定的,"责成谁家"是无法表达"责任由谁家承担"的意思的。要表达这个意思,将原标题改为"误入异乡责在谁家"或"误入异乡谁来负责",庶几可矣。

不收门票,而是不免费赠送招待票。如果硬要说中远在这场德比之战中挂了什么牌的话,那么牌子上写的并不是"免票"二字,而是"不赠送招待票"。这则报道的标题把意思弄错了,但愿此错没有闹出什么乱子来。

词语春秋

也谈"'寿比南山'的由来"

曾史

2003年3月26日《报刊文摘》转载《健康咨询报》刘光泉《"寿比南山"的由来》一文,文中说道:

"寿比南山"是给老人祝寿时用的颂语。南山指的是山东青州市境内风景幽静的云门山,因其坐落在城南,故称南山。山上有一个大"寿"字,为明代嘉靖年间衡王府管家周全所写,字高7.5米,宽3.7米……"寿"字笔锋若龙飞天门,气势雄伟,异常壮观……"寿"与山融为一体,真可谓"寿是一座山,山为一个寿"。人们希望寿命像山一样长久,故有"寿比南山"的颂语。

这是一篇成语探源的文章。按照作者的说法,"寿比南山"这个祝颂性成语,始见于明朝嘉靖以后。如果当年衡王府的管家周全没有跑到青州云门山上去写下这个"若龙飞天门""与山融为一体"的"寿"字,那么今天就不会用"寿比南山"来给老人们拜寿了。

上述观点能否站住脚呢?让我们先来看看古人诗文中以南山比喻长寿的若干例子:

汉曹操《陌上桑》诗:"景未移,行数千,寿如南山不忘愆。"

《三国志·王朗传》:"若常令少小之缊袍不至于甚厚,则必咸保金石之性,而比寿于南山矣!"

《南史·齐豫章王嶷传》:"古来言愿陛下寿比南山,或称万岁。"

南朝梁周舍《上云乐》:"故乃寿如南山,志若金刚。"

唐李白《春日行》:"小臣拜献南山寿,陛下万古垂鸿名。"

五代南唐冯延巳《寿山曲》:"侍臣舞蹈重拜,圣寿南山永同。"

以上六例中的祝颂语,尽管用字或词序有所不同,但都以"南山"来比喻人寿之长则是完全一致的。不过,从语言形式来看,起初还没有定型，或作"寿如南山"，或作"比寿于南山"，直到《南史·齐豫章王嶷传》中，才写成了"寿比南山"。《南史》是唐代初年李延寿所撰。他的材料，来自更早的南朝梁萧子显的《南齐书》。其中所用的颂语本作"寿偕南山"，到了李延寿笔下，才把"偕"字改成了"比"。可见《南史》中的"寿比南山"，应当是这个成语的最早书证。

现在，问题已经十分清楚："寿比南山"一语，始见于唐初修撰的《南史》。作者李延寿生活的年代，要远远早于"明代嘉靖年间"，怎么可能看到900多年后的"衡王府管家周全"在青州云门山上写下的那个大"寿"字呢？

那么，"寿比南山"的真正源头究竟在哪里？我认为可以上溯到先秦的典籍《诗经》。用文学语言将"南山"和"祝寿"联系起来描述的，《诗经》中一共有两处：

《诗经·小雅·天保》："如月之恒，如日之升，如南山之寿，不骞（毁败）不崩（崩塌）。"

《诗经·小雅·南山有台》："南山有栲，北山有杻。乐只君子，遐不眉寿（怎么能不长寿）？"

根据古今学者的考证，这两首诗均作于西周，是为贵族"颂德祝寿"的乐歌。西周的都城在镐京（今陕西长安县西北），它的南面横亘着一条山脉叫终南山（即今秦岭山脉）。《诗经·秦风·终南》云："终南何有？有条有梅。"这里的"终南"，就是终南山。而《括地志》云："终南山，一名南山。"可见"南山"是"终南山"的省称。

《诗经》中的这两首诗，其实都可以作为"寿比南山"一语的出典。但由于前一首"如南山之寿"中"南山"与"寿"同句连用，比较集中而便于记忆；加上收入《昭明文选》的南朝齐著名诗人王融《三月三日曲水诗序》有句"下献南山之寿"，唐李善在注释时也引《天保》中的"如南山之寿，不骞不崩"来表示语源，所以，现代的成语词典交代"寿比南山"的出处，几乎都选择了《诗经·小雅·天保》。

最后还须要说明一点，《诗经·齐风》中有一首《南山》诗，开头写道："南山崔崔（形容山高大），雄狐绥绥。鲁道有荡，齐子由归。"春秋时齐国的都城在临淄（今山东淄博市北），诗中的"南山"指的就是今天青州城南的云门山。但此诗是一首讽刺诗，是齐国诗人用来鞭挞与同父异母的妹妹文姜通奸的齐襄公的。"雄狐"就比喻荒淫的齐襄公。通篇没有涉及祝寿，而且明代嘉靖年间的周全还根本没有出世，不可能跑到山上去写字。所以，即使此山即彼山，也仍然帮不了刘先生的忙。

"卿卿"由来趣说

倪培森

"卿卿"一词，常用来表示对心爱之人亲昵的称呼，多用于夫妻之间，成语中有"卿卿我我"。在特定语境中也含有对被称呼之人戏谑、嘲弄之意味，如《红楼梦》里有"机关算尽太聪明，反算了卿卿性命"之语句。

"卿卿"叠用，为何会有这样的语义呢？原来有这么一个典故：

西晋时期著名的"竹林七贤"之一王戎（234～305），年轻时常与嵇康、刘伶等人结伴畅游于竹林之中，吟诗作赋，十分清高。中年之后，王戎步入仕途。曾奉诏伐吴，吴平，进爵安丰县侯，世称王安丰。晋惠帝时，他累官尚书令、司徒，位列三公，变得十分贪财。他任职期间，积敛了大量钱财，田园遍于诸州，在当时可谓首富，但为人却十分吝啬刻薄。

其女嫁与裴頠（267～300）为妻，嫁妆用钱数万。女儿回娘家省亲，他居然板着脸向女儿讨还，女儿一时还不出，他就冷眼相待，直到还清后才有笑脸。

他侄子结婚，王戎竟然只送了一件单衣作贺礼，婚事过后，又要了回来。

他家有优质李子树，王戎怕人家得到他的李子种，就把李子核钻破再卖出去。他的这种爱财如命又一毛不拔的行为遭到洛阳文人学士和同僚的讥笑，成为话柄。

当时，人们只知王戎很富，但谁也不知他到底有多少钱。不过，他对妻子倒是十分信任的。每天晚上夜深人静时，两口子就关紧房门，在烛光下用筹码反复计算家财和每天收入，数钱数到高兴时，他妻子就称他为"卿"。"卿"作为第二人称单用，在西晋以前，是君对臣，长辈对晚辈的爱称；妻子对丈夫称"卿"是有悖伦理的。所以王戎对妻子说："妇人卿婿，于礼为不敬，后勿复尔。"（妇人

"书法"的启示

刘志基

今日"书法"一词,指的是汉字的书写艺术。然而追根寻源,我们可以发现,"书法"原本并没有什么艺术气息。

古文字"书"写作☰,上面的"聿",是表示字义的义符,下面的"者",是表示字音的声符。而这个表义的"聿",古文字的字形(♦)描摹的是手执毛笔的形象。由此可见,"书"字本来就与操纵毛笔书写文字有关,这是没有问题的,然而,稍具书法常识的人都知道,中国书法作为艺术门类进入自觉状态要迟至汉代以后,因此,先秦古文字"书"的造字理据,不会带上多少艺术气息。

"书法"一词首见于《左传》。《宣公二年》记载:晋灵公不行君道,胡作非为,从高台上弹人取乐,杀炖熊掌不熟的厨师,并让宫女用车载着他的尸首在朝堂上招摇而过,吓唬朝臣。大臣赵盾反复进谏,灵公非但不听,反而多次设计谋杀赵盾,逼使赵盾逃亡。以后晋灵公终于为臣下

称自己丈夫为"卿"在礼节上是不尊敬的,以后不要再这样称呼了。)他妻子听了很不高兴,板着脸说:"亲卿爱卿,是以卿卿。我不卿卿,谁当卿卿?"(我亲你爱你,所以才称你为卿,我不称你为卿,谁该称你为卿呢?)从此以后,王戎只好任凭她这样喊。

此语开了"卿卿"叠用的先河,后人便把叠用的"卿卿"用来表示对心爱之人的亲昵称呼,演化出"卿卿我我"和"反算了卿卿性命"等语词。

南朝宋刘义庆(403～444)编写的《世说新语》一书的《惑溺》章中载有此事,可以参看。

赵穿所杀,未出国境的赵盾闻讯后即返回朝廷。对于这样一段颇为复杂离奇的史实,晋国史官董狐记史时用了这样五个字:"赵盾弑其君",并把这段史实记录拿到朝廷上去公布。对此赵盾大叫冤枉,于是董狐又作了一番口头解释:"子为正卿,亡不越竟(境),反(返)不讨贼,非子而谁?"意思就是:你赵盾身为正卿,在逃亡中没有越出国境,依照礼法,未出国境则与晋灵公的君臣关系犹存,然而返朝后又未诛杀弑灵公的赵穿,这在当时的礼法观念中也就成了弑君的主要责任者。对于这段公案,孔子发表了如下的评论:"董狐,古之良史也,书法不隐;赵宣子(赵盾),古之良大夫也,为法受恶。"

玩味这一段史实,我们首先可以确认,原初的"书法",的确与艺术无关,是一种使用文字记录史实所需遵守的法则。而这种使用笔杆子的法则既有系统、复杂的规则,又是当时极为重要的行为准则。不管是谁,都必须遵守。否则,并无多大过错的赵盾就不会因为这种苛刻的规则而背上恶名,即所谓"为法受恶",董狐也没有必要得罪位居"正卿"(地位仅次于国君)的赵盾,而不隐晦尊者过失严守记史法则,即所谓"书法不隐",而孔老夫子更没有必要对董狐大加赞赏。

当然,严守"书法"者,并不止一个董狐,《左传·襄公二十五年》记载:齐庄公与齐国权臣崔杼的妻子通奸,崔杼杀了庄公。太史在史册上记录:"崔杼弑其君。"崔杼便杀了太史。太史的两个弟弟先后接替其兄作了同样的记载,崔杼又杀了他们。谁知太史的另一个弟弟,并没有被死亡所吓倒,仍然无畏地举起史笔。弑君的崔杼终于没有敢再杀他。

撇开其动机不谈,古人不怕牺牲、严守"书法"的精神无疑是值得钦佩的。相形之下,今日有些舞文弄墨者是应该汗颜的。虽然"书法"一词到今天早已变了意思,但使用文字必须遵守一定的行为规范却并未成为历史。

毋庸讳言,当今时代,违背此种行为规范者并不鲜见:做学生的可以捉刀代笔替人考试,做教授的可以裁剪他人论著拼成自己的成果,搞新闻的以有偿报道来实现创收,为官的以一纸隐恶扬善的总结汇报来炫耀政绩……

由此可见,我们现在学一点"书法",依然是很有必要的。不然的话,董狐们地下有知,也该为之心寒吧!

文章病院

何谓"坐大"

王兴宗

2002年7月6日《新华日报》C版一则新闻的标题是:"'盘点'市场化后第一个夏收成果:南京国有粮企靠改制依然'坐大'"。正文是说"南京国有粮企在改制后的第一个夏收中,面对收购多元化的激烈竞争态势,仍担当着市场主体的角色"。可见作者是把"担当主体角色"比作"坐老大交椅",又简缩为"坐大"。其实,这是对"坐大"一词的误解。

"坐"在古汉语里除作实词使用外,还作副词使用,词义有多种。其中两种是:

①无故,自然而然。《文选·鲍照〈芜城赋〉》:"孤蓬自振,惊沙坐飞。"李善注:"无故而飞曰坐飞。"宋辛弃疾《浣溪沙·赠子文侍人名笑笑》:"侬是嵚崎可笑人,不妨开口笑时频,有人一笑坐生春。"

②将;渐。南朝齐谢朓《冬绪羁怀示萧咨议虞田曹刘江二常侍》诗:"客念坐婵媛,年华稍菴薆。"唐沈佺期《和杜麟台元志春情》诗:"青春坐南移,白日忽西匿。"

"坐大"之"坐"兼有以上二义("自然而然";"渐")。"坐大"即表示"安然而日趋强大"。三国蜀诸葛亮《后出师表》:"今岁不战,明年不征,使孙策坐大,遂并江东。"

"坐大"又有高傲自大义。《明史·安南传》:"灏雄桀,自负国富兵强,辄坐大。"

总之,"坐大"一词自有涵义,并非"坐老大交椅"的简缩。以上新闻标题还是用"坐老大交椅"为好。

莫把将军当才女

张兆前

2003年7月10日《新民晚报》夜光杯专栏刊有叶辛先生大作《陈圆圆归隐之谜》，文中说陈圆圆"不同于历朝历代的风情才女薛涛、班超、苏翠、李清照等人物"。叶先生把班超拉入"风情才女"行列，显然有误。

班超是《汉书》作者班固之弟，成语"投笔从戎"的主角。《后汉书·班超传》载：班超"家贫，常为官佣书以供养。久劳苦，尝辍业投笔叹曰：'大丈夫无它志略，犹当效傅介子、张骞立功异域，以取封侯，安能久事笔研间乎？'"后果从军，抗击匈奴，出使西域，保护了西域各族的安全及丝绸之路的畅通。他在西域活动长达三十一年，后封为定远侯。可见，班超是将军而非才女。

不过班氏家族确实也是个出才女的家族，班固、班超的妹妹班昭即是。班固因受外戚窦宪事牵连，瘐死狱中，当时《汉书》尚未完成，班昭奉命与马续共同续撰。她还曾出入宫廷，担任皇后和妃嫔的教师。除《汉书》外，著有《东征赋》及《女诫》七篇。班氏兄妹事迹不算生僻，叶先生不会不知，想来是排版时误植。

顺便说一下，班家还有一个才女，为固、超、昭辈的姑奶奶，成帝时被选入宫，名不详，因被立为倢伃，故史称"班倢伃"（亦可写作"婕妤"）。今存作品三篇。再算上班彪，班氏家族三代出了五位名人，且文武兼备，男女争艳，可谓群星璀璨。

编者附记

班昭误为班超，一看可知是笔误。本刊发表此文，一是帮叶辛同志作个更正，二是借此传播一点文史知识。叶辛同志还为此发来了传真，现一并刊登如下：

谢谢转来张兆前同志对我《陈圆圆归隐之谜》"陈圆圆其人"一段中指误。班超与班昭，实是我的记忆有误。非常感谢张兆前同志，请编辑部代为致意。

《新民晚报》发表的同一篇文章之四"死亡之徒"，行文中多出"上世纪"三个字，也有读者指出。经查阅底稿，系编排错误。也借此机会一并感谢热心的读者。

叶 辛
2003.7.22

何谓"环宝"

黄韦韦

偶读梁启超《中国历史研究法》(岳麓书社1985年9月版),在156页看到这样一句话:"因彼时史迹太缺乏,片纸只字,皆为环宝。"这"环宝"是什么意思?我一时半会儿没有想清楚。接着在158页又见到它:"账簿……用科学方法一为研究整理,则其为环宝,宁复可量?"看来这个词是跳不过去了,否则会造成理解障碍。于是马上向词典请教。可惜的是,我翻了《辞海》翻《辞源》,翻了《汉语大词典》翻《汉语大字典》,几乎找遍所有语文工具书,硬是找不到"环宝"的踪影。这究竟是一种什么宝呢?

仔细琢磨,这个"环宝"可能是"瑰宝"之误。"瑰"怎么会误成"环"呢?这两个字虽然都有一个"王"字作偏旁,但"鬼"和"不"相差甚远,既不形似,又不义近,照理说是不会弄错的。

然而,"环"的繁体作"環","瑰"字古代又可写作"瓌","環"和"瓌"形体非常相近,是有可能弄混的。梁启超《中国历史研究法》的繁体字本可能是"瓌",后来出版简体字版,整理者误认"瓌"为"環",这样是有可能出现"环宝"的。

有了这条思路,我到图书馆去查阅了商务印书馆1930年出版的《中国历史研究法》("万有文库"之一种),这是此书的初版。在相关的地方,我终于找到了"瓌寶"(瑰宝)二字,证实了我的想法。

"羽扇纶巾"者是孔明吗

概拾谷

《说字写文》(海峡文艺出版社出版)第141页有这样一段话:

戏里军师谋士级人物如诸葛亮、徐庶、刘伯温等,摇的多为鸟类毛翎制作的"羽扇",其质典雅,其形大方,东坡先生干脆就以"羽扇纶巾"代指诸葛孔明,写足了大军师指挥若定的风神。

"浇漓"是"浇淋"吗

周建成

《中华散文》2002年第2期第19页刊有彭兴奎的散文《秋日私语》,颇有韵致,甚是耐读。可文中有个词似乎用得不当,请看有关语句:

不知什么时候,一阵大雨将我浇醒,满世界天昏地暗,暴雨如注。我坐起来,任雨水浇漓我的身心。我感到痛快淋漓,也感到忧伤悲戚,感到酣畅舒放,也感到寒冷疼痛,空寂无助。

其中"浇漓"一词,作者显然理解为"雨水浇淋"了。是这个意思吗?还是先看看辞书怎么说的。

《现代汉语词典》:〈书〉(风俗等)不朴素敦厚:世道浇漓,人心日下。

《辞源》:谓风俗浮薄。《魏书·良吏传序》:"后之为吏,与世沉浮,叔季浇漓,奸巧多绪。"也作"浇醨"。《荀子·不苟》"若端拜而议",唐杨倞注:"时人多言后世浇醨,难以为治,故荀明之。"

《辞海》:亦作"浇醨"。谓社会风气浮薄。张怀瓘《书断·神品》:"终以文代质,渐就浇漓。"权德舆《祭梁补阙文》:"游夏远矣,文章运衰;风流不还,作者盖希;君得其门,独斥浇醨。"

看来,"浇漓"也作"浇醨",意思是"风俗浮薄"。

浇漓是个合成词。浇,意思是薄,多指社会风气。如《淮南子·齐俗训》:"浇天下之淳,析天下之朴。"漓,意思也是薄,如陆游《何君墓表》:"一卷之诗有淳漓,一篇之诗有善病。"醨,指薄酒,意思和"漓"相通。

由此可知,"浇漓"绝不能当作"浇淋"来使用,彭先生的理解有误。

东坡先生(苏轼)词中的"羽扇纶巾"指的不是诸葛亮,而是周瑜。《念奴娇·赤壁怀古》中有:"遥想公瑾当年,小乔初嫁了,雄姿英发。羽扇纶巾,谈笑间,樯橹灰飞烟灭。""公瑾"就是周瑜的表字。周瑜是三国时东吴年轻的统帅,曾在赤壁之战中以少胜多,大败曹操的八十万精锐之师。八百多年后,苏东坡遥思古人功业,对比自己的落魄,感喟"人生如梦",借赞颂"雄姿英发""羽扇纶巾"的儒将周瑜,慨叹自己壮志未酬。东坡先生已交代"羽扇纶巾"者乃公瑾(周瑜)也,怎么会是"代指诸葛孔明"呢?想来是张冠李戴了吧。

楚霸王何曾"吸疮疗毒"

石谷文

南海出版公司出版的《读史有学问》(上)第14页有这样一段话：

在后来的战争中，项羽勇猛善战，无人能敌，性格也直爽阔豪，塑造了西楚霸王这一令人敬畏的形象。但项羽却又多妇人之仁，能为士兵吸疮疗毒，却不能任用贤士，把刻好的官印玩没了棱角还舍不得封官授印……

读到这里，我不禁疑惑起来：项羽什么时候给士兵"吸疮疗毒"过？查对《史记》和《汉书》以及《资治通鉴》，都没有这档子事。《史记·淮阴侯列传》中有："项王(项羽)见人恭敬慈爱，言语呕呕，人有疾病，涕泣分食饮，至使人有功当封爵者，印刓敝，忍不能予，此所谓妇人之仁也。"《汉书》和《资治通鉴》，与《史记》的描写基本一致。可见楚霸王对部下确实仁慈，但并没有给士兵吸疮疗毒。

那么，给士兵吸疮疗毒的是谁呢？《史记》里有这么一位，他就是战国时著名将领吴起。《史记·孙子吴起列传》云："(吴)起之为将，与士卒最下者同衣食。卧不设席，行不骑乘，亲裹赢粮，与士卒分劳苦。卒有病疽者，(吴)起为吮之。卒母闻而哭之。人曰：'子卒也，而将军自吮其疽，何哭为？'母曰：'非然也。往年吴公(吴起)吮其父，其父战不旋踵，遂死于敌。吴公今又吮其子，妾不知其死所矣，是以哭之。'"吴起是曾参(曾子)的学生，曾在鲁国拜将领兵，后又投魏国，受魏文侯重用。文侯死后，儿子武侯即位，吴起因与相国公叔不睦，离魏投楚。楚悼王拜吴起为相国，吴起"南平百越，北并陈、蔡，却三晋，西伐秦。诸侯患楚之强"。(见《史记·孙子吴起列传》)楚悼王死后，那些嫉妒吴起才能的楚国王公权臣作乱，射死了吴起。

吴起为士卒吮疽(用嘴为士兵吸疮口的脓血)这段佳话，在司马光的《资治通鉴》威烈王二十三年中也有记述。司马光的描写与《史记》几乎一字不差。把给士兵吮疽者说成项羽，岂非让吴起受了委屈？

"带着各种穷形尽相"?

徐东杰

《竞选州长》是19世纪美国现实主义文学大师马克·吐温的一部短篇名作,十多年来一直入选人教版中学语文教材,为我国众多读者所熟知。然而,其中有一段的翻译有明显失误,现在指出来和大家商榷。

最后,党派相争的成分加到我身上的无耻的迫害终于很自然地发展到了一个高潮:九个刚学走路的孩子,包括各种肤色,带着各种穷形尽相,被教唆着在一个公开的集会上闯到讲台上来,抱住我的腿,叫我爸爸!

"穷形尽相"是什么意思?《现代汉语词典》:"原指描写刻画十分细致生动,现在也用来指丑态毕露。"《辞海》:"形容尽致的意思,谓文章细腻、生动。后也称人的丑态毕露。"《辞源》:"谓摹拟逼真。"如此看来,"穷形尽相"是一个动词性并列短语,"穷""尽"均是动词,可以互训,是"穷尽"的意思,"形""相"是指姿态、面貌,这里指丑恶的姿态、面貌,是名词,组合起来,意思为各种丑恶姿态、面貌都展露出来。所以说,"穷形尽相"之前加上"带着"二字是不对的。不才鄙陋,认为把"带着各种穷形尽相"改为"带着各种愁苦相",似乎好些。

另外,"刚学走路",说明"走路"还处于学习阶段,还不会"走",如果没有人搀扶,仅仅是被"教唆着",是不可能"闯到讲台上来"的。所以"刚学走路"也似乎应该改为"刚学会走路"才妥帖。

杜三烟

柯桥

唐代诗人杜牧,史称"小杜",他还有个"杜三烟"的雅号。这是因为他的诗歌中好用一个"烟"字,而且有三句成为脍炙人口的名句:一是"烟笼寒水月笼沙,夜泊秦淮近酒家"(《泊秦淮》);二是"南朝四百八十寺,多少楼台烟雨中"(《江南春》);三是"惆怅无因见范蠡,参差烟树五湖东"(《题宣州开元寺水阁》)。"烟"字妙在传神,将江南水乡的独特景致描绘得出神入化。

过目难忘

最难忘的一则手机短信息

"非典"时期，打工在外的我，回家的自由受到了很大限制。从大局出发，我只好不回家。女儿称我为"孤悬在外的'游父'"。这让习惯于每周回家团聚度周末的我很有些失魂落魄。

某个周末，我正处在有家难归的郁闷之中，听得手机一声响，打开一看，是妻子转发来的短信："月色浓浓如酒，春风轻轻吹柳；桃花开了许久，不知见到没有？病毒世间少有，切忌四处游走，经常消毒洗手，非典岂能长久！闲来想想妻女，幸福天长地久。"好似天外仙音，将我从郁闷的泥淖中拔了出来，身心从内到外一齐活泛起来。

"月色浓浓如酒，春风轻轻吹柳"，一个比喻，一个比拟，一双叠字，一副对仗，以多样的文学手段，将我带进了一种不能不为之陶醉的温馨浪漫境界，先声夺人地为收信

『月色浓浓如酒』   袁谡

者的精神领空驱散了一切阴霾。如此良辰美景，这般赏心乐事，友情亲情爱情，全都沉浸在这月色如酒春风吹柳之夜，生命的舞步必然情不自禁高蹈轻扬，悲观在这里没有立足的地盘，颓唐在此时没有存在的理由，病魔至此也唯有望而却步！接着，"桃花开了许久，不知见到没有？"看似漫不经心的随口一问，却问得亲切。哦，是我的妻子，在我郁闷之时作桃花见否之问，一下子将我从重压和消沉中拽了出来！作为手机短信作品，其中显然有惨淡经营的匠心。营造醉人意境之后，发此问旨在引起人们对美好事物的关注，激发人们的生活情趣。随后切入"非典"正题，就以十分平实朴素的语言作须知式的提醒——一方面指出"病毒世间少有"，强调"非典"的严重性，不可掉以轻心；另一方面提出

情人节那天

殷滢

情人节那天,坐出租车时,听到广播里在读一条短信——小伙子问姑娘:"我能向你问路吗?""当然可以。你想去哪里?""你的心里。"

真是妙极了。温馨、甜蜜、巧妙,而且又是那么不露声色,让人越想越有味。正当我在慢慢咀嚼时,手机响了,短信!打开一看,是他发来的:

鱼对水说:你看不见我的眼泪,因为我在水里;水说:我能感觉你的眼泪,因为你在我心里。

心弦又一次被拨动了。我觉得它和刚刚听到的一则有异曲同工之妙:真诚、智慧、朴实。它犹如一块碧玉,玲珑剔透;犹如一朵彩云,轻盈飘逸。它的措辞是含蓄而内敛的,字里行间看不到一个"情"字和"爱"字,然而那浓浓的关切和深深的怜爱却无处不在。它运用拟人的修辞手法,通过鱼和水的对话,娓娓表达内心的情义,别具一格而又妙趣天成。

坐在车上,我读了一遍又一遍,这时我的脸上一定写满了感动。我不仅读出了感情的真,而且还读出了文字的美。我发觉在短短几句话里,几个关键词反复出现,它使句子的结构紧凑而富有韵律,让我们看起来像散文,读起来像诗歌,唱起来又像抒情曲。我愿做鱼,我也愿意做水。我想,只要鱼在水在,鱼和水都是幸福的。

情人节,真好;情人节的短信,真好!

"切忌四处游走"和"经常消毒洗手"两个方略,以守为攻,"非典"还是可以控制可以战胜的。在"非典"肆虐的高潮期就预言它"岂能长久",显示了一种高瞻远瞩的眼光。最后两句原作"闲来想想朋友,友谊天长地久",是妻子为切实际而加以修改的。无论友情亲情爱情,都是生命力量的源泉,面对"非典"恶魔,正是这一源泉使信心为之增强,勇气为之提高。

这则短信采取六言诗的形式,句句押韵("妻女"原作"朋友"),读来琅琅上口。无法统计这给人以力量的短信,有多少版本,转发了多少次,鼓舞了多少人。它存在我的收件箱里,一直陪伴我度过了艰难的"非典"时期,不时打开默念,确实感到无比温馨,增添了无穷的力量。

"铁饭碗"的含义

若木

说实话，我是不怎么喜欢手机短信的，觉得很多是无聊的废话、肉麻兮兮的语言游戏，甚至是下流不堪的垃圾文字。但有一则短信，却影响了我的职业选择。

1999年夏，我研究生毕业来到上海一郊区广播电视局工作。一年后，我就有去市区发展之意。不久，就接到了市区一家杂志的录用通知，杂志老总还亲自打电话催我尽快去报到上班。去还是留，成了一个问题。妻子从一开始就不赞成："丢了这儿的铁饭碗，去杂志社打工？"周围的一些朋友也纷纷劝我，捧稳广电局的"铁饭碗"要紧。他们说的不是没有道理：广电局毕竟是党和政府的喉舌，稳定得很；我自己也已经三十多岁了，就业竞争力自然比不上二十几岁新鲜出炉的研究生。但是，"崇峻不凌霄，则无弥天之云"。我一时进退维谷。

一天，我正在为跳槽的事举棋不定之时，手机"毕、毕"地叫了起来，是一则短信："铁饭碗的真正含义，不是在一个地方吃一辈子饭，而是一辈子到哪儿都有饭吃。"发信者是"老赵"，我的一个老同学。反复咀嚼这则短信，意味深长，而我郁闷的心情也渐渐轻松起来。

究竟什么是铁饭碗呢？《现代汉语词典》的解释是，"比喻非常稳固的职业、职位"。在改革开放二十几年后的今天，市场经济已经获得迅猛而深入的发展，到哪儿去找那种一劳永逸、高枕无忧的工作呢？公务员有辞退制度，事业单位实行全员聘用制，企业单位人员流动更是如流水……"在一个地方吃一辈子饭"的体制正在成为明日黄花。广电局的工作目前虽然比一般企业、事业单位稳固，但从长远看，这里的"饭碗"也不会一直"铁"下去的。

想一想，如果你胸有实学、怀抱利器，又能为社会所用的话，还愁会没饭碗可捧吗？老赵的短信可谓切中肯綮。

语言技巧上，这则短信也是可

圈可点的。直率、素朴的语言外壳，包裹着严肃、深刻的思想内核。从句式上来看，它用的是一个并列关系复句。正反对照，态度旗帜鲜明，语气斩钉截铁："不是……而是……"，不容选择。它先否定一种传统的观念——铁饭碗是指"在一个地方吃一辈子饭"；再肯定一种具有时代意味的、更富理性色彩的理念——真正的铁饭碗是指"一辈子到哪儿都有饭吃"，指一个人拥有的才干。

"铁饭碗"是改革开放以来的一个使用频率很高的词语。探索其来源，是比喻造词的结果，与"非常稳固的职业、职位"这个短语相比，"铁饭碗"三个字形象、通俗。从修辞上看，这则短信综合运用了借代与警策两个辞格：用"吃饭"这一动作借代职业、职位，用"吃一辈子饭"借代稳固的职业、职位；语言简练，含义深切，精警动人，这正是修辞学上所谓的"警策"辞格。寻常的语言，不寻常的智慧！品之弥久，爱之弥深。

《尚书》曰："惟克果断，乃罔后艰。"2001年初，我毅然放弃了郊区的"铁饭碗"，来到上海市区，自信地寻求别样的人生。而老赵的短信，当时无疑是一个帮我决断的助推器。

鲁迅梁实秋"咬文嚼字"打笔仗

晓秋

上世纪三十年代，鲁迅与梁实秋打笔仗。

梁说："你把某事褒贬得一文钱也不值。"鲁迅紧抓不放："你究竟说褒还是贬？什么叫褒贬得一文钱也不值？"后来鲁迅的《题三义塔》诗有句："度尽劫波兄弟在，相逢一笑泯恩仇。"梁实秋那边的人反击："仇可以泯，恩如何能泯？"这是中国文坛上"咬文嚼字"的一桩趣话。

"褒贬"与"恩仇"，虽是由反义词素组成的复合词，但其实属于偏义复词，其意义只落在其中一个词素上（"贬"与"仇"）。如今我们常说的还有：不知好歹、搬弄是非、察看动静、不顾生死等。

姐姐你大胆往前走

韩 笑

恐怕每个人都尝到过被人误解的痛苦,如果被好朋友误解,那滋味更难受。我曾经被自己的好朋友误解了一回,那不屑的眼神和冷冷的语调像刀子一样割着我的心。委屈和失望让我变得十分消极:为失去友谊和信赖,为自己蒙受不白之冤。

办公室一位同事看出了我的不快和失意,善解人意的女孩没有多说什么,只是给我的手机发来了一条短信:"不要为别人活着,走自己的路;不要为昨天活着,走今天的路;不要为欲望活着,走心灵的路:姐姐你大胆往前走!"

像一股涓涓细流,流入我的心田,像一只柔软的手,轻轻抚摸我的伤口。短短的几句话,也许并不是专门为我写的,但这时却给了我极大的安慰和支持。

"走自己的路""走今天的路""走心灵的路"——说得多好!朴实无华的语言中,蕴含着深刻的人生哲理。

生活中,每个人都会遇到各种不如意的事,问题是以什么样的心情和态度去面对。流言蜚语、造谣中伤固然可怕,但俗话说"身正不怕影子歪",走自己的路,让别人去说吧——这正是我眼前最需要的!

人总是从昨天走到今天。昨天——欢乐也好,痛苦也罢,毕竟已成为历史。人不能忘记昨天,但昨天不是生活的目的。我们不能总生活在昨天的影子里。"走今天的路",这才是智者的选择。

同样,"心为形役",也是生活中常见的悲剧。扭曲心灵,适应环境,或者亵渎精神,追求欲望,最后得到的,只能是空虚。"走心灵的路",这才是人生的最高境界。

如今,生活中的阴霾已经散去。太阳依旧升起,晚风依旧凉爽,歌声依旧悦耳,笑脸依旧可人。然而,谁说大雪无痕?经历这场风波以后,我收获了一条短信,更对人生增添了一层理解。

百家会诊

不完整引用，标点如何处理？

毛泽东在《为人民服务》中说："我们都是来自五湖四海，为了一个共同的革命目标，走到一起来了。"如果只想引用毛泽东的"我们都是来自五湖四海"这一句，句末标点该如何处理？用逗号还是句号？放在引号内还是引号外？

如果不能独立成句

不完整引用的引文，如果不能独立成句，包含在作者的叙述语言之中，那么，引文末的点号运用，大致有三种情况：

一、引文和作者的语言有机地融合在一起，不可分割，毋须停顿，则不必加任何标点。如：

①"惩前毖后，治病救人"的方针，是团结全党的方针，我们必须坚持这个方针。

②"长期共存、互相监督"这个口号，也是我国具体的历史条件的产物。

二、引文如在句中，尽管可以独立运用，但它仍是作者叙述语言的一部分，不能带上原来的语气和语调，因此只能在引号外面用上点号。这是作者表达的需要，和引文本身无关。如：

③"羞恶之心，人皆有之"，可碰上不要脸的，你有理也说不清。

④放眼望去，"春风又绿江南岸"，真是一派生机，万千气象。

三、引文如在句末，点号必须在引号之外，它表示的是整个句子的结束，同样和引文本身无关。如：

⑤我们有在不同革命时期经过考验的这样一套干部，就可以"任凭风浪起，稳坐钓鱼船"。

⑥左倾教条主义者从前采用的党内斗争方针叫做"残酷斗争，无情打击"。

(孙怀伦)

前面是冒号怎么办

不完整引用，如果引文前没有标点或只是逗号之类，那很容易处

理:引文结束不用标点。如:

毛主席告诉我们,"我们都是来自五湖四海",大家做事要齐心协力、同舟共济。

下引号后的逗号,那是属于引用者的。

如果引文前是冒号,就比较麻烦。我认为凡用冒号,都是提示下边引的文字可以独立,为此,本人倾向于引用者可以根据行文需要,把原文中的句内点号改为句末点号,并放在引号之内。如:

毛主席说:"我们都是来自五湖四海。"为了公司的明天,大家要同舟共济。

(李家君)

句末不用标点

《标点符号用法》规定:行文中直接引用的话,用引号标示。这条规定的第三个例子是这样的:e)现代画家徐悲鸿笔下的马,正如有的评论家所说的那样,"神形兼备,充满生机"。这里的直接引用是不完整引用,引号内除了中间的逗号停顿,句末不用标点。下引号后边的句号表示该句的完结,与引用无关。

同理,如果只想引用毛泽东的"我们都是来自五湖四海"这一句,即应照此办理,引号内的句末不用标点。至于引用之后的停顿是用逗号还是句号呢?这要看具体情况。请看下边三句。

(1)毛泽东所说的"我们都是来自五湖四海",正适合咱班的情况。

(2)咱班50位同学,正如毛泽东所说的"我们都是来自五湖四海"。

(3)咱班50位同学,不正如毛泽东所说的"我们都是来自五湖四海"?

(林仪辉)

一般宜用省略号

不完整引用,标点如何处理?答案不是一句话可以说清的。

关键得看引号前面是否使用冒号。如果使用冒号,则句末标点仍应置于引号之内。至于引文的句末用何标点,编者所问的"用逗号还是句号"似欠妥,一般宜用省略号,或者在逗号之后,再加省略号:

(一)毛泽东在《为人民服务》中说:"我们都是来自五湖四海……"

(二)毛泽东在《为人民服务》中说:"我们都是来自五湖四海,……"

(一)的优点是简洁,(二)的优点是更能体现"尊重原文"的意识。

如果不保留冒号,则句末标点应置于引号之外,通常句末应用逗号,因为原句语意尚未完足。

(李聿)

不保留的和该保留的

不完整的引文后的标点处理,分为两种情况:第一,引文后是非问号、叹号的标点的,不应考虑原引文后的标点,而应考虑作者表达的需要。一些语言学专家也是这样认为的。如林穗芳先生在《标点符号学习与应用》中指出:"……不成句、不独立的引用,句号放在引号外。"(人民出版社,2001年版,第272页)苏培成先生在《标点符号实用手册》(修订本)中也指出:"如果引文不是作为独立的句子,只是作为引用者自己的话的一部分来用,不管引文本身是不是完整,后引号的前边不要用点号(问号、叹号除外)。"(语文出版社,2001年版,第129页)

第二,引文后是问号、叹号的,应保留引文后的问号、叹号。请看例子:比如传统小说,中国小说往往侧重动态描写,塑造人物往往以行动描写、语言描写为主,正像李逵,一出场便是挥舞着两把大斧"杀去东京,夺了鸟位!"(孟抗美著《文学艺术教育》第171页,人民出版社,2002年版)林穗芳先生同样指出:"引用的话在句末独立使用,问号、叹号原属于引文的保留在引号内,否则放在引号外。"(《标点符号学习与应用》第274页,人民出版社,2001年版)苏培成先生也指出"问号、叹号除外"。因为作为标点,问号、叹号的作用除了可以表示停顿外,还表示一种与陈述语气不一样的语气。这些语气的表达,只有通过问号或叹号才能表达出来。引用别人的话语,当然包括引用其不一样的语气,所以,如果引文后是问号或叹号,应考虑保留原文的问号或叹号,以使所引的部分意义不致发生改变。

(彭春芳)

无奈的选择

所谓不完整引用,我想是指引用者根据自己表达的需要,截取了原文中的一句话或几句话。在原文中,这一句话或几句话的后面还没有画句号,但引用者已觉得神完气足,不必多引。那么,这引文后应该用什么标点符号呢?

如果引用者只是把引文作为

自己叙述语言的一部分，这个问题不难回答；如果引文前面出现的是冒号，通常有三种处理方法：

一、引文的最后一个点号改为句号。对于引用者来说，这样做可以保持行文的流畅和节奏的明快，但最大的问题是有不尊重原作之嫌。

二、引文的最后一个点号或者删去，或者保留，后面一律为省略号。这样处理主要是告诉读者引用未完。作为引用者，可谓用心良苦；但最大的问题是读者有时不明白这省略号是原作者的还是引用者的，容易造成混淆。

三、只要是不完整引用，引文后不用任何标点符号，而把标点用在下引号外面。这种方法容易掌握，而且不会误解。但最大的问题是，可能在整篇文章中，同样是冒号后面的引用文字，一会儿句末点号在引号内，一会儿在引号外，很不统一。

可见，这三种都不是尽善尽美的处理方法。所以，我倾向于尽可能完整引用；如果确无必要，那最好不要用冒号提示；如果非用冒号不可，则可采用第三种处理方法，所谓"两害相权取其轻"也。

(顾遥)

《邓小平文选》的处理方法

《邓小平文选》第二卷第117页《在全军政治工作会议上的讲话》中，有这样两个例句：

①他指出："真正的理论在世界上只有一种，就是从客观实际抽出来又在客观实际中得到了证明的理论"。

②一九六三年，毛泽东同志在《人的正确思想是从哪里来的?》一文中指出："人的正确思想，只能从社会实践中来"。

这两句中的引文，在原文中依次是：

③真正的理论在世界上只有一种，就是从客观实际抽出来又在客观实际中得到了证明的理论，没有任何别的东西可以称得起我们所讲的理论。(《整顿党的作风》，《毛泽东选集》第三卷)

④人的正确思想，只能从社会实践中来，只能从社会的生产斗争、阶级斗争和科学实验这三项实践中来。(《毛泽东著作选读》乙种本)

两相对照之后，我们自不难看出：①②均为"不完整引用"。如此，我们是否可以借鉴这种处理方式：

凡不完整引用,即便引文前是冒号,句末的句号也应放在引号外。

(江舟)

编者附言

抱歉,本期讨论的意图不够明确。编者的本意,是问用了冒号以后,后面引号内的文字,如果没有完整地引用原文,那最后一个点号怎么处理?但大量的会诊稿谈的是已经化为引用者的叙述语言的一部分的引文,其实在这方面的标点运用并无多大分歧。

冒号后面的"不完整引用",确实如顾遥文章所说,有三种处理方法:改用句号;改用省略号;把句末点号放在下引号外面。考虑到一要充分尊重原作,二要便于运用,本刊倾向于采用第三种处理方法,即把句末点号放在下引号外面。

"候诊"对象

1. "倍受欢迎"还是"备受欢迎"?

2. 中国电影在巴黎获奖,报上说"中国电影惊艳巴黎","惊艳"用得对吗?

3. "提出质疑"对吗?

4. "入闱"还是"入围"?

5. "杀手锏"还是"撒手锏"?
"杀手锏"和"撒手锏"可以说是"势均力敌",在书刊上时而是"杀手锏",时而又是"撒手锏"。到底用哪个好?请谈谈你的看法。

语丝 『前』『后』妙喻

王培焰

东晋时,王文度和范荣期两位大臣,有一次一起被简文帝司马昱邀请入宫。范年龄大,但官职小;王年龄小,但官职大。将进门时,二人互相谦让,都请对方走在前面。谦让了好一阵,王便在后。由于平素关系不错,还是范在前,王在后。由于平素关系不错,王便开起了范的玩笑,说:"簸之扬之,糠秕在前。"范也不饶,回敬道:"淘之汰之,沙砾在后。"二人大笑。

向你挑战

读联猜谜

（上下联各打一字）

熊晋勋设计

一　匠心独运棋过半
　　榜首高悬月正圆

二　左武右文齐跨马
　　先人后己共登舟

三　穿行铁路须防跌
　　走出崎岖可急驰

四　山边常聚三分水
　　画里也含一半诗

五　上得街头还要走
　　闯出门外又回来

六　一人独唱不开口
　　两个同来有笑声

七　蛇过滩头虫避走
　　鸡来村里鸟惊飞

八　城墙垛上重重叠
　　杨柳梢头叠叠重

《由诗句猜诗题》参考答案

一、柳　二、萤　三、风　四、画　五、伞

鲁迅制谜

语丝　张秀莲

有一次，鲁迅先生在写给好友钱玄同先生的信中，用了「鲜苍载」一词，并在三个字上加有书名号，说明它是一本书，但是谁也没有听说古今中外有过这样一部书。这个词是什么意思呢？后来编辑《鲁迅全集》的同志们绞尽脑汁，百思不得其解。过了好久，才有人破译了这个秘密。原来这是鲁迅先生运用「分扣法」制作的一则谜语。「鲜」扣「新」（新鲜）、「苍」扣「青」、「鲜」「苍」「载」都指颜色）、「载」扣「年」（成语有「一年半载」「三年五载」）。《鲜苍载》者，《新青年》是也。

10—48

1995~2004

但愿十年能树木
心中长谢育苗人

2004 年《咬文嚼字》开订

邮发代号：4—641

月刊　每册2元　全年24元

全方位扫描

零距离贴近

无障碍阅读

给读者：新的惊喜！新的收获！新的满意！

上海文艺出版总社

上海天下合力传媒发展有限公司
Uni Media

故事会 2004 把我的作品 变成你心中的故事	**上海 壹周** Shanghai Weekly 有个性也可以追随	**外滩画报** THE BUND 公信就是生命力 每周四出版
NEW LIFE COLLECTION **HOW 好** 好的时尚 触手可及	**秀with** 独家奉献亚洲女性品牌 杂志的精彩内容	TRAVELLINGSCOPE **旅游天地** 旅游、度假、休闲 有《旅游天地》杂志
PICTIONWORLD **小说界** 阅读当代的文学中国	天下合力 Uni Media 上海天下合力传媒发展有限公司	音乐 **MUSIC LOVER** 走进音乐 阅读音乐 品尝音乐 聆听音乐
咬文嚼字 不订是你的错 不再订是我的错	**ART WORLD 艺术世界** 做中国最好的艺术杂志	**编辑学刊** 编书编刊 怎能不读《编辑学刊》
东方剑 透视大千世界 剖析人生众相 扫描社会热点 展示警坛风云	**美家 房地产周刊**	**财源** 财经新媒体 上海文艺出版社

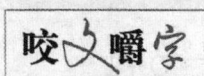

ISSN 1009-2390

10>

9 771009 239036

刊号：CN31-1801/H　国内代号：4-461

定价：2.00元

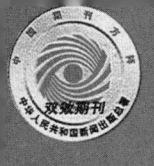

YAOWEN-JIAOZI

咬文嚼字

2003 年第 11 期

上海文化出版社

雾里看花
Wu Li Kan Hua

"备景弗"？

湖南省长沙市某公园一处有块牌子，上面写着七个红字："备景弗每人一元"。什么是"备景弗"？下期告诉你。

马文胜　袁万茂

《何为"阳光冰洗节"》解疑

这可不是什么"阳光下的冰凉泼水节"，而是商家为销售冰箱、洗衣机举办的"冰箱、洗衣机节"，"阳光"是举办这一活动的商场的名称。读者朋友，出乎你所料吧！

卷首幽默

送 客

张逸群·文
麦荣邦·画

某高校女生宿舍楼,每天晚上总有不少男生来访。学校规定,九点整停止接待。时间一到,管理宿舍的阿姨便扯起嗓子喊道:"姑娘们——送客!"

目　录

卷首幽默
送客……………………张逸群　麦荣邦（1）

特稿
关于试用新整理264组异形词规范词形的建议……………………………………（4）
264组异形词整理表（草案）…………（5）

借题发挥
"不名小将"？……………………曹　历（11）
吓人的"公告"……………………杨　波（12）
"刘晓庆"能拍卖吗？……………谢　刚（13）

一针见血
"暂缓不起诉"？…………………杨宗文（14）
"休憩相关"？……………………陈　章（14）
"方圆"不能指面积………………一　民（14）
"就地镇罚"？……………………董再鸿（15）
伽利略何曾被烧死………………谷士锴（15）
"劝阻"应为"劝说"………………王剑制（15）
谁跟谁有感情瓜葛………………周　锋（16）
"将在昨天释放"？………………徐家德（16）
"节省损失"？……………………苏高岩（16）
宵衣"肝"食？……………………江延滨（17）
"部分售罄"？……………………李家伟（17）
"李林"是谁………………………嘉　韦（17）

时尚词苑
新成语"与时俱进"………………高姜山（18）
扑通声声话"跳水"………………庄　骏（20）
吸引人的"眼球"…………………侯友兰（21）

百科指谬
"命妇"之类………………………张若牧（23）
女王伊丽莎白？…………………村　友（24）
并蒂莲、睡莲、午莲……………俞惕然（25）
居里夫人与诺贝尔奖……………孤　闻（25）
"渠"和"伦敦"……………………江秉福（26）

咬文嚼字

2003年11月1日出版

第11期

（总第107期）

主管：上海市新闻出版局
主办：上海文化出版社
编辑：《咬文嚼字》杂志社
E-mail：yaowenjiaozi@sina.com
电话：021－64330669
传真：021－64330669
邮购电话：021－64372608－291
地址：上海市绍兴路74号
邮政编码：200020
发行：上海市报刊发行局
订阅处：全国各地邮局
国内代号：4－641
ISSN1009－2390
CN31－1801/H
电脑排版：
　上海艺文激光电脑排版厂
印刷：上海中华印刷有限公司
广告业务：
　上海文艺广告传播中心
电话：021－64333125
广告经营许可证：沪工商广字
　3101034000029号
定价：2.00元

过目难忘

最难忘的一句社会宣传语……………(27)
大山和牙齿…………………斯　言(27)
最后一滴水…………………段怡楠(28)
小木牌的变迁………………李　坚(29)
"慢慢走"……………………曹　仰(30)

十字街头

"基尾虾"
——菜单上的错字之一…楚山孤(31)
话说"川崎"…………………福　康(32)

百家会诊

人名用字能否简化？………………(33)
简化没商量…………………林仪辉(33)
四个"钱钟书"………………杭志中(33)
名人和法规…………………王　曲(34)
岂能例外……………………王国锋(34)
想当然的"使用规则"………金　土(35)
想起"程十髪"………………王中原(35)
"一脉单传"还是"两房合一"…金世华(36)
保持姓名的稳定性…………雷智勇(36)
教材是怎样处理的？………吴　华(37)
解铃还须系铃人……………曹　忻(37)

语坛掌故

巧联拾趣……………………雷　刚(39)
妙语巧答二三题……………文　田(41)

文章病院

"女富婆"之类………………李　冲(43)
"老夫"不老…………………陈福季(44)
这句诗非毛泽东所写………陈　双(45)
怎能"垂询"他人……………孙永久(46)
别让黄兴出丑………………一　言(46)
"风义古千"和"啸傲"………王万里(47)

向你挑战

一分钟指错………………仪　敏设计(48)
《读联猜谜》参考答案……………(48)

语丝

纪晓岚打趣状元郎…………葛青江(10)
代儿挽母……………………殷宝盈(19)
妙联惊贪官…………………雁　寒(26)
庸医"吉生"…………………陈立早(32)
接字诗………………………才书春(42)

顾问　张　斌　濮之珍
主编　郝铭鉴
主编助理　王　敏
编委　李玲璞　何伟渔
　　　陈必祥　金文明
　　　姚以恩

特约编委
　汪惠迪(中国香港)
　田小琳(中国香港)
　林国安(马来西亚)
　吴英成(新加坡)

责任编辑　韩秀凤
发稿编辑　黄安靖
封面设计　官　超
特约校读　王瑞祥
　　　　　陈以鸿

11—3

特稿

中国版协校对研究委员会　中国语文报刊协会
国家语委异形词研究课题组　《咬文嚼字》编委会

关于试用新整理 264 组异形词规范词形的建议

教育部、国家语委发布《第一批异形词整理表》，受到了广大群众尤其是语文工作者的欢迎。2002 年 7 月 17 日，教育部、国家语委、新闻出版总署、国家广播电影电视总局、信息产业部和国家工商行政管理总局六部委联合发文，要求在各自系统内认真贯彻执行。但是，《第一批异形词整理表》仅对 338 组异形词进行规范，远远不能满足语文教学、报刊编辑、书籍出版、信息处理等实际工作的需要。

鉴于上述情况，中国版协校对研究委员会、中国语文报刊协会、国家语委异形词研究课题组、《咬文嚼字》编委会四单位，结合工作实践和群众反映，组织专家多次研讨，吸收前人研究的成果，沿用整理《第一批异形词整理表》的方针、原则和方法，从通行辞书认定的异形词中抽选出一批群众较常使用、取舍倾向明显的，订成《264 组异形词整理表》（草案），先作为行业规范，从 2004 年 1 月起，在各自系统内试用。

我们希望听取更多的反馈意见，总结经验，对本表作进一步修订，供有关部门研制《第二批异形词整理表》参考。

每组异形词连接号前为选定的推荐词形，需要说明的问题，见表后注释。本表所收条目按首字的汉语拼音音序排列，同音的按笔画数由少到多排列。如有特殊读音或容易误读的，在条目后标注汉语拼音。

2003 年 8 月 15 日

264组异形词整理表(草案)

A
安分守己—安份守己
暗渡陈仓—暗度陈仓

B
把式—把势
般配—班配
棒槌—棒棰、棒锤
曝光—暴光
报道—报导 bàodào—bàodǎo[1]
悲愤—悲忿
悖理—背理
比划—比画
笔芯—笔心
筚路蓝缕—荜路蓝缕
辩白—辨白
辩词—辩辞[2]
拨浪鼓—波浪鼓、泼浪鼓
部分—部份

C
菜籽—菜子[3]
仓皇—仓惶、仓黄、仓遑

策划—策画
长年累月—常年累月
唱功—唱工
潮乎乎—潮呼呼、潮忽忽
撤销—撤消
承上启下—承上起下
吃里爬外—吃里扒外
踟蹰—踟躇
串联—串连
词汇—辞汇
辞令—词令

D
耷拉—搭拉
搭理—答理 dāli
嗒嗒—哒哒
褡裢—搭裢、搭连、褡连、褡联
打冷战—打冷颤 dǎlěngzhan[4]
大放厥词—大放厥辞
当当—铛铛
当作—当做[5]

倒腾—捣腾
悼词—悼辞
得意洋洋—得意扬扬
灯芯—灯心[6]
嘀里嘟噜—滴里嘟噜
调包—掉包
调换—掉换
盯梢—钉梢
丢三落四—丢三拉四
冬不拉—东不拉
遁词—遁辞
哆嗦—哆唆

E
峨眉山—峨嵋山

F
发楞—发愣
幡然醒悟—翻然醒悟
反复—反覆
愤恨—忿恨
愤怒—忿怒
夫唱妇随—夫倡妇随
浮屠—浮图
辐辏—辐凑

11—5

福分—福份
俯首帖耳—俯首贴耳
赋予—赋与

G

胳肢窝—夹肢窝
干吗—干嘛
咯噔—格登
根底—根柢
哽咽—梗咽
宫廷—宫庭
勾勒—钩勒
钩针—勾针
够呛—够戗
孤零零—孤另另、孤伶伶
轱辘—轱轳、毂辘
故步自封—固步自封
故伎—故技
痼疾—锢疾、固疾
呱呱叫—刮刮叫

H

哈腰—呵腰
寒战—寒颤
号啕—嚎啕、号咷、嚎咷
好高骛远—好高务远
和事佬—和事老
贺词—贺辞
黑咕隆咚—黑鼓隆咚、黑古龙冬
黑压压—黑鸦鸦

哄堂大笑—轰堂大笑
哄笑—轰笑
洪亮—宏亮
呼哧—呼蚩、呼嗤、呼吃
花里胡哨—花狸狐哨
花哨—花梢、花稍
花销—花消
皇历—黄历
浑身—混身
混沌—浑沌

J

辑佚—辑逸
给予—给与
纪录片—记录片
纪要—记要
茧子—趼子[7]
交代—交待
脚丫子—脚鸭子
脚趾—脚指
较真—叫真
精华—菁华
警醒—警省
酒盅—酒钟
倔强—倔犟

K

开销—开消
侃大山—砍大山
看作—看做
夸大其词—夸大其辞
宽宏大量—宽洪大量

L

老茧—老趼
乐呵呵—乐和和
乐滋滋—乐孜孜
厉害—利害 lìhai[8]
伶牙俐齿—伶牙利齿
流言蜚语—流言飞语
遛弯儿—蹓弯儿
乱哄哄—乱烘烘
螺纹—罗纹

M

漫道—慢道
漫说—慢说
毛骨悚然—毛骨耸然、毛骨竦然
贸然—冒然
棉籽—棉子
渺小—藐小
藐视—渺视
邈远—渺远
冥冥—溟溟
模棱两可—摸棱两可
秣马厉兵—秣马利兵、秣马砺兵
木樨—木犀

N

闹哄哄—闹轰轰、闹烘烘
黏稠—粘稠[9]
黏糊—粘糊
黏土—粘土

黏性—粘性
黏液—粘液
念叨—念道 niàndao
暖乎乎—暖呼呼
　　P
爬犁—扒犁
判词—判辞
皮黄—皮簧
剽悍—慓悍
缥缈—飘渺、漂渺、飘
眇、飘邈
平白无故—凭白无故
匍匐—匍伏
　　Q
启程—起程
起锚—启锚
起讫—起迄
气门芯—气门心
迁就—牵就
遣词—遣辞
枪支—枪枝
情分—情份
屈服—屈伏
取消—取销
雀斑—雀瘢
　　R
热辣辣—热剌剌
如雷贯耳—如雷灌耳
　　S
散佚—散逸

砂锅—沙锅
砂壶—沙壶
砂浆—沙浆
砂糖—沙糖
煞风景—杀风景
煞尾—杀尾
霎时—刹时
山巅—山颠
煽风点火—扇风点火
闪烁其词—闪烁其辞
尚方宝剑—上方宝剑
深省—深醒
什么—甚么
神父—神甫
省份—省分
拾遗补缺—拾遗补阙
仕女画—士女画
视域—视阈
誓词—誓辞
授予—授与
摔跤—摔交
水分—水份
水涨船高—水长船高
思辨—思辩
死乞白赖—死气白赖
夙愿—宿愿
素来—夙来
宿敌—夙敌
宿儒—夙儒
宿怨—夙怨

　　T
体己—梯己 tīji
题词—题辞
倜傥—俶傥
瞳仁—瞳人
褪色—退色
托付—托咐
　　W
玩耍—顽耍
顽皮—玩皮
唯独—惟独[10]
唯恐—惟恐
唯利是图—惟利是图
唯命是从—惟命是从
唯其—惟其
唯我独尊—惟我独尊
唯一—惟一
唯有—惟有
委顿—萎顿
委婉—委宛
诿罪—委罪
萎靡—委靡
萎谢—委谢
文采—文彩[11]
无精打采—无精打彩
无上—无尚
　　X
唏嘘—欷歔
喜滋滋—喜孜孜
陷阱—陷井

项链—项练	一厢情愿——相情愿	装束—妆束
消歇—销歇	引申—引伸	装作—装做
销魂—消魂	硬邦邦—硬梆梆、硬帮帮	仔畜—子畜
兴高采烈—兴高彩烈	鱼汛—渔汛[12]	仔猪—子猪
雄赳赳—雄纠纠	渔鼓—鱼鼓	籽粒—子粒
漩涡—旋涡	约摸—约莫	籽棉—子棉
熏陶—薰陶	陨落—殒落	籽实—子实
Y	Z	走漏—走露
丫环—丫鬟	在座—在坐	作弊—做弊
押宝—压宝	糟蹋—糟踏、糟塌	作美—做美
哑巴—哑吧、哑叭	张皇—张惶	作弄—做弄
言不由衷—言不由中	照相—照像	作声—做声
邀功—要功 yāogōng	珍馐—珍羞	作秀—做秀
一唱百和——倡百和	真相—真象[13]	坐落—座落
一塌糊涂——蹋糊涂、	支吾—枝梧、枝捂	座次—坐次
一榻糊涂	装聋作哑—装聋做哑	座位—坐位

【注释】

[1] 报道—报导

"报导"的"导"旧读 dào，"报导"和"报道"同音，意义完全相同。1985年《普通话异读词审音表》确定"导"统读 dǎo，才出现二者读音的分化。

[2] 辩词—辩辞

"词""辞"，在表示词语和话语时古代通用，故形成了一系列异形复合词。现在表示词语和一般话语多用"词"，如"辩词、词汇、大放厥词、悼词、遁词、贺词、夸大其词、判词、遣词、闪烁其词、誓词、题词"等；表示交际场合得体的言语多用"辞"，如"辞令"等。

[3] 菜籽—菜子

"籽"是"子"的分化字。古汉语中"子"除表示孩子等意义外，还表示种子；"籽"专指某些植物的种子。"子""籽"并存并用后，形成了多组异形词。《现代汉语通用字表》中"子""籽"并收，可见二字应有所分工。根据人们的使用习惯，"子"指孩子、儿子等意义，也可泛指与植物种子有关的器官（如"子房"）；"籽"专指植物的种子,如"棉籽、菜籽、籽棉"等。但作为食品的"瓜子"(口语中儿化为 guāzǐr)不写作"瓜籽"。

[4] 打冷战—打冷颤

《一表》已对"战"与"颤"构成的异形词作了注释说明,指出"颤动、颤抖、颤巍巍、颤音、颤悠、发颤"等词中的"颤"读作 chàn;"战栗、打战、打冷战、胆战心惊、冷战、寒战"等词中表示人发抖意义的"颤"读作 zhàn,写作"战"。此处"打冷战"的"战"读轻声 zhan,跟读去声 zhàn 的同形词意义不同。

[5] 当作—当做

"做"是"作"的后起字。在"制作""从事某种活动"等义项上与"作"通用。但在现实应用中已逐渐分化:"作"多用于抽象对象或不产生实物的活动,动作性较弱;"做"侧重于具体对象或产生实物的活动,动作性较强。据此,对"当作—当做""看作—看做""装聋作哑—装聋做哑""装作—装做""作弊—做弊""作美—做美""作弄—做弄""作声—做声""作秀—做秀"等组异形词进行了整理。

[6] 灯芯—灯心

"芯"是"心"的分化字,特指某些植物或圆形物体的条状形中心部分。故对相关的异形词作了整理,如"灯芯"(包括"灯芯草""灯芯绒")"气门芯""笔芯"等都宜用"芯"。

[7] 茧子—趼子

二者的词义是包孕关系。"趼"是老茧的本字,因其状如蚕茧,人们常用"茧"字代替。今"趼"字几乎不用,故以"茧子""老茧"为推荐词形。

[8] 厉害—利害

在难以对付或忍受、剧烈、凶猛等意义上,二者音义相同。当"利害"不读轻声,读作 lìhài 时,表示事物"利"和"害"的两个方面,为另一个词。

[9] 黏稠—粘稠

"粘"字两读,一读 nián,一读 zhān。1955 年《第一批异体字整理表》将"黏"作为"粘"的异体字淘汰,1988 年《现代汉语通用字表》确认"黏"为规范字。这样,二者基本有了分工:"黏"读 nián,指胶水或糨糊之类物质所具有的黏糊性质;"粘"读 zhān,指使物体附着在另一个物体上。据此,在"黏稠—粘稠""黏糊—粘糊""黏土—粘土""黏液—粘液"等组异形词中,宜用"黏"。

[10] 唯独—惟独

"唯"本表示应答的声音,如"唯唯诺诺"。"惟"本是动词,表示思考、想,如"伏惟"。二字都借作副词,都表示"仅""只有"的意思。于是"唯"

"惟"构成了一批异形词,从现代汉语使用的情况看,用"唯"的词频高。

[11] 文采—文彩

"彩"是"采"的后起字,古义相通,今已分化。"彩"的意义比较实在,指具体的颜色,而"采"多用于比较抽象的引申意义。据此,把"文采""兴高采烈""无精打采"定为推荐词形。

[12] 鱼汛—渔汛

"鱼"古代有捕鱼的意思,"鱼""渔"相通,以致时有混用。今"鱼"字已没有动词用法。"鱼汛—渔汛"指某些鱼类成群大量出现的时期,故以"鱼汛"为推荐词形。捕鱼工具的"渔具""渔网"(已见《一表》)、打击乐器的"渔鼓"等词语中的"渔"为动作方式,不宜写作"鱼"。

[13] 真相—真象

"真相"源于佛教用语,犹言本来面目,引申指事情的真实情况,与"假象"并不构成严格的反义关系,且通用性占绝对优势。根据通用性和理据性原则,宜以"真相"为推荐词形。

纪晓岚打趣状元郎

葛青江

据说,纪晓岚有笑癖。有一年,他出任会试主考。试毕,新科状元刘玉树前来叩见。见了面,纪问刘玉树现住何处,刘答道:「暂住芙蓉庵。」纪一听,忽然笑不可抑,只好暂退入房,很久都不能出来,他派人请刘玉树暂归住地。刘玉树惴惴不安地回去了,他弄不明白自己何处失礼,惹得纪老师大笑不止。后来,听说纪昀那天大笑后写成一副对联:「刘玉树小住芙蓉庵,潘金莲大闹葡萄架。」(事见徐珂《清稗类钞·诙谐类》)纪老先生的想象力真是丰富,竟然把新科状元跟《金瓶梅》联系起来了,且对得如此工整,真不愧为饱学之士。

语丝

借题发挥

"不名小将"?

曹 历

> **羽球超级大奖赛正赛开门爆冷**
> # 不名小将拿下叶诚万
>
> 男双和女双分别决出前八名。男单：夏煊泽、林丹、吴云勇、陈甲寅（新加坡）、黄综翰（马来西亚）、吴蔚（香港）、郭建华、陈宏；男双：（印尼）陈甲亮、西吉特、（丹麦）延斯·艾里克森、耶斯普·拉森、李东秀、柳镛成、（马来西亚）郑锦威、孔庆洪、刘永、陈其道、（马来西亚）邹俊英、陈宗明、张尉、张军、（泰国）莫拉莫、提拉维瓦塔那、提萨那、潘维萨瓦那、（韩国）河泰权、金东文；混双：张军、高崚、（丹麦）迈克素佳、里科·奥尔森、刘永、陈林、（丹麦）延斯·艾里克森、米特·朔戴格；女双除了韩国的罗景民、李敬原和台北的简毓瑾、程文欣外，其余六个位置均由中国选手占据；女单席位则全部被中国队包办。

两年前，国际羽毛球超级大奖赛在宁波举行，我曾到现场观战。那天是新加坡的罗纳德对印尼名将叶诚万，罗纳德可谓名不见经传，但他表现神勇，一上场便连连抢攻，终于把叶诚万挑于马下。2001年9月21日《羊城晚报》在报道这场赛事时，用的标题是"不名小将拿下叶诚万"，我觉得有用词不当之嫌。

说一个人没有名气，通常总是说"无名之辈""无名小卒"，比如《三国演义》："魏延无名小卒，安敢造乱！"《羊城晚报》的记者可能以为"不名"就是"无名"，其实不是这么回事。在古代汉语里，"不名"是有特定含义的，它指的是对人不直呼其名以表示敬重的一种礼貌行为。清王端履《重论文斋笔录》卷一："公（魏文清）清风俭德，至今乡里犹称道勿衰，呼为魏老尚书而不名。"这位"魏老尚书"可是名重一时的呵！

此外，成语中有"一文不名"，指的是一个钱也拿不出。这里的"名"是"占有"的意思，和"不名小将"显然也搭不上界。

不称"无名小将"而称"不名小将"，可能是想新鲜一点，遗憾的是事与愿违。

吓人的"公告"

杨波

> **弃婴公告**
>
> 2002年11月18日在湖州市南园路旁发现女婴壹名,现约7岁。公告之日起60日内,请生父母到本局认领,逾期作查找不到生父母处理。
>
> 湖州市民政局
> 2003年1月8日

翻开2003年1月9日《湖州日报》,见到一则政府公告,不禁大吃一惊。这则"公告"是以民政局名义发出的,标题是"弃婴公告"。"弃婴"是犯法行为,作为政府部门,竟然堂而皇之地发布"公告",真是匪夷所思。

好在"公告"不长,一眼瞄过以后,方才知道原来有人在湖州市南园路旁,发现"现约7岁"的"女婴"一名,"公告"要求其生父母在60日之内到民政局认领。你看,本是"认婴公告",竟错成"弃婴公告",未免有点荒唐。

这则"公告"的错误还不止于此。一看这"婴"字,人们一定会认为是襁褓中的娃娃。所谓"婴儿",《现代汉语词典》的界定是"不满一岁",这和人们的生活常识是一致的。谁知民政局所指称的"婴儿",竟然已是7岁!7岁的儿童也能称"婴儿"吗?

"刘晓庆"能拍卖吗？

谢 刚

刘晓庆名下新闻多。她因涉嫌逃税被拘留，前一阵据说已取保候审。《洛阳日报》2003年1月6日曾刊登过新华社的一则消息，该报拟了个标题："刘晓庆及其公司房产被依法拍卖"。

"刘晓庆及其公司房产"，这是一个联合词组。连词"及"连接"刘晓庆"和"其公司房产"，两者均是"拍卖"的对象。"公司房产"被拍卖不难理解，可"刘晓庆"本人难道也能拍卖吗？这究竟"依"的哪门子"法"？真是闻所未闻！

细读报道，原来新华社的原文是："北京市拍卖行受税务机关委托，5日对刘晓庆及其所办公司提供纳税担保的19套房产进行了公开拍卖……"这里说得很清楚，"拍卖"的是"19套房产"，只不过这"19套房产"是由"刘晓庆及其所办公司提供纳税担保"而已。

作为新闻标题，自然应该简洁明快，但前提是准确无误。一味求简以致造成歧义，这是不足取的；而为了吸引"眼球"，故意耸人听闻，更有悖于新闻道德。

刘晓庆及其公司房产被依法拍卖

新华社北京1月5日电 北京市拍卖行受税务机关委托，5日对刘晓庆及其所办公司提供纳税担保的19套房产进行了公开拍卖，拍出18套，拍卖成交额661.1万元。依照《中华人民共和国税收征收管理法》的规定，本次

一针见血

"暂缓不起诉"?

杨宗文

2003年4月底,中央电视台一套播出过题为"大学生犯罪,暂缓不起诉"的谈话节目。

"暂缓不起诉"词不达意。

综观整场谈话,内容是围绕"暂时不起诉"展开的。但是把"暂缓"和"不起诉"搭配在一起,就成了"立刻起诉",显然与本来的意思相反。所以这个谈话节目的题目应改为"大学生犯罪,暂不起诉"或"大学生犯罪,暂缓起诉"。

"休憩相关"?

陈 章

2002年11月2日《杂文报》上《重要的是公民意识》一文中有这么一段话:"倘使每个公民没有出自内心的需要,认为讲公德和自己的利益休憩相关,倘使没有这种公民意识的自觉,那么,无论依靠来自外面多么严厉的强制手段,也是无济于事的。"

这里的"休憩相关"是"休戚相关"的误用。"休"表示吉庆、美善,"戚"是悲伤、忧愁之意,"休戚相关"是指忧乐相关或吉凶相关。"憩(qì)"只有"休息"一义,"休憩相关"是说不通的。

"方圆"不能指面积

一 民

2003年4月14日新华社发了一则关于伊拉克战争的背景资料《萨达姆总统的故乡——提克里特》。其中有这么一句:"提克里特不仅有萨达姆的行宫,而且还有方圆4平方公里专供复兴党主要人物使用的农场和乡间度假村。"显然"方圆"在这里被错误地当作了"表示平面或物体表面的大小"的"面积"来使用了,所以后面跟了面积计量单位"平方公里"。

何为"方圆"?《现汉》有三个义项:①指周围:~左近的人,他都认识。②指周围的长度：～几十里见不到一个人影。③方形和圆形。比喻一定的规则或标准：不依规矩，不能成～。上例对应的是第二个义项"周围长度"，那么，其后就应该跟长度的计量单位"公里"。不过，上例中还是以删去"方圆"二字为妥。

"就地镇罚"？

董再鸿

2001年10月9日央视7套播出的《军事百科》节目中，讲到了近代民主革命者秋瑾女士。主持人说，秋瑾被捕后坚贞不屈、大义凛然，清政府宣布："……就地镇罚！"

何谓"就地镇罚"？

因为秋瑾是在其家乡绍兴被捕，并在当地遇害的，所以"就地镇罚"当是"就地正法"之误。

伽利略何曾被烧死

谷士锴

《感受美国——一位华人律师眼中的美国》一书在谈到伽利略时，有这么一番议论："大凡中国人，都知道意大利人伽利略为了坚持自己所坚信的太阳中心理论，被罗马天主教会活活烧死的悲惨故事。"

意大利著名科学家伽利里奥·伽利略因为信仰波兰伟大的科学家哥白尼的日心说而触怒罗马教廷，这是事实；但他并未被罗马教廷烧死。被罗马教廷处以火刑的是伽利略的同胞、文艺复兴时期意大利杰出的科学家布鲁诺。布鲁诺因信奉哥白尼的日心说被教会处以火刑；而伽利略是遭教会囚禁，身心受到严重摧残含恨身亡的。

"劝阻"应为"劝说"

王剑制

2003年5月1日《现代教育导报》第1版，刊登了山东省教育厅2003年4月28日《致学生家长一封信》。信中有这样一句："希望广大家长通过电话、网络等通讯工具与学生联系沟通，劝阻学生服从学校安排，安心在校学习生活。"

这是一个明显的病句。"劝阻"的意思是"劝人不要做某事"。"劝阻学生服从学校安排"，就是劝学生不要服从学校安排，这有违省教育厅拟这封信的本意。

将"劝阻"改为"劝说"或"劝导"，即"劝说(劝导)学生服从学校安排"，就没有问题了。

谁跟谁有感情瓜葛

周　锋

上海《新闻晨报》2002年6月26日A14版转载了《成都商报》的《还珠3拍摄受阻》一文。其中有一句这么说："此外，他还将跟扮演'缅甸公主'的刘涛发生一段新的感情瓜葛。"

"他"指的是剧中的一个角色尔康，难道扮演尔康的演员周杰跟演员刘涛发生感情瓜葛了吗？不是，其实是戏中的尔康和缅甸公主有了一段感情，那么就应当这么说："他还将跟刘涛扮演的'缅甸公主'发生一段新的感情瓜葛。"

"将在昨天释放"？

徐家德

上海《新闻晨报》2003年8月16日有一篇关于刘晓庆取保候审的报道，开头便说："有消息说，刘晓庆将在昨天释放。"

刘晓庆释放一事发生在"昨天"，是已经发生的事情，照理应该用"已"字表述。但令人遗憾的是，此句中却用了一个表述尚未发生而在预期中将要发生的"将"字，从而混淆了过去和将来的概念。

此句的正确表述应该是"刘晓庆已于昨天释放"。

"节省损失"？

苏高岩

2002年5月7日的《益寿文摘》转载了《福建卫生报》2002年3月28日发表的题为"医药界政协委员呼吁　让护士归位　让陪护回家"的文章。其中有这样一句："这样每年至少可以节省病人家属10亿个工作日的'损失'。""节省……损失"讲不通。"节省"一般与时间、劳动力、资金等搭配，而"损失"不能节省，只能"减少"或"降低"。所以，这句话可改为"这样每年至少可以为病人节省10亿个工作日"，或"这样每年至少可以减少病人家属10亿个工作日的损失"。

宵衣"肝"食？

江延滨

《杂文月刊》2002年第8期刊载的《给历史教授提点建议》一文写道："但学习历史不等于陶醉历史，尤其是封建皇帝的宵衣肝食、勤政爱民和所谓的盛世……"这段话中的"肝"字是个错字。

有个成语叫"宵衣旰(gàn)食"，是说不等天亮，就穿衣起床，"旰"是"晚上"的意思，天黑了才吃饭，以此形容勤于政务。"宵衣旰食"错成了"宵衣肝食"，不知该如何理解了。

"部分售罄"？

李家伟

"罄"的意思是：尽，空。我们平时常说"罄竹难书"，就是"把竹子用完了都写不完。比喻事实（多指罪恶）很多，难以说完"的意思。可在2003年8月13日的《北京娱乐信报》上，有一则小消息却如此制题："张信哲演唱会门票已部分售罄"。

既然"售罄"，也就是说门票已经卖光了；可在前头加上一个"部分"，就成了"部分卖光"。这实在不合逻辑。

再看消息，才知道原来这"部分"乃"部分票种"之意。因为张信哲的演唱会在体育馆举办，门票分为多种，记者所说"售罄"的，乃门票中的场地票和低价票！

其实若说"张信哲演唱会门票部分票种售罄"，那就没有问题了。

"李林"是谁

嘉韦

2003年8月13日《北京晨报》"娱乐新闻"版头条新闻引题为"赵传个唱酝酿大动作"，然后下面是大字标题："李林夫妇首度联袂"。

"李林夫妇"是谁？笔者平时喜欢听歌看电影，对娱乐圈自认为挺熟悉，可从没听说过"李林"其人。细看文章才知道，这"李林"不是一个人，"李"是李宗盛，"林"是林忆莲，二人系夫妻，于是便成了"李林夫妇"。取夫妻俩的姓拼凑成"××夫妇"，容易让人误解；如果一定要这么表述，则应在两姓之间加一顿号。

时尚词苑

新成语"与时俱进"

高姜山

众所周知,大多数成语都是千百年间积淀下来的固定短语。近年来,只有少量的四字格短语由于在一段时间里使用的人特别多,使用频率特别高,渐渐变成了新成语,如"保驾护航""严防死守""一头雾水""浮出水面""尘埃落定"等。其中"与时俱进"可看作新成语的典型。

《汉语大词典》收有"与时消息""与时偕行"两个成语,都出自《周易》。《周易·丰》:"日中则昃,月盈则食,天地盈虚,与时消息。"《周易·损》:"损益盈虚,与时偕行。"大体意思是,自然界(天地日月)在不断变化,人应当遵循"天道",以变应变,才能趋利避害。这体现了中国古代的一种"天人合一"的思想。这两个成语大概可以看作"与时俱进"的源头。

此后的从战国《吕氏春秋》到晚清著作中,我们查到许多"与时俱□"的四字格短语,如:与时俱化、与时俱背、与时俱息、与时俱亡、与时俱新、与时俱昂,等等。这些都算不得成语,"与时俱□"是一个短语框架,□中可以填入不同的动词、形容词,表示随着时间的推移而出现种种变化。其间也出现过"与时俱进"(在当时,同样算不得成语)。例如:

(1)然先生殊不以所能自足,十余年来先生之造与时俱进。(清姚鼐《谢蕴山诗集序》)

跟"与时俱进"意义相近的,另有一个"资深"成语"与日俱增",一般成语词典都立了条目。意思是"随着时间的推移而不断增长或增加"。例如:

(2)疾疹交作,眊然瞻视,……

涉冬浸剧，与日俱增。(宋吕祖谦《为梁参政作乞解罢政事表二首(其二)》)

"与日俱增"这个成语，只能表示数量上的增长、增加，却不能表示质量上的发展、进步。为了填补表意手段中的空白，非成语的"与时俱进"也时而有人使用。比如1917年10月10日(中华民国第六个国庆日)，李大钊在致《太平洋》杂志记者的短札《此日》中写道："月异岁新，与时俱进，页页联缀，永续无穷。"(转引自《党史纵横》2003年第7期)又如：

(3)先生的一生，是为祖国、为人民不懈奋斗的一生，是追求真理、与时俱进的一生。(《人民日报》1995年10月8日)

(4)汉语应与时俱进(《光明日报》2001年6月14日一篇报道的标题)

2001年7月1日,可以看作"与时俱进"从非成语到成语的转折点。那一天，江泽民同志发表了"七一"重要讲话。讲话中赋予了这个短语崭新的含义：运用马克思主义的立场、观点、方法，准确把握时代特征，以创新精神研究新情况、解决新问题并开创新局面。那一天起，全党全民认真学习"七一"讲话；那一天起，"与时俱进"这个短语也就深入人心。

《现代汉语词典》2002年增补本也不失时机地将"与时俱进"收为新词条。作为一个新成语，它的意义被词典概括为："随着时间的推移而不断发展、前进"。

语丝

代儿挽母

殷宝盈

尹天民是泰州城颇有名气的文人，年轻时丧偶，和年幼的儿子相依为命。

一天，孩子走到爸爸跟前哭着要妈妈。并问："妈妈在哪儿？怎么不回家？"面对天真的孩子，心境凄婉的尹天民忍不住以儿子的口吻写就一副挽联："爸爸，她哪里去了？妈妈，您何时归来！"两个问句相对，感情真挚，充分体现了父子俩对逝者的深切怀念。

扑通声声话"跳水"

庄 骏

无论奥运会还是其他大型的国际体育比赛,中国选手最让我们放心的,除了乒乓,恐怕就是跳水了。中国跳水队被尊崇为"梦之队"。"跳水",是水上运动项目之一,运动员从跳板或跳台上跳入水中,身体在空中做出复杂优美的动作,令人赏心悦目。在南方方言中,"跳水"还有一个义项是:跳进水里自杀。上海人所谓"跳黄浦",就是这个意思。然而,近年来,"跳水"二字屡屡见诸报端,所表达的含义似乎不限于以上两项了。请看:

①在这种情况下,不断会有个股加入跳水行列。(《解放日报》2002年11月20日)

②相应股票珠峰摩托、申华控股、国电电力和深能源等都出现跳水走势。(《解放日报》2002年10月26日)

这一股"跳水"风最初是从股市刮起的。股票自然不会"表演"抑或"自杀",怎么与"跳水"结缘的呢?原来,在英语中,"跳水"(dive)还有"潜水,下潜,俯冲"的意思。用"跳水"去描述股票价格的急速下跌,极其形象,我们仿佛还可以听到那"扑通""扑通"声,见到那散去的片片涟漪。股市长期走势低迷,股民耳畔跳水声声……

从股市一路走来,"跳水"进入了社会生活的其他领域,词语的外延有不断扩大的趋势:

③南京药价大跳水(《文汇报》2003年3月22日)

④国家放开车险费率,保险费会像车价一样跳水吗?(《解放日报》2002年2月20日)

⑤豪华酒店客房房价却大"跳水"。(《新闻晚报》2002年10月3日)

凡有价的均可"跳水",这种用法的拓展不难理解。要表现价格下跌速度之快,用"跳水"无出其右。媒体的推波助澜使"跳水"用途大增。渐渐地,它又摆脱"价格"的限制,只要与数值数量有关,什么都可以"跳水"。例如:

吸引人的"眼球"

侯友兰

近几年,"眼球"成了大大小小报纸中的一个热门词语。例如:

(1)加州大学圣迭戈分校科学史博士生、《骗局博物馆》一书作者伯泽最近表示,邪教组织雷尔教派的主要意图可能是为了吸引眼球。(2003年1月4日新华社电讯)

(2)一会儿是联通CDMA形象夺人眼球,一会儿是小灵通来势凶猛,一会儿又是移动攻城拔寨。(《市场报》2003年4月7日)

(3)该剧扑朔迷离的情节、强烈的戏剧冲突、复杂的人物性格和极具煽动性的悲剧色彩,都是争得观众眼球的"法宝"。(《京华时报》2002年12月25日)

"眼球"是专门术语,本指视觉器官的主要部分,呈球形。眼球通过视网膜上的视觉神经末梢与中枢神经系统联系,将外界物体在视网膜上构成的物象传递到大脑皮层,产生视觉。例句中"眼球"是一种新的用法,其含义大体上与"目光、视线、注意力"相当。它打破了以往的常规搭配,用具体代抽象,取得了形象突出的效果。

⑥其实,对圈内人士来说,五连冠的"跳水",并非是出人意料的冷门。(《解放日报》2002年12月2日)

⑦预报36℃实则28℃,武汉温度"大跳水"(《新闻晨报》2002年6月25日)

例⑥指的是中国女排成绩的下滑,例⑦则是温度的快速下降。如若没有股市术语给大家启蒙,大多数人恐怕要百思不得其解了。

"跳水"之所以如此红火,体育热的持续高温是一个很重要的因素。体育用语正不断渗透到社会生活的方方面面。

与"眼球"搭配最多的词语是动词"吸引"(见例(1))。"吸引眼球",译自英语的动词短语"catch one's eye"。eye 是"眼睛",为可数名词(可加 s);如果用作不可数名词(不可加 s),就指"注意力"。因此这个动词短语的含义是"吸引人的注意力"或"引起关注"。英语中,很多可数名词可以用作不可数名词,表示该可数名词所指称事物的主要功能、用途等抽象的意义。比如,当可数名词 church(教堂)用作不可数名词时,go to church 是指"去(教堂)做礼拜",而不是单单指"去教堂"。

"吸引眼球"一类的说法首先流行于港台地区,后来在我国内地也使用开了。现在,能够跟"眼球"搭配的汉语动词越来越多。不仅能"吸引"眼球,而且能"抓、夺、圈、粘、追求、刺激、聚积、牵动、冲击、争夺、争取、占有、抢夺、抢占、锁定、牵引、垄断、赢得、赚足"眼球。它们都表示将人们的目光、注意力吸引过来。例如:

(4)作为先浮出水面的别克君威在业界的猜测中赚足了眼球。(《青年时讯》2003年1月2日)

(5)但F4所代表的富足、叛逆非常吸引中学生。从球鞋电脑到外套可乐全面占有他们的眼球和钱包。(《京华时报》2002年12月25日)

另一种用法是"眼球"修饰名词,比如"眼球"可以与"指数"构成"眼球指数"。

此外,还有"眼球经济""眼球价值""眼球文学""眼球效应""眼球时代""眼球工程"等。

从"目光、视线、注意力"到"眼球",一则使词语具体化、形象化,二则给人耳目一新的感觉。这种新兴的用法,人们觉得新颖别致。这"眼球"转来转去,不就是寻找关注点吗?这"眼球"转到哪儿,不就是"目光、视线、注意力"跟到哪了吗?真是太形象了。难怪"眼球"一词迅速扩大了使用范围,提高了使用频率,从而成为汉语新词语群体中的重要一员。

妙语角

天天接吻

伍廷芳是清末民初的著名外交官。有次出使美国演讲。事后,有个贵妇人对他说:"我十分佩服你。我决定把我的爱犬改名为'伍廷芳'。"

伍廷芳马上说:"好啊,好啊。那你可以天天抱着伍廷芳接吻了。" (晓风)

百科指瑕

"命妇"之类

张若牧

如今盛行古文今译，读此类书，常会发现某些译者不懂古文，译出的白话与原意相去甚远。手头便有现成的例子：

一、"高宗将会百官及命归（"归"应为"妇"）于宣政殿，并设九部乐。"（《中国古代十大轶事小说赏析》，叶桂刚、王贵元主编，北京广播学院出版社1993年版，711页）赏析本将"命妇"译为"被命名的妇女"。何谓"命妇"？《国语·鲁语》注："命妇，大夫之妻也。"在封建社会里，凡是帝王公侯大臣之妻都有封号。共有七阶：一品夫人，二品亦夫人，三品淑人，四品恭人，五品宜人，六品安人，七品孺人。有了这类封号的，才能称为"命妇"。并不是所有的妇女都能得到这类封号的。赏析本所谓的"被命名的妇女"犹言有了名字的女人，这样的妇女不能都称"命妇"。

二、"万历时某科题名录一纸。"译文为："万历时期某次科举考试中的题名目录一张。"（《两般秋雨庵随笔》，范春三编译，483页）科举时代，每科考完之后，都要把考取者的姓名年龄籍贯刻印汇集成册，称为题名录。此风始于唐朝的雁塔题名，后来凡登科者皆书之于板，元明以后，进士例行刻碑于国子监，尽列一榜姓名，仍称题名录。现在北京的国子监还保存有数十块这样的碑刻。译者不察，译为"题名目录"，是以今律古，想当然而已。

三、"按一丈红，即蜀葵花也。"被译成"一丈红即四川葵花"。（《中国古代十大轶事小说赏析》第400页）如果说前二例是古文今译出了问题，这一

11—23

女王伊丽莎白？

村友

学苑出版社出版的《烟锁虎门》（虎门篇）谈到了英国女王：

在英国的炮口下，1842年8月29日，清政府被迫签订了《南京条约》。

同年12月，英国女王伊丽莎白批准了《南京条约》。

英国历史上有两位女王都叫伊丽莎白，前者叫伊丽莎白·都铎，1558—1603年在位，即伊丽莎白一世。后者就是当今英国女王伊丽莎白·亚历山德拉·玛丽，1952年即位，被称为伊丽莎白二世。而批准不平等的《南京条约》的英国女王不是伊丽莎白，而是维多利亚。她生于1819年，1837年其叔父威廉四世驾崩时因无男性继承者，十八岁的维多利亚遂以威廉四世侄女的身份继承王位。维多利亚1837年登基，1901年1月去世，在位六十四年，是目前为止英国历史上在位时间最长的君主。维多利亚女王即位不久，英国在鸦片战争中打败了腐败无能的大清帝国，1842年，清王朝被迫同英国签订了第一个不平等条约《南京条约》（当时称《江宁条约》）。批准这一条约的当然是当时执政的维多利亚女王。

例则是地地道道的白话。"蜀葵花"是一种普通植物，《本草纲目》："蜀葵处处人家植之，春初种子，冬月宿根亦自生苗。嫩时亦可茹食。叶似葵菜而大，亦似丝瓜叶，有歧叉，过小满后长茎，高五六尺。花似木槿而大，有深红浅红紫黑白色。叶有单叶千叶之异。"属锦葵科。而葵花即向日葵，属菊科，两者生态不同。见一个"蜀"字，就译为"四川"，望文生义，大失本真。

并蒂莲、睡莲、午莲

俞惕然

2002年7月16日《文汇报》头版登有题为"并蒂莲 美丽一生"的三幅并蒂莲彩照,这真叫世人大饱眼福。可是在简短的文字说明中称:"并蒂莲即睡莲,又名午莲。"仅仅十个字竟有两处差错。

并蒂莲是莲(荷、荷花),因花开并蒂而得名。但它不是睡莲。莲与睡莲都是多年生水生草本花卉,同属睡莲科,但不同属,前者为莲属,后者为睡莲属。两者外形有明显的差别,莲的叶和花比睡莲的叶和花大几倍。前者叶圆形,花多红或白色,均高出水面;后者叶马蹄形,叶面暗绿光亮,叶背红或紫色,花多白色,均浮在水面。

睡莲花子时开、午时闭,或午时开、子时闭(也有的子夜过后开,至下午约5时闭),因此又名"子午莲"。所谓"午莲"应是"子午莲"之误。

居里夫人与诺贝尔奖

孤闻

2002年5月7日中央电视台主办的第十届青年歌手电视大奖赛上,评委向参赛者提了一个综合素质方面的问题:"两次获得诺贝尔化学奖的居里夫人发现了以下哪种化学元素?"

不去管选手回答正确与否,这个题目本身出得有问题。

伟大的科学家玛丽·居里曾两次获诺贝尔奖。第一次是在1903年和丈夫皮埃尔·居里(法国科学家)共获诺贝尔物理奖。三年后,即1906年春,皮埃尔·居里在巴黎被马车碾伤头部不幸去世。痛失丈夫的居里夫人并没有从此一蹶不振,反而全身心地投入科学研究,1911年又获得了诺贝尔化学奖,成为唯一两次获诺贝尔奖的科学家。但居里夫人并没有"两次获得诺贝尔化学奖",因为其中一次是物理奖。

"渠"和"伦敦"

江秉福

韩少功《马桥词典》（作家出版社 1996 年版）157 页说："古人也曾用'渠'指代人。《三国志》中有'女婿昨来，必是渠所窃'语。古人写诗也常用到这个词：'问渠那得清如许，为有源头活水来。'"

第一例中的"渠"确实是指代人的，可释为"他"，指"女婿"。但第二例中的"渠"并非指人。所引诗句出自朱熹《观书有感》。原诗共四句，不妨抄录如下："半亩方塘一鉴开，天光云影共徘徊；问渠那得清如许，为有源头活水来。"诗中的"渠"可解释为"它"，这里指方塘。

同书还有一处失误："更重要的是，这些话大多是借用词，文不及义，辞不达义，全靠临时性的默契来将就，给人张冠李戴指驴为马的荒唐感，'云雨'、'伦敦'、'打炮'……全部类如黑帮暗语。"

天哪，"伦敦"还巴黎呢! 真令人忍俊不禁。这里的"伦敦"应是"敦伦"。清陆以湉《冷庐杂识·真赏难逢》中说："世俗以夫妇之事为敦伦。"两字秩序一倒，那就真成了《马桥词典》作者所说的"给人张冠李戴指驴(鹿)为马的荒唐感"了。

语丝

妙联惊贪官

雁寒

民国时，江西省主席熊式辉有一次到赣西巡视时，出题考察各县县长。国文题中有一上联，仅三字：贪、污、惰。

县官们多以「廉、清、勤」之类应对。熊式辉则认为此类应对均沾腐儒气，不甚满意。他大笔一挥写下了三个字：杀、打、罚；并解释说：「本主席澄清吏治，就要这么做。凡贪的砍脑袋，污的打屁股，惰的罚薪俸！」

贪官们听了，莫不为之色变。

过目难忘

最难忘的一句社会宣传语

大山和牙齿

斯 言

在宣传爱牙护牙的日子里,在电视上见到了一则公益广告:画面上是一座高山,巍峨挺立,但在风霜雨雪的侵袭下,慢慢出现了沟渠,出现了溶洞,最后显得面目狰狞,这时缓缓传来了画外音:"大山尚经不起腐蚀,何况牙齿?"面对这则广告,我愣了半天,当天晚上刷牙特别认真。

这则广告之所以能给人留下深刻的印象,首先因为它形象直观。在人们印象中,大山是坚固的象征,可在自然界的风雨面前,它却是那样脆弱,那样不堪一击,雄伟挺拔顿时成了千疮百孔。面对着惊心动魄的风化过程,观众在感情上受到的震撼是不言而喻的。

其次,得归功于宣传者巧妙地把大山和牙齿联系了起来。本来,无论是从外观形象,从事物分类,还是从语言联想,大山和牙齿都是风马牛不相及的;这则广告却大胆地、破例地把两者联系在一起,结果不但有极大的新鲜感,而且有强烈的对比性,大山的坚固成了牙齿的重要的参照。由大山的惨遭腐蚀,人们自然会联想到牙齿的岌岌可危。

第三,这则广告的宣传语的设计也是恰到好处的。它不是泛泛而谈爱牙护牙、牙好一切都好,而是在观众目睹了大山的风化之后,发出了极其雄辩的一问:"大山尚经不起腐蚀,何况牙齿?"可谓要言不烦,一语中的。前面用"尚"字铺垫,后面用"何况"呼应,给人一种不容置疑的感觉。虽是问句,其实却是无疑而问,在语气上斩钉截铁。由此可见,广告的设计者充满信心,相信观众在观看了画面之后,是一定能和自己达成共识的。

最后一滴水

段怡楠

"世界上最后一滴水将是你的眼泪!"无论是大街小巷还是校园内外,是广播电视还是报纸杂志,都能经常听到看到这句提醒人们节约用水的宣传语。每次听到看到的时候,我都有一种如雷贯耳的感觉。

是的,水太重要了!水是构成一切生物的重要成分。人体的质量中三分之二是水。没有水,生命便不能诞生;没有水,人类便不能繁衍。即使暂时没有水,那也将是一场灾难:横贯非洲大陆的萨赫勒地区的龟裂的土地,澳大利亚的干涸得冒烟的盐湖……,这些难道还不够让我们触目惊心吗?

我曾幼稚地认为,地球上有那么多江河海洋,高山上有终年不化的积雪,南极有千载难融的冰川,水资源是取之不尽、用之不竭的。其实根本不是那么回事!随着人类现代化水平的提高,水的消耗量也大幅度上升。人类每生产一升石油需要消耗 10 升水,每生产一吨钢铁需要消耗 20000 升水。如果人类不能有效地控制用水,改善水循环,那么水资源的枯竭只是早晚的事。"世界上最后一滴水将是你的眼泪"这句宣传语,正是在这样的背景下产生的。

这句宣传语的最大特点,是十分形象地将事物的极端展示出来,以达到警示的作用。"最后一滴水"其实不是水,眼泪是悔恨的标志。人类如果只顾眼前,不顾将来,只图享受,不懂保护,那么到头来必将受到自然的报复,留下的是无穷的悔恨。到那时,即使你有再高的 GDP,再精密的电脑,再雄伟的现代建筑,也难逃毁灭的命运。

"世界上最后一滴水将是你的眼泪"——这是一句宣传语,但千万别当它只是宣传语。但愿人们能掂出它的分量,读出它的含义。

小木牌的变迁

李坚

在我家附近,有一块草地。这在寸土寸金的大都市里是很难得的。草地临街的一边,插有一块小木牌,记得上面最初写的是八个大字:"严禁入内,违者罚款!"每天上班路过,见到这块小木牌,我总有被人当头断喝的感觉。这块草地一眼望去,毛茸茸,绿莹莹,但因有了这块小木牌,似乎它的可爱也打了折扣。

后来,笔者所在的城市开展礼貌教育,要求市民从"谢谢""对不起"说起。草地上的小木牌也随着发生了变化,八个字变成了六个字:"请勿践踏草地"。说老实话,宣传牌上虽然有了一个"请"字,但在我看来,似乎只是"外交辞令",这句话听上去仍旧冷冰冰的。对于这种"零感情"的宣传,我有点望而生畏。

有年春天,正是莺飞草长季节,我从外地出差归来,无意瞥了一眼小木牌,发觉上面又有了新内容:"当护绿使者,做文明市民。"我不觉眼前一亮,心头一热,一种责任感油然而生,就文字论文字,这两句话也许并不巧妙,作者显然是想对仗,可惜对得有点拙劣,然而,它包含着对人的期待和尊重。当年的那种居高临下的口气,那种怀疑一切的目光,在这块小木牌上已经冰雪消融。

两年前,我因搬家从西区到了东区,草地成了我美好的记忆;但只要找得到机会,我总愿意旧地重游,每次都如晤故人,分外亲切。日前我又一次见到了小木牌,发觉上面又恢复为八个字:"小草休息,请勿打扰。"拟人的笔法,幽默的口吻,加上眼前青翠的绿色,营造出了十分温馨、亲切的氛围。我不知不觉伫立在小木牌前,脑海里思绪翻滚。我想,一块小木牌也许承载不了历史,然而,它是大海里的一滴水。从这块小木牌,我看到了社会文明的足迹。

"慢慢走"

曹仰

我没有去过阿尔卑斯山,但知道那里的一块宣传牌,牌子上写着这样一句话:"慢慢走,欣赏啊!"这是朱光潜先生在《谈美》一书中告诉我们的。据朱先生说,阿尔卑斯山谷中有一条汽车路,两旁风景如画,美不胜收。这块牌子便树在山谷的入口处。

设计者显然是深刻揣摩过旅游者的心理的。旅游本是一种精神活动,它追求的是寄情山水、物我两忘的境界,谁知不经意间也会成为体力活动。君不见那些长途奔波的游客,一路上追船赶车,汗流浃背,好不容易到了景区,头等大事便是拍照,以此证明自己曾到此一游。可往往这边喘息未定,那边导游的哨子已经吹响,只得急急赶到旅行社的小旗下集合,奔赴下一个景点。山川风物虽在眼前晃动,松涛鸟语虽在耳畔和鸣,然而这一切与卿何干?想来真有暴殄天物之感。"慢慢走,欣赏啊!"对于这类游客来说,堪称金玉良言。

这块牌子之所以难以忘怀,还因为它让我由山水之旅联想到了生命之旅。其实,人生何尝不是一次长途旅行?但人在自己的一生中,却往往为了追求这个,憧憬那个,而对眼前的景色弃之不顾,不愿回首流连,结果心为形役,六神无主,"悲欢离合总无情",仿佛置身于牢笼之中。他们不但错过了春花,而且错过了秋月,品尝到的只有一个"苦"字。蓦然回首,垂垂老矣,悔之何及?如果一开始便懂得"慢慢走,欣赏啊",人生该增添多少乐趣啊!

当然,欣赏要有欣赏的眼光,还要有欣赏的心境。衰叶残花,满眼寥落,在诗人的笔下,却是"留得枯荷听雨声",别具神韵。阴雨连绵,撩人愁绪,在画家的笔下,却是"春在蒙蒙细雨中",自有洞天。可见,人生需要排解,需要调节,需要别具慧眼,需要自得其乐。一个聪明的人,在少年时能看到"诗",青年时能看到"剧",中年时能看到"小说",老年时能看到"散文",不会错过人生四季的每一处风景。"闲上山来看野水,忽于水底见青山",让生活中充满惊喜,充满发现,这是欣赏的真谛,也是人生的真谛啊。

"慢慢走,欣赏啊!"我想,也许是作者看到了人们的脚步太匆匆,才这样说话的吧。

十字街头

"基尾虾"
——菜单上的错字之一

楚山孤

《新民晚报》上有篇短文,题为"有多少海鲜",说的是某些餐馆门前的玻璃缸里,明明养的是河鲜,偏偏要说是海鲜,还说是"空运"来的"生猛海鲜"。作者写道:"河鲜就是河鲜,有什么不好?河虾超过基尾虾,河蟹也比梭子蟹、青蟹好吃。"

这位作者把"基围虾"写成"基尾虾",很可能是受了菜单的影响。大小饭店,凡有海鲜供应的,"基围虾"往往成了"基尾虾"。我曾问过一家饭店的老板:"基尾虾"出自何典?他倒是振振有词,说是因为虾尾形同"基"字的尾部。我说,那称之为"燕尾虾",岂不更为形象?

"基尾虾"的正确写法,应是"基围虾"。这种虾的学名叫"刀额新对虾",是我国对虾科57种对虾中的一种,因原产于香港米埔自然保护区的基围内,因而得了这样一个俗称。

"基围"是香港方言词,指的是人工建造的堤坝,"基围"内是潮间带沼泽地,可用来种植水稻。"潮间带"是海岸带的一部分,高潮时没在水下,低潮时露出水面。米埔共有24个基围,当年都曾是基围虾的上佳养殖场。

基围虾的生物特点,决定了它适合在咸淡水交界处生长。它先是在盐分极高的深海中产卵,一周以后随着涨潮通过水闸进入基围。基围的入口处一般都张着渔网,虾苗可以通过,而捕食虾苗的各种鱼类则被拒之网外。水闸关闭以后,虾苗便留在基围内"成长壮大",直至捕捞季节的到来。

餐馆的老板知道基围虾的各种烹饪方法,却不熟悉它的生长环境,难怪只注意它的尾部,称它为"基尾虾"。

话说"川崎"

福 康

"吃火锅,怎能没有'川崎'?"这句广告语,差不多每个中国人都熟悉。有一次,在电视上意外地看到这一"名牌"食品调料的老板洋洋得意地介绍取名的经过。据说最初想到的名称是"川奇",因为它是四川厨师的独特配方。后来,特地在"奇"字旁加上个"山"字,成了"崎","川崎"比之"川奇",带上了洋味,更有吸引力了。

然而,每当我看到或听到这个名称,却总觉得有点怪异。有次陪日本朋友吃火锅,日本人看到调味盒上的"川崎"二字,也觉得大惑不解。

首先,川崎是日本的大姓,如同我们中国的赵、钱、孙、李。如果日本人忽然把他们的某种调味品取名为"欧阳"或"诸葛"之类,我们会作何感想?

再者,"川崎"是日本的一个工业大城市。如果日本人把某种小吃冠名以"上海"或"广州",我们又会持何态度?

更有甚者,还有一种疾病,医学上称之为"川崎病"。临床表现为高热、眼球结膜充血、淋巴细胞增多等,治疗不及时会给心脏留下永久性伤害,一旦出现冠状动脉瘤更会危及生命。此病因首先由日本医生川崎富作于1967年发现而得名。如果什么人把某种食品命名为"帕金森""艾滋"或"非典"之类,你说效果如何?

也许我这是杞人忧天。

语丝

庸医"吉生"

陈立早

传说有位医生名叫吉生,医道不精,误人甚多。有病家对他不满,请人写了一副对联给他:未必逢凶化吉,何曾起死回生。两句将成语"起死回生"和"逢凶化吉"各隐去末字,隐去的两字正好是这个庸医的名字,具有很强的讽刺效果。

百家会诊

人名用字能否简化？

钱锺书还是钱钟书？文徵明还是文征明？

简化没商量

不以规矩，不成方圆。人名用字能否简化，必须以国家规定的有关法规为准。

查《简化字总表》，无论是1964年中国文字改革委员会等部门发布的《关于简化字的联合通知》以及《〈简化字总表〉说明》，还是1986年国家语委发布的《关于重新发表〈简化字总表〉的说明》，从中都找不到任何人名用字可以不简化的根据。

查《中华人民共和国国家通用语言文字法》，倒是可以在第十七条中发现这样的规定："有下列情形的，可以保留或使用繁体字、异体字：(一)文物古迹；(二)姓氏中的异体字；(三)书法、篆刻等艺术作品；(四)题词或招牌的手书字；(五)出版、教学、研究中需要使用的；(六)经国务院有关部门批准的特殊情况。"有点关系的是(二)，但这是指姓氏中的异体字，关于这一点，早在1955年公布的异体字整理表中已有规定，这里不过是重申而已。

总之，人名用字可以不简化，这是没有法律依据的。既然如此，我的态度是：简化没商量。　　(林仪辉)

四个"钱钟书"

人名用字能否简化，我想，肯定是针对钱锺书的"锺"字能否简化而提出的，这确实是个问题。据本人有限的阅读所及，至少在图书封面上见到了四个"钱钟书"：①錢鍾書；②錢鐘書；③钱锺书；④钱钟书。究竟提倡用哪一个呢？

①全部是繁体字，在一本用简化字排版的书中，封面用字如此处理，似乎不太协调；②也想全部用繁体字，但因对繁体字的掌握有所欠缺，结果张冠李戴，"锺情"的"锺"误

为"鐘表"的"鐘",这是一个别字;③想两者兼顾,"钱""书"两字正常简化,"鍾"字则类推简化为"锺",但如此类推是没有根据的,"锺"字实际上是一个在任何工具书里都找不到的怪字;④是全部用简化字。

根据以上简单分析,我认为显而易见,应该提倡的是④。人名用字如果例外,"推行规范汉字"便会成为一纸空文。　　　(杭志中)

名人和法规

钱钟书之所以叫钱钟书,据说和小时候"抓周"有关。他抓到了一本书,于是起名叫"钟书",意思是钟情于书也。

汉字简化以前,"钟情"的"钟",自应写作"鍾";汉字简化以后,"鍾情"的"鍾"和"鐘表"的"鐘",都简化为"钟"。自此,"錢鍾書"写作"钱钟书",本是顺理成章的事。长期以来,正是这么处理的。

据说,钱钟书先生对此有些想法。我之所以用"据说",是因为听到过传闻而未见到过书面材料。有些出版单位出于对钱先生的尊重,便把钱先生的名字采用简繁混杂的处理方法写成"钱鍾书",并进而类推为"钱锺书"。

尊重名人并没有错,问题在于,当名人的意见和相关的法规并不一致时,如果只一味考虑尊重名人,那置法规于何地?为此,我不认为这是一种妥善的处理方法。

如果"钱钟书"可以写成"钱锺书",那么"钟情""钟爱"都应写成"锺情""锺爱",否则怎么维护汉字的系统性?如果"钱钟书"可以写成"钱锺书",那么本人的名字"王曲"也应写成"王麯",因我出生在一家酒厂里,父母亲又是酿酒高手,给我起了这么一个名字;那么这个名字是否可类推简化为"王麯"呢?名人和非名人总得一视同仁吧。

但这样一来,汉字的规范还从何说起!　　　　　(王曲)

岂能例外

在印章、手稿中,钱钟书先生署自己的姓名用的都是繁体字,作为个人行为,本无可厚非。钱先生还创造过一种连体的写法:"錢"。但这一切都不能成为不少的出版物喜欢"钱锺书"的理由。

"锺"字的流行,实际上是语言文字运用中的一种病态,即缺乏法治意识。首先,"钟"写成"锺",不是繁简问题,而是对错问题,繁体该

11—34

写成"锺"。"锺"一边简，一边繁，整个一"四不像"。即使是繁体，"钱""书"二字用简化字，繁简并用，也不符合通用语言文字法的精神。

记得曾有人说这是表示对钱先生的"尊重"，照此说来，连《谈艺录》《管锥编》的编辑、钱先生信得过的朋友周振甫先生都不尊重钱先生了？因为他在《诗词例话》(中国青年出版社)、《钱钟书〈谈艺录〉读本》(上海教育出版社)、《《诗经》译注》(中华书局)等著作中，凡写钱先生的名字，全都用了简化字。

(王国锋)

想当然的"使用规则"

人名中保留异体字、繁体字，本以为是一种习惯用法，想不到还有"使用规则"。某考试辅导教材中这样写道："对于人名地名中的简化字、繁体字、异体字的使用规则不明，便会出现诸如将元代书画家赵孟頫、扬州八怪之一李鱓、北宋词人晏幾道、汉末哲学家徐幹等写成'赵孟俯、李鳝、晏几道、徐干'的现象。"

恕笔者孤陋寡闻，我想问一下，这"使用规则"到底是哪里发布的？又是怎么规定的？在我印象中，关于人名中的简化字、繁体字、异体字的使用规则，《中华人民共和国国家通用语言文字法》(2000年10月30日通过，2001年1月1日施行)是这样说的："姓氏中的异体字"可以保留。是"可以"，不是"必须"，而且姓氏只指姓，不包括名，也就是说，上述人物的姓名，除非是特殊需要，在出版物上就是应该印成"赵孟俯、李鳝、晏几道、徐干"。

另外，顺便说一下，"姓氏中的异体字"指的是"异体字"，不包括"繁体字"。一些出版社近来出版台湾作家几米的书籍，作者姓名都一律印成"幾米"，便是犯了这个错误。"幾"是"几"的繁体字，不是"几"的异体字，不在"姓氏中的异体字"的范围之内。

(金土)

想起"程十髪"

人名用字能否简化，似不宜一概而论。常见报刊中提及当代画家"程十发"，观其画作署名却是"程十髪"。初见此名似乎有点怪，翻开《说文解字》则豁然有悟："程，品也。十髪为程，十程为分，十分为寸。"原来"髪"乃古代一种长度单位。程先生因姓取名，以名解姓，别有意趣。用简体，读阴平，进而繁化为"發"，岂不大失其趣？

本人以为，像这类用名不能简化。

(王中原)

"一脉单传"还是"两房合一"

人名用字能否简化？答案应该是肯定的。但应该看到，一个人来到世上，父母起名时往往煞费苦心，有的名字还深涵哲理，别人对此理应尊重。下面就《咬文嚼字》所举古今两例作点分析。

先说文徵明。此人是明代的书画大家，"吴中四才子"之一。"徵明"是他的字。古代"男子二十冠而字"，这与呱呱坠地时起的名字又有所不同，往往更能反映当事人的人生追求。"徵明"后来改字"徵仲"，仍旧有个"徵"字，可见他对这个字还是比较看重的。改用杀气腾腾的"征"字，笔者认为欠妥。据查，《辞海》中的词条为"文徵明"。最近广西出版了《文徵明行书诗帖》，用的也是"文徵明"。

再说钱锺书。这三个字都可以简化，但分属两种不同的情况。"錢"和"書"简化为"钱"和"书"，可以说是"一脉单传"，不会发生误解；而"锺"简化为"钟"，情况有点复杂，因为"鐘"也简化为"钟"，这个"钟"字顶着"两房香火"，"钟书"

远不如"鍾书"意义显豁。也许正因为此，《辞海》的词条为"钱钟（鍾）书"，特意加了一个括号。

笔者的看法：凡是"两房合一"的，以不简化为宜。

(金世华)

保持姓名的稳定性

不错，姓名只是个符号，但既然是符号，为了便于识别，就应该保持稳定，不能让熟人产生陌生感。比如过去写"文徵明"，现在写"文征明"，到底是一个人还是两个人呢？让人有点犯难。

《辞海》是考虑到这一因素的，所以它出现的是魏徵、文徵明、陆徵祥、柳诒徵，"徵"字都没有改用"征"字。我觉得这不仅是谨慎，而且是对历史的尊重，对个人的尊重。

凡是在简化字中，用同音替代的，仍用繁体为宜，不能盲目简化。异体字也应遵循这一原则。如"洪昇"不能简作"洪升"，"韩幹"不能简作"韩干"，"曾幾"不能简作"曾几"，"翁同龢"不能简作"翁同和"。

而且，我还认为，古今应该同一标准，不能古人一是非，今人一是非。鉴于此，"钱钟书"应写作"钱锺书"，并可类推简化为"钱锺书"。

(雷智勇)

教材是怎样处理的？

国家通用语言文字法规定，学校及其他教育机构使用的汉语文教材，应符合国家通用语言文字的规范和标准。这就是说，教材在用字方面，应该具有权威性和示范性。

那么，教材中的人名用字是怎样处理的呢？查2000年以前的语文教材，在沈括的《活板》一文中，出现了"毕昇"，"昇"是个异体字；在贾祖璋的《南州六月荔枝丹》一文中，出现了"文征明"，"征"是个简化字。

2000年后推广的新教材（试验修订本）中"毕昇"改作"毕升"，"洪昇"也作"洪升"，此外也出现了"钱钟书"，三字全是简化字。由此不难看出教材编写者的用字倾向。他们是不主张在人名中保留异体字或繁体字的。

然而，令人不解的是，在2002年4月版的高中《语文教学大纲》第12页上，"钱钟书"却作"钱锺书"。这是偶然的疏忽，还是有意的修正，不得而知。

（吴华）

解铃还须系铃人

"文徵明"还是"文征明"？"钱锺书"还是"钱钟书"？这不能不说是汉字简化以后带来的新问题。解铃还须系铃人。要彻底解决这一问题，还得从重新审视汉字简化着手。

毫无疑问，汉字简化的功绩是不容否定的，但恕笔者大胆，某些问题的处理，也带来了一些后遗症，甚至是引起了一些混乱。人名用字的无所适从便是其表现之一。

俗话说得好，退后一步万事宽。如果在坚持汉字简化的大方向下，对某些简化字作出调整，那将是一件利国利民的大好事，它不仅有助于汉字本身的规范，而且有助于提高汉字的表达效果，有助于高科技在汉语领域的应用。其中最主要的我认为有两条：一是要坚持汉字简化一对一的原则，不要盲目减少字量；二是要取消同音替代，不要不顾汉字发展的历史搞"拉郎配"。如果能做到这两条，"文征明""钱钟书"之类的问题自会迎刃而解。

当然，简化字已经推广近半个世纪，早已形成一种惯性，即使要改，也要谨慎从事。但我觉得，为了中华民族的明天，为了通用文字的规范化、科学化，该把这个问题提上议事日程了。

（曹忻）

编者附言

"人名用字能否简化?"这个问题也许提得并不确切,我们想问的只是"文徵明"的"徵"字、"钱锺书"的"锺"字之类人名用字能否简化。类似这一方面的用字,即使在教科书、工具书中,也是一片混乱。它不仅使新闻出版工作者感到无所适从,而且还使我们对语文政策的理解,出现了明显分歧。

本期讨论很难说已经得出了明确的结论,但至少在以下两点上形成了共识:

一是在现有的文件中,我们找不到任何不简化的根据;换句话说,"文徵明"写成"文征明"、"钱锺书"写成"钱钟书",才是规范的写法。唯有坚持这种写法,才能维护《简化字总表》的权威性,维护语文法规的权威性。这也是本刊的一贯立场。

二是我们也看到了"文徵明"写成"文征明"、"钱锺书"写成"钱钟书"的某种尴尬,它在表意上有些含糊其词,影响了姓名作为符号的清晰度和稳定性。为此,我们觉得有必要就这类问题在学术上开展讨论,甚至在政策上作出调整。文字改革同样应该与时俱进。

不过,这里应该强调的一点是,在相关的文件作出修订之前,执行原规定是第一要义。这是现代人应该具有的法治观念。遗憾的是,在实际语文应用中,我们看到的却是另一种情况,"四个钱钟书"便是典型的例子。各行其是,自作主张,其结果必然是语言文字的进一步混乱。

"候诊"对象

1. 中国电影在巴黎获奖,报上说"中国电影惊艳巴黎","惊艳"用得对吗?
2. "提出质疑"对吗?
3. "入闱"还是"入围"?
4. "杀手锏"还是"撒手锏"?
5. 并列的书名号或者引号之间是否用顿号? 是巴金的《家》、《春》、《秋》,还是巴金的《家》《春》《秋》? 是"景象"、"气象"、"印象"、"表象",还是"景象""气象""印象""表象"?

语坛掌故

巧联拾趣

雷 刚

对联,又称楹联、楹帖,它最初题在"桃符板"上,王安石的《元日》诗中就曾写道:"千门万户曈曈日,总把新桃换旧符。""桃符板"上刻的是两尊门神像,名字叫做神荼和郁垒,神话传说中说是能够驱妖辟邪。据《蜀梼杌》载,有一年的除夕,后蜀主孟昶命学士辛寅逊题"桃符板"挂于寝门,"以其词不工"(据蜀刻本),便自己命笔写了两句:"新年纳余庆,嘉节号长春。"清代梁章钜的《楹联丛话》认为这就是第一副自撰对联。至于用大红纸书写的春联,那还是明代才出现的。《簪云楼杂说》中有这样一段记述:"明太祖都金陵,除夕忽传旨,公卿士庶门上,须加春联一副。"此后便相沿成习。

对联开始主要是表示一种祈祷和祝愿,以后逐步成为一种装饰,高楼深阁,名园古刹,都因配有对联,显得格外风流雅致。至宋以后,交际庆吊,也都用上对联,因而"吟诗作对",成为文人的一时风尚。《醒世恒言》中有一则故事,苏东坡的妹妹在新婚之夜,也要新郎对对,对不出就不得进洞房。她出的上联是:"闭门推出窗前月"。新郎秦少游是个才子,本想对得像样一点,谁知谯楼三鼓仍构思不就,急得在庭中团团转,一面不住用手作推窗之势。后来,还是苏东坡从旁相助,丢了一块石头在荷花缸中,秦少游顿时醒悟,脱口对曰:"投石冲开水底天。"

由于对联在社会文化生活中的广泛应用,旧时学堂把"对对"作为一门"必修课"。《红楼梦》中的塾师贾代儒,一次布置给学生的"课堂作业",便是一句七言上联。《大观园试才题对额》一回,贾政也正

11—39

是通过"对对"来考宝玉的。继鲁迅之后的我国现代文学主将郭沫若,在对联方面具有深湛的造诣,他给辛弃疾、李清照、蒲松龄等人故居题写的对联,都是传诵一时的名作。这是和他在学生时代受到的严格训练分不开的。有这样一则趣闻:郭沫若幼年时曾和同学一起偷摘了私塾隔壁庙里的桃子,和尚找到先生处告状。先生在查问时见没人承认,便出了一句上联:"昨日偷桃钻狗洞,不知是谁。"并说:谁能对出,免罚。郭沫若不假思索,很快对出下联:"他年折桂步蟾宫,必定有我!"先生和和尚惊其才志,十分高兴,全班学生都因此免于责罚。

在民间传说中,有很多对联故事,说明了群众对对联艺术的喜爱,也表现了群众创作的智慧。有这样一则民间笑话:一位塾师,教课不负责任,经常出些难题让学生去对,自己钻进帐内睡觉。一次他出的上联是:"画眉笼,笼画眉,画眉鸟跳上跳下"。学生面面相觑,都对不上。这位塾师自顾睡觉,还不时掀开帐幔问:"对出了吗?"神态颇为得意。将近午饭时,他又把头伸了出来,一位学生突然说"有了":"乌龟罩,罩乌龟,乌龟头伸进伸出。"这位先生听后哭笑不得。我曾听到过一个真实的故事:

夏夜有几个人在街头纳凉,一人指着手中的烟嘴说:"这烟嘴呈血红色,人称'血牙嘴',我就以这三个字为上联,谁能对出,以此烟嘴为赠。不过有个条件,血、牙、嘴,都和人体有关,下联也须如此。"座中一人沉思良久,说:"包在我身上了。"大家催他快说,他却只是拍拍胸膛:"包在我身上了。"等到催得急了,才解释说:"你们看我身上包的是什么?汗背心。汗、背、心,岂不都与人体有关?"

对联字数不拘,但要求对仗工整,平仄协调。这是建筑在汉字基础上,具有独特民族风格的一种艺术形式。《巧对录》等书中,有不少对联,构思精巧,浑然天成,令人叫绝。如"菜籽榨油油炒菜,棉花织布布包棉","稻草捆秧父抱子,竹篮装笋母怀儿",在结构上都很有特色。《鸥陂渔话》中有一则对联故事,此联历三十年才有人对出。上联是"马宾王,骆宾王,马骆各宾王",都是人名,又运用离合法,一时无人能对;直到三十年后,恰逢清道光癸卯年间会试,贵州主考姓龙,云南主考姓龚,才有人对出"龙主考,龚主考,龙龚共主考",可谓天造地设,铢两悉称。有些对联,不仅讲究一般的字面对仗,还运用其他艺术手法,如"山童采栗用筐承,劈栗扑篱;野老挑菱将担倒,

妙语巧答二三题

文 田

在通常的交际过程中，人们总希望把话说得清楚明白，准确无误。但在特定的场合中，说话人有时却故意把字念错，把词用错，把事说错，答非所问。这不仅不影响正常的交际，反使语言产生一种神奇的艺术效果。

在一次宴会上，一位资本家问美国著名作家海明威："什么是最好的写作方法？"海明威答："从左往右写。"对一位根本不懂得写作的资本家，要揭示写作方法的内涵是十分困难的，于是海明威故意"答非所问"，不仅巧妙地回避了这一较为复杂的问题，而且活跃了谈话的气氛。

20世纪60年代的一次记者招待会上，有一位西方记者突然问当时的外交部长陈毅："中国最近打下了美国U-2型高空侦察机。请问，用的是什么武器？是导弹吗？"按常规，

倾篓空笼"，后面的四字谐音，真是妙趣横生。

对联的内容，一般都是吉祥称颂语，但也有把对联当作讽刺手段的。袁世凯做寿，某艺人送去的对联是："一二三四五六七，孝悌忠信礼义廉"，运用歇后语的形式，大骂袁是"忘八""无耻"。八国联军入侵时，曾流传着一则对联故事，侵略者出了一句上联："琴瑟琵琶，八大王王王上座"，飞扬跋扈之态可见，骄横不可一世；当时中国有人对出下联："魑魅魍魉，四小鬼鬼鬼靠边"，对仗工整，而且针锋相对，大快人心。杭州岳坟前，跪着秦桧、王氏铁铸像。据《桐阴清话》记载，有人曾在两人颈上分系联语，秦桧는："咳，仆本丧心，有贤妻何至若是！"王氏는："啐，妇虽长舌，非老贼不到今朝！"相互埋怨，如闻其声，至今读来犹觉生动可笑。

对于这种涉及国家军事机密的问题，完全可以用"无可奉告"这一外交辞令来回答，但向以直言快语著称的陈毅却未作这样的处理。他举起双手在空中做了一个"捅"的动作，说道："我们是用竹竿把它捅下来的呀！"在这样的场合，这"错"得出奇的语言，既保守了国家军事机密，又不使对方过于尴尬，柔中带刚，幽默风趣。

乾隆皇帝七十大寿时，纪晓岚是侍郎，和珅是尚书，两人同为寿宴上头面人物。在迎接乾隆的队列中，和珅与纪晓岚走在众臣之前。突然，行进队伍中有一侍卫牵一狗从旁而过。和珅一见，笑嘻嘻地指着那条狗问纪晓岚："是狼？是狗？"众臣一听，初不解其意，后见和珅奸笑，顿悟此言之意，遂对着纪晓岚哄笑起来。纪晓岚机敏过人，自然比众臣更明白和珅话中之意。他很谦恭地说道："回和大人，尾巴下垂是狼，上竖是狗！"和珅讨了个没趣，只得讪讪离去。而众臣一听，则冲着和珅远去的背影笑个不停。两人一番舌战，可谓互不相让，暗藏锋芒。

和珅的话表面看来是个疑问句，是问这是狼还是狗，其真正涵义是个陈述句："是狼（侍郎）是狗。"这是利用汉语谐音双关的修辞手法暗中转换语意，骂兵部侍郎纪晓岚是狗。

纪晓岚对此恶作剧作何反应？他很谦恭，先称呼一声"和大人"，然后才回答其问题："尾巴下垂是狼，上竖是狗！"不知底细的人，还真以为纪晓岚是在向和珅解释狼和狗的区别呢！其实纪晓岚是以其人之道还治其人之身。你和珅骂我是狗，我现在还给你："上竖（尚书）是狗。"

语丝

摇字诗

才书春

彭万泉先生是我中学时代的语文老师。他曾写过一首有趣的诗。从第二诗行开始，每句均以前一句最后一字的半边作为下句的首字。由于接得巧妙，至今记忆犹新。特录下以飨读者：

八月中秋白露，
路上行人凄凉。
京桥流水桂花香，
日月千思万想。
心中不得安静，
青春好读文章。
早日苦求在学房，
方显志高才广。

文章病院

"女富婆"之类

李 冲

《扬子晚报》2002年1月20日A7版《戈尔巴乔夫钟情美富孀》一文中有一长句：

究其个中缘由，是因为不久前美国几家有名的报纸竞相披露：目前形单影只、鳏然独居的前苏联总统戈尔巴乔夫，正在抓紧一切机会与美国单身女富婆迪安·梅耶尔秘密幽会，而且极有可能把这位美丽富有、早就对戈尔巴乔夫情有独钟的徐娘迎娶回家。

这句话有三处赘余。

一、"个中"包含"其"义。"个中"是现代书面用语，由文言演化而来。文言中的"个"有指示代词用法，作"这""那"讲。唐诗名句"白发三千丈，缘愁似个长"（李白《秋浦歌》）中的"个"就是这种用法。《现代汉语词典》对"个中"的解释是："〈书〉其中"，举例："个中滋味"。在"个中"前再加指示代词"其"，显然语义重复。可把"个中"和"其"删去一个；若保留的是"个中"，则把单音词"究"改成双音词"探究"为好。

二、"富婆"包含"女"义。引文称迪安·梅耶尔为"美国单身女富婆"（原文还有"女亿万富婆""美国女富婆"等称法），大概意在强调人物的性别。其实，"富婆"是"富翁"的仿词，"翁"对"婆"，"男"对"女"，"富婆"之性别已一目了然，何须再加"女"字？

三、"幽会"是一个偏正式合成词，其中语素"幽"，是"隐藏，不公开"，即"秘密"的意思。《现代汉语词典》对"幽会"的解释是："相爱的男女秘密相会"。"幽会"前再用"秘密"修饰，岂不叠床架屋？应把"幽会"前的"秘密"删去，或把"幽"改为"相"。顺便说一下，引文中的第二个"戈尔巴乔夫"改为"自己"为宜。

"老夫"不老

陈福季

《天津老年时报》2002年10月1日刊登李盛仙的《曲尽其妙咏老诗》一文,认为在诗歌海洋中的咏老诗"或抒发暮年壮志,或描写晚年情趣,都能各得所宜,曲尽其妙,启迪心扉,发人联想"。文章认为:"老人的爱好是精神的寄托。一些咏老诗中抒发了晚年的情趣。如苏轼《江城子》:'老夫聊发少年狂,左牵黄,右擎苍,锦帽貂裘,千骑卷平冈。'"

这是苏轼知密州(今山东诸城市)时写的《江城子·密州出猎》的开头几句,为了叙述的方便,我想把这首词引全:"为报倾城随太守,亲射虎,看孙郎。"这是上阕,下阕为:"酒酣胸胆尚开张,鬓微霜,又何妨!持节云中,何日遣冯唐?会挽雕弓如满月,西北望,射天狼。"

苏轼写这首词时年仅40岁,尚在壮年时期,根本谈不上老,更非"抒发了晚年的情趣"。苏轼自嘉祐六年任凤翔判官始,频繁迁调官职,接连任三司度支判官、杭州通判、知密州,知徐州,知湖州(其间曾因"托事以讽"诗案入狱),贬谪黄州,调任汴京起居舍人,迁中书舍人、翰林学士,出知杭州,又除翰林承旨,知颍州,知扬州、定州、英州、惠州、儋州等,从这经历可看出苏轼知密州只是他仕宦生涯的初始阶段,连中站都不到,更不是"苏轼的晚年"了。他在词中自称"老夫",只是一种调侃的口吻而已。"鬓微霜"虽可算实指,却是他"多情应笑我,早生华发"的写照。他一生坎坷曲折,磨难之多可称"中国文人之最"。

《江城子·密州出猎》是苏轼第一首风格豪放的名词,表现了苏轼英气勃发、渴望为国立功的雄心壮志,完全不是抒发老年人闲来无事打发日月的"晚年的情趣"。无论从作者当时的年龄,还是词中描写的打猎场面及抒发的感情来看,都与"晚年的情趣"相距甚远。看来是《曲》文作者一见"老"字便望文生义而造成了误解。

这句诗非毛泽东所写

陈双

《人民日报》主任记者凌志军同志撰写的长文《十三年来对中国影响巨大的10件事》发表后,全国大小报纸纷纷转载,影响甚大。文章厚重而求实,回顾并点评了"10件事",意义深远。

但文中有一处知识性错误,不知是作者记错还是引错,而其他报刊在转载时也没有加以更正。

凌文在第二件事"1991:'苏东坡'的冲击"中提到:1989年那场风波之后,西方人一夜之间变得空前团结,至少有20个国家的政府联合起来,拒绝邀请中国高级领导人到他们的国家去,还阻止他们的商人和中国做生意。

作者在概述上述形势时写道:"钱其琛后来拿毛泽东的一句诗来形容当时形势,说是'黑云压城城欲摧'。"

"黑云压城城欲摧"不是毛泽东的诗句,这句诗是唐朝诗人李贺《雁门太守行》一诗的首句。原诗为:

黑云压城城欲摧,
甲光向日金鳞开。
角声满天秋色里,
塞上燕脂凝夜紫。
半卷红旗临易水,
霜重鼓寒声不起。
报君黄金台上意,
提携玉龙为君死。

这是一首歌咏壮士临危不惧、杀敌报国的诗篇。"黑云压城城欲摧"是写紧张的气氛和危急的形势,把敌军兵马众多、来势凶猛的险恶表现了出来。说这句诗用来形容形势严峻是对的,但说这是毛泽东的诗句就错了。

怎能"垂询"他人

孙永久

著名作家从维熙在2003年6月4日的《中华读书报》上撰文披露自己不久前亲历的一桩"文章奇案",其中说道:

"闻此消息,我再次打电话垂询这位编辑,希望他能给我一个认真的回答。"

句中"垂询"之说,有失妥当。

"垂询"是一个敬辞,"表示别人(多是长辈或上级)对自己的询问"。垂,犹言俯。白居易《答户部崔侍郎书》:"又垂问以舍弟,渠从事东川,近得书,且知无恙矣。"萧颖士《赠韦司业书》:"足下本以道垂访,小人亦以道自谋。"

敬辞与谦辞相对,是表示尊敬的礼貌用语。上引二"垂",都用于尊称他人的动作。只有欢迎别人问自己时,才能用"垂询",如"欢迎广大新老客户来电来函垂询"。而自己问别人,问尊长,则不能用"垂询",如"上课时遇到听不懂的问题,我们要当堂向老师垂询",便是把敬辞错作谦辞用了。

江南某都市报副刊发表《激流里的石头》一文冒用从先生的名字,令从先生"啼笑皆非",想搞清楚:"编辑何以说是我写的,将真正作者丢了呢!隐藏于这桩无头案背后的核心问题,究竟是什么?"从先生打电话给该编辑,口气严厉点是"质询",平和一点是"询问",谦恭一点是"请教",但决不应该是"垂询"。

别让黄兴出丑

一言

民族出版社出版的《走向共和》记叙了辛亥革命的一段历史,书中说民国元勋黄兴谈到文天祥时有这样一段评论:

他(文天祥)写过一首《正气诗》,其中有这么两句:人生自古谁无死,留取丹心照汗青!我党人士,共和革命数十年,早把生死置之度外喽。

"风义古千"和"啸傲"

王万里

李丹先生在《啸傲明代五人墓》一文(陕西西安《教师报》2002年11月6日B7版)中说:"(五人墓)小径中间,耸着一块明代杨廷枢题写的'风义古千'汉白玉立碑。"这"风义古千"是什么意思,颇难理解。搜索枯肠,突然开窍:这"风义古千"乃横书,古人自右向左书写应是"千古义风",用"千古义风"赞美明代在反权阉魏忠贤斗争中殉难的五位义士颜佩韦、杨念如、周文元、沈扬、马杰的高风亮节,是非常恰切的。

古今书写顺序有异,若不明白这一点,按现在阅读习惯,自左向右读,自然读不通,甚至闹出笑话来。

该文又说:"杨廷枢何许人也?杨氏名未忝列《辞海》,却载于《明史》。"忝:辱,有愧于,常用作自谦。虽然名未列《辞海》,但杨氏何忝之有?再说,即使名列《辞海》,别人自己没说惭愧,作者自作主张,替人自谦一番,更是从何说起!

另外,该文标题中的"啸傲"一词也让人不解。"啸傲"指逍遥自在,不受礼俗拘束,多指隐士生活。五义士在与权宦斗争中坦然引颈就戮,名留千古,总不该归于"啸傲之辈"吧!那么究竟是谁啸傲,是作者李丹先生自己吗?似乎也不像。那么,这个"啸傲"也用得不是地方。

南宋末年抗元殉国的文天祥确曾写过一首《正气歌》(不是"正气诗"),但"人生自古谁无死,留取丹心照汗青"这两句话,并非出自《正气歌》。文天祥的《正气歌》是五言诗,这两句诗出自他的一首七律《过零丁洋》。全诗为:"辛苦遭逢起一经,干戈寥落四周星。山河破碎风飘絮,身世浮沉雨打萍。惶恐滩头说惶恐,零丁洋里叹零丁。人生自古谁无死,留取丹心照汗青。"这是文天祥被元军俘虏押往大都(今北京市)时,途经广东省中山县南零丁洋时所作。而《正气歌》则是他被囚禁在大都牢狱中写下的,开头两句为:"天地有正气,杂然赋流形。"《走向共和》的作者一时疏忽,结果让黄兴把这两首截然不同的诗混为一谈了。

向你挑战

一分钟指错

仪 敏设计

请在一分钟内指出下列汉字中的错字：

颤	考	聘	赢	旸
赚	帽	演	卖	彩
墨	籁	霍	假	癜
刹	朗	熟	凯	县
临	步	丽	啄	家

~~~~~~~~~~~~~~~~~~~~~~~~~~~~~~~~~~~~~

《读联猜谜》参考答案

1. 斯、膀
2. 鹜、舱
3. 铭、衮
4. 汕、畤
5. 徒、驭
6. 倡、天
7. 沱、树
8. 垚、森

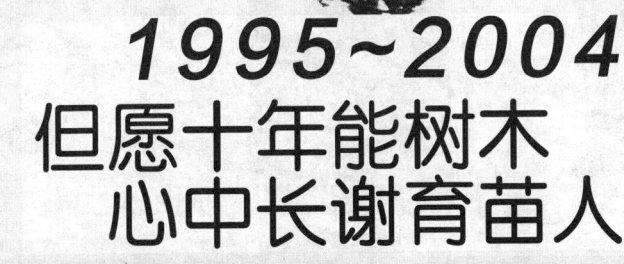

1995~2004
但愿十年能树木
　心中长谢育苗人

2004 年《咬文嚼字》开订

邮发代号：4—641
月刊　每册 2 元　全年 24 元

全方位扫描

零距离贴近

无障碍阅读

给读者：新的惊喜！新的收获！新的满意！

YOUZHAO
有 照 为 证
WEIZHENG

◆ 何为"疗成"　　　钱建平

这是沪南公路旁一家女子美容店门口广告："特色减肥一疗成8~20斤"。一下来只剩8~20斤，再疗岂不是要从人间"发"！"疗程"错成"疗成"，这家美容的其他地方还能让人放心吗？

◆ "托车"？　　　王玮

这块牌子的意思是说，这是一条急救通道，凡违章停车者，车子将被拖走。写成"违停拖车"已是不伦不类；如牌所示成了"违停托车"，更是大错特错！

ISSN 1009-2390

刊号：CN31-1801/H　　国内代号：4-461

定价：2.00元

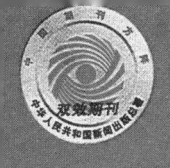

YAOWEN-JIAOZI

咬文嚼字

2003 年 第 12 期

上海文化出版社

雾里看花 Kan Hua

卖军火？

这是江西遂川县的一家商店。店招上有五个大字：兵品门市部。这家店究竟是卖什么的？是卖枪支弹药、飞机大炮等"兵品"吗？请你猜猜看。答案在本期找。

郭昭塘

《"备景弗"？》解疑

"备景弗"是"背景费"之误。这块牌子说的意思是，在此景点拍照，每人收一元钱。

卷首幽默

肝末见病变

王永鑫·文
麦荣邦·画

某医生给一位病人检查后,写下如此诊断:"肝未见病变。"可是因为字迹潦草,病人拿过诊断书,只见上面写的是"肝末见病变",不由吓出一身冷汗。

目 录

卷首幽默
肝末见病变………………王永鑫　麦荣邦（1）

语林漫步
"老师"一般不宜自称 ………马三生（4）
说"土"道"洋" ………………袁　诹（5）

锁定名人
韩信往河里投过金子吗………村　友（8）
"寿星"究竟多大岁数 …………三　水（9）
"苍山四皓"？…………………金　甲（10）

时尚词苑
诱人的"奶酪" …………………吴　琼（11）
"玩家"至少70岁 ………………孔　渊（13）
"亲力亲为"源于DIY …………金波生（14）

一针见血
错误的"全家福" ………………吴全鑫（16）
"故先父"？……………………王　九（16）
孙悟空到底打不出谁的掌心…雷建民（16）
刘邦是安徽人吗………………石谷文（17）
孟尝君是赵胜吗………………禹　疏（17）
七月初七？……………………朱行舟（17）
司马迁为李广受酷刑？………孤　闻（18）
"披肝沥胆"？…………………王　九（18）
"一羹又一羹"？………………寇　尔（18）
何来"处惊不变" ………………陆　如（19）
"群起而攻之我爹"？…………王　旭（19）

追踪荧屏
不要让剧中人蒙羞……………雷长怡（20）
六合路不读Liùhé Lù …………王汉山（21）
便溺之"溺"读nì吗 ……………汪武生（22）

借题发挥
何来"东郭狼" …………………李　坚（23）
孙悟空戴的是"紧箍咒"吗……黄文雯（24）
应是"各行其是" ………………王　文（25）

咬文嚼字

2003年12月1日出版

第12期

（总第108期）

主管：上海市新闻出版局
主办：上海文化出版社
编辑：《咬文嚼字》杂志社
E-mail：yaowenjiaozi@sina.com
电话：021－64330669
传真：021－64330669
邮购电话：021－64372608－291
地址：上海市绍兴路74号
邮政编码：200020
发行：上海市报刊发行局
订阅处：全国各地邮局
国内代号：4－641
ISSN1009－2390
CN31－1801/H
电脑排版：
　上海艺文激光电脑排版厂
印刷：上海中华印刷有限公司
广告业务：
　上海文艺广告传播中心
电话：021－64333125
广告经营许可证：沪工商广字
3101034000029号
定价：2.00元

辨字析词		
	"颍""颖"要分清 ……………张子才	(26)
	"籍籍""无名"拉郎配 ………金文明	(27)
	"排忧解难"和同形词语 ……王 簡	(29)

文章病院		
	"落择"还是"落箨"？ ………周建成	(31)
	"午门"还是"辕门"？ ………概拾谷	(32)
	南北朝时何来东晋 …………韩家铮	(33)
	谁纳儿媳为妻 ………………谷士锴	(34)
	陶侃"运臂"干吗 ……………薄桂翠	(35)
	"人面桃花"是"面若桃花"吗…王本利	(36)
	谁是"高阳酒徒" ……………一 言	(37)

过目难忘		
	最难忘的一个传媒栏目名……………	(38)
	令人神旺的"赤膊锻剑" ……袁 谡	(38)
	好一个"三言二拍"！ ………郭 峰	(39)
	"三味书屋"意味长 …………竹 林	(40)
	"向我开炮"三赞 ……………钟 琴	(41)

百家会诊		
	"黑名单"可以这样用吗？ ……………	(42)
	不应乱用 ……………………吴导民	(42)
	到底是谁"黑" ………………黄荣昌	(42)
	"嚯——犯规！" ……………杨 光	(43)
	为"黑名单"喝彩 ……………王国锋	(43)
	语言的灵活用法 ……………李玫莹	(44)
	静观其变 ……………………魏鉴文	(45)
	两种"黑名单" ………………陈建舟	(46)
	形同而义异 …………………朱 原	(46)

语丝		
	"中书君什么东西" …………葛青江	(7)
	我和莫扎特 …………………亦 言	(22)
	哑对 …………………………孙建国	(30)
	一年和一天 …………………顾 遥	(33)

向你挑战		
	谈"天"说"地" …………李 燕设计	(48)
	《一分钟指错》参考答案 ……………	(48)
	《谈"天"说"地"》参考答案 …………	(10)

顾问 张 斌 濮之珍
主编 郝铭鉴
主编助理 王 敏
编委 李玲璞 何伟渔
　　　陈必祥 金文明
　　　姚以恩
特约编委
　汪惠迪(中国香港)
　田小琳(中国香港)
　林国安(马来西亚)
　吴英成(新加坡)

责任编辑 黄安靖
发稿编辑 韩秀凤
封面设计 官 超
特约校读 王瑞祥
　　　　　陈以鸿

语林漫步

"老师"一般不宜自称

马三生

《新民晚报》有一个很受读者欢迎的"桃李芬芳"专版,逢周日刊出。"桃李芬芳"版上有一个很受读者欢迎的"心理咨询师"专栏,不定期刊出。

这个专栏的内容很贴近生活,有针对性,有吸引力。专栏的形式是"家长来信+心理咨询师复信"。这种形式本身并没有什么不当之处,只是复信的"署名"十分刺眼,让人读了不舒服。试以2003年3月30日的一篇《如何教孩子长记性》为例:

```
         来  信
 逸冰老师:
    ……
                 家长静雯
```

```
         复  信
 静雯家长:
    ……
                 逸冰老师
```

读者不会怀疑心理咨询师逸冰是一位老师,但是不愿意看到逸冰老师自称"老师"。复信中署名"逸冰老师"不符合交际礼节。

身为教师而自称"老师"的恐怕只有一种情况,就是对象为孩子。托儿所、幼儿园的老师和小学一二年级的老师跟小朋友讲话或给小朋友上课,可以自称"老师"。例如:"昨天老师给小朋友讲了一个故事,大家还记得吗?""×老师唱一句,小朋友跟着唱一句,好吗?"对于孩子来说,用"老师""×老师"自称比用人称代词"我"更"具体"、更亲切。

笔者本人是教师,在大学任教四十余年,也教过中学,教过扫盲班(对象是成人),学生、家长甚至邻居都称我"老师",但我从来不自称"老师"。给学生打电话,总是自报"姓名",不自报"×老师"。如果学生不在家,而学生家长又不熟悉我的姓名,我才会说"我是×××的老师"。这儿的"老师",大概

说"土"道"洋"

袁谟

如今尽人皆知的"非典",去年年底刚刚冒头时,没有名。因为它的表现不同于大叶性肺炎,便被叫作"非典型性肺炎"。当时觉得这名称好拗口,好难说。其实,这名称是原先就有的。早年支原体肺炎病原体尚未完全明确时,因其表现不够典型,便称"非典型性肺炎",这名称也曾泛指通常细菌以外的病原体所致的肺炎。有时也省去"性"字,直接叫作"非典型肺炎"。这一回随着这病的蔓延,此词的使用也空前频繁,于是"非典"脱颖而出,简洁了当,好说好记。这充分显示了人们在语言实践中善于节省,也不能算自称而属于自我介绍吧。

2003年7月27日,打开《新民晚报》的"桃李芬芳"版,眼睛为之一亮:"心理咨询师"终于不再自称"老师"了。

来 信

逸冰老师:

……

一个束手无策的家长

复 信

束手无策的家长:

……

逸冰

不管这个变化是作者行为还是编者行为,反正这是一种礼貌行为,值得肯定,值得推介。

顺便讨论一下另一种称"老师"的现象。《报刊文摘》2003年7月21日在报头右侧刊登了一则醒目的广告,内容是"总裁高级培训班"招生。广告中有一行字令人瞩目,即"联系人:佟老师、张老师、胡老师"。这样写算不算自称"老师"呢?不能算。因为这则广告的广告主不是这三位老师,而是"复旦大学管理学院"。既然是学院出面,称联系人为"×老师"就完全合乎情理:一则,按学校的惯例,对教师、对办公室的工作人员,一般都是统称"老师"的;二则,这儿不是自称,而是"他称";三则,像这一类广告,没有必要公示联系人的全名,只要亮出姓氏,就便于联系有关事宜了。

善于创造,体现了语言的经济原则。

如稍加推敲便发现一个问题。"非典"是"非典型"的缩略,而"非典型"仅仅是"肺炎"的附加成分,所以"非典"并不能真正涵盖非典型肺炎。如果有非典型的肠炎、肝炎、肾炎、心肌炎那又该叫什么呢?作为病原体的病毒不断会有新的变种,出现非典型的其他什么炎是完全可能的。如援今天非典型肺炎的例,也完全有资格称"非典"的。这情况一旦出现,或许就难免尴尬。

然而,这一担心是完全多余的,因为这种情况已有例在先,就想得起的来说:一个是"土",一个是"洋"。

鸦片叫"土",就是由"土烟"的"土"而来的。关于这点陈忠实在他的小说《白鹿原》里有一段很精辟的语言学论述:"人们早已不屑于再叫罂粟,也不屑于再叫鸦片,这些名字太文雅太绕口了,庄稼人更习惯称它为大烟或洋烟。大烟是与自己以往的旱烟相对而言,洋烟是与自己本土的土著烟族相对而言。丰富的汉语语言随着罂粟热潮也急骤转换组合,终于创造出最耀眼的文字:人们先前把国外输入的被林爷爷禁止的鸦片称作洋烟,现在却把从自家土地上采收,自家铁锅里熬炼的鸦片称为土烟,最后简化为一个简洁的单音字(词)——'土'。""土"就是鸦片,很明确。虽另有土布、土话、土人、土匪等许多"土"的名堂,但所有这些都不叫"土","土"是土烟也就是鸦片的专利,绝对混淆不了的。接下来的一段更有值得玩味之处:"衡量一家农户财富多寡的标准不再是储存了多少囤粮食和多少捆(十斤)棉花,而是多少'土'!白鹿镇每逢集日,一街两行拥挤不堪的烟土市场代替了昔日的粮食市场成为全镇交易的中心。"与"土"的经济地位的一时走红相应,"土"在语词王国里的地位也在上升,出现了"烟土"的说法。"烟土"是偏正结构还是并列结构或许可以探讨,但无论如何,都足以证明"土"的地位今非昔比——倘是并列结构,说明它已经能与"烟"平起平坐;倘若是偏正结构,更说明它已经反客为主,呼奴唤婢地拥有定语了。而云南出的"土"叫"云土",是偏正结构,乃确凿无疑。

银元叫"洋",便是由"洋钱"或"洋钿"的"洋"而来。因为银币最先在欧洲开铸,然后流入中国并在各省陆续仿造,所以顺理成章叫"洋钱",以区别于传统的铜铁铸币。也不知从什么时候起,"洋钱"变成了一个简洁的单音词——"洋"。"洋就是"洋钱",同样很明确。虽然另有洋纱、洋线、洋布、洋油、洋火、洋烛、洋人、洋枪、洋炮、洋白菜、洋鬼子、洋娃娃等等不胜枚举的"洋"的名堂,但所有这些也都不叫"洋","洋"是洋钱也就是银元的专利,同样绝对混淆不了。随着"洋"的分门别类与日俱增,由"偏"扶"正"的"洋"开始拥有自己的"偏":大洋、小洋、光洋、龙洋、船洋……而且其后"洋"的外延也有所扩大,包括纸币在内的所有货币都叫"洋"。时至今日,在口语里仍不时会听到"一只洋""N只洋"的说法。不消说,衡量一个家庭或集团财富的多寡,"洋"绝对是一个标准。在出版界有个人人皆知的行业语——"码洋",就是指出版物某一集体定价的总和,它是考核出版社集体和个人业绩的重要指标。

如此看来,"非典"的语言地位毋庸置疑。这里似乎有一个先入为主的原则,"非典"就是指非典型肺炎,即使后来有非典型的其他什么炎出现,还是夺不去非典型肺炎对"非典"的专利权。而且,这场让全中国经受考验的流行病是空前的,更希望它是绝后的,仅凭这一点,"非典"的专利权也非"非典型肺炎"莫属。

语丝

『中书君什么东西』

葛青江

据清钱泳《履园丛话》卷二十一载:

乾隆五十三年,京师工部衙门发生火灾,弘历命工部尚书金简召集工匠重建。也不知道是谁写了一个『水部火灾,金司空大兴土木』的上联满京师流传,很长时间也没人能对出下联。一个河北籍的中书官对人说:『这下联只有我同乡纪昀才能对。』于是他便去拜访纪晓岚,请他对下联。纪晓岚犹豫了半天,笑着对中书说:『对倒是不难对,只是对你有些冒犯,我不知该如何才好。』中书当即表态:『只要能对,我不计较。』纪晓岚于是道出下联:『北人南相,中书君什么东西。』弄得中书满脸尴尬而去。

锁定名人

韩信往河里投过金子吗

村 友

台湾著名学者南怀瑾先生的大作《孟子旁通》(复旦大学出版社出版)第27页《千古人情的嘴脸》中有这样一段话:

> 后来,韩信功成名遂,当了三齐王回到故乡时,不但没有报复那个叫他爬在裤裆下的无赖少年,反而鼓励他、感谢他。同时,他又寻访那个施舍一个饭包的洗衣妇人,但始终没有找到。于是他只好把千两黄金,投在当年洗衣妇在那个河边洗衣服的河里去,表达他无限的谢意。这是历史上有名的韩信以千金投河,感谢漂母一饭之恩的故事。

西汉开国功臣韩信确实有千金报漂母的佳话,但并没有把黄金投在河里。司马迁在《史记·淮阴侯列传》中云:"(韩)信钓于城下,诸母漂,有一母见(韩)信饥,饭(韩)信,竟漂数十日。"这是说韩信落魄时,在家乡淮阴(今江苏淮安市楚州)城外钓鱼,有一群洗衣妇,其中一位看韩信饿得可怜,就把自己的饭给了韩信。于是韩信吃了这位妇人几十天饭。《史记》又说,多年后,韩信成为西汉开国元勋,被封楚王,回到故乡,"召所从食漂母,赐千金"。班固在《汉书·韩信传》中也说韩信荣归故里后,"召所从食漂母,赐千金"。可见韩信回乡后召见了当初给过自己饭吃的洗衣妇,赏赐"千金"作为报答,但并没有把黄金投进河里。

南怀瑾先生为什么会说韩信寻洗衣妇不着,而将"千金"投入当年洗衣妇洗衣的河里呢? 这可能和清朝蔡元放删订的《东周列国志》有关。明朝末年,冯梦龙(平话小说"三言"作者)对余邵鱼撰辑的《列国志传》进行了改订,成为一百零八回的《新列国志》。到了清朝乾隆年间,蔡元放在《新列国志》的基础上又作了删订和评点,就是今天我们看到的

"寿星"究竟多大岁数

三 水

《随笔》2003年第1期刊发了著名作家林斤澜先生的《出生入死》一文。文章的第一段写道:"新世纪中秋节前,有一个民间聚会,祝贺一位文化前辈百岁华诞。主持会议的也是一位寿星,年逾九秩。他起立致词,旁边有人劝请坐而论道。他随口答称:'站着说,表示我还站得住。'"接着在第三段又写道:"前不久,这位'站得住'前辈以'望九'之年,写文章论'养生'。"

何谓"九秩"?据《辞海》"秩"字的释义:"十年为一秩。白居易《思旧》诗:'已开第七秩,饱食仍安眠。'"如此说来,"年逾九秩",就是年龄已经超过90岁了。

那么,什么是"望九"呢?《辞源》"望八"条目的解释:"指年龄将近八十……年将七十或九十也可称'望七'、'望九'。"明吴晋《与林茂之前辈书》:"先生以望九之年,犹灯下书蝇头字。"可见"望九之年"就是年龄将近90岁。

像林斤澜这样的名家,对"九秩""望九"这些词语,肯定知道它们的意思。可是,不知什么原因,竟把那位寿星的年龄搞糊涂了。既然在"新世纪中秋节前"已经90多岁,为什么"前不久"反而不到90岁,怎么越活越小了呢?

《东周列国志》。书中第七十三回和七十七回写楚国的伍子胥,因自己的父兄都被楚平王杀害,逃到吴国。在濑河边碰见一个女子洗衣裳,伍子胥因饥饿难挨,向这位女子乞食。女子将自己的饭给了伍子胥,伍子胥吃完后告辞赶路。哪知女子因为尚未出嫁而与男人说话有违礼教,便投河自尽了。伍子胥感叹不已,立誓报恩。多年后,已经成为吴王阖闾的大将的伍子胥领兵伐楚,为父兄报仇。大获全胜后班师经过濑河时,想起给自己饭吃又投河自尽的洗衣女子,伍子胥因不知女子家在何处,便将"千金"投入濑河中,表示自己不忘誓言。

《史记·伍子胥列传》中没有伍子胥投千金于河中报一饭之恩的事。南怀瑾老先生想必读过《东周列国志》,将春秋时的伍子胥的义举错安在了西汉人韩信的头上了。

"苍山四皓"?

金 甲

王蒙访问非洲归来,写了长篇报告文学,连载于《新民晚报》。在《民间王国——我爱非洲之九》中王蒙写道:"(在喀麦隆)我们与丰班王国的王储与各位重臣会见……丰班的重臣们他们都是高龄,面孔严肃,神态庄重,每张面孔都独具风格……这使我想起了中国的苍山四皓的故事。"这里的"苍山四皓"是"商山四皓"之误。

商山四皓,指的是秦末汉初的东园公、绮里季、夏黄公、甪里先生,有贤名,他们为避秦乱,长期隐居在商山(今陕西商县东),年龄皆八十有余,眉皓发白,故被称"商山四皓"。《史记·留侯世家》有这样一段记载:刘邦曾请四皓出山做官,但被拒绝。刘邦登基以后,立长子刘盈为太子,封次子如意为赵王。后来见刘盈天生懦弱,才能平庸,而次子如意聪明过人,才学出众,有意废刘盈而立如意。刘盈的母亲吕后知道后,非常着急,便听取留侯张良的主意,聘请商山四皓辅佐太子。一次,四皓陪同太子见高祖,高祖见太子有四位大贤辅佐,于是消除了改立如意为太子的念头。刘盈后来继位,为惠帝。

可能是"商"与"苍"读音相近,王蒙先生记忆偶有失误。这是可以理解的。

《谈"天"说"地"》参考答案

① 冰 ② 惊 ③ 开 ④ 洞 ⑤ 经 ⑥ 幕 ⑦ 呼 ⑧ 战 ⑨ 顶
⑩ 翻 ⑪ 改 ⑫ 花 ⑬ 昏 ⑭ 铺 ⑮ 谈 ⑯ 悲 ⑰ 掀 ⑱ 欢
⑲ 厚 ⑳ 转 ㉑ 裂 ㉒ 设 ㉓ 覆 ㉔ 冻 ㉕ 灭 ㉖ 北 ㉗ 老
㉘ 网 ㉙ 暗 ㉚ 隔 ㉛ 道 ㉜ 义 ㉝ 方 ㉞ 久 ㉟ 载 ㊱ 远

时尚词苑

诱人的"奶酪"

吴 琼

要问2002年最流行的时尚词语,大概非"奶酪"莫属了。去逛逛各大书城,不得了啦,里面全是些"奶酪"。从《谁动了我的奶酪》开端,接下来依次是《我能动谁的奶酪》《我不想动你的奶酪》《学会做自己的奶酪》《奶酪上的生存哲学》《奶酪的52个管理忠告》等等,书城仿佛忽然间变成了"奶酪城"。为什么会出现"奶酪热"?这"奶酪"是什么意思呢?

这场"奶酪热"最初是由美国斯宾塞·约翰逊所著的《谁动了我的奶酪》引发的,这本所谓"励志书"在中国一经发行便风靡全国。《谁动了我的奶酪》写了一个简单的寓言故事,故事有趣且能启迪智慧。主人公是四个住在迷宫里的人物:两个叫"嗅嗅""匆匆"的小老鼠和两个叫"哼哼""唧唧"的小人,他们竭尽全力地寻找能滋养他们身心、使他们快乐的"奶酪"。这里所谓的"奶酪"已不是西方人习惯吃的那种用动物的奶汁做成的半凝固食品,而是一种比喻。它是生命中最想得到的东西,可能是一份满意的工作、良好的人际关系,或者金钱、健康、心灵的宁静等。由于现代社会中工作压力大,人们经常需要自我调整。《谁动了我的奶酪》中的真知灼见,可以帮助读者获得心灵的宁静,解决工作中的难题。因此《谁动了我的奶酪》掀起了"奶酪热"。许多作者纷纷发表"奶酪类"作品,出版商也看好这类作品的出版行情。一时间,"奶酪"成为人们所拥有的或所期待的好东西的代名词。看看下面的例子:

①民用直升机:一块新奶酪。民用直升机刚刚露出苗头,市场争夺战就悄然打响。(《解放日报》2002年10月18日)

②城楼失火殃及池鱼,谁拿走了安达信的中国奶酪(《中国经营报》2002年4月12日)

③在业界的一片叫好声中,这场没有硝烟的战争打响了。然而这场战争刚开始就结束了。虽然不断有消息称盛大拿走了4000万美元的风险投资,却丧失了最大的一块奶酪——传奇开发商韩国ACTOZ宣布中止与盛大的合约。(《财经时报》2003年2月23日)

民用直升机作为新生事物,各商家知道它会带来良好的效益,为争夺市场,各显身手,打响了一场争夺战;安达信公司的中国奶酪是指曾经是该公司长期客户的部分中国公司,这些公司决定转投他方,使得本来就遇到麻烦的安达信公司雪上加霜;盛大虽拿走了4000万美元的风险投资,但能给它带来更大收益的长期合作伙伴传奇开发商ACTOZ却中止了与它的合约,真是捡了芝麻丢了西瓜,得不偿失。这些句子中的"奶酪"当然不是指食品奶酪,而是以此比喻有价值的东西。

由此及彼,高考的辅导材料被称为助你取得成功的"奶酪";职业介绍所也声称能帮你找到你所期望的"奶酪"——工作;有些年轻的姑娘找对象,竟然首先看对方的"奶酪",手上没有多少"奶酪"的男士,便得不到她们的青睐,这"奶酪"就是令人羡慕的工作、汽车、住房……

可见,作为食物的"奶酪",在今天已经被应用到生活中的方方面面。不同的语境赋予了"奶酪"多种新生义,耐人寻味。

最后,还要破解一个谜团:为什么叫"奶酪",而不叫别的名称?我们不妨作一假设:如果这本书是中国人写的,书名说不定会选用"谁夺了我的饭碗"。原因就在于两种语言在文化上的差异。首先,英语中有一个固定词组 bread and cheese(直译为"面包和奶酪"),词组义是"简单的食物",这就意味着"奶酪"是西方人的生活必需品之一。其次,在美国俚语中,cheese("奶酪")还有个义项,指"美好的东西"。《谁动了我的奶酪》这本书是美国人写的,书名中的"奶酪"自然是个双关语了。

"玩家"至少70岁

孔 渊

《咬文嚼字》2003年第5期刊有《走近"玩家"》一文。该文没有明确指出"玩家"一词具体出现的时间,但文章里有这样一段话:"第一次看到'玩家'是在一条关于游戏的新闻中:'《生化危机》是日本游戏巨头capcom推出的一套惊悚风格的动作冒险游戏,该游戏历经三代,受到了全世界玩家的拥戴。'(《北京晨报》2000年9月16日)在这个句子中,'玩家'就是指喜欢而且精通玩游戏的人。"若按这段话来理解,"玩家"一词是随着"游戏"而出现的,所谓"游戏"实指电脑"游戏"。这就是说,"玩家"一词才出现了几年,最多也不超过10年。但据我所知,"玩家"一词早就有了。

笔者1930年生于四川省成都市。从学说话起,就常听大人们说"谁谁是个玩家""×××算是碰见大玩家了"之类的话。可见"玩家"一词,早在我出生之前就已在成都口语中使用了。但是,它只是个口语词,我们无法考查它最早出现的时间,只能说"玩家至少70岁了"。正因为它是个口语词,我们从来没有听谁讲解过这个词的确切含义,辞书上也查不到它的解释,只好全凭口耳相传,根据语用环境来揣摩它的意义,逐步掌握它的用法。

我们大体上可以作如下的概括:上个世纪三四十年代在成都口语中使用的"玩家"一词有两个义项。其一是指某人擅长于某道。这又可分指两个方面:一个是指好的方面,举凡对于收藏、琴棋书画、票戏、花鸟虫鱼、垂钓、台球等有所偏好,甚至精于此道者;一个是指坏的方面,举凡沉湎于叫条子、逛窑子、吃花酒、赌钱、吸食鸦片等,劣迹突出并令人侧目者。于此可见"玩家"一词属中性。其二是泛指那些纨袴子弟,他们从来没个正经职业,专以游玩为乐,但在表面上却

"亲力亲为"源于 DIY

金波生

曾有读者向《咬文嚼字》编辑部咨询：媒体上常常露面的"亲力亲为"是不是成语？它的含义是什么？

"亲力亲为"并不是成语（尽管它的结构形式有点像），至今还没有一本成语词典将它收为条目。"亲力亲为"是香港人新造的四字格短语，它意译自英语的 DIY。

我们得从 DIY 说起。因为在今天的汉语媒体上，DIY 比"亲力亲为"用得更多些，人们可能对 DIY 更熟悉些。

DIY 是 do it yourself 的缩略语。《现代汉语词典》2002年增补本，已经将 DIY 作为词条收在"西文字母开头的词语"一栏中，释义为"自己动手做"。

《新民晚报》2002年9月6日一篇题为"快乐 DIY"的文章说："DIY 这个词……真的很火：服饰 DIY、布艺 DIY、音乐 DIY、美食 DIY、手机 DIY 等等。所有的事物似乎都可以在加上DIY这几个字母的后缀后,变得时尚起来。"

DIY这个概念来自欧美。欧美人喜欢凸显个性,崇尚与众不同,什么事情DIY(自己动手做)一下,既满足了自己的愿望或需求,又节省了开支,可谓一举两得。例如"宜家家具"是世界闻名的跨国连锁店,在欧美门店,顾客往往自己选购组合式的家具板材,自己驾车运回家,自己设计样式并且拼装成符合个人情趣的橱柜等,充分享受DIY的乐趣。如今,"宜家"在中国也开设了多家门店,但据报道,不少顾客购买"宜家"的家具,情愿另加运输费和安装费,要求店家送货上门并负责安装,而不愿意DIY。这也许是因为国情不同,在欧美诸国,劳动力价格偏高,请别人做一件事或购买成品所花费的钱常常数倍于自己动手做的费用。

不过,在中国年轻人中间,DIY一族也越来越庞大了。比方说,逢年过节,自己制作个性化贺卡;要喝咖啡,自己把咖啡豆磨碎自己煮;外出旅游,在自助旅馆里自己做饭,自己洗衣物;在时装吧,根据纸样自己裁剪,参照图案自己绣花,缝制"只此一件,唯我独有"的新款时装……渐渐地,DIY成了一种流行趋势。

香港人想让DIY词语"本土化",把它翻译为四字格短语"亲力亲为"。很快地,在大陆,在台湾,在全世界华人圈中都使用开了。例如:

(1)"你为什么不叫助教代劳呢?还这么亲力亲为!"朋友怪我。(《文汇报》2002年10月15日)

(2)(他)身为老板,却依然坚持在业务第一线,凡事不辞辛劳亲力亲为。(《东方早报》2003年7月7日)

从上述两例来看,DIY"本土化"确有必要。倘若将这两个"亲力亲为"换成DIY,读起来就有点不伦不类了。

在实际语用中,"亲力亲为"还出现了新的变体,如"亲历亲感":

(3)毕竟上了年纪,我感觉君秋(张君秋)是有些力不从心,但他一丝不苟的认真劲儿,事无巨细总要亲历亲感,完全忘了自己还是一个心脏病人。(《文汇报》2002年10月12日)

(4)她(陈香梅)又说:"据我亲历亲感,大陆方面非常欢迎台湾同胞回去探亲访友和观光。"(《统战月刊》2003年第3期)

"亲历亲感"的语义和"亲力亲为"不完全相同,只要交际需要,也可能从"母体"上剥离,成为独立的新词语。

一针见血

错误的"全家福"

吴全鑫

2003年6月27日的《三湘都市报》刊登一幅照片，题为"九大行星全家福"，照片下配有文字："自上往下依次为：水星、金星、地球和月亮、火星、木星、土星、天王星、海王星"。

这是一个错误的"全家福"。其一，少了一颗行星。太阳系九大行星除水星、金星、地球、火星、木星、土星、天王星、海王星外，还有冥王星，上文中少了颗冥王星。其二，月亮只是地球的一颗卫星，不是行星，却被越级用来充数。

"故先父"？

王 九

电视连续剧《锵锵儿女到江湖》中有一个镜头：严镖头被谋杀，其子为他设的灵位上赫然刻着"故先父之灵位"几个大字，落款是严镖头的两个儿子严知春和严忆春。"故先父之灵位"中的"故"字实为多余，应删去。"先"有这样两个义项：①祖先，上代。如：先人。②尊称去世者。如：先烈。"先父"就是指已经去世了的父亲，再冠以"故"字就画蛇添足了。

孙悟空到底打不出谁的掌心

雷建民

2003年5月9日《杂文报》刊载了慕毅飞先生《神床与佛掌》一文，其中这样写道："其实，与希腊神床比，《西游记》里的弥勒佛更神，伸出手掌，孙悟空一个筋斗十万八千里，愣打不出弥勒佛的掌心。"

孙悟空到底是打不出谁的掌心？据《西游记》第七回可知，孙悟空大闹天宫，玉帝请的是"如来"前来降伏，而非"弥勒佛"。孙悟空一个筋斗没能打出"如来"的右手掌，被压在了"五行山"下。"弥勒佛"在《西游记》第六十六回中也被提到过，是他用"人种袋"收服了黄眉怪，想来也是"佛法无边",至于孙悟空一个筋斗能不能打出他的掌心,《西游记》中没有说到。

刘邦是安徽人吗

石谷文

《日出东方:红一方面军征战纪实》(华夏出版社出版)第13~14页有这样一段话:

王明这个说话有点大舌头的安徽人,这时(1930年)只有二十六岁。他生在安徽这片出了刘邦和朱元璋的土地上,这两个开国皇帝曾使安徽人统治中国七百余年。

《明史》记载,朱元璋是濠州钟离(今安徽凤阳)人,确实是大舌头王明的同乡。但据《史记》《汉书》记载,刘邦是沛丰邑中阳里(今江苏沛县)人,不是安徽人。

孟尝君是赵胜吗

禹 疏

高等教育学历文凭考试全国统一考试课程《大学语文课程教学大纲》中,"教学要点与课时安排"部分,对《冯谖客孟尝君》一文有这样一段说明:"掌握本文的基本内容和主要人物。本文记叙了谋士冯谖请为齐相孟尝君赵胜门客并为其焚券市义,营谋'三窟',排忧解难的故事,反映了战国时期谋臣策士的才干及作用。"这里"齐相孟尝君赵胜"的提法与历史事实不合。

《史记·孟尝君列传》:"孟尝君名文,姓田氏。文之父曰靖郭君田婴。""婴卒,谥为靖郭君。而文果代立于薛,是为孟尝君。"齐湣王"以为齐相,任政"。很清楚,孟尝君是齐国贵族,姓田名文,曾任齐相。而赵胜,《史记·平原君虞卿列传》说:"平原君赵胜者,赵之诸公子也。""平原君相赵惠文王及孝成王,三去相,三复位,封于东武城。"

孟尝君田文,平原君赵胜,都是贵族,都曾任国相,都名列战国时期以养士而闻名天下的"四公子",但国别、姓氏、名号皆不同,怎么能混为一人呢?

七月初七?

朱行舟

在周绍义的长篇小说《指挥之

死》中,有这样一段文字:

要是七月初七那天开会,他就会背"独在异乡为异客,每逢佳节倍思亲"。(《中国作家》2002年第6期)

"独在异乡为异客,每逢佳节倍思亲",出自王维的《九月九日忆山东兄弟》,诗因重阳节思念家乡的亲人而作。重阳节即农历九月初九,亦即诗题中的九月九日,显然是作者把"九月九日"误作"七月初七"了。

司马迁为李广受酷刑?

孤 闻

《中国古代哲人的人生智慧》(长虹出版公司出版)第162页《尊重历史秉笔直书》一文中,有这样一段话:

有个朋友到司马迁的家中拜访,当他看见司马迁在写《史记》中的"李广列传"时,便说:"您为李广受了酷刑,已够惨的了,怎么还写书赞扬他呢?"司马迁说:"我是在写史,历史本来就是这样的,怎么能不写呢?"

司马迁的《史记》中有《李将军列传》,不是"李广列传"。《李将军列传》是"飞将军"李广和他的孙子李陵的传记。李陵与匈奴作战兵败投降,司马迁替他辩护,触怒汉武帝,被处以腐刑。司马迁是为李广的孙子李陵说话受酷刑的,怎么能说成"为李广受了酷刑"呢?

"披肝沥胆"?

王 九

电视连续剧《锵锵儿女到江湖》中,严家镖局少爷严忆春在冀州武术协会举办的比武大会开幕前夕,向新任女督军慷慨激昂地表白:我们"以强身健体为本,报效国家为志",一旦冀州开战,定当"披肝沥胆,在所不辞"。其中的"披肝沥胆"用错了。

"披肝沥胆"比喻开诚相见,也用以形容非常忠诚,不符合电视剧当时的情景。依据语境,严忆春欲表达的意思应是"肝脑涂地"或"赴汤蹈火"。"肝脑涂地"表示竭尽忠诚,不惜任何牺牲;"赴汤蹈火"形容不畏艰险,奋不顾身。

"一羹又一羹"?

寇 尔

《杂文选刊》2003年第3期《动物

的权利》有这样一段:"他们把另类的'躯体'肆无忌惮地端上餐桌,一勺又一勺,一羹又一羹,或者一叉又一叉慢吞吞地放进口腔中细细咀嚼。"

"一勺又一勺""一叉又一叉"都好懂,大家都知道,勺和叉都是餐具,前者是中式的,后者是西式的。然而这"一羹又一羹"的"羹"是什么呢?大家也知道,羹是指以淀粉勾芡而成的糊状食物,比如豆腐羹、鸡蛋羹等。那么,这"一羹又一羹"是什么意思呢?为什么跟"一勺又一勺""一叉又一叉"相提并论?稍加体会,便不难猜到,这"羹"是指羹匙。羹匙是偏正结构的合成词,"羹"是修饰限制"匙"的,意思是用以舀"羹"的"匙"。所以,羹匙若要简称,应当为匙而不应当为羹。无疑,这里说"一匙又一匙"才对。不过,"匙"与"勺"基本上是一回事,最好还是说"一筷又一筷"。

何来"处惊不变"

陆 如

《新民周刊》2003年第19期《将健康掌握在自己手上》,旨在论证"国内外与'非典'斗争的实践已经证明,'非典'是可防、可控、可治的",结尾处这样写道:"只要我们处惊不变,沉着冷静地应对挑战,健康就永远属于你、我、他。"

其中"处惊不变"明显是"处变不惊"之误。"变",是指变故、灾难;"处变",是指身处变故之中;"不惊",是指没有惊慌害怕、惊慌失措;"处变不惊",是说身处变故之中而一点也不惊慌,是一种镇定自若的神态。

那么,"处惊不变"是不是成语活用呢?回答是否定的,因为它说不通。以"不变"表示镇定的有"以不变应万变",从来没有"处惊不变"之说。

"群起而攻之我爹"?

王 旭

电视连续剧《射雕英雄传》(央视版)有一个情节:欧阳峰和杨康联手,设计在桃花岛谋杀了江南五怪。黄蓉了解真相后,斥责欧阳峰是嫁祸于人,使江湖上"群起而攻之我爹"。该句中,"之"是人称代词,代"我爹",作"攻"的宾语,后面绝不能再带宾语"我爹"了。"群起而攻之我爹"应改为"对我爹群起而攻之"或"群起而攻我爹"。

追踪荧屏

不要让剧中人蒙羞

雷长怡

2002年12月中央电视台八套播放二十二集电视剧《张学良》，第四集有这么一个细节，张学良扣留蒋介石后，赵四小姐劝张学良说："这两天你睡不好，看你头发都有白的了。"张答："我不会像伍子胥那样，怕过不了文昭关愁得一夜之间须发变白了。"此段对白全打出字幕，"过不了文昭关"字样清晰地出现于屏幕。

素喜京剧并能唱两口儿的张学良怎能把地名"昭关"混同于剧名"文昭关"？怎能不知道"文昭关"这个剧名中"文"字的含义？《文昭关》的"文"是与另一出题材基本相同而出场人物、表演方式有异的《武昭关》比照而言的。

《武昭关》中的重要人物马昭仪，在《文昭关》中是没有的。马昭仪，使女身份，被偷梁换柱与楚平王之子成婚。原拟与平王之子成婚之女则被平王纳入后宫。《文昭关》伍子胥唱词中多次提到的"父纳子妻"即指此事。《武昭关》中的主要角色实际上是马昭仪。所以程砚秋演此戏时就改名为《马昭仪》，张君秋演此戏时则改名为《楚宫恨》。《武昭关》中的伍子胥扎靠带开打；《文昭关》中的伍子胥不扎靠、不开打。这就是在"昭关"二字前加"文"或"武"的缘由。戏迷张学良怎能说出"过不了文昭关"这样的话？这不是让剧中人代编剧蒙羞吗？

由此，笔者联想到几年前听评书演员单田芳说的评书《千古功臣张学良》。这个节目在几个电台先后播出，说到赵四小姐与张学良初识时，一次张送赵回家，临别时赵说"有时间到我府上坐坐"。听罢就想："府上"是对别人住所的尊称（尊称别人之家为"府上"，谦称自己住家为"舍下"）。知书达礼的大家闺秀赵

六合路不读 Liùhé Lù

王汉山

2003年8月26日上午,上海电视台在新闻娱乐频道的"东视广角"栏目中,报道了一则新闻。一位姓柴的老太太在上海第一百货商店东侧的六合路上滑跌后,发生由医疗费引起的事故纠纷。电视节目主持人把"六合路"读成 Liùhé Lù,错矣!

上海的路名多数借用全国各地的省、市、县的名称。我的出生地是浙江省舟山市定海区(定海区的原先建制为定海县),在上海就分别有浙江路、舟山路和定海路。上海沪西的番禺路,是因广东省的番禺县而得名。当地人称番禺为 Pānyú,因此番禺路的正确读音是 Pānyú Lù,而不是 Fānyú Lù。为什么要这样读?因为地名的读音也要遵守"名从主人"的规则,即以当地人的读音为标准。

上海六合路的名字源于江苏省的六合县。作为地名的"六合",正确读音为 Lùhé,因为当地人读为 Lùhé。谓予不信,有《现代汉语词典》等辞书为证。同样的例子,尚有安徽省的六安山和六安县,均读作 Lù'ān,而非 Liù'ān。只是六安没有成为上海的路名。

浙江省舟山市有一个岛,名叫"六横",老百姓也把其中的"六"念作 lù,可是一些电台电视台的播音员念成了"liù 横",让当地百姓弄不清楚到底说的是什么地方。如果浙江省地名委员会根据"名从主人"的原则,向国家地名委员会提出申请,也许"lù"将成为"六横"之"六"的标准读音。

四小姐怎能不知此礼貌用语,称自己的家为"府上"? 这不是让剧中人蒙羞的又一实例吗?

巧得很,电视剧《张学良》十一集中,张学良派人请张大千时,他说:"把那个大胡子的人请到府上来!"话中的"府上"是指张学良的官邸。他怎么也以"府上"称自己的家? 当然,以当时张学良的身份言,称自己的住所为"府"也未为不可,但应该说"请到府里来",不应该说"请到府上来"。

便溺之"溺"读 nì 吗

汪武生

中央电视台2003年5月15日"新闻联播"报道,某市环境卫生管理新规定中有这样一条:对随地便溺者,罚款50元。"规定"出现在屏幕上,里面的"溺"非常醒目,很遗憾被播音员读成了 nì。其实这个字应读 niào,跟"尿"同音同义。

在古代,同音同义的"溺"和"尿"是可以随意互用的;而在当代,这个音义的"溺"字退出了舞台,只有在跟专指解大便的"便"字组成联合词组"便溺"时才偶一亮相。"便溺",说到底,就是拉屎撒尿。该字的读音,唐人颜师古在为《汉书·韩安国传》中"然(燃)即溺之"之句作注时,即明确指出:"溺,读曰尿。"其后至今,"便溺"之"溺"概无异读,《现代汉语词典》"便溺"后便注音为:biànniào。

语丝

我和莫扎特

亦言

意大利作曲家威尔第五十岁时,接待过一位年仅十八岁的从事音乐创作的年轻人。在交谈时,年轻人不停地谈到『我的作品』『我的演出』,谈得眉飞色舞,威尔第只是默默地听着。

等年轻人谈完了,威尔第缓缓地说:"我在十八岁时,认为自己是最伟大的作曲家,也总是谈「我」;当我二十五岁时,我谈的是「我和莫扎特」;当我四十岁时,谈的是「莫扎特和我」;而现在呢,我只谈「莫扎特」。"

借题发挥

何来"东郭狼"

李坚

偶翻旧报,读到一则社会新闻:《轻信邻居"东郭狼"》。这则新闻刊于2000年6月21日《新民晚报》。它说的是肖某女儿被强制戒毒,为了能让女儿早日获释,便请求来串门的邻居张某帮忙。谁知张某设下圈套,先后以"活动"为名,从肖某处骗走1.3万余元。

张某趁人之危,骗人钱财,称其为"狼",并不过分。可标题中的"东郭狼",却有点不伦不类。

毫无疑问,这个"狼"的典故,出自明代作家马中锡的《中山狼传》。"赵简子大猎于中山"——"中山"是地名,在今河北定州市一带。"有狼当道,人立而啼"——"狼"是这则寓言的主角之一,因其出没于中山一带,所以作者称之为"中山狼"。"时墨者东郭先生将北适中山以干仕"——"东郭先生"也是这则寓言的主角之一,他信仰墨家学说,打算到中山去求个一官半职。我想,"东郭"该是这位好好先生的姓吧。追根溯源,也许和他住在东郭有关。

介绍至此,"东郭狼"的错误已经不言而喻。在这则寓言里,分明一个是"中山狼",一个是"东郭先生",何来"东郭狼"呢?显然作者记忆有误,把狼和人混为一谈了。

孙悟空戴的是"紧箍咒"吗

黄文雯

教书先生戴"紧箍咒"
上师大创立教学事故评级制规范教师行为

2003年8月25日,《新闻晨报》刊发了一篇题为"教书先生戴'紧箍咒'"的文章,说上海师范大学为了规范"教书先生"的教学行为,出台了《关于教学事故认定处理规定》,以后教师上课时间接手机要向全校师生道歉;故意泄露试题、私自修改学生考试成绩将受到行政处分……严重违规者将被调离教学岗位或解除聘用合同。

明眼人一看便知,《新闻晨报》这篇文章的标题,把上海师范大学校方的规定比作了"紧箍咒",把该校的"教书先生"比作了孙悟空,意思是说"教书先生"受校方规定的约束就像孙悟空头上戴上"紧箍咒"。然而,孙悟空头上戴的真是"紧箍咒"吗?

据《西游记》第十四回可知,压在五行山下的孙悟空,被唐僧救起,做了他的徒弟,保他去西天取经。因为路遇剪径,不得脱身,悟空抡棍打死了六个山贼,唐僧严厉指责了悟空。悟空受不了絮叨,一气之下便离唐僧而去。观音菩萨化作一"老母",送唐僧一顶嵌金花帽,并教一篇"紧箍儿咒",要唐僧等悟空回来后让他把帽子戴上,他如果不听使唤就默念此咒,他便再不敢违抗了。孙悟空受到东海龙王的点拨,又回到唐僧的身边,继续保唐僧去西天。悟空在包裹中见到那顶嵌金花帽,便把它戴在自己的头上。唐僧默念"紧箍咒",痛得悟空直在地上打滚。悟空伸手去摸,一个金箍紧紧勒在头上,"取不下,揪不断,已此生了根了"。

如此看来,孙悟空头上戴的是"金箍","紧箍咒"是观音菩萨传给

应是"各行其是"

王 文

阿拉法特 VS 亚辛 各行其事的"兄弟"

在巴勒斯坦内部,哈马斯是仅次于阿拉法特领导的"法塔赫"的第二大政治派别,其精神领袖就是双目失明,全身瘫痪,两耳半聋的亚辛。对亚辛,阿拉法特称为"兄弟",但实际上却很难让人看出他们之间有什么"兄弟情分"。对两人的关系,朱威烈教授概括为:各行其事,互不影响。

2003年9月15日《新闻晚报》发表了《谁拗得过阿拉法特》一文,"阿拉法特VS亚辛 各行其事的'兄弟'"是这篇文章第三节的标题。一看便知,其中的"各行其事"有错,应该改为"各行其是"。

"各行其是"是个成语,在一般的语文工具书里都能查到。"是",意思是正确、对;"各行其是",意思是彼此不照顾,各自按照自己认为正确的去做,形容思想、行动不一致。成语具有稳固性,不能将其改成"各行其事"。

阿拉法特是巴勒斯坦第一大政治派别"法塔赫"的领袖,亚辛是巴勒斯坦第二大政治派别"哈马斯"的领袖。长期以来,阿拉法特非常谨慎地处理与亚辛的关系,称亚辛为"兄弟",原则上不干涉亚辛的事情。亚辛也一直表示支持阿拉法特。在对待以色列的问题上,阿拉法特主张以和平的方式为主,他曾说:"我左手持枪,右手举着橄榄枝,请不要逼我用枪。"但亚辛则不同,他从不反对激进主义,从不认为自杀性爆炸袭击有错,从不掩饰自己对以色列人的仇恨,客观上给阿拉法特制造了不少麻烦。所以说,从阿拉法特和亚辛的关系来看,两人确实是"各行其是的'兄弟'"。遗憾的是,上述标题将"各行其是"写成了"各行其事"。

唐僧的咒语,唐僧一念此咒,金箍便"紧",孙悟空疼痛难忍,终于被制服。后来,"金箍""紧箍咒"都用来比喻束缚人或使人难受的事物,但是,跟"戴"字搭配的只能是"金箍","紧箍咒"只能和"念"等词一起使用。上述标题可以改为"教书先生戴'金箍'"或"给教书先生念'紧箍咒'"。

辨字析词

"颍""颖"要分清

张子才

人民卫生出版社1977年版《本草纲目·木部二·榆》:"〔集解〕〔别录〕曰榆皮生颖川山谷。"文中"颖"应作"颍"。

颍川,古郡名。治所在今河南省许昌市。汉代刘向撰《别录》时称颍川。"颍"多用于地名,如古有颍上、颍州、颍阴、颍阳、颍口等,这些地名都因颍水(今称颍河)而得名。《说文》:"颍,颍水。出颍川阳城乾山,东入淮。从水,顷声。"

"颍"也作姓氏。如颍考叔,春秋时郑国人。《左传·隐公元年》记载他谏劝郑庄公,使郑庄公与生母和好。姓氏"颍"也常会误作"颖",连宋陈彭年等所撰《广韵》、明张自烈所撰《正字通》等辞书,也把"颍"误作姓氏,并举颖(颍)考叔、颖(颍)容(后汉人)为例。清代洪亮吉的《春秋左传诂》、阮元的《春秋左传注疏校勘记》,今人杨伯峻的《春秋左传注》等都明确指出了《广韵》的这个错误。

"颖",指带芒的谷穗。引申为尖头,也指锥芒。《史记·平原君虞卿列传》中有毛遂自荐的故事,其中的"脱颖而出",即用此义。"颖"构成"颖果(某些禾本科植物子实的带芒的外壳)、颖悟、颖慧、颖异、聪颖、新颖"等复词。《说文》:"颖,禾末也。从禾,顷声。""末",末梢,尖端。

"颍"与"颖"都是形声字,声旁都是顷,都读 yǐng。区别在形旁,"颍"为水旁,"颖"为禾旁,从而表示不同的字义。旧辞书、传统的部首分部法中,"颍"入水部,"颖"入禾部。"颍""颖"二字的含义、写法、用法不同,必须分辨清楚。

"籍籍""无名"拉郎配

金文明

电话铃响。我拿起听筒，就听到那头传来刚学了几天英语的朋友安荆的声音。他先向我念了一首中西合璧的打油诗：

来叫 come 去叫 go，一块洋钱叫做 one dollar。

"藉藉无名"啥来路，能否请你告诉我？

我没好气地冲了他一句："你要问什么？说清楚点儿！"

"就是'藉藉无名'这个成语啊！它的意思谁都可以猜个八九不离十，但出处呢，没有人搞得清楚。你能帮我查一下吗？"

我想了一想，脑子里一片空白，便对他说："你这是哪里挖来的馊米饭？恐怕是自己信口开河编造的吧！有没有例证？马上用'伊妹儿'发几条过来。"

例证很快就传过来了。满满当当的两张纸，竟有八条之多。其中最让我吃惊的是，还有金庸先生的大作《笑傲江湖》。这里摘抄几条：

岳不群的名字虽然叫"不群"，却十分喜爱朋友，来宾中许多藉藉无名，或是名声不甚清白之徒，只要过来和他说话，岳不群一样和他们有说有笑……（金庸《笑傲江湖》第六章"洗手"）

同构不同于同级。他是万人瞩目的文化名人，你是籍籍无名的青年学生……（《余秋雨台湾演讲·阅读建议》）

享誉国际的史学大师这回关心的是一些社会上籍籍无名的小人物，如操作机器的工人、杂货店商、公车售票员和酒吧男侍。（萧秀琴《小人物的故事》）

以色列著名政治家西蒙·佩雷斯在与藉藉无名的对手竞争以色列总统一职时以数票之差惜败。（李寒秋《高标见嫉，直烈遭危》）

情况正如安荆所说的那样，这四例中的"籍籍（藉藉）无名"，只要联系上下文一看，就可以猜到它们都是"没有名气"的意思。没有名气，本来只要用"无名"二字就够了，不需要外加什么"籍籍"或"藉藉"，对表意毫无影响。但一般作家大都讲究文采和修饰，如果有现成的古代成语或典故，他们总喜欢借来一用，因为那要比平淡直白的双音词生动得多。例如"默默无闻""寥寥无几""碌碌无为"，确实要胜过"无闻""无几"和"无为",尽管它们的意思完全一样。但是,在中心词前面加上修饰成分,必须有个前提,即修饰和被修饰的两个部分要"配合默契",不能牛头不对马嘴。如"默默"形容"不出声","寥寥"形容"很少","碌碌"形容"平庸",它们跟"无闻""无几""无为"的搭配,可谓榫卯接合,非常贴切。但"籍籍(藉藉)"和"无名"就不一样了。没有古汉语知识的人,根本不知道"籍籍(藉藉)"是什么意思,看见别人(特别是名人)在用"籍籍(藉藉)无名"时,就囫囵吞枣地把它咽下肚去,临到自己写文章,便随口吐出来使用,反正总的意思不会错,管它前后能不能搭配。然而,有点古汉语根底的人,一看这个"籍籍(藉藉)无名",就会感到不是滋味。古今汉语是一脉相承的。"籍籍"和"藉藉"都是古汉语词,现在早已不再单独使用,你要把它们从故纸堆里找出来发挥余热,怎么能不管其本身的意义,就跟互相矛盾的"无名"来个拉郎配呢?

下面就让我们来看看,作为形容词的"籍籍"和"藉藉",在古汉语中使用时究竟有哪些意义。根据现有的文献资料,它们主要有三个义项:

(一)纵横交错、杂乱众多貌。《史记·司马相如列传》:"不被创刃横死者,佗佗籍籍,填坑满谷。"《汉书·司马相如传》"籍籍"作"藉藉"。又《三国志·魏志·管辂传》:"季龙取十三种物,著大箧中,使辂射,云:'器中藉藉有十三种物。'先说鸡子,后道蚕蛹,遂一一名之。"

(二)形容众口喧扰。《汉书·江都易王非传》:"国中口语籍籍,慎无复至江都。"颜师古注:"籍籍,喧聒之意。"《南齐书·乐预传》:"外言藉藉,似有伊周之事。"

(三)形容声名盛大。唐杜甫《赠蜀僧闾丘师兄》诗:"大师铜梁秀,籍籍名家声。"仇兆鳌注:"籍籍,声名之盛也。"《史记·游侠列传》索隐述赞:"游侠豪倨,藉藉有声。"

这三个义项,不仅仅限于以上所引的例证,可以说,它们是从两汉到清末的大量古代文献资料中概括出来的,都包含众多、盛大的意思,而绝对不能解释为数量少或没有。由此可以证明,用"籍籍"或"藉藉"来跟"无名"搭配,无异油水相和,黑白相混,是说不通的。

有些学者已经撰文指出,"籍籍(藉藉)无名"中的"籍籍(藉藉)"可能为"寂寂"之误,是由于读音相近而造成的。这种意见不无道理。如果今后还有人想使用这个词语,不妨改为"寂寂无名"或"寂寂无闻"。

"排忧解难"和同形词语

王蕳

"排忧解难"是个新词语,不少辞书都未收录。收录了的或者作:páiyōu-jiěnán,排除忧虑,解决困难;或者作:páiyōu-jiěnàn,排除忧虑,解除危难。《现代汉语成语规范词典》属前者,并特别提示:难,不能读 nàn。韩明安主编《汉语新语词词典》(山东教育出版社,1988年)、闵家骥等编《汉语新词词典》(上海辞书出版社,1987年)、刘配书主编《汉语新词新义》(辽宁大学出版社,1991年)等也是如此。《现代汉语词典补编》(商务印书馆,1989年)、《现代汉语词典》(修订本)属后者。

不难看出,上述辞书对"排忧解难"的处理都难免顾此失彼,或者排开解除危难的一面,或者排除解决困难的一面。这些辞书的处理都不妥当。其实,"排忧解难"是同形词语。

所谓同形词语是指词形相同,读音和意义都有所不同的一组词语。下面试举数例:

"难兄难弟":(一)nánxiōng-nándì,难得的兄弟,兄弟品德才能都好,难分高下。引申指同类相当的两种事物一般好。用于褒义。吴敬梓《儒林外史》第四十九回:"高老先生原是老先生同盟,将来自是难兄难弟可知。"(二)nànxiōng-nàndì,患难中的兄弟。现多含贬义,指两个人同样坏;也指彼此曾处于同样苦难境地的人,不含贬义。陆地《瀑布》:"不,袁光头肉体虽然腐烂消灭,可是,他的阴魂还会附于他那帮难兄难弟身上,继续作妖。"邹韬奋《经历》四六:"除'家长'外,我们还有几个'难兄难弟',倘若这里所用的'难'可作'共患难'的'难'字解。"

"丧家之狗"又作"丧家狗"或"丧家之犬":(一)sāngjiāzhīgǒu,指有丧事人家的狗,比喻受冷遇不得志的人。汉王充《论衡·骨相》:"子贡以告孔子,孔子欣然笑曰:'形状,未也。如丧家狗,然哉!然哉!'"(二)sàngjiāzhīgǒu,指丧失了主人、无家可归的狗,比喻无处投奔、到处乱窜的人。鲁迅《坟·论"费厄泼赖"应该缓行》:"可是革命终于起来了,一群臭架子的绅士们,便立刻皇皇然若丧家之狗,将小辫子盘在头顶上。"

"一日之长":(一)yīrìzhīzhǎng,谓年龄比别人稍大。语出《论语·先进》:"以吾一日长乎尔,毋吾以也。"《梁书·武陵王纪传》:"吾年为一日之长。"(二)yīrìzhīcháng,谓才能比别人稍强。语出《三国志·蜀志·庞统传》裴松之注引张勃《吴录》:"陶冶世俗,甄综人物,吾不及卿;论帝王之秘策,揽倚伏之要最,吾似有一日之长。"鲁迅《且介亭杂文末编·白莽作〈孩儿塔〉序》:"这《孩儿塔》的出世,并非要和现在一般的诗人争一日之长,是别有一种意义在。"

"排忧解难"也是这样的同形词语。其中的"难",一读 nán,指困难,如:"子弟兵为阿里各族群众排忧解难"(1984年9月3日《人民日报》第4版)一读 nàn,指危难,如:"一些灾民被洪水围困在屋顶上,万分危急,武警官兵个个心急如焚,都奋不顾身,与洪水殊死搏斗,为百姓排忧解难。"(电视新闻报道)

还是尊重事实为好。既然"排忧解难"是同形词语,那就像"难兄难弟"等那样处理为好。

语丝

哑对

孙建国

宋朝文学家苏东坡与一僧人在河边游玩。忽见一犬在河边啃骨头,苏东坡摇了摇自己题了诗的扇子来了雅兴,提议与僧人对哑联。

只见东坡嘴一咬,手一撸,指了一指,意为「狗啃河上骨」「河上」与和尚谐音。僧人一见,知其戏弄之意,当场回敬,夺过苏东坡的扇子扔到河中,任河水冲走,意为「水流东坡诗」,「诗」与尸谐音。

二人相对哈哈大笑。

文章病院

"落择"还是"落铎"?

周建成

2002年8月21日的《青年知识报》(总第828期)刊发了一篇题为"落榜不落志"的文章,开头一段写道:

一位来自农村的考生,高考落榜后立即参加农业技术知识培训班,准备在农村大干一番,他以诗明志:"笋因落择方成竹,高考落榜不落志。"

读到这段文字,我对这位考生"高考落榜不落志"的精神十分佩服。可是,其明志诗中"落择"二字是什么意思?我一下子没有弄清楚。还好,紧接着有一段阐释文字:

细雨过后,春笋破土而出。那些又肥又嫩的竹笋之秀,被选为席上佳肴。而那些瘦小的笋,却落择了,但它们并不自卑,不自馁,挺着身子承受阳光雨露的沐浴,吮吸大地的丰富营养,经过酷暑寒冬的考验,终于长成修长笔直的翠竹。

从这段文字可看出,"落择"即"落选"。"择"和"选"的意思是有相通之处,然而"落选"真的可以写作"落择"吗?我只好向语文工具书请教。遗憾的是,我翻遍了自己所有的字典词典,用去了整整一个上午,硬是找不到能证明"落选"可以写作"落择"的依据。语言文字具有"约定俗成"的特点,并不能想怎么写就怎么写。

退一步说,即使"落择"可以理解为"落选",似乎也讲不通。"笋因落择方成竹"的意思就是:肥嫩之笋被看中,只能成为宴席上的佳肴被人吃掉,失去成材的可能;反而"落择"的瘦笋因祸得福,才有机会长成翠竹。这个意思不符合人们通常的生活常识,以此入诗,既违常规,也不妥帖。难道高考中上了榜的"肥嫩

"午门"还是"辕门"?

概拾谷

台湾陈文德所著《曹操争霸经营史》(中国戏剧出版社出版)第十三章"煮酒论英雄"中有这样一段话:

> 曹操迟疑不决,陈宫自请死刑,曹操心存不忍,陈宫乃转身走向午门刑场。曹操念昔日交情,不禁为之泪下。

文中的"午门"应为"辕门"。午门是帝王宫城的正门,为群臣待朝或候旨的地方。文中所述曹操在下邳(今江苏邳州市)白门楼生擒了吕布和他的谋士陈宫。曹操因陈宫足智多谋,不忍杀之,欲劝其归降。陈宫不愿与曹操为伍,只求一死,曹操知劝降无效,含泪下令将陈宫斩首。下邳城自然不会有午门,曹操应该是在辕门,也就是军营的门外将陈宫杀掉才对。古代戏曲小说中常有皇帝传旨将罪臣"推出午门斩首"的情节,而在军营中则应是主帅下令在辕门外处斩人犯。可见午门与辕门不能混为一谈。

之笋"都会"被人吃掉"而不能成材吗?难道该考生要否定所有的高考上榜生吗?

问题究竟出在哪儿呢?我最后请教了单位里的一位"语文大师",原来是弄错了一个关键的字,把"箨"误写成了"择"。"箨"念 tuò,是个文言词,《现代汉语词典》解释为"竹笋上一片一片的皮"。竹箨俗称竹箬或笋衣或笋壳儿,是竹笋(也可以说是嫩竹芽)的保护层,嫩竹拔节向上生长的同时,逐层地脱去竹箨。"笋因落箨方成竹"是《增广贤文》中的一句话,是说笋因为脱落笋衣才能最终长成竹子,它比喻一个人只有渐渐摆脱父母等人的保护,才能独立成长,最终成材。反之,如果竹笋不愿意或不能够摆脱竹箨的保护,也就永远不可能长成修长的竹子,其结果只能是连同竹衣一齐烂掉。

如果活用"笋因落箨方成竹",说高考落榜生经过落榜(落箨)的磨砺而发愤图强,也可成材,这也是可以的。遗憾的是,写了个别字,把"箨"写成了"择",诗意大打折扣。这个失误,也许错在"写诗明志"的考生,也许错在《落榜不落志》的作者。但不管怎样,这都是一件让人遗憾的事。

南北朝时何来东晋

韩家铮

人民教育出版社出版的九年义务教育六年制小学语文教科书第十二册，有篇选读课文是《名碑荟萃》，这篇课文的第二自然段第一句是：

我国南北朝的时候，东晋大书法家王羲之博采众长，创立了一种潇洒清秀的书体。

这句话把东晋看成南北朝时的一个朝代了，这显然有误。从公元420年东晋灭亡到589年隋统一的一百七十年间，我国历史上形成南北对峙的局面，史称南北朝。南朝从公元420年刘裕代东晋到589年陈亡，经历了宋、齐、梁、陈四代。北朝从公元439年北魏统一北方开始，到534年分裂为东魏、西魏。后来北齐代东魏，北周代西魏，北周又灭北齐。公元581年北周为隋所代。隋灭后梁（南朝梁的残余势力）和陈后，南北统一，南北朝时期结束。

书法家王羲之的生卒年份据《辞海》著录有三种说法："321~379，一作303~361，又作307~365"。三种说法都说明王羲之死了几十年后东晋才灭亡，他与南北朝一点也不搭界。东晋灭亡后才是南北朝，这是历史常识。希望今后教科书再版时改正此错误。

语丝

一年和一天

顾遥

有位青年画家碰到了法国著名画家门采尔。他说：尊敬的先生，想请教您一个问题，我常常能一天画一幅画，可卖掉它至少要一年。这到底是怎么回事？

门采尔微微一笑，说：如果你用一年时间画一幅画，也许卖掉它就只要一天了。

谁纳儿媳为妻

谷士锴

长江文艺出版社出版的《金羊毛》(长篇历史小说《大清洋买办》之一)第484页有这样一段话：

春秋战国之时，晋文公重婚怀嬴，卫宣公筑台纳媳；唐太宗降爱于武则天，李隆基施恩于杨玉环，同样都是纳儿妇为己妻，不还留得"在天愿作比翼鸟，在地愿为连理枝"的千古佳话么？

春秋时期卫国的昏君宣公尚未即位时，就与父亲的小妾夷姜私通，还生下一子，起名急子，寄养于百姓家。宣公即位后，许诺夷姜日后让急子继承王位。急子长大成人后，卫宣公本来为他聘定齐僖公的长女为妻，但后来得知齐僖公长女乃绝代佳人，便起意占为己有。于是便派工匠在淇河边建造一座华丽的宫殿，称为新台。随后，卫宣公先派急子出使他国，再派人到齐国将齐僖公长女接到卫国，在新台和她成亲。这就是"卫宣公筑台纳媳"的丑行。唐玄宗李隆基将第十八子李瑁(寿王)的媳妇杨玉环占为己有，纳为贵妃，也是父夺子妻。所以说，对中国历史上这两个掌故，《金羊毛》说的是对的。

但是，晋文公(重耳)纳怀嬴为妻则不能与此等同视之。重耳是晋献公的儿子，晋献公年老时宠爱骊姬，想立骊姬之子奚齐为太子，杀了太子申生。献公的另外两个儿子重耳和夷吾流亡国外。晋献公死后，晋国发生内乱。后夷吾回国夺取了君位，是为晋惠公。重耳继续流亡国外。惠公在位时，其子圉被送到秦国作人质，秦穆公将女儿怀嬴许配给子圉。几年后子圉只身逃回晋国，不久，晋惠公夷吾病故，子圉即位，是为晋怀公。后来，重耳来到秦国，秦穆公又把怀嬴许配给重耳，并帮助重耳回国夺得君位，是为晋文公。所以说，怀嬴先嫁的是夷吾之子子圉，应该是晋文公重耳的侄媳，不是儿媳。况且怀嬴是秦穆公许配给晋文公的，和卫宣公筑台纳媳更不是一回事。

陶侃"运臂"干吗

薄桂翠

2003年第5期《名人传记》刊有《德艺双馨的瓷都老人》一文,文中讲的是我国工艺美术大师王锡良先生的事迹。在讲到王锡良先生早期的艺术教育时有这样一句话:"画了几十块瓷砖后,叔叔又在一块六寸的瓷板上,起了一幅《陶侃运臂》的样稿,让锡良再画。"

陶侃是晋庐江寻阳(今湖北黄梅西南)人,初任县令,后升至征西大将军,是我国历史上的大名人。然而,陶侃"运臂"干吗?难道是要挥臂打人吗?为了驱除心头的疑云,我查阅了《晋书·陶侃传》,其中写道:"侃在州无事,辄朝运百甓于斋外,暮运于斋内。人问其故,答曰:'吾方致力中原,过尔优逸,恐不堪事。'其励志勤力皆此类也。"其中的"甓"音pì,意思是砖。这段文字说的是陶侃在广州任刺史时,发现那里并无多少重要的事情可做,非常清闲。于是每日晨起,把一百块砖搬到室外,傍晚,又搬回室内。大家觉得奇怪,问他为什么要这样做,陶侃回答说:"我虽然人在广州,但心里却还是想着中原。要是在这里过惯了安闲舒适的生活,以后就无法担当重任了。所以我用每天搬砖来锻炼体力,磨炼意志。"这就是"陶侃搬砖"的故事。

"甓"误成"臂",让人误解陶侃要运臂打架,岂不是开了个历史大玩笑?

唐太宗降爱武则天更是和"强占儿媳"相差十万八千里。《旧唐书·则天皇后纪》云:"初,则天年十四时,太宗闻其美容止,召入宫,立为才人。及太宗崩,遂为尼,居感业寺。大帝(唐高宗李治)于寺见之,复召入宫,拜昭仪。"可见李世民先立武则天为才人,李世民死后,按规矩凡是皇上召幸过的女子都被送入感业寺削发为尼。后来高宗李治在感业寺见到当尼姑的武则天,便将她召入宫中拜为昭仪。李治要了父亲李世民的女人,怎么能反说李世民"纳儿妇为己妻"呢?

"人面桃花"是"面若桃花"吗

王本利

《现代教育报》2002年12月2日《女大学生拍低胸照求职引发争议》一文有这样一段文字:"招聘并非选美,求职也非'拉郎配'。招聘人材的公司,不考虑应聘者的思想素质,文化素质,工作能力,而是看应聘者是否是人面桃花,甚至还把'有无男友'作为考察内容。无怪乎'写真集'被当作攻关'利器'。"

显然,上文中将"人面桃花"用作"面若桃花"了,以为这个词是形容女子的容貌像桃花一样美丽。这是对"人面桃花"这一成语的误解。"人面桃花"是一个典故性成语,出自唐代孟棨《本事诗·情感》:唐代书生崔护,曾在一年的清明节这天,独自一人到长安城南郊游玩,见到一个庄园,园内花木丛生,环境幽雅宜人。崔护上前,叩门求饮。一年轻美貌女子开门设座,并递给崔护一杯水。年轻女子站在一株桃树旁,含情脉脉地看着崔护。到了第二年的清明节,崔护忽然想起这位年轻女子,思念之情油然而生,于是直奔城南。但到那里一看,门庭庄园一如既往,大门却已上了锁;桃花依旧,去年的美人儿却不见踪影。崔护失望之余,感慨万千,便在左边一扇门上题诗道:"去年今日此门中,人面桃花相映红。人面不知何处去,桃花依旧笑春风。"

后来男女相识随即分离,男子追念旧事,称"人面桃花之感";也常用以表达爱情失意后的情怀;或泛指爱慕而不能相见的女子,以及由此而产生的怅惘心情。如宋朝柳永《满朝欢》词:"人面桃花,未知何处,但掩朱扉悄悄。尽日伫立无言,赢得凄凉怀抱。"明代梅鼎祚《玉合记·言祖》:"蝉联岁华,怕游丝到处将春挂,闷将眠帐额芙蓉,可重逢人面桃花。"也作"桃花人面"。元朝刘时中《朝天子》曲:"杨柳宫眉,桃花人面,是平生未了缘。"

所以上引《现代教育报》的文章用"人面桃花"表示美丽是错误的,可改为"面若桃花"。

谁是"高阳酒徒"

一言

紫禁城出版社出版的《清朝皇帝列传》,在写康熙皇帝时提到了汉高祖刘邦和明太祖朱元璋,说:"'高阳酒徒'汉高祖刘邦和'凤阳乞僧'明太祖朱元璋等,他们之所以成龙,绝不是其父母培养教育出来的。"

明朝开国皇帝朱元璋年幼时因家境贫寒,在寺院出家,乞讨度日,故有"凤阳乞僧"的"雅号"(朱元璋的家乡濠州即今安徽凤阳),这没有错。但把汉高祖刘邦称作"高阳酒徒"显系张冠李戴。"高阳酒徒"是刘邦的谋士郦食其。

《史记·郦生陆贾列传》里有这样的介绍:"郦生食其者,陈留(今河南开封东南)高阳人也。好读书,家贫落魄……县中皆谓之狂生。""郦食其"的"食其"二字读"yìjī"。《史记·郦生陆贾列传》还记载:刘邦起义军路过陈留时,郦食其到刘邦军中求见,口称"高阳贱民"。刘邦正在洗脚,问使者何人求见,使者回答来人像个儒生,刘邦说:"替我谢客,告诉他,我正为天下大事奔忙,没工夫见读书人。"使者出帐把刘邦的话转告郦食其。"郦生瞋目案剑叱使者曰:'走!复入言沛公,吾高阳酒徒也,非儒人也!'"吓得使者回大帐禀报刘邦。刘邦忙吩咐:"延客入!"于是郦食其得见刘邦,献计取陈留,占据了要地,又得许多粮食。从此,郦食其"常为说客,驰使诸侯"。

汉高祖三年(公元前204年),刘邦遣郦食其劝说齐王田广归汉,郦食其凭三寸不烂之舌,劝说田广背楚归汉。田广听郦食其之言,不再防范汉军,又留郦食其在齐,整天与这位"高阳酒徒"一醉方休。谁知韩信听了一个叫蒯通的舌辩之士的话,发兵突袭齐地,以夺灭齐头功。田广大怒,认为郦食其出卖了自己,便把郦食其扔进油锅炸了。"高阳酒徒"落得个油炸麻花的下场。

至于刘邦,因为年轻时在家乡当过亭长,所以人称"泗水(泗水在今江苏省沛县城东南)亭长"。秦朝制度,十里为一亭,刘邦也算是个芝麻官儿吧。

过目难忘

最难忘的一个传媒栏目名

在当今众多别出心裁琳琅满目的报刊栏目名称中，唯有《杂文月刊》的"赤膊锻剑"真正让我过目难忘，原因非他，只在于它深得我心。

一见"赤膊锻剑"，我首先想起嵇康，想起他在大树下打铁的情景。那天，向秀帮他拉风箱做副手，权贵公子钟会与一帮名士来看他。嵇康只管"扬槌不辍，旁若无人"，把钟会晾在一边，半天不搭理一句话。钟会自觉没趣，只得离去。嵇康此时却开了口："何所闻而来？何所见而去？"钟会的回答已隐隐埋着杀机："闻所闻而来，见所见而去。"那天嵇康打铁有没有赤膊，锻的是不是剑，都找不见根据，但他留给我的意象却分明是赤着膊锻的剑；他对钟会的行为言语，就分明是赤膊锻就的一柄利剑……道不同不相为谋，即使你殷勤造访，还是毫不留情地宣布你为不受欢迎的人。后来嵇康为此付出了生命的代价，或许正因为如此，他的"赤膊锻剑"以及赤膊锻就的"剑"才得以成为一个永恒的意象，令多少后世的知音神旺。

"赤膊锻剑"，是一个场景：炉火熊熊，锤声丁当，火星飞溅……肌腱凸起的臂膀将大锤抡圆，古铜色的脊梁在火光中流汗，一柄锋利的剑出火入水呼啸诞生……这样的场景永远令人神旺。

"赤膊锻剑"，是一种境界：赤着膊上，就意味着全力以赴，奋不顾身，忘我投入，心不旁骛……只专心致志于如何削铁如泥，如何吹毛立断，如何倚天屠龙……这样的境界永远令人神旺。

令人神旺的"赤膊锻剑"

袁谏

好一个"三言二拍"!

郭 峰

吉林有一本《现代中学生》,分上、下半月出版。下半月集中谈写作,其中有一个栏目,叫"高手作文",每期选刊三四篇文章。让我过目难忘的,便是附在每篇作文后面的一个小栏目:"三言二拍"。

记得第一次见到这个栏目,真有点莫名其妙:什么,"三言二拍"?这不是明代话本《醒世恒言》《警世通言》《喻世明言》《初刻拍案惊奇》《二刻拍案惊奇》的合称吗?怎么用到学生刊物中来?待读了"三言二拍"中的文字,方才明白编者的用意,顿时觉得别有风味。

原来,这个栏目中的文字,都是关于"高手作文"的评语。所谓"三言",即三言两语之谓也,每篇都是言简意赅,点到即止,惜墨如金。而所谓"二拍",即一拍再拍之谓也。这里的"拍"是拍案叫绝的"拍"。因为评的都是"高手作文",所以评者赞不绝口,什么"活力勃发"啊,"写作水平远远超出了同龄人啊","善于化抽象为具体啊",……"拍"得热烈,拍得到位。

"三言二拍"信手拈来,但又妙不可言。栏目的性质和特色尽在其中矣!

※※※※※※※※※※※※※※※※※※※※※※※※※※※※※※※※※※※※

杂文向来被比为武器,是匕首投枪,当然也不妨是剑。杂文的写作过程就是锻剑的过程。对某一类杂文来说,以"赤膊锻剑"作栏目名,再贴切不过了。发在这里的作品与拖泥带水无缘,与欲说还休无缘,甚至与隐晦曲折也无缘;这里的作品要一点嵇康的嫉恶如仇,率性而为,无遮无拦,把一切都豁出去的境界。总之,要读之令人神旺……

"赤膊锻剑"之妙就在于锻剑而赤膊,与穿着衣衫或穿着防护服锻剑是完全不同的境界。尽管后者显得理性,讲究策略,具有自我保护意识,可以避免不必要的牺牲,但我还是倾情于前者,因为它令人神旺。

"三昧书屋"意味长

竹林

栏目对于报刊,犹如星星对于夜空。一份报纸,一种刊物,如果栏目设计独具匠心,文采斐然,便能营造出群星闪烁的效果,大大激发读者的阅读兴趣。

好的栏目名称,我认为有三个标准:一是要有神,要如明眸善睐,炯炯放光,一下子把人抓住;二是要不隔,自然贴切,琅琅上口,读后难忘;三是要独特,必须是"这一个",是"风景这边独好"。我认为《文汇读书周报》的"三昧书屋"便具有这样的特点。

"三昧书屋"典出鲁迅。不少人在中学里就读过《从百草园到三昧书屋》一文,也许还亲自到过绍兴,拜访过鲁迅故居。因此,一见到"三昧书屋"这个栏目,自是分外亲切,仿佛走进了那"放开喉咙""人声鼎沸"的私塾教室,看到了寿镜吾老先生"拗过去,拗过去"的身影。一般栏目是不可能具有这样的效果的。

非但如此,"三昧书屋"这四个字还特别具有书卷气,"书屋"的温馨和厚实,散发出浓郁的读书气氛。用这样的四个字,作一份读书类报纸的栏目名称,真是珠联璧合,浑然天成,仿佛是鲁迅专门为这家报纸设计似的。

更值得一提的,是"三昧"这两个字。读书就要读出"味"来,而这里是"三昧书屋",是品书的绝佳场所,对读书人自会有极大的吸引力。这两个字不仅本身耐人寻味,而且它还十分巧妙地揭示了栏目的内容和特色。

但愿我们的生活中,都能有这样一座"三昧书屋"。

《卖军火?》解疑

卖枪支弹药、飞机大炮是违法的,这家门市部当然不敢卖。它卖的只是迷彩服、解放鞋之类的仿部队用品。

"向我开炮"三赞

钟 琴

《咬文嚼字》的栏目,可谓别具一格。其中尤以"向我开炮"这一栏名,让人过目难忘。在此,我欲为之三赞。

一赞它的气概,这是一个勇敢的名字。记得第一次见到它时,眼前浮现的是影片《英雄儿女》中王成的形象。为了炸毁敌人的暗堡,英雄王成在用尽炸药的情况下,向战友大声呼喊:"向我开炮!"他愿以血肉之躯开辟胜利的道路。编者以此为栏名,体现的是为了语文规范一往无前的勇气。

二赞它的风采,这是一个独特的名字。本人虽不是报人、书人,但以阅读为乐事,然就目力所及,无论是报纸还是刊物,是南方还是北方,至今还未见到一个与之同名的栏目。它是报刊栏目中的一座"独秀峰"。壮哉,"向我开炮"!仰之弥高,观之愈美。

三赞它的气度,这是一个坦荡的名字。当今报刊如林,但有几家能"向我开炮"?有些报刊,差错如麻,但读者的意见却似泥牛入海无消息,让人徒唤奈何。《咬文嚼字》则别开生面,持续近十年号召读者"开炮",真诚待人,严于律己,有错必查,闻过则喜,这不正是值得提倡的科学态度和敬业精神吗?

栏名虽小,然而,一滴水能见太阳。我们由此感受到的是可贵的文化追求和高尚的人格魅力。敬礼,"向我开炮"!敬礼,《咬文嚼字》!

编者附记: 本刊一般不刊登表扬自己的文字,但没想到的是,本期来稿中几乎有一半涉及本刊的栏目,如"雾里看花""有照为证""借题发挥""一针见血"等等。为此,编者硬着头皮选了一篇,这也算是"内举不避亲"吧。在此,感谢读者朋友的厚爱,我们决心以此为动力,把刊物办得更有特色。

百家会诊

"黑名单"可以这样用吗?

"黑名单"成了一个常用词:某产品质量不佳被列入"黑名单",某人缺乏信用被列入"黑名单"。你是否同意这种用法?

不应乱用

"黑名单"一词是有特定的历史背景的。当年"黑名单"上列的都是革命者,这是国民党的特务组织和反动宪警为了抓捕他们而记下的。之所以称之为"黑",因为它代表着反动派的倒行逆施。《现代汉语词典》上关于"黑名单"的解释便是:"反动统治者或反革命集团为进行政治迫害而开列的革命者和进步人士的名单。"

今天,某些产品质量不佳,或某些组织、某些个人缺乏信用,我们把它们或他们记录在册或者上网公布,其目的是为了促其改进,或者呼吁社会加强监督。这样的名录怎么能称为"黑名单"呢?这不是毛泽东说的把西安和延安混为一谈了吗?列进名单的人既不是"革命者",而开列名单的人更不是反动派,"黑名单"从何说起!(吴导民)

到底是谁"黑"

关于"黑名单",《辞海》释义有两点:①在资本主义社会,资本家为了压制工人运动,把被开除的进步工人编列名单,互相约定,拒绝雇用,叫"黑籍"或"黑名单";②反动政权为了破坏革命组织,迫害进步人士而秘密编列的名单,也叫"黑名单"。《现代汉语词典》的释义只存《辞海》释义的第②项,两相参照,大致可获得如下信息:

1.从两部辞书的释义走向来看,该词源于资本主义社会资本家对进步工人的迫害。《辞海》释义②是从释义①引申而来,其引申义仍保留原义的许多特征。

2.编制"黑名单"的主体及其动因带有反动性,而编入"黑名单"的对象具有进步性。

3.称说"黑名单"的人是站在进步的立场上,对编制"黑名单"者持鲜明的否定态度,对被编入"黑名单"的对象则持鲜明的肯定态度。

"候诊"例中"产品"既是"质量不佳","人"既然"缺乏信用",便谈不上有"进步性",而编列名册者倒是在追求某种"进步"。倘若将这种名册称为"黑名单",便不单否定了追求"真、善、美"的编名册者,更宽容了"假、丑、恶"的人、物,岂不有是非不分之谬?

(黄荣昌)

"嚯——犯规!"

称违法者的名单为"黑名单",我从《北京晚报》上接连看到两例:一例说要"公布舞弊者黑名单",还有一例则公开呼吁"工商部门建立'黑名单'制"。这种用法也许和我们的社会生活的发展有关。

在改革开放的大潮中,一方面,新人新事层出不穷;另一方面,违法、违规、违约现象也屡见不鲜。由于后一种情况,产生了一些用"黑"构成的词语,形成"黑"氏一族:黑社会、黑吃黑、黑户口、黑车、黑金、黑色收入,以至足球、篮球等球类比赛中裁判故意偏袒一方的行为也叫做吹"黑哨"了。

于是,老词语"黑名单"也时髦起来了,常常见诸报端。殊不知这是个具有贬义色彩的词,制订"黑名单"的人是逆历史潮流而动的,怎么能把它当中性词来用呢?说话要遵守一定的"游戏"规则,这样使用"黑名单",作为"裁判"是应该吹哨的:"——犯规!"

(杨光)

为"黑名单"喝彩

各种现代汉语词典中,"黑名单"几乎都只有一个义项:反动统治者或反革命集团为进行政治迫害而开列的革命者和进步人士的名单。可见,这是一个曾经长时间跟政治连在一起的词语,难怪不少人见到它会勾起辛酸的回忆,避之唯恐不及。不过,如今政府的某些部门,尤其工商、质监部门,常通过"黑名单",将生产假冒产品的企业及产品、不讲信用的单位或个人曝光,此举深得人心,"黑名单"也随之以新的面貌出现。

其实,用"黑名单"指违法者、违规者、违约者的名单,并非无根无据,随意为之。首先,它有很深的社会基础。汉语中,"黑"具有明显的感情色彩,由"黑"字派生出来的词语,不少就用来指那些不能公开的、违法的事物,如"黑店、黑车、黑市、黑钱"等。

其次,这样用也符合汉语词语发展的规律。丰富语汇的重要途径之一,是"旧瓶装新酒"式的赋予旧词以新义,有时不必计较词语过去的"历史问题"。比如"黑帮"一词,陈原先生在《语言与社会生活》(三联书店1980年出版)中说:汉语中最早用这个词,是指摧残革命势力的反动分子和团体,"文革"中"四人帮"却用它来诬蔑各个机构的负责人,其用法和含义远远超过了它原来的词义。如今,人们并没有因此嫌弃它,反而还在用它,当然,指的是带黑社会性质的犯罪团伙。这与"黑名单"的启用道理相同。

再则,这样用也是时代所需,人心所向。"黑名单",对违法违规违约者,不失为一种人性化的惩罚手段,于民众,能唤起参与市场监管的意识和抵制假冒伪劣的良知。总之,"黑名单"如今的这种用法是顺理成章的事。　　(王国锋)

语言的灵活用法

《现代汉语词典》"黑名单"的解释是:"反动统治者或反革命集团等为进行政治迫害而开列的革命者和进步人士的名单。"但是,人们在使用时经常将"黑名单"用作"违法者、违规者或违约者的名单"。这一用法是否符合语言的规范呢?

其实要回答这一问题,关键是要弄清"黑名单"中"黑"的内涵。"黑"是个颜色词,跟"白"相对。"黑"本身的色调,常使人们产生"隐秘的""晦暗的"等视觉心理,它的用法也涉及民族的文化心理。虽然不同的民族对"颜色词"有不同的文化心理,但很多民族对"黑"都产生一种"不好"的联想。比如:英语中"黑"(black),比喻"毫无希望的,感伤的,忧郁的","black news"意为"坏消息"。由"black"构成的复合词"blackguard"(无耻之徒)、"blackleg"(工贼)等都含有贬义。我国云南纳西族的东巴文中将"人"涂黑表示"鬼",将"花"涂黑表示

"毒花"。"黑"在汉民族心理中也常表示"不好的事物",并且含有"秘密的、不公开的"以及"非法的""反动的"等内涵。例如:黑市、黑户、黑社会、黑钱、黑帮、黑店、黑幕等。

"黑名单"是反动统治者或反革命集团等开列的所谓的"非法者、反动者"的秘密名单。它产生于革命时代,最初是在政治领域中使用。由于"黑名单"中"黑"的内涵反映了汉民族普遍的文化心理,人们在使用这一词语时,很自然地将它应用到与"黑"的内涵相符的其他语言环境中,如司法领域、经济领域等,而不论这一"黑名单"的开列者是谁,只是紧紧抓住了"黑"的内涵。

所以,将"黑名单"用作"违法者、违规者或违约者的名单"是语言的灵活用法,是语言发展过程中的正常现象,不应成为汉语规范的对象。

(李玫莹)

静观其变

"物流"在流,"互动"在动,"玩家"在玩……万物皆流,万物皆变,语言也是这样。其中,词汇对社会发展反应最为敏感。

即便是一些基本词变化也是够大的,比如今天的"车",其内涵和外延就是过去任何时代不可比拟的。更不用说一批新产生的或一段时间里使用频率极高的最能反映出时代特征的时尚语词。"黑名单"也许还够不上时尚语词的规格,但谁又能遏止它随社会生活巨变之流扬其语言演变之波呢?

"大学毕业生进入信用黑名单"

"黑名单——扑克牌 美军开始追杀伊55名要员"

"连续20天无新增病例——菲律宾走出非典'黑名单'"

正像词由基本义发展出引申义一样,我们能找到传承的脉络,凡沾"黑"者,总是处在被否定的地位。但是它又确实变了,对象变了,性质变了,由过去人们憎恶诅咒的反动势力搞政治迫害开列的革命者和进步人士的名单,扩大到当今贬斥的许多方面了。这种变不是跟风,不是乱点鸳鸯谱,由"黑"的否定义联系到当今社会生活,读来觉得十分自然熨帖,难以用其他词语替代。

我很赞成《咬文嚼字》中一些文章的观点,给这些语词留些空间,观察它们的语用趋势,千万不可唯词典马首是瞻。还是静观其变,让时间和实践来回答吧。

(魏鉴文)

两种"黑名单"

"黑名单",《现代汉语词典》的解释是:"反动统治者或反革命集团等为进行政治迫害而开列的革命者和进步人士的名单。"这里的"黑"用的是其第⑤义项"象征反动",这时候,"名"不黑,据以迫害革命者的"名单"具有反动性,故以"黑"为之定性。在这种意义上,将产品质量不佳的企业或缺乏信用的经营者记录在册,那册子就不宜称作"黑名单"——因为这时它是"红名单"。

但是,还有另一个"黑名单",它不是土生土长,而是舶来品(不知最早源于何国)。改革开放后,我国经济与国际接轨,市场规则亦须接轨。西方资本主义国家十分重视商业信誉,一切以诚信为本,对于不诚不信者除了在经济上按章处罚外,还要对有关企业或人员进行"可发展前景的限制",即将之记录在册,让他们臭名昭著,限制他们的生产或生意,甚至让他们"永世不得翻身"。这种"信用记丑簿"的中文译名就是"黑名单"(外文是哪些字母组成,我不知道),它令信誉扫地者付出沉重的代价,是规范经济秩序的撒手锏。

国产"黑名单"似宜读作"黑(的)/名单",进口"黑名单"似宜读作"黑名/单"。两者语源不同,意义有别,我认为是不应该"拉一个打一个"的。

(陈建舟)

形同而义异

据笔者观察,当前报刊上频繁出现的"黑名单",是一个外来语,即英语 black-list 的意译。black-list 没有政治色彩,是一个使用频率不低的普通语词。英语 black 有邪恶的意思,black-list 译为"黑名单"是对的。《朗文当代高级英语辞典》有一例句:"由于不清偿债务而被列入黑名单(black-list)"。

另一方面,传统用法的"黑名单"也时有出现,但已不是它的本义,而是引申义。如:

中山一工厂私设一张包括245名工人的黑名单,并将其传至相关厂家。

"私设",说明它是不可告人的。

看来,"黑名单"新旧两种用法,由于语源不同、涵义迥异,应该是两个同形异义词(homonym)，而不是一词多义(polysemy)。

其实，汉语的同形异义词是不少的，今后还会日趋增多，如"超生"，原为佛教用语，指人死后灵魂投生为人，后比喻为宽容或开脱。而现在又产生了一个缩略语"超生"，指超过计划生育指标的生育。所谓新用法，实际上就是一个新词，只不过同旧用法"同名"而已。说它一词多义是不科学的，应该称同形异义词。至于新旧两种用法是否会相混，造成紊乱，似乎不必杞人忧天，读者会从上下文中得到准确的理解。 （朱原）

编者附言

关于"黑名单"，其实早在2002年1月，本刊便已刊发过金波生先生的文章。之所以提请"会诊"，是因为不断接到读者来信，认为当前报刊上这一词语的用法是错误的。

这次会诊，对"黑名单"的新用法，作出了两种不同的分析：一种认为和民族文化心理有关，凡是"黑"的东西，总是应该否定的东西，因此，"质量不佳"或"信用不高"被列入"黑名单"，是顺理成章的；另一种认为有两种黑名单："黑"的"名单"和"黑名"的"单"，语源不同，语义有别，两者可以并存，不可混为一谈。

这两种意见谁是谁非，还可以作进一步的讨论；但有一点是可以肯定的，"黑名单"的新用法是可以成立的。

"候诊"对象

1. "提出质疑"对吗？
2. "入闱"还是"入围"？
3. "杀手锏"还是"撒手锏"？
4. 并列的书名号或者引号之间是否用顿号？
5. "昨日黄花"对吗？"明日黄花"是个成语，出自苏轼的诗，比喻已失去新闻价值的报道或已失去应时作用的事物。但在实际使用中，常有人把它写成"昨日黄花"。请对此谈谈你的看法。

向你挑战

谈"天"说"地"

李 燕设计

请在下列成语中填上合适的字(答案在本期找):

① __天雪地　② __天动地　③ __天辟地　④ __天福地
⑤ __天纬地　⑥ __天席地　⑦ __天抢地　⑧ __天斗地
⑨ __天立地　⑩ __天覆地　⑪ __天换地　⑫ __天酒地
⑬ __天黑地　⑭ __天盖地　⑮ __天说地　⑯ __天恸地
⑰ __天揭地　⑱ __天喜地　⑲ 天高地__　⑳ 天旋地__
㉑ 天崩地__　㉒ 天造地__　㉓ 天翻地__　㉔ 天寒地__
㉕ 天诛地__　㉖ 天南地__　㉗ 天荒地__　㉘ 天罗地__
㉙ 天昏地__　㉚ 天悬地__　㉛ 天公地__　㉜ 天经地__
㉝ 天圆地__　㉞ 天长地__　㉟ 天覆地__　㊱ 天差地__

《一分钟指错》参考答案

① 考 (下先横,当作"考")　② 惕 (多一横,当作"惕")
③ 帽 (右上角误,当作"帽")　④ 卖 (多一竖,当作"卖")
⑤ 彩 (左上角为三点,当作"彩")　⑥ 霍 (少两点,当作"霍")
⑦ 假 (右上角误,当作"假")　⑧ 刹 (多一点,当作"刹")
⑨ 朗 (多一点,当作"朗")　⑩ 凯 (多一横,当作"凯")
⑪ 县 (多一横,当作"县")　⑫ 临 (第二笔是一竖,当作"临")
⑬ 步 (多一点,当作"步")　⑭ 丽 (上面为一横,当作"丽")
⑮ 啄 (少一点,当作"啄")　⑯ 家 (少一撇,当作"家")

12—48

编辑人的精神家园

中 国 编 辑

中国编辑学会会刊

邮发代号：82-594 双月刊 单月10日出版 每册10元 全年60元
主管：中华人民共和国新闻出版总署
主办：中国编辑学会　承办：河北教育出版社
国际标准连续出版物号：ISSN 1671—9220
国内统一连续出版物号：CN 11—4795/G2
开户行：工行北京东城支行营业厅
账号：09024520185　北京市报刊发行局全国总发行
编辑部地址：河北省石家庄市友谊北大街330号　邮政编码：050061
联系电话：(0311) 7765614（订阅）7705543（广告）7735574（办公室）
传真：(0311) 7792584 电子信箱：zgbj@vip.sina.com

欢迎订阅 欢迎来稿 欢迎广告垂询

YOUZHAO WEIZHENG
有照为证

◆ **岂能如此除恶** 李扬

这是张贴在贵州省开阳县某派出所墙上的标语。"打黑"当然必须严厉，但是"除恶"怎么能不尽呢？勿者，不要也；务者，必须也，此标语把"勿"改成"务"才符合所要表达的意思。

◆ **"创"什么？** 王枰

这是某市街头的一条宣传标语。"齐心协力"干什么呢？下面有两个"创"字："创优秀旅游城市"不难理解，可"争创中国"是什么意思？

ISSN 1009-2390

刊号：CN31-1801/H　国内代号：4-461
定价：2.00元

2003年荣誉校对名录

侯新民	杜宝山	王惠明	王中原
唐 旗	何培刚	林 昶	林华美
曲晓明	裴焕君	霍民起	罗 湘
周 铮	杨佐君	葛青江	谭生树
何立洲	焦 姣	李志兵	路 蔚
严立铭	强 大	葛光启	邹亨昌
俞惕然	安树一	刘灵玲	万本华
顾崖青	何国祥	孙建国	杨畅和
蔡维藩	江延滨	余延瑞	谢吉亭

《咬文嚼字》的三道防线

(代跋)

郝铭鉴

韬奋同志当年接办《生活》周刊时，曾公开提出要把这份刊物办得"没有一个错字"。他知道这是非常难的，但还是决心以此为"鹄的"，为此，"看校样时的聚精会神，就和在写作的时候一样"；"每期校样要三次，有的时候，简直不仅是校，竟是重新修订了一次"。这里所体现的，不仅是一种敬业精神，更是一种文化追求。

《咬文嚼字》刚创办时，便决心向韬奋同志学习，希望自己的刊物能办得像《生活》周刊一样严谨。而且我们知道，《咬文嚼字》还不同于一般刊物，它是以"咬"为特色的，记得有首"剃头诗"说，"请看剃头者，人亦剃其头"，你要"咬"别人，别人也会"咬"你。能否经得起"咬"，便成了衡量《咬文嚼字》质量高低的一条标准，成了刊物能否生存和发展的一项条件。我们的具体做法是，努力构筑三道防线。

第一道是智力防线。《咬文嚼字》虽然是一份小刊物，但它面对的是知识的汪洋大海。为了能在海上劈波斩浪，我们要求编辑部成员必须受过系统的专业训练，并聘请一批专家做刊物的顾问和编委。在他们之中，有全国知名的语言学家、古文字学家、训诂学家。同时,编辑部还和全国近百名学者保持着"热线"联系。他们共同组成了刊物的强有力的智力后盾。

《咬文嚼字》十分重视审稿质量,每审读一篇稿件,便如同经历一场考试,如临深渊,如履薄冰。为了做到万无一失,编辑部坚持三审制,不少稿件还提请编委过目,或者向专家咨询。事实证明,有没有这道防线是大不一样的。稿件中诸如姓名张冠李戴、地名古今混淆、年代前后错乱等等错讹,专家总会以他们渊博的知识,及时帮我们把关。

比如今年第 2 期,有篇文章谈学生为何称"桃李",原稿中是这样说的:"春秋时期,魏国有个大臣名叫子贡,他做官得势时,曾经提拔过不少人,后来因为得罪了魏文侯被罢了官……"这篇稿子送编委审读时,一下子发现了问题:子贡是孔子的弟子,曾在鲁国、卫国做官,怎么成了魏国大臣?魏文侯是战国时代的国君,春秋时代的子贡怎么会得罪他?看来,作者依据的材料,不是十分可靠。这位编委于是根据记载这则典故的《韩诗外传》,对稿中的史实一一作了订正,把"春秋"改为"战国","子贡"改为"子质",避免了一次失误。

又如今年第 7 期,有文考证杭州雷峰塔的得名经过,用了张岱《西湖梦寻》中的一则材料。也许是为了行文的流畅,作者没有原文照引,只是转述了一个"大意":"李长蘅在题画时写道:'我的朋友曾听子将讲,西湖上这两座塔,保俶塔如美人,雷峰塔如老和尚。'"编委在复审这篇稿子时,按照平时的一贯做法,找来《西湖梦寻》复核原文,发现原书中是"吾友闻子将","闻子将"分明是一个人,"闻"是这个人的姓。来稿却把"闻"字误译成了"听"。

类似这样的例子很多。这就好像在足球场上,编辑有时会

"漏球"，但有了专家的及时"扑救"，终于保证大门不失。

第二道是作风防线。我们认为，智力尽管重要，但没有作风的保证，智力的优势便不能充分发挥出来。当前出版界"无错不成书"，相当程度上不是水平问题，而是作风问题，是粗枝大叶、自以为是造成的。《咬文嚼字》编辑的专业水平，也许并不是最高的，但我们希望编辑作风必须是最严谨的。为此，编辑部制订了一系列成文的和不成文的规定。

比如，编辑部规定，凡是重要的批评稿件，都必须向当事人核实。1997年底，编辑部收到一篇来稿：《何来"日本女郎"》。这篇文章是批评诗评家谢冕的，说他在《通过想象理解诗》一文中，把徐志摩诗中的日语"沙扬娜拉"（再见）理解成了"日本女郎"的名字。材料很典型，引述也很翔实，照理可以立即发稿，但编辑在采用之前，还是先把稿子寄给了谢冕本人。不到一个星期，编辑部收到来信，才知道这原来是一场"冤案"。

事情发生在1982年，当时谢冕先生应约为某出版社写诗歌方面的鉴赏文章，其中有一篇谈及徐志摩的《沙扬娜拉》。文中关于"沙扬娜拉"的理解并无错误，而约稿编辑由于缺乏起码的日语知识，又没有征求作者的意见，擅自把它说成了"日本女郎"，结果让作者背了"黑锅"。了解了这番原委以后，我们决定来稿照发，同时编发谢冕本人的文章《为沙扬娜拉送行》，并配发评论《临文如临阵》，既为谢冕先生"平反"，又以此为典型事例，告诫同行笔下留神。这组文章出来以后，谢冕先生一再表示感谢，他说同样是这篇来稿，其他报刊不经核实便发了出来，让他再一次受到伤害，而《咬文嚼字》却表现出了认真负责的编辑作风，给了他说话的机会。

又如，编辑部规定，凡是正式签发的稿件，必须不留一个疑点。有篇来稿涉及"长沙大火"——抗日战争时期，国民党以焦土抗战为名，在日寇占领武汉后，惊慌失措下令火烧长沙。这是中国现代史上的一次著名事件。让编辑不解的是，作者把"长沙大火"又称为"文夕大火"。"文夕"出于何典？人名还是地名？编者四处查找资料，仍然一无所获，后来向湖南省图书馆求援，才算解开这个谜团。原来，旧时电报习惯以韵目代日，比如21日韵目是"马"，1927年5月21日发生在长沙的许克祥反共事件便称"马日事变"。同样，"长沙大火"发生于1938年11月12日，因12日的电报代日韵目是"文"，火又于晚上点燃，故又称"文夕大火"。这一疑点消除以后，稿子才进入发稿程序。

再如，编辑部规定，凡是语词类稿件，不论编辑有多大把握，采用之前至少要查三部工具书。查的过程既是一个复核的过程，也是一个深入思考的过程。通过查工具书，不少稿件在内容上得到了充实，编辑也增加了知识积累；而有些稿件查出问题，编辑往往会留下特别深刻的印象，还会从中引出积极的思考。比如有篇稿件指出"察颜观色"的"颜"字是个错字，这个成语正确的写法应是"察言观色"。查《现代汉语词典》《中国成语大词典》，作者的看法都得到了印证；这位编辑还是坚持查了第三部工具书：《汉语大词典》。在这部词典中，既有"察言观色"，也有"察颜观色"，而且后者在清代便有用例。"察颜观色"看来是"察言观色"的变体，但它没有破坏汉语成语的结构规则，又能够准确地表情达意，能否因为一字之差便斥之为"错"呢？这篇文章后来没用，但围绕这篇文章，编辑部展开了一场关于成语形态演变的讨论，大家获得了一些新的认识。

第三道防线，我想称之为情感防线。这主要是由广大读者共同构筑成的。《咬文嚼字》创办九年来，结识了一批真诚的读者，他们和编者心心相连,息息相通,视刊物的质量如生命,哪怕只是发现一个标点误植,也会以最快的速度通报给编辑部。他们以纯朴的感情,维护刊物的美好形象。我们曾经自豪地说过:"《咬文嚼字》至少有十万名义务校对。"

《咬文嚼字》的校对是相当严格的,除正常的"三校一读"外,还聘请了特约审读,印前一般有十个校次。但即使如此,读者仍然会发现其中的疏漏。我们说"巴士"是从香港引进的新词,沈阳的读者告诉我们,早在上一世纪50年代,当地的公共汽车便叫"巴士";我们说"圣马力诺"是"教皇国",熟悉欧洲史的读者告诉我们,圣马力诺早在1263年便制定了共和法规,它是欧洲最古老的共和国;我们说迫击炮是"轻武器",部队的读者告诉我们,迫击炮有160毫米、120毫米、82毫米、60毫米四种,除60炮一个人可背着走外,其他都不是轻武器,160炮竖起来有两层楼高呢!读着这些来信,你不能不发出感叹:群众是真正的英雄!他们是无所不知的。为此,《咬文嚼字》坚持开设"向我开炮"专栏,用群众的智慧来弥补我们自己的不足。

《咬文嚼字》刊登的稿件,都经过多人审读,但有时仍难免只知其一,不知其二;或者受到思维惯性的束缚,只思其一,不思其二。比如我们曾批评港台歌星经常唱错字、念错音,如把"刽(guì)子手"唱成"kuài(筷)子手",把"徘徊(huái)"唱成"徘 huí(回)",殊不知由于海峡两岸几十年的隔绝,大陆的"普通话"和台湾的"国语"在读音上存在着差异。比如我们认为汉语的"芳"字和女性有着特殊联系,芳龄、芳心、芳名都用来称女性,于是断定"芳踪"也只能指"女人的踪迹",殊不知"芳"用作敬辞,还有美好的意思,"芳邻"并不一定是女邻居,"流芳百世"也并非女性专利……每当读到关于这类问题的来信,我们都有豁然开朗之感,思维似乎也因此增加了柔韧性。为此,编辑部建立了评刊制度,凡读者提出的批评意见,都在评刊时认真研究,只要你说得对,我们就改正,决不让谬误流传。每年的合订本开印前,要重新审读修改,并公布当年"荣誉校对"的名单,以此向读者表示敬意和谢意。

称读者构筑的是情感防线,还因为读者在帮我们把关时,他们投入的不仅有文化智慧,有生活经验,更多的是一种爱,是对《咬文嚼字》的爱,对祖国语言文字的爱。比如南京有位读者,他看到刊物批评某科研单位墙上的标语"放弃一切自治",隐约觉得这个批评是错误的,因为在他印象中,这句话是有"来头"的。为了查到这句话,他翻遍了手头的笔记,后来索性搬出马恩列斯著作,一篇一篇地翻。《马恩选集》2907页,《列宁选集》3726页,要从中找到一句话,无异大海捞针。他每天戴上老花眼镜,上午翻到下午,有时晚上还要"加班"。经过十几天的寻寻觅觅,终于在恩格斯的《论权威》中发现"目标",原来这是恩格斯引用的但丁《神曲》中地狱大门上的题词。试想,一个普通读者,如果没有对刊物的真挚的爱,会花这么大的力气,去寻找这样一句话吗?收到这位读者的来信时,编辑部同志的心情十分激动,因为我们感受到了其中的情感容量。《咬文嚼字》的身后,正站着成千上万这样的读者!有他们和我们并肩作战,我们相信,什么样的差错都能消灭。